Rizzoli best

Francesco Salvi

Zeitgeist

Rizzoli

Proprietà letteraria riservata
© 2009 RCS Libri S.p.A., Milano

ISBN 978-88-17-01256-0

Prima edizione: aprile 2009

Zeitgeist

I.

Inquadrata nell'ampia vetrata sulla parete ovest dell'ufficio, Hollywood interpretava se stessa nel ruolo di un tramonto rosso cardinale. Mel Gibson le voltava le spalle sprofondato nella poltrona *Lazy-Bone*® in nappa bianca. Sfogliava facce di attori. Tutti i ruoli per il suo nuovo film erano stati coperti, tranne uno per il quale voleva trovare una faccia speciale. Sarebbe stato il soldato romano che incalza Gesù Cristo durante la Via Crucis allontanando chiunque tentasse di aiutarlo. Più fosse stato duro e impermeabile a ogni pietà, più credibile sarebbe stata la sua metamorfosi quando, profondamente scosso da quella Passione così umana, avviene in lui la conversione.

Aveva sempre dovuto lottare a fondo per convincere i produttori e nonostante i clamorosi successi doveva sempre ricominciare da capo. Questa volta però nessuno aveva osato seguirlo in un film di facce, uomini, sangue, passioni, destini in cui il dialogo, troppo vero per essere riproducibile, era una colonna sonora di voci e di lingue scomparse, antiche come il tempo e governate dalle stesse leggi che muovono le stelle e le spade.

Aveva perciò deciso di prodursi da solo. Quel film era la sua sfida.

Esaminava il materiale per l'ennesima volta quando una foto in bianco e nero lo colpì allo stomaco. Era il tassello che completava il mosaico. Strano che non l'avesse notata prima.

«Bella troncia» disse tra sé.

Premette un pulsante dell'interfono. Poco dopo entrò nello studio Seetah, la sua *personal assistant*, una bellezza portoricana allo stato puro con innesti svedesi che la innalzavano al top della gamma. Capelli nerissimi raccolti sulla nuca, occhi profondi, denti abbaglianti. Dava una pista alle tante *starlet* che si affannavano dall'altra parte della cinepresa.

«Chi fa il casting?»

Seetah distese un'occhiata professionale su una lista martoriata come un cimitero di guerra. Sulla maggior parte dei nomi era stato tirato un fregaccio nero. Erano plotoni d'esecuzione, quegli appunti: un segno nero = a casa. L'insuccesso è democratico: primi o ultimi, una volta fuori si è tutti uguali.

«Shaila Rubin» disse. «Roma, Italia.»

«Grazie Seetah, vai pure. Abbiamo finito. Ci vediamo a Roma tra due settimane.»

Mel Gibson rimase solo nell'ambiente vasto e luminoso. Aveva trovato il muso che cercava.

È sempre un momento particolare quando si completa un cast. Per settimane si selezionano facce per ogni singolo ruolo, dal protagonista alla più piccola comparsa di cui forse non rimarrà neppure un fotogramma, e ora che questo lavoro è terminato e si deve entrare in una fase successiva del film si avverte un senso di distacco. Sarà un lungo viaggio e accadrà la stessa cosa a ogni tappa, con i dubbi che crescono di pari passo alla stanchezza superando ogni limite inimmaginabile insieme alla paura di avere sbagliato tutto dall'inizio.

S'avvicinò al finestrone terra-cielo. Hollywood era prostrata ai suoi piedi. Gli Universal Studios, il Teatro Cinese, la cupola dell'Hollywood Bowl, il palazzo della CNN sul Sunset, Bel Air alle spalle. Anche ad altri uffici è concessa la stessa visione che altri sono convinti di avere in esclusiva: la forza di Hollywood è non prostrarsi mai davanti a un solo paio di piedi.

Mel guardò di nuovo quella faccia scavata nella roccia:

espressione massiccia, mascella quadrata, una riga di sangue rappreso fra naso e labbro. La mise sopra le altre e chiuse il fascicolo.

Quella foto ero io.

2.

Il party di chiusura al Teatro Sistina sembra preistoria ma è solo due mesi fa. C'era un caldo terroristico. All'esterno un sacco di persone normali senza invito spingevano per entrare; all'interno un sacco di VIP con l'invito spingevano per uscire. La differenza fra i due gruppi è che dopo averti schiacciato un piede i primi si scusano e i secondi ti salutano.

Ero lì solo per incontrare Enikö. Il giorno prima ~~avevamo litigato~~ ~~avevamo avuto una discuss~~ ~~c'eravamo scontrati~~ ~~c'era stata una lite~~ avevamo litigato. Ripeteva che ero il suo migliore amico ma io ambivo a qualcosa di più. Lei se l'era presa. Parecchio, diciamo. Diceva sempre *vera amicizia è più difficile che amore*. Era sul punto di piangere.

~~Io mi sento un deficiente~~ ~~uno scemo~~ ~~ridicolo~~ Ho sempre trovato idioti questi discorsi ~~in ragionamenti di quel genere~~. Sono sabbie mobili per me ~~forse ho rotto il cazzo~~. Mi sentivo banalissimo, prevedibile e frainteso. Declassato e ridicolo.

Assistere allo spettacolo era prestigioso ma la cosa che interessa davvero sopra a tutto è il party che si sarebbe svolto dopo. Il quale è anche *fisicamente* sopra a tutto: all'ultimo piano del teatro. È già là che aspetta. Ora s'annoia lui, poi sarà sua cura annoiare noi.

L'importante è farsi trovare vivi alla fine dello show.

L'orda degli invitati veri o sedicenti tali era calata in massa dai palazzi nobiliari a pignoramento costante, dagli attici su piazza di

Spagna, dai loft firmati da architetti depositari dell'antica tradizione dei loft, discesi dalle brume del Ceresio. Roma in generale ma soprattutto al centro scarseggia di opifici, piccole ditte, capannoni, magazzini di stoccaggio, reparti di modellaggio montaggio e fusione tanto cari al post-industriale di Milano, di Hell's Kitchen, dei Docks di Londra o dei sobborghi di Berlino.

A orde calavano i viveur, a piccoli gruppi invece le aspiranti dive con abiti esclusivi non tutti di proprietà, nella segreta illusione di incontrare George con la bottiglia in mano.

Intanto il dubbio che Enikö non sarebbe apparsa si stava rapidamente trasformando in certezza.

Nella lobby imperversa l'effetto-gregge. La parata di telecamere è più impressionante che prestigiosa. Troupe di ogni dimensione e consistenza s'accavallano fagocitando immagini per le innumerabili trasmissioni ingorde di personaggi famosi, che siano stati in tv, nei giornali o perlomeno in galera. Nessuna distinzione tra VIP, persone famose, e RIP, persone *giustamente* famose. Si tratta solo di carne semovente per emittenti a cui non importa cosa far vedere pur di far vedere qualcosa.

La gente per bene suda sul posto.

Ninfette e fauni, appena riemersi dalle affollate reti di letti privati di funzionari di rete pubblica o privata dediti allo studio approfondito dei loro canali privati, sfilano in queste passerelle truccate da programmi culturali per terza serata con sguardi sognanti da Paese dei Balocchi.

Ecco che mi punta Franco Dell'Ordine, inviato scassacazzi. La calca rende impossibile evitarlo e mi srotola addosso la sua lingua a taccuino. Il suo fotografo spara foto finto-rubate a raffica cercando di includere nell'inquadratura *la qualsiasi* di passaggio per attribuirle un flirt con o contro di me.

«Come va – chi aspetti – con chi sei – cosa fai» mi traglia.

«Bene grazie e tu – nessuno – nessuno – un film» ri spondo.

«E la ragazza dov'è?» Lancia sguardi da bracconiere. «Dopo

me la fate una foto insieme, vero? Non dirmi di no. Com'è che si chiama poi? Cos'è... tedesca, russa?»

«E che tte frega?» sbotta il suo fotografo senza staccare l'occhio dalla Nikon.

«Poi facciamo una foto insieme, eh? Non puoi dirmi di no...»

«Ma nemmeno di sì.»

Non mi ascolta più, è già lontano, non mi ha nemmeno visto in faccia, facile che m'ha preso per un altro.

«Allora?»

È Adriano. Si avvicina per aiutarmi a sudare.

Non rispondo.

«Cosa ti devo dire, ho dovuto farlo, è una cosa importante, non potevo dire di no al Sistina.»

«Hai fatto benissimo, è una cosa importante, non potevi dire di no al Sistina e sono contento per te» dico. «Per Shakespeare c'è sempre tempo, non può offendersi: è morto, sai?»

«Che ne dici dello show?»

«*Show* è una parola grossa. Ma anche *dici* è una parola grossa. Per non parlare di *dello* e *che ne*...»

«Ho capito.»

Sorride.

«No però davvero si vede la tua mano, quando te l'hanno lasciata libera. Le ombre, i pupazzi... quello che sale dal pubblico sono idee originali... ma le battute sono sempre le stesse. Il tuo amico dovrebbe dare di più.»

«Questo è il suo pubblico. Vuole queste cose qua. Dovresti farlo tu uno spettacolo qui, piuttosto.»

«Magari quando non c'è il suo pubblico.»

Ridiamo. Abbiamo discusso di queste cose tante di quelle volte che ormai citiamo noi stessi come dei classici.

«Comunque è un teatro importante, un punto d'arrivo» concedo.

«In effetti sono contento.»

«E io sono contento per te.»

«Mi offrono un contratto per tre anni, cosa faccio?»
«Prima mettiti d'accordo bene sui soldi. A quel punto chiedi il doppio. Quanto ti danno?»
Me lo dice in un orecchio.
«Accetta, non chiedere il doppio e fa' tutto quello che ti dicono.»
«L'avevo pensato anch'io.»
Ridiamo.
«E il film?»
«Avevo rifiutato perché preferivo stare a Roma tutta l'estate ma… mi sono un po' cambiate le cose tra le mani. Poi oggi mi chiama Tremamondo da Bucarest disperato…»
«Fai bene a farlo.»
«Sì, è la cosa migliore. Rischiavo di perdere un lavoro per un malinteso. Parto direttamente da qui. Dormo sull'aereo.»
Adriano scrolla la testa.
«Tremamondo s'è bevuto il cervello. Ce l'ha con la natura che l'ha fatto così bello intelligente e ricco. E più ricco ancora ha fatto suo suocero produttore… Ma perché pippa come un cretino?»
«Perché *è* un cretino. Il problema vero però è un altro: perché è diventata così di moda la coca? C'è sempre stata, Petrolini faceva la parodia del viveur e Dapporto nei panni di "Alfredo", col cilindro e la sciarpa bianca di seta. Ma a quei tempi era solo cara, non proibita! La gente aveva il problema di mangiare, figurati cosa gli interessava. La droga era come oggi il caviale, lo trovi al supermercato insieme allo champagne millesimato, ma sono entrambi carissimi. Te li vedi gli spacciatori davanti alle scuole con i mignon di moscato…»
Ridacchia e proprio in quel momento vedo Tremamondo che pagaia tra la folla. Non è possibile. Era a Bucarest disperato che non riusciva a far partire il film. Veleggia al largo, incrocia il mio sguardo e mi saluta. Ha l'aria persa tipica delle seratacce. Ma forse saluta qualcun altro che non mette completamente a fuoco o magari sta svenendo. Glielo chiederò ma sarà l'ultimo a ricordare cosa stava facendo.
«Non è lui, quello?» fa Adriano.

«Così sembra.»
«Avevi appena detto che era a Bucarest!»
«Così sembrava.»
«Conciatìno, cazzo...»
Il direttore artistico del teatro, preso d'assalto da un nugolo di giornalisti, gli fa un cenno.
«Scusa, torno subito.» S'allontana, poi si volta in retromarcia lanciando la voce. «Divertenti quelle cose sulla coca, perché non ne fai un monologo? Ricordati che devi fare uno spettacolo qui!»
Scompare inghiottito dai flutti.

L'atmosfera che infondono i party non ha niente a che fare con la noia. La noia ha una sua dignità artistica e letteraria allo stesso modo di tutte le manifestazioni psicofisiche poco apprezzate. C'è quella di Moravia, c'è *La Nausea* di Sartre, le emicranie mistiche di Hildegard von Bingen.

C'era poi *Vomito*, fanzine d'avanguardia di poesia omosessuale, e *Cacca*, fanzine dattilografata e con il *paginone centrale* costituito da un vero strappo integrale di carta igienica a tre veli.

Non volevo nemmeno venirci, qui, stasera. Mi hanno costretto alcune circostanze evitabilissime che non sono riuscito a evitare. Adriano che era al suo primo lavoro al Sistina e non potevo dirgli di no per l'ennesima volta, il mio ufficio stampa che sprotuberava nomi di persone e organizzazioni internazionali e clandestine che morivano dalla voglia di incontrarmi (proprio qui e proprio stasera) e che poi regolarmente non s'erano fatte vive con la scusa che avevano da fare un'altra cosa con qualcun altro da un'altra parte.

Ecco attraccare la goletta Anna Kanakis e con lei la classica *signorina misirizzi*, per dirla alla Joyce, toccante ma intoccabile, insulinicamente dolce, gran mestiere di bellezza. Sorride ecumenica fingendo di guardare nessuno mentre traguarda alle mie spalle verso non m'importa chi. Ella è in grado di calcolare la solvibilità di un uomo semplicemente accavallando le gambe.

Enikö l'aveva detto che non sarebbe venuta. Io avevo risposto che non le credevo. Come sempre lei diceva la verità e io no.

Ma ecco la nuca di Tremamondo radere a periscopio il panorama.

«A 'n vedi chi cce sta!» esclama con ebbrezza e mi circonda la testa con un braccio, cosa che sa che mi dà fastidio. Mi libero bruscamente. «E cche cce fai qui?»

Quando giocava a fare il coatto portava sempre casini.

«Cosa ci fai *tu*. Dovresti essere a Bucarest!»

«Budapest.»

«Come Budapest?»

«Ascolta.»

«Non cominciare con *ascolta*.»

«I sopralluoghi…»

«Non voglio sentire.»

Mi spinge un metro più in là in cerca di un'utopica privacy finché centro uno spigolo che mi rientra fra costole e fegato. Si guarda attorno sospettoso.

«C'è tutto il tempo che vogliamo, ho spostato in avanti.»

«Cambio idea e rinuncio al film come avevo detto la prima volta quando ero lucido.»

«Stai ancora dietro alla ragazza ungherese?»

Non rispondo. È fastidioso ma intuitivo, il figlio di puttana.

«Rinunciavi al mio film per stare qui con lei! Ma bravo…» Mi strofina la testa come si fa coi monelli. «Dovresti essere contento che cominciamo da Budapest: è casa sua! Portala con te, no?»

«Ma per piacere! E la Romania, allora?»

«Spostata.»

«A quando?»

«Non lo so. Alla seconda settimana, la terza…»

Allora non potevo saperlo ma quello era l'annuncio del disastro.

3.

La giornata era iniziata bene. La mattina stessa mi aveva telefonato Shaila Rubin.
«Mel Gibson è a Roma e vede gli attori oggi pomeriggio.»
«Porco cane oggi non ci sono!»
«Se vieni *è* importante...»
«E se non vengo?»
«Allora *non* è importante.»
«Ci sarò.»
«Well, perché è *importante*.»

Sostenere provini con registi stranieri riconcilia con il cinema. Non ci sono raccomandazioni e nessuno deve inventare scuse per dire sì o no. Nei film italiani spesso l'attore migliore del provino si rivela il regista che inventa patetiche scuse.

Troppe volte si sentono colloqui di questo genere:
«Ti seguo da sempre sai?»
«Grazie.»
«Finalmente ci vediamo di persona. Fin dal primo momento.»
«Mi fa piacere.»
«E spesso t'ho anche difeso, sai?»
«Sei molto gentile.»
«No, sono sincero: sono dello Scorpione! E sono contento che sei qua oggi.»

«Anch'io»
«Perché so ciò che puoi dare.»
«…»
«È per questo che ti ho chiamato.»
«Grazie.»
«Non devi ringraziarmi perché mi conosci: dico quello che penso o piuttosto non dico niente. Sono fatto così, quello che ho sul cuore ho sui denti.»
«È bello, così.»
«Non ti hanno mai dato l'occasione giusta.»
«Insomma…»
«Non hai mai avuto l'occasione di fare qualcosa di importante…»
«Non esageriamo.»
«… ma io ti darò quest'occasione.»
Il regista dà un'occhiata alla mia scheda e sobbalza.
«Cazzo.»
«Cosa c'è?»
«Peccato, cazzo!»
«C'è qualcosa che non va?»
«Il personaggio, cazzo!»
«Perché continui a dire *cazzo*?»
«Per due anni…»
«… Cosa?»
«Fra te e il personaggio ci stanno due anni di differenza! Mi spiace, eri perfetto ma mi spiace non lo puoi fare, cazzo! Avanti un altro!»

Pochi giorni prima avevo visto *Spy Game*. Robert Redford alla sua età reale racconta alla CIA in che modo, venticinque anni prima, aveva reclutato Brad Pitt.

Flashback: a Redford basta un cappellino degli Yankees per ringiovanire di venticinque anni.

Brad Pitt invece rimane uguale a se stesso anche perché venticinque anni prima era ancora all'asilo. Si chiama *fiction* per questo, perché è una finzione.

Mi vengono in mente queste cose mentre sono in ritardo per il provino, allora cerco di non trovare parcheggio per avere un alibi.

«Ma cosa ci vado a fare, non mi hanno mai preso, ai provini!» mi dico.

Epistrophy di Thelonious Monk continua imperterrito nel cd della macchina.

E se poi è la volta buona? penso. In fondo sono arrivato fino qui, per tanto così potevo stare a letto e dormire.

Butto la macchina nel primo posto che trovo e l'abbandono malamente, lontano da dove fanno il provino. Mi tocca anche correre.

«Ok, però se non mi prendono è l'ultimo che faccio in vita mia.»

Non ne avrei mai fatti tanti come da quel giorno.

La meraviglia del teatro ci accomuna tutti in un destino scandito dall'applauso. Io non avrei potuto fare altro. Qualunque cosa avessi deciso avrei finito col fare l'attore.

Alle elementari, in attesa di entrare in aula, ripetevo a gentile richiesta i numeri di Walter Chiari della sera prima in tv, per chi non l'aveva visto, incoraggiato da chi l'aveva visto. E io raccontavo e raccontavo e raccontavo finché un giorno m'andò via la voce per tre giorni. La maestra mi fu molto grata.

Allora avevo due idoli: Sivori e Walter Chiari.

Poi sono cresciuto e adesso ho due idoli: Sivori e Walter Chiari.

Il provino si svolge nell'antica biblioteca di una chiesa in via Pompeo Magno. Gli incontri sono iniziati alle nove di mattina. Ora sono le sei del pomeriggio e io sono l'ultimo della fila. Mister Gibson è visibilmente provato ma sempre disponibile e cordiale.

«Hai la faccia che cercavo.»
«Te la presto per tutto il film.»

Ridiamo, parliamo. Ammira i comici, dice, non avrebbe mai il coraggio di salire su un palco da solo con la gente seduta a due metri a bere birra.

«Ma tu sei Mel Gibson» rispondo, «puoi fare quello che vuoi!»

«Non lo *stand-up*. Quello no!»

Totale: un quarto d'ora. Niente testi, niente provino, solo una ripresa a camera fissa tanto per far veder che c'ero stato.

Scopro che mister Gibson mi aveva già scelto a Hollywood vedendo una mia foto.

Era rimasto fino a quell'ora per dirmelo personalmente.

4.

A Trastevere piazza Trilussa trasuda gente anche in inverno. In estate è una sauna a cielo aperto ma la notte quando scende il fresco non si andrebbe mai via.

All'ora dell'aperitivo Enikö e Marianna sono ai tavolini esterni del Friends.

«Un tè per la mia amica e un mojito per me. Mi raccomando: lime e non limone, grazie.»

Marianna parla in continuazione e inzìga il pettegolezzo ma nessuno la strangola perché in fondo è una brava ragazza. Enikö intanto pensa ai fatti suoi da eroica ascoltatrice qual è.

«Così è partito senza dirti niente! Pareva tanto educato...»
«Non è stato lui... anzi mi aveva invitato a teatro, stasera.»
«Romantico. E dove?»
«Al Sistina.»
«E perché non sei andata? Siamo ancora in tempo? Andiamoci insieme!»
«No, no.»
«Ma non sai che posto è, che gente cce stà! Raoul Bova, Gabriel Garko... i più strafighi!»
«No, era un appuntamento personale.»
«Eccheffai mo', la dura?»
«Figurati.»
«Tanto non gliela dai ugualmente... almeno glielo dicevi di persona!»

«Marianna!»

«Diciamo le cose per quello che sono, una volta tanto...»

«Solo che le cose non stanno per niente così.»

«Oppure glielo dicevo io. In faccia, glielo dicevo. Tutti stronzi 'sti attori, ce ne fosse uno normale!»

«Ma che t'ha fatto?»

«M'ha fatto che me sta antipatico! Far soffrire così la mia migliore amica...»

«Non sto soffrendo per niente e non sono innamorato di lui!»

«Hai detto *innamorato*...» Marianna scoppia a ridere. «Mica sei un uomo! Vedi che perdi la capoccia quando che parli di lui? E questo non è amore?»

«Mi è simpatico. Come amico, e basta.»

«Seee, solamente!»

«Non ne voglio parlare. Non sono ancora uscita dalla storia con...»

«Gaël è un cretino!» La prende sotto braccio e la trascina verso piazza della Malva. «Io te lò sempre detto ma tu non je volevi fa der male e te sei fatta male da sola! Da quantè che nun facevate l'amore?»

«Cambiamo discorso.»

«Ce lavessi io la fortuna tua! L'hai mollato...»

«M'ha lasciato lui.»

«È lo stesso. Lo stronzo prima o poi o lo molli tu o ti molla lui. Cioè, voglio dire...»

«Sì, sì, ho capito.»

«Che poi Gaël m'è sempre stato antipatico, 'sto presuntuoso manco s'è reso conto della fortuna che cià avuto ancontrarti. Dove ne trova una bella de dentro e de fòri come te? Ce sei stata insieme quanto, cinque anni? Una vita, cazzo: una vita!»

5.

«Con i tuoi continui cambiamenti metti nei casini un sacco di gente e lo sai benissimo. Ma tanto non ti sei mai preoccupato di niente in vita tua e non comincerai certo stasera!»
«Ho appena visto il girato» evase.
«E com'è?»
«Non ti dico *una merda* per non offendere la merda.»
«Così mi piaci: equilibrato, ironico, sereno.»
«... E non ciò idea di come cazzo si può chiudere. Forse non se può, cé solo da buttàllo» annunciò ad alta voce. Poi abbassò drasticamente: «È solo un trucco per guadagnare tempo e rientrare un po' delle spese».
«Vabbe', quando decidi, chiamami.»
«E che fai nel frattempo?»
«Sto qui a Roma.»
«A correr dietro all'ungherese? Eh, no!»
«Perché no?»
«Tu vai su, solo che invece di lavorare ti fai una settimana di vacanze. È già tutto pagato! Porta anche la ragazza, da' retta a 'no stronzo.»
«Piantala.»
«Fai un giro in Moldavia. Me lo ha consigliato il proprietario dell'albergo, un simpatico vecchietto rimasto ai tempi della guerra. È bellissimo. Io 'n ce so' mai stato.»
«Vacci tu allora, no?»

«Ti rilassi e dopo 'n paio de ggiorni mi raggiungi a Budapest e me dai 'na mano. 'Sti dialoghi fanno acqua da tutte le parti.»
«Adesso ho capito.»
«Nun me puoi mollà, sto in difficoltà e...»
All'improvviso tacque e inalberò il periscopio individuando una persona che avevo già visto. Inseguì il puntino che s'allontanava galleggiando nel marasma.

Ed ecco finalmente il teatro Sistina vero e proprio, quello dove c'è il palco. Si passa accanto alle poltroncine, si cerca il posto riservato, ci si siede, si domanda quanto manca alla fine.
Alla mia sinistra il posto è vuoto, ufficializzato da un cartellino rosso col mio nome stampato in bianco. Ho una riservazione per due, come dicono a Lugano.
I VIP arrivano in puntuale ritardo. A ritmo regolare sfilano esemplari di varia umanità. Contemporaneamente comincio a recitare il mantra *No, mi spiace, aspetto una persona* come se la ripetizione potesse evocare la persona che *mi spiace, sto aspettando*.
A qualcuno ho concesso anche il bis (*È sicuro che... ?*) ma non ho ceduto. Alla fine il posto è rimasto vuoto. Ho occupato due posti da solo. Uno spettatore stereo. Ma in buonafede.
Le luci avvisano tre volte, poi si abbassano decise.
Buio in sala.
Lo spettacolo ha inizio e finalmente ognuno può dormire.
Lo spettacolo scivola via inconsistente.
Alla fine si applaude e si esce.

Troupe televisive dappertutto, piccole, grosse. La maggior parte uguali.
I VIP escono dal teatro lenti e altezzosi a passo di giraffa e si riversano nel corridoio a ferro di cavallo che circonda la platea (quelli che scendono dalle gallerie accelerano il passo per non restare indietro). Qui da un pezzo è acquartierato l'esercito della stampa: in prima linea le truppe d'assalto dei telefonini, incursori leggeri in diretta con le radio o che registrano fotografa-

no e filmano; immediatamente dietro, la fanteria con microfoni e handycam; da ultimi i mezzi blindati con le telecamere professionali abbinate agli inviati con Sennheiser senza filo.

In un attimo la zona diventa un boudoir con le dame che ancheggiano elastiche fra dormeuses in velluto capitonné, chaise longue e canapè. I Profeti Del Gossip formano una strana *barriera attraente* e sono loro a essere presi di mira dalle starlet – poco *star* e molto *let*.

Decido di salire al salone delle feste senza attraversare in apnea le sabbie mobili. Conosco una scorciatoia. Mi dirigo alla porta di servizio che è mimetizzata in una colonna dorica di compensato. All'interno la scala a chiocciola ha inclinazione da nave a sessanta gradi e per di più è destrorsa, innaturale, con gradini stretti e ostici, irregolari, di pietra rozza che si perdono nel buio assoluto.

Chiudo la porta che fa uno scatto alle mie spalle e percorro al tatto la parete cercando l'interruttore della luce. Lo trovo. Premo. Non funziona. Fa niente, salgo al buio.

Immerso nel buio non vedo le mie mani, il mio corpo. Sono diventato immateriale, invisibile a me stesso, senza punti di riferimento. Sento gli scalini sotto i piedi ma tutt'intorno è un vuoto spesso e consistente che potrei tagliare a fette se non avessi di peggio da fare.

Quasi demordo e torno a farmi schiacciare dalla folla, ma la serratura è scattata e non trovo la maniglia. Mi sono disorientato nel buio e invece della porta spingo con tutte le mie forze contro una parete portante del teatro. Se urlo forse qualcuno mi sente e mi apre, forse nessuno mi sente e non mi apre, forse qualcuno mi sente ma non mi apre. Forse qualcuno sta già urlando nel corridoio per qualche altro motivo.

L'ascensione al buio era un giro di vite inatteso dal quale non vedevo l'uscita, rimandata a ogni passo, a ogni gradino e che s'allontanava quanto più procedevo. In quel momento non potevo saperlo ma ciò che stavo vivendo era il riassunto del mio prossimo futuro, ciò che avrei incontrato in altro tempo e in altro luogo quella stessa estate in un buio diverso. Ma il corpo che qui mancava sarebbe stato ugualmente il mio.

Risolvo di salire il poderoso numero di gradini ma già un filo di malessere mi percorre la schiena comprimendomi la spina dorsale fin quasi al crampo. M'inerpico spinto da quella sensazione di pericolo e forse proprio per quella quasi senza rendermene conto mi ritrovo in cima, alla fine del budello. C'è un altro muro di fronte a me. Tasto coi palmi delle mani e questa volta trovo subito la minuscola maniglia traballante. La ruoto e spingo.

La porta non si apre. Dentro c'è la chiave ma è chiusa dall'esterno.

Spingo di nuovo, inutilmente. Provo più volte, mi sfogo sulla maniglia. Niente da fare.

Illumino la serratura con la debole luce del cellulare. Rimpiango di averlo settato su *risparmio energia* (mi lascia sempre a piedi a metà giornata) cosicché la luce del display dura solo cinque secondi.

Comunque cambia poco, la porta è chiusa anche con la luce.

Busso, dapprima educatamente poi con violenza, senza sapere che effetto può fare una colonna che bussa dall'interno. L'idea di fare retromarcia al buio su quelle scale dalla consistenza liquida non mi entusiasma.

Decido di sfondare la porta a spallate. Mi preparo per lo slancio in salita. Faccio base sul piede destro due gradini più in giù, mi attacco alla maniglia con la sinistra ma la porta si spalanca io perdo l'equilibrio volo all'indietro e resto sospeso nel vuoto appeso alla maniglia.

In teatro le porte di servizio si aprono sempre verso l'interno.

Già mi vedo precipitare tre piani più in basso atterrando di naso ma la gamba di base tiene, la maniglia tiene, la mano sinistra tiene, la corrispondente gamba destra tiene. L'unico a non tenere sono io che a mia insaputa caccio un urlo che spaventa anche me.

Il salone delle feste è ancora deserto.

I camerieri parlano da soli. Qualcuno mi saluta per nome, altri più espansivi tacciono. Ricambio il saluto o il silenzio e mangio un bignè.
Sento il pavimento vibrare, è in arrivo una mandria di bisonti.

Enikö non è nemmeno qui.

Massa di gente elegante e impressionante con le movenze di un lavandino ingorgato.
Solo gente, ma di tutti i tipi.

6.

All'uscita da Ombre Rosse a Trastevere una zingara si avvicina e si offre di predire il futuro.

Marianna si precipita tenendo Enikö vicina. Sceglie i tarocchi e pone domande d'amore e di lavoro. Dopo qualche minuto si alza soddisfatta, paga e saluta.

«M'è andata bene. Non che ci creda a queste cose, sai... ma se mi dicono qualcosa di brutto m'infastidisce!»

«Bella signorina mora! Bella signora, venga a farsi leggere la mano!» dice la zingara rivolta a Enikö.

«Perché non ci vai?»

«Grazie, non ne ho bisogno» sorride.

«Chiedi qualcosa su questa situazione» insiste.

«Signora mora, lei aspetta qualcuno, vero?»

Marianna quasi le sradica un braccio. «Vedi che lo sa! Fatti dire qualcosa.»

Enikö si ferma e ruota con eleganza sui tacchi a spillo come in punta di pattini. Indirizza uno sguardo gentile ma freddo alla chiromante e dice una frase in russo. La zingara compie istintivamente un passo all'indietro e abbassa la testa, si fa rapidissima una specie di segno della croce. Enikö la osserva seria ancora per un attimo poi si riavvia. Marianna le trotterella dietro in leggero ritardo.

«Ma che le hai detto?»

«Niente.»

«Ma qualcosa le hai detto!»
«Le ho detto *grazie no*.»
«Che è, russo?» Enikö annuisce. «E... le hai detto soltanto *grazie no*?»
Enikö non risponde.
Sono piuttosto lontane quando la donna trova il coraggio di parlare.
«Sei sfortunata in amore. Hai perso quello vecchio e perderai quello nuovo!»
«S'è voluta vendicare...» sussurra Marianna, timorosa.
«Io non ho mai creduto alle zingare» la tranquillizza Enikö. «Parla russo, vede nel futuro... che ci fa in mezzo a una strada?»

7.

«Una volta sono stato con una donna senza tette» rivela Tremamondo.
«Era un fioretto?»
Tremamondo sta aggrappato a un mojito come un salvagente. È piuttosto allegro ma non nel senso di felice.
«E sai chi era?»
«No.»
«Davvero non lo indovini?»
«Non solo non indovino ma non me ne frega assolutamente un cazzo.»
«Keeley.»
«Non ricordo.»
«L'americana.»
«Quella tutta pelle e ossa che chiamavamo *mezzo keeley*?»
«Lei. Allora le faccio: perché non te le fai ingrandire?»
«Camilla e i bambini stanno bene?»
«Pagavo tutto io, naturalmente.»
«Sto cercando di cambiare discorso ma vedo…»
«Non ci crederai ma s'è offesa.»
Spiavo intorno sperando di vedere Enikö. Saremmo andati via e avremmo dato una svolta a quella serata già seriamente compromessa. Potevo addirittura invitarla a Budapest! Quest'ultima considerazione spiega perché mi piace la fantascienza.
«Come fai a chiedere a una persona di rifarsi le tette?» mi fa.

«Ha ragione.»

«Ma non è una persona, è una donna!»

«Ed, cazzo stai dicendo?»

«Sì, voglio dire... mica lo puoi chiedere a un uomo, no? E poi quante ce n'è che se le rifanno e non hanno nessuno che gliele paga! E invece sai che m'ha detto quella?»

«Di andare tu a farti ingrandire il cazzo, piuttosto.»

Mi osservò sorpreso.

«Te l'avevo già raccontata?»

«No.»

Restò in silenzio serissimo cercando di ricordare dove si trovasse. Me ne approfittai per spiare oltre le sue spalle se appariva l'ungherese.

«Ma si può davvero ingrandire il cazzo?» Si scosse rovesciando la metà superiore del mojito. Lo specifico perché nelle condizioni aliene in cui si trovava non mi sarei sorpreso se avesse rovesciato solo la parte di sotto.

«Quanti ne hai bevuti?»

Aveva le pupille grottescamente dilatate e faticava a mettermi a fuoco.

«Domani chiamo il mio medico per un accrescimento. Facciamolo insieme!»

«Io voglio una riduzione.»

«Riduzione?»

«Che valga anche per il treno e il cinema.»

Lo trascinò via Valeria Frei, la *starlet* di una trasmissione-cult di interviste-scontro in terza serata. Fece il giro del ring in pantaloncini e a seno nudo reggendo un cartello col nome degli ospiti.

Sul terrazzo c'è più caldo che dentro. Una signora ben dotata di anni e girovita balla al suono di una musica che sente solo lei, con le braccia sollevate per dar requie alle ascelle. Ha un fazzolettino bianco infilato tra i seni abbondanti, e sogna a occhi chiusi.

Il paparazzo Ciacioni mi coglie alla sprovvista con una pacca da vecchio compagno di campeggio.

«Vieni, dài, c'è Aida Yespica! Tu la baci e io rubo le foto.»

Fu in quel momento che vidi Purissima. Era appoggiata alla balaustra del terrazzo e parlava amabilmente con Harvey Keitel detto *er Canotta* e John Phillip Law. La figura perfetta appariva ritagliata in controluce nel cerchio bianco della luna che si prestava ad accarezzarle personalmente i capelli. Silhouettata da quel taglio seducente pareva di sorprenderla mentre entrava nella doccia. Non doveva essere molto diversa la visione di Elena che scatenò la guerra più celebrata della storia. Le conseguenze provocate da Purissima si sarebbero rivelate meno mitologiche ma pur sempre disastrose.

Leggerissima t-shirt moooolto corta sforbiciata dal basso di due taglie più piccola e senza reggiseno, scarpe rosse a tacco alto, jeans cuciti sulla pelle. Una fresca provocazione a cui l'eleganza personale sottraeva ogni volgarità. Mi fece un ampio cenno di saluto e si diresse verso di me. Il suo passaggio calamitava gli sguardi rottamando ogni residuo d'intelligenza nei cervelli maschili. Gli uomini perdevano il filo del discorso in percentuale bulgara.

«Bella camicetta, signorina...» arrossisce un direttore di rete còlto con lo sguardo nella marmellata. Il taglio lasciava scoperta, a volte, la pregevole attaccatura inferiore delle perfette bocce di pelle.

Flash!

Una falange di macchine fotografiche si mobilitò all'istante incastrandomi nell'angolo fra due balaustre. I paparazzi si tuffarono sul miele della casualità abbagliando il direttore che non aveva mai manifestato interesse per l'altra metà del cielo. La coppia era circondata.

Flash! Flash!

«Vi conoscete da molto?»
«Ha intenzione di lanciarla?»
«Vi siete conosciuti qui?»
«Attrice o soubrette?»
«Sì, fiction o sabato sera?»

Flash! Flash!! Flash!!!

8.

Ho scelto un punto strategico. Da qui controllo il terrazzo e il salone ma è abbastanza tardi per ammettere anche a me stesso che Enikö non arriverà più.
«Ti diverti?»
Purissima mi porge un bicchiere di Jack Daniel's.
«Se mi divertissi non sarei qui.»
Il paparazzo Romolo Scotellaro ci scatta foto a raffica a trenta centimetri dalla faccia, senza flash per non allertare i conigli.
«Guardate me!» sussurra. «Abbracciatevi!»
Il sorriso di Purissima accentua il taglio leggermente orientale degli occhi nerissimi e felini.
«Meno male che ho trovato te.»
«Sono qui per caso.»
«Dovevo andare a una festa ma il taxi m'ha portato qui...»
«Roma è piena di feste che si assomigliano.»
«Datevi un bacio!» insiste Scotellaro.
Per fortuna un urlo acutissimo proveniente dall'interno squarcia il brusio generale.
«Forse è morto qualcuno!» e scompare.
«Che dici della mia t-shirt?»
«Quale t-shirt?»
Sorrise.
«L'ho fatta io. Forse l'ho tagliata troppo?»

Così dicendo abbassa il bordo inferiore esemplificando sulla propria pelle il concetto della coperta troppo corta.
«Il troppo non è mai abbastanza se lo indossi tu.»
«Grazie.»
«Vestirsi con il minimo: il segreto della vera raffinatezza. L'accostamento pelle-cotone in percentuale dieci a uno è il top! È il top del top!»
Lei ride-ride-ride. Gli uomini intorno a noi fingono di ascoltare per poterla guardare liberamente.
«E io sono elegante?»
«La camicia è piena di pieghe.»
«Sono il più elegante nella sezione pieghe!»
Continua a ridere, ormai è in loop. Qualcosa le va di traverso, tossicchia ma si riprende subito e s'allontana scoppiettando, attratta da qualcosa o qualcuno che ha appena messo a fuoco.
Un secondo paparazzo, che non conosco, la insegue imbracciando la Nikon come un Kalašnikov.
La guardo allontanarsi apprezzando ciò che si vede quando mi volta le spalle.

Ed eccoci qua di nuovo tutti e tre insieme, penso. Tremamondo e io all'università, Purissima un filo d'erba con l'apparecchio per i denti. Abitava sul mio stesso pianerottolo. Non le piaceva studiare e i suoi erano contrari alla televisione, così veniva a vederla da me o ascoltava i miei dischi tutto il pomeriggio. Frank Zappa, John McLaughlin, King Crimson, Henry Cow, De André, Jannacci, Conte, Nina Simone, Chet Baker. I Petrolini a 78 giri di mio nonno Francesco.
Uscivo per andare in teatro alle prove di Mrożek con Tremamondo e dopo un po' me la ritrovavo lì. S'infilava dentro in qualche modo e poi si nascondeva. Era sempre Tremamondo a scoprirla. Scendeva in platea a controllare la scena da lontano e la trovava addormentata.
«Ma non la puoi tenere a casa, tua nipote?»
«Che nipote?»
«Chiunque sia mica se può tene' una bambina in teatro!»

Solitamente lo convincevo a farla restare e durante la pausa la portavo a casa, altrimenti la riaccompagnava la signora Bertarelli, l'abbondante moglie del custode.

«Cosa ci posso fare, Eleonora...» le spiegai un giorno. «Ama il teatro, non ama la scuola, ama la musica, non ama studiare, i compagni di classe sono tutti scemi, le piace solo...»

«... tu, le piaci» m'interruppe con un sorrisetto furbo. «Mica me vorrai di' che non te ne sei accorto?»

Rivelazione assoluta. Scrutai dal palcoscenico finché rintracciai la ragazzina a metà sala. Mi salutò con un cenno. Non seguiva le prove: guardava me, con uno sguardo meno acerbo della sua età.

Dal giorno successivo non la vidi più. La famiglia s'era trasferita in Sud America ed ero il solo a non saperlo. *Ma lei dove vive?*, mi apostrofò la portinaia, un po' offesa.

Per Purissima cambiare continente ogni paio d'anni era la regola. Mi aveva raccontato dei genitori ingegneri, padre svedese madre venezuelana, ma non che erano dei *globetrotter* in perenne tournée, tutt'uno con gli appalti che ottenevano.

Mi sentii in un certo senso tradito: avevo avuto un sacco di rotture per quella inevitabile ma promettente rompiballe, e lei scompariva così? Non ci pensai per una quindicina d'anni, giusto il tempo per far su quattro o cinque dighe in Amazzonia, dopodiché una ragazza da far girare la testa venne a cercarmi sul set.

Non ho mai ottenuto un'ovazione così da una troupe cinematografica come quel giorno al ghetto quando Purissima ormai ventenne si presentò alla mia roulotte.

Cosa c'era di speciale o di contorto in quella sera e in quel posto? Non doveva esserci nessuno di noi e invece ci siamo ritrovati lì tutti e tre. Per errore, per caso, per una strategia sbagliata. Nessuno avrebbe potuto immaginare quest'incontro soltanto un'ora fa, cinque minuti fa. Io sono qui per tutt'altro motivo, Tremamondo non dovrebbe neppure essere in Italia, Purissima era uscita di casa per andare altrove. Non era il nostro incontro di per sé a colpirmi ma i dettagli insignificanti che si erano incastrati con estrema facilità. Se Tremamondo fosse stato con sua moglie Camilla e io con Enikö sarebbe stata una bella rimpatriata, oppure noi due da soli ma Purissima con un uomo. Invece quell'incastro clandestino di tre presenze attese altrove faceva presagire un seguito che in mille altre circostanze sarebbe stato improponibile.

Controllo il cellulare.
Buongiorno. 6 sveglio?
È un sms di Enikö, ma non di oggi.
Sto per cancellarlo ma all'ultimo momento cambio idea.
Passa il grande Gigi Proietti ~~col suo naso~~ coi suoi denti ammaestrati.
Passa il Presidente del Consiglio con la sua corte di comici addomesticati milionari ~~da tempo immemorabile~~ che ~~fingono~~ affermano di fare satira in casa del nemico che li foraggia.
Riecco Tremamondo al centro di un gruppo di cinematografari. È un'isola galleggiante, disposto a intrattenere chiunque lo sopporti. È parecchio su di giri ma non ancora in coma: il giusto mix che gli dona un quarto d'ora di fascino.

Mi risveglia Scotellaro.
«Chi è quel pezzo di gnocca di prima?»
«Chi.»
Controlla le foto già fatte sul display.
«È la tua nuova fidanzata? Posso scriverlo?»
«No. Sì.»
Finalmente mi guarda in faccia.
«Sì o no?»
«Puoi scrivere quello che vuoi. E ciò mi stupisce.»
«Che cosa, ti stupisce?»
«Che m'hai chiesto il permesso prima di scrivere una stronzata.»

Io li vedevo, loro non potevano vedere me. Eravamo equidistanti ma non omogenei, come un triangolo: la figura geometrica più stabile e con il minor numero di lati. Ondeggiavano verso me ignari l'una dell'altro, in rotta di collisione. La bellezza e il pericolo si attraggono come la luce e il buio.

«Allora, sempre annoiato?» esordisce Purissima.
«Non quando vedo te.»
«Ehi, non mi presenti la tua fidanzata?» gioisce Tremamondo che sembra appena tornato dalla luna.
Faccio le presentazioni.
«Purissima, Edoardo Tremamondo. Edoardo Tremamondo, Purissima.»
«Piacere.»
«Piacere.»
Tremamondo non le molla più la mano.
«È Purissima» ripeto.
«Ci credo» dice, perso.
«Dovresti ricordarti di lei.»
«Attrice?» butta lì in pieno subbuglio.
«Modella» rispondo per lei, «ma da piccola portava l'apparecchio per i denti, veniva di nascosto alle nostre prove in teatro e si chiamava già Purissima.»
Tremamondo rolla e beccheggia in una scialuppa di memoria alla deriva.
«Ah, Purissima è il nome!» realizza. Silenzio. «Sei, sei... un sacco cambiata!»
«C'è chi cresce, contrariamente a te» sentenzio.
«Sei... sei...»
Ammiratissimo, il naufrago non connette.
«Devi scusarlo... è un regista e non è abituato a conversazioni vere con persone vere.»
«E così allora sei Purissima!» gioisce.
«Anch'io» intervengo.
Lei non può che ridere perché è una situazione da ridere.
«Allora ti conosco...» stupisce lui.
«Anch'io ti conosco» dico, «ma faccio di tutto per dimenticarlo.»
Lei ride con troppa generosità.

«Hai degli occhi bellissimi!»

«Grazie» rispondo.

«Dicevo a lei» precisa Tremamondo dimenticandosi di essere una persona spiritosa. «Ha degli occhi bellissimi!»

«Non farci caso, ripete sempre le cose due volte.»

Ridiamo. Cosa si può fare di meglio in tre quando si è in pubblico?

Intanto il regista farfuglia: è un ragazzino delle medie chiamato a rapporto dal preside. Quasi piange per l'emozione. Purissima si libera con un sorriso e raggiunge Pino Corrias, produttore di Raidue scrittore e giornalista di chiara fama, che ne è piacevolmente sorpreso. Tremamondo è rimasto immobile, un calco modellato sulla propria incredulità. Unico segno vitale ma non autonomo è lo sguardo, calamitato dalla ragazza.

«Hai visto?» mi fa. «È arrossita di faccia.»

«Difficile arrossire di spalle.»

«*Dove c'è imbarazzo c'è cazzo*» dice aggiustandosi il papillon nero. «Camilla è al mare coi bambini. Mi crede a una riunione e tu non m'hai visto. D'accordo?»

«C'è in giro anche suo padre.»

«Sono venuto con lui.»

«Allora sei proprio un deficiente.»

Non risponde e s'allontana con passo fetale.

9.

Qualcuno picchiettava insistentemente la mia spalla. Me ne accorsi con un certo ritardo. Avevo sentito qualcosa ma sul momento non avevo realizzato che la spalla era mia. Mi ero isolato a tal punto che al rientro in me stesso avvertii un piccolo *clack* di aggancio caratteristico delle sonde spaziali quando si riconnettono al modulo-madre. *Modulo*: che strano nome per una madre! Per la cronaca il picchiettatore aveva sbagliato persona ma non fece in tempo a scusarsi che aveva già individuato quella giusta e scomparve.

Il rovinio del casino provocato da gente rovinata e schiacciata l'una sull'altra e tutti insieme contro l'ambiente produceva un abnorme frullato a vuoto che provocava un vortice fermo di sordità. Anch'io non ero rimasto indietro nel bere ma solo dopo aver ammesso che Enikö non sarebbe più arrivata. Non approvo che si beva mischiando ma quella volta mi perdonai. Non mi piace condannare nessuno, figuriamoci me stesso.

A quel punto si verificò uno stallo degli eventi, una bolla nel continuum spazio-temporale. Venivo sbattuto avanti e indietro nel tempo pur restando saldamente inchiodato nel presente e grazie a quello sdoppiamento vedevo i due deficienti e me stesso avvolti da una nuvolaglia piena di grandine.

Accaddero varie cose nello stesso momento. Fuori si preparava un potente temporale estivo. Un'improvvisa botta di vento spalancò una finestra dalla quale vidi Purissima e Tremamondo sulla terrazza che chiacchieravano amabilmente appoggiati alla balaustra. La sensazione era duplice: da una parte il mio amico era abbracciato alla *Venere di Milo*, non a una donna di Botero, e quindi ero contento per lui ma nello stesso momento era sposato e proprietario di tre bambini. Nello stesso momento ebbi una visione dell'immediato futuro in cui la coppia procedeva allegramente in bici in autostrada contromano mentre dalla parte opposta arrivava il canonico tir e non potevo intervenire. Nello stesso momento sentii tutte le porte del mondo che mi sbattevano in faccia rubandomi l'aria da respirare.

Ero sul punto di urlare a squarciagola.

«La tua storia mi ha fatto fare un salto sulla sedia! C'è dentro azione e disperazione. Sai da quanto non ne trovavo una che mi scuotesse così?»

Stelvio Menotti (era lui che picchiettava insistentemente la mia spalla) mi aveva riportato nel salone tenendomi sottobraccio. Era sudato parlava da solo più che con me non so cosa ci faceva lì non l'ho mai scoperto ma lo lasciavo fare perché gli ero grato per avermi strappato dallo stato di trance.

«*Zez* è un libro negativo perfetto per i tempi nostri. E ora la domanda da un milione: quando me lo consegni? Ah, ah, ah!»

Rideva in modo anticorporeo come un derviscio ruota su se stesso per raggiungere l'estasi.

Stelvio quando ride non ruota ma si seziona longitudinalmente e diventa cubista. Di solito non riesce a controllarsi e si decompone progressivamente finché non cade dalla sedia, o riesce a far cadere solo la sedia e continua a decomporsi in piedi. Poi si riprende come per miracolo e riesce a finire il discorso. Fa lo stesso numero in inglese o in francese o in tedesco con scrittori celebri che vendono incommensurabilmente.

Mi alzai sulle punte giusto in tempo per vedere Tremamondo e Purissima lasciare il party insieme. Di lui vidi la faccia e di lei le spalle atletiche e ben disegnate. Aveva lo sguardo perso in una luce di esaltazione strana, come se Versace vendesse tutto al

95 per cento di sconto e l'avesse detto solo a lui. Lei si muoveva con movenze adunche e tese da femmina di rumba quale è, creola composita fra Stoccolma e Caracas.
Erano abbracciati e ridevano forte.

Non l'avrei mai vista più bella di così. Aveva messo la prua verso il mare in tempesta. Nessuno l'avrebbe avvisata ma comunque lei non avrebbe ascoltato.
È la classica scena che obbliga alla dissolvenza.
Il disastro ha un bel paio di gambe.

10.

Poi eravamo al caffè Renault in via Nazionale. Non sapevo di esserci arrivato, il mio stato di coscienza non me lo permetteva.

«Sei sempre un passo avanti a me» salmodiava il Menotti. «E io povero mortale che non mi rendo neppure conto della fortuna che ho a dare del tu a un genio! Ci devi mettere dentro un sacco di viaggi donne uomini culi liquori droga corruzione alti dirigenti con balletti rosa verdi gialli...»

«Praticamente un semaforo.»

Si slabbra in una ghignata di passaggio e nello stesso movimento fa segno al cameriere di portare altri due frozen margarita. Improvvisamente è serio ma con un'espressione persa che pochi altri riuscirebbero a ottenere senza far temere per il loro stato mentale.

«Eh cazzo: noi dovremmo anche vendere! Non puoi essere un po' meno raffinatissimo? Intendiamoci, sempre di qualità: mica ho detto Panariello!»

«Manca il complemento oggetto.»

«Ecco, questi commenti ci voglio dentro!» Applaude convulso. «Chi altro può metterli se non te...» cambia tono. «A proposito: il titolo.»

«Cosa cià il titolo?»

«*Zez.*»

«Sì?»

«Non va bene.»

«Perché?»

«Nonò, va benissimo!» Agita le braccia. Le agita troppo e cade. Lui, questa volta: la sedia non fa una piega.

«Aeroporti» riprende mentre si rialza. «Un sacco di aeroporti. Aeroporti dappertutto.»

«Anche al mare?»

«Soprattutto al mare! Aeroporto = successo = bella vita! Gente coi soldi che va in giro per il mondo e non fa un cazzo tutto il giorno.»

«Meno bagagli ha, più cazzi si fa.»

«Bene, bene...» esclama entusiasta (le nostre rotelline sincronizzano gli orologi). «Stiamo andando avanti! Siamo al jet-set.»

«Se siamo al jet-set stiamo tornando indietro.»

«Peggio: stiamo proprio andando avanti. Il jet-set non è mai finito.»

«Meglio: il jet-set non è ancora cominciato.»

«... e se lasciassimo perdere gli aeroporti?»

Stende un tovagliolo e prende la Montblanc nera e massiccia delle grandi occasioni.

«Ora ti scrivo una serie di cose da mettere in *Zez*.»

«Guarda che *Zez* non c'entra un tubo con quello che hai detto fino adesso.»

Appallottola il tovagliolo e lo getta via. Ne stende un altro e mi porge la penna.

«Allora scrivi tu un riassunto su cosa metterai in *Zez*.»

«Al massimo ti posso scrivere cosa *non* ci metterò.»

Rientro da solo a piedi. Sento il bisogno di camminare ma non ricordo più come si fa.

A metà percorso mi appoggio a una vetrina di via Veneto e m'addormento. Da quando ho saputo di dovermi allontanare da Enikö ho solo voglia di dormire. Anche quando preparavo certi esami avevo delle crisi di sonno. Noia. Prendevo il libro di geometria descrittiva e mi veniva una voglia pazzesca di sdraiarmi su una superficie piana. Oppure anche leggermente inclinata. Era un tentativo di fuggire qualcosa? Forse sì. Qualcosa di doloroso o – forse peggio – noioso, ammorbante, soffocante.

Un tentativo di fuga verso l'interno.

11.

Nello stesso momento Enikö è da sola nel bar di via del Tritone dove andavamo spesso insieme perché tiene aperto fino a tardissimo. Ci mettevamo al tavolo in fondo e il locale chiudeva quando andavamo via noi. Mi raccontava del passato, di quando partì dall'Ungheria e di adesso che deve ricominciare da sola. Io la aiutavo sbizzarrendomi in possibili soluzioni ma in realtà cercavo solo di aiutare me stesso. Aveva dato fiducia alla persona sbagliata e adesso non si fidava della persona giusta. C'erano state delle belle discussioni ma alla fine niente è servito a niente.

Il barman si avvicina al tavolo in fondo, dove Enikö beve da sola il tè verde che ordinava sempre con me, e le mette una mano sul seno infilandola sotto la scollatura della camicetta.

Lei si alza e se ne va. Lo stronzo naturalmente la scaccia dopo che se n'è già andata e urla dalla soglia per coprire la figuraccia.

«Vai, vai! Torna a casa, puttana! Chi ti credi di essere, solo perché vieni qua con Francesco Salvi...»

12.

Quella di Tremamondo era stata una buona idea. La visita in Moldavia sarebbe servita a raccogliere le forze per affrontare le settimane finali del film. Nessuno che conosco c'era stato e io stesso, che da solo non ci avrei mai pensato, ne ero entusiasta.

Ebbi modo di pentirmene ancora prima di partire.

Serve un visto turistico che rilasciano solo a Roma all'ambasciata moldava. Presentarsi col passaporto e quattro foto. Specificare perché si intende recarsi in un posto così poco turistico e dettagliare le regioni da visitare e quanto si prevede di rimanerci. Ripetere l'operazione per i visti di entrata, di passaggio e di soggiorno nei Paesi confinanti, alcuni dei quali si escludono a vicenda. Per la Transnistria, regione che confina con l'Ucraina a ovest, servono permessi speciali che si possono chiedere solo sul posto e non sempre vengono concessi. Sono luoghi che non sanno cos'è il turismo e se continuano così non lo sapranno mai. Non c'è motivo per andare e meno ancora per soggiornarci ma feci metodicamente tutti i passi necessari per quella visita inutile.

Mi ritrovai inedito a me stesso, quando partii.

Arrivai a Bucarest-Otopeni con un volo della Tarom da Roma. Una navetta mi trasportò all'aeroporto Bucarest-Băneasa poco distante e m'imbarcò sul volo interno per Iași della Angel Airlines, che bel nome.

Lì un noleggiatore indipendente mi accompagnò a visitare il parco macchine costituito da due Dacia identiche.
«Scegli quella che preferisci.»
«Ma sono uguali!»
«Sì ma quella sulla sinistra costa il doppio.»
«Perché?»
«Perché è la mia.»

Ed eccomi sulla sua Dacia diretto al confine.

Nell'aperta campagna moldava la strada si consegnava alla sciatalgia di un paesaggio il cui disincanto era di un'efficacia contagiosa.

Non stavo seguendo una rotta con partenza e arrivo ma piuttosto un viaggio nello spazio e nel tempo. Non avrei saputo definire con precisione cosa mi aspettassi. Come mai mi trovavo tanto lontano in un momento in cui volevo con tutte le forze essere a Roma e rimettere insieme i cocci miei con quelli di Enikö? Mi impegnavo a raggiungere un obiettivo e ottenevo il risultato opposto. Nuotavo a dorso ma procedevo in direzione dei piedi.

Mi consolavo ripetendo che forse era giusto così, che era meglio lasciar andare le cose senza intromettermi, che in fondo era coinvolta anche un'altra persona...

Seguivo la rotta e regredivo verso me stesso. Procedevo verso est e tornavo verso il Medioevo.

La campagna mi avvolgeva con un silenzio che da noi non si sente. Non era semplice assenza di rumori; pareva più il dileguarsi del tempo e della civiltà. Forse per questo motivo non infondeva serenità ma piuttosto un'apprensione indefinita ma molto concreta, seppure del tutto emotiva.

Il programma che m'ero fatto era piacevolmente vago, per reazione al dantesco *tour de force* estivo nella burocrazia romana.

Avevo intenzione di vedere Orhei e la sua regione, sacra già in tempi precristiani e, nel dettaglio, i famosi monasteri rupestri, scavati nella roccia e localizzati nei punti meno accessibili. In particolare mi attraeva quello di Țipova del X secolo, il più antico dell'Europa Orientale. Avrei pernottato a Rezina rifacendomi di tanto ascetismo al bar dell'hotel Timoti, con casinò, ristorante, discoteca e tour organizzati all'interno dei tre ambienti.

Uscii dall'aeroporto e lasciai Iaşi alle spalle in direzione Ungheni. Al primo bivio tagliai a sinistra per Golăieşti. La frontiera si trova a una quindicina di chilometri e separa Sculeni in due metà, una in Moldavia e l'altra in Moldavia – la regione romena e lo Stato confinante hanno lo stesso nome. Non si preoccupano molto della precisione, qua. La Transnistria si chiama anche Transdnestria a seconda di dove guardi. Per i moldavi il nome del fiume è Nistru e per gli ucraini Dnestr.

Il Medioevo è passione e paura ma anche comica confusione. Non poteva farmi che bene quel training autogeno di oblio e relax senza obbligo di fanghi.

Per Golăieşti l'asfalto era disastrato, lo sterrato perfetto. Decisi perciò di evitare le strade principali nella romantica ricerca dei posti più genuini ma là i posti erano tutti veri, la sola differenza era la forma impressa dal sedile alle chiappe a fine giornata.

Stavo superando il fiume Jijia quando vibrò il cellulare.
«Ma quando cazzo arrivi?»
Manco a dirlo era Tremamondo.
«Perché?»
«So' già a Budapest co 'sti dialoghi che mi fanno impazzire... Ma ndó stai?»
«Moldavia.»
«E che cazzo ci fai?»
«Come cosa ci faccio, me l'hai detto tu!»
«E sei ancora là?! Fortuna dicevi che era 'na stronzata...»
«Ho cambiato idea, e allora?»
(Silenzio)
«In vacanza! Sempre così, gli amici quando servono 'n ce ne sta manco uno che me dà 'na mano»!

Appese furiosamente. Per essere già in Ungheria doveva essere disperato.

Stavo quasi per fare marcia indietro quando mi trovai a tu

per tu con una sbarra. Era la dogana, desolante come un checkpoint della Guerra Fredda.

C'era un soldato solo. Annoiatissimo, s'avvicina e senza chiedere visti o documenti solleva a mano la sbarra con una lentezza esasperante.
Saluto, non risponde, oltrepasso, mi avvio.
Dopo un centinaio di metri butto un occhio allo specchietto. Vedo il confine che s'allontana, la desolazione che ho lasciato, la desolazione che m'attende. Un mio amico nei casini, non ho nemmeno salutato Enikö. Come ho potuto essere così cretino? Avevo solo questa cosa da fare prima di partire, era l'unico motivo per cui ero andato a quel cazzo di party...
D'improvviso mi resi conto che non stavo abbandonando loro ma me stesso. Era come se quel confine fosse l'ultima cosa che mi legava a me stesso e lasciandolo alle spalle m'allontanavo da tutto ciò che ero stato fino a quel momento.
Mi assalì un'invincibile angoscia e un fortissimo impulso a tornare indietro.
«È soltanto una linea immaginaria» dissi a voce alta. «Di là o di qua da quella sbarra io sono sempre io!»
Ma quel pensiero non mi tranquillizzò. Ero il comandante e l'unico passeggero di una nave che lasciava la terraferma per sempre.
Avvertivo un'inquietudine crescente. La ignorai, ottenendo il risultato opposto. Lo smarrimento cresceva contro la mia volontà e si moltiplicava, i moscerini nello stomaco erano diventati uno sciame.
Regolai il respiro. Rallentai l'andatura. Mi ripetevo che si trattava solo di un calo di pressione – buttarla sul malessere fisico mi tranquillizzava – ma la tensione presto diventò insopportabile. Non riuscivo a ricacciarla nel luogo oscuro dentro di me dalla quale era strisciata fuori e da lì a poco mi avrebbe abbattuto e infine sopraffatto.
Mi sentivo tirare indietro per i capelli. La cintura di sicurezza stringeva sempre più fino a soffocarmi.

Serravo le mani sul volante per non mollare la presa e mi mordevo le labbra ma in un impulso incontrollabile schiacciai il pedale del freno con tutte le mie forze e due piedi.

Le gomme stridettero, si spense il motore e la macchina si fermò di traverso sulla carreggiata.

Avevo percorso sì e no duecento metri.

Il soldato uscì dalla garitta. Gridò qualche parola e puntò il fucile nella mia direzione mirando nel cannocchiale.

Mi sporsi dal finestrino e feci un cenno per dire che era tutto ok.

Riavviai il motore. Qualunque cosa fosse stata, era passata.

Restai ad ascoltare il motore a bassi giri che faceva le fusa. Mi sentivo svuotato.

«Non c'è nessun motivo per stare così male» dissi a bassa voce. «Non è logico.»

Ma non c'è niente di logico nella paura.

Diedi gentilmente gas e lasciai la frontiera e me stesso alle spalle.

Moldavia, nome dolce e musicale come Moravia, la regione dalle cui alture già s'immagina Praga ancora lontana con il castello che domina Kafka dall'alto, le luci soffuse, fascino di una lingua-rebus con l'alfabeto che mantiene vezzi da amanuensi con virgole punti e accenti in ogni direzione sopra e sotto le lettere. Puoi leggere il nome di Dvorák sugli spartiti ma per pronunciarlo devi essere un rospo. La Città Vecchia si chiama Malastrana: che nome stupendo. Affascinante, zingaro, romantico, evocativo. Basta il suono per materializzare davanti agli occhi *Lo studente di Praga*, *Il Golem*, misteri di secoli fa. Ho sempre pensato che chi l'ha inventato è un genio. Poi scopro che in ceco significa semplicemente «città vecchia» e ci resto un po' male.

Cioropcani.
Bocşa.
Taglio fuori Fălești e prendo a destra per Petroso.

Al bivio di Lazo proseguo per Măgurele.

Mi immisi sulla M14 stando sulla destra per non perdere l'uscita di Chirişeni.

Bogzeşti. Morozeni bivio per Corneşti e andai a sbattere contro qualcosa che per poco non mi faceva ribaltare. Schiacciai d'istinto il freno con una tale forza che quasi lo seppellii e mi precipitai a vedere.

Cazzo, avevo travolto un cinghiale. Una carcassa di cinghiale. A poca distanza ce n'erano altri due. *Tre animali abbandonati squartati in mezzo alla strada non è un bel messaggio*, pensai.

I cinghiali attaccano l'uomo, distruggono la campagna, dove passano loro non crescono più neanche i sassi, sono una grandinata con chicchi da una tonnellata, ma esporli squarciati e ancora sanguinanti non mi pareva comunque una bella cosa, e nemmeno igienica.

Bisognava toglierli da lì.

Infilai i guanti da lavoro, afferrai le zampe posteriori di quello più grosso e tirai con tutte le forze. Non era una roba facile, pesavano paurosamente anche squartati. Mi difettavano le energie. Lo spettacolo era barbaro e repellente ma non avrei creduto che m'impressionasse tanto.

Ero sudato quando risalii in macchina. Adesso i tre bestioni sembravano sdraiati a dormire sull'erba. Li avevo messi di schiena rispetto alla strada. Mi pareva più decente.

L'erba incolta mordeva l'asfalto e a volte lo aggrediva. In alcuni punti attecchiva nel mezzo, sulla striscia bianca (quando c'era). Le strade erano poco battute e quelle zone di campagna davano l'idea di potersela mangiare in pochi mesi.

Ripartii con l'impressione di qualcosa di storto. La frenata mi aveva ridotto di un centimetro il parco-gomme.

Singerei.

Il fiume Ciuluc.

Prepeliţa.

Saraceni Vechi era la zona più tranquilla dal mio ingresso in Moldavia, era verde a colline dolcemente ondulate, quasi bucolica. Forse perché da un po' non incontravo cinghiali squartati.

Al bivio per Cuizovca presi decisamente a sinistra poi a destra per Orhei.

Fu lì che mi persi.

13.

Adesso è facile dirlo ma in quel momento niente era più lontano dai miei pensieri che l'eventualità di sbagliare strada. Prima di tutto perché non avevo urgenza o desiderio particolare che mi spingesse in un luogo preciso e potevo tranquillamente visitare un posto invece di un altro, perché era tutto bello da quelle parti.
 La campagna era curata, le case lontane sembravano ritagliate nel cartone, quelle vicine alla strada erano diroccate o inabitabili. Eppure avvertivo la scomoda sensazione di essermi perso, ed era molto fastidiosa. Non ero per niente contrariato per il fatto di vedere delle cose invece di altre ma non riuscivo a liberarmi dal pensiero di essere stato così scemo. Non era nulla di grave e ne ero perfettamente convinto ma mi accorsi che stavo lottando con me stesso per non andarmi di traverso.
 Oltrepassai Chistelnița e a Chiperceni riapparirono i cinghiali squartati. Sul dosso che fiancheggiava la strada a sinistra e poco più avanti sul limite della carreggiata. Su questo dovevano aver infierito più persone con asce o altri attrezzi da taglio pesanti: più che ucciso era stato travolto da un'ira bestiale. L'avessero gettato sotto un treno sarebbe stato meno dilaniato. Ma che modo è di macellare? Cosa gli resta di commestibile dopo un trattamento del genere? O si trattava di una tradizione popolare, un rito pagano? L'odore però non credo facesse parte della festa.

Superai il bivio. A destra sulla strada per Bulăeşti altre carcasse deformate a tal punto che, pur osservando sino al limite del voltastomaco, non riuscii a capire se erano sei bestie o quattro.

Fortunatamente la strada per Ţipova era dalla parte opposta. Per errore avevo scelto il percorso più lungo ma per quanto guardassi lontano non c'erano carcasse in vista. Un altro cinghiale nello stesso giorno e sarei tornato in Italia.

I luoghi erano più tranquilli, ora. La quiete bucolica e l'assenza di esseri umani mi permisero di ascoltare la mia voce interiore. Era lo stomaco che inviava richieste di cibo.

Poco dopo un'insegna attirò la mia attenzione. Era antica, in legno colorato e scolpito, appesa a due catenelle rugginose che cigolavano. *Birarie, schimb valutar*. Raffigurava una taverna medievale con tavolo, tovaglia a scacchi bianchi e rossi e un signore con cappello fucile e cane da caccia che pasteggiava a selvaggina e vino rosso. Sbarcai dall'auto e mi avvicinai sorridente. Fu forse il piccolo cimitero abbandonato che notai dalle finestre senza tende sulla parete opposta che mi tolse l'allegria.

La taverna è isolata, non potete sbagliare, è birreria e cambiavalute. La prima sulla destra venendo dalla frontiera. Voglio essere preciso in modo che potete accelerare caso mai ci passiate davanti.

14.

Fracasso di sedie trascinate e tavoli spostati. Quando aprii la porta interna mi aggredì un gran vocio di persone che discutevano animatamente indicando il televisore accrocchiato in alto sulla parete piccola come nei nostri vecchi bar di campagna. Era un televisore italiano, un mastodontico Mivar anni Settanta in finta radica e in bianco e nero. Le figure erano strette e deformate verso l'alto, con due strisce nere orizzontali che si mangiavano alcuni centimetri di schermo. Le immagini schiacciate e dilatate rendevano spettrale uno spettacolo già per se stesso impressionante. Il corpo quasi decomposto di una giovane donna orrendamente squartato era ripreso da ogni possibile inquadratura. Pensai subito ai cinghiali e mentalmente ringraziai il vetusto apparecchio di non essere a colori.

Al mio ingresso gli avventori che commentavano le immagini abbassarono drasticamente la voce pur mantenendo toni astiosi e concitati mentre mi lanciavano occhiate sferzanti. Altri si limitavano a frugarmi con gli occhi con estrema insolenza e scortesia.

Cosa ci faccio, io, qui?

Non è un quesito originale e capivo che stavo diventando pedante, ma il mondo reale che cosa offriva di meglio? Un cimitero in eruzione e il corpo squartato di una donna. Quindi quella domanda aveva tutte le ragioni per venire posta a me stesso.

Perciò ripeto: cosa ci faccio, io, qui?

Le facce e gli atteggiamenti erano rigorosamente maschili anche nel caso delle poche donne e non appartenevano a questo secolo e neppure al precedente. Erano i rozzi contadini di Bosch brutti e malefici che ghignavano delle proprie mostruosità e sghignazzavano divertiti dal mio stupore per aver messo piede nel loro mondo. Erano miscugli grotteschi di nasi e gozzi, ginocchia deformate dall'artrosi e teste dall'idrocefalia, casi umani sfuggiti al tempo e sopravvissuti fin qui dal Medioevo.

Quella era casa loro, l'estraneo ero io, la loro diffidenza era normale: un fattaccio nel cortile di casa provoca irritazione principalmente perché si teme che l'assassino sia uno della zona. Si è terrorizzati all'idea di condividere con lui il paese, le strade, le giornate, il saluto. Il folle potrebbe essere chiunque, ogni incontro l'ultimo.

Se invece il criminale viene da fuori è ancora peggio: significa che anche nel piccolo paradiso terrestre s'è finito di vivere tranquilli.

I mormorii riprendono e si ripetono.

L'impressione che abbiano me come oggetto è ormai una certezza.

Se da queste parti trovi uno che parla inglese il Vaticano lo dichiara miracolo senza bisogno di ulteriori indagini. Però almeno una donna che abbia lavorato in Italia potrebbe pure saltare fuori. Un autorevole settimanale diceva che sono sufficienti tre anni di lavoro all'estero come domestiche o badanti per tornare a casa ricche. Quello che il servizio non diceva è che essendo diventate ricche le donne moldave non tornano più da queste parti.

Sento decine di occhi che mi camminano lungo la schiena ma mi sforzo di non perdere il controllo mentre mi avvio all'unico tavolo libero con la freddezza di chi non può perdere il controllo. Sono un estraneo maschio da solo con abiti casual ma costosi però spettinato. Qualunque mio atteggiamento è destinato a essere frainteso: se tamburello sul tavolo come mio solito dimostro di essere nervoso perché temo di essere scoperto; se resto immobile sembro teso per poter scappare al minimo allarme. Non si sa proprio cosa fare quando non si è fatto niente di male.

Le immagini della tv sembrano giungere dalla luna o da un luogo ancora più lontano, tanto diversi sono il luogo, il paesaggio e le condizioni atmosferiche. Qui in Moldavia è una bella giornata estiva calda e assolata, invece la scena del delitto è battuta da un vento forte che manda la pioggia di traverso a sferzare persone e cose. Gli impermeabili bianchi della squadra scientifica si agitano come spaventati dall'orrore di quella visione. Accanto alla vittima la consueta scenografia con riflettori, polietilene, detective, fotografi della polizia. La zona in cui si sgroviglia l'intensa attività dei poliziotti è protetta da nastri segnaletici. Al suo interno abbondano i cartellini quadrati con lettere e numeri, i perimetri di corda assicurati a tasselli di legno infilzati nel suolo a delimitare porzioni di terreno mentre gli agenti, con fare esperto, infilano in buste trasparenti microscopiche schegge raccolte con pinze speciali. Insomma, le solite risapute cose di orrore quotidiano delle quali almeno le persone *normali* non dovrebbero conoscere alcunché. Ormai i film dell'orrore, di fronte ai telegiornali, sono spettacoli da educande. E quelli che si arruolano per avere un mondo pulito senza pazzi e criminali finiscono per vivere nel loro stesso ambiente e affondare il naso nei resti indecenti e maleodoranti che quelli si lasciano alle spalle. A volte mi chiedo perché lo fanno e, se dopo anni di quella vita, non preferirebbero cambiare mestiere. Depravati per scelta o per forza: alla fine, chi agisce e chi li combatte sono due facce della stessa medaglia.

Nello schermo i poliziotti si dannano per tenere libera la zona dalla piccola folla di persone morbose, attratte dall'orrore come mosche sui rifiuti. I curiosi sono uguali in tutto il mondo, purché l'orrore riguardi qualcun altro.

Qualcuno mi fa trasalire assalendomi alle spalle.

«Qui non si mangiano i cinghiali crudi!»

È il cameriere, o forse il padrone. Impossibile dirlo, tutti qui sono identici l'uno all'altro. Mi ha spaventato in italiano: devo riconsiderare il discorso sui miracoli del Vaticano.

Le scritte spiacevoli sul video e qualche termine inglese usato dalla cronista integrano le informazioni. La vittima è della zona. Appare una cartina con una freccia che indica Sculeni, cioè il confine appena attraversato.

Se tutti quelli che mi spiano hanno paura di me o pensano di picchiarmi commettono un errore madornale. Capissero qualcosa o capissi qualcosa io glielo spiegherei. Tutti voi mi sembrate molto strani, figuriamoci io a voi...

Ero impegnato in questo controllo gestuale quando un dettaglio mi colpì come una frusta di ghiaccio sulla spina dorsale. Era solo l'inizio di un crescendo che con un pugno nello stomaco mi fece rotolare definitivamente all'indietro in tempi e luoghi in cui il Male era la materia con cui è fatta ogni cosa. Il tempo di quel viaggio all'indietro non era uno scorrere cronologico ma piuttosto un continuo cambio di dimensioni che avevano a che fare con lo spazio. Senza muovermi da quella collina ero precipitato in un'epoca in cui i sentimenti erano diversi dai nostri e una cappa di piombo pesava sulle case e i ragionamenti della gente. Un momento storico preciso in cui le famiglie isolate in campagna o rifugiate sui monti si rinchiudevano in loro stesse perché in ogni sconosciuto vedevano un nemico. Chiudevano a tripla mandata i catenacci e durante la notte non aprivano a nessuno. Si accoppiavano tra loro per tenersi ben stretta la propria miseria, l'erba strappata alla pietra, le poche bestie strappate al vicino.

Sembrerebbe un'epoca lontana ma è così anche oggi e mi ci trovavo dentro in quel preciso momento. Lo scorrere del tempo era più cupo che nelle campagne romene e quasi palpabile. Non s'avvicendava in modo ciclico ma giaceva assurdamente fermo, e ciò che è avvenuto non si cancella.

La regia televisiva continuava a proporre il cadavere da tutte le angolazioni. L'omicidio è opera di un serial killer. Prima di essere uccisa la donna è stata seviziata e torturata.

Seguo le immagini della tv. Intuisco una parola su dieci ma è sufficiente per capire che non è il primo ritrovamento del genere.

Chiunque rilasci dichiarazioni – testimoni, polizia, giornalisti, passanti – sembra stupito e terrorizzato dalla propria sorpresa. Perché?

Una parola su dieci è decisamente poco per saperne di più.

Sento il termine *serial killer* serpeggiare tra gli avventori. È un termine internazionale, ormai. Presto verrà usato per lo spelling: R di Roma, S di *serial killer*... Finirà che qualcuno ci chiamerà il figlio, con quel nome. In fondo non è molto peggio di Sandokan.

I presenti conoscono a memoria i dettagli della macabra vicenda. Sanno addirittura *quale tipo* di serial killer è sospettato. Il nome della vittima è di dominio pubblico, c'è chi anticipa a voce alta lo speaker: Camelia Dmitrescu. Appare una foto della ragazza da viva con il nome e l'età: 25 anni. Un viso anonimo, nessun tratto particolare che possa in qualche modo attirare l'attenzione. L'annunciatore rivela che gli inquirenti non hanno nessuna pista da seguire.

«Questo non è corretto» dice una voce alle mie spalle.

È un signore distinto, anziano ma di età indefinibile. Porta un panama sui capelli folti e bianchissimi, molto curati come anche il taglio preciso e sottile dei baffi, a rasoio, sulla pelle chiara quasi diafana.

Gli occhi però, a contrasto assoluto, sono sporchi, lo guardo sfuggente. Un lord inglese a caccia di vizio nei suburbi. Parla un italiano accettabile anche se appesantito da un accento tedesco.

Gli manca il pollice della mano sinistra e non si cura di dissimularlo.

«Dodici anni che lo cercano. Agisce sempre nello stesso modo. Uccide quattro persone in fila e fa trovare quattro corpi in fila.»

Sono confuso dal luogo, dalla notizia, dallo sguardo curioso e ostile della gente. Mi sembrano impressionati più dalla mia presenza lì che non dai raccapriccianti dettagli sciorinati dalla tv.

«Come *in fila*, mi scusi. Non capisco.»

«Non sono veramente» mi precedette. «Un corpo è formato da quattro persone uccise.»

«Vuole dire che i quattro corpi...»
«No. *Un* corpo.»
«Cioè ogni corpo...»
«Sì sì sì!» Saltava sulla sedia ripetendo la parola magica. «*Tutti* corpo!»
(Che fastidio gli stranieri che parlano male l'italiano...)
«E che cosa non è corretto?»
«Il nome. Camelia Dmitrescu è il nome della testa, non di tutto il corpo.»

15.

Guidavo studiando attentamente la cartina sul sedile di fianco. La velocità era tanto ridotta da fare in tempo a dipingere la cappella Sistina sul soffitto della macchina prima della curva successiva.

Sentivo di essere tremendamente fuori posto. Anche il mondo che scorreva all'esterno mi sembrava fuori posto: pianure sulle colline, sassi in pianura. Coltivate le rocce, trascurati i campi.

File di uomini, donne e bambini a piccoli gruppi o da soli formavano un interminabile rosario che si snodava lento lungo il bordo della strada. Rare le moto e le biciclette, inesistenti le auto.

Quando rallentavo agli inutili semafori o ero costretto con l'auto ad assecondare i molti carri trainati da animali, puntualmente gli occupanti mi lanciavano sguardi furtivi controllando l'interno. Con una sola occhiata avevano calcolato cosa c'era da prendere e quanto ci avrebbero ricavato se solo mi fossi fermato a cambiare una gomma.

Essere circondato mi provocava inquietudine e un sentimento di cristallina paura, anche se si vedevano in giro solo anziani, donne e bambini.

Non m'era mai capitato di considerare concretamente il pericolo di essere sequestrato, derubato, menato, seviziato mentre il resto del branco mi teneva fermo in attesa del proprio turno.

Che ci venga lui a godersi la sua vacanza culturale, cretino! Consiglia posti che non sa nemmeno come sono conciati. «Vai in Moldavia» dice. Ma vienici tu in mezzo ai cinghiali e ai serial killer, Tremamondo... Vieni tu che ti ci trovi bene, deficiente!

A una curva a gomito, pur viaggiando praticamente a passo d'uomo, fui costretto a frenare di botto per un incidente assurdo.
Di traverso al centro della carreggiata c'era una Dacia scoperta dalla quale fuoriusciva un cavallo bianco. Era molto inclinata su un lato ma non s'era ribaltata perché era andata ad appoggiarsi contro un antico e lunghissimo pullman Tatra il cui unico passeggero era un grosso bue. Mi rendo conto che *grosso* è un concetto difficilmente quantificabile per un bue in un luogo tanto ristretto e inusuale. Poteva anche essere un bue piccolo ma a prima vista pareva un elefante.
La Dacia cabrio era una normale berlina alla quale erano stati segati tetto e finestrini.
Scattai varie foto col telefonino. Avevo bisogno di documentare ciò che vedevo, anche per poter essere creduto, non necessariamente al mio ritorno.
Fu lì che tutto mi si chiarì: carcasse di cinghiale e agnelli sventrati hanno effetto neurotonico ma fanno diventare sospettosi...
Come potevo essere sicuro che fosse un incidente vero e non una messinscena per farmi scendere dalla macchina? Forse ero diventato paranoico ma l'auto inclinata era sostenuta con dei mattoni e non c'erano segni di frenata né della Dacia né del pullman. Inoltre nessuno dei due mezzi aveva danni evidenti.
Le persone s'avvicinavano a gruppi dalla strada e dai campi con passo molle e uniforme quasi obbedendo a un richiamo. Erano coperti di stracci che i nostri contadini avrebbero rifiutato anche ai tempi dei Borboni.
Alcuni uomini infangati armeggiavano confusamente attorno a una ruota che sembrava più in ordine delle altre.
Sudai freddo. In silenzio e senza movimenti bruschi, il resto del gruppo m'aveva quasi accerchiato sui tre lati scoperti.

Non mi trattenni a lambiccare altre ipotesi. Diedi gas e scappai come uno che ha già troppi cazzi di suo per fermarsi a imbarcarne altri.

16.

Dieci minuti più tardi sto ancora tirando il collo alla Dacia e continuo a voltarmi per controllare che non ci sia nessuno sul sedile posteriore
Adesso non me ne frega più niente di andare a Ţipova, dichiaro a voce alta e in quel preciso istante scorgo i buchi neri delle grotte sulle pareti rocciose. La cosa mi dà quasi fastidio. Quando le cerco non le trovo e adesso che non m'interessa più...
Mi consola che sembrano ancora parecchio lontane. La scritta "Ţipova" non si decide ad apparire neppure sui cartelli stradali. È normale. Qui se trovi un'indicazione vuol dire che sei lontano.

Il tramonto incombe. Ha colori violenti dal blu al viola con striature orizzontali rosse. In un quadro sembrerebbe finto da fare schifo ma a vederlo così dal vero, gratis, proiettato su questo schermo enorme viene da chiedersi quanto sia costato. Mi viene obbligatorio fermarmi per vederlo meglio. Scendo e mi siedo sul cofano della macchina. Subito dopo sono in piedi con il culo bollente.
La pianura, la strada piatta, il mio collo ruotato verso l'alto... davanti alla maestosità di quei fuochi artificiali lenti e zitti mi fanno sentire misero, un essere a due dimensioni, inchiodato al suolo. Sono al centro di una sfera sulla quale i colori si incurvano e mi scavalcano proseguendo all'infinito oltre le mie spalle.

Guardo attraverso la metà trasparente di una biglia di plastica in piedi sulla foto piatta e circolare di un ciclista, le palline con cui i ragazzini giocano al Giro d'Italia sulle piste di sabbia fatte in spiaggia.

I colori del tramonto perdono forza diventando cupi e indistinti ma non più dolci. Le colline inesistenti fino a poco fa si risvegliano e si ingobbiscono come porcospini.

Meglio cercare un albergo e rinviare Ţipova a domani, non può distare ancora molto e comunque da dov'è non si muove.

Torno al volante e mi avvio. È tremendamente scocciante ammettere di essermi fatto sorprendere dal crepuscolo. Prima della curva vedo un paesino (spero che sia un paesino) di cui non decifro il nome, scritto in rosso ruggine su un cartello mangiato dalla ruggine.

Preso dalla frenesia sbaglio la curva. Spingo il pedale ma i freni surriscaldati rispondono a caso e taglio di traverso tutta la carreggiata. Riesco a fermarmi solo in uno spiazzo largo e senza righe a delimitare eventuali parcheggi. Infatti è già il paese. Lascio la Dacia dove ha voluto fermarsi. Scendo e mi trovo immerso nel buio. La sera è calata tanto rapidamente che non ho fatto in tempo ad accendere i fari.

Sulla piazza non ci sono lampioni o altre forme di illuminazione.

Sulla piazza non ci sono uomini o altre forme di vita animale.

La prima idea è riavviare la macchina e cercare un posto illuminato dove dormire o, se va bene, trovare un motel.

Non avrei fatto male, a dirlo adesso, ma non me la sentivo di inoltrarmi per strade che erano diventate improvvisamente di montagna ma erano rimaste inconsistenti come carreggiata e segnalazioni. Per di più i freni necessitavano di qualche ora per raffreddarsi e la benzina per quanto ricordavo doveva essere al minimo (la spia non aveva mai funzionato).

Perciò mi inoltro nell'abitato, curioso nonostante tutto e quasi contento di aver trovato un posto tranquillo. Il paese è drammaticamente povero. Mi accolgono casupole da presepio, sparse o raccolte a collana. Sono di età molto diverse, si fiancheggiano e sorreggono l'un l'altra. Le più vecchie sembrano le più solide. Appaiono quasi tutte fatiscenti ma ciascuna possiede una propria minacciosa bellezza. Alberghi: zero.

Non sarà facile trovare da dormire in modo normale, cioè mettendo giù la valigia e dicendo *Vorrei una stanza*.

Mi accontenterei anche di qualche affittacamere... se soltanto incontrassi un essere vivente contemporaneo a cui chiedere un'indicazione.

Mi siedo a un chiosco all'aperto con vecchie botti che fanno da tavolini.

Da una microscopica finestrella appare una donna con faccia da badante. La saluto e ordino una birra a gesti.

Poco dopo deposita un boccale pieno sul davanzale di una seconda finestra leggermente più larga. Noto il fisico da contadino robusto.

Intuisco che il servizio non si spinge oltre.

Mi alzo, prendo il boccale di birra e torno alla mia botte rovesciata.

Sul sottobicchiere c'è una scritta a matita: «Birra».

Lo dicevo che aveva la faccia da badante. La donna si affaccia di nuovo per asciugare il davanzale.

«Parla italiano?»

Mi osserva e non risponde.

Alzo la voce nell'idiota convinzione che urlando ci si fa capire di più.

«Dico se parla italiano!»

Se ne va in silenzio.

Non si farà più vedere, nemmeno per prendere i soldi.

La birra è aromatizzata al chiodo di garofano e ha il classico retrogusto da anestetico per dentisti.

È tardi e il chiosco sta chiudendo? È presto e non ha ancora aperto?

Forse sospettano che sia il killer, mi dico. Ah ah!

Lascio monete in abbondanza per la birra e mi alzo.

È in quel momento che noto che intorno al chiosco non c'è anima viva.

I marciapiedi della stradina in terra battuta, il piccolo parco con l'altalena ancora dondolante, il bel viale che da lì si diparte, non larghissimo ma ben alberato con platani e faggi...

Era pieno di gente, poco fa. Avevo visto un bel movimento, tanto da sedermi proprio qui. Sul tavolino di cemento con incisa una scacchiera la partita è stata lasciata interrotta: cavalli, re, regine abbandonati nel pieno di un attacco.

È un deserto disordinato e desolante.

Questa assenza ostinata di oggetti e persone ambientata in una specie di movimento immobile cagiona sensazioni angoscianti.

Ho voglia di un sipario qualsiasi.

Moldavia dal nome poetico, è meglio immaginarti che vederti di persona.

M'incammino in una direzione a caso. Se non trovo un albergo subito finisce che dormo in macchina.

Nello spazio tra due case mi appare una zona fiocamente illuminata. Percorro il precario vialetto sconnesso fiancheggiato da due fette di prato fangoso e abbandonato. Da un piccola isola con lastre di pietra grezza parte una scalinata monumentale interamente realizzata in legno. Il tetto che la protegge è massiccio, formato da larghe tegole regolari in betulla dipinte di nero e sorretto ai lati da alte colonne di castagno squadrate e lasciate al naturale. L'interno invece è sorretto da capriate che si susseguono regolari a quattro metri più o meno di distanza. Le pareti sono formate da sette assi di betulla alte una spanna, dipinte come il tetto e leggermente distanziate in modo da lasciar filtrare la luce ma non il calore. Si stendono da una colonna all'altra. Sono meno di una ventina di metri ma in ripida salita e sarebbero quasi insormontabili senza la divisione degli scalini in gruppi di cinque intervallati da un assito orizzontale. La scalinata si getta oltre una profonda spaccatura della montagna e atterra dieci metri più in alto sul lato opposto della gola. Una cinquantina di metri più in basso scarseggia un corso d'acqua quasi in secca in quel periodo.

È architettura rurale ma gradevole e dotata di una sua peculiare eleganza. Mi fermo un attimo a osservarla poi mi inoltro nel fresco cordone ombelicale. È quando mi trovo a metà che capisco la vera ragione delle assi alle pareti che insistono per tutto il percorso. Non filtrano soltanto la luce ma anche i suicidi. Lo strapiombo che si sorvola è terrificante, in particolare a quell'ora del giorno, suggestionati dall'ultima risacca di luce che sta per estinguersi.

Nel centro storico del paese devo essere arrivato per la via più lunga perché ormai è notte.

Le insegne incomprensibili, in un misto di alfabeti cirillico greco e latino, fanno un effetto estraniante e decorativo. Le lettere bardate a festa e inanellate con appese virgole e palline colorate ricordano i simboli indecifrabili degli alchimisti medievali che qui nell'Est Europeo trovavano rifugio.

Contrariamente a me che non vedo nemmeno l'ombra di un albergo.

Attraversai lentamente una piazzetta rotonda più piccola di un cortile. Non presentava nulla su cui l'occhio potesse soffermarsi e forse non era neppure una piazza. Da alcuni segni si intuiva che poteva essere stato un bivio, un tempo, o un piccolo isolato con attorno una casa sola, al massimo due, che una volta crollate o abbattute non erano state rimpiazzate lasciando che si formasse quella piazza involontaria. Ne percorsi il diametro in un attimo. *Letteralmente* in un attimo: per quanto la piazza fosse piccola mi ritrovai sul lato opposto nel tempo in cui avrei compiuto tutt'al più un passo. Mi guardai attorno, stupito. Uno scherzo?

Di fronte a me la vetrina di un negozio chiuso. La saracinesca aveva maglie molto larghe e pur a luce spenta indovinavo all'interno una massa disordinata di oggetti di aspetto vagamente familiare. Erano tanto diversi tra loro da non farmi capire che cosa vendesse. La pregevole insegna sbalzata a mano nel legno scuro e massiccio non mi forniva indicazioni utili. Quella specie di bazar faceva angolo con un viale a dorso di mulo lastricato in modo da formare larghe V più o meno regolari. A destra e a sinistra una doppia teoria di case basse e uniformi che si differenziavano solo per leggere sfumature di colore e, in un paio di casi, per una leggera variazione d'altezza. Si sarebbe detto il vialetto di un presepe.

Tutto taceva. Non s'apriva una porta, non sbatteva una finestra, nessun bambino correva dietro a un pallone. In quell'angolo sperduto ogni cosa era immobile, anche l'aria. Era abitato solo da case, quel quartiere. Un deserto di case unte e inanimate.

Controllai la piazza e quando voltai di nuovo la testa mi accorsi di essermi inoltrato nel viale per un centinaio di metri. Lo stesso fenomeno di poco prima quando avevo attraversato la piazza senza muovere un passo. Ero incuriosito e sorpreso. Mi inquietava invece più la mancanza di persone che non le distanze percorse in quello strano modo, perché poteva trattarsi di un'impressione causata dalla stanchezza, ma per quanto riguardava la gente ero sicuro di aver notato, al mio arrivo, un certo movimento. Quando al chiosco la donna aveva messo il boccale sulla finestra dietro di lei ricordavo perfettamente alcune persone che mi osservavano incuriosite, un bambino in bicicletta e due ragazze che uscivano da un negozio. Avevo visto gente che camminava sedeva parlava leggeva il giornale come in ogni altro paesino della terra.

Dov'erano finiti tutti?

Mi distolse da questi pensieri un luccichio proveniente da un centinaio di metri ma la luce calante lo rendeva evidente. Era nella direzione di una casa che attirò subito la mia attenzione perché il portone era esageratamente grande rispetto alle dimensioni dell'edificio. Una bocca enorme e spalancata che ingoiava quasi tutta la costruzione. Ai lati estremi della facciata, molto decentrate per via del portone che prendeva la maggior parte dello spazio, due finestre che non erano mai state aperte. Come potessi saperlo non essendo mai stato lì non lo saprei spiegare ma la sensazione era di assoluta certezza. Osservai con maggior attenzione. Non erano vere finestre ma elementi decorativi. Erano molto comuni nelle vecchie costruzioni quando l'ambiente dietro la facciata non offriva spazio sufficiente per ricavarci una stanza. Solitamente queste finte finestre sono affrescate sulla facciata ma in case con minori pretese possono essere a tempera o smalto. In quelle invece le imposte erano vere ma con lo stesso intento: dare un tocco di grazia a un portone troppo invadente. Nella facciata nera le finestre s'erano fatte da parte e piccolissime. Erano occhi socchiusi, malfidenti. Poco più in alto si disegnava un solo esteso sopracciglio pesante e imbronciato, una larga grondaia in legno, nera, e subito svettava il tetto inclinatissimo di tegole piatte a forma di piccolo scudo arrotondato. Tante piccole scaglie arrotondate e sovrapposte, un serpente scuoiato la cui pelle appiattita seguiva l'andamento del tetto e accompagnava sinuosamente i sei abbaini a scalare su tre piani sovrapposti: tre, due, uno. Aspetto non inconsueto da quelle parti, il tetto superava del doppio l'altezza della casa che era un piano e mezzo, questo interamente ingoiato dalla bocca. Gli abbaini avevano la parte in muratura stretta e bianca – l'unico punto chiaro di quella casa – e nel centro si apriva una finestra nera, neri gli infissi, neri i vetri. Occhi che guardavano chi passa e da lontano mettevano in fuga gli spiriti maligni. Da vicino spaventavano anche me. Le palpebre semichiuse di pelle di serpente ne rafforzavano ulteriormente l'espressione limacciosa e cattiva.

 C'era un batacchio solo, vecchio, ad anello, ridipinto con smalto nero per coprire la ruggine. Un drago alato avvolgeva la metà inferiore con le spire e chi batteva sul portone doveva fare attenzione a non ferirsi con i denti lunghi e affilati. Solo le zanne non erano nere, unte, sporche e rugginose come ogni altra cosa in quel portone, ma brillavano lucide di un giallo dorato che si sarebbe detto ottone.

 Quel dettaglio era curato in modo particolare dal proprietario della casa oppure i ragazzi strofinavano le zanne come portafortuna o, vista la cupezza del luogo, come prova di coraggio nei sabba organizzati dal locale circolo giovanile. La serratura era semplicissima, senza decorazioni né scanalatura a fare da invito per la chiave.

Ma com'ero arrivato a pochi centimetri dalla serratura senza averlo deciso razionalmente? Era la terza volta che avveniva una cosa del genere. Prima la piazza, poi il viale in mezzo al quale mi ero ritrovato mentre ero fermo a guardare il luccichio che proveniva dall'unica casa leggermente diversa dalle altre, e ora questo portone che studiavo da vicino senza aver fatto nulla per arrivarci.

Sentii le gambe molli. Sarà stata la stanchezza, e poi ero digiuno da parecchie ore e la roba che avevo mangiato nel bar con la televisione giurassica l'avevo vomitata nel bucolico paesaggio, sperando potesse nascere un giorno una rosa rossa. Era certamente la fame. Si sa che fame e mancanza di riposo hanno sempre causato allucinazione e ispirato gli ierofanti, quindi nulla da stupirsi se anch'io in quelle condizioni ero più sensibile di quanto non fossi dopo una bella cena al Calabrone di via San Senatore.

La serratura era un buco rozzo e senza apparente sagomatura. Ci passava un dito. Diedi un'occhiata in giro perché ciò che stavo per fare era una cosa non molto educata. Non c'era nessuno per quanto poteva spaziare la vista, ma ugualmente non ero tranquillo. Diedi un'ultima occhiata intorno poi spiai dal buco della serratura. Non si vedeva niente all'interno, buio totale. Niente corridoio, portico, ingresso, cortile, luci riflesse, scale... Come se la casa fosse una scenografia espressionista con finte finestre, abbaini a forma di occhio e il tetto più alto della casa che dovrebbe proteggere.

Non è vero che non ci fosse niente, dentro. Gli occhi dovevano solo assuefarsi all'oscurità.

17.

Solo pochi istanti e distinguo ogni cosa e ciò che vedo mi paralizza.
Sulla parete di sinistra stanno appesi in ordine agghiacciante quindici, venti scheletri umani di bassa statura. La parete di destra invece è soffocata da un'enorme quantità di piccole bare bianche accatastate una addosso all'altra a strati decrescenti fino al soffitto.
È un ambiente alto e largo ben più dell'ingresso di una normale abitazione ma non è possibile farsene un'idea precisa perché gli oggetti più vicini coprono gli altri nascosti da un doppio strato di buio.
Urto qualcosa che produce rumore di ceramica trascinata e poco distinta, nell'oscurità vedo delinearsi un'ombra bianca che però non è un vaso, un piatto o altro che avrei potuto razionalmente aspettarmi. È un uomo basso e massiccio, un brutto ceffo con naso enorme e piccoli occhi cattivi come teste di spillo.
Ha una roncola in pugno e tiene per mano al suo fianco una bambina. È bionda e dall'espressione sperduta, carnagione bianchissima e occhi spenti e infossati. Avrà poco più di sette anni ma è alta come lui, i capelli lisci e lunghi fin quasi ai piedi nudi e indossa solo una leggera vestaglia da notte bianca.
Ora vedo decisamente meglio. L'uomo non dà la mano alla bambina ma le stringe saldamente il braccio poco sopra il polso destro.

Non tiene la bimba per mano, gliela sta amputando!

Scatto in avanti ma qualcosa di tondo sotto il piede mi fa perdere l'equilibrio. D'istinto mi afferro alla prima cosa che trovo, mi pare una collana tribale in osso ma invece è la mano dello scheletro più vicino, che non regge il mio peso e si stacca.

Cado all'indietro e sbatto pesantemente la nuca sui ciottoli del selciato. Per un attimo la penombra si spegne in un buio totale squarciato dal rapido bagliore di un lampo.

Un rumore sordo, un dolore acuto e brevissimo.

Urlo.

Mi fanno cenno di tacere. Dal nulla s'è materializzato un crocchio di persone all'apparenza molto povere e miseramente vestite.

Mi indicano il portone. Con estrema difficoltà riesco a capire che qualcuno, udito il fracasso, ha avuto il coraggio di aprire.

La mia espressione è chiaramente alterata perché un uomo anziano con capelli bianchi molto lunghi soltanto sui lati mi fa capire che c'è o si sta preparando una festa in maschera con scheletri bare e anche la bambina.

No, dico, la bambina è vera, l'ho vista bene.

I presenti ascoltano in cerchio. C'è chi scuote la testa, importunato dal mio comportamento. Altri se ne vanno senza commentare. Le mamme portano via i figli più piccoli.

Mi accorgo di aver perso il cellulare.

«Dove cazzo è!» grido a me stesso.

Cerco in tasca ma non c'è.

Un ragazzino si avvicina timoroso con il telefonino, storto e infangato ma vivo.

Resta sul posto con la mano tesa. Quando capisco gli regalo un euro e scappa come una gazza ladra felice. Non s'aspettava certo un premio così grosso.

Soprattutto, come scoprii più tardi, perché il telefono non era il mio.

Nel frattempo il portone è stato chiuso di nuovo.

La gente ormai se n'è andata e io mi trovo ancora nello stesso punto di prima.

Il tempo s'è riavvolto come una bobina.
È come se nulla fosse successo.
Eppure ho un tumefazione sulla nuca, solo a sfiorarla con un dito mi provoca una fitta profonda, e accanto a me c'è la mano dello scheletro con le falangi di tutte le dita.
Lo raccolgo, lo osservo. Consistenza, colore, porosità delle ossa sono imitate perfettamente. Come accessori di scena sono di alta qualità, ben al di là di quanto richieda una sagra paesana.
Le sanno fare bene queste cose e tutto ciò che riguarda morti, ossa, carnevali macabri, apocalissi. Noi che veniamo dalla sponda magra del Lago Colonnello, per quanto ci sia poco da ridere, non siamo mai stati così pesanti!
Qui come ti giri c'è orrore, paura, streghe, morti, terrore dappertutto.

Saggio il portone con una leggera pressione, prendo una breve rincorsa e do una spallata pesante. Cede senza alcuna resistenza, forse era solo accostato.
All'interno il soffitto è a cassettoni, rustici ma ugualmente attraenti.
L'uomo è scomparso, la bambina invece è ancora lì nella stessa posizione.
Avevo ragione, è vera.
Tutto il resto poteva essere finto ma non lei.
Mi avvicino con estrema cautela, all'uomo penserò dopo. La ragazzina non reagisce, è immobile. Troppo. È drogata o ipnotizzata.
Sussurro qualche parola per tranquillizzarla e pare ci riesca perché si lascia avvicinare. Noto all'attaccatura del polso un segno colorato di matita grassa, all'altezza della quale deve essere asportata la mano. Con estrema delicatezza le tocco i capelli, stopposi e crespi. La mano è screpolata e rigida, la sfioro incredulo.
Avevo torto.
È una bambola a dimensione umana e avrebbe ingannato chiunque anche a distanza di una spanna.

Un'opera pregevole, da un certo punto di vista, ma davvero impressionante.
Perfetta.
Non è una scultura iperrealista volutamente artificiale né è senza vita come un manichino, anzi, possiede la credibilità per ingannare gli spettatori in un circo o a una fiera di paese.
Solo un grande artigiano depositario di formule e manualità antiche può raggiungere un simile risultato, abbinando le proprie abilità con la pratica di un imbalsamatore.
Un folle. Per fare un dito così ci si può mettere un mese!

La consistenza di quella carnagione delicata era riprodotta in tessuto con perizia tale che solo toccandola potei convincermi che non fosse umana.
Piegando le nocche le dita sbiancavano come se all'interno scorresse il sangue.

18.

La pelle di opale della bambina mi fa pensare a quella di Enikö. Se metto le mani addosso all'artigiano mi faccio fare una statua di Enikö a grandezza naturale e la infilo nel mio letto poi faccio una foto di noi due insieme e gliela mando con un biglietto: «Che notte quella notte!».
«Alla faccia di chi vuole sempre il controllo della situazione!» ridacchio.

Improvvisamente una luce accecante illuminò lo stanzone. Subito dopo giunse il rumore sferragliante di un vecchio contatore.
C'era solo una lampadina nuda che pendeva dai cassettoni ma il suo bagliore mi aveva colpito come una fucilata.
Non vedevo nessuno, chi l'aveva accesa? Forse io stesso, urtando un armadio, un tavolo o un oggetto qualsiasi in quel dedalo da rigattiere che a sua volta aveva urtato l'interruttore.
L'androne era cupo come una cantina e più antico della casa, stipato fino all'inverosimile di oggetti eterogenei ma tanto impolverati da risultare tutti dello stesso colore. Non c'era il minimo spazio tra uno e l'altro. C'erano davvero gli scheletri che avevo intravisto. Erano almeno una trentina, inanellati su tre riloghe sovrapposte ad altezza variabile. Facevano da sipario a una serie di armadi massicci, straordinariamente alti e dei classificatori a saracinesca verticale che nascondevano i muri.

L'ambiente doveva essere enorme poiché sui quattro lati non riuscivo a scorgere la linea d'incontro fra i cassettoni del soffitto e le pareti.

Ciò giustificava la sproporzione del portone rispetto all'esterno.

Le facciate delle abitazioni a destra e a sinistra erano state costruite in un secondo momento e anche quei portoni finestre abbaini erano finti per dare un'impressione di continuità.

Aprii un'anta con specchio ovale di un grande armadio di legno impellicciato e ne scivolò fuori con gran fragore un grosso crocefisso in legno, evidentemente mal sistemato. Era enorme e smisurato. Le assi erano pesantissime e quadrate, spesse una spanna. La statua del Cristo, scolpita in modo rozzo ed elementare, era più alta di me. Risultava ingombrante anche in quell'ambiente tanto capace.

Poteva stare in quell'armadio solo dopo che ne era stato asportato il fondo.

Apparve un cane nero a suggerire l'uscita.

19.

Esco infatti su un cortile stretto e lungo con una fila di bidoni di rifiuti, un fuoristrada Lada scassato, misere case di ringhiera a tre piani. Sulla copertura di terra battuta un deposito con botola aperta livello-zero e cinque spacci di integratori alimentari, schede telefoniche e cambiavalute. Un vecchio frigo Coca-Cola rosso per gelati.
Un orologio digitale a muro segna le 19:19.
È aperto e dall'interno spunta un bambino con solo un lurido paio di mutande addosso. Un po' di gente s'affaccia dalle finestre alla spicciolata. Una donna esce sul ballatoio ma si tiene lontana dalla ringhiera, appoggiata di schiena al muro di casa giusto il minimo per vedermi senza essere vista.
Mi giro di scatto e divento un cubo di ghiaccio. A un passo da me c'è la ragazza di cui ho appena visto la statua. È viva, vera, mi guarda, accenna un sorriso, batte le palpebre e respira, contrariamente a me che resto a bocca aperta. La situazione è ribaltata, ora dovrei toccarla per convincermi che è finta. Muovo una mano indeciso ma mi blocco. All'altezza del polso, al di sotto del segno colorato, la mano non c'è. Dall'avambraccio spunta un bendaggio stretto e sottile intriso di sangue. Alle sue spalle emerge l'uomo tarchiato che le disegna una riga attorno al collo con un rossetto scuro. Mi guarda di sottecchi senza interrompersi. Nell'altra mano tiene la roncola affilatissima che riflette i deboli spunti di luce intensificandoli in scintille abbaglianti.

Poco più in là c'è una seconda ragazza o è la terza o la prima, non so cosa pensare, non distinguo le persone vere da quelle finte. Questa ha un bellissimo viso dolce e arrotondato, capelli neri, grembiule unto e strappato, senza calze e con zoccoli di legno sbozzati a colpi d'ascia. Aggrappato alla veste un bimbo con in mano un pezzo di pane scuro sporco di terra chiara. Ha gli occhi umidi di pianto e il moccio che gli cola. Stanno a piedi nudi sul terreno dal quale spuntano ciottoli qua e là quasi fossero ciuffi d'erba selvatica che cresce spontaneamente. Non m'ero accorto di loro. Non saprei dire se sono della casa o mi hanno seguito dall'esterno. Un grosso ratto attraversa veloce il cortile. Cinque uomini sparsi sui tre ballatoi. Sulla sinistra due al primo piano e uno al terzo e tre a destra, uno a ogni livello. Hanno tutti lo stesso grembiule giallo di cerata impermeabile annodato dietro il collo, camicia bianca e zoccoli bianchi traforati di plastica da infermiere. Uno grida qualcosa, il cane nero ringhia.

Mi rendo conto di essere entrato in una proprietà privata e per motivi difficilmente giustificabili. Ho fatto cadere dei mobili, forse danneggiando qualcosa. La gente di fuori probabilmente è solo preoccupata per quello che sto combinando. Uno straniero mai visto prima che sfonda un portone, ecco chi sono in questo momento.

Comincia a parlare in tedesco, lingua che non conosco, e con grande fluidità spinto dalla paura metto in fila un discorso con tono militaresco e aggressivo.

«Dòice polizài!» strillo.

Nessuno risponde.

«*Polizei*» urlo ancora. Mi bastava guadagnare il tempo per andare via.

Che stiano tutti fermi, soprattutto il cane che mi sta annusando le scarpe.

Dove cazzo avrò lasciato la macchina?

L'uomo del primo piano mi volta le spalle e s'infila per le scale.

«*Poliţie!* Tutto a posto, qui? Ho sentito urlare.»

«Sei italiano?» grida quello del terzo piano sulla destra. Gli si affianca una donna con un bimbo in braccio e due attaccati per mano alla sottana. Infilano la testa attraverso la ringhiera e mi osservano spaventati.

«Sì, Italia.»

Dal primo piano, sul lato opposto, una donna dai capelli gialli e stopposi appoggiati storti sulla testa alza la sottana scoprendo le gambe fino a metà coscia. Flosce, senza calze ed evidentemente sporche. Mi strizza l'occhio.

«Cambio euro» dice uno degli uomini.

«EPO. Creatina, carnetina» fa un altro.

Muovo la testa a scatti da destra a sinistra come un tacchino per seguire le voci e mi sento perso.

Se esco di corsa la macchina dovrebbe essere sulla sinistra.

Mi passa per la mente cosa potrebbe farmi tutta questa gente insieme se riesce a mettermi le mani addosso. Stanno cercando di distrarmi per chiudermi la via di fuga. Sento sbattere il portone alle mie spalle.

«Cocaina» propone sorridendo la ragazza dal bel viso accanto a me. Il cane ringhia scoprendo una doppia fila di denti aguzzi e bava.

«*Polizei*!» grido di nuovo, e mi precipito nell'androne che nel frattempo è tornato buio. Sbaglio a misurare le distanze e colpisco un armadio che non vedo. Il cellulare mi cade. Tento di afferrarlo al volo. Ci riesco miracolosamente ma non del tutto e schizza via di nuovo come una saponetta. Lo sento cadere sui ciottoli, rimbalzare e aprirsi in più parti. È come se vedessi la batteria saltellare e finire sotto uno degli armadi alla mia destra e il guscio di protezione che rimbalza più volte prima di fermarsi. Manda un debole lucore azzurrino come un piccolo grido luminoso, poi si perde nel buio. Il tutto è durato pochi secondi durante i quali ho ruotato su me stesso più volte. Pur essendo in un ambiente già visto non riesco a capire se l'uscita è davanti a me o alle mie spalle.

Dove cazzo vado adesso!?

È tutto grottesco, passo dal ridicolo alla paura alle minacce, ma appena capisco che sono tutte invenzioni isteriche mi terrorizzano di nuovo paralizzandomi.

L'urto contro il portone non mi fa male ma è impressionante il rumore che produce e che rimbomba tutt'intorno, nello spazio della mia testa. Non so come afferro la pesante maniglia a palla e sono fuori. Non mi curo di chiudere il portone e pianto una corsa disperata e scomposta tra le stradine deserte nella direzione dalla quale ero arrivato.

Dormirò in macchina ma non lì. Molto lontano da lì, su una collina da dove controllare la zona per parecchi chilometri intorno. Appena esco di qui la prima cosa che faccio telefono in Italia a Fabrizio per bloccare il cellulare poi ne comprerò uno schifoso da qualche parte qui intorno.

Mi sento dimenticato dal mondo in un Paese che parla una lingua che si parla solo lì. È come per un laureato in cambogiano finire in Cambogia-periferia dove si parla solo dialetto perché la sezione locale della Lega vuole mantenere le tradizioni.

La macchina è dove l'avevo lasciata, com'è normale che sia, ma ne sono oltremodo stupito. Salgo e accendo il motore. Faccio sì e no venti metri e sono costretto a inchiodare. Il cane è seduto in mezzo alla stradina, dritto sulle zampe anteriori. Non c'è spazio per passare ma non si muove di un millimetro. Mi guarda con aria di sfida. Apre la bocca come prima. Aggrotta il muso e scopre le zanne. Accendo gli abbaglianti.

L'immagine della bestia mi rimane impressa negli occhi come su una pellicola. Mi fissa per vedere chi farà la prima mossa.

I suoi occhi diventano rossi.

Mollo la frizione e schiaccio l'acceleratore con tutta la forza che ho. La macchina fa un balzo in avanti e con una sfalciata di luce schizzo via a un pelo dal muro e a un millimetro dalla bestia.

«Vaffanculo, cane dagli occhi rossi!»

20.

Enikö voleva stare da sola per rimettere insieme i pezzi.
Troppi brutti colpi negli ultimi tempi. Stava con un attore francese, Gaël, il classico tipo che sputtana la categoria – o la conferma, secondo i punti di vista. Io già lo conoscevo e già lo evitavo. Da un giorno all'altro ~~in modo davvero volgare da perfetto cretino~~ burino l'ha mollata e s'è messo con un famoso regista, per quella spinta in carriera che Enikö non gli poteva dare. Il tipo umano di Gaël si commenta da sé.

21.

Il lussuoso albergo Liszt nel centro storico di Budapest era scampato a tempi migliori.

Il nero e il rosso pompeiano dominavano in perfetto stile austero-ungarico. Velluto alle pareti, soffitti stuccati, sconfinati quadri fine Ottocento con scene di caccia, divani liberty sofisticati e scomodissimi, mobili in radica Biedermeier: tutto fatiscente, tenuto insieme con lo scotch e la vodka. Fatiscente anche il personale, non all'altezza dell'arredamento. E neppure della vodka.

Il colpo d'occhio sulla lobby è un quadro di Magritte. Una folla di biciclette d'epoca appoggiate l'una sull'altra facevano la fila davanti alla reception come clienti di ferro in attesa di una camera.

Erano più di un centinaio per ricostruire l'arrivo di una tappa del Tour de France di settant'anni fa, una volata finale per la quale il tempo s'è fermato.

La troupe era confinata nel salottino attiguo alla *conciergerie* con i delicati tavolini da gioco Thonet originali con il panno verde. Macchinisti grossi come armadi stavano accrocchiati sulle sedie basse e bestemmiavano in romanesco.

Il mio arrivo fu salutato da un'entusiastica salve di disinteresse.

Lo sbadiglio rivela molto della personalità di chi lo esegue e quasi nulla di chi lo subisce. Non esistono due sbadigli uguali ma una noia collettiva sì. Molteplici le cause di apatia: ciak non girati, scene da rifare, giorni impegnati ma del tutto vuoti, spostamenti di programma e più di ogni altra cosa il mancato pagamento della diaria.

Raggiungo Billo, il direttore tecnico, l'unico che non gioca.
«Già stai qua?»
Sorride.
«Perché?»
«Ancora 'n ce sta nessuno.»
«Chi è che manca?»
«Tutti. Manco la produzione ce stà!»
«Tremamondo?»
«Pe' carità!»
«Dov'è allora?»
«E che ne so? Noi siamo qui da una settimana e da tre giorni ci fanno uscire a turno. Siamo controllati a vista perché ciànno paura che scappiamo senza pagare il conto.»
«Con tutte 'ste biciclette in deposito?»
«Sai che je frega a questi delle bici? Ma io mica scappo di certo, con le fregne che ce stanno...»
«Ci stanno?»
«Ancora non lo so ma...»
«E allora di' che ci sono, non che ci stanno...»
Ride.
«Sali subito? Nun te và de fatte 'na sgambata?» Indica le biciclette. «Te ne piglio una di quelle nuove.»
«Con sella *non* sadomaso, possibilmente.»

Budapest. Ammaliante e romantica, dignitosa e sporca, improvvisa e prevedibile. Una città che tenta di dimenticare le proprie cartoline.
Pedalo in un mondo fatto dai bisnonni e messo a seccare tra le pagine di un vecchio Baedeker in bianco e nero. Palazzi eleganti e imponenti. Sedi del governo, tribunali, musei, residenze private di ex burocrati ed ex funzionari dell'ex Impero Prussia-

no. Sembra il set di un film terminato molti anni fa che non è stato ancora smontato. Notevolmente estetica la popolazione femminile. Dovunque ragazze bellissime e prostitute. La differenza è che le une camminano e le altre sono ferme, oppure viceversa.

L'ordine è solo apparente, tenuto su con gli spilli: lucidare e stirare per i turisti che però vengono per la sezione vizi e night club con cubiste del posto.

È bello girare in bici nel centro di Budapest. Un pullman si ferma apposta per me, apre la portiera anteriore e mi insulta (i dettagli mi sfuggono ma il tono non lascia dubbi). Mi fermo a guardare una chiesa incastrata in un angolo di piazza e una vecchietta mi dà uno spintone che per poco non fa cadere me e la bici. Poco più avanti un energumeno mi minaccia con il pugno, il naso a un centimetro dal mio.

Dev'esserci qualcosa che mi sfugge.

In quel momento passa Billo che guida un allenamento e mi grida: «Nun anda' in bici per strada senò s'incazzeno! Devi sta' sur marciapiede!».

I negozi di antiquariato si vedono meglio a piedi. Misteriosi libri antichi in cirillico. Incunaboli in latino. Messali decorati da asceti amanuensi. Minuscoli Libri delle Ore miniati in oro con poesie di argomento amoroso, madrigali e incisioni erotiche.

A prima sera arrivano la troupe e gli attori. I due divi-playboy si tuffano nella rutilante notte ungherese alla ricerca di piaceri proibiti e favori costosi. Prima tappa al Bahnhof, discoteca ricavata in una parte della stazione. Dove fanno solo musica house. Rifiutano la presenza di inesperti al seguito perché non vogliono rivelare i loro segreti per orientarsi nel mondo del vizio. Promettono però che domani ci racconteranno tutto.

Faranno colpo su tre ragazze *belle e simpaticissime* che li porteranno in un localino. Alla fine si riveleranno essere entraineuse del locale. Il gestore chiederà seicento euro per tre birre, scoppierà un casino e dovrà intervenire la polizia.

Insieme agli altri vado a dare un'occhiata al ristorante dell'albergo. Il salone è spettacolare, sfarzoso, arredato con agevoli stucchi, mobili a intarsio, finiture dorate, pareti a specchio e un'ondata di camerieri come il salone da ballo della principessa Sissi. Ma è completamente vuoto.

Decidiamo di popolarlo almeno in parte.

Subito una ragazza bellissima con gran coda di capelli bellissimi va a un pianoforte gran coda bellissimo e comincia a suonare malissimo. Mangiamo e scherziamo fino a tardi creando un casino tipicamente italiano. Vado in camera per ultimo. Alla pianista, che tutti han guardato ma nessuno ha ascoltato, lascio dieci euro di mancia.

«Hai esagerato» protesta Billo. «Per lei è la paga di un mese.»

«Può darsi, ma con tutto il casino che abbiamo fatto...»

Sono sotto la doccia quando sento bussare. Mi cospargo di accappatoio con la scritta Liszt e apro.

È la pianista. Si offre di passare la notte con me perché l'ho pagata.

«Non ti ho pagata. È una mancia.»

«Altrimenti mi sembra di rubare» dice.

Devo darle altri dieci euro per farle capire che non ha rubato niente.

22.

Conobbi Enikö a Parigi a febbraio dell'anno scorso. Ero lì per un film con Tremamondo. Più che un set era una nave pirata nel pieno di una tempesta. Lui era il capitano Achab che inseguiva il film della sua vita, il suo visionario testamento spirituale; noi eravamo la ciurma.

Siamo in pochi a conoscere a fondo questo ragazzo che non vuole diventare grande. I produttori, prima di seguirlo in pericolose avventure, dovrebbero chiedere un parere a noi della ciurma ma non lo fanno mai. Basterebbe una telefonata. *Come ti pare Ed Tremamondo in questo periodo? Il film ce lo porta a casa o ci farà diventare matti?*

Non era sempre stato così, Tremamondo: era cambiato dopo un film per la tv. Come tutti quelli che vengono dal cinema ha difficoltà a stare nei tempi della produzione televisiva che è molto più serrata e impietosa. Continuava a montare e rimontare ma la storia non funzionava. Allora il produttore, che per una volta non era il suocero, aveva chiamato un praticone che con due colpi di martello e un po' di scotch aveva salvato capra e cavoli.

La miscela che ne scaturì si rivelò ben presto esplosiva. La presunzione gli impediva di riconoscere i pericoli e l'insicurezza gliene inventava di enormi. Fu lì che si trasformò in Achab.

Come all'esame di maturità, alla laurea, a teatro e periodicamente in varie occasioni, aveva sbandierato propositi di suicidio che poi si erano ridotti a visite autoconsolatorie a casa degli amici.

«È capitato a un sacco di registi famosi» dicevo mentre gli strappavo di mano la bottiglia del Jack Daniel's.
«Dimmene tre.»
«Non mi piace parlar male della gente.»
Afferrò la bottiglia che ora ci contendevamo.
«Dimmene due.»
«Lo sai benissimo che è vero.»
Tirò con forza ma io non mollai.
«Dimmene uno.»
«Tu.»
Con uno strattone riprese la bottiglia e bevve a collo incolpandomi con uno sguardo patetico finché cadde sul divano senza dignità. Appoggiò la bottiglia sul tavolo basso di plexiglas, ci pensò un attimo, cambiò idea e la mise al sicuro accanto a sé. Bevve un altro sorso e la infilò tra i cuscini del divano con una certa difficoltà.
«Perché fai così?» dissi.
«Perché faccio così?»
Era una domanda inutile ma faceva parte del rituale. Ora lui avrebbe cominciato a biascicare che era tutta colpa nostra. Non si capiva bene quello che diceva ma l'esperienza traduceva per me.
«Ce la facevo benissimo a finire il film senza chiamare il meccanico» farfugliava. «È tutta colpa vostra... se... non l'ho finito!»
«Ah, colpa nostra.»
«Dove eravate quando più avevo bisogno di voi?»
«Nessuno di *noi* faceva parte del cast. *Noi* è un'entità numericamente ridotta che corrisponde a te stesso e basta.»
«Questa è una circostanza decisamente...»
«Sì?»
«... secondaria.»
E s'addormentò.

23.

Faceva freddo: pioggia, vento e produzione ferma da tre giorni nel Marais.
Poteva essere un periodo piacevole se non fosse stato che, appena arrivati, Tremamondo era partito in avvitamento.
Non sapeva che cosa ordinare per colazione, figuriamoci se era in grado di dirigere una troupe cinematografica! Aveva dormito due giorni di fila e quando finalmente l'organizzatore e il produttore esecutivo erano riusciti a entrare nella sua stanza s'era scusato viscidamente come suo solito quando si vedeva con le spalle al muro.
«Liberate la troupe, oggi. Che si divertano almeno loro...» disse. «Siamo o non siamo a Parigi?»
«È due giorni che si divertono» rispose serio l'organizzatore.
«Bene. Che ne approfittino allora perché da domani la pacchia è finita!»

Con i due della produzione Tremamondo sprizza decisionismo, poi scappa in camera mia in vestaglia e piange come un vitello.
Strappa la sceneggiatura a ciocche, con la faccia di Robinson Crusoe prima del libro.
«Come ho fatto a scrive tutte 'ste stronzate!»
«Impegnandoti parecchio.»

«Nun pensa' che ta'a cavi con le solite battute tue der cazzo, chiaro?»

«Piantala.»

«Perché non mi hai fermato?»

«Non gridare, c'è gente che dorme.»

«*Tutti* dormono. Sono circondato da un branco di deficienti *che dormono!*»

Come suo solito Tremamondo si trasforma nella vittima ribaltando magicamente la situazione.

È un pavido. È gasato, spaventato dalla propria ombra, ambizioso, malfidente, irascibile, incostante, aggressivo, minaccioso, all'occorrenza violento. Ma a parte questo è un bravo ragazzo.

È che lo assale il panico della responsabilità e vede il mondo coalizzato contro di lui. Allora dal portafogli di quella testa altrimenti brillante ecco tracimare bluff a ondate che fanno saltare la diga con lui dentro.

La scena madre sta giungendo al culmine. Stacca le graffette e scaglia con forza la sceneggiatura contro il muro. Pagine che volano dappertutto.

«Senti» abbozzo, ma lui si butta sul frigobar e mischia tutti i mignon in un cocktail gigante.

«Voi attori pensate solo a quanti primi piani avete!»

«Piccolo o grande sei solo un manovale dello spettacolo, Eddy, come Kubrick, Fellini, Hitchcock, Truffaut e sai cosa fai adesso? Vai a dormire, poi domani ti svegli presto, esci con la tua bella cinepresina, giri la manovella e tiri su un'altra fila di mattoni finché non hai finito 'sto cazzo di muro che ti hanno pagato per tirarlo su!»

«La storia fa schifo e voi nun ve ne può frega' de meno!» beve e piagnucola annacquando il bere e alcolizzando il pianto.

Lo butto fuori dalla stanza di peso e dopo dieci minuti mi telefona.

«Ti aspetto al bar dell'albergo. Ho avuto un'idea.»

Gli appendo il telefono in faccia.

Un quarto d'ora dopo siamo al bar dell'albergo, faccia a faccia. Al telefono pareva distrutto ma di persona è peggio. Ordina da bere, come ha fatto per tutto il giorno.

«Cosa mi devi dire?»

Ci pensa parecchio ma non gli viene in mente niente. Provo a scuoterlo, ma non reagisce. Vado sul sentimento.

«Ascolta, Edo. Siamo amici, ti voglio bene, sei incasinato, passerà. Tutto passa: ma doveva proprio passare di qui? Forse ti riprenderai e manterrai le promesse. Forse tornerai a essere un grosso regista. Per il momento però sei solo un peso morto che si aggiunge a una serie di cazzi personali e ne farei volentieri a meno.»

Si alza dignitoso e instabile.

«Se la metti così, ora sistemo tutto io!»

Era il primo discorso coerente della giornata e l'ultimo prima di svenire sul pavimento.

Quella defaillance mi cambiò la vita.

24.

Il barman si prendeva cura di Tremamondo quando il mio cellulare vibrò. Albertine era una *stuntgirl* francese conosciuta su un set nelle Dolomiti.

«Vieni a cena con noi» diceva. «Voglio presentarti una mia amica ungherese. È campionessa di pattinaggio e insegnante di mia figlia Lucie. Aiuta me e il mio compagno René a preparare le acrobazie.»

«Mi farebbe molto piacere ma possiamo fare domani? Oggi è stata una giorn...»

«Guarda che è bellissima...»

«Le ragazze bellissime non hanno bisogno delle amiche per conoscere gente.»

«È anche una ragazza seria.»

«Ah, be', allora...»

«No, caro, non hai capito. S'è appena lasciata con il suo fidanzato, un vero maiale come solo voi uomini sapete essere.»

«Io non sono un uomo.»

«Infatti non sto parlando di te. Dai, vieni, ci facciamo due risate e la tiriamo su di morale.»

«Offri tu?»

Nel palazzo del ghiaccio faceva più caldo che fuori. Albertine planò veloce e leggerissima verso di me lasciando il fidanzato a seguire i ragazzi della velocità. Sul lato opposto la nipotina

Lucie provava incerta un *plié* e un *casqué*. Quest'ultimo le riusciva benissimo.

Come temevo, un attimo dopo naufragavo in mezzo alla pista nella disperata impresa di stare in equilibrio su una lametta da barba mentre Albertine cercava di convincermi che è *la cosa più facile del mondo*. Dopo una frenetica serie di cadute ero finalmente riuscito a scappare quando mi vidi arrivare addosso a tutta velocità un proiettile colorato delle dimensioni di un bambino grasso. Potevo lasciarmi cadere di lato ma dietro di me c'era solo il muretto di protezione (sì, stavo in piedi aggrappandomi alla sbarra) e il bambino ci sarebbe andato a sbattere di testa. Allora feci due passi in avanti e mi sdraiai su un fianco proponendomi da air-bag. Ci fu una sinfonia di urla materne, tutte in falsetto. Chiusi gli occhi e aspettai la botta assorbendo l'urto del proiettile. L'impatto mi spinse indietro fino al muretto, che colpii di schiena.

Una piccola folla dai movimenti ubriachi si precipitò in soccorso. Il bambino e io stavamo abbracciati come un cane che vede per la prima volta la pelle d'orso nella baita in montagna.

La mamma del proiettile, uno Yeti coi moon-boot, mi ringraziò riportando il falsetto a un livello artistico inaudito dai tempi del barocco francese.

In quel momento ebbi una visione.

Una ragazza dolcissima ~~e bellissima dal viso bellissimo e dolce~~, un angelo del ghiaccio con i capelli neri raccolti ~~sulla nuca~~ in uno chignon, occhi ~~color~~ acquamarina, denti bianchi e perfetti ~~mi guardava con grande dolcezza parlava~~ mi diceva qualcosa che non sentivo.

«Scusa, lui scapàto...»

Dissi qualcosa ma credo di non aver emesso suono. Mi aiutò a rialzarmi.

«Questa è Enikö» disse Albertine trionfante alle mie spalle. «Bruttina, vero?»

25.

Primavera 1958, monti Carpazi

Alba. Una località segnata solo sulle mappe militari. In alcuni punti la neve si era sciolta abdicando al fango e al terreno rancido. Un pesante Scammell percorreva a fatica la carreggiata gravemente sconnessa. Il muso era lungo e massiccio, alto sulle gomme e dal radiatore imponente. Compreso il carro, era dotato di otto ruote di cui le quattro anteriori motrici e sterzanti e le posteriori gemellate. Era stato assettato da fuoristrada sollevando i parafanghi una spanna più del normale dagli pneumatici a scultura doppia. Il tubo di scappamento era stato deviato e allungato fino a superare in altezza il tetto della doppia cabina. Il filtro dell'aria spuntava dal cofano motore. Sembrava una pignatta intenta a bollire fagioli.

Un uomo intorno ai quarant'anni impartiva ordini con fermezza. Indossava una divisa militare indefinibile, un patchwork di colori e fogge incompatibili fra loro. Non portava gradi né decorazioni identificabili ma l'insieme incuteva un'autorità paralizzante che esprimeva l'essenza stessa del comando. Tra le insegne militari raccogliticce e ortodosse, una s'imponeva sulle altre: il teschio metallico delle *Totenkopf*, simbolo delle SS nella Seconda guerra mondiale.

Il camion procedeva lento, cassone e carro coperti alla bell'e meglio con teloni mimetici che s'aprivano a ogni sobbalzo. La strada in terra battuta era ridotta al letto di un fiume e ricalcava le convulsioni delle *cheile*, le profonde gole dei Carpazi. S'inoltrava in un paesaggio immutabile di pietre umide appena lambite da frondosi alberi e radici rampicanti. Il verde assecondava i contorcimenti della montagna a distanza costante di una spanna dagli spuntoni. Per controllare efficacemente la rapida crescita del verde selvatico sarebbe stato necessario un intervento costante. Ma chi poteva aggirarsi in questi luoghi barbari per fare la frangetta alle rocce?

La strada si perse definitivamente all'altezza di un rustico cancello in legno grezzo formato da mastodontici cavalli di Frisia affiancati. I battenti erano assicurati ad antiche pietre miliari giunte da qualche lontana via romana. L'installazione era recente: il legno nuovo, il filo spinato abbondante e inattaccato dalla ruggine.

Un cartello bilingue ammoniva:

Prohibited Area / Zona Interzisă

Höhne ordinò di fermare. Saltò giù dal camion e prese ad armeggiare col cancello legato con i giri di filo spinato che fungeva da lucchetto. Alcuni soldati accennarono a seguirlo.

«State su!» gridò. «E pronti a sparare alla prima cosa che si muove!»

Era tardo pomeriggio quando lo Scammell raggiunse il fondo della gola. All'apparenza era uguale a tante altre già superate in quel labirinto di pietra. Qui però, addossata alla parete verticale di roccia, c'era una chiesa ortodossa, antica e minuta. Le pareti esterne erano scanalate da stretti spazi racchiusi tra finte colonne arricchite da affreschi per gran parte illeggibili, fittamente decorate con simboli e iscrizioni che si rincorrevano lungo l'intero perimetro. Spuntava dal deserto di quel sentiero stretto come un fungo colorato e velenoso. Perché mai qualcuno aveva costruito una chiesa proprio lì? Era stata deposta da una mongolfiera o forse discesa lentamente con gli smottamenti del tempo?

Gli uomini del manipolo saltarono veloci dal camion e ciascuno prese a montare e scoprire la propria attrezzatura. Armi, esplosivi, detonatori, fari, piccoli riflettori, oblunghe pile subacquee, picconi, fiamme ossidriche, saldatori, bombole.

Il capo si era staccato dal gruppo e osservava gli affreschi sulle pareti esterne.
«Professor Hertzel!» chiamò.
Si avvicinò un signore distinto, il più anziano del gruppo. Era il solo in abiti civili e sembrava in gita di piacere. Barba e pizzetto brizzolati, completo di lino chiaro, scarpe da passeggio, bastone di canna sottile, guanti e un leggero panama.
«Sono coloratissime…» disse il professore, «ma non comunicano affatto serenità.»
«Siamo arrivati da meno di un minuto e già fa problemi?»
Si avviarono affiancati.
«Qui è rappresentato il re Davide che dorme e sogna» illustrò il professore. «Dal suo petto esce *l'albero di Jesse*, così detto perché descrive tutta la discendenza da suo padre, Jesse appunto, fino al Messia.»
«Che cosa la infastidisce, allora?»
«Che l'altro affresco, il primo che si vede arrivando dalla via principale, e perciò quello, si potrebbe dire, *ufficiale*, è in aperto contrasto.»
Superarono l'abside.
«Vede? Questo è la *Scala dei Virtuosi*, epoca bizantina. È tipico dell'area ortodossa» riprese Hertzel. «Le anime tentano di raggiungere il purgatorio percorrendo una scala a pioli di legno posta in diagonale che divide il campo visivo in due settori. Una specie di fumetto. Un trattato teologico e religioso che i contadini di quei tempi, rigorosamente analfabeti, sapevano leggere e interpretare alla perfezione. In alto a destra gli angeli volano leggeri nel cielo azzurro pregando insieme ai peccatori per la loro salvezza. Opposta a loro, laggiù in basso a sinistra, c'è una congerie di demoni neri in atteggiamenti osceni che tentano in tutti i modi di distrarli e farli cadere assalendoli a ondate con il loro aspetto terri-

ficante. Le anime sono rappresentate nei loro corpi mortali e procedono tremebonde lungo la scala che offre solo un vago appoggio poiché le traverse sono molto distanti tra loro. I peccatori recano in mano un foglio su cui sono riportate le colpe di cui si sono macchiati in vita. Gli angeli sono tutti uguali nella loro perfetta beatitudine, per contro i demoni sono descritti con attenzione e divertimento, sono più dettagliati e ognuno si distingue per una caratteristica peculiare. Gli angeli sono disposti in file ordinate ed eleganti con aureole dorate e tuniche leggere i cui colori s'intensificano dall'arancio chiaro della zona bassa fino al carminio intenso della zona prossima alla porta della salvezza. Sono i demoni però a stimolare l'ispirazione dell'artista e a portare ai limiti la sua creatività. I demoni sono neri rossi gialli e di pelle bianca, nudi e seminudi. Hanno ali enormi o piccolissime oppure non ne hanno affatto; alcuni sono armati di spade o fiamme, altri hanno incisivi che dalla mandibola si spingono acuminati oltre la testa; alcuni sono scheletri ghignanti bianchissimi o neri carbonizzati; si contorcono, urlano, hanno trasparenza di fantasma, ruotano alette da colibrì che spuntano da corpacci immensi e trascinano nella Geenna chiunque gli capiti a tiro: uomini, donne, bambini, vecchi saggi con la barba lunga. I demoni trionfano, urlano e ridono sguaiati. Viene spontaneo coprirsi le orecchie perché pare di sentire il baccano che copre i canti celestiali. Si impegnano anche in gruppi per riuscire a staccare i virtuosi dalla scala alla quale si aggrappano disperatamente.»

«I demoni ridono, si divertono... Vero, professore? Gozzovigliano» disse il capitano. «Fanno scherzi osceni, si mettono in gruppo per dare una ripassata a qualcuno... Noi l'abbiamo conosciuta questa gente, vero, professore?»

«Non la seguo, non capisco...»

«Sono io che non capisco lei. Osservi meglio l'affresco, guardi bene in faccia quei demoni. Ancora non li vede? Sono i vecchi della SA ai raduni camerateschi in birreria, ricorda, prima della guerra? Oppure le SS *durante* la guerra. O i gerarchi *dopo* la guerra, in Sudamerica o dovunque stiano nascosti da una decina d'anni a questa parte, in Germania o nel Tirolo... A quanto glieli vende i suoi quadri? O pagano meglio le foto degli allievi SS sotto la doccia?»

Hertzel non osava respirare, muto concentrato di paura.

«Davvero non la capisco. Prepara con me questo saccheggio sacrilego, accetta i risultati di interrogatori impressionanti, chiude gli occhi su torbidi retroscena che permettono di compiere furti internazionali... e poi si vergogna ad ammettere l'evidente somiglianza fra questi demoni e ciò che siamo stati?»

Hertzel avvampò.

«La prego, non davanti agli uomini...»

«Che cosa la spinge fuori dall'aula magna, professore, la vita accademica non la appaga? Dove li mette i suoi soldi? Una bella casa non le interessa – vive nel bilocale all'università – tutto quello che trova con me lo vende, per sé non tiene un quadro una scultura un gioiello... Allora cos'è che le assorbe tutti i soldi, esimio prof., cos'è che le costa tanto caro?»

Gli uomini si erano fermati ad ascoltare incuriositi. Hertzel non riusciva a controbattere e nonostante la temperatura, ulteriormente abbassata, aveva la fronte imperlata di sudore.

«No, io...» balbettò.

«Donne» infierì Höhne. «Solo una donna può costare tanto. Oppure...»

Si piantò a una spanna dal naso e lo fissò negli occhi senza completare il pensiero. Erano molto alti entrambi, due statue dell'Isola di Pasqua che cercavano di baciarsi. Sovrastavano il resto del gruppo, tranne ovviamente il gigante Leonz che peraltro pesava più di loro due messi insieme.

«Vuole arrivare al suo tesoro o ci fermiamo qui?» tremolò il professore.

Il capitano si scostò annuendo più volte, ritmicamente.

Il portone d'ingresso recava la scritta: *stat crux dum volvitur orbis*, la croce sta fissa mentre il mondo ruota. Gli uomini si fermarono a guardare ma l'attenzione più che dalla scritta era rapita dalle statue mostruose che vegliavano sull'ingresso. Erano orrende e davano vita a scene raccapriccianti.

«Sculture apotropaiche» spiegò Hertzel. «Non sono fatte per decorare ma per intimorire.»

«Complimenti, professore!» disse Höhne con evidente sarcasmo. «Queste belle cose le ha imparate ai tempi delle razzie insieme al Doktor Lohse?»

Hertzel divenne paonazzo. Non era un passato piacevole, evidentemente.

Serpenti alati, demoni e altre creature scavate nell'arenaria erano di pregevole fattura, pur nel loro genere spaventoso. Corrose dall'acqua e dal tempo e in alcuni casi mutilate per le cadute dei massi, ottenevano ancora l'effetto per il quale erano state concepite.

Ai due uomini si aggiunsero alcuni soldati equipaggiati con strumenti da ricerca, sonar e rilevatori metallici.

«È proprio deciso a entrare, Höhne?» chiese Hertzel titubante.

Con uno scatto fulmineo il comandante lo spostò di un paio di metri premendogli la carotide con una mano e, giratosi di spalle per non farsi vedere dagli altri, fece scorrere rumorosamente il carrello della Mauser.

«T'ho detto di non pronunciare mai il mio nome davanti ai soldati» sussurrò.

«Scusi, non volevo...» indietreggiò Hertzel. «Volevo dire che forse è più prudente se...»

«*Se* un cazzo! Tieni a bada la lingua.»

Lo liberò con uno strattone indirizzandolo all'ingresso. I soldati cominciarono a forzare il portone della chiesa sotto il controllo del professore.

«Se volevamo essere prudenti restavamo con la spedizione ufficiale americana invece di rubare un camion e anticiparli in questo buco di culo di posto, non le pare, professore?» Hertzel annuì terrorizzato. «E se i suoi merdosi libri fossero serviti a qualcosa non avremmo dovuto torturare il contadino per avere l'ubicazione esatta della chiesa, non le pare, professore?»

Höhne rinfoderò la pistola lanciando un'ultima occhiata a Hertzel, poi spostò lo sguardo sulle ripidissime pareti di roccia porosa. S'innalzavano più che verticali per qualche centinaio di metri, gigantesche e opprimenti, solcate in profondi camini da rigagnoli d'acqua invisibili.

Il contrasto fra le cime immote e le nuvole veloci dava l'innaturale impressione di cadere verso l'alto.

Lo scatto di un meccanismo metallico seguito da uno scricchiolio segnalò che il portone aveva ceduto.

«Ok, noi ora entriamo» disse Höhne. «Jaksche, chi hai scelto per la guardia?»

«Soldati Prumboiu e Ispirescu alla chiesa, Brün al camion» rispose Jaksche. I nominati scattarono. Li guardò con poco entusiasmo mentre si avviavano. «Sono di Sibiu. Non hanno mai fatto il soldato. Meglio fuori dai piedi che qui. Dieci anni fa pagavano per essere riformati e ora pur di tirar su qualche spicciolo accettano tutto quello che capita.»

«Certa gente farebbe di tutto per la propria nazione.»

«Quelli?»

«Sono loro stessi, la propria nazione.»

«Non aspettiamoci niente. Non mi stupirei se appena giriamo le spalle scappassero per andare a bere i soldi dell'anticipo…»

Il professore osservava rapito l'altorilievo sopra l'ingresso.

«Ci sono i quattro animali: uomo, leone, toro, aquila. Il becco dell'aquila però non mi convince. Sporge troppo.»

«Quando abbiamo finito torni e gli dai una limatina.»

Spinse ma l'anta di legno opponeva resistenza. Höhne dovette forzare finché si aprì con uno scatto metallico.

«Hai sentito?»

«No, che cosa?»

«E se il rabbino ti avesse preso in giro?»

«Devo ancora conoscere uno che non l'abbia fatto.»

26.

Li accolse un buio che le torce non riuscivano a scalfire. L'oscurità dell'interno era rinfrescante. L'aria secca apparteneva a un microclima del tutto differente dal mondo esterno.

«Non si vede un cazzo» imprecava Leonz.

«Annotazione molto originale» disse Höhne.

Gli uomini d'appoggio erano divisi in quattro gruppi fra elettricisti, artificieri, portatori e soldati. Gli occhi lentamente si assuefecero e cominciarono a distinguere i primi contorni.

La piccola chiesa era costituita da un singolo ambiente rettangolare. Lo sbalzo di temperatura era notevole e provocò starnuti che si rincorsero per diversi minuti. Un soffuso lucore pervadeva l'ambiente provenendo dall'unica sorgente luminosa posta al centro della cupola, una croce greca formata da nove feritoie. I raggi sezionavano l'aria intrisa di polvere formando spade impalpabili e dorate che convergevano sul mosaico geometrico del pavimento.

Le pareti erano interamente affrescate a colori intensi e cupi su temi biblici resi con varianti apocrife e popolari, una congerie brulicante di simboli e figure. Il professore saggiò il pavimento colpendolo col tacco degli scarponi anfibi. Lanciò un paio di sassi avanti nell'oscurità e poi più in là dove si ipotizzava la parete di fondo. Ne risultò un suono sordo. Il pavimento era solido.

«Medioevo» disse Hertzel. «Il termine fu coniato nel Seicento con intenzioni esorcizzanti e riduttive. Troppo spesso si dimentica il debito che lo splendore dei secoli successivi ha nei suoi confronti. Le grandiose cattedrali romaniche e gotiche si ergono su cripte che ospitano santi dal nome oscuro. Il Medioevo fa sempre riferimento a Dio, al soprannaturale, anela al trascendente, al senso dell'umorismo. Era questo a dare significato alla realtà terrena.»

«Non abbiamo tempo per le sue lezioni, professore» sferzò Höhne cinicamente. «Ci dica da quale...»

«Dietro l'altare.»

Höhne si avviò con cautela.

Hertzel era incantato dalle immagini che uscivano progressivamente dall'oscurità. Ammirava il piccolo ambiente a bocca aperta, con espressione infantile.

«Qui c'è un pavimento che raffigura il *quincux*» diceva quasi tra sé «e risale almeno alla fine del XII secolo. L'affresco che occupa tutta la parete di fondo è un'Apocalisse che accentua il registro magico-macabro con figure mostruose a predominanza rossa su fondo nero. Lo si vede bene nonostante sia quasi coperto dall'altare. È strano però trovare uno accanto all'altro i temi del pavimento e dell'affresco che sono inconciliabili... E perché l'altare è stato messo in modo da coprire quel capolavoro? Non sono due interventi successivi perché lo stile è lo stesso e poi perché... non s'è mai vista una cosa simile!»

«L'altare non è appoggiato» disse Leonz. «Dall'affresco ci passa un braccio.»

Il professore picchiettò con le nocche.

«È più leggero di quanto sembra. È un blocco di legno scolpito e rivestito con lastre di pietra ma non per l'intera superficie. Le lastre hanno massimo spessore sul lato destro ma subito si assottigliano e dalla metà fino all'estremità sinistra l'altare è solo legno dipinto a imitazione.»

Tastò il lato sinistro ma non c'erano aperture. Passò al lato opposto e forzò il braccio all'interno di un piccolo spazio.

«Strano, la profondità non è regolare.»

«Pensa di fargli una multa?»

Gli uomini ridevano sotto i baffi. Tutta quella teoria li annoiava e li divertiva quando il capo maltrattava l'intellettuale.

«Parte da mezzo metro e arriva a zero in modo regolare.»

«Allora è regolare o non è regolare? Si spieghi prof., faccia capire anche a noi!»

Altre ghignate. Hertzel scocciato.

«Intendo dire che non è un difetto del legno: l'hanno voluto proprio così.»

«L'avranno alleggerito per il trasporto» ipotizzò Höhne.

«Qui c'è una botola!» trionfò Benno da dietro.

Nei pressi della parete s'indovinava una porta a due battenti che s'apriva nel pavimento, mimetizzata dalla polvere.

«Come hanno fatto a dipingere? Qua non si sta neppure inginocchiati!» disse Bluto il bestione.

«E perché l'hanno fatto se nessuno poteva vederlo?» aggiunse Cheyko.

«Se fate i bravi ci torniamo in gita scolastica con la colazione al sacco» tagliò Höhne. Qualcuno ghignò. «Ora però apri quella botola e togliti dal cazzo.»

«Come faccio, non ci arrivo nemmeno...»

«Una leva a Jaksche, presto!»

«No, fermi!» urlò Hertzel. «Non toccate niente. Possono esserci trabocchetti a ogni spigolo.»

«A momenti mi fa prendere un colpo, professore.»

«Meglio cauti prima che morti dopo.»

«Ci vuole spaventare?» reagì Leonz.

«Voglio evitare di lasciarci la pelle per colpa di qualche cretino che crede di essere in guerra.»

Seguì un silenzio ostile. Quegli specialisti erano uomini ignoranti e vendicativi. Non ammettevano di essere in difficoltà, tanto meno accettavano ordini da un civile senza esperienza di agguati e trappole.

«Là sotto c'è la cripta, questo è certo» considerò Hertzel. «Arrivarci, però...»

«C'è la botola» disse Höhne.

«Troppo facile.»

«Prova tu ad aprirla: c'è sopra un altare intero!»

«Facile concettualmente, intendo.»

«Abbattiamolo!»

«Non dica cretinate. I primi stratagemmi sono quelli che proteggono la chiesa.»

«Perciò?» incalzò Höhne.

«Ci deve essere un congegno che lo fa scivolare in avanti...»

«Forza, datevi da fare! Bisogna setacciare ogni centimetro quadrato.»

«... o ruotare su un fianco.»

«Cosa dobbiamo cercare?» chiese Benno.

«Qualunque cosa attragga la vostra attenzione...» disse Höhne. «Una cerniera, un congegno, una leva, dei binari...» Gli uomini si sguinzagliarono intorno all'altare. «E che altro, professore?»

Hertzel non stava ascoltando, assorto nei suoi pensieri.

«Ha ragione l'elettricista.»

«Cheyko?»

«Sì: che senso ha un affresco che non si può vedere?»

Diresse il fascio della sua torcia sul soffitto cercando invisibili tracce di un condotto, un canale o un rigonfiamento, un collegamento qualsiasi.

«Perciò?»

«Perciò se l'affresco ha senso significa che lo potevano vedere tutti.»

Sempre scrutando il soffitto si avviò verso l'uscita imitato da Höhne.

Passarono all'esterno dove la luce li accolse con un pugno in faccia. Il professore indicò il serpente alato nell'altorilievo all'ingresso.

«Avevo ragione.»

«Cioè?»

«Il becco è troppo sporgente.»

Senza aggiungere altro appoggiò una scala al portone e salì fino a pochi centimetri dalla scultura. La tastò con cura esplorandone le forme. Poi si rivolse a Höhne e, con un sorriso malizioso, fece ruotare il becco.

La terra tremò e dalla chiesa provenne un rumore faticoso di grosse pietre trascinate. Höhne schizzò all'interno. Illuminato dai fasci di luce delle torce, l'altare, spinto dal proprio peso, ruotò cigolando sullo spigolo sinistro come una larga ballerina sotto i riflettori. A metà rotazione tre scatti secchi in rapida successione liberarono un telo grezzo e pesante che iniziò a dispiegarsi in contro-movimento fino a sovrapporsi al pavimento. Al centro c'era un ingombrante sepolcro rettangolare colmo di cadaveri di alti prelati, sul quale due scheletri bianchissimi danzavano beffardi tirando ossa e altri oggetti sulla folla. Quello a sinistra imbracciava arco e faretra, quello a destra una rozza spin garda. Tra loro un terzo, con mantello rosso e corona, tendeva a braccia larghe due cartigli con lunghe frasi in scrittura carolina che sbeffeggiavano i ricchi della terra e i potenti. Costoro, terrorizzati, si affollavano attorno al sepolcro offrendo oro e regali preziosi che i demoni rifiutavano allegramente.

Gli uomini si spostarono per non intralciare il volano impressionati dalla macabra rappresentazione. Si ritrovarono così raggruppati tutti nell'angolo di destra.

«Che è, un mago?» domandò Leonz saltando.

«Un meccanismo in legno così antico senza il minimo inceppo...» Hertzel ammirato sussurrava per non rompere l'incantesimo.

Höhne era meno entusiasta.

«Intanto siamo bloccati in un angolo» sintetizzò con freddezza.

Completato il quarto di cerchio, l'altare si agganciò alla parete sinistra coprendola con un insospettabile dipinto realizzato sul retro. Contemporaneamente lungo lo spigolo destro un secondo meccanismo liberava un nuovo altare in scala minore, sagomato a imitazione del portone d'ingresso nel quale andò a incastrarsi chiudendolo ermeticamente. Era scavato in un pezzo unico di legno più leggero con decorazioni semplici e incisioni meno profonde.

«Incredibile... s'è girata di spalle!» disse Hertzel intontito.
«Che cosa?»
«La chiesa ha cambiato orientamento.»
«... E ci ha bloccato l'uscita» scatarrò Höhne.
«Il nuovo altare non segue l'orientamento cristiano ma quello diametralmente opposto: da est a ovest. Entri dalla luce e procedi verso le tenebre. Non è una chiesa per la salvezza dell'uomo, ma per la sua dannazione. Ora l'atmosfera è tutt'altra cosa.» Indicò il dipinto sulla parete sinistra. «È il Trionfo della morte. La peste nera del 1348. L'Europa decimata, le città intossicate dai cadaveri. Non è contemplata la salvezza in questa visione desolata, ma solo esperienze apocalittiche collettive. Come tradizione qui si aprono i primi quattro sigilli corrispondenti ai Quattro Cavalieri ma guardate: c'è il terzo cavaliere, c'è il diavolo con la bilancia e c'è la morte. Manca Gesù Cristo con cavallo bianco e mantello rosso. È una versione blasfema esposta in una chiesa.» Tacque un istante, impressionato dalle proprie conclusioni. «Ma la figura dominante è nel basso: Belzebù dipinto in cianuro e grigio divora i pallidi dannati tra il rosseggiare delle fiamme. Sullo sfondo montagne nere e l'orizzonte cupo del non-cielo.»

Gli uomini avevano seguito la spiegazione del professore e ora si scambiavano sguardi silenziosi.

«Se al diavolo piace giocare a nascondino questo posto sembra fatto apposta per lui» disse Jaksche.

Alle sue parole fece seguito un silenzio carico di tensione. Höhne percepì la minaccia e intervenne immediatamente.

«Poche storie. Io voglio il tesoro, che sia di Satana o di Dio!»
«Giusto!» gridò Leonz.

I compagni commentarono a voce alta con imprecazioni e pugni sui muri.

«Meglio se parlate a bassa voce» intervenne Hertzel. «Satana e Dio hanno un udito perfetto. D'ora in avanti silenzio e passo leggero.»

La sala interna era sgombra e l'affresco visibile in ogni particolare. Quattro uomini lavoravano attorno alla botola ormai quasi libera.

«L'evangelista Giovanni è nelle mani dei suoi carnefici. È immerso nella caldaia di olio bollente. I simboli ci sono tutti, a partire dagli angeli che stanno ai quattro venti. Sono angeli tetramorfi, cioè con le quattro forme animali che incarnano il creato e che abbiamo visto nel bassorilievo del portone: uomo, leone, toro, aquila. Sono anche il simbolo dei Vangeli e del Verbo di Dio nell'umanità. Poi ancora angeli che sorreggono il monogramma di Cristo, quelli che suonano le trombe all'apertura del settimo sigillo, angeli che strozzano demoni, angeli adoranti. L'*Apocalisse* di Giovanni è l'annuncio della definitiva vittoria di Cristo ma ora il piccolo altare che gli volta le spalle indica che per i fedeli di questa chiesa la dottrina è ribaltata.»

Leonz si prese una martellata su un pollice e cacciò un urlo.

Hertzel trasalì. «Fate attenzione! Volete che ci crolli tutto addosso?»

«Aperta!» annunciò trionfante Leonz.

«Passato il male al pollice?» lo canzonò Bluto.

Sotto la botola, a distanza di circa due metri, s'intravedeva una lastra di pietra nera irregolare e quadrata: un piccolo balcone dal quale partivano due scalinate.

«Vai tu Leonz, che sei mutilato...» scherzò Höhne. «Se muori non perdiamo un uomo intero.»

Schiamazzi da osteria.

Leonz si preparò l'imbragatura. Utilizzando un abbondante tratto della fune se la passò dietro la nuca e sotto le ascelle, si circondò la vita cominciando dai reni e seguì l'attaccatura delle cosce. Si venne così a formare un triangolo che ricordava gli elastici delle mutande ma senza mutande dentro.

«Vuoi anche le pinne?» disse Höhne.

Sghignazzi generali.

«Se viene lei al mio posto, capitano, giuro che gliele procuro!»

Leonz concluse incrociando la fune dietro la schiena e ripassando sotto le ascelle ma questa volta nel senso inverso. Jaksche era il primo della squadra a reggere la fune. Dietro di lui tutti gli altri, compresi Höhne e il professore. Per dire che non era una piuma. Chiudeva la fila, in caso di emergenza, Bluto.

Leonz si accucciò, si mise di pancia, lasciò calare le gambe facendo perno sugli addominali e poi sui gomiti. Per assicurarsi che la pietra sostenesse il suo peso la tastò con la punta metallica degli anfibi rinforzati. Poi, reggendosi con le mani al bordo della botola, fece pressione con l'anfibio intero. Infine mollò la presa e si lasciò calare di peso. La lastra era robusta e non ebbe il minimo cedimento.

«Come va?» chiesero da sopra.

«Sì» rispose evasivamente l'omone, scocciato per tutta la scena che aveva fatto. Ora gli conveniva metterla giù un po' dura. «C'è questa lastra che tiene ma non c'è nessuna protezione. Intorno non si vede niente e chi scende con gli attrezzi saranno cazzi suoi!»

Bluto lanciò un'occhiata agli altri.

«Figuratevi se le rogne non me le becco tutte io...»

«Ci sono due scalinate» continuò Leonz, «che arrivano al pavimento. Seguite me.»

Aperta la via, tutti gli andarono dietro. I gradini, ripidi e irregolari sia in altezza che in larghezza, rendevano il tratto impegnativo soprattutto per chi portava le attrezzature. In compenso però era corto. Dopo una decina di gradini si accedeva al luogo di culto, il cui soffitto a botte non raggiungeva i due metri.

«La cripta è la chiesa *in nuce*, il nucleo originario» disse Hertzel una volta disceso. «Su questo veniva poi edificata la chiesa, come si vede. Nella cripta sono custodite molte tombe, ciascuna delle quali contraddistinta da una croce, come si vede. Sono in prevalenza croci celtiche, con il cerchio variamente sagomato intorno all'incrocio dei due bracci, come si vede. Non mancano però forme inusuali con un cerchio o un semicerchio alle estremità... o quella lì con i bracci ripiegati a riccio come una balestra, come si vede...»

«Se si vede, che ce lo dice a fare?» sbeffeggiò Höhne.

Hertzel tacque imbarazzato. Qualcuno nel gruppo ridacchiò ma con meno convinzione. L'ambiente non invitava allo scherzo.

Nella roccia erano incastonati teschi umani, uno accanto all'altro secondo i rigidi canoni compositivi dell'estetica macabra.

«Uno spettacolo allegro» commentò Jaksche liberando una corposa scatarrata al suolo.

«Luce sul pavimento!» ordinò Hertzel.

«Tieni fermo quel faro, Leonz, grande e grosso come sei!» sibilò il capo. «Non si vede un cazzo!»

Il professore accucciato studiava il pavimento. Höhne indagava pareti e soffitto con due potenti torce elettriche subacquee. Rozzi capitelli romanici si alternavano senza logica su colonne irregolari di sasso. Le decorazioni rappresentavano sacrifici di montoni e cinghiali, una caccia al drago, la figura di un unicorno e altri animali fantastici cacciati da uomini a cavallo armati di giavellotti scudi e frecce. I muri erano scavati in profondità e vi erano incassate tombe lavorate a bassorilievo. Teschi cornuti abbinati a braccia scheletriche cingevano il corpo di una bella dormiente. Sculture prebizantine a soggetto diabolico erano nascoste negli angoli più scuri.

«Pensa ciò che sto pensando io?»

«Il pavimento è l'unica zona senza decorazione. Niente mosaici, pietre colorate, bordi dipinti...»

«Infatti. Inoltre nella sala superiore sono presenti motivi precedenti alla sua costruzione, con stili e simboli evidentemente copiati da questa cripta. Dovrebbe essere così pure per il pavimento.»

«Qui è vuoto» annunciò Cheyko battendo col tacco. L'eco si propagava nelle profondità in modo inquietante.

«C'è un'altra sala, qua sotto» disse Höhne.

«È quella che cerchiamo!» esclamò Bluto, il portatore, una specie di gigante dall'occhio spento. Reggeva con scioltezza un carico di attrezzatura che avrebbe abbattuto un mulo di montagna.

«Cazzo ne sai tu di cosa cerchiamo?» reagì Höhne.

«Chiudi quel forno, deficiente» ruggì Leonz.

«Vogliono sempre fare casino, in qualunque situazione siamo» brontolò Jaksche.

Quattro o cinque risatacce si levarono dal gruppo sguaiatamente a confermare quelle parole.

«Silenzio!» intervenne Jaksche. Brandiva un machete. «Il primo che alza ancora la voce gli tiro questo in mezzo agli occhi!»

Le risate si spensero controvoglia.

«Hai paura che svegliamo i fantasmi?» ironizzò il secondo portatore, Bluto, grosso poco meno di Leonz. In totale sorpresa Jaksche lo colpì con il machete di piatto su un orecchio con estrema violenza. Bluto si abbatté come una quercia segata

«Sì, ho paura che svegliamo i fantasmi.»

27.

«Quindi la sala che cerchiamo è sotto la cripta vera» disse Höhne. «Più precisamente, *la sala che sta sotto questa* è la cripta vera!»
Un brusio serpeggiò tra il gruppo.
«A che scopo?» chiese Cheyko.
«Per ingannare i cercatori sacrileghi come noi...» puntualizzò Hertzel.
«Tu che proponi?» mormorò Jaksche a Höhne.
«Non possiamo scendere né salire» s'innervosì Leonz. «Non ci sono uscite... scale... niente di niente, in questo merdoso posto di...»
Uno scroscio di ghiaia lo interruppe. Anche gli altri si bloccarono. In un istante si creò una tensione insostenibile. Il silenzio evidenziava ogni minimo fruscio.
Fu Höhne a parlare per primo.
«Vorrei evitare raccomandazioni inutili» sussurrò con un sorriso sarcastico. «Avete presente un ghiacciaio? Un rumore di troppo e si stacca una valanga. L'unica differenza è che la nostra alta montagna si trova sottoterra. Il mondo è cavo internamente. E qui sotto c'è un buco di culo che arriva fino alla valle, per quanto ne sappiamo.»
Si avvicinò a Hertzel e gli disse qualcosa in un orecchio coprendo le labbra con una mano. Gli uomini cercavano di intuire qualcosa. Höhne si staccò, piegò la testa all'indietro e si concen-

trò sul soffitto della cripta. Per quanto irregolare e ricavato da una grotta naturale, era decorato secondo gli stilemi originari.

I due capi della spedizione, Höhne e il professore, indugiavano sul posto. Avevano gesti misurati. Tanta cautela contagiò il resto del gruppo che cercava di controllare persino il respiro. Höhne fece scorrere un fascio di luce sulle pareti soffermandosi sulla parte bassa degli affreschi. Alcune figure erano evidentemente incomplete. Un trono con una donna bionda e coronata era interrotto ben prima della metà e così le colonne e il mantello a colori sgargianti che lo proteggeva. Poi fu l'archeologo a saldare le labbra all'orecchio del suo interlocutore. Indicava in basso.

«I suoi sospetti erano fondati» disse Höhne staccandosi dall'abbraccio. «C'è più di un congegno difensivo e per il momento hanno sacrificato un'intera sala per proteggere quella più importante per loro.»

«Un congegno a tempo o a peso» suggerì Jaksche.

«Sì» confermò il professor Hertzel. «Fatto per trascinare nel crollo i mercenari avidi di roba sacra.»

«Tieni gli scrupoli religiosi per quando torni a casa, professore.»

«Se sono stati capaci di questo, chissà in quale budello hanno nascosto il Sancta Sanctorum.»

«Trovalo.»

«È una parola» si schernì Hertzel.

«Non dovrebbe essere difficile» intervenne Leonz. «La sala è molto alta. Gli affreschi sulle pareti s'interrompevano molto prima della fine.»

«Rideranno molto i suoi colleghi quando gli dirò che un elettricista ne sapeva più di lei...»

«Hanno trasportato il tesoro in un posto più sicuro» sibilò il professore.

«Trovalo. È l'unico motivo per cui sei ancora vivo.»

Hertzel afferrò la torcia e si avviò stizzito. Pochi metri dopo il pavimento suonò a vuoto sotto il passo pesante e un cupo rimbombo rispose dal basso. Hertzel si bloccò sul posto e lanciò uno sguardo verso Höhne. Aprì la bocca per dire qualcosa ma la voce gli restò in gola. Una folata di vento ghiacciato li investì da destra. La torcia cominciò ad agonizzare. Il professore tentò di sostituire le batterie con gesti maldestri. Evidentemente non ci riuscì poiché un attimo dopo erano circondati dal buio totale.

«Ma...» il professore si bloccò, spaventato.

«Hertzel, che c'è?»

«Questo soffitto è troppo basso persino per una cripta. Significa che l'ambiente...»

In quel momento si udirono gli scatti metallici provenire dal pavimento. Höhne si interruppe. Erano rumori lontani e soffusi ma si ripetevano a frequenza regolare, non potevano essere il vento o l'acqua. Con lo stesso ritmo iniziarono a diffondersi una serie di smottamenti del suolo. Erano iniziati dalle pareti ma ora s'andavano concentrando nel mezzo della sala. Lungo tutto il perimetro presero a staccarsi pezzi di intonaco lungo una linea regolare a mezzo metro circa dal pavimento. Rigagnoli di sabbia mista a ghiaia sottile filtrarono dalle crepe e cominciarono a scorrere come fiumi secchi provenienti dall'interno.

Jaksche si rivolse a Höhne. «Si stanno svuotando come un sacco.»

«Aveva ragione il rabbino» disse Hertzel. «Ha pagato con un tesoro che si raggiunge solo da morti.»

«Non si danni per questo, professore. Quando sarà morto la sua parte la prendo io.»

«E se invece fosse lei a morire?»

«Non le conviene. Non sono di quelli che muoiono da soli.»

«Non c'è via per raggiungere la sala inferiore senza rischiare la vita» interruppe Jaksche. Fu la sua lucidità a calmare gli animi e a evitare che finisse tutto lì e in quel momento, in quel buco da topi. «Probabilmente esiste un meccanismo nascosto o un passaggio segreto, ma le condizioni della struttura non ci permettono di cercare con la necessaria attenzione.»

Dalle ferite rettilinee nelle pareti irregolari della cripta la sabbia si rovesciava sempre più velocemente.

«Per quanto ne abbiamo?» chiese il professore.

«Basta colmare un quarto della cubatura per provocare il cedimento, credo. La sabbia ha cominciato a scendere circa due minuti fa e siamo a... un centimetro. Di questo passo...»

Controllò l'orologio.

«Calcola che sta continuando ad accelerare» intervenne Leonz.

«Sì. Ci vorrà un quarto d'ora, venti minuti scarsi ma non poss...»

Si udì un boato. Poderosi urti di rocce fecero tremare l'intero ambiente. I rumori si sommavano all'eco che producevano.

«Ha ceduto la scala!» gridò l'ultimo del gruppo.

I tonfi s'inseguivano a intervalli regolari e sempre più lontani. Non era più possibile tornare indietro né procedere normalmente. Gli uomini fissavano ipnotizzati il pavimento.

«Tenetevi!» urlò Höhne, e cominciarono a sprofondare insieme alla cripta.

Senza alcun indizio, il minimo scricchiolio o tremore, ogni cosa crollò nello stesso istante. Tutto si sciolse verso il basso, nel silenzio più insensato, come se uno starter avesse dato il via a una moviola innaturale, togliendo delicatamente il gancio che sostiene ogni cosa. Il soffitto le pareti il pavimento l'aria stessa scivolarono giù trascinando gli uomini in un baratro nero di incomprensibili dimensioni.

28.

Il pavimento ondeggiò sotto i piedi di Höhne, del professore e dell'intero manipolo di profanatori, s'incavò al centro e implose disastrosamente su se stesso vomitandosi verso il basso. Al boato seguì un rimbombo assordante al cui confronto le loro urla erano un battito di ciglia sotto un tuono. Precipitarono per molti metri insieme al pavimento sbriciolato, compreso Bluto che non aveva ancora ripreso i sensi. Per un tempo interminabile il crollo si trascinò dietro altri crolli identici e lontani. Il mondo intero precipitava con loro in un Niagara di roccia cemento e polvere.

Una nube biancastra e densa si diffuse ovunque mentre cadevano gli ultimi pezzi di muratura, i più leggeri e i meglio ancorati. Qualche tonfo tardivo e poi il silenzio, rotto qui e là da lamenti soffocati di cui era impossibile indovinare la provenienza.

Dovettero attendere che la nube si dissolvesse per vedere qualcosa. Il fumo la polvere la calce vennero risucchiati velocissimi dalla corrente d'aria che tirava verso il basso con un vigore rumoroso ed esasperante. Finalmente la vista cominciò a cogliere qualche dettaglio di quella impressionante distruzione. Il pavimento della sala dove si trovavano pochi secondi prima non c'era più. Il peso della sabbia e delle macerie l'aveva trascinato nel vuoto.

Ci fu una lunga pausa prima che ci fossero segni di vita. Deboli scricchiolii e stridori prolungati facevano temere un nuovo crollo. Respiri pesanti e respiri trattenuti, devastanti colpi di tosse, imprecazioni soffocate.

«Quanti siamo?» gridò Höhne. «Dite i nomi.»
«Jaksche.»
«Leonz e Cheyko.»
«Hertzel.»

Seguirono solo respiri affannati e caute mosse di assestamento. A ogni nome Höhne puntava la torcia elettrica in direzione della voce.

«Nessun altro?»

Ripeté la domanda senza ottenere risposta.

«Siamo rimasti in cinque. Mancano Bluto e i soldati.» Fece una pausa. «Io vedo tutto buio. È così anche per voi?»

«Sì» disse qualcuno.

«Al tatto mi pare di non avere niente di rotto. Questo altare ha fatto da cuscino alla caduta. Voi?»

«Io sto in equilibrio sul vuoto, credo» disse Jaksche. «Mi reggo con un braccio e una gamba. Non muovo il braccio destro e l'altra gamba mi sembra che penzola in aria ma appena accenno a muoverla mi colpisce un fulmine. Dev'essere rotta e sanguina da uno squarcio nei pantaloni.»

«Sto bene» disse il professore. «Ho visto lei che si aggrappava all'altare… Ho fatto lo stesso anch'io ma sono andato lungo. Credo che spalla e braccio destro siano spezzati per una torsione innaturale contro qualcosa.»

«Non m'importano i dettagli. Leonz?»

«Sono a pezzi. Non riesco a muovermi. Sto sdraiato sulla cassa di esplosivi. Se allungo i piedi alla mia destra sento il vuoto. Cheyko è abbracciato alla stessa cassa mia.»

«Sì ma non sento le gambe e non le muovo» aggiunse Cheyko. «Anch'io sento il vuoto, ma alla mia sinistra.»

«Questo silenzio mi spacca le orecchie» si lamentò Leonz.

Höhne riprese la parola.

«Dobbiamo ponderare ogni minimo gesto. Le torce sono rimaste a me. Non so perché ma ne ho quattro. Quando le accendo vedremo come stanno le cose e forse in quel momento… saremo meno lucidi di adesso. Propongo quindi di fare un piano prima di accendere.»

«Ascoltate» cominciò Hertzel. «Delocalizzare la chiesa cristiana dalla cripta significa interrompere l'asse verticale e quindi la derivazione diretta dall'alto. Una decisione simile può essere giustificata solo per difendere qualcosa di estremamente prezioso.»

«Qualcuno deve comunque poter raggiungere il Sancta Sanctorum, per esempio i custodi del culto e gli iniziati» fece notare Jaksche da dietro.

«Forse aggiravano la cripta» disse Leonz.

«Quella che tu hai fatto crollare, pezzo di...» iniziò Cheyko.

«Silenzio! Questa volta il bue non ha detto una cazzata» intervenne Höhne. «Però sacrificare volutamente la prima cripta sarebbe...»

«... diabolico?» completò il professore. «Lo è. Quale dispregio maggiore verso la chiesa che usare l'intero edificio per ingannare? Hanno costruito la parodia di una chiesa cristiana per nascondere il vero culto e il vero tesoro. Ecco perché la cripta si trova al terzo livello. Molto più in basso del solito e più vicino agli inferi. Tanto profonde ne ho viste solo nei libri.»

«Quindi non abbiamo altra scelta che scendere» concluse Höhne. «Non so se ce la faremo tutti ma il piano è questo. Ora accendo le torce una a una e le punto. Pronti?... Accesa!»

Una luce accecante costrinse tutti a chiudere gli occhi con forza. Tale era ormai l'assuefazione all'oscurità. Il fascio della torcia ritagliò Jaksche sul crostone diametralmente opposto a quello del capitano. Era incastonato in un camino di roccia al pari dei tanti teschi visti fino allora. Si reggeva in equilibrio molto precario spingendo la schiena con un braccio e una gamba contro la buccia di parete. Sudava e tremava.

«Benno!»

«Sì» ansimò.

«Quanto puoi resistere in quel modo?»

«Pensa a te... pensa al tesoro. Io...»

«Se hai la forza per dire queste stronzate vuol dire che stai meglio di quanto ci vuoi far credere. Accendo la seconda torcia. Pronti?... Accesa!»

Cheyko e Leonz stavano abbracciati alla sola cassa di esplosivi che non era saltata in aria, immobili su una mensola di roccia di mezzo metro scarso. Quando se ne resero conto, d'istinto si ritrassero il più possibile. Nel movimento Cheyko si scompose in modo incomprensibile e perse l'equilibrio. Ruotò su se stesso ma riuscì non si sa come ad ancorarsi alla pesante cassa con il braccio sinistro. Pencolava nel vuoto agitandosi come un ragno nel tentativo di agganciare la roccia con i piedi. Non aveva ancora realizzato di non avere più le gambe, tranciate di netto all'altezza del bacino. Il braccio destro, intriso di sangue e quasi completamente staccato dalla spalla, si agitava molle come una salsiccia rimbalzando dalla schiena alla faccia. Cheyko scacciava l'ostacolo aiutandosi con la testa e il collo ma se lo ritrovava sempre davanti agli occhi. Quando lo riconobbe come braccio si bloccò istupidito. Guardava Leonz con gli occhi fuori dalle orbite. Forse chiedeva una spiegazione. Leonz gli vomitò addosso. L'artificiere si scansò d'istinto e vide per la prima volta il proprio corpo dimezzato. Sollevò di nuovo gli occhi su Leonz – ma forse non lo vedeva già più – e rimase in quella posizione da puparo di se stesso con il dorso della mano destra che non comandava e gli copriva il naso dalla fronte in giù. Divenne serissimo e disse una cosa assurda. Disse:

«Club».

E si lasciò precipitare.

Tutti tesero l'orecchio per sentire il tonfo e calcolare in qualche modo la distanza dal fondo. Sarebbe potuto essere rumore d'acqua a indicare un fiume o un lago sotterraneo; uno schianto violento se c'erano rocce; una serie di rimbalzi se il fondo fosse stato scosceso.

Attesero oltre ogni tempo logico ma non giunse alcun suono.

Leonz vomitò una seconda volta e fu l'unico rumore a rompere il silenzio solido di quella tomba sotterranea finché Höhne fece il suo annuncio.

«Accesa!»

La luce inquadrò il professor Hertzel. Höhne dovette aggiustare il fascio più volte per individuarlo perché era seminascosto dalla roccia a forma di dente che lo teneva incastrato una trentina di metri più in basso di Höhne.

«Non posso muovermi...» disse con voce soffocata. «Che c'è intorno?»

«A quanto ci è dato di vedere, professore, ha centrato l'unico ostacolo sulla parete quasi perpendicolare» rispose Höhne. «Non so se dirle che è stato fortunato oppure no.»

Appena Höhne smetteva di parlare il silenzio li stringeva d'assedio. Sembrava staccarsi dal fondo nero e assalirli come un brigante a un passo di montagna. Era una presenza fisica, quel silenzio, e li avrebbe uccisi. Höhne lo sapeva bene. "Sono ancora pochi gli anni trascorsi dalla guerra contro il mondo per intaccare la memoria" pensò l'ex ufficiale SS. "E dico memoria, non ricordi, perché è la memoria intrisa nella corteccia quella che rimane, la memoria muscolare accumulata e rinforzata con l'abitudine a certe azioni e sentimenti, quella che permette al naufrago di danzare il tango su un'isola deserta anche dopo trent'anni dall'ultima serata."

Si ritrovò col pensiero a Stalingrado e nella steppa infinitamente coperta di neve, il ghiaccio che fioriva nei polmoni prima ancora di congelare le estremità del corpo. Non aveva vissuto completamente quell'inferno ma quella e altre esperienze avevano ridotto fino alla beffa la distanza fra la vita e la morte. Non esiste gerarchia tra una disperazione e un'altra, ecco perché la parola *disperazione* esiste soltanto al singolare.

«Bene, ragazzi» riprese Höhne. «Ci siamo contati. Ora sappiamo quanti siamo e in quale posizione. Aggiungo la quarta torcia e usandole insieme illumino tutto quello che posso. Fate attenzione perché lo spettacolo globale non sarà incoraggiante ma è imperativo conoscere esattamente la situazione per sapere se moriremo qui o ci toccherà invecchiare chissà quanti anni per tirare le cuoia nel nostro letto. Siete pronti?»

Nessuno rispose. Qualcuno forse era morto nel frattempo mollando la presa e lasciandosi risucchiare dall'inferno. Höhne sperò che, nel caso, non si trattasse di Jaksche. Gli si fermò il cuore considerando questa possibilità.

«Benno, ci sei?» chiese cercando di mascherare lo sgomento. Trattenne il respiro all'idea di non ricevere risposta.

«Sì» disse Jaksche dopo qualche secondo. «Per ora.»

«D'accordo.» Höhne tornò a respirare. «Accendo.»

29.

La lavorazione del film è un disastro già dal primo giorno. Nonostante la presenza del coproduttore ungherese, la Fukas Film, i permessi vengono negati. Imprevisti e incomprensioni a raffica già la mattina presto:

OGGI NO POSIBILE DI GIRARE AL APERTO
DOMANI NO POSIBILE DI GIRARE IN CHIUSO

Questa volta Tremamondo avrebbe tutte le ragioni per scatenarsi in scenate, invece tra la sorpresa generale affronta ogni cosa senza fare una piega. Sembra stoico ma in realtà è solo ipnotizzato, ubriaco di Purissima e Jack Daniel's.

Come ieri sera subito dopo lo stop schizza via con lei e non si vede più fino alla mattina seguente quando si presenta assente sul set. La troupe non sa cosa fare, il piano del giorno non è stato preparato. Lui non fa una piega.

Gli attori-divi ora preferiscono mangiare in albergo. Noi andiamo in città.

Il taxista conosce il ristorante dove andava Mastroianni. Si trova a Pest.

Il locale è piccolo e discreto, diviso in salette private. Il soffitto della nostra è in stile liberty decorato con scene d'amore saffico. Ninfe, satiri, fanciulle nude che si rincorrono.

Il pianista si chiama Mario, è austriaco, anziano e onnisciente. Non guarda la tastiera nemmeno nei ragtime, quando la mano sinistra sembra una cavalletta che salta da un'ottava all'altra. Sorride in cinque lingue e ha lo sguardo furbo da ex playboy del KGB.

La sera scorre veloce tra una fetta di jazz e un bicchiere di Chopin.

«Ha mai incontrato Mastroianni, qui?»

«Ero qua prima di lui» annuisce. «Si presentava con l'olio portato da casa e andava in cucina a prepararsi gli spaghetti da solo.»

«E l'ultima volta che l'ha visto?»

«Era con Charlotte Rampling ma ugualmente aveva il suo olio e andò in cucina con i suoi spaghetti.»

Ci dedica una versione di *'O Sole Mio* ma per fortuna nessuno canta.

«Vi fermate molto a Budapest?» mi chiede quando vado a salutarlo a fine serata.

«No. Domani andiamo in Romania.»

«Bucarest?»

«Sì. Poi a Sibiu.»

Cambia espressione e finge di interessarsi alle proprie dita che in quel momento però rallentano in un passaggio di accordi aperti.

«Conosce?» chiedo, sorpreso della sua reazione.

Prende tempo con una modulazione elaborata e prevedibile. Controlla di non essere ascoltato.

«Stia molto attento. A Sibiu non accetti inviti e non dia confidenza» dice con un filo di voce. Si ferma e mi fissa quasi dispiaciuto. Poi riprende a suonare.

«Perché mi dice così?» chiedo. «Cosa devo fare?»

«Lei ama il jazz.»

«Sì.»

«Allora improvvisi.»

Rientriamo a notte fonda. Il portiere ci informa che i nostri due divi sono stati cacciati dall'albergo perché hanno importunato la pianista.

30.

Troviamo due buste sotto la porta della stanza. All'interno due laconiche righe:

> RIPRESE ANNULLATE.
> APPUNTAMENTO DOMENICA HOTEL SYMPLEX BUCAREST SECONDO ORARIO VOLO.
> BIGLIETTI AEREO NELLA BUSTA.

Liberi tutti per tre giorni.
Tremamondo va in Italia dalla famiglia però si fa prepagare biglietti aerei per due posti affiancati Budapest-Roma e Roma-Bucarest in classe business.
In effetti non ha tutti i torti. Sono a Budapest e non devo partire subito, che bello!
Enikö è di Budapest, che bello!
Lei mi crede a Bucarest, che bello!
È un'eternità che non la sento. Le manderei un sms ma mi scoccia essere io a riallacciare. Le donne resistono di più in queste situazioni, io invece continuo a pensarci. Qualunque cosa faccio metà della mia testa è via.

31.

Vado all'aeroporto col furgoncino Volkswagen insieme a quelli della produzione ma solo per cambiare il biglietto. Sono il solo a non partire subito, approfitterò di questi giorni per vedere meglio Budapest.

All'andata il furgoncino strabocca di gente, bagagli, vecchie battute e risate inedite. *Sai qual è la cosa più bbella de Budapest? Er treno pe' Roma!* A ogni buca (cioè continuamente) i parafanghi toccano le gomme producendo un effetto-frenata pari a una spinta alle spalle. Popolo e bagagli s'accartocciano uno sull'altro e all'arrivo il furgoncino è una scatoletta di carne con grasso e gelatina accumulato tutto sul davanti.

Al ritorno sono l'unico passeggero. Il conducente pompa al massimo un nastro con discomusic italiana anni Settanta-Ottanta. Gazebo, Albert One, Tom Hooker, Jock Hattle, Den Harrow, Joe Yellow, Savage, *Trans Europe Express*... Chissà se suonava anche prima? Col casino che c'era non ci saremmo accorti nemmeno se ci esplodeva il furgoncino sotto i piedi.

Passando davanti al Palazzo dell'Opera improvvisamente la vedo. Enikö sta studiando il calendario degli spettacoli insieme a una donna che potrebbe essere sua madre.

Il mio cuore si ferma, poi riparte, poi di nuovo si ferma e riparte perdendo il giro tre o quattro volte.

Chiedo al conducente di bloccare ma non mi sente. Grido. La portiera è bloccata, c'è la sicurezza-bambini. Do una spallata più che altro per rabbia e grido ancora. Poi ne do un'altra più potente quasi per una subitanea paura e la portiera cede. Scendo al volo e la rincorro. L'autista frena ma ormai non serve più. Pazzesco, Enikö è a Budapest! Chi poteva mai... Ho fatto bene a fermarmi! La strada è in salita, il marciapiedi dell'Opera sulla sinistra. Quel pistola della discomusic è andato avanti per almeno cento metri. La salita tira forte, ansimo. Mi pare di scorgerla fra le teste di persone inutili che si mettono in mezzo, sembrano farlo apposta e poi c'è l'entrata di varie metropolitane, non devo perderla di vista. Accelero e finalmente la raggiungo, le appoggio una mano sulla spalla e non è lei. Non è neppure vestita come lei: Enikö aveva un cappellino rosa, jeans a sigaretta e tacchi a spillo! Poi questa ha gli occhiali! Devo essere diventato scemo. Sento la faccia staccarsi dagli zigomi.

La vedo scendere nella metropolitana al lato opposto della piazza. Mi precipito giù per le scale più vicine e riprendo a correre come un androide che ha perso il telecomando. Corro ancora, corro corro ma in cerchio e torno sempre allo stesso punto. Mi fermo a respirare con la bocca spalancata e un po' mi sento perso davvero.

Provo al suo cellulare: niente.

Alla casa di Roma c'è la segreteria telefonica.

Al Palazzo del Ghiaccio una frizzante voce femminile m'informa che Enikö è in Ungheria e starà via un mese per esibizioni nell'Est Europa.

«E voi non fate vacanza?» scherzo.

«No. Ci diamo i turni perché qui fa fresco.»

Simpatica. Perché non m'è capitata una che lavora in ufficio? È molto più stabile.

32.

Sul letto del Liszt con cinque cuscini. La televisione ungherese fa un lungo servizio sui disastri di Bush e la CNN parla di quello che è stato battezzato Il Vampiro Bianco dei Carpazi, perché dissangua le vittime senza morderle.

Ogni mattina trovavo il buongiorno di Enikö nel cellulare.
«La mattina ad amici veri si dice buongiorno.»
Non avevo mai fatto caso a quanto fosse piacevole sentirsi augurare buongiorno nel senso letterale del termine. Le lezioni di pattinaggio per i ragazzi dell'agonistica iniziano praticamente all'alba perché poi devono andare a scuola.
Io non avevo mai detto buongiorno a nessuno dei miei amici e nessuno di loro si era mai permesso di dirlo a me. Doveva avere un significato importante in Ungheria perché se non rispondevo Enikö me lo faceva notare.

Quando ero rientrato a Roma mi svegliavo alle quattro e mezzo per andare sul set e trovavo già il suo buongiorno nel cellulare.
Una volta vado nei *dettagli* e controllo l'ora di invio. Dieci minuti fa. Non l'avevo sentito perché mi facevo la barba. Chiaro che non aveva dormito. Erano momenti difficili per lei. Rispondo.

Come mai già sveglia?
Come va?
(Non rispondeva mai a domande come questa. Rispondo.)
Tutto ok, se non fosse che il fatto di essere qui prevede la mia presenza.
Sei a Roma e ti lamenti? La città piu bella del mondo!
Mi lamento anche alle Bahamas se non c 6 tu.
Basta stupidate. Fino quando stai lì?
Sempre, visto che stai benissimo senza di me.
Chi ha detto che sono senza di te?
(Rideva. Questo lo sapevo io.)
Arrivo sabato.
Avvisa per orario.
Ok. A settimana prossima.
Avevi detto sabato!
Allora vuol dire che ti manco!
(Silenzio.)

"Non partirò mai più senza lei" pensai spegnendo il cellulare. Gli impegni con me stesso sono quelli che rispetto di meno.

Quando rientro al Liszt trovo la produzione ungherese che vuole i danni alla portiera.
«Macché danni! Era marcia, le ho solo dato una spallata...»
Me la fanno pagare come nuova.
Salgo in camera un po' più povero, un po' più solo, un po' più realista. Non era lei di sicuro, altrimenti si fermava. Forse era lei e non m'ha sentito con il casino che c'è a Budapest. Forse era in visita dalla madre che non ho mai visto e non so nemmeno dove abita. Forse non era lei.
Mi butto sul letto e dopo un po' sul soffitto macchiato proiettano la prima sera che cenammo insieme a Roma.

«Come si fa ad avere degli occhi così? Che colore è, quello? È omologato? Sembrano... verdechiaro giallo acquamarina. Siete tutti così in Ungheria?»

«Non ho occhi così.»
Sorrideva.
«No, sono rossi. Colpa mia che sono daltonico. Ma solo i giorni dispari. Oggi infatti è martedì.»
Sorrise ancora. Poi all'improvviso scappò via.
Tornò dopo una decina di minuti. Il pit stop le aveva fatto bene. Finsi di non accorgermi che gli occhi erano pieni di acqua marina.
«Ho ordinato un altro tè, quello era freddo ormai.»
«Grazie.»
Mi feci più vicino e sussurrai: «È grave?».
«Sì.»
«Se vuoi un giorno ne parliamo.»
«Sì.»
Soffiò sulla tazza bollente.
«Ti spiace chiudere gli occhi quando mi guardi? Rischio il soffocamento.» Nascose il sorriso con la tazza. «Come fai con lo specchio? Ti devi truccare di schiena!»
Rise. Il peggio era passato. Mi guardava con un'espressione dolce ma sapevo che non era diretta a me. Mi consolai nuotando in quel mare con le ciglia. Corpo serpentiforme, gambe di compasso, eleganza naturale, volontà di ferro, disciplina, fascino. Esternamente dissimulavo ma nello stomaco svolazzavano farfalle.
Stop.

Il film è finito. Il soffitto è tornato bianco e sporco. Alla CNN parlano del serial killer da mesi. È la loro star dell'estate. Un tizio che telefona dall'Illinois chiede a Larry King se è vero che in Romania ci sono prigioni segrete della CIA.
Mi rovescio dal letto e mi faccio una doccia. Torno e abbandono testa e spalle su una dozzina di cuscini. Me ne sono fatti dare altri perché sono sottili. Lascio andare la tv a volume zero e alzo gli occhi al soffitto. Non ci sono più film. Provo a spegnere la luce, magari si vede meglio. Niente da fare.
«Lei scapàta...»

33.

I finestrini dello Scammell erano abbassati e le chiavi inserite nel quadro quando arrivò la pattuglia americana. Era notte fonda. Il tenente Deak indicò a due soldati di andare sui lati opposti e al terzo, quello con il cane lupo, alla chiesa. Bach non aveva dato segni di nervosismo né abbaiato, perciò non aveva avvertito la presenza di mine o altri ordigni. Il tenente procedette comunque con molta cautela verificando le indicazioni del rilevatore metallico. Si arrampicò alla guida e dopo una rapida occhiata d'intesa con i suoi uomini diede contatto.

Il motore s'accese al primo colpo e cominciò a fare le fusa, fresco e riposato. Deak ispezionò fondo portiere, porta-oggetti, parasole, spense il motore e saltò giù. Sollevò il telone che era stato abbandonato a terra aiutandosi con la torcia elettrica e scivolò sotto il pianale del camion che esplorò scrupolosamente. Spense la torcia, rotolò fuori e si appoggiò al carro.

«Arnett, Murray, Trumpp» chiamò, accendendosi una sigaretta.

Lo raggiunsero. Il tenente offrì da fumare. Nessuno rifiutò.

«Trovato qualcosa?»

«Niente» disse Trumpp. «Il portone della chiesa è bloccato.»

«Arnett, comunica alla base che abbiamo trovato lo Scammell.»

Il soldato si appartò per stabilire il collegamento. Gli altri restarono in silenzio a godersi la sigaretta seduti sulle larghe pedane del camion, senza le quali sarebbe stato impossibile raggiungere la maniglia della portiera.

«Perché ferire tre soldati per rubare un mezzo militare e poi mollarlo qui?»

«Quando sono arrivati?» chiese Murray in una nuvola di fumo azzurro.

«Il motore è freddo, quindi... almeno quattro ore. Ma è senz'altro di più. Il furto è avvenuto di mattina, vero?»

Il più vicino, Trumpp, annuì.

«Era ancora buio.»

«Se sono partiti subito hanno passato il pezzo peggiore nel momento più caldo. Otto, forse nove ore...» Guardò l'orologio. «Sono arrivati non dopo le due del pomeriggio.»

Osservò le tracce sul terreno friabile.

«Niente manovre. Sono arrivati, hanno scaricato e spento il motore.»

«Sette ore fa...» disse Murray. «Ormai saranno lontani.»

«Oppure sono ancora qui. Cercano qualcosa che non hanno trovato, in caso contrario la caricavano sul camion e se ne andavano. Raggiungevano un secondo mezzo o più mezzi, scaricavano e sparivano. Lo Scammell lo avremmo trovato in un posto qualsiasi ma non qui.»

«E dove possono essere?» disse Deak lanciando la cicca lontano.

«Nella chiesa.»

«Sette ore dentro una chiesetta col portone chiuso?» ironizzò Arnett rientrando dal collegamento radio.

«Chissà come si divertono!»

Bach abbaiò.

34.

Höhne accese contemporaneamente le quattro torce e la zona venne abbagliata. Aveva predetto che lo spettacolo non sarebbe stato incoraggiante ma si sbagliava. Era molto peggio.
Il primo risultato fu l'accecamento.
Abbarbicati alle croste della roccia i tre uomini guardavano istintivamente verso Höhne quando accese e fu una pugnalata negli occhi. Le pupille si ritrassero, come se ci avessero spremuto dentro un limone intero. A Jaksche sfuggì quasi la presa.
Lentamente tornarono a vedere. Dapprima si dovettero abituare alla luce e successivamente riconobbero i particolari della loro collocazione.
Höhne non aveva subito lo stesso trauma e la visione si normalizzò prima degli altri.
La cavità era più ampia di quanto ricordava. La luce delle torce veniva risucchiata dal nero come una carta assorbente. Paradossalmente la somma di quattro luci produceva buio. Le torce illuminavano la fetta nella quale si trovavano, che diventava un sipario accecante per chi guardava in basso e il suo effetto restava impresso sulla retina troppo a lungo per vedere in alto.
«Possiamo solo guardarci fra noi» lamentò Hertzel.
«Sì, e non è un bel vedere» disse Höhne.
«Leonz!» chiamò Jaksche. «Che esplosivi hai?»
«TNT. C3. T4. Ekrasite. Da soli, mescolati e al plastico.»

«Siamo messi bene!» rantolò Hertzel cercando di sembrare ottimista.

«Bene un cazzo! Cazzo vuoi fare esplodere: l'aria, le rocce o noi?! Questa roba ce la possiamo anche infilare su per il culo che non succede niente. Detonatori, spolette, gelatine e dinamite erano nelle altre due casse. Viaggiano separati perché sono molto sensibili agli urti...»

«Tra me che sono il più in alto e il professore a occhio c'è una trentina di metri» considerò Höhne, freddo. «Può sembrare paradossale, ma sottoterra si perde il senso delle distanze come in montagna.»

Dopo un lungo silenzio si udì la voce di Leonz.

«Tanto vale che la butto via, questa cassa, per quello che ci serve!»

«Non toccarla...» ansimò Jaksche. «Può servire.»

«A che cazzo ci serve!»

Leonz si agitava in preda al panico sbraitando oscenità miste a preghiere e si dannava per spingere gli esplosivi nel baratro. Aveva abbandonato ogni prudenza e si sporgeva fuori equilibrio rischiando di precipitare insieme alla cassa.

«Il legno, le corde...»

«Sai a cosa ti servono queste corde?!» strepitava. «Per impiccarti! Dopo che sarai morto spiaccicato in fondo a questo pozzo senza fond...»

Improvvisamente uno sparo provocò un fragore inconcepibile la cui intensità, amplificata all'estremo dagli echi e dai rimbombi di quel pozzo nauseabondo, si dilatò in una deflagrazione assordante. Il panico morì sul colpo partorendo un pianto disperato.

Un secondo colpo di pistola seguì a breve distanza con il medesimo effetto. Poi un terzo, un altro e un altro ancora inseguiti da una pioggia di sassi, detriti schegge cocci scaglie di muratura staccate quaranta metri più in alto.

Un fischio acutissimo penetrava le orecchie come un acufene, orbitava attorno alle tempie martellanti, uno sciame d'api in una sfera, una bolla di sapone alonata e sibilante.

35.

«Provengono dalla chiesa» disse il tenente Deak.
Bach guaiva. Le esplosioni erano state udite da tutti.
Era stato Höhne a sparare.
«Solo un ammasso di idioti può litigare in una situazione come questa» disse. «Dobbiamo trovare una soluzione. Pensare. O buttarci di sotto.»
Pensare contribuiva a evidenziare la realtà di quella tomba senza fondo. E ad affondare.

Ora è molto più difficile sentirsi vivi.

36.

Il silenzio lunghissimo fu rotto dalla voce di Höhne.
«Leonz!»
Rispose un funereo grugnito.
«Che cosa dicevi delle scalinate?»
«Quali scalinate?»
«Sotto la botola...»
«Be'?»
«Sveglia deficiente! Dicevi che c'erano due scalinate.»
«E allora?»
«Una bianca e una nera dicevi, no?»
La voce di Leonz era più sveglia ora, ed era palpabile l'attenzione degli altri.
«Sì, una da una parte e una dall'...»
«E perché hai scelto quella bianca?»
«Era lo stesso: arrivano tutte e due allo stesso punto.»
«Perché fare due scalinate con il poco spazio a disposizione?»
La domanda era rivolta evidentemente al professor Hertzel.
«In effetti non è logico...»
«... ma simbolico?»
«Potrebbe, ma non vedo come.»
«Leonz» riprese Höhne. «Com'erano le due scale?»
«Come erano... Ho scelto la meno peggio!»
«Perché, l'altra?»

«Quella nera ci mancavano troppi gradini.»
«Hai detto *nera*?»
«Sì...»
«Certo! Due scale identiche, una bianca e una nera. Qui è tutto al contrario: il bianco è l'inganno. La direzione giusta era quell'altra!»
«Era impossibile scendere...» si difese Leonz.
«È la via più ardua quella che porta al tesoro.»
«... e portava nello stesso punto!»
«Ma non faceva scattare il meccanismo.»
«Doveva dirlo prima, professore...»
«Dovevi dirlo prima *tu*, deficiente!» gridò Höhne.
«L'altra era la scala che ci portava al tesoro...» recriminò Hertzel.
«Bisogna vedere...» si sentì dall'alto.
«Cosa vuoi dire, Benno?»
La sua voce era debolissima e rauca.
«Avremmo trovato altri ostacoli...»
«Questo può darsi ma certo non poteva andare peggio di cos...»
Dall'alto un fascio di luce investì i quattro uomini. Era potentissimo e ridicolizzava l'illuminazione delle torce che fino allora erano sembrate abbaglianti.
«Non muovetevi!» gridò una voce.
Il primo a riprendersi fu Höhne.
«Che volete ancora da noi, ladri!» gridò verso l'alto.
«Quanti siete?»
«Tre meno di prima, assassini!»
Il professor Hertzel e Leonz lo guardarono sorpresi.
«Siete tornati per finirci?» insisté Höhne.
«Che è successo?»
Höhne continuò nel suo gioco.
«Siete... Sia ringraziato il cielo, voi siete americani!»
«Esercito. Chi siete e quanti siete?»
«Siamo in tre. Io sono il professor Hertzel con i miei assistenti Benno Jaksche e Hans Schmidt. Siamo una missione ar-

cheologica dell'Università di Bucarest. Ci ha sorpreso un gruppo di criminali e siamo finiti quaggiù.»

Leonz si sbracciò ma Höhne a cenni spiegò di avere un piano.

Impossibile guardare verso lo sbocco del pozzo poiché l'intensità della fonte luminosa era insostenibile allo sguardo. Il fascio di luce allungava a dismisura le ombre dei quattro uomini. Le sporgenze della roccia diventavano pipistrelli ciechi che sbattevano ostinatamente contro le pareti del budello.

Si udivano rumori metallici e voci concitate.

«Potete fare qualcosa per noi?» gridò Höhne verso l'alto.

In quel momento quattro funi robuste scesero flessuose fino a loro. Sulle sommità erano confezionati dei nodi scorsoi.

«Grazie! Avevamo ormai perso le speranze» disse con voce tremante. «Se tardavate mezz'ora non ci avreste trovati più!»

«Infilate un piede nel nodo e tenetevi alla corda» avvertirono da sopra. «Vi tiriamo su.»

Leonz seguiva le operazioni con attenzione in attesa di ordini. Höhne si picchiettò il polso sinistro indicando il numero 4.

«Quattro minuti...» ragionò Leonz a fior di labbra.

«Per me va bene ma gli altri hanno braccia e gambe rotte. Da soli non si reggono!»

«Ce la fa a portarne uno lei?»

«Credo... di sì» rispose Höhne. Poi si rivolse a Jaksche.

«Ti porto fuori.»

«Il professore è svenuto» disse Jaksche. «Prendi lui. Io posso aspettare.»

Höhne esitava. Questo complicava i suoi piani. Guardò più volte il professor Hertzel, poi Leonz, che appena incrociò lo sguardo cominciò a sbracciare picchiettando il dito medio sull'orologio. Finalmente Höhne si decise. Afferrò la fune e infilò un piede.

«Salvato da un nodo scorsoio.» Sorrise fra sé. Diresse la voce verso l'alto. «Salgo col professor Schmidt ma è più in basso. Dovete calarmi!»

Höhne scese stretto alla fune. Non sembravano così lunghi trenta metri visti dal precedente punto d'osservazione. Gli parve che la temperatura si abbassasse un grado al metro, in sincrono perfetto con la fune. Hertzel stava appeso al dente roccioso come un cappotto gettato malamente su una gruccia, l'intero peso del corpo gravava sull'attaccatura della spalla destra costringendola a una rotazione all'indietro mai vista. Era privo di sensi e semiassiderato. Anche Höhne tremava quando atterrò sul dente di roccia. Si assicurò la fune alla vita e provò a scuotere il professore che non rispondeva. Lo abbracciò, lo scosse, gli riscaldò le mani con il fiato ma senza esito. Provò con manate sulle guance, lo prese sonoramente a ceffoni ma il volto pallido non prendeva colore. Si risolse a storcergli la spalla. Hertzel spalancò gli occhi con un urlo.

37.

«Chi vi ha chiamati?» chiese Höhne appena fu in grado di respirare regolarmente. Il soldato Trumpp spostava la carrucola mentre Arnett si prendeva cura di Hertzel.
«Eravamo di pattuglia» mentì il tenente Deak. «Come siete arrivati?»
«Con due jeep.»
«Credo che ve le abbiano rubate, professore.»
«È l'ultimo dei miei problemi» sorrise Höhne debolmente. «Che caldo fa qui!»
«A che altezza si trova?»
«Dove stavo io ma più a destra guardando da qui.»
Deak fece un cenno d'intesa a Murray, di guardia alla via d'uscita con Bach. Murray raggiunse Trumpp alla carrucola all'estrema destra sulla bocca del burrone.
Bach controllava Höhne con un ringhio trattenuto.
«Che bella bestia» disse Höhne, sinceramente ammirato. "Peccato" pensò.
«Qual è il nome del terzo collega?» chiese Deak.
«Benno Jaksche.»
«Dell'università anche lui?»
«Esatto.»
Un gioco di sguardi, una gara di strategia.
«Lì come va, Arnett?»
«Ha la febbre, tenente.»

«Senti a che punto sono i soccorsi.»
Il marconista uscì con l'attrezzatura.
Era tutto troppo formale. La situazione si evolveva in modo positivo ma nonostante ciò la tensione era evidente. Höhne avvertiva il pericolo come un serpente.
Deak controllò l'imbragatura e la corda di soccorso. Diede l'ok e Deak azionò l'argano.
La discesa fu agevole, la risalita più lenta ma sicura.
La fune rilasciò la tensione e poco dopo diede i tre strattoni convenuti. Höhne affiancò il soldato per accelerare il recupero.
«Tutto ok?» lanciò il tenente, ma non ottenne risposta. «Trumpp! Rispondi!»
Höhne si sporse pericolosamente.
«Benno!»
«Sì, ok, ok...» rispose Jaksche con voce forzata.
«Per un attimo ho temuto che...» sospirò Höhne accucciato sul bordo.
«Si tolga da lì, è pericoloso!» avvisò Deak.
«È più pericoloso per loro.»
«E poi ci copre la visuale.»
«Un attimo» gridava Höhne. «Eccoli, eccoli!»
Bach abbaiava nervoso in attesa di ordini.

Fu questione di secondi. Höhne si alzò sbracciando. Il primo ad apparire fu Jaksche. Leonz era sotto di lui e indossava la giacca di Trumpp. Questo bastò per ingannare i militari il tempo necessario perché i due approdassero sul terrapieno. L'istante successivo avevano già fatto fuoco su Trumpp e Murray e Höhne sul tenente. Bach scattò in avanti ma Leonz lo seccò a mezz'aria. Il lupo rovinò a terra e sullo slancio scomparve nella voragine.
«Dovevi proprio ucciderlo?» inveì Höhne irritato.

38.

Jaksche e Leonz scivolarono a terra esausti. Il recupero e la fulminea operazione li aveva pesantemente provati.

«State a terra, ce n'è un altro!» sussurrò Höhne.

Spinse i corpi nel vuoto e si mise in attesa all'entrata della grotta.

Fu un gioco da ragazzi sorprendere Arnett.

39.

Percorsero il tragitto a ritroso e si ritrovarono nella prima cripta ai piedi della scalinata. Fu più penoso che difficile nelle loro condizioni.

Il crollo del pavimento aveva lasciato un davanzale di un metro scarso che correva lungo il perimetro.

«Be', che aspettiamo?» grugnì Leonz rivolto a Höhne.

«Vai pure avanti tu.»

«Perché, che c'è ancora?»

«Non voglio andare a fare compagnia agli americani.»

«Basta risalire la scala bianca e scendere quella nera!»

«Appunto: accomodati.»

Un silenzio cupo li accerchiò, rotto solamente da respiri affannosi e lamenti di dolore soffocato.

«Un gruppo di straccioni per il tesoro degli ebrei!» commentò Höhne. Nessuno rise. «Siamo a pochi metri e non sappiamo come andare a prenderlo.»

«Professore» invocò Leonz.

«Vi capite al volo quando si tratta di ammazzare qualcuno» rispose Hertzel, «ma se si tratta di ragionare allora chiamate il professore...»

«Qualcosa che non va? Cosa la disturba?»

I due animali da preda erano ansiosi di scattare. L'ostilità strideva come gesso sulla lavagna.

«Calma, non facciamo sciocchezze proprio ora!» intervenne

Jaksche. «Possiamo andarcene da qui vivi e con il tesoro o rinunciare a una delle due opzioni. Dipende solo da noi.»

La tensione si allentò.

«Cosa facciamo, cervellone?» chiese il capo.

Hertzel ragionò attentamente, poi rispose dolorante ma pacato.

«Credo che abbia ragione Leonz: la scala nera. Però senza passare sulla scala bianca. Significherebbe ripetere l'errore due volte.»

Leonz assunse un tono di sfida.

«Se ho ragione io ce l'ho fino in fondo. Dobbiamo risalire i gradini bianchi.»

«Perché?»

«Chi sbaglia deve ammettere gli errori e ritornare sui propri passi.»

Di nuovo il silenzio li avvolse. In quelle circostanze surreali, sul bordo di un vassoio nel quale è servita l'apocalisse, basta smettere di parlare un secondo per evidenziare la distanza tra la dimensione umana e quella diabolica. Un fischio acuto penetra le orecchie e stringe d'assedio il cervello. Subito dopo principia il panico e diventa impossibile pensare.

«Io percorro tutto il perimetro fino all'altra scala. Chi mi segue?»

Hertzel e Jaksche annuirono, Leonz si agitava sul posto senza decidere.

Höhne si avviò seguito dai due. Percorsi pochi passi con le spalle che rasavano il muro si fermò e si rivolse a Leonz.

«Non crederai di star lì a vedere come va e poi prendere la tua parte?!»

Leonz si dimenava, incapace di decidere.

«E se ho ragione io?»

Ci fu una pausa, poi Höhne riprese ad avanzare.

Più o meno a metà del percorso si udì uno scatto metallico e subito dopo rumore di sassi. Istintivamente i tre si bloccarono.

«Abbiamo innescato qualcosa» disse Hertzel allarmato.

Leonz scoppiò in una risata idiota amplificata dalla scampata paura e dal vuoto sotto di loro. Hertzel, Jaksche e Höhne ripresero a procedere mentre Leonz, felice, non si capacitava della propria fortuna e non riusciva a trattenersi. Si appoggiò alla parete per non perdere l'equilibrio e rideva, rideva e rideva sempre più forte e continuò a ridere mentre gli occhi si riempivano di lacrime e i colpi di tosse si alternavano a scosse da invasato. Rideva in modo paradossale quando la balaustra si staccò sotto i suoi piedi e lui precipitò nel buio insieme a metà del cornicione. Le risa lasciarono il posto al silenzio di tomba nel quale scomparve.

Gli altri lo guardarono senza sporgersi, agghiacciati.

Nell'istante in cui completarono il percorso i blocchi che costituivano la restante metà della balaustra si staccarono dalla parete evidenziando i potenti ganci arrugginiti ai quali erano ancorati. Il perimetro ora era completamente liscio.

Si introdussero nell'arco di pietra alla base della scala nera. Nel buio totale trovarono al tatto due grosse torce infilate in anelli sul muro. Quando le ebbero accese scoprirono che la sala non era vasta ma traboccava di qualcosa che non avrebbero saputo descrivere.

Era la più smodata massa d'oro, gioielli, monete, oggetti preziosi che avessero mai visto nemmeno in fotografia.

40.

Höhne, Jaksche e Hertzel erano senza fiato. La fatica, il dolore, la tensione, ogni percezione reale era scomparsa. Avevano di fronte a loro una ricchezza che non stavano cercando. Si sarebbero accontentati di molto meno, i loro sogni più sfrenati non arrivavano neppure a un decimo di quanto si trovavano fra le mani.

«Benno, dimmi che non è vero...» esalò Höhne.

«Non è vero» obbedì Jaksche.

«Vero o no» intervenne Hertzel, «è impossibile.»

«Impossibile o no, è vero» disse Höhne.

Non si precipitarono sugli oggetti preziosi, né fecero la doccia con le monete d'oro. La ricchezza – quella ricchezza antica d'arte e devozione – possedeva una dignità estrema che incuteva reverenza. Ogni gesto meno che rispettoso sarebbe risultato eccessivo e inutile.

Si avvicinarono con la deferenza dovuta e accarezzarono la materia di quel sogno difficile da credere vero.

Hertzel però si fece prendere dalla bramosia. Prese un anello lucente con un diamante grande più della montatura e lo infilò sotto il guanto nel pollice sinistro. Lo fece senza volontà, stordito da ciò che vedeva. Agì quasi a propria insaputa, come avrebbe fatto una gazza, ma la manovra non sfuggì a Höhne.

«La capisco professore, mi creda, è umano.»

«Prego?»

L'espressione di Höhne si alterò in modo impercettibile.
«L'anello.»
«Non capisco che cosa stia dicendo.»
Il capo si avvicinò lentamente.
«Che le prende, Höhne? Che c'è?»
«L'avevo già pregata di non chiamarmi per nome» aggiunse con estrema calma.
«Oh, sì, certo... mi scusi.»
«Per Jaksche non ho segreti, ma quante volte glielo devo dire?»
Il professore sbiancò.
«Ha ragione.»
«Per l'ultima volta: l'anello, Hertzel.»
«Quale anello?»
Höhne lo guardò rassegnato e con gesto fulmineo e inavvertibile gli mozzò il pollice.
Il sangue sparì dal volto di Hertzel che stramazzò al suolo.

41.

«La mia paura più grossa è accorgermi prima di morire che ho sbagliato tutto nella vita.»
«Tu? Impossibile.»
«Come puoi dire questo?»
«Hai una personalità decisa, sei riservata, non fai niente se non sei convinta, sei una grande lavoratrice, sei bellissima...»
«Checcéntra questo?»
«Non è mica facile trovare una grande lavoratrice bellissima! Di solito una ragazza bellissima trova uno bellissimo e ricco e non fa niente per tutta la vita...»
«Ma cheddìsci? Non... Che senso ha?»
«Siete in poche a pensarla come te, per questo sei forte.»
«Tutte mie amiche sono così.»
«Le tue amiche non sono te.»
«Che?» Sgrana gli occhi. Guai toccarla sulle amiche. La provoco.
«Dimmene una!»
«Veronica.»
Resta con il mento proteso in segno di sfida.
Io storco il naso.
«Che? Vuoi dire che Veronica non è bella?»
«Ah... Allora ammetti di essere bella!»
«Umpf!»
Enikö è cascata nella trappola e fa il suo gesto di stizza che mi

fa troppo ridere, una specie di "uffa" da bambina imbranata. Ma è tutt'altro che una bambina, è uno schiacciasassi che non ha paura di niente, un caterpillar da cava di granito, che tiene i lavori più duri ai ritmi più pesanti – senza contare che "caterpillar" significa "millepiedi" e quindi mille gambe. Ma mille gambe così sono difficili da trovare.

Abbassa gli occhi sul piatto e cincischia con l'insalata di pollo, la testa chissà dove.

«Non ce la faccio più» mi precede.

«Se vuoi dico che è per il cane e mi faccio fare un pacchetto.»

Sorride. È triste. Se le chiedo ancora qualcosa le arriva il lacrimone. Se non le chiedo niente gliene vengono due. Nel dubbio pago il solito conto scritto a matita su carta da macellaio.

«È questa precarietà, questa perdita di orizzonte, di fede che dà incertezza. Non sono cose che avvengono casualmente in un posto isolato: in tutti gli angoli del mondo la gente avverte le stesse insicurezze e paure... Parigi, Malesia, Londra, Bengasi, New York, Berlino, *Bèrghem de hura* e *Bèrghem de hóta*.»

«?»

«È una città vicino Milano.»

«A.»

«B.»

Mi guarda sorpresa. Spalanca gli occhi.

«C!» Scoppiamo a ridere come due deficienti. Meglio: una delle due persone scoppia a ridere, l'altra pure, ma come un deficiente.

«La gente avverte questa cosa, che tutto può accadere ovunque e in qualsiasi momento.»

Enikö annuisce.

«Sì. Conosco bene questa cosa. Sono nata in una città segreta.»

«Città segreta! Bello... Mi ricorda *Il Signore degli Anelli*.»

Lei ride: «Mio padre è ingegnere nucleare. Vivevamo in un posto senza nome sopra un reattore atomico».

«E poi dicono che la radioattività fa male! Se vengono tutte come te devono venderla in tabaccheria...»

Proprio adesso che c'è il massimo del controllo della protezione con i satelliti con il GPRS, gli scudi stellari, il super-satellite Echelon che fotografa una zona poi ingrandisce e ricompatta ingrandisce e ricompatta ingrandisce e ricompatta e alla fine puoi leggere il nome sulla patente di un naufrago in mezzo all'Oceano Indiano e poi lo lasci lì. Almeno sai come si chiama quello che hai fatto annegare!

Enikö ascolta divertita.

«C'è un sentimento di paura e instabilità generale e le persone più sensibili lo avvertono dovunque si trovino. È il sentimento del tempo. C'è una parola tedesca che definisce esattamente questa cosa. Conosci il tedesco?»

«No.»

«Neanch'io.» Enikö ride. «Cioè lo parlo ma non lo capisco.»

Enikö ride ancora. Rido anch'io, basta poco per ridere. È una bella serata. Forse la più bella trascorsa da soli. Noi due soli.

«Ma c'è solo questa parola qua e bisogna usarla, anche se il tedesco è una lingua che mi fa schifo. Come tango, che in tutto il mondo si dice tango, o whisky. Come *Welthanshauung*, che vuol dire visione del mondo, in senso filosofico.»

«E che parola è questa che dici tu?»

«La usava già Schopenhauer.»

«Cioè?»

«*Zeitgeist*. Sentimento del tempo. Non voglio fare il complicato ma devi usarla così com'è oppure dire qualcos'altro.»

«Sentimento.»

«Del tempo. Io lo sento subito. Lo sento subito. Mi capita spesso. In certi momenti e in certi posti specialmente, avverto questa sensazione di poter perdere tutto da un momento all'altro. Non avere più domani quello che ho oggi, e non parlo di soldi macchine o roba da mangiare. Parlo di cose importanti, persone che... Te non ti succede mai?»

«Continua parlare. Voglio sentire che dici tu. Mi piace che parli. Io mai parlo di queste cose.»

«Hai paura di qualcosa, per esempio di morire?»

«No.»

«Neanch'io. Perché non hai paura?»
«Non lo so.»
«Neanch'io. Non so perché. C'è qualcosa che ti fa paura?»
«Ho paura che muore quelli che voglio bene. Ho paura dell'aereo.»
«Ma se ne prendi mille all'anno!»
«Li prendo perché devo prenderli ma ho paura.»
«Claustrofobia?»
«Che è?»
«Paura di essere chiusa dentro, che non puoi scendere quando vuoi.»
«Ho paura che cade. Che io muoio e faccio stare male quelli che mi vogliono bene. Quando prendo aereo ho sempre paura che succede qualcosa a me. Mia mamma morirebbe. E anche mio papà. Ho paura per loro. Te l'ho già detto che ricordi a mio papà?»
«Sì.»
«Prima volta che ti ho visto pensato questo. Assomiglia mio papà, non so... qualcosa neli occhi, il fisico, il modo che cammini...»
«È un bell'uomo anche lui, vero?»
«Sì. Lui sì.»
«Allora anch'io, visto che gli assomiglio molto...»
«Non molto ma... non so... c'è qualcosa.»
«Età a parte.»
«Sì. Lui molto più giovane!»
«In Ungheria vi sposate giovanissimi.»
«Miei sposati normali...» Ride.
«Qui invece quelli che si sposano non sono molto normali. Anzi: meno sono normali e più si sposano, specialmente fra di loro. E giovani. Si sposano presto così possono divorziare prima dei trent'anni.»
«Io arrivo quaranta zitèla.»
«Ti offro la possibilità di cambiare il tuo futuro prima dei trenta.»
«Ma chi vuoi che mi prende a me?»

«A caso o in ordine alfabetico?»
«Di' uno solo.»
«Io.»
«Allora sto ancora zitèla fino cinquanta!»
«Ridi, credi di essere stata divertente – e infatti hai detto una cosa divertente e perciò hai ragione tu a ridere. Tutto questo ben di dio, che spreco! Sei antiecologica. Sei inquinante. Ma hai idea di quanta gente brutta si sposa e mette al mondo figli?»
«Quanta?» chiede stupita.
«No, appunto, chiedo: quanta? Io non lo so» dico. Lei ride coprendosi le labbra con una mano. Le prenderei fra le mie, quelle mani, le bacerei guardandola negli occhi, avvicinerei alle mie labbra le sue dita fingendo di baciarle e invece la bacerei sulla bocca. «Credo tanta. Anzi, meno: tutta. La gente brutta si sposa tutta. Si sposa presto poi divorzia presto poi si risposa presto così ri-divorzia presto e finalmente quando trova la persona giusta è tardi e ha già dei figli e ne fa degli altri nuovi insieme, di figli...»
«Conosco genitori brutti brutti con figli bilìsimi!»
«Sì ma quanti tentativi, prima? Quante prove andate male, cessi in giro per il mondo... Quanto dolore inutile in un mondo che non ha bisogno di altre sofferenze!» Ora Enikö ride apertamente. «E tu puoi, pensa! Tu puoi... Tu: puoi!»
«Che, posso?»
«Tu puoi! Sei fra le poche che possono!»
«Che cosa, possono?»
«Evitare tutto ciò. Tu possono.»
«Cioè?»
«Evitare tutto questo spreco. Ci sposiamo e facciamo subito tre bambine belle come te e un maschio brutto come me. Per far notare la differenza...»

Le apro la portiera e lei si accomoda di lato con compostezza da abito da sera nonostante i jeans.
«Prima culone...» Siede e tira dentro le gambe appaiate. «... poi gambe. Grazie.»

Chiudo la portiera. Non sembra ma ci vogliono buoni addominali.

Enikö diventa improvvisamente seria, non voglio dire triste.

Tutti la possono toccare tranne me – in effetti i ballerini se la spupazzano, ma in senso artistico, sollevandola tirandola spingendola di qua e di là. Non la toccherei neppure con la stecca di platino di un metro preciso custodita all'Accademia delle Scienze di Francia, senza la sua approvazione. Con la sua approvazione, invece, sarei io a non staccarmi da lei senza la mia approvazione.

«Vai avanti con zàit.»
«Zàit?»
«Zàit...»
«Zeitgeist?»
«Quello.»
«Perché?»
«M'interessa.»
«Davvero?»
Annuisce benissimo: per forza, è ballerina!
«Che cos'è?»
«Non lo so.»
«Quello che stavi dicendo prima!»
«Dimenticato.»
«Che?»
«Dimenticato tutto. Stavo pensando a te.»
«Dai...»
«Cambi sempre discorso quando parlo di noi. Perché.»
«Non c'è nessun noi da parlare.»
«Però ti piaccio.»
«Come amico.»
«Che per te è più importante dell'amore...»
«Sì.»
«Per essere tuo amico bisogna piacerti molto.»

«Sì.»
«Cioè non è facile per te dire che uno è un amico.»
«No.»
«Ne passa, prima che tu dica che uno è un amico.»
«Sì.» Sorride sibillina. È bellissima. Una sera che la vidi nella sala trucco prima dell'esibizione dissi: «Truccare Enikö è come dare una pennellata alla Gioconda!». Tutti i presenti risero, lei sorrise. Il giorno dopo stava facendo lezione e io ero passato di lì per caso. Appena mi vide disse qualcosa in un orecchio a una bambina che continuò negli esercizi e poi si avvicinò al bordo dove stavo io. «Grazie per complimento di ieri sera. Molto bèlo.» E tornò a fare lezione.
«Quindi ti piaccio tantissimo» continuo.
Prende fiato cercando di controllarsi per rispondere e io la precedo, così:
«Come amico!» diciamo all'unisono. La situazione è surreale, anche una come Enikö può tentennare, e infatti tentenna. Però essendo campionessa di pattinaggio tentenna benissimo.
«Che è più importante dell'amore...»
Annuisce.
«Per te.»
«Sì.»
«Allora ti piaccio come amico.»
«Sì.»
«E come attore?»
«Sì.» Cerca di trattenere un sorriso.
«E come comico?»
«Insomma...» Le è tornato il buonumore.

42.

L'hotel Symplex si trova lungo la superstrada in cemento che va dall'aeroporto di Bucarest al centro. Arrivata al parcheggio l'auto di produzione deve fare lo slalom tra i laterizi perché stanno facendo lavori di ampliamento.

Come al solito il produttore esecutivo Giorgio Pietra faceva coppia con l'organizzatore Borthé che come al solito stava mangiando. Fecero cenno di raggiungerli a tavola.
Un fiume sotterraneo di mormorii e sorrisini percorse la troupe.
Un macchinista mi strizzò l'occhio articolando con le labbra qualcosa che non compresi.
Il vasto Borthé aveva annodato al collo grasso un tovagliolo giallo e sudava copiosamente. Avrebbe sudato anche sotto una doccia scozzese al Polo Nord e non ricordava più quando aveva scopato l'ultima volta ma non smetteva di mangiare quantità disumane di cibo.
Pietra era più presentabile ma parlava solo di soldi e di donne e attribuiva agli altri le avventure che avrebbe voluto lui.
Davanti a Borthé, in un grosso piatto da portata, giaceva un abnorme *papanaj*, irresistibile dolce al cucchiaio simile al profiterol però gigante e imbevuto di panna liquida, liquore e tutto ciò che può far male a un vertebrato.
Il piatto con il *papanaj* stava sopra altri due uguali con iden-

tiche macchie di cioccolato. Intuii che non era la prima porzione.

«Tremamondo arriva a mezzanotte» disse Pietra.

«Mi fa piacere.»

«Era una domanda» precisò.

«Come faccio a saperlo?»

«Con la bionda» masticò Borthé senza staccare gli occhi dal dolce.

«Allora non è una domanda!»

In silenzio ascoltavamo l'azione ininterrotta delle sue mascelle.

«Doveva arrivare qui l'altro ieri insieme a noi» riprese Pietra. «Invece è scomparso.»

«Quattro voli andata e ritorno prepagati buttati via» ruminò Borthé. «Classe business.»

Mi osservarono con occhi spenti nello stesso momento. Fu l'unico in tutta la sera in cui Borthé interruppe la masticazione. Mi scappò da ridere e non feci nulla per trattenermi.

«Perché non provate a *Chi l'ha Visto?*» proposi a voce alta a beneficio della troupe, che trattenne la risata a stento. «E se lo trovano li pagate per tenerlo con loro.»

L'atmosfera si rilassò un pelino.

«Abbiamo elaborato una duplice strategia per quando si degna di arrivare…» riprese in tono confidenziale Borthé.

«Antistress per noi e preventiva per lui» aggiunse Pietra.

«E perché me lo stai dicen…»

«Deve risultare che tu e la bbionda dormite insieme.»

Una palata di *papanaj* entrò in Borthé.

«Mentre in realtà scopa con Tremamondo nella stanza di lui che ufficialmente è intestata a te.»

Ecco spiegate le strizzatine d'occhio dei ragazzi. Non era proprio top secret come strategia…

Mi voltai e feci un cenno d'intesa come a dire *Faccio finta di niente poi ci penso io.*

«Così le telefonate per Tremamondo arrivano a te e tu le filtri.»

«Hai afferrato?» disse Pietra.
«Voglio una ragazza come lei per entrare nella parte.»
Qualche risata forte e un fischio all'americana.
«È tutto organizzato.»
«Senza dire niente a me.»
«Non diresti questa piccola bugia per parare il culo al tuo amichetto?» disse Borthé atteggiando le labbra a forma di bacio.

Il gatto, la volpe, Lucignolo e la fatina. Dove ho già sentito questa storia?

43.

La mia finestra si affaccia sulla nuova ala dell'albergo in costruzione. L'armatura di ferro del cemento sporge due metri verso l'alto come una foresta di artigli pronti ad azzannare. Sulla destra la visuale è coperta da un grosso cubo nero e regolare, il tetto è una piramide dello stesso colore inclinata a 45°. Potrebbe essere un compito di geometria delle medie o il gioco di costruzioni di un bambino cattivo dell'asilo. Oltre ai mattoni anche gli infissi e le tegole del tetto sono neri. L'insieme è in buono stato ma ingombrante e disabitato. Una sepoltura o un cenotafio non sarebbe risultato altrettanto opprimente. La presenza del cubo costa almeno due stelle all'hotel, che raggiunge a fatica la terza.
Il portiere di notte è Dirk Bogarde nell'omonimo film. Facciamo subito amicizia. Mi spiega che il cubo è l'unica cosa rimasta del carcere del dittatore Antonescu alleato di hitler. Nella parte rimasta, il cubo appunto, è successo di tutto tra la guerra e le varie dittature. Nei gabinetti i *servizi* torturavano e uccidevano. Un sacco di gente è entrata e non s'è vista più.

Cercavo di spiegare a Dirk Bogarde che quel posto era inquietante senza usare la parola inquietante perché non sapeva cosa voleva dire. Dopo vari tentativi saltai direttamente al concetto finale.
«Quand'è che buttano giù anche quello?»

«Non lo buttano. Hanno appena finito di metterlo a posto.»
«Rimane lì?»
«Sì.»
«È impressionante.»
«Lo chiamano con una parola che vuole dire *branco*.»
«Perché?»
«Per fare la guardia tenevano di lupi che giravano intorno e abbaiavano tutta la notte.»
«Un branco per un posto così piccolo?»
«Prima era un chilometro.»
«A.»
«È rimasto in piedi solo quel pezzo, il braccio quattro. Cè quattro cella e quattro piani. Conosco bene perché mio padre è stato il primo a entrarci e io ultimo a uscire. Quindici anni fa decidono aggiustare tutto e mandano noi in altra prigione.»
«Tu eri dentro?»
«Sì, però poi sono libero.»
«Be', hai scontato la tua pena...»
«No è perché non c'è più posto.»
Rassicurante.
«È sempre una bella cosa, una prigione in meno. E adesso cosa costruiscono qui?»
«Una prigione.»
Perché mi ostino a fare domande?
«Ma allora perché l'hanno buttata giù?»
«Perché troppo piccola. Serve prigione più grande.»
«Qui davanti all'albergo?»
«Sì.»
«Ma non c'era un posto migliore?»
«Sì.»
Guarda caso Ionesco era romeno.
«E quando cominciano?»
«Non cominciano.»
«Perché?»
«A americani prigione non serve più.»
«Cosa c'entrano gli americani?»

«Serviva loro.»
«E cosa se ne facevano?»
«Cosa serve prigione? I Servizi torturavano e uccidevano. Nei gabinetti.»
«I Servizi nei servizi.»
«Prego?»
«No, niente… E dove sono adesso gli americani?»
«Andati via.»
«Tornati a casa.»
Scosse la testa.
«Polonia.»
«Perché?»
«A te che frega se non fanno prigione?»
«È gli americani che non capisco cosa c'entrano!»
«Ti dispiace che non ci sono più americani?»
«No. Ma se non fanno più la prigione adesso cosa c'è, dentro lì?»
«Prigione.»
Boccheggiavo.
«La lasciano lì così?»
«Sì.»
Sapevo di rischiare un'altra stangata a chiedere *perché*, ma non potevo non farlo.
«Perché?»
«Magari un giorno serve prigione.»
Me l'ero voluta.
«Quindi lì dentro c'è una prigione vuota, adesso.»
Annuì.
«E funziona come una vera prigione?»
Annuì.
«E chi è che ha le chiavi, un guardiano?»
Annuì.
«E abita dentro lì?»
«No. Viene a preparare quando suo padrone chiama.»
«Il suo padrone lo chiama e lui viene.»
«No *suo* padrone. Padrone di prigione.»

«Cioè la polizia?»
«No, intendo proprietario.»
«Credevo fosse dello Stato.»
Scosse la testa.
«Non mi dirai che è una prigione privata?»
Annuì.
Pazzesco. Una prigione privata.
«E chi ci mette dentro, i nemici?»
«No... Ah, ah, ah! Gli amici! Ah, ah! Viene da Sibiu ogni qualche volta con amici solo in inverno, e fa festa. Estate troppo caldo. Guardiano, security, bèle donne, bèle macchine, Mercedes, Bmw, Audi...»
«No Dacia?»
«Ah, ah, ah!» esondò in una risata diluviana. «Nononò Dacia, no! Ah, ah! Dacia quando viene lui solo. Lascia Dacia e entra da dietro.»

Un cubo marrone scuro con gli infissi neri alto cinque piani. Me lo sentivo entrare nella stanza appena tiravo le tende. Ecco vede, caro signore, questo è l'albergo, lì può ammirare l'ala nuova che stiamo costruendo e là il carcere privato con secondino, guardiano e security. Per le esecuzioni capitali è consigliabile prenotare.
Sto in albergo accanto a una prigione privata.
In nessun'altra parte del mondo esiste una prigione privata.
O no?
Un mattone nero e quadrato di quattro finestre x piano x quattro piani era il valore aggiunto a livello panoramico di quel terreno già penoso di suo, più anonimo di una stazione di servizio, più disarmante del cemento armato.
Nonostante il colore la costruzione era stranamente visibile anche di notte, quando la zona che circonda l'albergo era più buia del nero.

Di notte si sentiva il branco abbaiare.

44.

Colazione la mattina alle 4 per essere alle 6 pronti e truccati al campo sportivo militare dello Steaua Bucarest con un residuato Volkswagen da comunità hippy. Tutto ciò sei mattine su sette. E ogni mattina immancabilmente i due soldati di guardia all'unico cancello arrugginito controllano tutti i documenti personali. Forse non gli hanno detto che ci vedranno qui per un mese ogni mattina. Siamo venuti dall'Italia col furgoncino per lavorare, non per attentare a Ceaușescu – anche perché sono anni che non c'è più. O forse è proprio questo che non gli hanno detto.

Tremamondo ha ricominciato a bere già dalla mattina e si aggira urlando per il set.

«Non capisce un cazzo nessuno in questa produzione dimmerda!»

Meglio andare a fare un giro.

Il centro è pieno di attrattive. Oltre al famoso campo di calcio c'è ogni tipo di attrezzatura per tutti gli sport, però fatiscente. Ecco perché vengono fuori tutti quei campioni. Su un campo da tennis in marcio sintetico c'è una fila di bambini di tre-quattro anni che tirano mazzate mostruose. I più grandi sono alti quasi come la racchetta. L'istruttrice è un cassonetto per la raccolta indifferenziata di muscoli. Il gonnellino è la sola cosa che la distingue dai colleghi maschi. A un suo movimento di sopracciglia i bambini scattano a darsi il turno. Dritti e rovesci per ore a ritmo di marcia, tiri tesi tutti uguali che spolverano le righe nei punti previsti. Colpi impressionanti, silenzio totale, nessun sorriso. Impressionante anche questo.

A quattordici anni Nadia Comăneci era la più grande campionessa di ginnastica artistica del mondo. Divenne di tale interesse per lo Stato che il figlio di Ceauşescu la tenne segregata nel suo palazzo-casa-fortezza-castello fino a quando fu deposto dal colpo di Stato. Era il 1989 e Nadia aveva ventotto anni. Pochi giorni dopo fuggì negli Stati Uniti e non si fece vedere mai più.

Potrei fare la stessa cosa con Enikö. La invito al cinema, la chiudo dentro per quattro anni e getto via la chiave. Naturalmente spengo il proiettore, così non si distrae con i film. E anche il riscaldamento, così d'inverno si allena coi suoi maledetti pattini.

Qui nello sport sono avanti perché sono indietro. Ci siamo venuti perché c'è l'unico velodromo in cemento d'Europa. In tutti gli altri Paesi sono proibiti da cinquant'anni. Un ciclista che cade a 60 km all'ora e scivola per 50 metri sulla pista vi può spiegare perché.

Da lontano il velodromo sembra indecente. Da vicino invece è inagibile per tre quarti. Una riunione-fiume di quattro ore stabilisce che sono necessari cinque giorni e cinque notti per renderlo agibile. A questo punto Tremamondo se ne va ululando. Purissima lo segue cercando di calmarlo. Nonostante tutto si preoccupa per lui. Un altruismo di tal fatta mi sorprende non poco. Le ragazze belle, elettrizzate dalla propria avvenenza, quasi sempre ritengono doveroso essere paurosamente egocentriche. Considerano se stesse un patrimonio dell'umanità e gli uomini l'Unesco.

45.

Borthé viene alle mani con Tremamondo minacciando di protestarlo se la mattina dopo non sarà puntuale sul set.
Pietra viene alle mani con l'aiuto-regista, Antonio, e minaccia di licenziarlo se non riporta Tremamondo sul set.
Antonio, l'aiuto-regista, parla con Tremamondo che gli mette le mani addosso e lo licenzia.
La costumista strilla a Tremamondo di non cominciare come l'ultima volta in Spagna (ignoro le circostanze).
Tremamondo strilla di rimando e la licenzia.
Borthé non mette le mani addosso a Tremamondo ma lo invita a moderarsi almeno in pubblico.
Tremamondo non mette le mani addosso a Borthé ma lo licenzia.
Pietra mette le mani addosso a Tremamondo ma le prende e viene licenziato.
La serata si conclude con un delirio generale durante il quale tutti licenziano tutti.

A mezzanotte qualcuno bussa alla porta della mia stanza.
«Non posso, sono a letto con Purissima!»
Un attimo dopo irrompe l'intera squadra di produzione: Borthé, Pietra, Antonio, Paola la segretaria di edizione. C'è anche Dimitrescu, il coproduttore romeno, accigliatissimo, con l'interprete armato. Non indossano facce di cortesia.

Silenzio.

Pietra e Borthé si lasciano andare sui due divani con l'identica espressione da naufraghi. Stessi gesti, stessi tempi. Li chiamiamo *Pièt-à-Borthé*.

«Bevete qualcosa?»

«Vorrei tanto capire che cazzo gli è preso al tuo amico» esordisce Borthé. «Gelosia? Senso di colpa?»

«Forse Camilla s'è accorta che cià due corna da stambecco?» s'inserisce Pietra. «O è per il film che s'avvia a bissare il disastro di quello prima?»

Dimitrescu controlla nervosamente l'orologio, l'interprete ha iniziato a tradurgli l'ora ma lui l'ha allontanato con evidente fastidio.

«Sarà esaurito...» cerco di stemperare.

Le palle sono sotto i piedi. Fumano e tacciono e l'effetto è sedativo.

Mi addormento per non distrarmi.

Ero andato al Sistina solo per vedere Enikö. C'eravamo lasciati male, la sera prima, e non volevo partire senza salutarla. Ci vedevamo quasi tutti i giorni da un anno e mezzo e c'era una bella intesa, ma le basi erano diverse.

«Vera amicizia tra uomo e donna è più difficile trovare che amore.»

Io però non volevo che fossimo soltanto amici. E siccome mi sentivo ridicolo a parlare di queste cose, combinavo solo casini.

Davanti al portone di casa sua l'avevo invitata a teatro.

«Mi piace tanto se continuiamo a vederci» aveva detto, «ma come amici.»

«Nient'altro?»

«Mi devi promettere. Aiutami. È molto difficile anche per me.»

«~~Perché?~~ ▓▓▓▓▓▓▓▓▓▓▓▓▓▓▓▓▓▓▓▓▓! ~~Come faccio a promettere una cosa simile?~~ Allora t'aspetto domani sera al Sistina.»

Mi sentivo come quando l'avevo conosciuta, vuoto e inconsistente ma allo stesso tempo inchiodato al pavimento.

«È esaurito dalla bionda» mi sveglia Giorgio Pietra saltando in piedi con preoccupante agilità. «Gli ha succhiato via la testa, oltre al cazzo!»

L'allegra brigata si scambia palate di commiserazione e assale il contenuto del mio frigobar. «No» fa Borthé, «il problema è che pippa troppo. Anzi, a proposito...» Estrae il portafogli dalla tasca interna della giacca, sposta con una manata bicchieri e bottiglie dal tavolino di vetro, lo asciuga con una mia camicia e versa una ridicola quantità di polvere bianca da una bustina di zucchero col bordo ripiegato. «... famose 'na tiratina pure noi che ce la meritiamo!»

All'annuncio tutti scattano in piedi e si precipitano al tavolino con sorrisi da un orecchio all'altro. Dimitrescu si toglie il cappotto per la prima volta da quando lo conosco.

È più piacevole aprire la finestra e ascoltare il *branco* che abbaia nel sonno.

46.

M'è passato il sonno ed ecco che mi arriva addosso quella sensazione ricorrente e strana, conosciuta e indefinibile, serena e dolorosa che avverto anche in luoghi familiari. È un ricordo del futuro, qualcosa che mi emoziona e mi dice che dovrei conoscere posti o cose che invece vedo per la prima volta. Sento che dovrei riconoscerli ma non ne ho memoria. Allora resto fermo e guardo, ascolto, odoro una corrente d'aria vaga e sfuggente come fanno i cani e inseguo un'immagine trasparente, un ricordo impalpabile, ma avviene come quando abbiamo perfettamente presente una persona però il nome ci sfugge e per quanto ci si sforzi non riusciamo a farcelo tornare in mente. In questi momenti, a volte, mi rendo disponibile a *vedere* le carte dell'avversario – che di un avversario si tratta, dato che mi provoca e incuriosisce senza mai svelare il suo gioco – e allora non voglio cedere io per primo e mi lascio trasportare. Voglio arrivare fino in fondo e sapere la verità. Ho davvero scordato qualcosa che mi riguarda, avvenuto in un passato che ho voluto dimenticare o in un futuro che credo di non avere ancora vissuto? In tanto tempo – ho sempre avvertito queste cose, fin da piccolo – ho capito che la curiosità è più forte della paura, anche se scoprire la ragione di tale oblio mi avrebbe distrutto.

Non ha mai funzionato, prima o poi uno cedeva. O forse ero io a divagare, perché quel pensare era molto simile a un sonno, e non accorgendomene davo la colpa a lui – ma il risultato non cambia. Inseguendo la memoria in quei tunnel senza muri ci si perde ed è questo il vero pericolo, non essere più in grado di tornare indietro.

Sono le tre di notte quando squilla il telefono in camera.
«Scusi, chiamo dal LaMama. Il signor Tremamondo rischia guai grossi se non lo porta via subito.»
Mi precipito in taxi, ce ne sono sempre di fronte all'albergo. Per guadagnare tempo chiedo quant'è già durante il tragitto. L'autista spara una cifra pari al suo incasso annuo lordo. Ci accordiamo per quello mensile: un milione e mezzo di leu. Da noi ci si prende un sacchetto di patatine.
Il LaMama è il posto più vicino all'albergo e quello che chiude più tardi. Quando arrivo, dieci minuti più tardi, lo trovo al tavolo più nascosto, calmo e perfettamente sobrio. Beve l'esplosiva acqua minerale Perrier direttamente dalla bottiglietta. Altre due bottiglie, una vuota e una piena, stanno dritte sul bordo del tavolo come soldatini trasparenti.
«Cosa c'è? Mi pare che stai bene…»
«Perché, ti dispiace?»
«M'àn tirato giù dal letto!»
«Che hai che non va? Non fai che dormire!»
«Cosa!? Senti, qualcuno m'ha detto che eri nei guai.»
«Ero io.»
«Non ho riconosciuto la voce.»
«Ho fatto la voce dei fratelli De Rege.»
Lo guardo senza metterlo a fuoco.
«Me volevo assicura' che venivi…»
«E quando mai tò piantato nei casini!»
«Sempre.»
«Che testa di cazzo…»
«E poi non sono nei casini.»
«Cos'hai addosso, Ed?»
«Una camicia di Armani…» dice guardandosi.
Era molto che non capitava ma una volta era sempre divertente.

«Perché ti sei sistemato in questo buco?»
«È vicino al gabinetto e poi non ci vede nessuno.»
«Nemmeno il cameriere» gli faccio notare. «Mi tocca andare al banco. Cosa prendi?»
«Aó, che tramvata, amico mio!» geme. «Io che le ho sempre fatte soffri', le donne, questa ora mà ridotto così.»
«Sarà una killer pagata dalle altre.»
«Sai che penso a volte? Se mi lascia m'ammazzo.»
«Ogni tanto pensi: è già qualcosa.»
«Ti chiedi se la amo?»
«No.»
«Sì, la amo. No, non la amo: è solo una cosa di sesso. Sì, la amo. La amo ma è anche una storia di sesso, scopiamo tutto il giorno e tutta la notte. Appena la vedo le salto addosso.»
«Prova a chiudere gli occhi.»
«Prendimi in giro, bravo, fai il cinico! Fai pure quello che se ne frega...»
Si alza incazzato e va in bagno. Quando torna ha mezza faccia impolverata.
«Hai del borotalco sulla punta del naso» lo avverto.
Passa una mano sulla faccia e s'attacca alla bottiglietta di Perrier. Mi sposto mezzo metro di lato con la sedia. Il noto regista italiano fa presa con le mani al tavolino e inarca la schiena.
«È una troooo...»
Esplode in un rutto primordiale e oceanico che fa volare a terra i soldatini vuoti.
«... iaaaaaaaaaaaaaaaaaaaaaaaa!!!»

47.

Purissima racconta e piange. Le passo l'ennesimo tovagliolo che immediatamente riduce in condizioni pietose quasi senza toccarlo, con la semplice imposizione delle mani. Mascara e kajal a chili per coprire il rossore delle lacrime precedenti ma si scioglie tutto che è un piacere.

Ci sono molti tipi di trucco e di rossetto. Alcuni non si sciolgono nemmeno con l'idraulico liquido; altri lasciano tutto sul tovagliolo e non rimane più niente sul viso; ci sono quelli che trasformano il fazzoletto in un quadro di Pollock e quelli che riducono il viso in un film di guerra sotto il temporale. Purissima usa quest'ultimo. Incontri ravvicinati con cosmetici del terzo tipo.

Casomai capitasse di rincasare macchiati in questo modo, prepararsi un alibi.

«Non lo capisco più. Non parla...»
«Non parla perché non sa nemmeno lui cosa dire, non è capace d... No, ti prego Purissima, no...»
Aveva già fatto il giro del tavolo e ora mi pendeva dal collo seduta sulle mie gambe.
Mentre venivo risucchiato nella visita guidata a ciò che restava di un viso stupendo dopo un bombardamento, il resto del locale, frequentato dai locali, si godeva la visione della sua schiena nuda (la camicetta era castigata sul davanti ma non aveva il

retro) e di tutte quelle gambe lunghe e affusolate affidate a un paio di short ammessi solo a Saint-Tropez. Lì era il luogo più lontano al mondo rispetto a Saint-Tropez.

Transilvania e Walacchia sono più immobili delle loro montagne ma con un fermento ciclico e nascosto. Un terremoto statico con epicentro Sibiu.

In quel momento il terremoto Purissima aveva provocato i seguenti danni:
– improvvisa vibrazione stonata dell'orchestra simile a una scossa tellurica
– scossa tellurica conseguente
– caduta dello strumento più pesante dalle mani di chi lo reggeva
– rotolìo dello stesso fino ai piedi degli sposi
– gli sposi muti
– tutti i presenti a bocca aperta.

Per un istante si udirono soltanto i singhiozzi provenienti dalla venere mia amica che, devastata dalle lacrime com'era, non s'accorgeva del mondo circostante e agognava solo l'approdo del mio abbraccio forte e virile. E disinteressato.

Il silenzio fu una pausa molto gradita ma durò appena un istante perché lo sposo, in qualità di anfitrione, si sentì in dovere di essere il primo a parlare e si rivolse alla novella sposa, massiccia come una tavola di rovere e rifinita allo stesso modo. Forse è vero che le ragazze più belle, ovunque nascano, cercano fortuna altrove.

Il corpo di Purissima, tremante per il pianto e caldo perché avvinghiato a me come un salvagente, donava belle ma contrastanti sensazioni. Anche Seetah, il felino di Puerto Rico al soldo americano, sbandierava esagerata fiducia in me. La correttezza con le donne l'ho sempre considerata a prova di bomba – ma la bomba l'ho sempre intesa disinnescata. È pericoloso provocare se non si è a caccia di pericoli.

«Purissima, sono mica di legno...»
«Sono pesante?» accennò ad alzarsi.

«Nonò… sei una piuma, scherzi? È che non sopporto di vederti piangere. Piangi benissimo, ma preferisco quando ridi.»

Purissima sorrise ingoiando lacrime. Erano le prime scosse di quiete dopo la tempesta, le precipitazioni stavano passando. Ma dovevano proprio passare di lì, dai suoi occhi alla mia camicia? Per qualche minuto mi aveva respirato affannosamente addosso, all'altezza del cuore. Aveva fatto pressione con gli zigomi, la zona frontale, il naso, aveva strofinato gli occhi e infine tutto il peso del suo corpo era finito sulle labbra e lei era rimasta in equilibrio in quel modo. Le belle labbra di rosa avevano trovato fresca camicia e confortevole tronco e s'erano attardate sul tessuto vagamente odoroso di Kouros e per un attimo s'era chetata, limitandosi a respirare profondamente con la bocca. Fisiologicamente ciò avveniva a causa del mancato apporto aereo delle vie respiratorie nasali, ma sentivo la mia pelle congratularsi con quella scelta di requie, per quanto momentanea. "Sta pensando" pensavo: capita anche a me quando sono concentrato da troppo tempo su qualcosa. Accade che la mente s'assenti senza avvisare e noi si resta lì solitamente con espressione ebete a fissare il vuoto o con la faccia schiacciata nel cuscino oppure appoggiati come Purissima su di me, inconsapevoli del mondo esterno.

Era piacevole sentire quella pioggia calda nell'hinterland del cuore, ultimamente avvezzo a temperature piuttosto rigide. Gradivo pur sapendo che non era diretto a me quel calore. E neppure quel pianto. È bello quando una donna piange per te. Se non è per una cosa tragica e irreparabile, naturalmente. L'uomo si sente meccanico. Importante ma semplice da capire. Tutto d'un pezzo. Un tronco d'albero. L'Yggdrasil, albero della mitologia scandinava che affonda le radici nella Terra e le fronde nei Cieli – oltre che il nome del mio gruppo rock al liceo. Le lacrime di una donna sollevano l'uomo molto più dei rialzi invisibili all'interno delle scarpe che da fuori nessuno sospetta. Trovarsi così vicini alle lacrime di una bella donna – se non motivate da cause profonde, ripeto – ti dona il privilegio di gustare solo tu quella piccola parte di dolcezza così intimamente presente nelle pene d'amore. È come essere in luna di miele, ricevere un rimborso dell'Iva, constatare che l'auto è distrutta ma che tu avevi la precedenza. È la prima rata di una sensazione di onnipotenza. E ti frega perché le donne lo sanno.

Ma cosa importa, che lo sappiano pure! Nessuno è infallibile, l'importante è che ne valga la pena.

Eravamo incantati ambedue col pensiero staccato dal corpo, ma certo anche le labbra erano bagnate oltre agli occhi, di Purissima. Non certo di lacrime ormai non copiose come alla prima fornitura.

La bocca è in prevalenza una zona umida e se le labbra vengono premute per un certo periodo contro un ostacolo, meglio se non freddo o metallico, tende ad apparire un alone dovuto al vapore acqueo condensato per miscela di ossigeno inspirato ed emissione di anidride carbonica nel ciclo del comune e naturale atto della respirazione.

Le labbra di Purissima erano rimaste a contatto con la mia camicia abbastanza a lungo da averla resa permeabile con il delicato respiro appannaggio di ogni essere vivente, e il loro movimento innocente provocava in me un sommovimento meno innocente ma in compenso nettamente percepibile.

Perché nascono certe storie d'amore e se ne concludono altre?

Perché non potevo amare quel pezzo di figliola che più di qualche mio amico ha appeso in camera da letto senza mai usarla come calendario? E Seetah? Lasciarmi andare, respirare, dare piacere, ricevere piacere, dare nuovamente piacere laddove esplicitamente richiesto, trafficare insomma in piacere e tenerezza intangibile da qualsiasi accusa di contrabbando.

Seetah, Purissima, Enikö: tre strade maestre circonfuse di fiori d'azoto – e io che m'inerpico, solo, su una mulattiera sassosa tra rovi inestricabili e cupi crepacci incisi apposta per me da Gustave Doré.

Saltati un paio di bottoni, Purissima era sulla mia pelle e il cuore me lo stava accarezzando con le unghie, delicatamente, come scremando della panna. Non si potrebbe dire che mi stesse baciando perché tecnicamente mancava l'intervallo tra un tocco e l'altro delle labbra, infatti era piuttosto uno scorrere di interno ed esterno delle labbra sui miei pettorali aprendo la strada a leggerissimi assaggi con la lingua. A tratti era la punta e subito dopo la superficie distesa della stessa a cercare il punto che più esplicitamente mi recapitasse il messaggio di fine pianto e inizio coinvolgimento. Confesso che sul momento non lo capii. Con gli occhi socchiusi spolveravo il tavolo festeggiante e festeggiato di fronte a me. Giurerei che la sollevatrice di pesi bulgara mi avesse strizzato un occhio – o forse suo marito, difficile dirlo: la differenza era minima, specialmente da dentro la nuvola che mi circondava, zeppa di pensieri a tal punto inutili e leggeri da esserne rimasto anestetizzato.

Solo così si spiega che mi ritrovai a baciare Purissima, o meglio, lei stava baciando me. Potrebbe sembrare un cavillo, e in effetti forse lo è, ma per il mio alibi era di importanza capitale. Dopo aver gettato una testa di ponte partendo dallo sterno ora la ragazza era localizzata nei paraggi della mia bocca. Concentratissima vi stava cercando qualcosa con la lingua dirigendo la mia testa con le mani aperte in modo da favorirvi l'inserimento ortogonale di tutta se stessa. Mi aveva dato la scalata, lenta, ponderata, inarrestabile. Ero l'Etna di cui aveva raggiunto la cima e affacciandosi dal bordo si preparava a tuffarsi nel cratere.

Dettaglio: ero praticamente a torso nudo. La camicia mi era stata sfilata con la semplice imposizione delle labbra.

Rinvenni appena in tempo per evitare di rovinare all'indietro con la sedia. Sono sicuro che l'improvvisa caduta non l'avrebbe fermata, anzi nel cambio d'orientazione da verticale a orizzontale la sua scalata avrebbe ricevuto ulteriore impulso.

Per quanto riguarda ciò di cui mi voleva parlare, non era riuscita a dirmi niente: all'inizio perché entrambi rimandavamo il discorso a un momento successivo e nel corso della cena, perché il locale era troppo il contrario di qualunque posto che in Italia avremmo mai potuto concepire come ristorante dove stare tranquilli e in seconda istanza cibarci. Avevamo cominciato a ridere per i nostri stessi commenti e poco dopo i singulti di risate ci resero faticoso respirare. Ordinammo a gesti qualcosa che poi non mangiammo o viceversa mangiammo a gesti qualcosa che aveva ordinato qualcun altro e appena affrontato l'argomento Purissima aveva cominciato a scoppiettare in lacrime con tutto ciò che ne era derivato.

48.

All'alba Tremamondo era già sui Carpazi con la troupe ridotta a girare alcune scene con la luce a cavallo. La seconda unità era accampata sul passo per riprendere la levata del sole con due macchine.

Volendo essere pignoli quella di Purissima e mia era il tipo di mattina che dura fino circa alle tre del pomeriggio e un presagio ci consigliò silenziosamente di uscire a fare colazione prima che rientrasse la troupe. Nella lobby già incontrammo al rientro i primi *runner* con gli attori e l'avanscoperta della produzione. Seduti alla pizzeria italiana ordinammo pesante, altro che colazione. Con l'ausilio della ricevuta ricostruimmo che la cena della sera precedente non era stata consumata, come probabilmente la prima notte di nozze dell'uomo col tic con la tavola di rovere. Non era stato facile giustificare quella fame cavernosa che ci aveva assaliti, perché avevamo cominciato a ridere nella lobby dell'hotel Symplex in faccia a Borthé che aveva scosso la testa ridendo pure lui nonostante la spossatezza di una giornata infinita con le palle in mezzo alla neve e Tremamondo in mezzo alle palle e non avevamo ancora smesso. Ordinammo a gesti anche lì nonostante la cucina madrelingua: la fame ci impediva di parlare.

«Per forza abbiamo fame: guarda qua, quattro euro in due! Cosa si mangia in Italia con quattro euro?»

«Abbiamo riso troppo e mangiato niente...»

«Compreso il vino.»

«Io non ho bevuto niente! Non ricordo di aver bevuto neanche un bicchiere.»

«Quattro euro mangiare e bere in due.»

«Non ci sta dentro neanche il coperto.»

«T'assicuro che il coperto non l'ho nemmeno toccato.»

Riprésimo a ridere. Due deficienti. Due collegiali che non erano rientrati a dormire e si facevano coraggio l'un l'altro vedendo avvicinarsi la tragedia. Chiesi due antipasti e qualcosa da mangiare in attesa degli antipasti. Avevo l'impressione che tutte le cose ma soprattutto quelle piccole fossero nuove, sorprendentemente diverse da sempre e assolutamente divertentissime.

«Ho fumato ieri sera?»

Risata pazzesca. Mi investe e rido anch'io. Era troppo esaltante quel tentativo di ricostruire con serietà ottocentesca situazioni tanto vicine nel tempo e per di più vissute in prima persona. Era goliardico, e nella goliardia non s'incontrano spesso ragazze come lei.

«Io sì che fumavo stamattina nella doccia!» Cacciò una risata acuta che le tolse le forze e cadde mollemente in avanti con il viso perso, finendo a giacere di guancia sul tavolo tra le posate in attesa di riuscire almeno a respirare. «Fumava…» articolava a mala pena. Le lacrimavano gli occhi. Certo, la giornata aveva avuto un approccio diverso rispetto alla sera prima.

Mi sarebbe piaciuto capire perché ridevamo tanto, ma stavo ridendo troppo per capire alcunché.

«Cioè…» chiese, riprendendosi per prima. «Che vuoi dire?»

«Se avevo fatto qualcosa di strano» dissi, asciugandomi gli occhi.

«No, perché?»

«Mi sembra tutto strano, oggi.»

«Ti senti strano?»

«No: è tutto quello che c'è intorno che mi sembra diverso.»

«Bello o brutto?»

«Bello.»

«Allora va bene.» Sorrise dolcemente.

«Come va oggi?»
«Benissimo.»
«Meglio di ieri sera?»
«Meglissimo. Ero proprio a terra, volevo tornare in Italia. Avevo già fatto le valigie. Sei stato un angelo.»
«Non ho fatto niente di speciale.»
«Io non direi...» Mise la mano sul dorso della mia e si soffermò a contemplare quella postura. La portai alle labbra e la baciai come si bacia un pulcino.
«È quasi lunga come la mia» dissi.
«*È* lunga come la tua!»
«E stretta la metà» puntualizzai, da intenditore. «Perché sei longilinea, sei tutta lunga. Mi sembra una cosa di grande importanza, questa.»
«Cosa?»
«Questa di affermare che sei longilinea.»
«Lo è.»
«Infatti.»
Ci fissavamo ormai da qualche minuto senza dire una parola come due cellule fotoelettriche, ma non avvertivo alcun disagio. Era serena. Avevo l'impressione che aspettasse una risposta. Perché ci stavamo guardando in quel modo? Perché ero lì? In quel momento realizzai di non ricordare un tubo. Sentii una leggera scossa elettrica orizzontale, da un'ascella all'altra. Quel brivido mi aveva ghiacciato il cuore. Mi assalì un terrore ingiustificato e fortissimo, la luce si abbassò di colpo come un velo e per un istante vidi distintamente qualcosa che in quel momento mi sconvolse ma che non ricordo nel modo più assoluto. Presi fiato per urlare con tutte le mie forze e il velo si frantumò. Il viso splendido di Purissima non aveva cambiato espressione. Possibile che non avesse notato niente in me? Pareva proprio così e lo ritenni una fortuna. In altre circostanze avrei approfondito la cosa ma non mi pareva l'occasione adatta.

Non potevo immaginare che non ci sarebbe stata mai più un'altra occasione.

«Chissà che freddo Ed, tutto il giorno in mezzo alla neve.»
«Chi è Ed?» chiese seria ma divertita mentre riduceva il suo uomo a una congiunzione.
«Dove avrà dormito?»
«Buoni 'sti sottaceti!»
«Stasera glielo chiedo.»
«Con me, no?»

Bella, gentile e anche divertente. Chissà se era disposta a dare ripetizioni a Enikö?

Arrivarono le quattro pizze. Il cameriere fece confusione e servì a lei le mie e a me le sue. La cosa ci parve tanto comica da esplodere nuovamente in una serie di risate pateticamente trattenute.

Quando riprendemmo il controllo le pizze erano fredde ma non ce ne fregava niente. Sopra di noi aleggiava una luce deformante che rendeva tutto rosa e irresistibile.

O forse eravamo semplicemente felici.

49.

Per quanto incredibile, Tremamondo riuscì a peggiorare. Una settimana d'inferno al termine della quale Purissima mollò il colpo e tornò a Roma.
Alla reception aveva lasciato una busta per me. Conteneva un biglietto con scritto semplicemente: "Purissima".
Non poteva essere più esauriente.

Il weekend trascorre tranquillo.
Il resto della troupe va al casinó o al casino, senza molta attenzione all'accento.
La mattina del lunedì Tremamondo è finalmente tranquillo e concentrato sul film, gira molto materiale, bene e in fretta.
Il miracolo si ripete martedì e mercoledì.
Giovedì mattina alle 5 dopo colazione si dirigono tutti sul set con i furgoni Dacia della produzione.
Tremamondo mi prende sottobraccio.
«Le riprese le finisce il mio aiuto» annuncia funestamente. «Già» commenta annuendo solenne alle proprie parole come John Wayne prima di una sparatoria.
«È uno sporco lavoro ma qualcuno deve pur farlo...» lo schernisco.
«Non preoccuparti, gli ho spiegato tutto.»
«Ah, be', allora siamo a posto...»
Fa un cenno all'autista che si avvicina e scende ad aprire la portiera.

«Dagli n'occhiata me raccomando, fammi stare tranquillo.»
«Cioè hai tirato dentro tutti i tuoi amici in questo film e adesso vai via?»
«Raggiungo Purissima.»
«Questo potevi anche non dirlo.»
Si accomoda sul sedile posteriore. Lo guardo senza nemmeno respirare. Mi sento in colpa per averlo difeso tante volte. È un ingrato, un egoista, un cretino e si diverte a distruggere tutto ciò che di buono ha combinato fino a ora.
Abbassa il finestrino.
«Ti chiamo per sentire come va.»
La macchina parte sgommando.
Si presentano tre giorni di navigazione a vista.

Tremamondo rientra il lunedì successivo a notte fonda.
Mi tira giù dal letto. Al telefono della mia camera la voce è distrutta ma il resto, quando lo vedo, è molto peggio.
Vuole farmi compagnia mentre beve.
È evidente che non ha fatto altro tutto il giorno.
«Perché m'hai tirato dentro in questo film se avevi intenzione di fare casino? Sei mio amico, sei incasinato, passerà. Forse ti riprenderai e manterrai le promesse. Forse sarai ancora un grosso regista, un giorno. Forse no. Per il momento però sei solo un peso morto che si aggiunge a peso morto a una serie di cazzi personali che mi pesano molto pesantemente.»
Si alza e cerca di fissarmi. È offeso.
«Se la metti così, ora sistemo tutto io!»
È l'ultima cosa che dice prima di svenire sul pavimento.

C'è gente che quando è ubriaca riesce a leggere nel pensiero.

50.

Il freddo in montagna subì un'impennata ma più che altro la subimmo noi, già debilitati dall'esposizione prolungata a Tremamondo.

Il minimo ostacolo diventa insuperabile quando ci si sveglia alle 4 di mattina e il personale dell'albergo deve preparare la colazione appositamente per la troupe ma c'è solo il caffè perché il resto arriva alle sei.

Poi si va in montagna su un pulmino Dacia che però non ce la fa e ci tocca camminare per l'ultimo pezzo in mezzo alla neve.

Arriviamo e troviamo solo due roulotte. Non sono sufficienti e ce le prestiamo a turno. Le altre non sono ancora arrivate. Non arriveranno mai.

Il momento peggiore è quando si indossa la calzamaglia gelata.

Il regista si presenta con due ore di ritardo.

«Cazzo» si lamenta, «la gente è al mare e noi siamo in mezzo a questi cazzo di Carpazi dove c'è la neve anche in estate!»

«Non sono i Carpazi» dice il suo aiuto.

«Me frega 'ncazzo. Fa 'n freddo cane!»

«Cosa devono dire allora quelli là che sono all'aperto in bicicletta con una coperta in due?»

«Me frega 'ncazzo. Possono pure andare affancùlo.»

Gli do una manata sulle spalle.

«Impagabile Ed, così mi piaci!»

Per andare in roulotte passo accanto ai ciclisti seduti a gruppi intorno all'unica stufa. Tengono le bici vicine perché sulla neve si ghiacciano e si riparano con la stessa coperta da tenere sulle spalle fino all'ultimo momento.
«Ma tu come fai a essere amico di quella merda?» mi fa uno.
«No... È uno in gamba ma è un periodo che è fuori di testa, può capitare a tutti...»
«Testa di cazzo!»
«Io?»
«Lui.»
«Ah, meno male... Mi stavano saltando i nervi ed è molto meglio che non vi capiti di vedermi incazzato. Sono uno spettacolo deprimente. Comincio a urlare e alla fine sono l'unico che si fa male...»
Ridiamo.
Poi appare Tremamondo e non ridiamo più.

In qualche modo la giornata arriva alla fine ma in qualunque altro modo sarebbe stato meglio.
Sono già andati via tutti ma Tremamondo non vuole scendere dalla roulotte.
«Che ciannàmo affà all'arbergo se fra du ore dovemo tornà?»
«Dài, non rompere, che c'è fuori la macchina che aspetta.»
«Ieri nun ce stavo mai, oggi ce sto troppo... Ma se può sape' che cazzo volete tutti quanti?»
Lo trascino di peso nell'auto dove non fa che lamentarsi e insultare tutti. Ha mignon di liquori e fiaschette nascoste in ogni tasca del piumino. La gradazione alcolica aumenta in modo inversamente proporzionale alla temperatura esterna. A metà strada comincio a sentire brividi di freddo. Ho ancora addosso gli abiti di scena fradici.
Quando Cristina bussa alla porta della stanza sono sotto la doccia. Le grido di entrare. Lascia la mia roba sul letto e ritira gli abiti di scena.

Quella che sembrava un'eccezione diventa routine: mi presento la mattina con l'abito di scena e la sera, dopo aver trascinato Tremamondo in albergo, mi butto sotto la doccia calda. Quando riemergo Cristina è già passata a fare il cambio.

Il weekend è l'invenzione del secolo per chi deve recuperare energie. Tremamondo ne recupera anche troppe e al rientro dall'Italia è peggio di prima. Ormai è irriconoscibile quando non insulta nessuno.

Il malumore è un tunnel sotto la Manica. Il nervosismo serpeggia. I due attori-divi riprendono a rompere le palle. Cambiano albergo ogni sera o perché trovano *qualcosa* di sgradevole o perché non trovano *qualcuna* di gradevole.
Sul set la tensione aumenta palpabilmente da un giorno all'altro e a fine riprese sono tutti incazzati, dai macchinisti agli attori.
Le riprese si trascinano tra insulti e imbarazzi generali. Tremamondo è una carta moschicida per schiaffi.
Lo *stop* a fine giornata arriva sempre al limite della rissa. A quel punto lo afferro di peso e lo spingo nell'auto di produzione sottraendolo alla troupe.
Se tardo un minuto scatta il linciaggio. Non ho scelta: o lo metto in salvo o mi unisco al linciaggio.
Il giovedì la produzione dichiara la resa e organizza una fuga di gruppo con una settimana di anticipo sulle vacanze.
Sabato all'alba i cinematografari si trovano all'aeroporto. Partono di nascosto come i ladri e atterrano a Ciampino come i politici.

Io non parto con loro. Seduto sul letto accanto alla valigia che non ho disfatto completamente nemmeno a Budapest penso a Tremamondo e alla differenza tra la mia storia e la sua. Sta con una donna bellissima che la gente si ferma per strada a guardare e questa donna gli vuole bene ed è questo il problema. Ecco la ragione di tutti i casini: lei gli vuole bene e lui non sa come comportarsi. Non si diverte più. Non ruba le donne agli amici, non le insidia neppure, lei è libera e quindi lui non sta affermando nessun tipo di supremazia. Fa il possibile per litigare con Purissima e rischiare in qualche modo di perderla ma lei non sta al gioco. Allora litiga con tutti gli altri, ma non è la stessa cosa. L'ha riportata in Italia personalmente, l'ha fatta accompagnare col furgoncino della produzione, l'ha sbattuta fuori dall'albergo con un biglietto aereo prepagato... per niente. Non riesce a rompere l'incanto nel quale s'è ritrovato la sera del party, quando avrebbe dato una gamba per riaccompagnarla a casa. La sua scemenza mi lascia incredulo. Ha compromesso l'intero film per il fastidio di una cosa (bella) che ha il grave torto di non poter essere manipolata a suo piacimento.

Mi inebetisce la sua ineffabile capacità di nuotare a farfalla nella merda gettando gli spruzzi addosso agli altri.

Sulla CNN tiene banco il caso della donna torturata e uccisa. Mi aveva molto colpito eppure l'avevo completamente dimenticato. Strano. È stato accertato, dice l'esperto della CSI, che il cadavere è ottenuto assemblando le membra di quattro corpi diversi. Raccapricciante. Adesso mi è chiaro ciò che diceva quel tipo alla taverna subito dopo il confine moldavo.

Il cadavere ritrovato non è della Dmitrescu – cioè non *tutto*, se così posso dire senza mancare di rispetto a quella povera ragazza. È un mostruoso patchwork di quattro corpi. Il tizio distinto l'aveva spiegato bene ma io lo capisco solo adesso sentendolo in inglese. Il tecnico della CSI completa il quadro con l'ausilio di diapositive.

«Questo serial killer appartiene al tipo altamente organizzato. Possiede profonde conoscenze anatomiche, potrebbe essere un chirurgo o almeno un paramedico specializzato. Smembra le sue vittime una per una e cataloga le parti del corpo in quattro gruppi: testa, gambe, braccia, tronco. Poi ricompone i pezzi dei quattro cadaveri in modo da formare un *nuovo* corpo da lui creato secondo questa che potremmo chiamare *regola del 4*. Al serial killer serve tempo. Deve scegliere vittime compatibili e attendere il quarto corpo prima di considerare completa la sua opera. Le membra sono cucite con una corda sottile ma resistente ottenuta con capelli e peli delle vittime. Solo a quel punto può utilizzare i quattro corpi contemporaneamente in un rituale del quale non abbiamo ancora elementi sufficienti per definire modi e finalità.»

C'è la pubblicità. Metto sul canale romeno.

«Perché tanta crudeltà?» chiede la commentatrice mal celando una smorfia di disgusto. Forse pensa a sua figlia che ogni sera torna a casa sola dopo la palestra, forse pensa a se stessa. Alle sue spalle in caratteri cubitali il nome della vittima, Dmitrescu.

Parla di quel caso da parecchi giorni ma non ci ha ancora fatto il callo.

Un pudore che da noi non c'è più da un pezzo.

Spengo.

Quando daranno un nome agli altri corpi? Tre, oltre la Dmitrescu. Tre uomini, tutti uomini, tutte donne? Forse due per sesso. Dovranno capire con quale criterio compone le sue *bambole*, braccia maschili con gambe femminili? Che vomito. Come possono esistere pazzi simili e vivere tra noi? Avevo letto di un serial killer che voleva realizzare una scacchiera con le persone uccise, uno per ogni pezzo degli scacchi. A quel punto avrebbe invitato un amico per una partita. L'hanno etichettato come "Il Serial Killer Della Scacchiera", con tutte le iniziali maiuscole. Questo interesse morboso e mitizzante certamente scatena una volontà di imitazione in menti già squilibrate per fatti loro.

Quale ossessione provoca questa patologia mentale nel sospetto *chirurgo o paramedico specializzato*? Una persona colta, di una certa età... Che cosa avrà vissuto, cosa avrà subìto per tentare di rimettere a posto il mondo riordinando personalmente quattro cadaveri per volta? Forse vuole che le persone si comprendano e si riavvicinino sino a fondersi completamente. Nel delirio, a modo suo sta cercando di aiutare.

51.

Tremamondo mi telefonò dalla sua stanza. Appena sentii la voce lo precedetti.
«Come mai non sei partito con gli altri?»
«Avevo paura che mi buttavano di sotto...»
«Può darsi, ma credo che vogliano una soluzione più definitiva.»
«Vado all'aeroporto. Accompagnami così parliamo un po'. Tra l'altro sei di strada...»
Sibiu si trova nella direzione opposta, ci toccava attraversare Bucarest e per di più non partivo quel giorno ma lasciai perdere, forse parlando si poteva risolvere qualcosa. Mi accomodai sul sedile posteriore accanto a lui.
«Sono rovinato» disse subito.
«Ho scoperto cosa vuol dire Bucarest» scherzai. «"Prenoti un cesso." Book = prenotare; a rest = un cesso. Più che una battuta è un *calembour*...»
Silenzio.
«Oppure *Buca-rest*, perché la città è piena di buchi come questo film. O *Book-arrest*: il libro che sto scrivendo ha subìto un arresto. Pensa quanti spunti ci può dare questa città del cazzo... E tu non ne hai colto nemmeno uno. Sei un piccolo cretino. Non uno grande. Ne conosco di epici. Confronto a loro sei solo un dilettante.»
Non reagiva, limitandosi a guardare fuori dal finestrino in assoluto mutismo.

«Tu non sei mai stato così» ripresi. «E poiché Purissima non è tipo da aver influenza negativa su nessuno, si deduce che sei tu ad avere una cattiva influenza su te stesso. Chissà quanta gente farebbe i salti mortali per essere al posto tuo e tu invece la fai pagare agli altri...»

Anche Enikö s'era messa con un cretino conclamato che rientra nel terzo caso della Teoria del Cretino di Cipolla, cioè quello in cui il cretino riesce a danneggiare se stesso e gli altri (ascisse e ordinate negative).

I cretini sono solidali: anche senza consultarsi fanno sempre gli stessi danni e i loro effetti si riproducono nel tempo. Il cretino frega la ragazza e la ragazza si vendica sul primo uomo che incontra così lui prende una fregatura, la ragazza due e il cretino è contento.

L'uomo sono io, la ragazza è Enikö e il cretino è Gaël.

Il cretino è Tremamondo, l'uomo sono io e la donna è Purissima, che mi stava entrando nel sangue.

«E sai un'altra cosa...» ripresi, ma mi fermai. Tremamondo dormiva con la guancia schiacciata contro il finestrino. Perda pure l'aereo, vada a dare via il culo. Ebbi la tentazione di piantarlo lì e andarmene.

E così feci.

52.

C'era una fiaba molto popolare, quella del Fungo Velenoso e del Fungo Buono. La giovane istitutrice la raccontava spesso.

«C'era una volta in un bosco della Foresta Nera...»
«... un Fungo Buono!» intervenne Udo, il più cicciottello.
«Giusto. E come fai a sapere che è un Fungo Buono?»
«Perché è biondo!»
«Bravo.»
«Come Hans!» aggiunse Hilde, paffutella e con lunghe trecce bionde, innamorata di Hans.
La classe rideva e batteva le mani mentre Hans avvampava, rosso come una mela.
«Un giorno un Fungo Velenoso chiese al Fungo Biondo il permesso di crescere vicino a lui» riprese la signorina. «Il fungo Biondo rispose *Certo, c'è abbastanza spazio per tutti e due!* Faceva bene, secondo voi?»
«Noooo!» rispose un boato.
«E perché?»
«Perché il fungo velenoso lo avvelena e gli porta via la sua terra e tutto quello che era suo adesso è diventato suo!»
I ragazzi risero per il bisticcio.
«Proprio così, Udo. Anche fra gli uomini ci sono quelli buoni e quelli malvagi, da buttare via. Il Fungo Buono è quello ariano, il Fungo Velenoso quello ebreo. Dobbiamo difendere la no-

stra razza. Voi bambini avete la grande fortuna di essere i più belli, i più intelligenti, i più forti, i più coraggiosi, i più leali di tutto il mondo perché siete ariani. E quando sarete uomini andrete lontano per far diventare sempre più grande la nostra Germania!»

La classe scoppiò in un boato di gioia e risate. Hilde ne approfittò per schioccare un bacio sulla guancia di Hans.

Quel giorno il ragazzo rincasò sconvolto dai singhiozzi.

«Io non voglio andare via!» Piangeva avvinghiato a sua madre Else. «Ti voglio bene e voglio restare con te.»

«Tutti cresciamo e diventiamo grandi, Hans. Cambiamo esternamente ma dentro di noi restiamo sempre gli stessi. Non puoi rimanere un bambino per tutta la vita, sarebbe contro natura. Io voglio che diventi un uomo forte e buono come il tuo papà.»

«Sì ma sempre con te, però...»

«Finché potrò.»

«Papà era forte?»

«Sì.»

«Ti ha mai lasciata sola?»

«No, nemmeno un giorno.»

Le luccicavano gli occhi mentre stringeva al petto il suo bambino.

Al secondo anno della Scuola Adolf hitler la signorina Strohmeyer annunciò un dettato.

«Udo Hertlmayr!» chiamò scrutando l'ultima fila.

Un bambinone alzò lentamente la testa da sotto il banco dove si era nascosto nella speranza di scamparla.

«Ti avviso per l'ultima volta: se fai la solita infinità di errori sarò costretta a sospenderti per tre giorni!»

Tutti ridacchiarono ma per poco, perché Hertlmayr li minacciò con il suo pugno ciccione. Poi si inclinò verso Hans, il suo compagno di banco, coprendosi la bocca con una mano.

«Se non mi aiuti te la faccio vedere io!»

L'altro non era per niente impressionato.

«Non mi fai paura ma ti aiuto lo stesso.»
«Ah, non hai paura di me?»
«Se vuoi non ti aiuto, così lo scopri da solo.»
Udo era grande e grosso per la sua età e molto più degli altri bambini perché più volte ripetente. I genitori lo mandavano a scuola come si parcheggia una macchina per trascorrere mezza giornata tranquilla. A poco sarebbe valso il coraggio di Hans contro quel bestione ma il bestione dipendeva da lui per il dettato e, per quanto rozzo, non era così sprovveduto da farsi sospendere. A casa lo aspettava suo padre che faceva parte delle SA, era amico di Ernst Röhm e prima di parlare menava sempre le mani.
«Va bene, non ti faccio niente» concesse Udo.

«Il dettato di oggi ci è stato inviato direttamente dal Ministero di Istruzione e Propaganda di hitler» riprese la maestra. «Scrivete quindi prima di tutto il luogo e la data: Berlino, 16 marzo 1934. Poi mettete il vostro nome e cognome. Siete pronti? Titolo: *Gesù è come hitler*.»
La signorina Strohmeyer cominciò a dettare avendo cura di non correre e scandire bene le parole.

«COME GESÙ HA LIBERATO LA GENTE DAL PECCATO E DALL'INFERNO, COSÌ HITLER HA LIBERATO IL POPOLO TEDESCO DALLA DISTRUZIONE. GESÙ E HITLER VENNERO PERSEGUITATI, MA MENTRE GESÙ È SALITO SULLA CROCE, HITLER È SALITO ALLA CANCELLERIA DEL TERZO REICH. GESÙ COMBATTEVA PER IL CIELO, HITLER PER LA TERRA TEDESCA.»

Alla mensa gli scolari raggiungevano il loro posto in fila e silenziosi. Servita la minestra un insegnante li invitava a recitare la preghiera. Nessuno si distraeva né rideva, nessuno approfittava di quel momento di controllo sospeso per fare qualche spiritosaggine. Pregavano all'unisono e le piccole voci s'intonavano in una cantilena ordinata e senza allegria. Non erano bambini ma uomini momentaneamente piccoli.

«FÜHRER, FÜHRER MIO, MANDATO A ME DA DIO, PROTEGGETEMI E MANTENETEMI PER TUTTA LA MIA VITA. VOI CHE AVETE SALVATO LA GERMANIA DAL BISOGNO PIÙ PROFONDO, VI RINGRAZIO OGGI PER IL PANE QUOTIDIANO. RIMANETE AL MIO FIANCO E NON MI LASCIATE MAI, FÜHRER MIO, LA MIA FEDE, LA MIA LUCE. HEIL, MEIN FÜHRER!»

Un bambino di Monaco, Uwe Kinzer, al quale i genitori avevano proibito di partecipare a una marcia, si uccise gettandosi dal tetto di casa al grido di "Heil hitler!".

«Quando si tratta della Patria gli studenti ariani sono come cani che fiutano una femmina in calore!» commentarono lusingati i gerarchi.

Le più solenni ricorrenze cristiane divennero Feste Nazionali Naziste e il regalo di compleanno per il Führer non era la classica bottiglia di vino bensì l'intera annata della migliore gioventù tedesca.

Che, diversamente dal buon vino, non sarebbe mai invecchiata.

Un giorno tutta la scuola venne radunata in palestra per le misurazioni.

«Ora catalogheremo gli ariani perfetti per forgiare i Führer del futuro, i Gauleiter, i funzionari di partito!» disse il preside Mueller. «Gli *Jungmannen* che non escono dalle scuole di hitler con il certificato verde di idoneità razziale non potranno mai fare carriera all'interno del Terzo Reich!»

«Se ci misurano il cazzo vinco io tutta la vita!» disse Udo Hertlmayr, che dalle elementari era cresciuto parecchio ma non di cervello. Rideva da quel coglione che era, come quando voleva il saluto militare in quanto agente segreto delle SS reparto bambini. O quando proponeva i suoi trastulli preferiti.

«Prendiamo qualche lucertola o uno scarafaggio e ci alleniamo a torturarli! Così ci prepariamo per rifarlo con gli ebrei!»

In palestra scienziati in camice bianco si aggiravano con fredda solennità attorno un tavolo pieno di occhi. Erano disposti per colore, in ordine perfetto dal chiaro allo scuro. Mai vista una cosa simile.

Su una tovaglia bianca stavano appoggiati strumenti in metallo con una serie di tacche regolari lungo i bordi. Ve n'erano di ogni forma: tonde, a semicerchio, ellissoidali, a bacchetta, a forbice, a dinamometro, con tre stecche equidistanti oltre a normali squadre e righelli.

Icchak Zschaetzsch, il primo della classe, era più pallido di quei camici. Gli volevano bene tutti perché durante i compiti in classe lasciava copiare.

«E se ce li fanno mangiare?» disse rabbrividendo, il piccolo viso affondato nel petto ben formato di Hans. «Mi viene da vomitare.»

Gli s'erano appannati gli occhiali.

«Non fare lo scemo!»

Hans aveva un grande ascendente su Icchak. Studiavano insieme e giocavano al pallone nella stessa squadra anche se il piccolo finiva sempre in porta perché era scarso. Nelle interminabili partite di calcio inventato Icchak era lo spagnolo Zamora, il portiere più forte del mondo. Hans invece era Matthias Sindelar, il più grande calciatore di tutti i tempi.

Non sapevano che Sindelar era antinazista e per questo motivo sarebbe stato escluso dal campionato, poi dalla nazionale e infine dalla vita.

«Gli occhi mi fissano... come dall'oculista! Mi sento morire...»

«Non si muore di misurazioni» lo tranquillizzò Hans. «Altrimenti i sarti sarebbero tutti assassini!»

Risero mentre i dottori confrontavano i capelli degli scolari con ridicole ciocche disposte su una stecca di legno. Da scienziati s'erano trasformati in parrucchieri per signora.

«Ora gli chiedo se mi fanno una parrucca!» schérzò Hans.

Icchak si asciugò le lacrime e riprese colore.

Il suo amico aveva ragione. Non sarebbe morto lì per quegli

occhi ma poco tempo dopo per il nome del padre che, anche se decorato nella Grande Guerra, era pur sempre ebreo.

«Zschaetzsch, Icchak» tuonò Mangiafuoco.
Il vasto locale restituì un rimbombo disordinato.
«Sarò *prevalentemente nordico*?» chiese tremando, più a se stesso che a Hans. «O *ariano 2* o *dolicocefalo*?»
«Non rompere, saremo tutti degli *Jungmannen* scelti.»
Hans lo spinse delicatamente per le spalle. Icchak esitava.
«Mi troveranno almeno *mediterraneo*?»
Alla fine lo spedì al tavolo dei misuratori con una pedata nel sedere.
Una settimana dopo l'insegnante di teoria della razza, Martin Brauner, si rivolse alla classe.
«Lo sapevate che in quest'aula c'è un bastardo e non lo sapevamo?»
Vi fu un silenzio di sorpresa e imbarazzo.
«Sapete che significa *bastardo*? Chiediamolo a Zschaetzsch, che sa sempre tutto...»
Icchak era esterrefatto. Brauner non gli staccava gli occhi di dosso, la bocca increspata da un piacere maligno.
«Che succede, il signorino Icchak non risponde? Fa niente, non ci servono spiegazioni e sapete perché? Perché è *lui* il bastardo! A che scopo accontentarci di spiegazioni teoriche quando abbiamo la fortuna di avere proprio qui nella nostra classe un esempio in carne e ossa?»
Soltanto Hertlmayr era allegro e rideva sguaiatamente.
«E come mai il nostro sapientone è un bastardo?»
«Perché sua madre è ebrea» rispose l'altro scemo. «Serve altro?»

L'istituto perse lo studente migliore e Hans il suo unico amico.
Erano più di mille in quella scuola. Ariani perfetti ne trovarono tre.

53.

Terminata la Scuola Adolf hitler, Hans, in attesa di trovare un lavoro, si dedicava con impegno al pugilato nonostante l'opposizione della madre Else. La boxe era il suo sport preferito. Lo affascinava il misto di forza, velocità e coraggio inquadrati però da leggi precise.

Si era appena rivestito dopo il solito allenamento e stava uscendo dalla palestra quando la porta venne aperta con violenza facendolo cadere all'indietro. Un gruppo di ragazzi esplose in una risata collettiva. Erano gli sbruffoni delle Napola, le scuole speciali del Führer. Uno di loro prese a calci il cestino dei rifiuti, un altro fece cadere tutti gli abiti dagli attaccapanni. Avevano tutti delle belle facce da cazzo e il più stronzo del gruppo, già con casco e guantoni, premeva pesantemente un ginocchio sullo stomaco di Hans.

«Ha problemi di equilibrio a quanto vedo, il *pimpf*!»

Gli altri sghignazzavano prudentemente nascosti dietro le spalle del loro capo.

Con azione improvvisa Hans storse con forza il piede del ragazzo, che per salvare il ginocchio fu costretto a ruotare su se stesso finendo contro gli armadietti metallici, un paio dei quali caddero a terra con un baccano spaventoso.

I due ragazzi si rialzarono insieme e si trovarono faccia a faccia. Il Napola non aspettava altro e subito fece partire un gancio destro. Si avventarono uno contro l'altro in una sfida impari perché Hans era a mani nude e senza protezione. Nonostante ciò si batté bene e piazzò bei colpi ma stava per avere la peggio quando dietro di loro risuonò la voce dell'istruttore Händke.

«Fermi, siete impazziti!?»

Hans obbedì ma l'altro vigliaccamente lo colpì a gioco fermo con un diretto al mento mandandolo a terra.

«Höhne, una settimana di punizione!» ordinò Händke.

«Non è il caso di punire nessuno...» intervenne un ufficiale della Waffen SS, divisa perfetta e stivali lucidissimi. Aveva i capelli scuri e un viso largo e pallido illuminato da un sorriso aperto. «Kopf e gli altri ad allenarsi!»

"Così lo stronzo si chiama Kopf" pensò Hans.

«Mi piace come combatti» disse l'ufficiale. «Hai coraggio. A quale scuola vai?»

«Ho finito. Voglio fare il pugile professionista.»

«Potresti entrare nelle scuole del Führer.»

«Io?»

«Sì, le Accademie Politiche Nazionali. Insegno pugilato e filosofia tedesca alla *Napola* di Sonthofen nell'Allgaü. Presenta la domanda di arruolamento oggi stesso. Non sarà facile ma potrei trovarti un posto nel nostro castello.»

Appuntò nome e cognome su un elegante taccuino di pelle nera con il simbolo SS e la croce uncinata stampati in rilievo.

«Quando ti presenti chiedi di me: professor Friederich Dahlke.»

54.

Era inverno quando Hans si presentò alla Rocca Cavalleresca di Sonthofen nell'Allgaü.
La palestra era ricavata nell'ingresso dell'ala riservata ad abitazione. Gli arredi erano accatastati in un angolo lontano del pavimento: un mastodontico lampadario, tappeti, copridivano, poggiatesta in pizzo per poltrone, abat-jour dal lungo stelo. Struggente ammasso di vite precedenti.
Sulle pareti gli spazi chiari lasciati dai quadri asportati perché di valore. Un'ampia scalinata doppia a tenaglia, decorata con gesso bianco, portava al primo piano, quattro metri più in alto, dove si apriva in una larga balconata.
«Succede molto di rado di venire ammessi alla tua età» gli confidò Dahlke. «Ci ho messo una buona parola. Ora non deludermi.»

Sotto il suo controllo severo Hans affrontò la visita medica e i test sportivi: corsa, salto, peso, arrampicata sulla fune.
«Raggiungi il fiocco rosso e torna giù» ordinò l'esaminatore.
Hans aggredì la fune annodata con l'agilità di un gatto. Abbinando la spinta delle gambe alla trazione delle braccia raggiunse in un attimo il fiocco a tre quarti dell'altezza ma, incuriosito, continuò a salire. La fune andava ben oltre la balconata, fino al soffitto affrescato dove era assicurata al gancio che un tempo sosteneva il grande lampadario. Oltre il davanzale della

balconata si vedeva il pavimento decorato a mosaico e un lungo corridoio in parquet.

«Bene, ora scendi» disse Dahlke.

Con un'altra bracciata Hans salì abbastanza per vedere cinque corpi nudi stesi a metà corridoio. Si arrestò incredulo. Erano cadaveri di donne, bianchi e insanguinati da frustate e colpi di pugnale.

«Scendi immediatamente!» urlò Dahlke.

Nella sala Hans venne misurato dal medico della razza.

La testa da tempia a tempia: 14.

Dal mento all'attaccatura del naso: 11.

Per il colore degli occhi erano ammesse sedici gradazioni all'interno dello spettro di tolleranza. Sulla cartella di Hans scrissero il numero 15: grigio-azzurro chiaro.

Il colore dei capelli venne stabilito confrontando due liste in alluminio snodate e incernierate in orizzontale con quindici fori da una parte e dieci dall'altra. Da esse pendevano lunghe ciocche di capelli inserite nei fori con una graffetta da parrucchiere per tenerle raccolte. Sembrava il diadema di un capo pellerossa. A ogni foro corrispondeva una lettera dell'alfabeto: dalla A alla P saltando la J sulla sinistra e le restanti dieci sulla destra.

«B» disse il tecnico razziale.

«Nordico, classe 1 B» sentenziò il capo sessione.

Hans era un ariano perfetto. L'esame di ammissione superato a pieni voti. Sul fascicolo personale venne impresso un timbro con la parola *Tauglich* in caratteri gotici rossi.

Dahlke lo accompagnò a ritirare l'uniforme.

«Equipaggiamento completo della sua misura!» gridò il magazziniere.

«Sissignore.»

Gridavano tutti anche quando si trovavano a mezzo metro di distanza.

«Hai tutti i numeri per diventare una perfetta SS» disse Dahlke.

«Spero di non deluderla» rispose Hans.
«Anch'io.»
Il professore fermò un camerata.
«Jaksche!»
«Sissignore!» urlò il giovanotto.
Dahlke ritrasse il viso urtato dal volume della voce.
«Non serve che urli, sono qui a mezzo metro... Lui è Hans Höhne. È nuovo. Fagli visitare il castello e presentalo agli altri camerati.»
«Sissignore» rispose in tono più umano.

55.

«Benvenuto nella Rocca Cavalleresca di Sonthofen. Il mio nome è Benno Jaksche. Sono il prefetto della camerata. Il passaggio qui è obbligato. Più tardi, da allievo ufficiale, potrai scegliere dove andare e allora ricorda: il posto migliore è Wewelsburg. Cerca di farti mandare là.»

Sonthofen era un castello vero e non finiva mai tra scale, saloni, saliscendi e colonne. Ogni ambiente brulicava di giovani pieni di dinamismo organizzato e asettico.

Su capitelli e colonne erano incisi dettami della scuola e massime del Führer.

IL GIUDEO È LA PERSONIFICAZIONE
DEL DIAVOLO E DI TUTTO IL MALE.

Le aree comuni erano vaste e ordinate e gli spazi per l'attività fisica all'avanguardia. Docce calde, campi da calcio e tennis, palestra, piscina. Gli istruttori erano tutti campioni d'atletica.

Dettaglio piacevole: i lavori domestici erano affidati a cameriere giovani e carine. Alcune ci stavano, altre no, altre ancora ti saltavano addosso. Non intendevano restare cameriere a vita. Moglie di un ufficiale SS era tutt'altra cosa…

«S'impara persino a pilotare gli alianti» diceva Jaksche. «E dopo il diploma il futuro è nelle tue mani, puoi diventare chi vuoi. Senza sborsare un soldo.»

Hans seguiva Jaksche reggendo una pila di abiti civili e militari, calzature da campo e da riposo, attrezzatura e armi, il tutto impilato su una rigida valigia rettangolare di cuoio nero. Era molto pesante e non vedeva l'ora di appoggiare tutto e farsi una doccia. "Come avevano fatto gli altri?" pensò. Non tutti i cadetti erano robusti come lui, che pure aveva truccato i documenti in modo da aggiungersi cinque anni... "Non sono certo pochi! Eppure nessuno ha avuto niente da ridire..."

Finalmente raggiunsero la camerata.

«La tua branda è questa qua, sopra la mia.»

Hans fu felice di poter mollare il corredo.

Sulla parete campeggiava una scritta.

UN BUON CADETTO È ONESTO E SINCERO.

«Gli onesti e i sinceri non hanno mai fatto molta strada...» commentò.

«Per questo vogliamo cambiare il mondo!» rise Jaksche. «E questo è il tuo armadietto. C'è biancheria da bagno e da letto, set militare con divise, buffetteria, tenute da campo e da riposo. Lenzuola, asciugamani e capi d'addestramento devono stare rigorosamente in basso a sinistra, le uniformi appese e stiratissime. È fatto obbligo di avere la massima cura dell'uniforme, non è tollerata la più piccola scucitura. A questo scopo c'è una dotazione speciale di ago filo e spazzole per abiti. La camicia bruna va in alto a sinistra. Sopra devi appoggiarci il berretto. Questo piccolo scaffale è riservato agli oggetti personali. Nella parte bassa asciugamani e fazzoletti. Nel posto più in alto la valigia. Qui all'interno dell'anta appendi il necessario per la toilette. Deve essere tutto in perfetto ordine e in grado di superare visite di controllo a qualunque ora del giorno. Se l'anziano vede qualcosa che non gli va sbatte tutto in aria e ti tocca rimettere in ordine e subire un rapporto.»

In quel momento entrò correndo il ciccione Odilo Uhl.

«Puzza di merda!» sussurrò spaventato.

I due camerati si misero sull'attenti davanti alla loro branda. Hans non capiva ma li imitò.

I rintocchi degli stivali sul pavimento di legno si avvicinavano e finalmente fece la sua temuta apparizione l'anziano del gruppo.

Hans non credeva ai suoi occhi: era Udo Hertlmayr.

"Come ha potuto un animale come te, già cacciato dalla scuola, arrampicarsi fino a qui?" pensò Hans. Senz'altro grazie all'Accademia Sportiva del Reich a Berlino!

Cercò di non far trapelare la sorpresa.

«Finalmente eccoti qua, amico Hans» disse il rissoso montanaro. «Mi domandavo che fine avevi fatto, tu così brillante... Sempre fissato con la boxe? Io c'ho il record nazionale juniores di lancio del peso. Ero troppo giovane per Berlino '36 ma le prossime Olimpiadi non me le toglie nessuno!»

«Ecco spiegato il meccanismo» disse Hans.

Hertlmayr fece gli occhi da spiritato come a scuola e gli si portò a un centimetro dal naso urlando fino a diventare paonazzo.

«Non osare interrompermi quando parlo! Non siamo più alla *Gioventù Hitleriana*!» Avvicinò ulteriormente la testa fino ad appoggiare la fronte contro quella di Hans. «Molti non sono più tornati a casa da questo posto, lo sai?»

Gli altri guardavano dritti di fronte a loro e tacevano. Hertlmayr gli diede un buffetto più che vigoroso sulla guancia, ruotò su se stesso e in un buffo balletto gettò sul pavimento il contenuto del suo armadietto.

«Guarda che casino hai combinato, incapace!»

Quel pascolavacche della Slesia doveva baciare i piedi che calpestavano le strade che sua madre batteva a Berlino per pagare chi lo teneva in quel posto...

Quando il prepotente se ne fu andato l'atmosfera tornò normale.

«Conosci Udo...» disse Jaksche.

«Eravamo a scuola insieme. Come fate a sopportarlo?»

«Altrimenti ci picchia» intervenne Uhl.

«Aspetta, ti aiuto a mettere ordine.»

«No non farlo! Se torna ci riempirà di...»
«... e se non torna ti riempio io!» rispose Jaksche.
«Sei un bravo camerata, Benno» disse Hans porgendogli la mano.
Si strinsero la mano vigorosamente.
«Anche tu lo sarai.»

56.

La smisurata sala comune era stracolma di cadetti che attendevano il discorso di benvenuto del comandante. Il soffitto altissimo e istoriato era sostenuto da pilastri bianchi quadrati e archi a ogiva. Ovunque pendevano lunghissimi stendardi rossofuoco con la svastica al centro del disco bianco. "Se mi vedessero" pensò. Ma chi? Non aveva amici a cui raccontare la sua avventura. Forse sua madre, ma senza farla preoccupare. I cadetti parlavano a bassa voce ma il loro numero era tale che il mormorio sommandosi formava un tumulto pari a una carica di cavalleria.

NON SIAMO UN MOVIMENTO,
SIAMO PIUTTOSTO UNA RELIGIONE.

All'improvviso il brusio cessò: entravano gli ufficiali. Dopo la scossa assordante di decine di tamburi il comandante salì all'altare e fece cenno di sedersi. Il silenzio era rotto dal frastuono delle centinaia di paia di stivali, cinturoni, bandoliere e altra buffetteria, e dei culi che atterravano con decisione sulle sedie impagliate e sulle panche con inginocchiatoio. Höhne era accanto a Jaksche.

«Sembra di essere in chiesa» disse Hans.
«Ma noi *siamo* in chiesa!» confermò Benno, serio.
«Fedeli, cadetti, corpo insegnante» esordì l'officiante, «a tut-

ti il mio sincero saluto per l'inaugurazione dell'anno di servizio. A ognuno di voi verrà impartita eguale istruzione senza tener conto delle origini più o meno fortunate. Siete proiettati nel futuro ma attivi già nel presente. Quelli dell'ultimo anno formano l'ottava colonna. Il penultimo la settima. Anche se non terminate il corso potreste essere mandati in battaglia in appoggio alla Luftwaffe. E sono certo che anche in questo estremo frangente non mancherete di farvi notare tra quegli eroici soldati. Voi siete la futura élite del Reich. Voi farete la Storia. Toglieremo il grezzo dal diamante che c'è dentro di voi e vi trasformeremo in gemme splendenti di luce propria, fedeli e leali camerati. E ora tutti insieme...»

I cadetti scattarono in piedi. Di nuovo il frastuono di stivali, cinturoni, bandoliere e buffetteria rimbalzò contro le pareti della sala e raggiunse il soffitto altissimo e concavo che ricacciò in basso le onde sonore in un compatto amalgama di rumore e forza.

«Per i valorosi soldati al fronte e per il Reich e per il nostro amatissimo Führer Adolf hitler, tre volte: Sieg...»

«Heil!» rispose un solo molteplice urlo col braccio teso.

«Sieg...»

«Heil!»

«Sieg...»

«Heil!»

Trombe. Tamburi. I cadetti si unirono come un sol uomo a cantare con quanta voce avevano in gola la marcia dei cadetti. In quel momento Hans realizzò che la struttura della sala era uguale a una chiesa cristiana con una grande navata al centro e due laterali separate da colonne e archi. Gli officianti erano divisi in due rigidi schieramenti, destra e sinistra, cadetti e anziani, battezzati e catecumeni. Avvertì nel naso odore di incenso, come da bambino quando tutto ciò che diceva il sacerdote era la parola del Signore. Ora non era cambiato niente tranne che la parola era quella del Führer.

All'alba sveglia urlata.

I cadetti uscivano di corsa dalle camerate in mutande e accappatoio e raggiungevano il vicino laghetto ghiacciato. Portavano picconi vanghe mazze e aste di ferro. Una volta arrivati si dividevano in due gruppi, praticavano due buchi nel ghiaccio distanti tra loro una decina di metri e piantavano due ferri ben saldi.

Il capofila si legava alla vita una robusta fune che affidava a tre camerati, poi si buttava nel primo foro e nuotando sotto il ghiaccio raggiungeva l'altro. Qui alcuni camerati lo aiutavano a uscire, altri gli mettevano addosso un pesante accappatoio, altri ancora gli staccavano la fune dalla vita e la assicuravano alla sbarra di ferro infilata nel ghiaccio. Dal secondo in poi nuotavano sotto il ghiaccio col vantaggio della corda a cui fare riferimento. Uno dopo l'altro tutti i cadetti facevano quel giro della morte e i primi non si dovevano allontanare finché l'ultimo non aveva compiuto l'esercitazione.

A quel punto rientravano tutti insieme per doccia calda, sauna e colazione.

CUSTODITE, VALORIZZATE, INVESTITE IL POTENZIALE DEL VOSTRO ODIO GIOVANE E ASSOLUTO. NON FATENE UN USO PRIVATO MA METTETELO AL SERVIZIO DI QUALCOSA DI MOLTO PIÙ GRANDE.

57.

Nell'ottobre del 1936 ebbe luogo il Torneo Nazionale di Pugilato tra tutte le Napola del Reich. Hans era il rappresentante della Rocca Cavalleresca di Sonthofen nell'Allgaü.
Superò agevolmente i primi due turni.
La mattina dei quarti di finale Hans ricevette una lettera da sua madre. Dopo le solite raccomandazioni, in un *post scriptum* aggiungeva:

"LA BOXE È LO SPORT PIÙ CELEBRATO DAL TERZO REICH E TI AIUTERÀ A RITAGLIARTI UNO SPAZIO IMPORTANTE. QUESTI CHE VENGONO SONO ANNI DURI E IO VOGLIO CHE TU MANGI BENE E ABBIA SEMPRE UN TETTO SULLA TESTA!".

Durante la colazione Hans lesse quella parte della lettera al professor Dahlke.
«Sono contento che mamma Else abbia finalmente cambiato idea.»
«Anch'io» sorrise Hans.
«Sai chi è il tuo avversario nei quarti?»
«No, ma non mi interessa.»
«No?»
«Lo dite sempre, voi, che il vero avversario sul ring siamo noi stessi!»
«Bravo! Ma questa volta credo ti faccia piacere saperlo.»

Il giovane pugile lo guardò incuriosito.
«Egid Kopf.»
«*Quel* Kopf?!» esclamò Hans entusiasta.

La sera stessa, al centro del ring, i due contendenti si scambiarono un saluto. Kopf saltellava, i guantoni già in posizione di guardia; Hans stava fermo a gambe larghe, le braccia sciolte lungo i fianchi.
«Avrei preferito umiliarti in finale davanti a tutti...» disse Kopf, teso. «Ma sarà comunque un piacere ridurti il naso a una polpetta!»
«Non meriti il pubblico della finale» rispose Hans con calma glaciale. «Ma ti lascerò vivo: in fondo è per merito tuo che mi trovo qui.»
Il gong diede inizio a uno scontro che fu di breve durata. A trenta secondi dal termine del primo round Kopf fu fermato dall'arbitro dopo essere andato al tappeto tre volte. Il ragazzo non voleva accettare la sconfitta e tentò di colpire Höhne alla nuca mentre gli voltava le spalle. Dahlke lo vide e spostò il suo pupillo appena in tempo. Kopf mancò il bersaglio e, malfermo sulle gambe com'era, non controllò l'impeto finendo di faccia sul tappeto. Tre knock down e un auto-KO.

I successivi due incontri furono più impegnativi ma alla fine Hans vinse il torneo senza aver perso una sola ripresa.
Subito dopo il gong il professor Dahlke saltò sul quadrato ad abbracciare il suo allievo prediletto. Restarono a lungo al centro del ring a godersi l'ovazione della folla.
«Professore, non so come ringraziarla! Le devo tutto. Chissà dove sarei, oggi, senza di lei.»
«Sono io che ti ringrazio. Ti ho dato un'opportunità e non mi hai deluso. Vorrei che mio figlio da grande fosse come te.»
Erano commossi e felici.

La cerimonia di premiazione fu presieduta da Robert Ley, ideatore, organizzatore e responsabile nazionale delle Scuole

Adolf hitler insieme a Baldur von Schirach, pingue, imberbe, omosessuale.

«Sono orgoglioso di trovarmi stasera in quella che può essere definita il centro di tutte le Scuole Adolf hitler della nazione» urlava Robert Ley.

58.

Alle prime manovre ufficiali dei Napola presenziava Ernst Röhm in persona, capo delle SA. Hans era uno degli allievi migliori ma non se ne faceva un vanto. Contrariamente a Hertlmayr, che spargeva se stesso dappertutto, lui era il risultato perfetto di quell'educazione. Disprezzava tutto ma non odiava nulla. Le azioni dovevano essere dettate dalle necessità e a esse commisurate, in ossequio al principio di economia. Nessun compiacimento o empatia. Al bando qualunque tipo di piacere nell'infierire dolore. Il piacere è un sentimento. Il sentimento è un pericolo.

Aveva rispetto assoluto per la gerarchia, sola garanzia di legalità e giustizia. I migliori comandano, quelli sotto obbediscono senza per questo sentirsi sminuiti. È la legge della Natura, il *Führerprinzip*.

Hertlmayr invece era una nota stonata, battimento, rimbombo, cacofonia, rumore. Si beava delle parole di Röhm quasi fossero dirette esclusivamente a lui.

"Un buon capo deve scordarsi di sé e agire per il raggiungimento di un fine" disse Hans tra sé. "Tu sei un bovino allevato tra i purosangue. Non puoi stare in questo pascolo."

Sarebbe stata un'operazione chirurgica. Non provava alcun piacere nel pensarla.

Nell'estate del 1934 una settantina di Jungmannen era impegnata in un'esibizione alla presenza del ministro della Difesa Werner von Blomberg.

Quella giornata sarebbe entrata nella storia della scuola e nella microstoria del Terzo Reich.

Infatti nel pieno di un saggio sportivo i camerati, senza che fosse previsto dal programma, si gettarono nelle acque gelide del fiume Weser con l'uniforme addosso e lo attraversarono a nuoto in formazione compatta. Risaliti sulla riva opposta conclusero l'esercitazione prevista.

Il ministro restò vivamente impressionato.

«Questo è lo spirito nuovo che vuole il nostro Führer! Lo scriva» dettò a un giornalista. «È stata una dimostrazione di unione, forza e disciplina ferree.»

Chi avesse guardato con molta attenzione, però, avrebbe notato due piccole sbavature. La prima provocata da Hertlmayr, che pur di distinguersi stava mettendo a rischio tutto l'insieme. La seconda provocata da Hans, che s'infilò sotto la bracciata di Hertlmayr e rapidissimo gli prese il mento con la mano sinistra mentre con la destra spinse la nuca nel senso opposto, spezzandogli il collo con una secca torsione. Il corpo senza vita andò a fondo zavorrato dalla divisa mentre Hans si riallineava al gruppo che l'aveva coperto senza perdere il ritmo di bracciata.

Lo straordinario compiacimento di von Blomberg infiammò i massimi vertici delle SS. Heinrich Himmler decise che quelli erano i ragazzi adatti a realizzare il delirio da sempre accarezzato di una scuola superiore per formare i massimi quadri delle SS. I migliori allievi sarebbero entrati nell'esclusivo empireo dell'Ordine Nero.

59.

Hans metteva alla prova la lealtà dei suoi camerati parlando delle proprie convinzioni palesemente fuori dalla rigida norma comune. Nessuno poté mai raccontare di aver tradito la sua fiducia.

L'insopprimibile indipendenza di spirito e la forza di seguire sempre la propria coscienza erano l'eredità di sua madre.

La convinzione di essere sopra a tutto e tutti, invece, proveniva dagli educatori del Terzo Reich.

Il colonnello medico era psichiatra. Un ebreo, *ça va sans dire*. Quelle erbe malate sono i migliori per spiare nella testa della gente fin dai tempi delle Sette Piaghe d'Egitto. Invece la mentalità collettiva e quadrata dei tedeschi pare la meno adatta a sviluppare il seme dell'introspezione psicologica. Non c'è gusto a rovistare nei propri lati oscuri se c'è sempre la luce accesa, i cassetti in ordine e nemmeno un po' di polvere sotto il tappeto.

Hans e il dott. Eberle divennero amici, poi intimi, poi confidenti, infine quasi cospiratori.

Durante una delle solite conversazioni colte e profonde si erano trovati a parlare del Führer: non si sapeva nulla di preciso su di lui, al di fuori della propaganda e del mito. Ha qualcuno da amare? Ha una fidanzata, un amico del cuore? Dipinge ancora all'acquerello? Che cosa sognava di fare da bambino?

Silenzio.

Si sapeva ogni cosa sul personaggio pubblico, sul politico, sul messia del popolo germanico, ma attorno a lui personalmente aleggiava un grande vuoto. hitler *uomo* non esisteva.

All'interesse di Hans il dott. Eberle opponeva seraficamente un muricciolo di ottusità non meno consistente di quello dove stavano seduti a godersi il solenne spettacolo delle imperiose montagne.

Una volta lanciato, lo psichiatra infilò la china della retorica.

«hitler è il capo supremo» disse, senza fantasia. «Egli è la nostra guardia contro il demonio, il messia che ci traghetterà nel nuovo mondo. Finito lui, il testimone sarà preso da un suo figlio, e dal figlio del figlio dopo di lui e così via per i mille anni del Reich...»

Era diventato scemo, mimetizzato nel ghetto senza uscita di un'atavica paura.

«Quale caratteristica del Führer ti colpisce maggiormente?» incalzò Hans.

«Il Führer è il capo supremo e porta in sé il concetto stesso di *Führerprinzip*. È il più forte che assume su di sé ogni colpa e responsabilità nel ruolo del salvatore.»

«Ma tu personalmente: voglio conoscere la tua opinione.»

Gli interrogativi si rincorrevano evidenti tra la superficie esterna degli occhi e quella interna dell'animale braccato. Eberle non staccava lo sguardo da Hans e pensava a se stesso. Perché quelle domande? Nonostante fosse ebreo era stato capo medico fin dagli esordi delle Scuole Adolf hitler, da anni era uno dei più autorevoli psichiatri degli Istituti Göring, la sua fedeltà era assoluta. Che voleva da lui questo impertinente giovane dell'Élite-SS?

«È una domanda troppo impegnativa?» chiese Höhne.

«Niente affatto» ribatté piccato. «A rigore non è neppure una domanda. hitler è il messia e dopo d...»

«Hai già risposto a questa domanda, testa di cazzo. Qual è il vocabolo che ti mette in imbarazzo: "Parere"? "Personale"? Lo psichiatra, tu ci insegni, è l'unico medico a cui è richiesto un *parere* di carattere *personale*...»

Eberle impallidì. Hans, impietoso e freddo, scavava.

«*Che vuole da me? Perché queste domande?* Ecco ciò che rimugini invece di rispondere. *Sono da anni negli Istituti Göring, la mia fedeltà al Reich è fuori discussione...* Questo ti dovrebbe tranquillizzare ma ancora non ti basta, hai la paura nel sangue. Ah, il sangue! Quanto è importante il sangue per il Reich, vero? Il sangue siamo noi. Non è necessario leggerti nel cervello, basta guardarti pensare. Ti chiedi se andrò a riferire ciò che non dici? No, non riferirò. Chi te ne dà la garanzia? Nessuno. Sai che è così perché ci conosciamo bene, ma neppure la nostra amicizia è sufficiente. Come puoi credere al tuo nemico giurato? Un topolino, sei. Tu, piccolo topo, in una casa infestata di gattacci cattivi. Solo la morte ti può tranquillizzare, la morte tua o del tuo nemico. Il tuo parere non può in nessun modo sminuire né intaccare un soggetto tanto al di sopra del giudizio umano. Abbiamo sempre avuto un rapporto da allievo a maestro, da amico ad amico, da uomo a uomo, eppure preferisci inibire il tuo brillante cervello e nasconderti da me. Se ti avessi chiesto il tuo punto di vista su Dio non avresti esitato un istante, ma trattandosi del Führer non esiste certezza, non esistono amici, non esiste cervello, non esisto io, non esisti tu.»

Si alzò e si congedò con una pacca sulla spalla.

«Tranquillo, non hai detto nulla che ti possa compromettere. O meglio: non hai detto proprio nulla. La pusillanimità non è reato. In un certo senso è la garanzia che non ti ribellerai ai più forti. Hai scelto di buttare via il tuo brillante cervello: è un delitto di cui sei carnefice e vittima. È da te stesso che devi stare in guardia, Eberle, altrimenti provvederai da solo a eliminarti.»

Hans s'allontanò a lenti passi lungo il grande terrazzo erboso. Il dottor Eberle restò sul muretto, inebetito e con le gambe accavallate.

Il paesaggio bello e misterioso di cime e vallate s'era spento come a teatro dopo la calata del sipario. Genziane e cardi avevano fuso i colori con le rocce scure sposando le ali larghe del buio rapidamente calato.

La mattina seguente trovarono Eberle nel letto immerso nel proprio sangue. Si era tagliato i polsi.

60.

La tv è accesa sulla CNN. *Weather Forecast* viene interrotto da *Breaking News*.

«Il vampiro bianco colpisce ancora» esordisce l'annunciatrice. Un altro corpo squartato e dissanguato è stato scoperto in Moldavia.

Una lugubre marionetta dinoccolata composta da pezzi di quattro corpi diversi. L'orrido reportage illustra nei dettagli l'immutato rituale del primo ritrovamento.

Giro sulla tv ungherese: documentario.
Tv romena: film.
Tv moldava: non esiste.

Sono a Bucarest, bellissima (la città, non te). Dovevamo venirci insieme, ricordi? Puoi rispondere, non potrei raggiungerti nemmeno se me lo chiedessi.

(Se legge l'sms capisce che non è un trucco.)

Scusa x male che tò fatto. Stata egoista. Mi piace tanto tua compagnia e non pensavo che facevo male a te. Perdoname.

Ti perdono se rispondi a una domanda.
?
Mi ami?
No.
(Cazzo se sono efficaci i monosillabi!)

Mi sento leggero e quasi contento. È l'ultimo sms che le mando.

Vado in bagno con l'intenzione di radermi ma resto con la schiuma da barba sulle dita. Guardo la mia immagine riflessa. È l'ultima volta che scrivo. L'ho fatto più che altro per metterci una pietra sopra.

Non è vero, dice quello nello specchio.
Volevo solo vedere la reazione.
Speravi che dicesse sì.
No.
Se rispondeva sì prendevi il primo aereo e ti riducevi peggio di Tremamondo.
No.
Bastava un "ne riparliamo" e saltavi sul primo aereo.
Non sopporto che qualcuno mi dica che non mi ama.
Non ha detto che non ti ama. Non ti ha detto che ti ama. È diverso.
Se rispondeva sì, finiva lì lo stesso. Io non la amo. Non voglio vivere con lei. Volevo solo sentirglielo ammettere.
Praticamente una scommessa!
No, una conferma. Altrimenti significa che sono stato usato.
Ci speravi.
Non l'avrei chiesto così.
E come, allora?
In un altro modo.
Continua pure a mentire a me stesso, se ti diverte.

La schiuma si è seccata. La capisco. Sono seccato anch'io.
Ragionare fra te e te può chiarire le idee ma il cinquanta per cento ha sempre torto.

E se quel cinquanta per cento sei tu, sono cazzi.

61.

La guida turistica scrive che Sibiu è la più bella cittadina della Transilvania, nome che significa *oltre la foresta*. Furono i Sassoni a fondare le Sette Città e cioè: Bistriţa, Braşov, Cluj-Napoca, Mediaş, Sebeş, Sibiu e Sighişoara.

Mi sono alzato molto presto per arrivare presto. Avrei preferito alzarmi molto tardi e arrivare tardi ma l'autista, Marian, deve passare per Bucarest a recapitare qualcosa.

Un'ora dopo siamo ancora invischiati nel traffico della capitale. Città senza centro, periferia senza città, strade persone e case mescolate in un porridge fatiscente, uno stomaco in disordine che non ha mai smesso di vomitare.

Marian scende per la commissione. Gli chiedo se c'è un bar per un caffè. Me lo sconsiglia.

Bucarest finisce all'improvviso e lascia il posto sulla destra a una campagna infinita col verde svogliato di una sconfinata piana accidiosa, tagliata dalla superstrada. A sinistra, altrettanto estesi, impianti di depurazione idrocarburi, cioè raffinerie. C'è il petrolio, qua sotto, e nuovi ricchi qua sopra, spuntati come funghi dopo il crollo della dittatura. Senza contare quelli che sono ricchi da sempre, perché ci sono sempre state dittature.

Sull'autostrada mi sorprende un vecchio carro in legno trainato da un cavallo col cappello. Va senza fretta, è quasi fermo. No pedaggio, no controllo. Il cavallo non porta paraocchi, non serve: qua intorno non c'è niente che potrebbe distrarlo. Superandolo vedo nei suoi occhi l'espressione scettica di Renato Sellani, pianista jazz italiano cinico-romantico.

Non fosse per le raffinerie parrebbe di essere di nuovo in Moldavia. Anche qui tutto sembra omogeneo: nulla è fuori posto, neanche le raffinerie. Anche qui incombe una cappa che impedisce alle cose di essere completate.

Ciò mi fa capire che l'estraneo sono io su questa strada di asfalto svogliato e poroso.

Altre raffinerie con forme fantasiose. Raffineria a forma di palla, raffineria a forma di cilindro, raffineria a forma di palla in cima a un ascensore senza pareti, raffineria a forma di cilindro su tronco di cono, raffineria a forma di canna d'organo.

Poco distanti, in aperta campagna, villette di legno prefabbricate in stile tirolese. All'improvviso, del tutto inattesa, una raffineria a forma di raffineria.

Per un lungo tratto vedo solo case con facciate a mattoni rossi verniciati di smalto color mattone rosso verniciato.

Case brutte, finte villette quasi-vezzose stile Florida anni Cinquanta, palazzine finto-liberty, museo finto-neoclassico, uomini incazzati, donne belle dappertutto, case nuove che cominciano a diroccare prima di essere terminate.

Bivio. A sinistra un cartello indica un deposito di vocali e consonanti, a destra un cartello vuoto. Marian va dritto.

La strada verso Milcou è a una sola corsia, ma dopo una pericolosa *chicane* immette su una superstrada a una sola corsia.

Le auto sono giocattoli con trazione a molla o lamiere con le ruote (non sempre quattro).

Modelli mai visti, marche estinte o inesistenti.

Plastiche facciali su obsolete auto francesi e italiane.

Qualche Lada (nome russo della Fiat assemblata a Togliattigrad nella notte dei tempi), qualche Trabant, proibita persino nell'ex Germania Est perché va a piombo fuso. È cancerogena anche da ferma.

Una Tatra da collezione. Peccato non abbia gomme e cristalli (che comunque non sarebbero Swarovski).

Un'intera mucca parcheggiata sul marciapiedi.

Un bue che aspetta l'autobus sotto una pensilina di Eternit.

Sono dieci chilometri che non vedo una casa finita.

Carro di legno trainato da due cavalli: la limousine del settore ippotrainati.

Villette a pettine con distese di tetti in plastica di finte tegole prestampate rosso-ketchup.

Tegole pettinate con la riga in mezzo.

Isolati condomini per gente che dorme all'aperto.

Secondo bue che aspetta lo stesso autobus del precedente.

75 per cento di case non finite. Comincio a pensare che sia lo stile architettonico della zona.

Capre brucano vecchie contadine.

Piccole e piccolissime fattorie cupe e aguzze come decentrati ripostigli di Dracula.

Ed eccomi finalmente al centro di Milcou. Troneggia un motel di cinque piani, dei quali sei ancora in costruzione. Il tetto è pronto, il primo e il terzo piano sono franati. Il secondo è incongruamente intatto: vetri, arredamento, illuminazione accesa (è giorno), merce esposta (ma non è un motel?), alcuni televisori.

L'edificio successivo è di tre piani e sembra intatto: probabilmente è caduto il piano interrato.

Due gruppi di persone in mezzo alla strada discutono accanto a una macchina che s'è tamponata da sola. Ha il muso schiacciato ma l'auto che la precedeva non c'è. Avrà urtato un banco di bassa pressione...

Le persone più serene sembrano essere gli animali.

Un pick-up finto-Peugeot trasporta un placido bue nel cassone in legno. Buoi, cavalli e cani pensano solo a dormire e a stare in equilibrio in caso di viaggi su cassoni in legno o di buffet all'aperto.

Il chilometro è inteso come un'unità di misura piuttosto elastica. Un cartello annuncia Sibiu a 81 chilometri, dopo dieci metri un altro dice 99.

Un autobus che aspetta un bue.

Bujoremi. I cartelli stradali indicano 45: non è il limite di velocità ma il numero delle macchine che passano in un mese.
Case alte un solo piano ma con il tetto che ne tiene due.
I Carpazi s'innalzano inattesi dal lago artificiale reso calmo dalla diga.
Marian non dice una parola, si vedono poche cose ma sono ore che viaggiamo.

Sul passo c'è una serie di quattro-cinque grill prefabbricati nati orfani, tutti uguali uno dietro l'altro. Capannoni impellicciati in legno con tavolini rotondi rubati da altri bar, cellophane alle finestre. Marian sceglie a colpo sicuro il Pepsi-Restaurant Terăsa, poi dice che non mangia e va in macchina a dormire.
Mi accomodo fuori, ai tavoloni con le panche di legno, la temperatura lo permette.
Il servizio è lentissimo: i camerieri si affannano per ogni dove, ma non verso il mio.
L'aglio viene servito intero, è l'odore che si taglia a fette. Obbligo di nutrizione in apnea.
A ore 2 incrocia una bellissima ragazza bionda con microgonna di jeans e scarpe da tennis Superga celesti. Dev'essere molto sicura di sé se non si cura di slanciare la gamba con ragionato uso di tacco. Occhi azzurri più chiari delle scarpe.
Il menu si apre a libretto ma propone due soli piatti: *mici* e pollo alla griglia. I *mici* hanno buon profumo ma ingredienti segreti (cioè quel poco di carne che riescono a mettere attorno all'aglio è di origini ignote). Decido per il pollo alla griglia ma un'ora dopo non ho ancora ordinato. Ancora mezz'ora e arrivano due piatti con dentro l'ordinazione di un altro tavolo: pollo alla griglia. Eccezionale. Purtroppo però il vento è girato e il mio

tavolo è diventato vittima di un'eruzione vulcanica con epicentro il barbecue di ferro arrugginito. Chiedo il conto prima di venire dichiarato area depressa.

A fine pranzo, in perfetta coerenza con il servizio più lento d'Europa, il conto non arriva. Per provocare una reazione fingo di andarmene senza pagare ma nessuno si presenta. Nessuno rincorrerà nessuno qualunque sia la cifra. Pensano che non posso pagare e che loro possono non essere pagati. *Non hai un soldo? Sappiamo cosa vuol dire.* In certe cose alcuni Paesi sono più civili di altri. Lascio una cifra a occhio, abbondando.

Scolliniamo.

Attraversiamo il râu Vidului e lì capisco che *râu* significa fiume.

Un cavallo più fermo che lento trascina faticosamente un carro con grossa turbina in ghisa.

I Carpazi s'abbassano e s'allontanano sulla destra.

Intuizione: le case sono scuse per costruire i tetti.

Alla rotonda c'è solo un'indicazione a sinistra per Făgăraș. Marian va a destra e al bivio di Voineasa prende per Brezoi. Appena arrivati a Brezoi attraversiamo il râu Lotru e un cartello annuncia che Brezoi è finito. È stato bello ma è durato poco. Sic Ford Transit Gloriam Mundi.

Il bacino della diga ora me lo trovo sulla destra.

Diminuiscono persone e cose ma aumentano macchine e animali – anche invertebrati.

62.

L'auto s'inoltrò guardinga nel centro storico di Sibiu. Non era facile districarsi fra le strade tortuose rimaste come secoli fa ad assecondare gli ingombri di case ora vuote o in rovina. Molte finestre erano sbarrate o scardinate e senza vetri, ridotte a bocche sdentate, cavità nere e saccheggiate. Alle macerie dei portali si aggiungevano rifiuti recenti. I vetri esterni infranti, le decorazioni asportate, i cornicioni cariati. Sbucando da un vicolo col selciato sconnesso l'auto s'immise con una certa difficoltà su una via larga e inaspettatamente elegante. Era via Nicole Bălcescu, e l'Împăratul Romanilor appariva al numero 4, quasi avesse deciso lui stesso il momento della propria entrata in scena.

Scesi dall'auto e m'apparve l'antico albergo. Severo e solenne, incuteva deferenza.

L'hotel migliore della città è l'espressione della gente che ci vive. Quello aveva un sapore rustico da tana del lupo. L'uso di forme opulente secondo il modello barocco non ingentiliva quel palazzone ombroso, espressione della mezza-nobiltà di campagna.

Marian scaricò la mia valigia. Rifiutò decisamente la mancia, quasi compatendomi. Mi abbracciò, risalì subito in auto e con un'affrettata retromarcia tornò da dove eravamo venuti, contromano.

Un camaleontico inserviente poltriva sul divano della hall damascato con lo stesso tessuto della giacca. Mi esaminò con espressione ottusa, poi si rassegnò a considerarmi un cliente e mi raggiunse con scarso entusiasmo. Gli consegnai valigia e computer e mi fece strada all'interno, ma al momento di varcare la soglia mi bloccai. Mi mancava il coraggio di procedere.

Al fattorino che si era fermato feci cenno di proseguire fingendo di ammirare l'arco d'ingresso che in realtà era rozzo e mal proporzionato, affiancato da due colonne sovradimensionate che nonostante la rastremazione restavano tarchiate come vecchie botti.

Mi sforzai di non cedere a me stesso, alle fissazioni, alle impressioni comunicate dalle case e dalle cose che nascondono, da ciò che i muri possono imprigionare o liberare.

Del portale d'ingresso mi opprimeva l'ottuso sfarzo montanaro. Le mura esterne sovradimensionate dall'imperizia del capomastro ricordavano un carcere più che un luogo di accoglienza. Per questo motivo già dal secondo piano la facciata rientrava scompostamente di quasi mezzo metro per non crollare sotto il proprio peso. Era una misura strana, non abbastanza ridotta da camuffarla con uno stucco decorativo né sufficientemente larga per ricavarci un balconcino.

Stavo entrando in un film di Murnau. Sorrisi a quel pensiero come fosse il commento di qualcun altro. "Ci scherzeremo con gli altri quando saranno qui" pensai.

Sopra l'arco d'ingresso era inciso l'anno di costruzione: 1555. La data era stata delicatamente calcata da una mano pesante con una tinta scura per evitare che passasse inosservata. Precauzione eccessiva: nulla poteva passare inosservato, in quel posto.

Mi tornò all'orecchio la voce del pianista di Budapest. *Non vada dove le dicono di andare. Non deve accettare.*

Fui pervaso da un indecifrabile sgomento. Quanti viaggiatori passavano di qui e per andare dove, per giustificare un albergo, nel 1555? E perché dovevo entrarci io se non mi andava?

Mi avviai verso Piața Mare che è a due passi.

Anche stavolta avrei fatto la scelta sbagliata?

63.

Le case in legno scuro e calce bianca e i muri spessi con le finestre microscopiche per difendersi dal freddo non erano una novità, ma per Sibiu, *una delle più belle città sassoni, situata al centro della Transilvania e costruita con strade e colori tipici della zona*, non ero pronto.
Mi sentii subito circondato da sguardi cattivi.
I tetti s'inseguivano senza interruzione coprendo la piazza circolare come una spolverata di zucchero su una ciambella. Le finestrelle erano occhi, con le tegole disposte in modo da formare una palpebra per spaventare gli spiriti maligni e tenerli lontani. Spiavano anche me da quegli abbaini a forma di occhio.
Erano disposti su file sovrapposte, quegli occhi severi, e gli edifici più larghi ne avevano quattro in quella più bassa a scalare fino a uno solo al culmine del tetto. Non era possibile dimenticarne la presenza e in poco tempo diventavano inquietanti. Volevano incutere paura e soggezione e per quanto mi riguarda ci riuscivano in pieno.

Piaţa Mare è un grande quadrato chiuso da case su tre lati e mezzo. Anche qui i tetti erano spesso più alti delle case. Alle mie spalle un'enorme costruzione grigia aveva due soli piani di finestrine e tre di tetto, la cui inclinazione aumentava verso la sommità. Alla mia sinistra il museo Brukenthal. Sul lato opposto, di profilo, la chiesa cattolica. Un campanile allungato spunta da

Piaţa Huet, alla quale si accede attraverso l'arco carrabile della Torre del Consiglio con l'ogiva verde scuro e il lungo puntale che la separa dal palazzo del Comune. Appartiene alla chiesa evangelica costruita fra il 1300 e i primi anni del Cinquecento quando fu rovinata da chi l'aveva voluta goticizzare. All'interno ci sono raccapriccianti monumenti funebri barocchi e un immenso organo la cui lugubre solennità incute e risveglia dimenticate soggezioni. Dietro l'organo, protetto da un recinto nero, è sepolto il padre di Dracula, il principe Mihnea Vodăcel Rău detto il Cattivo. Fu proditoriamente assassinato davanti alla chiesa, alla fine della messa.

Se il più cattivo andava a messa, chi l'ha ucciso dove andava?

Per rientrare dovevo attraversare di nuovo Piaţa Mare. Medioevo puro, cupo e introverso, i cui impenetrabili simboli si rincorrevano in ogni fregio per rinnovare antiche superstizioni.

Gli edifici storici, quelli diroccati e i nuovi non differivano tra loro, avevano tutti una smania di crescere verso l'alto ma in modo contorto e faticoso, mai leggero né elegante. Esprimevano un virtuosismo triste e innaturale, da imbalsamatore. Ribadivano l'esercizio ripetitivo di un orologiaio bavoso o di qualche capricciosa creatura dei boschi. La fantasia s'era sbizzarrita solo nei tetti con decorazioni geometriche e piccole variazioni nelle palpebre.

Non me li toglievo dalla testa, anche perché stavano *sopra* la mia testa. Gli occhi mi guardavano minacciosi, ce n'erano ovunque, organizzati in un sistema di controllo visivo senza zone cieche, conoscevano di me segreti che non confidavo neppure a me stesso.

Qui c'è gente che sa, è meglio se te ne vai, mi dicevano apertamente. Altri e più coraggiosi di te abbiamo scacciato.

Il portone dell'Împăratul, nero e cupo come quello della casa in Moldavia, mi spingeva chiaramente a starne fuori. All'interno l'addetto ai bagagli mi aspettava scocciato.

Entrai. Non volevo ammettere di sentire il Male in quell'edificio.

64.

Alla reception c'era l'uomo più lento dell'Est Europeo. La targhetta sulla giacca diceva Corneliu Prumboiu. Si accaniva a soffiare sul mio passaporto per controllare eventuali pagine in più, mancanti, incollate o segrete. Scannerizzava amorevolmente ogni graffio, analizzava ogni piccolo insulto del tempo a caccia della minima irregolarità. La coda procedeva lentissima nonostante ci fossi solo io. L'attesa m'infastidiva ma mi faceva anche sentire importante. Scoprirsi pericolosi dona sempre una sensazione di potenza.

Presi la mia agendina che aveva assunto la forma della chiappa. Si aprì per caso a un pagina di maggio dove una sera al bar di via del Tritone Enikö aveva scritto per me l'alfabeto ungherese.

In quel momento entrò una ragazza molto carina. Soprabito bianco stretto in vita, calze ambrate, scarpe leggere e aperte, rosse, col tacco sottile. Notai due anellini d'argento al secondo e terzo dito dei piedi. Vezzosi. "Se è una turista la invito a cena" pensai. La ragazza passò accanto al bancone e si infilò nella porticina riservata al personale. Non era una turista, ma forse era meglio. I nostri sguardi si incrociarono per un istante ed ebbi l'impressione che non fosse per caso. Mi fece un cenno come a suggerirmi di andare via.

Ero appena entrato e avevo già le visioni.

Però aveva gli occhi spaventati, questo è sicuro.

Il bradipo aveva terminato il controllo. Quasi speravo che mi facesse dei problemi, così me ne sarei andato senza aspettare altri segnali. Invece Prumboiu mi restituì il passaporto, ammettendomi nel ristretto numero dei privilegiati che avevano il diritto, pagando, di soggiornare lì.

«Arriva in anticipo» disse.

«Perché?»

«Tutti altri di cinema...» Fece un cenno che non rientra nel nostro modo di comunicare.

«Ritardano?»

«Sì.» Sorrise, incredulo che avessi capito. Aveva sottovalutato uno dei due.

«E quando arrivano?»

«Muratori imbianca pareti delle scale» cambiò argomento.

«Facciano pure: non dormo sulle scale. Avete una stanza per quelli che arrivano in anticipo?»

«Sì.» Controllò sul registro. «Signor...?»

Lo guardai come in uno sketch.

«Francesco Salvi.»

«Sì» mi confermò, nel caso avessi qualche dubbio.

Mi voltò le spalle e si concentrò sulla rastrelliera delle chiavi girandosi ogni tanto a controllare il registro. Finalmente appoggiò la 216 sul banco.

«Non salire subito. Non ancora è pronta.»

Ringraziai e schizzai su per le scale.

«No scale, ascensore!»

Con la coda dell'occhio vidi che sollevava la cornetta allarmato e componeva un numero. "Chi chiama, la polizia?", ridevo da solo.

Avrei fatto meglio a ridere un po' meno.

65.

Salii i gradini a tre per tre. La prima rampa era stata intonacata da poco ed emanava forte odore di smalto. Là lo usano per intonacare. Smalto nero.
In più tratti mancava lo zoccolino cremisi che nelle altre zone raccordava la pietra grigia dei gradini alle pareti.
Raggiunsi il corridoio del primo piano. Gli operai erano in pausa e gli attrezzi riposavano appoggiati alle pareti di calce bianchissima. Sacchi di cemento, catini, spazzoloni, pennelli, scale a fisarmonica, rotoli di tappezzeria. Nonostante i lavori in corso l'ambiente era ordinato, la passatoia inalterata e senza impronte.
"Se vengono da noi rovinano il mercato" pensai.

Il secondo piano era il mio. La moquette un tempo rosso imperiale era ridotta a un rosa *gengiva-di-vedova* sotto una mano di grigio. La tappezzeria di carta andante con brio ne riprendeva i toni in finto-classico. Ai lati sedie da ospedale in alluminio sagomato anni Sessanta con imbottitura rifatta in similpelle. Tavolini ovali stile mai-esistito con impellicciatura obbligatoriamente scollata. Ciondolanti appliques alle pareti, con ai lati gocce di vetro in cristalli di plastica accanto a specchi ovali con una pennellata di minio insufficiente a coprirne la superficie opaca o forse solo impolverata. Sconcertanti quadretti a olio intervallavano in modo regolare paesaggi di ispirazione alpestre (se le macchie bianche erano capre). Erano senz'altro opera di qualche artista locale, internato prima o immediatamente dopo – ma più probabilmente durante – l'esecuzione dell'opera stessa. Quella doveva essere la Moldavia e così era, il desiderio di bellezza frustrato da secoli di oppressione del gusto oltre che della libertà, cosa assai più grave perché l'esistenza della seconda avrebbe impedito l'estinzione del primo. Sentii un moto di empatia per quella gente che sarebbe entrata in Europa in ritardo ma facendo meno danni di noi.

Nel mio corridoio non passava nessuno da un bel pezzo perché la polvere aveva avuto il tempo di stendere ovunque il suo velo scuro e compatto. Solenni lampadari in cristallo scandivano il corridoio in lunghezza imbuiandosi progressivamente fino a scomparire. Alle pareti i ritratti degli antenati s'inseguivano, facce e colori uguali, espressioni severe. Indossavano gli abiti della festa seguendo l'avvicendarsi delle generazioni o l'allargarsi del girovita. La serie di volti montanari torvi e pieni di salute si prolungava monotona. Su ogni ritratto la stessa luce ambrata in una dissolvenza crepuscolare e altera come Malastrana a Praga, con i vicoli medievali che scompaiono sotto i piedi se provi a districarne il percorso.

Ancora non lo sapevo ma su quelle scale non avrei mai incontrato anima vita.

66.

La 216 era la terza a sinistra dopo l'angolo in fondo al corridoio. Infilai la chiave. Non girava. Il meccanismo era al contrario, per aprire si doveva ruotare in senso antiorario. Ruotò in senso antiorario. La chiave girava. Entrai. Alla finestra spalancata vidi una persona con un telescopio. Mi dava le spalle e non si accorse di me. Era un uomo anziano in canottiera e mutande. Aveva capelli folti e bianchi e portava ingombranti cuffie alle orecchie, bianche come il telescopio. Mulinava ritmicamente braccia e gambe in modo rigido e plateale come una specie di ballo senza musica né senso. Ripeteva i gesti ciclicamente, inspirando ed espirando con forza. All'improvviso si fermò e s'incurvò sul telescopio, bellissimo e nuovo, piuttosto corto ma di notevole diametro, puntato in alto attraverso i vetri aperti. Si staccò dall'oculare, annotò qualcosa su un blocchetto poi riprese a osservare. Ripeté l'operazione più volte finché mi vide e fece un salto che quasi ci restava.

Mi venne istintivo scusarmi. Ridicolo: la stanza era mia!

Notai le spesse sopracciglia bianche e i baffetti alla Errol Flynn che gli davano un'aria simpatica.

Non si mosse di un passo ma s'irrigidì e mi rivolse la parola in italiano con un accento fra tedesco e inglese.

«Mi scusi, io mi... Stavo...»

Era esattamente imbarazzato.

«Ma non mi sono ancora... Jospeh Zacharias Nyby.» Mi porse la mano. «Sono americano. Virginia. Fino a questa mattina stavo in questa stanza, poi mi hanno messo al piano di sopra. In realtà loro vogliono che vado via ma io resto. Non sapevo che ero così in ritardo!»

Infilò un accappatoio bianco con lo stemma dell'albergo e ripiegò nervosamente il telescopio rischiando di danneggiarlo.

«Faccia con comodo.»

Probabilmente indovinò un interrogativo nei miei occhi perché si affrettò a spiegare.

«È la ginnastica Mueller. Va fatta la mattina davanti alla finestra aperta. Per i polmoni. La pratico da quando ero ragazzo. Mi deve scusare...»

«Niente.»

«Vado.»

Si avviò alla porta

«Faccio *birdwatching*, conosce?» si giustificò indicando l'apparecchio. «Come posso scusarmi...»

«Non si preoccupi.»

«Posso offrirle qualcosa. Metto questo via e l'aspetto giù al bar, d'accordo?»

«Sono molto stanco, vorrei...»

«Sono stato così maleducato. La prego. Cinque minuti.»

«Be', grazie, allora.»

«Grazie, allora. La aspetto giù al bar qui dentro in albergo. Mezz'ora va bene?»

Chiusi la doppia finestra. Pesava come un campanile in un giorno di festa e dava su una strada secondaria. Il davanzale mi arrivava al mento e per affacciarmi dovetti saltare facendo leva sui gomiti. Guardai giù. Non ne valeva lo sforzo. La casa di fronte era disabitata. Solo sulla strada un negozio di occhiali che pareva uscito da *Le Botteghe Color Cannella* di Bruno Schulz.

Ho visto negozi di questo tipo a Bucarest, in vie parallele alle spaziose arterie del centro. Un solo occhio di bottega diviso fra porta e vetrina, vetri smerigliati da polvere centenaria con il nome del titolare pennellato a smalto con effetto rilievo. Nella vetrina di metri quadrati 1 scarso, sopra un'enclave di moquette tristemente verde, si esibivano tre paia di occhiali su un piccolo podio da medaglie di bronzo senza vincitori. Le lenti degli occhiali erano smerigliate da un altro tipo di polvere più terrosa e sporca anche se forse meno tenace. Erano premontate e l'eventuale cliente doveva mancare delle medesime diottrie o adattare i propri occhi a quelle degli occhiali. Un paio aveva la montatura, verde, legata alla lente con un piccolo elastico giallo. Un cartello avvertiva:

ANCHE IN AFFITTO

L'edificio era costituito di quattro piani ed era vuoto dal secondo in su. Alle finestre mancavano i vetri e spesso anche i telai. Orbite vuote che non avevano niente da guardare, una serie di Polifemi affiancati. Il tetto contava meno tegole che assi ma dalle poche rimaste s'intuiva il primitivo disegno a losanghe di tre colori: indaco rosa e cremisi. Dalla grondaia sporgeva un lucernario ovale decorato da quello che un tempo era stato un fregio, ormai indecifrabile.

La mia stanza era alta il doppio e larga la metà di una camera normale. Era strettissima e soppalcata. La prima zona era un finto corridoio che tre metri dopo s'infrangeva contro la finestra stretta e altissima, dovendo illuminare anche il soppalco. Ne risultava che la maniglia era troppo in alto per la parte di sotto e troppo in basso per la scala che portava su. Per manovrarla si doveva salire tre gradini e compiere un'acrobazia. Per quanto mi riguarda mi issavo facendo leva sulla manopola del mancorrente col piede destro, restavo un istante sospeso nell'aria e planavo con la mano sinistra sul telaio della finestra. Da quella posizione aprivo un'anta ruotando la maniglia con la destra. Appoggiavo il piede sinistro sul calorifero sottostante e mi calavo sul pavimento. Volevo molto bene alla mia stanza, nata corridoio e trasformata in sottoscala di se stessa.

Il letto era di sopra e il televisore di sotto, perciò era impossibile guardare la tv a letto. Mi sarei dovuto addormentare a martellate. Nessuna possibilità di impianto volante, nessuna presa di corrente, e un'eventuale prolunga sarebbe stata inutile perché il soppalco *era* il letto, che confinava su ogni lato con il muro e il secondo gradino della scala.

Il tavolino, troppo piccolo per scrivere, disegnare o appoggiare qualunque cosa, reggeva a stento se stesso.

Spalancai la finestra perché nonostante la stagione il riscaldamento era al massimo. Durante la mia permanenza avrei ripetuto l'operazione più volte al giorno perché il personale, pensando a una mia dimenticanza, la chiudeva in continuazione. Spiegai che non si trattava di una dimenticanza: preferivo lasciarla aperta. Mi spiegarono che non si trattava di una dimenticanza: preferivano lasciare sempre il riscaldamento acceso perché d'inverno fa troppo freddo e non basta la poca estate per asciugare i muri.

Il frigobar doveva essere pieno secondo il bradipo: infatti era pieno. Di ghiaccio.

Telefonai per farmi portare qualcosa da bere ma l'apparecchio della stanza non funzionava.

Sarei sceso a prendere qualche bottiglia di minerale ma non prima di una bella doccia. Buttai il bagaglio in un angolo e mi spogliai. Mezz'ora, aveva detto l'americano.

Sarebbe stata la mezz'ora più lunga della mia vita.

67.

Percorrevo nuovamente il corridoio ma questa volta mi sembrava più stretto e profondo. In quel momento saltò la luce ed entrò in funzione l'impianto di emergenza. Forse era meglio il buio, visto l'effetto della luce innaturale sul soffitto troppo alto.

La svolta, che ricordavo molto vicina, si perdeva nell'oscurità. Le grevi decorazioni a stucco si intuivano vagamente ma gettavano ombre grottesche e poco rassicuranti. Mentre avanzavo l'oscurità aumentava di peso e la temperatura diminuiva. Dopo qualche passo già rimpiangevo l'ascensore e il dominio delle gambe perdeva autorità. Basta un semplice calo di luce a deformare un innocuo corridoio in un sentiero tortuoso che scompare nel buio di un bosco terrificante. Quali paure ci portiamo dietro, pronte a scavalcarci e a prevalere sulla ragione che al minimo pericolo batte in ritirata? Con quali artifici le nascondiamo dentro di noi perché non esplodano come tappi di champagne rinnovando tutto ciò che vorremmo dimenticare?

La parete di fondo pareva allontanarsi a ogni passo. Ero in pieno attacco parossistico di cappuccettorossismo.

Mi fermai, presi un profondo respiro e mi costrinsi a percorrere il tunnel *con piccoli passi di bimbo* – come dicevano in un film – uno per volta, un piede davanti all'altro come in un esercizio di rieducazione psicomotoria. Cercavo di razionalizzare il contesto e controllare le mie reazioni. Non accettavo l'idea di essere tanto impressionabile ma non c'era niente da fare. Una decisa percezione di pericolo mi avvertiva di non infilarmi in un budello senza uscita ove le convenzioni della logica comune traballavano. Poteva accadere qualunque cosa in quell'indecifrabile collezione di ombre acute.

In questa parte del corridoio c'erano camere anche sulla destra. La parete opposta rimbalzava di specchi ovali e quadri scurissimi nei quali le poche pennellate di rosso e blu nobiliare e dei rosa rari e delicati come zaffiri si perdevano nel nero di fondo della tela ,che dominava per forza o durezza o per la poca maestria dell'artista. L'inquietante serie di quadri tutti uguali perpetuava quella dinastia di nobili di montagna troppo rozzi e gozzuti per non esseri imparentati e a distanziare un quadro dall'altro s'intrometteva inclinato in avanti un portabandiera. Ogni portabandiera reggeva una bandiera, nessuno escluso: metodo e ordine austro-ungarico su stemmi e colori cupi tipicamente transilvani.

In prossimità dell'angolo che spezzava il corridoio c'erano due suite comunicanti che prima non avevo notato. Le porte erano aperte, la stanza disfatta e un ammasso di lenzuolità matrimoniali bianchissime sul pavimento, lasciate a prendere aria dalle cameriere, attiravano l'attenzione in contrasto con il nero della moquette.
Mi fermai pensando alla parola *lenzuolità*. Sorrisi. Era un sorriso di superiorità per come lo intende Freud e me lo godevo.
Buttai l'occhio all'interno. Le stanze erano molto eleganti, soprattutto a paragone del loculo che mi avevano affibbiato. Bussai.
«Permesso, c'è nessuno?»
Mi sporsi dalla soglia. Entrai. A sinistra c'era il bagno. Piastrelle candide, grandi, massiccio lavandino quadrato. Ceramica bianca e tubi in acciaio, esaltazione dell'igiene. Uno specchio enorme occupava l'intera parete. I portasciugamani in serpentine di ghisa smaltata con acqua calda all'interno andavano dal pavimento al soffitto come i termosifoni i quali (tra parentesi)

erano due ed enormi. C'era una bella Jacuzzi in smalto bianco, con l'aggiunta di piedini a zampa di leone con artigli maniacalmente dettagliati.

E me mi fanno stare nel loculo.

Adesso chiamo Borthé e mi faccio spostare qui. Non dovrebbero esserci problemi, l'albergo è semivuoto e se non ci fosse la nostra troupe non sarebbe nemmeno aperto.

Armadio a muro nel breve corridoio, salottino comunicante con la suite adiacente. La parete faceva angolo con una grande finestrata sulla via principale, il letto...

Fu mentre raggiungevo il telefono che vidi i piedi nudi sporgere dal letto.

68.

I piedi avevano una postura innaturale, paralleli e all'insù come se la persona si fosse messa sull'attenti sdraiata sulla schiena. Il primo pensiero fu di gratitudine a quel sonno tanto profondo che mi evitava una figuraccia dandomi il tempo di andarmene inosservato. Un istante dopo mi chiesi com'era possibile che quello dormisse con la porta aperta. Poi un terzo pensiero, poi un quarto e poi una marea di congetture in rapida successione mi affollarono il cervello come se di colpo avessi spalancato il vaso di Pandora delle ipotesi. Erano tutti pensieri logici e consequenziali ma si accavallavano a tale velocità da apparirmi nello stesso istante l'uno riflesso nell'altro come quando ci si trova fra due specchi e si vede una serie di noi stessi che si estende all'infinito. La scarica di adrenalina rendeva i colori più veri del vero e incredibilmente brillanti e prima ancora di muovere un passo realizzai che non ero il primo a vedere quei piedi. Qualcuno mi aveva preceduto: il finestrone che dava sulla balconata era chiuso e la sbarra di legno abbassata, le lenzuola erano sfatte e ammucchiate nella suite attigua ma non in questa, la porta era stata forzata, la serratura divelta, mancava la maniglia esterna, l'armadio di fianco alla grande finestra aveva le ante spalancate ma certo non era stata una cameriera perché gli abiti erano sparsi sul pavimento e i pochi rimasti sulle grucce erano in disordine. Oltre l'arco, nella parete di destra si vedeva il tavolo rovesciato del salottino, la specchiera in bilico su una poltrona aveva lasciato la sua sagoma chiara sul muro. Un grande ritratto scuro era stato tagliato profondo per tutta la diagonale e gli era stato appiccato fuoco.

In preda a quella lucida confusione mentale stavo pensando come fosse possibile che non avessi notato nulla fino a quel momento, quando venni attratto da una macchia rosso abbagliante e istintivamente guardai in quella direzione.

Sarebbe stato meglio non farlo.

69.

Doveva essere trascorso un bel pezzo e giacevo su un fondo freddo, le spalle appoggiate a una parete umida. Qualcuno mi pugnalava alla schiena con forza, metodicamente. Comunque mi girassi ero scomodissimo. Quando aprii gli occhi l'oscurità gelatinosa e consistente che mi circondava non se ne andò. Agitavo le braccia in varie direzioni ma non distinguevo alcun particolare, il mondo restava uniformemente grigio e vuoto. Riconobbi che il pavimento era unto e avevo la schiena legata contro quegli spigoli a ferirmi. Cambiai postura per quanto possibile ma senza trarne giovamento. Gli spigoli aumentarono di numero ma diminuirono d'intensità. Rotolii sommessi e piccoli scarti mi facevano pensare a schifose unghiette di insetti ripugnanti. Una poderosa goccia d'acqua cadeva rumorosamente al centro di una caverna che ne amplificava il suono. Era alla mia destra e batteva il tempo come un metronomo.
Tchà-k.
Tchà-k.
Tchà-k.

Lentamente giunsi a distinguere (o a inventare) gli angoli interni di una cella umida e opprimente. Un cubicolo grigio dalle pareti unte.
Mi ci volle qualche minuto ma finalmente decifrai nel buio una figura nera, nerissima, più nera del buio sul cui fondo ora

si stagliava. Era un puma, accovacciato, pronto all'attacco. La mia voce ebbe un contraccolpo e si precipitò giù per la gola. Mi sentii ghiacciare all'istante, le unghie mi saltarono per il freddo e ingoiai il mio stesso respiro. Cercai di gridare ma emisi un rutto enorme.

Poi lento, il corpo cominciò a muoversi a piccoli scatti, molto rozzamente. Alzò il muso verso di me. In quel momento capii che era un uomo. Stava seduto su una panca avvolto in una tunica nera che toccava terra.

C'era anche un'altra ombra alla mia destra, che non riuscivo a distinguere. Comunque girassi la testa mi seguiva. Istintivamente mi toccai il naso: non era un'ombra ma un doloroso gonfiore provocato dall'impatto con la porta della mia camera che mi copriva buona parte della visuale.

«Pope» disse l'ombra. Da quanto tempo stava così, immobile e senza fare il minimo rumore?

«Eh?»

Non mi sembrava di avere parlato.

«Attore» dissi.

«Pope.»

Non so da dove sfoderò il grosso crocefisso ma all'improvviso lo brandì a due mani davanti a me. "Abituàti a dover praticare la propria fede di nascosto sono diventati abilissimi nel celare i propri segni di culto" pensai.

«Sono mica un vampiro!» (D'altronde dove, se non qui?) Cercai di sorridere.

Si portò il crocefisso alle labbra, lo baciò e ne fece nuovamente scudo contro di me. Ripeté il gesto per tre volte.

Dovevo essere conciato proprio male.

Allargò le braccia in un gesto che poteva voler dire qualunque cosa. Mi feci il segno della croce. Il pope lo ripeté nel senso inverso e restò a fissarmi.

Aspettavo una parola, una spiegazione, delle scuse. Non arrivò nulla.

«Sono un attore italiano. Forse le è capitato di vedermi... se guarda la televisione.» Non era il mio pubblico. «Siamo qui per un film di produzione italo-romena, risiedo all'Împăratul Romanilor, i documenti non li ho addosso ma li trovate nella mia stanza e vorrei sapere perché sono stato sbattuto in questa... cos'è, una cella? Lei sa qualcosa? Perché è qui? Ha fatto qualcosa anche lei?»

Silenzio.

«È qui per me?»

Silenzio.

«Se sa qualcosa me lo dice, vero?»

Silenzio.

Il pope mi fissava. Non pregava nemmeno. Lo guardai. Mi guardò.

Distolsi lo guardo perché mi veniva da ridere (una reazione nervosa).

Dissi una cosa a caso, per vedere come reagiva.

«Bekafka?»

Non fece una piega. Peccato, avrei voluto sapere cosa avevo detto.

«Do you speak English?»

Il pope saltò in piedi incazzatissimo, aveva le labbra bianche. Si sbracciava come un ossesso tracimando una mitragliata di parole che finivano in *-ul*, *-j*, *-anilor* e *-anàssi* indicando le mie mani. Capì che si riferiva al segno della croce che avevo appena fatto. "Non è un prete ortodosso, è un militante stalinista invasato travestito da pope che adesso mi fa un culo a campanile" pensai, ma invece quello insisteva a indicare le mie mani perché rifacessi i gesti di poco prima. Con estrema cautela portai nuovamente la mano destra alla fronte per un nuovo segno della croce, ma mentre la spostavo a sinistra verso il cuore mi dette una spinta violenta che mi mandò lungo disteso e urlò:

«Catòlico!».

Girò su stesso con la velocità di una trottola e, sempre urlando, prese a pugni una porta di legno bassa e robusta che notai allora per la prima volta. Al di là di essa rumori di passi che s'avvicinavano, cozzi di metallo, schiamazzi di voci non educate al canto. La porticina si aprì, il pope si dovette abbassare per uscire e nel farlo compì un'armoniosa rotazione sul torso, mi lanciò un'occhiata di disprezzo e nello stesso momento sputò per terra un orrido iguana di muco e tabacco conservato per le grandi occasioni.

"Dove aveva preso una cosa così schifosa? Abituàti a dover praticare la propria fede di nascosto per generazioni erano ormai abilissimi nel celare i propri segni di disprezzo" pensai.

La portaccia logora venne sbattuta con un impeto ben al di là del perdonabile e io rimasi solo in quella che ormai era innegabilmente una cella. Quella porta era l'unico vero pezzo d'antiquariato in tutta Sibiu.

Porte così s'incontrano solo nei sogni. Hanno unicamente una facciata che serve per sbattertela in faccia quando cerchi di scappare.

Io non cercavo una fuga, ma l'isolamento in cui mi precipitò il suo sbattere volgare e punitivo aveva la profondità di un sepolcro.

Aprivo e chiudevo gli occhi senza risultato, l'inutilità del movimento era tale da rendere inservibili anche gli altri sensi. Ero proiettato completamente all'esterno, alla ricerca di una minima traccia di luce, e al tempo stesso scivolavo lungo una china irrimediabile e senza fondo.

Ebbi la certezza di svenire.

70.

Infatti svenni e mi ripresi più volte finendo col perdere la cognizione del tempo. Veglia, sonno e sogno erano variazioni minime di coscienza: a occhi chiusi vedevo forme, oggetti e persone, li spalancavo ed ero perso nel buio o abbagliato da una luce bianca tanto forte da cancellare ogni senso di tridimensionalità. Svenivo e sognavo di me microscopico nel corridoio dell'Împăratul Romanilor ingigantito a dimensioni da cattedrale gotica. Mi svegliavo di soprassalto, terrorizzato. Sbattevo gli occhi ma non capivo dove mi trovassi, annegato nel buio. Dall'incubo una musica dolcissima mi inseguiva anche dopo essermi ridestato. Era l'adagio dello *Xerxes* di Händel, bello e malinconico. Mi girava in testa e mi calmava, suonava per impedire che impazzissi.

Nella suite 114 avevo visto qualcosa che mi aveva bloccato con violenza tale da provocarmi un crampo fra le palle e il buco del culo. Un paio di piedi nudi stesi su un grande letto matrimoniale. Un tuffo al cuore, credo di aver mormorato uno "scusi" o qualcosa di simile e mi ero messo a correre tanto da sentire il vento nelle orecchie la valigia svolazzava sul pavimento come un mantello strisciavo la schiena contro le porte di smalto bianco rinfrescate da poco con altre pennellate di smalto bianco che con il tempo erano diventate più scure del colore originale ("come può la seconda mano di smalto essere più vecchia della prima?") il corridoio una foresta piena di alberi bassi rovi e cespugli di more fino alla mia stanza che si spostava più in là di una porta a ogni porta che mi lasciavo alle spalle.

Era sempre la stessa porta con lo stesso numero 114 che era il numero della suite e non il mio che era il 216 ma che non arrivava mai. Non solo non arrivava mai il 216 ma soprattutto mi terrorizzava il fatto che mi ritrovavo costantemente a una sola porta di distanza dalla 114. Inoltre dal fondo del corridoio dal quale ero arrivato si avvicinavano un tramestio e passi pesanti accompagnati da un vociare compresso e concitato.

Quando rientrai in me – ma non so se ero svenuto per davvero – mi trovavo di nuovo accanto alla camera 114 al momento in cui avevo sentito le gambe irrigidirsi. I tendini si tendevano, i legamenti legamentavano, soprattutto l'anteriore per impedirmi di anteriorarmi. Non riuscivo a procedere e tentavo di ridere alle assurdità che dicevo per vincere il nodo alla gola... Qualcosa mi tratteneva e mi tirava indietro, forse un bidello che voleva impedirmi di mettermi nei guai. Mi voltai e scoprii che m'era stato assicurato alla vita un elastico da allenamento rosso-mattone marca Everlast. Era come una cintura che più spingevo e più resisteva, come la poltrona rieducativa Orthotronic utilizzata per recuperare il vasto mediale dopo un'operazione ai tendini del ginocchio. La forza che mi tirava indietro non era fisica bensì la curiosità invincibile e insopportabile della paura.
Ecco come mi sentivo e cosa pensavo, in quali pastoie affondavo, mentre mi domandavo se fossi ancora svenuto oppure no.

All'improvviso ricordai. Stavo infilando la chiave nella porta della mia stanza. Ero molto confuso e mi pareva di ricordare cose che non avevo ancora fatto. Avevo azzeccato la serratura al primo tentativo, guidato da un istinto quasi medianico, ma in modo altrettanto incredibile la chiave non girava! O avevo sbagliato chiave (non io, in realtà, ma quel cretino dal portiere che aveva esaurito la propria intelligenza nel copiare i dati del passaporto) oppure non era la stanza 216 {[Guardai spiritato il numero della camera: era la 216! (Non so come potessi capire di avere lo sguardo spiritato ma ricordo di averlo pensato)]. Avevo buttato via la mia unica via di fuga e consolava poco sapere che non era colpa mia.} Rumori e voci incombevano. Gli ordini erano impartiti con autorità ma cercando di soffocarne il volume. Scandivano il tempo e i secondi, che ticchettavano pigri e metallici come nelle vecchie sveglie di campagna che nel silenzio della notte diventavano assordanti. Qui è successo qualcosa. "Forse un furto! Il derubato ha dato l'allarme e adesso cercano il ladro. Crederanno mica che sono io?" pensavo pur sapendo benissimo cos'era successo – forse volevo consolarmi raccontandomi un'altra storia. Pensavo in modo incoerente ma ero tranquillissimo nonostante fossi uno straniero che forzava la serratura di una camera in prossimità di un omicidio. Decisi di uscire allo scoperto perché non avendo fatto niente di male non avevo nulla da temere né da nascondere e la verità sarebbe venuta a galla anche in Romania e così mi alzai dalla poltrona accanto al televisore, presi la chiave sul tavolino rotondo e raggiunsi la porta. La chiave però girava solo in senso antiorario, così invece di chiudere stavo aprendo. Smisi di forzare inutilmente e in quel momento la porta si aprì. Uscii a controllare la chiave col numero sulla piastra d'ottone con inciso il monogramma dell'Împăratul Romanilor: erano 216 tutt'e due. Corsi disperato, arrivavo dalla suite del cadavere ma questa volta riuscivo a entrare nella mia stanza e non mi aveva visto nessuno. Dalla scoperta del corpo erano trascorsi sì e no un paio di secondi. La stanza era più squallida e angusta del solito, troppo alta ma più stretta della porta che si apriva nello stesso verso di quella del bagno, contro la quale andò a sbattere con un urto violento. Ecco, ora che ci ripensavo forse era stato quel colpo a tradirmi, ma in camera propria ognuno può fare tutti i rumori che vuole (entro limiti che non avevo certo superato), anzi questo è un punto a mio vantaggio perché dimostra che mi trovavo già in camera mia quando era accaduto il fatto – qualunque esso fosse. La moquette lurida della stanza forse era stata verde, un tempo, un verde ormai rassegnato al grigio-topo attuale. In fondo al cubicolo c'era un finestrone oblungo con i doppi vetri e l'intelaiatura troppo grossa, sormontato da un altro doppio vetro fisso di un metro e mezzo, ma il soffitto distava ancora almeno tre metri. Dimezzava lo spazio una scala a tenaglia a 60° che portava al soppalco, abbastanza alto da stare comodamente in piedi. Lo guardai da sotto cercando di capire se almeno lassù ci fosse un armadio per i vestiti. Con una piroetta all'indietro atterrai sul primo gradino della scala di legno e mi avviai a prepararmi un bagno. Avevo intenzione di addormentarmi nella vasca immerso in acqua calda e schiuma e svegliarmi solo per avvolgermi nell'accappatoio, raggiungere il soppalco e continuare a dormire a letto.

In quel momento si spalancò la porta d'ingresso e mi colpì in piena fronte. Entrò una montagna e tutto diventò nero.

71.

Dopo la botta contro la maniglia il naso aveva le dimensioni di un kingburger. Potevano essere trascorse dodici ore, magari ventiquattro, e quando finalmente riuscii a stare in piedi mi accorsi di avere scardinato il seggiolone dalle assi di legno del pavimento al quale era assicurato con robusti cunei a vite semplice, incisi a mano come nelle migliori tradizioni dei carpentieri di montagna.

Subito dopo andai a sbattere violentemente la nuca contro il soffitto. Apparvero luci gialle e blu e mi trovai all'interno di *Lucy in the Sky with Diamonds*. Strani personaggi ridevano a crepapelle mentre mi accasciavo perché la causa di quelle stelle era stata una poderosa manganellata inferta dall'alto verso il basso da uno di quelli in divisa e non dal mio presunto guizzo terra-aria alla guida dello scranno-shuttle che mi aveva vomitato gambe all'aria come l'insetto nel quale s'era risvegliato Gregor Samsa nella divertente novella di Kafka.

Relazione: una persona uccisa. Il corpo senza testa. Si tratta ovviamente di uno squilibrato, un criminale sessuale (più difficilmente un maniaco semplice). Potevano essere stati tre osceni ceffi da galera alla cui ripugnanza nemmeno la foto in ciclostile poteva offrire un alibi. Me li indicarono. Volevano farmi dire che erano loro, così chiudevano il caso.

«Vi ripeto che non li ho visti. Non c'erano intorno alla camera quando ci sono passato io.»

«Asasìn!» mi urlarono nelle orecchie. «Asasìn!»

Ripetevo sempre la stessa versione ma loro non capivano un cazzo e continuavano a gridare che *io* non capivo un cazzo.

Il regolamento carcerario vieta gli specchi nelle celle. Temono che il detenuto si possa suicidare guardandosi. È un caso raro ma può succedere se il detenuto è molto brutto. Dovevano aver pensato che fosse il mio caso.

Pestai più volte allo spioncino.
«Ho fame.»
«Domenica sera in cella niente cibo» rispose una voce sgradevole.
«Perché?»
Lo spioncino si spalancò violentemente facendo il pelo al mio naso e si riempì di una facciona da luna nuova, larga, rossa, rotonda, costellata di brufoli grassi. Non ci stava tutta nella piccola cornice.
«Perché domenica sera niente cibo!» urlò il faccione. Batté lo sportellino e inchiavardò. Sentii allontanarsi un passo strascicato.

All'improvviso partì una musica assordante contro la quale non serviva a niente tapparsi le orecchie, arrivavano getti di aria condizionata caldissima e soffocante contro la quale non serviva e niente togliersi i vestiti. Sudavo liquidi che non sapevo di possedere.
Entrò un inserviente ottuso, prese i miei abiti e se ne andò lasciando un rotolo di carta igienica per asciugarmi. Calava un buio assoluto e salivano getti di aria condizionata gelida e potentissimi che mi seguivano ovunque mi spostassi.

Non immaginavo di poter stare così male, non tanto per l'intensità ma per la stranezza del dolore al quale non ero in alcun modo preparato.

Non ricordo quando mi addormentai.

Mi svegliai. L'ambiente era di nuovo normale ma mi sentivo di cartone. Non soffrivo in modo particolare ma mi sopportavo a fatica: ero secco, rigido, rugoso e puzzavo.

Con enorme fatica drizzai le gambe ma non riuscii a mettermi in piedi. Mi forzai ad alzarmi ma forse un crampo in arrivo o la prospettiva di un nuovo dolore da aggiungere mi convinse a restare a terra. Ero lì da tutto il giorno, se era ancora lo stesso giorno, ma potevo anche esserci da ieri, per quanto ne sapevo.

Urlai.
«Ho fame!»
Un accesso di tosse mi costrinse a tacere. Cercai di stare calmo, recuperai il respiro regolare e urlai ancora.
«Cazzo, ho fame!»
«Domenica sera in cella niente cibo» rispose una voce sgradevole.
«Perché?»
«Domenica sera niente cibo!» urlò la voce.
«Ma domenica era ieri!» urlai con forza ancora maggiore.
«Oggi è domenica e sera domenica no cibo!»
Sentii allontanarsi un passo strascicato.

Era banale pensare che fosse un incubo, ma quando ci si trova in incubo niente è banale.

Di nuovo calò un buio assoluto e salirono getti di aria condizionata gelida e potentissimi. Capii che quello di prima non era un incubo: era adesso che cominciavo a sognare. Sapevo cosa sarebbe accaduto di lì a poco e non volevo che accadesse. Ero disposto a tutto pur di uscire da quell'incubo.
«Ditemi cosa devo dire e lo dico!»
Volevo solo uscire. Per la chiave di quel posto avrei firmato qualunque dichiarazione.
Lo urlai di nuovo: «Sono stato io! Son...».

Ma all'improvviso ripartì la stessa musica assordante contro la quale non serviva a niente tapparsi le orecchie né urlare, infatti urlavo con tutta la voce che tiravo fuori dalla pancia ma non riuscivo io stesso a sentirmi.

72.

L'interrogatorio fu condotto da un graduato di polizia piuttosto giovane. Sulla targhetta ricamata si leggeva Cârâc T.
«Le piace Sibiu?»
«Parla italiano, vedo. Ha lavorato in Italia?»
«Otto anni sono stato.»
«E come s'è trovato?»
«Malissimo.»
Certe domande è meglio non farle. Non aveva risposto la prima volta, perché chiederlo ancora? Colpa di tv. Cattivi presentatori sempre fanno stessa domanda due volte e a attrice straniera cosa piace di Italia pasta spaghetti pizza mandolino bèle done beli òmini (indicando loro stessi). Non parlano nessuna lingua, hanno problemi anche con l'italiano e si rifugiano nel trito e ritrito *nòjo vulevòn savuàr* e il pubblico deve ridere altrimenti non li chiamano più a fare il pubblico. Quanto bella Italia bella gente buoni noodles... Nudi?!? *Nudels*. Cos'è nudels? Ah, *Noodles*! Spaghèdi... Ah, vuoi dire *spaghetti*... e allora di' *spaghetti*, no (ho una bellissima pronuncia nella mia lingua!)? E che cos'è *nudi* (finto scandalizzato, ecco dove voleva arrivare lo sketch)? Te lo spiego dopo, ora siamo in orario protetto...
La vera ovvietà non muore mai, è ovvio.

«Mi spiace» dissi.
«Brescia. Ho fatto manovale in nero per cinque anni e poi tre

anni in regola. Andavo a cablare quartieri per Internet. Lavoravo per piccola ditta in subappalto da ditta più grossa che aveva preso tanti appalti da Telecom.»

«Ah!» esclamai per compiacerlo.

«Alice, conosce?»

«Ah...» con tono decisamente diverso, questa volta ammirato.

«Io mettevo fibre ottiche e la sera passava padroncino e prendeva il soldi.»

«Capperi! Impianti per computer, ADSL, banda larga... Dev'essere difficile!»

«Facile. Sono ingegnere elettronico. Ma qui non c'è lavoro, in Italia c'è ma non hanno voglia di lavorare. Allora chiamano extracomunitari però paura che noi ruba lavoro. Allora puoi fare solo operaio.»

«Certo che dopo aver studiato tutti quegli anni...»

«Così tornato indietro. Mia moglie mi ha lasciato...»

«In Romania?»

«In Italia.»

«Italiana?»

«Romena. S'è messa con uno della radio.»

«Di Brescia?»

Il capitano o quello che era non rispose e continuò a scorrere delle carte. Secondo alcuni un comico dev'essere per forza scemo. Si capiva benissimo che lui era di quelli. Era convinto della mia totale scemenza senza avere la minima prova. Sarebbe stato sufficiente chiedere a me, io ne avevo un sacco, ma l'interrogatorio non verteva su questo argomento.

«Lei è quello della macchina da spostare.»

Non me l'aspettavo.

«La conosce?»

«Quante serate in discoteca! Lì pieno: Dadi. Doppio Senso, XX Secolo, Genux. Biblos. Number One. Green Cadillac...»

«Conoscevo bene il Green Cadillac!»

«Lì lavorava mia moglie che ma lasciato. Scappata con un disc-jockey di Milano.»

«Ma perché non sto zitto, ogni tanto?» mi sfuggì a voce alta. Sorrise.
«Non è colpa sua. Sa come sono le donne…»
Forse lo sapevo ma nel dubbio tacqui.
Silenzio.

L'assistente aspettava davanti a una Olivetti Lettera 84 a mani sollevate come il chirurgo ne *Il medico della mutua*, che per operare aspettava dalla segretaria il cenno che l'assegno era stato firmato.
Il capo prese a dettare in romeno e si dimenticò di me.

Sollevò la cornetta e impartì qualche ordine incomprensibile.
Ripeté l'operazione più volte.
Doveva avere qualcosa di grave sulla mia deposizione.
Cercai di stemperare la tensione.
«Tiene allo Steaua?» chiesi.
«Dinamo» rispose di spalle.

Si girò verso di me con aria un po' scocciata. Senza dire una parola si portò a pochi centimetri dalla mia faccia. Con perfetta sincronia l'assistente contadino prese dal cassetto una scatola da scarpe color verde stinto e ne soffiò via la polvere. Cărăc principiò a dettare il verbale e il pianista cominciò a martellare i tasti immemori di uso e funzione con lettere da indovinare. Tutti alibi per la lentezza della scrittura. Quante generazioni di unto avevano accarezzato quei tasti per abraderli in quel modo? Forse non erano le generazioni quanto piuttosto la limitata confidenza del personale con la zona rubinetti e docce.
Il tizio che credevo fosse il primo assistente, perché era nella stanza prima di me, era stato mentalmente degradato a piantone. Stava imperterrito con le mani in posizione di attesa come per esprimere un concetto che a quel punto pareva definitivamente abbandonato.
Approfittai di una pausa per far notare la mia presenza.

«Perché mi avete arrestato?»
«C'è stato un omicidio, non se ne è accorto?»
«Non m'è ancora stata fatta nessuna accusa, ha saputo?» risposi imitando il suo tono.
«Calmo, verrà anche suo turno.»
«Non vedo nessun altro qui oltre a me.»
Mi guardò come un pesce grosso guarda un pesce piccolo che non ha fretta di mangiare.
«Perché – avete – pensato a – me» scandii.
«Lei era lì.»
«Camerieri no, eh? Entrato nessuno» insistei.
Ruotò di 180° sulla propria destra, poi ruotò di 180° a sinistra, infine ruotò completamente su se stesso tornando in posizione frontale. Doveva essere l'ora della ginnastica isocinetica.
Mi raggiunse tenendo la scatola da scarpe in mano in faccia a me e con gesto teatrale tolse il coperchio. Cosa cazzo poteva contenere di tanto misterioso?
Sentii dentro un rumore fragoroso ma lontano e dimenticato come l'esplosione in una cava a Seravezza udita da un ombrellone a Forte dei Marmi. Un pezzo di parete del mio stomaco grande come un iceberg era franato con l'apparente lentezza delle cose enormi che quando si muovono sembrano farlo al rallentatore.
«Conosce questo telefono?»
«Il mio cellulare! L'ho perso in Moldavia.»
«Ah, sì?»
«In un paesino vicino Ţipova.»
«Era nella stanza» sentenziò come una condanna.
Sbiancai.
«Le faccio portare un bicchiere d'acqua?»
«No, grazie... Avete trovato il mio cellulare!»
«Prego?»
«Il telefono.»
«Scriva» ordinò. Il contadino si preparò a dattilografare. «Il sospetto riconosce il telefono come suo.» Tornò a me.
«Lo riconosce, vero?»

«Dove?» chiesi, leggermente scoordinato.
«Lo riconosce come suo?»
«Sì.»
«Dove l'aveva perso?»
«In Moldavia.»
«Quindi lei ha perso il telefono portatile in Moldavia.»
«Sì.»
Disse qualcosa al villico che stava per venire alle mani con i tasti del computer.
«Lei l'ha perso là.»
«Cosa e dove?»
«Nella stanza del cadavere.»
«Ma le dico di no.»
«Il telefono è suo ed era in camera.»
«Questa è una logica da gommista. Io l'ho perso in Moldavia.»
«Quale Moldavia?»
«...»
«Moldavia-regione romena o Moldavia-Stato indipendente?»
«Stavo andando al monastero di Ţipova.»
«E com'è che l'abbiamo trovato in camera?»

Stavo naufragando. Sentivo l'acqua salata in bocca. Erano gocce di sudore – era ancora estate –, quando escono a curiosare scivolano giù negli angoli della bocca. Sale, mare. Beccheggio. Boccheggio. Rumori sinistri nella testa, la realtà non è mai stata così precaria, l'impalcatura sta cedendo. Il ponte della nave scricchiola, tenetevi stretti. I topi si sono già tuffati in mare e io sono l'ultimo di loro a essere ancora qui. Il cellulare perso in Moldavia viene ritrovato nella stanza e questo fatto mi manda nel panico più dell'assassinio perché non so dare spiegazioni. Mi seguivano da allora! Ma chi e perché? Non è possibile. Il film non si fa. Nessuno che mi può assistere. Di solito a questo punto ci si sveglia e ci si fa due risate quando si racconta il sogno al bar.

Nessuno di noi stava sognando.
«Lei è l'ultimo che ha visto viva la vittima.»
«Era ancora vivo?»

«Perché, le dispiace?»
«Non lo conosco e non l'ho neanche visto tutto.»
«Cioè?»
«Ho visto solo i piedi e un pezzo di gamba.»
«Conosce qualcuno in Romania?»
«Nessuno, nemmeno in parte.»
«Cosa intende?»
«Che non conosco persone intere né pezzi di gambe o piedi isolati.»
Il romeno di Brescia rise incazzato e mi piantò lì.

73.

Era la mattina seguente di non so quale giorno.
Mi sentii scuotere malamente. Aprii gli occhi. Era un soldato che indossava una divisa della Gestapo.
«Comprata usata?» chiesi, appena sveglio e già ironico.
Il soldato sputò sul pavimento della cella.
«Sputa a casa tua, cretino! Qua ci devo stare io...»
L'avrei preso a pugni ma sorrideva. Non si può prendere a pugni uno che sorride. Sono i vantaggi dell'incomunicabilità.
Il nazista disse qualcosa ma era senza denti, il che non aiutava. «*No se fumeaza*» mi sembrò di capire, ma avevo il cervello ancora impastato di sonno.
Non dovevo aver dormito granché. Non ero sicuro di ciò che aveva detto il militare né se l'avesse detto proprio lui.
«*No se fumeaza*» urla.
Allora avevo sentito bene! E l'aveva detto lui. *Vietato fumare*, significa, l'ho imparato a Bucarest: nel centro sportivo dello Steaua era scritto ovunque e fumavano tutti.
«Io non fumo!» urlai di rimando.
Insisteva con il gesto della sigaretta, isterico.
«Te l'ho detto che non fumo, deficiente!»
«*No se fumeaza*» urlò ancora lui.
«Ma vai a cagare.»
Questo lo capì. Sputò in terra e s'allontanò.

«Che faceva nella camera.»

Stavolta l'uomo che interroga è un altro, ma la domanda è sempre la stessa, ripetuta fino a cancellare il punto interrogativo.

«Non dico più niente finché non mi dite chi siete e dove mi trovo.»

Mi guardò sorpreso.

«Credevo che chiedeva un avvocato.»

«Sono già abbastanza incasinato senza bisogno di aggiungerci anche un avvocato.»

«Carcere di Sibiu. Preferiva Parigi?»

«Sì, ma senza di lei.»

Mi aspettavo di più dalla mia presa di posizione. Ero a Sibiu: ovvio. Arrestato e portato in carcere: logico.

«E lei chi è?»

«Io sono quello che fa domande.»

Umorismo da poliziotto.

«Non sapevo che ci fosse un carcere a Sibiu» dissi.

«Ci sono carcere dappertutto.»

«Perché ci avete messo tanto per dirmelo?»

«Qui le domande le facciamo noi. Ora che sa dove si trova, vuole rispondere?»

«Quanti giorni sono che mi fate la stessa domanda?»

«Che faceva nella sua camera, con il telefonino acceso, poco prima che era ancora vivo?»

«Ero entrato per vedere la stanza. La più bella dell'albergo, la suite 114.»

«Voleva acquistarla?»

Istintivamente sorrisi ma quello non scherzava.

«Volevo scambiarla con la mia...»

«Cattivo da parte sua. C'è un cadavere e pensa a stanza.»

«Mi sono spiegato male. La stanza sembrava vuota. Allora sono entrato a dare un'occhiata e siccome mi piaceva stavo...»

«Lei entra sempre così nelle stanze vuote degli alberghi?»

«No, certo.»

«Allora mi racconti la verità.»

«Ma ho già detto tutto più di una volta!»
«Non a me.»
«Perché, fra voi non vi parlate?»
«Ripeta tutto dall'inizio.»

Mi sciacquo la faccia a un rubinetto che sbuca dall'angolo fra due pareti. Non c'è lavandino, l'acqua finisce sul pavimento e schizza dappertutto. Tengo il culo in fuori per non bagnarmi ma finisco inevitabilmente con la faccia umida e le gambe bagnate. Molto fastidioso. È per via di quella posizione che, da una fessura della finestra murata alla mia sinistra, noto un pezzo di cielo.
Ma allora è vero che è bene lavarsi spesso. Alla cannella dell'acqua c'ero già stato ma sempre col buio.
Il ritaglio di cielo era minimo e non mi aiutava a capire dove mi trovassi, ma quell'azzurro era la prima cosa umana che vedevo e mi fece un piacere imbarazzante.
Il volontario della San Vincenzo sbraitò. L'acqua era arrivata ai suoi piedi.

Mi precipitai a chiudere il malandato rubinetto e in quel momento la vidi.

Una scritta luminosa, in alto, ben sopra alla mia testa.
Era l'insegna di qualcosa, una banca, un negozio, un segnale stradale. Per qualche motivo stava accesa anche di giorno.
Il soldato mi sollecitò gentilmente col fucile perché lo seguissi.

La scritta m'era rimasta impressa negli occhi. Gialla. La lettera più completa, l'ultima a destra, aveva la punta inclinata verso destra. Quindi una V o una M. Ma anche una N e, volendo, una P... no, niente P a meno che fossero caratteri stilizzati. Aveva un pezzetto nero, tipo un'unghia, dritta. Senza appendici a destra né a sinistra. Dovevano essere i due puntini di una dieresi... o un puntino solo. Se non erano lettere del nostro alfabeto per me diventava quasi impossibile decifrare la scrittura. L'alfabeto romeno è pieno di accenti, puntini sopra e sotto, doppi puntini... Poteva essere qualunque lettera. E se anche mi avesse aiutato a scoprire dove mi trovavo cosa sarebbe cambiato? Niente. Oppure una W! E quella un po' a sinistra una E, perciò: V-M? M-P? P-E?

74.

Di notte studio i pezzi di lettere luminose ed esploro le combinazioni possibili. Crollo ma mi sveglio ed è ancora buio.
Crollo di nuovo ma mi sveglio che è ancora tutto nero.
Rimango così per un bel po'.
Troppo.

Mi sveglio bruscamente e scopro che hanno chiuso la fessura nel muro.
Il cuore mi stringe fino a farmi male. Se l'hanno chiusa significa che era importante. Non vogliono che capisca dove mi trovo.
Quello stronzo del soldato ha visto che guardavo fuori... Sembrava cretino invece è proprio stronzo.
Provo a ricordare le lettere: V, M O N, P, I O L, E, W... O Ü O X O Y. Oppure Ê, Â, ...?
È un bel casino. Anche perché... (sbadiglio) le insegne di solito sono maiuscole e non ci mettono i segni diacritici (altro sbadiglio). Mi conviene dormire.
«*No se fumeaza*» urla lo stronzo, o quello che cazzo urla di solito.
È mezzogiorno? Incredibile come inganna il buio. Vado al rubinetto e automaticamente guardo verso la scritta.
Non c'è più.
Mi passa la voglia e non mi lavo nemmeno la faccia.

All'improvviso parte una musica assordante contro la quale non serve a niente tapparsi le orecchie...
Comincio a urlare qualcosa che non riesco a sentire.

75.

La novità di oggi sono due. Una ha la faccia da cazzo. L'altra è basso e pelosissimo, uno degli uomini più brutti nella storia dell'umanità. Un tappeto d'angora con gli occhi. Piccolissimi.

Sono ambedue in borghese e sciatti come si usa a Bucarest. Per quanto ne so potrebbero essere un panettiere e un macellaio equino. Ce n'è uno simile a Luino, ma non fino a questo punto.

Confabulano a lungo in romeno, cosa piuttosto maleducata da fare davanti a un estraneo che non mangia da ieri perché era domenica.

«*Would you please be so kind and briefly update me?*» erompo.

Si fermano bruscamente. Il macellaio mi squadra per decidere che taglio fare.

«*Qu'est-ce qu'il a dit?*»

«*Wanna know what's going on.*»

«*L'on a demandait que vous reste ici jusqu'à quand vous parlerait.*»

«Ero entrato per... cheppàlle... vedere la suite e... ma lasciamo perdere.»

Il panettiere riprende il discorso a due.

«*Well, know. He doesn't sing out a fuck. Any suggestion?*»

«*Il a dit...*»

«Ho già avvisato la mia ambasciata, a Bucarest» mento. «Tramite Nyby.»

Si guardano stupiti, poi si mettono a ridere scambiandosi cenni d'intesa.

«Allora? Andiamo via subito... La roba manderò qualcuno a prenderla.»

«*Well now, lez move.*»

«Dove si va?»

«*Anywhere you think.*»

«Ah, no? E dove, allora?»

«*Parle-tu. Je préfère pas le dire... Mieux que je n'en sache rien.*»

Il macellaio si sposta di qualche metro e s'accende una sigaretta.

«*No se fumeaza!*» grido. Il macellaio si blocca e si produce in una curiosa espressione. Il panettiere afferra una sedia e la fa ruotare sedendosi a cavalcioni come nei film americani.

«Buono, Bronco...» dico.

«*R u involved with KGB?*»

Il macellaio scoppia a tossire. Gli è andato di traverso il fumo ma ho l'impressione che stia ridendo.

«O ti fa male ridere o ti fa male fumare!» gli dico.

«*Il n'existe plus dès il y a longtemps!*»

«*Someone heard you talking about CIA jails in Romania.*»

«Non fare il ganassa e ditemi cosa avete in mente. Non siamo a Guantanamo.»

L'agente mi sputa con lo sguardo.

«*Qu'est-ce que tu veux dire?*»

«Non potete portarmi via senza un motivo preciso e un ordine di arresto. Né io né tu siamo a casa nostra. Non potete farmi niente che non venga risaputo nel mio Paese.»

«*Don't worry...*» sorride sarcastico il panettiere della CIA.

«*Te pödet minga tegnimm chì inscì, pirla!*» Casomai parlassero milanese. Questo li mette in sospetto costringendoli sulla difensiva.

«*Pourquoi parle-tu de Guantanamo à Bucarest?*»

«Macché Bucarest? Siamo a Sibiu!»

Resta un attimo spiazzato. Guarda di sottecchi il compagno.

«*C'est la même...*»
«*Lamèm* un cazzo! Dove siamo in realtà? A Sighişoara? Timişoara, Braşov, Trigoria? È una prigione della CIA?»
Il panettiere mi fulmina con lo sguardo e si rivolge al macellaio dirimpetto.
«*Lez change the subject.*»
«No: parliamo di questo, invece!»
Il panificatore dice qualcosa in dialetto (mancanza di rispetto per l'ospite straniero).
«*Je t'en prie...*» Scatto verso il francese, e «*Speak like you eat!*» dico all'altro.
«*J'ai bien l'impression qu'il sache plus qu'il dit.*»
«*Could be.*»

L'interrogacazzo è terminato.
S'avviano alla porta scambiandosi la sigaretta. Prima di uscire il panettiere mi guarda.
«*We'll let u know.*»
Si chiude la porta alle spalle.
«Comunque parlate male anche il romeno!» grido.

Torna il bresciano. S'aggiunge all'altro e giocano al poliziotto buono e il poliziotto cattivo.
In effetti il locale ricorda le docce per gli operai di una fabbrica degli anni Quaranta. Mai controllate né messo l'antiruggine dagli anni Quaranta. Tubazioni e piatti di scarico sono malmessi ma presenti, senza barriere divisorie, tutte allineate sul lato lungo a sinistra.
Il poliziotto guarda fisso la parete di fronte a sé. Si accorge che lo osservo. Mi osserva anche lui senza fare una piega.
«Devo andare in bagno.»
«Vuole fare il bagno?»
«Non vedo servizi. Servizi igienici.»
«Come, *servizi*?»
«I gabinetti.»
«Cessi.»

«Non vedo i cessi.»
Distoglie lo sguardo di nuovo.
«È questo il cesso.»
«Siamo al gabinetto?»
«Non ha altri argomenti da parlare?» dice senza guardarmi.
«Li avrei ma devo anche andare alla toilette e qui non vedo...»
«No toiletta. Stiamo facendo lavori.»
Dalle grate della finestrella quadrata si vedono impalcature. Quindi il locale non è rettangolare. La tramezza provvisoria lo taglia a metà.
«Vedo» dico.
Il capo irritato fa un gesto al soldato stronzo. Quello chiude l'unica anta in legno, quadrata come la finestra. Sono stato nuovamente scemo. Avrei potuto aspettare e avvicinarmi al momento giusto. Magari riuscivo a vedere qualcosa.
«Mi spiace per la toilette. Aspettiamo l'idraulico da tre giorni.»
«Non fa niente» concedo parlando a nome e per bocca del resto del corpo, in particolare per il reparto smaltimento e sifoni.
Mi prende sottobraccio.
«Venga, le offro una birra.»
Non molla il mio braccio nemmeno per attraversare la porta.
«Secondo lei perché non l'ha fatto?»
«Cioè?»
«Perché non ha ucciso anche me?»
«Ah, non ne ho idea» alza la voce improvvisamente allegro. «Questo deve chiederlo a lui!»

76.

«Come fa lei a conoscere le mie canzoni e sospettarmi di omicidio?»
«Mai sospettato di lei.»
«…»
«Da noi quando succede qualcosa si deve subito mettere dentro qualcuno. Chiunque è. C'è gente che vive così, va in prigione al posto di un altro.»
«A pagamento?»
«A volte solo per mangiare.»
Parla romeno con accento bresciano. L'effetto è comico anche in quelle circostanze.
Mi si avvicina.
«Ho dovuto. Il conte s'incazzava tantissimo.»
«Chi è il conte?»
«Höhne, il proprietario dell'albergo.»
«Cosa c'entra, comanda mica lui!»
Annuisce.
«Comanda lui?»
«E chi sennò?»
«Lei.»
«È lui che mi ha messo in polizia.»
Troppe novità. Registro la cosa e ci ripenserò più tardi.
«E perché avete preso proprio me?»
«Secondo lei?»

«Ero sul luogo del delitto.»
«No.» Emette un lungo sospiro.
«Comunque mi sono fatto trovare lì.»
«No.»
«Ero l'unico sospettabile.»
«No.»
«Ero stato il primo a dare l'allarme.»
«No.»

Emette un sospiro non più lungo del precedente ma più profondo e controvoglia. Cercherà di evitare l'argomento e forse mi ributterà dentro come un pesce marcio nella rete. Infine invece risponde.

«Me l'ha detto lui.»
Ha scoperto le sue carte.
«Perché?»

77.

Mi deposi nel letto abbracciato all'accappatoio come un imperatore romano della decadenza. Brutta parola, molle, solitamente esecrabile. Eppure la decadenza di Roma è coincisa con il periodo di pace più lungo dell'umanità, trecentocinquanta anni senza guerre. Perché lottare quando si è ottenuta la pace? Perché pensare, quando si ha solo voglia di dormire?

Volevo qualcosa di morbido, così pensai a Enikö.

«Amicizia è più importante dell'amore.»

«Ma cosa dici?»

«Pensi così pure tu?»

«~~No.~~ Insomma...»

«Penso che tu sei vero amico che vuole bene senza altro scopo. È difficile trovare.»

«Certo che siamo due bei tipi!»

«Te l'ho detto già apena conosciuta, io *non* non brava ragazza. Io cattiva.»

«Perfida.»

«Sì, io perf... perfiii...» Enikö annuisce vigorosamente. «Che vuol dire?»

«Cattiva.»

«Sì. Io pericolosa.»

«Sono.»

«No tu: io.»

«Sì ma si dice *io sono* pericolosa, manca il verbo.»

«In ungherese è diverso.»

«Per forza, in Ungheria siete pericolosi tutti!»

78.

Nella località montana di Schwannsee, il Lago dei Cigni, le strade principali recano striscioni di benvenuto ai vecchi liberatori (*Willkommen der* SA), valorosi soldati, poderosi consumatori di birra, prostitute e docili efebiche matricole – non necessariamente in questo ordine. Gli alberghi sono ovunque esauriti ma per un SA un posto per dormire si trova sempre: una scuola, una caserma, il palazzo del Gauleiter, un cinema, una stanza sopra un bar o se ti adatti va bene anche a casa mia se mi paghi, anche il letto di mia moglie se *la* paghi.

Ernst Röhm fa la sua apparizione trionfale in piedi su una Mercedes scoperta tra due ali di folla acclamante.

La giornata trascorre in una continua festa. Lardosi comandanti con rotonde pance bottiformi da birra in pantaloni corti di fustagno alla tirolese comandano plotoni di esecuzione ubriachi che fucilano sagome di legno con le caricature dell'ebreo errante, ma anche di Stalin, Hindenburg e altri capi della vecchia Germania. Poi tutti nudi a fare il bagno nel lago.

La sera in birreria. Discorso ufficiale con cena con gran finale. Balli scomposti dettati dalle fisarmoniche, i più giovani in calzoncini ginnici, i veterani in divisa aperta o sbracata o in borghese, con cappelli montanari con la piuma, stravaccati cameratescamente l'uno sull'altro, protetti e controllati da un enorme ritratto di hitler che guarda da un'altra parte. Donne del posto e kellerine miste a professioniste compiacenti non tengono il conto delle mani che le toccano. Una festa scatenata, fatta di urla schiamazzi e bevute esagerate, all'insegna del selvaggio spacciato per spontaneo.

Ma la confusione scomposta e volgare s'interrompe d'incanto appena viene accennato il canto per i caduti. Allora voci commosse s'innalzano a cantare come un sol uomo in posa marziale, prodigiosamente intonate. In posa sono anche alcuni ragazzi a torso nudo, scultorei e biondissimi con giarrettiere, calze nere e guêpière.

Poi la festa riprende registrando i primi *martiri* per alcol e spossatezza che cominciano a crollare dopo aver bevuto urlato e ballato freneticamente per ore e ore. In un'ala del locale i veterani raccolti attorno al camino ricordano le fosche imprese delle SA che avevano fatto tanto comodo al nazionalsocialismo. A poca distanza nell'immensa birreria un gruppo di sconvolti assaltatori porta in trionfo una ragazza che sul fronte più avanzato gli incursori spogliano selvaticamente eccitati. Solo quando è completamente nuda i soldati, con i camicioni lunghi e i pantaloni abbassati, allentano la guardia e lei riesce a fuggire attraverso il finestrone aperto raggiungendo la terrazza sul lago dove altri camerati dormono sull'impiantito di legno sdraiati uno sull'altro. I pochi che assistono alla sua apparizione non sono in grado di alzarsi ed esprimono a rutti la loro ammirazione. Un gruppo di giovani vestiti da donne e con i tacchi a spillo ballano il can-can formando un trenino che viaggia dondolante dentro e fuori la birreria.

Il godimento truce e volgare che tutto sporca raggiunge l'estremo, dopodiché le urla tacciono, le risatacce si spengono e la puzza di vomito comincia a diffondersi, continuamente alimentata. Lamenti soffocati prendono il posto degli schiamazzi e sottolineano il silenzio. I capi più anziani, grossi e stolidi, hanno la forza per raggiungere i letti trascinando lascivamente i soldati più giovani.

La notte è rotta dal costante russare e dal rumore soffocato di motori silenziati. È la morte che viaggia su motocarrozzette blindate portate da soldati regolari in tenuta da guerra senza trovare ostacoli. Più tardi arriveranno camion fragorosi per raccattare i soldati uccisi nelle stanze.

Le SA sono state eliminate quella notte mentre si facevano la festa da soli.

79.

Mancano pochi giorni al Natale del 1940. Hans è a Berlino in permesso speciale per far visita alla madre in ospedale.

Nella Bibbia nazista le colpe dei padri non ricadono sui figli, bensì i meriti dei figli, nuovi santi della Germania, risalgono ai genitori. Il corso della legge e della storia è ribaltato.

La madre di Hans godeva del trattamento riservato all'élite del Reich e ai suoi familiari. Camera singola con bagno, entrata indipendente, visite mediche e cure puntuali, passeggiate nel parco, menu personalizzato, palestra.

L'ambiente era molto pulito ma asettico e grigio – si trattava pur sempre di un ospedale – ciononostante era un posto di gran lunga migliore di quello dove viveva la maggior parte della gente.

Tutto ciò era consolante ma a Hans si strinse il cuore al pensiero della madre sola in quel luogo impersonale, lontana dalla sua casa, le sue amicizie, i suoi ritmi. Lei, sempre così attiva, stava lì apatica in attesa di niente. Quando si viene sradicati dalle proprie cose ogni ambiente lentamente si trasforma in una sala d'attesa.

Ai piedi del letto, nella cartella Else Höhne, era tracciato il grafico della febbre.

Solo la voce nasale della radio infrangeva il silenzio dal mobiletto accanto all'entrata. Trasmetteva in diretta il discorso di hitler al Raduno delle Maestranze delle Industrie Belliche a Berlino.

«NELLE NOSTRE SCUOLE SCEGLIAMO I RAGAZZI MIGLIORI SENZA GUARDARE AL CETO NÉ ALLA POSIZIONE SOCIALE!»

«Come mai anche stavolta non c'è nessuno a farti compagnia?» chiese Hans quando le fu accanto.
«Non sono sola: penso a te.» Gli diede una carezza sul viso. «Come sei bello figlio mio...»
«Detto da te non vale. Sei mia madre!»
«E perché se sono tua madre non dovrei avere gli occhi?» Sorrise.
«Come stai bene con questa bella divisa. Sei elegantissimo.»

«FINO A ORA I FIGLI DEGLI OPERAI DEI CONTADINI DEI MANOVALI NON AVEVANO MAI POTUTO ACCEDERE AGLI STUDI SUPERIORI!» (APPLAUSI.)

«I medici dicono che non ti riguardi abbastanza.»
«Bah, non capiscono niente, quei menagramo!»
«Posso interrompere la scuola e stare con te...»
«Non pensarci nemmeno!» reagì sua madre. «Dio solo sa quanto vorrei vederti più spesso, ma non devi in nessun modo compromettere la tua vita!»
«Stai esagerando...»
«No, quella divisa è la tua vita!» abbassò la voce in un tono da cospirazione. «Abbiamo falsificato la data di nascita per farti prendere nelle SS. Sei sempre stato ben piazzato e cinque anni sono tanti, ma hanno abboccato con tutta la lenza, quei cretini...»
Rise sommessamente.
«Mamma...!»
Else scese dal letto e con passo lento ma fermo raggiunse l'apparecchio radio.
«Alle infermiere dà fastidio che sia in grado di alzarmi da sola perché così posso spegnere la radio ogni volta che parla hitler.»
Ruotò la manopola e l'ingombrante apparecchio si zittì. Hans scattò d'istinto.

«Ma che fai?»

Riaccese e accompagnò sua madre a letto, sostenendola delicatamente.

«Non puoi farlo proprio durante il discorso!»

«Se non la spengo durante i discorsi, che senso ha?»

«ESSI POTRANNO FARE IL LORO INGRESSO NEL PARTITO!» (URLA DELLA FOLLA) «POI NEI NOSTRI ORDINI CAVALLERESCHI!» (APPLAUSO PROLUNGATO)

«Se se ne accorgono ti trattano male...»

«Come sei ingenuo, figliolo.»

«Il Führer sta parlando delle SS... Di noi!»

«Vieni più vicino, Hans. Ti devo dire una cosa importante.»

Hans si sdraiò accanto a sua madre.

«Ti ricordi quand'ero bambino... Nelle notti di temporale mi davi il permesso di dormire nel letto grande. I tuoni mi facevano una paura tremenda, mi paralizzavano. Come cambiano però le cose! Ora sono un SS e non esiste niente al mondo che possa spaventarmi.»

«Non so se ci sarò ancora, la prossima volta che vieni...» lo interruppe.

«Non dirlo nemmeno per scherzo...»

«Taci, lo sai anche tu che è così.»

Quella logica così semplice lo mise profondamente a disagio. L'unica persona al mondo che amava più della propria vita era tanto debole e lui con tutta la sua forza e l'incarico importante che ricopriva non poteva fare niente per lei. Che senso aveva tutto quel potere?

Mise un braccio intorno al collo di sua madre per sistemarle i cuscini ma in realtà non voleva far vedere gli occhi che s'erano riempiti di lacrime.

«Ti devo parlare di tuo padre.»

«So già tutto su mio padre. Quante volte ti ho chiesto di parlare di lui?»

«C'è qualcosa che ho aspettato a dirti e... credo che sia giunto il momento.»

Accennò al bicchiere sul comodino. Hans glielo porse e lei lo svuotò. Beveva gentilmente, come a un ricevimento o a una cena ufficiale, una delle tante alle quali suo figlio avrebbe presenziato.

Non era il solito gesto abituale e quotidiano ripetuto innumerevoli volte, ma una specie di rituale, quasi un offertorio.

«Tuo padre non sarebbe mai potuto diventare un cavaliere teutonico secondo il rito antico alla tavola rotonda di Himmler, figlio mio.»

«Io credo di sì. Sarebbe stato anche lui nel nostro gruppo prima di me. Uno dei migliori, sarebbe stato. Il migliore, ne sono certo.»

«Tuo padre non era neppure tedesco, figliolo, né tantomeno ariano. Era arabo.»

Hans restò inebetito. In pochi minuti il suo stato d'animo era cambiato con una tale rapidità e violenza da ritrovarsi totalmente smarrito.

Si alzò a fatica e rifece il percorso di sua madre con la stessa lentezza e i medesimi gesti. Sembrava una parodia o la prova di un'imitazione.

La radio gracchiava.

«NEL NOSTRO STATO FUTURO I DIRITTI DI NASCITA SONO NIENTE E LE EFFETTIVE CAPACITÀ SONO TUTTO!» (BOATO)

Stavolta fu Hans a ruotare la manopola di bachelite zigrinata troncando gli applausi. La voce che veniva da lontano svanì. Con una delicata dissolvenza si spense anche la vibrante luce amaranto che chissà perché lo faceva sempre pensare all'Africa.

Nessuno volle interrompere quell'attimo di silenzio. Fu Hans il primo a ritornare alla realtà.

«Perché non me l'hai mai detto?»

«Eri biondissimo con gli occhi azzurri, questa era l'unica cosa che contava. Nascendo figlio di hitler avevi la vita assicurata. Non chiedevo altro. Non ti ho mai mentito, non ho mai contrastato quello che ti insegnavano a scuola. Ti hanno fatto credere a tante buffonate ma per voi era solo un gioco. "Sono ragazzi" mi dicevo, "non possono fargli davvero del male." Ma i nostri capi hanno lavorato davvero per il bene del Reich?»

«Mamma!»

«Gli interessa qualcosa del mondo? Ho capito che non posso più tacere. L'ho capito tardi, ora che sento di essere vicina alla fine...»

«Non parlare così...» la interruppe Hans.

«Comunque non sta a me stabilirlo e ti dico di più: non m'importa. L'abbiamo voluto noi.»

«Vinceremo, mamma. Non è patriottico non credere nella vittoria finale. Oltre che assolutamente illogico!»

«Allora starai sempre bene, Hans. Sarei felice di sbagliarmi. Felice per te ma... se non vinceremo avrai solo obbedito agli ordini e nessuno ti potrà condannare.»

«Che altro mi devi dire di mio padre?»

«Era più biondo di te e parlava tedesco meglio di me» riprese la madre. «La razza non è importante come dicono oggi. Prima che tedeschi o francesi o italiani o russi, noi siamo persone e dobbiamo rispondere a Dio delle nostre azioni personali prima di quelle del nostro popolo.»

Hans aprì la bocca per dire qualcosa ma non riuscì ad articolare alcun suono.

«È nato a pochi passi da casa nostra. Andavamo a scuola insieme, lui qualche anno più avanti. Era il miglior amico di Otto e Frederick, i miei fratelli maggiori, i tuoi zii. Ci siamo voluti bene fin da bambini. A chi poteva importare di quale razza fossero i suoi antenati... I tuoi zii, che avevano studiato a Vienna, avevano conosciuto hitler da giovane e dicevano che era un isterico invasato e guai a dargli potere. Ma Hindenburg era ormai troppo vecchio e mal consigliato e lo sottovalutò.»

«Non puoi parlare così del Führer...»

«Con mio figlio sono libera di dire ciò che penso e voglio» affermò sua madre con decisione.

Restò accigliata per qualche secondo, poi, vedendo il figlio stupefatto e imbarazzato, sciolse l'espressione e continuò con un sorriso dolce.

«Non bisogna aver paura della verità, figliolo. Mai. Una verità che si nasconde, che verità può mai essere? E quale verità c'è dietro a un colore di capelli? Nonna Anna-Lena, ricordi, era biondissima e tedesca ma ebrea. Mio padre capelli corvini e scuro di pelle ma ariano purissimo da generazioni, il genotipo perfetto. Come ridurranno la nostra bella Germania un pittore fallito e un venditore di polli?»

«Mamma, non...»

«Hai paura che ti vengano a prendere? Ma tu non puoi aver paura di niente: sei un SS. L'élite delle SS. L'ho voluto con tutta me stessa per saperti al sicuro nella miseria che ci stanno preparando. Io non la vedrò ma tu dovrai conviverci.»

«Se qualcuno ti sente non ti potrò difendere neppure io!»

«Tu devi solo ascoltare. Saranno poi i sentimenti e la tua coscienza a trarre le conclusioni. Quanto a me... Da che cosa dovrei essere difesa?»

Hans si dispose ad ascoltare, incantato dalla lucidità e dalla convinzione di sua madre.

«*Tutti questi discorsi nazionalistici e religiosi nascondono altri piani meno nobili,* dicevano sempre Otto e Frederick, ma non so a quali piani si riferivano e non m'importa. Tuo nonno la pensava come loro, molti nostri cari amici no: ma non c'erano mai stati problemi. Avevano sempre potuto esprimere le loro idee al bar e sul lavoro liberamente, senza acrimonia. Ma una sera una squadraccia di SA li aspettava a un angolo di strada e... fracassò la testa a tutt'e due usando bottiglie di vino piene. Poi gli pisciarono addosso e gli aizzarono contro i loro cani addestrati. Furono amici nostri ad avvisarci. Mia madre e io ci precipitammo ma le indicazioni non erano precise e... ci volle un po' prima di trovarli. Quando finalmente arrivammo sul posto i cani stavano banchettando. Cercammo di allontanare quelle bestie del diavolo ma erano eccitatissime e si rivoltavano. I cani erano impazziti. Assalirono mia madre. Cercai di proteggerla ma ottenni solo di venire azzannata anch'io. Fummo costrette a scappare. Intanto erano arrivati i nostri amici armati di fucili. Ne abbatterono un gran numero finché si dispersero. Immagini che poteva essere rimasto dei miei fratelli?»

«Non piangere...»

«E non erano nemmeno arabi. Erano tedeschi e avevano fatto la guerra nell'esercito tedesco. Mia madre fu azzannata alle gambe, quasi le portarono via il polpaccio. Poche settimane dopo l'infezione si portò via anche lei. Non ho più avuto lacrime dopo quel giorno. La macchia di sangue di mio padre e dei miei fratelli rimase lì per giorni. Persino di pulire avevano paura tutti... Dovetti andarci io, appena fui in grado di stare in piedi, a lavarla con la spugna e il sapone, dopo aver sepolto la mia famiglia.»

Hans la stringeva forte tra le braccia. Gli sembrava che sua madre perdesse peso a vista d'occhio diventando ogni minuto più fredda, ma poi riprese a raccontare più calma e tranquilla, quasi fosse un'altra persona a parlare.

«Pochi giorni dopo ebbi la certezza che aspettavo un bambino da quel ragazzo arabo. A mia madre non avevo fatto in tempo a dirlo. E nemmeno a lui. Ha dato la vita per la Germania, come avrebbero fatto Frederick e Otto se fosse stato concesso loro di vivere abbastanza, perché la Germania era la nostra vita e la nostra fede. Nessuno poteva immaginare che la nostra fede avrebbe dato origine a *questa* Germania. A Berlino hanno sempre vissuto tante persone ebree o non tedesche; improvvisamente era diventato un reato, una colpa. Ma colpa di chi, e per cosa?»

L'anziana donna ebbe un mancamento. Hans la scosse con tenerezza, la chiamò. Lei parve non reagire ma poco dopo indicò debolmente l'apparecchio radio.

Hans ruotò la manopola nera e il discorso aumentò di volume. Sua madre ripeté il gesto, stavolta con più energia. Allora Hans capì e la voce di Goebbels si nascose nell'apparecchio di radica liberando la stanza alla penombra e alla quiete.

Lentamente, filtrati dai muri di casa e dalle tende lavorate a mano, divennero udibili suoni lontani, rumori di tranquilla e soffusa vita quotidiana adornata da voci di bambini che giocavano e giovani madri che li richiamavano gioiosamente.

«Senti?» disse la donna, in un respiro. «Sembriamo quasi persone normali in un Paese normale.»

Guardava fuori dalla finestra, attenta. Beveva quei rumori innocenti e familiari come per metterli in una valigia di memoria e portare tutto con sé, ovunque fosse diretta.

Strinse la mano di suo figlio, sorrise fragile e riprese.

«Mi piaceva davvero tuo padre. Quante volte te l'avrò detto?» Sorrisero insieme. «Si chiamava come l'imperatore. Un tempo davano quei nomi agli orfani, sai? È sempre stato il più bello di tutti, una bellezza che non si trova da queste parti, e il più buono. Era nato qui, era sempre vissuto qui. Mi insegnava il dialetto di Berlino: in casa non lo parlavamo, mio padre non voleva. Era rimasto un ufficiale prussiano e quando morì, poco dopo essere andato in pensione, volle essere sepolto con la divisa. Era sempre indaffarato. Non l'ho mai visto fermo un giorno in vita sua. Franz-Joseph piaceva molto anche a lui.»

Trasse un lungo respiro. Parlare le costava uno sforzo evidente.

«Oggi c'è gente che muore tutti i giorni, inutilmente. Si uccidono fra loro prima ancora di andare in guerra. E a far politica restano i peggiori, quelli che non hanno il coraggio di opporsi.»

Perse il fiato. Hans le porse un bicchiere d'acqua.

«Non sforzarti, mamma. Terminerai domani...»

La donna scosse la testa e continuò.

«"Sarà un bambino bellissimo" dissi, "nato per amore, senza aver fatto l'analisi del sangue: questa è l'unica cosa che conta." Non ho mai detto a nessuno queste cose. Familiari non ne avevo più e le mie compagne non avrebbero capito. Erano tutte fanatiche ma molte anche puttane. Non gli pareva possibile che si potesse fare l'amore anche senza essere sposati, e che dessero premi, soldi e una casa a chi faceva un figlio senza avere marito. Accoppiamenti e abbandoni: erano le donne del Führer. L'uomo un soldato di hitler, il figlio un figlio di hitler. Io amo la mia Patria ma non è così che la si deve popolare.» Prese tra le mani fragili il suo viso forte. «Tu sei nato solo per amore e sei mio figlio e basta. Ricordalo sempre, Hans.»

«Non ti devi giustificare di niente, mamma. Sono fiero di te.»
Si abbracciarono tra le lacrime.

«Sei tu la mia vita, figliolo. A volte mi sembra che sei stato tu ad avermi messa al mondo, che sei tu mio padre e senza di te non sarei mai nata neppure io.»

Hans le asciugò le guance con una carezza delle mani grandi, ruvide e ferite.

Era l'ultima volta che il monaco guerriero Iniziato all'Ordine del Sole Nero parlava con sua madre da viva.

80.

Il cervello di Hans era in mezzo a una strada.

Aveva lasciato la casa di cura ma le parole di sua madre gli s'erano appiccicate alla pelle. Le mosche entrate dalle orecchie non volevano più uscire, continuavano a ronzare e ronzare nella testa.

Si era incamminato verso la stazione ma il tragitto era diventato interminabile. Posava un piede dopo l'altro come un automa senza scegliere una direzione, passava da una strada a una piazza a un sottopassaggio per riemergere nuovamente su una strada e una piazza e perdersi dentro un altro sottopassaggio. Aveva una meta ma non era presente a se stesso per raggiungerla, camminare era un modo di calpestare il malessere insopportabile che provoca l'amore verso una persona quando la si vede salire su una barca e prendere il largo lentamente, da sola, sul lago non increspato dalla brezza. Sei sulla riva e non puoi fare niente. La chiami ma non ti può sentire, non c'è modo di farla rientrare né di aiutarla. Ed è da sola, in piedi sulla prua, indossa la veste bianca che aveva l'ultima volta all'ospedale quando ti diceva tante cose ma tu mettevi tutto sullo scherzo per darle coraggio. E ora si allontanava senza sollevare una scia, senza lasciare un'onda per non disturbare l'acqua ferma e nera del lago, liscia come un nastro che nessuno può riavvolgere.

In preda a quei pensieri arrivò alla stazione giusto in tempo per saltare in corsa sull'ultimo treno. I due precedenti li aveva perduti. E insieme a quelli aveva perso anche una parte di se stesso che non avrebbe più ritrovato.

Prese posto nella prima classe riservata agli ufficiali SS, allungò le gambe sul divano di fronte e s'addormentò.
Rivide il Reichstag, l'appartamento di hitler, l'*Isola dei Morti*: la figura in piedi a prua avvolta nel velo bianco era sua madre.

Non gli importava di essere arabo per metà, quei popoli avevano in comune antenati ariani, erano il coraggio e la disarmante lucidità di sua madre ad annichilirlo. Senza tradire il nazionalsocialismo, ma al contrario usando i suoi stessi strumenti, lo aveva salvato da una vita precaria facendo di lui un monaco guerriero del Reich.
All'interno della Dottrina Nazista c'era dunque spazio per un pensiero autonomo. L'obbedienza assoluta era un obbligo per i ranghi inferiori senza il cui appoggio non si sarebbe realizzata l'attesa crescita spirituale di tutta la nazione educata a demandare ogni scelta e ogni responsabilità.
Se gli era toccata in sorte una vita agevole e priva di difficoltà era dovuto alla natura che l'aveva voluto migliore di tanti altri. Ecco perché a lui e non ad altri toccava un compito più alto e più arduo. Era giunto il momento di rivendicare la propria unicità nel Walhalla delle divinità germaniche, nel quale non avrebbe recitato un ruolo di secondo piano, una delle tante figure relegate sullo sfondo. L'individuo superiore si autodetermina senza attendere il riconoscimento di nessuno.
"Le antiche religioni nacquero nel cuore degli antichi uomini tedeschi e dopo secoli di invisibilità finalmente oggi in noi sono tornate a manifestarsi." Così ragionava l'Élite-SS Hans Höhne.

81.

Meno di un anno dopo.
Hans aveva subìto una profonda metamorfosi che lo allontanava dalle direttive dell'Ordine, verso il quale dominava a stento un atteggiamento di rifiuto. Tutto ciò che lo circondava era estraneo e immotivato. Wewelsburg con la sua mistica e la disciplina modellate sugli esercizi spirituali di Ignazio di Loyola era ormai diventato un mondo alieno. Fino a quel momento era riuscito a nascondere a se stesso il vuoto che lo minava internamente ma ora lo ricacciava con sempre minore convinzione.
La testa l'aveva tormentato durante tutto il viaggio verso la fortezza dell'Ordine Nero. Appena chiudeva le palpebre gli si presentava un buio solido e rumoroso, un mondo scuro popolato da creature deformi e rivoltanti in divisa da SS che scoreggiavano e si accoppiavano tra loro, e nani con cazzi enormi che violentavano ciccioni imberbi con membri da neonato e faccia da von Schirach che ridevano lascivamente urlando oscenità. Gli schiamazzi erano tanto impressionanti che Hans ne sentiva l'eco a occhi aperti e gli riusciva penoso anche il solo pensare.

Trascorse una notte agitata. Sudò copiosamente nonostante la temperatura ancora invernale. S'era assopito alle prime luci dell'alba ma la sveglia suonò subito dopo. Hans si trascinò alla finestra stretta e alta della stanza e guardò in basso. L'angusto cortile interno era un lago nero, le acque ferme solcate da una barca e sulla barca una figura ieratica ritta immobile avvolta in un manto bianco come nell'*Isola dei Morti* di Boecklin. Aveva visto quel magnetico dipinto nello studio privato di hitler durante una visita insieme ad altri monaci guerrieri giovani come lui e non gli era più uscito dalla testa. Alzò gli occhi sulla torre Nord della fortezza, estrema punta della lancia di Longino che aveva ispirato l'intero complesso.

«Non mi è mai piaciuto il Medioevo» disse.

Non riusciva a capire: perché la nazione più tecnologicamente avanzata del mondo, la prima ad avere un sistema televisivo, un esercito all'avanguardia, aerei e navi formidabili, armi segrete da fantascienza, voleva a ogni costo identificarsi con un passato sporco, inglorioso, misero, incivile, sepolto e dimenticato, durante il quale la Germania aveva subìto sconfitte e umiliazioni?

Interrogò il solenne ritratto di Arminio che campeggiava nella sua stanza ma non ne ricavò alcuna ispirazione.

Due colpi secchi risuonarono sulla porta massiccia.

«La conferenza inizia tra mezz'ora» annunciò una voce.

"I riti, la sacralità. Non avrei mai pensato di finire in un convento."

Non aveva dormito e sentiva nel naso un odore acido, segnale infallibile di una giornata di merda.

I corridoi e le scale erano affollatissimi. Voci alte, vivaci e piene di attesa si diffondevano ovunque in un'atmosfera di allegria contagiosa, ma a dire il vero più adatta a un campeggio della Hitlerjugend che a cadetti SS. Mentre i camerati ridevano e si davano scomposte pacche sulle spalle, Hans riusciva solo a pensare di non pensare al suo mal di testa.

Il relatore prese la parola.

«Il tema di questa conferenza di primavera per i dodici cavalieri è l'ariosofia e...» Il volume della voce col salmodiare lento di quella monodia da officiante si abbassò, le parole scivolavano via e Hans non le decifrava più, suoni privi di significato. Il tono soporifero e solenne azzerò il suo livello di attenzione. Hans chiuse gli occhi per un momento sperando di attenuare la violenza delle martellate che gli stavano spaccando il cranio e si trovò immerso in un pensiero ricorrente. Era con i suoi camerati ma non nella sala del Berghof che, *come tutti sapevano*, il Führer non amava pur essendo un paradiso, bensì all'Adlerhorst, il *nido dell'aquila*, dove hitler li accoglieva con grande cordialità. Lui li amava, i suoi Élite-SS, li ammirava. Al Berghof andava di rado e quasi esclusivamente per ricevere ospiti ufficiali, come in quel caso era avvenuto con Hans e i camerati. In realtà è impreciso dire *come tutti sapevano*, perché la corte del Führer era sempre molto riservata riguardo i suoi fatti personali. Lo si sapeva a Wewelsburg ma era normale che quella ristretta élite avesse conoscenze superiori alla gente comune...

Era per questo motivo che il solerte e pedissequo Borman aveva profuso tutte le sue energie nell'audace costruzione che sovrastava ogni altro edificio? Il Nido dell'Aquila era il superattico del paradiso. Era inviolabile, raggiungibile solo grazie a un modernissimo ascensore scavato nella montagna che dal Berghof risaliva l'anima della roccia, rivestito in ottone lucido come oro. All'interno tre pareti erano a specchio e in quella frontale un motivo circolare incorniciava uno specchio ancor più luminescente. La tappezzeria delle porte scorrevoli formava riquadri di legno chiaro. Eleganti lampade da salotto lo impreziosivano con luce bianca e intensa. Sembrava di stare nella sala da ballo di una nave da crociera ma il Führer non ne era pienamente soddisfatto. Si lamentava della troppa luce. A Hans sembrava il paradiso, che a quell'altitudine non doveva essere tanto lontano.

Uno scrosciante applauso lo strappò a quei pensieri.

«Dobbiamo tornare ai primordi della civiltà germanica! Verranno approfonditi i collegamenti con il mondo nazionalsocialista che sta portando a compimento l'impresa di innestare il nostro passato nel mondo di oggi senza perdere la sua purissima eredità e la sua dimensione spirituale!»

82.

Era comprensibile che ad alcuni fra i ragazzi *scartati* potessero cedere i nervi. Essere rifiutati dall'élite-SS comportava perdere l'istruzione superiore e gratuita riservata alle menti più acute della nazione tedesca. La famiglia subiva un contraccolpo notevole, la vita sociale restava a metà del guado tra normalità ed eccellenza; le speranze di carriera drasticamente ridimensionate a ogni livello. Una delusione troppo grande per i caratteri più sensibili.

Era comprensibile che ad alcuni fra i ragazzi *accettati* potessero cedere i nervi. All'interno della scuola lo stress era pesantissimo. L'impegno sempre crescente, come da programma che prevedeva una selezione continua, aveva ridotto sull'orlo dell'esaurimento nervoso molte giovani SS.

Non pochi, tra i monaci guerrieri aspiranti o effettivi, avevano deciso di passare dalla morte mistica a quella reale gettandosi dalla punta di freccia della torre principale o sparandosi alla tempia pochi passi dentro la foresta.

Secondo il progetto originario prove ed esami sarebbero continuati in una serie infinita, verso livelli sempre più alti in scuole sempre più selettive. La voluttà di perfezione impediva di vedere la fine di quel percorso inflessibile e tremendo.

Gli insegnanti erano macchine fidate ed efficienti cui era proibito offrire il minimo sostegno umano ai loro allievi.

L'Ordine di sua invenzione era dunque tanto difficile ma così appetito? Tanto idealizzato da rinunciare, in alternativa, alla vita stessa? Tanta inflessibile temerarietà e disprezzo per le cose umane era motivo di manifesta soddisfazione per il ragioniere Heinrich Himmler, il Reichsführer delle SS ex allevatore di polli.

Poco importa che l'inventore del paradiso terrestre degli eroi fosse stato scartato alla visita di leva: il regime viveva di continui paradossi come questo. Persone inadatte alla vita militare comandavano battaglioni, maniaci sessuali erano preposti alla moralità nazionale, impotenti e pedofili scandivano i tempi per gli accoppiamenti, noti omosessuali dichiaravano ufficialmente la caccia agli omosessuali, dirigenti non ariani ordinavano l'allontanamento coatto dei non ariani, funzionari ebrei pianificavano lo sterminio degli ebrei dopo aver seppellito sotto cumuli di marchi le proprie origini.

Era stato ammesso alla Scuola Allievi Ufficiali solo grazie al padre che aveva mosso conoscenze altolocate. Nonostante ciò Himmler non calcò mai il duro suolo della battaglia. Il fisico non gliel'aveva permesso. Il suo furore per la Patria era libero di esprimersi solo entro gli angusti confini di un ufficio.

La sua naturale frustrazione ebbe un picco. Dal maniaco pignolo che era diventò un burocrate maniaco dell'organizzazione e della prevedibilità.

Nel diario personale annotava ogni minima variazione nella giornata programmata al minuto, segnando qualsiasi dettaglio per quanto insignificante, quasi temesse di dimenticare come si cammina e verso dove.

Teneva nota dei libri letti, in prevalenza fiabe nordiche, accompagnandoli con qualche riga di commento. Himmler era il tipo compulsivo concentrato sulle proprie ossessioni di bambino non cresciuto. Un asessuato dato in marito a una virago più grande di lui con la missione di sverginarlo.

Ecco l'uomo che serviva al Sistema per macinare l'Opera metodica e inarrestabile: un solerte e ambizioso mezze-maniche.

Wewelsburg era la sua *Camelot* personale.

La signora Himmler recriminava per le scarse attenzioni a lei riservate dal marito. A lei il Reichsführer preferiva i riti iniziatici delle società segrete che lo riportavano alle eroiche letture dell'adolescenza. Infervorato dalle personalità magnetiche ed eterogenee dell'occultismo tedesco, Himmler contribuiva a creare una nuova religione per la Germania di hitler. Essa avrebbe soppiantato il cristianesimo, reo di aver cancellato gli dèi ariani, l'energia vitale che animava i primigeni fedeli di Wotan. Violenza, crudeltà, purificazione, santità schizofrenica. La Religione del Male.

83.

Il viso affilato e pallido di Schwarzwälder si rifletteva nel piccolo specchio sopra il lavandino della camerata. Zyprian Schwarzwälder Ariberti von Ezzo, di famiglia nobile imparentata con i Thyssen, si stava adeguatamente profumando. Alto, snello, elegantissimo nella preziosa divisa nera, Schwarzwälder era nervoso al limite dell'isteria. Si accaniva sulle proprio unghie fino a farle sanguinare e faceva di tutto per nasconderle. Teneva sempre il pugno chiuso o copriva una mano con l'altra in posture artificiose studiate appositamente, che ormai assumeva con grande naturalezza. La maggior parte della giornata indossava i guanti di pelle nera, anche alla mensa.

Fu lì che la stranezza venne notata dal colonnello Ulfred Igl. Il superiore lo fece scattare sull'attenti e chiese nome qualifica e anno di corso. Tutti si bloccarono all'istante, la mensa s'ammutolì.

«Si è mai visto qualcuno» disse con voce bassa e perfida, «che si presenta alla mensa con i guanti?»

Silenzio.

«Può fornire una spiegazione razionale, herr Schwarzwälder?»

«Ho un problema con le mani...» sussurrò.

«Non è certo un problema funzionale, altrimenti non saresti qui.»

«No. Un problema di pelle...»

«Psoriasi? Infezione? Qualunque cosa sia se ne prenderà cura il colonnello medico dottor Fenstermacher. Togli quei guanti e fammi vedere.»

Schwarzwälder avrebbe preferito morire ma sfilò i guanti e mise in mostra le misere falangi molli e tarlate.

Igl lo assalì come un inquisitore che scopre una strega sullo zerbino di casa.

«Come ti sei permesso di ridurre le tue mani a questa schifezza! È inammissibile! Il corpo nel quale si forma la tua coscienza di monaco guerriero SS è un tempio e come tale dev'essere conservato. Il tuo corpo non appartiene a te! È consacrato al Führer, al Terzo Reich, al nostro *Volk*!» Osservò severissimo tutta la comunità cercando negli occhi di ognuno tacita conferma alle proprie parole. Odilo Uhl annuiva scompostamente.

«Tre giorni di digiuno totale e una settimana di consegna in camerata! Fila! Il direttore medico colonnello Fenstermacher ti visiterà quando avrà tempo, non è certo questione di vita o di morte. Consumerai i pasti nel gabinetto comune fino a quando la tua presenza costituirà un insulto per questa mensa e per tutti coloro che la onorano con un atteggiamento consono al loro stato.»

Quella settimana fu una maledizione per tutta la camerata. Costretto a stare lì dentro, Schwarzwälder diventò ancor più irascibile, intrattabile e barboso. Macinava le giornate dormendo e ammazzandosi di seghe e la notte si rigirava nel letto senza riuscire a dormire. Era diventato un peso per tutti ma non solo. Il dottor Fenstermacher si presentava negli orari più scomodi anche più di una volta al giorno e gli praticava dolorose medicazioni costringendo i camerati ad assistere. La ciliegina sulla torta era il clistere finale.

«Bisogna essere puliti dentro per essere puliti fuori, non lo sapevate?» era la sua buonanotte.

Finalmente la consegna terminò. Schwarzwälder si stava preparando per le prime ore libere da trascorrere in paese, in una birreria, un posto qualsiasi purché lontano dalla camerata-prigione. Esternamente sembrava ricreato, le unghie avevano un aspetto quasi normale e pareva di buon umore, ma internamente era l'odioso rettile infelice di sempre.

«Se il Reichsführer Himmler è la reincarnazione di Enrico I l'Uccellatore» pontificava mentre si radeva, «allora anche noi, in qualità di Élite-SS, dobbiamo identificarci con i personaggi storici con i quali abbiamo riscontrato affinità. Ottone il Grande, Enrico il Leone, Federico Hohenstaufen, Re Artù. hitler è Federico Barbarossa, e l'arredamento della sua stanza lo ricorda chiaramente.»

«Ma io ero...» obiettò il camerata Odilo Uhl, «Cioè: io sono entrato nelle SS come unità speciale per la sicurezza del Führer. Come lo proteggiamo in questo modo?»

«Taci cretino! Noi SS abbiamo nelle vene purissimo sangue germanico e costruiamo il nuovo ordine mondiale hitleriano. Non so come hanno potuto accettarti in questo tempio, ammasso di merda.»

Uhl espirò profondamente, poco convinto ma già disposto a obbedire. È incredibile ma molti di coloro che nascono in ambienti finanziariamente e socialmente privilegiati sono restii a godersi la vita come sarebbe ragionevole pensare. Non per tutti si rivela una fortuna la somma di quei privilegi.

«E qui intorno c'è un Lebensborn dove ragazze tedesche purissime e vogliose mi aspettano per generare perfetti esemplari ariani!»

Hans impilava ordinatamente le camicie nere nel suo armadietto e intervenne senza nemmeno voltarsi.

«Uhl ha ragione. E tu sei ottuso e non capisci quello che dice. Ti perdona perché è intelligente e perché noi eletti dobbiamo collaborare non per forza ma per convinzione.»

«Vieni fuori che la convinzione te la do io a suon di pugni» reagì l'altro.

«Proporrò che l'arredamento della tua stanza sia ispirato all'orso bruno medievale della Westfalia, di cui sei la reincarnazione, caro Schwarzwacazzo.»

Schwarzwälder si precipitò minaccioso brandendo il rasoio lungo e affilatissimo, mezza faccia coperta di schiuma da barba. Aveva lo sguardo iniettato di sangue. Hans continuò a riordinare l'armadietto.

«Girati che ti sgozzo» digrignava.

«A me non serve nemmeno che ti giri.»

Schwarzwälder rimase interdetto, sorpreso dal tono glaciale di Hans.

Quando si riprese e stava per reagire, il colonnello Igl si materializzò sulla soglia insieme a Wolfgang Nap, l'austriaco leccaculo. Presi dallo scontro nessuno s'era preoccupato di fare il palo. Tutti scattarono sull'attenti. I tacchi snaccherarono.

«Ispezione a sorpresa...» ridacchiò Nap, lungo lungo, secco secco, rosso di capelli e il viso ricoperto di lentiggini. I primi tempi due dentoni sul davanti gli erano valsi il soprannome di Castoro. Dopo averlo conosciuto meglio i camerati rimpiazzarono il simpatico roditore con Stercorario. Molto più consono.

«Che fate voi due, giocate? Schwarzwälder, torna dov'eri!»

L'obbedienza di Schwarzwälder fu prontissima e silenziosa. Tornò al lavandino e si pose sull'attenti. Il rasoio tremava nella mano.

«Gentile Hans Höhne, saresti così gentile da rimettere gentilmente in ordine le cose del tuo camerata Zyprian Schwarzwälder Ariberti von Ezzo?» Così dicendo aprì l'armadietto di Schwarzwälder e rovesciò a terra il contenuto. Nap squittiva di piacere alle sue spalle. «Qualcuno deve avergli fatto uno scherzo. Sei stato forse tu, Uhl?» ghignò. Il ciccione tremolava come un budino in un tornado. «Non importa. Ci penserà il mangiatore di unghie a sistemare gli armadietti che non sono in ordine...»

Senza affrettarsi e con gesti precisi fece cadere sul pavimento gli effetti personali di tutti i camerati, lasciando intoccato solo l'armadietto di Höhne.

«Io non so chi è la causa di tutto questo» disse avviandosi alla porta. «Ma un solo armadietto non è stato toccato. Strano. Chissà perché?»

Il colonnello se ne andò con lo Stercorario che gli rotolava dietro. Dallo specchio del lavandino Schwarzwälder fissava Hans schiumando rabbia. Il rasoio teso lungo una gamba mandava lampi di luce come una gibigiana.

84.

«Perché rispondere ad altri che a se stessi?»

«Noi rispondiamo al Führer a cui abbiamo demandato ogni responsabilità!» si stupì il camerata Odilo Uhl.

«Infatti, ma io sto...»

«Io difendo l'essenza della nostra cultura *volkisch* e tutte le sue implicazioni metafisiche!»

«Anch'io, ma rispetta la tua intelligenza e non lasciarti andare al fanatismo.»

«La mia fede è forte e pura.»

«Bravo, riferirò. Ma...»

«Davvero riferirai?»

«Sì.»

«Grazie.»

«Se la fede è vera e salda non ha paura di ragionare.»

«Questi sono argomenti dottrinali che... È proibito discuterli.»

«Non ne posso parlare con te che sei mio amico e camerata?»

«È meglio che aspetti domani e ne parli in classe con Kohlschreiber.»

Lo sguardo di Hans si fece buio.

«D'accordo.»

«Parlane con lui privatamente.»

«Certo, certo» tagliò corto Hans alzandosi.

Il figlio del vinaio non era entusiasta della piega che stava prendendo il discorso.

«Tu volevi discutere...»
«Non voglio discutere niente.»
«E poi non credo di essere all'altezza. È proibito.»
«Forse hai ragione, sai?»
«Davvero?»
«Sì. Non sei all'altezza.»

Si lasciò cadere sulla branda dando le spalle a Uhl, che lo chiamava sottovoce.

«Credi che è il caso che ne parlo con Kohlschreiber? Eh? Che dici?»

Hans non si voltò né rispose. Per lui Odilo Uhl semplicemente non esisteva più.

Continuò a non esistere anche il giorno dopo nella boscaglia davanti alla fortezza quando mugolava e si scuoteva terrorizzato.

L'aveva colpito alla nuca usando il calcio della pistola. Gli aveva tolto la divisa, poi l'aveva legato e imbavagliato, nudo come un verme, e sistemato sul fondo di una fossa scavata in precedenza. Accanto a lui le sue armi, diligentemente smontate. A poca distanza bruciava la divisa cosparsa di benzina.

Prese a lavorare metodicamente di pala colmando la fossa con la terra dello scavo.

«Io allora ragiono e ti comunico, pavido collega figlio di vinaio, che i discorsi sulla razza non hanno base scientifica» diceva spostando la terra.

Uhl si riprese e aprì gli occhi ancora stordito. Non comprese subito che cosa stava succedendo. Le gambe erano ricoperte di quella terra scura e umida.

Hans non lo guardava. Parlava alle foglie ingiallite che formavano un morbido tappeto di autunno e di oblio.

«Sto eliminando un rotolo di rifiuti.»

Odilo Uhl, gli occhi fuori dalle orbite, urlava, o meglio tentava ma riusciva a produrre solo fastidiosi squittii.

«Non è un granché nemmeno come concime. Scusatemi vermi, spero non vi offendiate. È ciò che passa il convento.»

Sorrise pensando che, nel gergo della camerata, Wewelsburg era chiamato proprio così: il convento.

Uhl si lamentava scalciava sbracciava, tutto in silenzio e senza muoversi. La faccia era più rossa del vino stravolto da suo padre con zuccheri etanolo e polverine. Le cosce molli sanguinavano lungo le lame formate dal contatto con la fune strettissima. Il continuo strofinare aveva inferto su tutto il corpo tagli larghi e profondi come poderose frustate. La pancia tonda e adiposa s'andava affettando.

«Ecco realizzato il sogno: *sangue e suolo*. Tempo un anno e del nostro amico rimarrà ben poco.»

Piangeva Uhl, e sulla faccia le lacrime giocavano a scendere sulle corde che strizzavano le tempie, su quelle che spremevano il naso facendogli colare muco, che inchiodavano la mandibola verso l'alto obbligando il collo all'indietro. Soffocava dal naso. Tossiva dal naso. Piangeva e pregava dal naso. Cercava di fuggire dal naso.

Uhl sbatteva la testa con tutta la forza ma quel particolare tipo di nodi che insegnavano al convento lasciava un gioco minimo che permetteva solo impercettibili spostamenti e inoltre serrava sempre più. Uhl smaniava per non morire e non gli fregava niente se il suo agitarsi scomposto lo avrebbe ucciso prima. Voleva non morire ma soprattutto non soffrire quell'agonia.

Le palate di terriccio si abbattevano senza requie risalendo lente quello straccio di corpo come una marea. Uhl svenne o morì. Hans non se ne curava. Rovesciando le ultime palate gli cadde lo sguardo distratto sulla faccia congestionata del ciccione. Le lacrime continuavano a calare dagli occhi chiusi, in verticale, mischiandosi al sangue proveniente dalle ferite, in orizzontale.

«Guarda quante croci. Sarà contento, che ne dite? Un salame impuro e brodoso. Croci liquide e incerte…» una palata, «croci di lacrime, succo di naso…» una palata, «croci di nodi, di rete…» una palata, «incroci di corda per un salame di terra…» una palata, «ma nemmeno una croce di guerra!»

L'ultima palata. Qualche colpo col dorso della vanga per pareggiare il terreno smosso.

Il tumulo fresco di brughiera ebbe uno spasmo. Poi un secondo.

Altri colpi col dorso della vanga, qualche passo su e giù per pareggiare il terreno smosso.

Hans restò a guardare, il mento sulle mani appoggiate al manico della vanga.

«Perché sperare che il mondo condivida la nostra eugenetica, le indagini antropologiche, le misurazioni antropometriche? Perché abbassarci a fornire dimostrazioni? Non esiste autorità superiore alla nostra. Il *volkisch* non è una filosofia ma solo un legame sentimentale con il luogo di nascita. E il *Vril*, la forza vitale che ci fa dominare il mondo, che cos'è se non ricchezza e potere, le vere armi che fanno vincere il più forte? Se è vero, come ci hanno insegnato, che gli ariani si autodeterminano, non ci interessa avere la conferma da nessuno. Come vedi, queste non sono bestemmie, Uhl. Perché avere paura?»

85.

L'ss Höhne osservava il consueto spettacolo dell'ss Schwarzwälder ubriaco fradicio. Puzzava di birra e vodka e masticava in continuazione la schifosa *machorka*, l'insostenibile tabacco che i russi ricavano dal gambo della pianta. Questo, e l'indirizzo di qualche bordello, era tutto ciò che gli era rimasto della terribile esperienza tra le nevi e i cadaveri lungo gli affluenti del Don. Forse quei mesi vissuti nelle condizioni bestiali che avevano arso viva un'intera generazione di soldati tedeschi gli erano costati il cervello. Anche se nei suoi confronti si era rivelato un mastodontico spreco. Sarebbe stato sufficiente molto meno per sbranare il suo piccolo, fragile cervellino da nobile privilegiato dalla nascita. Il senno gli era schizzato sulla luna come quello di Orlando, ma nessuno avrebbe cavalcato fin lassù a recuperarlo per lui. Qui non c'era Astolfo con il magico destriero, né qualunque altro amico avrebbe mosso un dito per Schwarzwälder, perché amici non ne aveva mai avuti. Due animi e due cuori tanto diversi ma fritti impanati nell'identico modo, l'eroe invincibile e puro e il fantaccino arrogante e pavido, tenuto insieme dalla divisa nera inamidata, il monaco guerriero che non si estendeva oltre i limiti compresi fra gli stivali tirati a specchio e le mostrine con le rune luccicanti. Esseri opposti alienati uno per il sommo amore, l'altro per l'odio sterminato, estremi sentimenti che vanno al di là dell'intelletto umano.

Potendo scegliere, Hans avrebbe preferito Orlando.

Una eterogenea e improbabile formazione di musulmani, croati e serbi si fermò all'*alt* del traballante SS. Erano devastati e si reggevano in piedi a stento. Nonostante ciò fecero un saluto impeccabile al quale Schwarzwälder rispose con un deflagrante rutto alcolico.

«Chi siete?»

«13ª Waffen Gebirgs Division.»

«Mai sentita.»

«La Handschar?» intervenne Hans.

Quello che doveva essere il più alto in grado annuì.

Hans aveva già visto altre pattuglie perse, che un tempo erano state compagnie e battaglioni, decimate corrose e messe in fuga dalla pioggia di fosforo che scendeva implacabile e compatto come un acquazzone di marzo. Anche lui si era trovato sotto cieli dove i *tommies* mandavano in scena i loro spettacoli. Sganciavano fuoco liquido e tutto si incendiava. In quei momenti, non avrebbe saputo dire perché, sentiva nel naso l'odore di Wedding, il quartiere popolare di Berlino, e della vecchia Friedrichstrasse, con le puttane da dieci marchi.

Intanto alle spalle il loro camion Krupp Diesel saltava in aria. Nelle case in città i corridoi convogliavano il fuoco come bazooka e le facciate delle abitazioni si staccavano come iceberg. Il fosforo possedeva vita propria, un animale da preda che si muoveva rasoterra e si stendeva su ogni cosa come un velo mentre le bombe a benzina scatenavano ondate di fuoco alte come palazzi. Persone trasformate in torce umane correvano urlando e dopo pochi metri finivano a terra carbonizzate, informi tizzoni divorati dalle fiamme. Al vento e allo spostamento d'aria delle esplosioni i soldati impiccati ai rami degli alberi dondolavano come metronomi della fine del mondo. Sui loro corpi un cartello: "Non ho obbedito agli ordini del Führer".

Intere case saltavano per aria. Impazziti di terrore i civili si sporgevano dai piani più alti e si gettavano dai buchi che un tempo erano state finestre. In prima linea gli sguardi di vero odio, più che ai nemici, erano riservati agli SS combattenti. I soldati della Wermacht li consideravano alla stregua di fanatici esaltati, gli amici di hitler che non permettevano di finire la guerra, quelli che volevano continuare fino all'ultimo uomo, che avevano un orgasmo all'idea di morire per lui. Non c'era più fede, era finito ogni sogno. "Il vecchio pazzo, Il Maiale Adolfo" chiamavano apertamente hitler, e Hans stesso aveva visto alcuni di loro andare a cagare portando le foto del Führer per pulirsi il culo. C'è il fanatismo della lotta e quello dell'autodistruzione ed entrambi si arrendono solo se consumati fino in fondo. Nel caos della battaglia molti SS erano caduti uccisi non dal fuoco nemico ma dai colpi di fucile dei soldati alle loro spalle.

I tedeschi avevano cominciato a uccidersi tra loro. Paradossalmente, solo la trincea dava speranza di salvezza, stare accucciati sul fango e ogni tanto affacciarsi a spiare l'inferno sulla Terra. Höhne sentì nella gola l'odore insopportabile di quei giorni e il sapore dolciastro del sangue caldo.

«Chi cazzo siete!» urlò l'SS che non aveva capito la domanda né la risposta.

«La 13^a ha inglobato la Kama e la Skandenbeg di Albania» disse Hans.

«Mai sentita» tagliò corto Schwarzwälder. Tirò su col naso e scatarrò una mappazza marrone ai loro piedi.

«Hanno combattuto contro i partigiani di Tito.»

«Non m'importa un cazzo di Tito!» urlò il camerata a un pollice dal naso di uno di loro. «Alla domanda di un superiore dovete rispondere con un rapporto formale riferendovi a voi stessi in terza persona!»

«Lascia stare, Zyprian» sibilò Höhne. «Qui intorno non c'è rimasto niente di formale. Tantomeno tu» aggiunse a bassa voce.

Schwarzwälder ondeggiò pericolosamente.

«Complimenti, bastardi. Avete trovato il vostro difensore, ma...»

Restò sul posto indeciso, dubbioso di riuscire ad andarsene con dignità. Squadrò la pattuglia senza però distinguere i soldati e dopo qualche secondo di silenzio finalmente si mosse.

«... siete uno schifoso ammasso di straccioni!»

E si allontanò schiumando rabbia.

Höhne fece strada a quello che restava della Handschar e non si voltò quando si udì il frastuono di qualcuno che aveva inciampato in un secchio di ferro facendo crollare un tavolo e il muretto al quale era appoggiato. Né commentò la selva di bestemmie che ne seguì.

86.

La sera stessa, alla mensa ufficiali, Schwarzwälder era ubriaco come sempre ma più fastidioso del solito. Prese a fissare una mosca che camminava stordita sulle assi del tavolaccio. Muovendosi con l'appariscente cautela di chi non ha piena padronanza dei propri gesti, si tolse uno stivale infangato e lo abbatté sul tavolo per schiacciarla. Pezzi di fango secco schizzarono nei piatti dei commensali come minuscole schegge di granata. Dal tavolo accanto un paffuto ufficiale dal muso porcino scoppiò in una zotica risata.

«Il generale ha distrutto una pericolosa postazione nemica!»

I commensali non facevano nulla per nascondere il loro disgusto.

«Mi infastidiva...» biascicò Schwarzwälder. «La Mosca di Stalin. Ah, ah! Dovevamo schiacciarla come niente, non è vero? Come questa mosca qui, con il tacco di uno stivale...»

Guardava attorno in cerchio, cercando tra i camerati un cenno di assenso, invocando in silenzio un *bravo!*, un *è vero!*, che però non arrivò. Un paio di ufficiali liberarono la fondina, uno estrasse la sua *Walther* e la tenne tesa sotto il tavolo dopo aver tolto la sicura.

«Odio i russi. Maledetti *Ivan*, siete dappertutto!»

Tornò a sedere e restò al suo posto con la testa fra le mani.

Hans chiamò l'attendente per far cambiare i piatti e nel mentre si rivolse allo scemo.

«Hai fatto bene» disse con un filo di voce. «Era un insetto fastidioso e inutile. Se l'è meritata.»

Prendendolo per un elogio, Schwarzwälder s'inorgoglì dispensando in circolo un sorriso demente.

«Ma tu sei fastidioso e inutile anche più di quella mosca» aggiunse quasi impercettibile. «Sono contento che non ti abbiano ucciso i russi. Sarebbe stato troppo poco, oltre che un abuso d'ufficio.»

Schwarzwälder forse non sentì ma certo non comprese, perché continuò a elargire il suo demente sorriso.

87.

22 aprile 1945

Sulla prima pagina il «Das Reich» riportava fedelmente il discorso tenuto da Goebbels la sera precedente.

«Quando la finirai di raccontare balle, vecchio imbroglione...» disse Höhne con un risolino sarcastico, passando alle pagine sportive.

I militari sapevano da tempo che la guerra era persa. I russi erano a Berlino, inglesi e americani premevano da ovest. Scarseggiavano gli uomini che dopo le facili campagne militari sarebbero dovuti tornare alla terra e agli armenti nell'Arcadia dell'Impero, e scarseggiavano le armi e i rifornimenti che avrebbero dovuto metterli in condizione di difendersi. Si erigevano muraglie umane laddove quelle vere erano state abbattute.

Eppure in quell'articolo Goebbels incitava alla resistenza come ultima prova per la vittoria finale affrescando di parole il cielo notturno come una Cappella Sistina ricolma di figure retoriche.

«Berlino può essere difesa. Berlino è un istrice» diceva. «Un grosso porcospino con gli aculei puntati in tutte le direzioni.»

Non parlava più di miracolose armi atomiche che avrebbero risolto tutto in un Armageddon finale e non inneggiava alla vittoria. Non nominava hitler invocandolo come il messia. Diceva solo che ci si poteva difendere e spronava i berlinesi a «Resistere! Resistere! Resistere!».

Goebbels aveva espresso gli stessi identici concetti nel famoso discorso sulla guerra totale il 18 febbraio 1943 allo Sportpalast. L'SS Höhne lo sapeva bene perché formava il picchetto d'onore insieme all'SS Zyprian Schwarzwälder. Due statue viventi ma immote nella rigida coreografia che accompagnava le manifestazioni di massa. Prestavano la presenza e la splendida divisa nera con gli stivali rigidi e lucidissimi per puri fini decorativi accanto al pulpito dell'oratore.

Gli stessi argomenti erano stati riproposti nel discorso di giugno. Anche in quell'occasione l'SS Hans Höhne formava il picchetto d'onore insieme all'insopportabile camerata SS Zyprian Schwarzwälder. «La crisi è superata» ripeteva Goebbels. «La Germania sta sferrando l'attacco finale e presto sconfiggerà gli invasori!»

«Però non ci vuole dire come e quando» commentò Hans a voce alta.

«Taci o ti sparo!» lo minacciò Schwarzwälder.

Due settimane più tardi il ministro della Propaganda parlava alla folla nel corso della solenne commemorazione dei Caduti sotto il bombardamento alleato. Il picchetto d'onore era formato dall'SS Hans Höhne e dall'SS Zyprian Schwarzwälder.

«A volte rimpiango di essere così bello...» si lamentava Höhne. «Mi mettono in picchetto insieme a te per alzare il livello estetico.»

Goebbels aveva ripetuto quasi alla lettera il medesimo discorso. Tra le poche varianti la frase: «La vittoria arriverà dal mare con i sottomarini».

«Ehi, camerata, hai sentito? Una frase nuova!» ironizzò Höhne. «Me ne aspettavo almeno due! Un tempo aveva più fantasia, le notizie se le inventava di notte.»

Schwarzwälder finse di non sentire.

«Non è necessario essere un agente segreto di Gehlen per sapere che da maggio abbiamo perduto l'Atlantico, sia in superficie che sotto.»

L'articolo sul «Das Reich» tralasciava molti dettagli che Höhne conosceva. Anche a quel discorso nel picchetto d'onore insieme a Schwarzwälder c'era lui. Ripeteva che avrebbe preferito andare a pescare ma Schwarzwälder non reagiva, rigidissimo e fiero, più fiero che rigido, più sordo che fiero.

Goebbels era nel camerino con il suo staff. Dall'esterno proveniva molto alonata la voce di Speer che parlava alla folla.

Come stabilito dal cerimoniale, era l'architetto Speer a tenere il primo intervento. Il ministro degli Armamenti aveva affrontato il problema delle armi ed era stato persuasivo, a giudicare dalle reazioni. Con il suo tono calmo e asciutto aveva citato statistiche migliori di quanto la gente si aspettava – ed era sempre ciò che la gente si aspettava. Il discorso aveva raccolto un sacco di applausi. Infine aveva cominciato l'aneddoto del bimbo che l'aveva fermato per strada a Essen. Era il segnale che stava per concludere il proprio discorso.

Ora toccava a Goebbels prendere la parola. Il ministro uscì dal camerino preceduto dalla scorta personale e si diresse con decisione al palco ove s'impadronì degli applausi che salutavano Speer, risollevando l'entusiasmo e portandoli a un livello mai raggiunto prima della propria entrata.

Nella folla si notavano molti camerati che si erano presentati in divisa per fare colpo sulle ragazze e gli altri civili. Anche loro erano venuti per sfamarsi con la manna che la divinità vivente dispensava a tutti. Altre SS avevano dovuto rinunciare a quello spolvero: erano in servizio con abiti civili per mescolarsi col popolo, controllare e riferire qualunque movimento sospetto.

Soldati e popolo seguivano rapiti il rituale del discorso pur sapendo già dove il ministro della Propaganda sarebbe andato a parare. Conoscevano gli argomenti, i toni, i tempi e le pause, e sapevano con precisione dove sarebbero intervenuti con gli applausi. Era una liturgia: Goebbels l'officiante, tutti loro i fedeli, con la sola differenza che non s'era mai vista una chiesa così affollata.

Non si trattava più di politica, ma di religione. La convinzione del popolo nel programma del Reich era un credo miracolistico, la devozione per hitler era una fede. E i fedeli credevano a tutto ciò che veniva detto come a Verità Rivelate. Credere era l'assoluzione per le cattive azioni che avevano compiuto. Dall'oscurità e dal mistero delle montagne austriache era arrivato il Führer che s'era fatto carico di tutti i loro peccati in cambio delle loro anime. La fede è vita e speranza, nel nazismo come in ogni altra religione.

Tutti, in quell'abnorme conclave, avevano conservato intatta la fede nazista contro ogni evidenza, ogni intelligenza e contro il proprio futuro. Höhne era tra i pochi che l'avevano persa. Era ateo anche nell'eresia.

L'ss Höhne, il torturatore, il vero uomo, il baluardo dell'autentico genotipo dell'arianità contro la decadenza del resto del mondo, il titolare del proprio diritto naturale al dominio in qualità di uomo geneticamente puro ammetteva come divinità ormai soltanto se stesso.

La crisi invernale è finita!

declamava Goebbels dal palco sopra di loro.
«Idioti...» disse Höhne a denti stretti. «Popolo bue... stupefacente quantità di invertebrati... nazione di citrulli!»
Schwarzwälder lo guardò irritato.

I nemici hanno creduto di poterci stroncare con una guerra di nervi ma non hanno avuto alcun effetto su di noi.

«Ovazione della folla» anticipò Höhne.
«Piantala, è un quarto d'ora che brontoli!» protestò Schwarzwälder.
L'ovazione della folla arrivò.
«Sentito? So a memoria come reagiscono a ogni frase. E quello qui sopra lo sa meglio di me.»

Nel novembre del 1918 abboccammo ai trucchi del nemico ma ormai abbiamo imparato la dura lezione di quella debolezza morale! Ci avevano promesso pace, libertà, felicità e prosperità ma ci hanno ingannato.

«Urla di gioia» ordinò Höhne. Le urla di gioia s'alzarono puntuali. «Non ne sbaglio una, devi ammetterlo.»
Schwarzwälder lo fulminò con lo sguardo.
«Che hai, sei nervoso?»
«Non provocarmi. Come puoi scherzare in un momento simile!»
«La tua fede, Ruprecht, vacilla?»
Gli occhi di Schwarzwälder schizzarono dalle orbite, il volto divenne paonazzo. In un riflesso incontrollato imbracciò l'arma.
«Che fai, ti muovi?» lo derise Höhne. «Devi essere immobile come una statua altrimenti stoni con la scenografia e sai quanto i nostri capi ci tengono!» Schwarzwälder tolse la sicura. Höhne non fece una piega. «Devi essere fermo come la fede che ci anima. Incrollabile. Anche se vuoi spararmi devi essere fermo come la fede che ci anima. Incrollabile.»
«Sei un traditore, Höhne. Ti denuncerò!»
«Uno dei principali requisiti per sporgere denuncia è essere vivi...»

Il cuore dei capi, della gente e dei soldati al fronte battono all'unisono. Da noi non ci sono lavoratori che fanno sciopero e soprattutto non più sobillatori ebrei che lavano la testa alla gente!

«Applausone!» ordinò.
L'applauso arrivò, fragoroso e interminabile.
Schwarzwälder vacillava.

Siamo un intero popolo in armi determinati a difendere il nostro onore e le nostre terre fino all'ultimo respiro. Noi non siamo un popolo di traditori. Se soltanto uno ci provasse, il popolo stesso lo farebbe a pezzi al primo sospetto!

«Urla!» ordinò Höhne, muovendo gli occhi per dirigere come un direttore d'orchestra la bacchetta.

Le urla isteriche di trionfo non si fecero attendere, a loro volta subito coperte da un boato di applausi. Molte donne piangevano.

La legge della guerra è dura, ma in Germania nessuno ha voluto entrare in guerra o ha gioito quando ciò è accaduto e su questo non c'è discussione. Non passa notte in cui qualcuno non perda tutto ciò che ha, a volte il padre, a volte la madre, a volte i figli che sognava di veder crescere. Ogni tentativo nemico di abbattere il popolo tedesco s'è infranto contro il muro del carattere nazionalsocialista.

«Applausi scroscianti!»
La massa esplode.
«La massa esplode in un temporale di applausi dimostrando il proprio entusiasmo e l'incrollabile fede nella vittoria finale...»
«Smettila!!!» gridò Schwarzwälder.
Gli applausi si protraggono.
«Come possono applaudire e morire nello stesso momento?»
«Höhne... lo dico per te!»
«Goditi questi ultimi momenti, tra poco il divertimento sarà finito! Non potremo più uccidere nessuno.»
Schwarzwälder restò un attimo indeciso, poi risolse di avvicinarsi. Era una cosa assolutamente proibita ma la gravità delle affermazioni di Höhne lo costringeva a farlo. Approfittò del fatto che nel delirio generale nessuno l'avrebbe notato.

«Questa non è gente, questo è un enorme dado da brodo» gridava Höhne approfittando a sua volta del fatto che nel delirio generale nessuno l'avrebbe notato. «Un plasmabile chilometro cubo di carne con due sole mani e una bocca enorme per applaudire e urlare e una grande testa di cazzo per dire sempre *sì*!»

«Che hai detto?» Schwarzwälder gli s'era parato innanzi.
«Secondo te?»
«Ripeti ciò che hai detto.»

«Dicevo che è tutto fantastico.»
Schwarzwälder lo guardò fisso negli occhi. Qualunque cosa Höhne avesse detto aveva ritirato tutto. O davvero non aveva sentito bene. Era impossibile parlarsi anche a tre metri di distanza.
«Batterei le mani anch'io, se non mi fosse proibito» aggiunse Höhne.
«Che hai detto?»
«hitler è grande e Goebbels è il suo profeta! La vittoria è nostra. Heil hitler!»
Si salutarono militarmente e l'ss Schwarzwälder tornò al posto, a destra sotto il palco di Goebbels. Prima di tornare immobile come una statua e fissare il vuoto si voltò verso Höhne e gli sorrise. Höhne ricambiò ma una smorfia impercettibile gli increspava le labbra.

L'abbattimento indiscriminato dei grandiosi monumenti che testimoniano lo splendore della nostra superiore cultura e civiltà sarà additato a loro imperitura vergogna. Saremo pronti per i decisivi e determinanti quindici minuti finali. Noi vediamo le cose da una prospettiva molto ampia e facciamo tutto ciò che serve per la vittoria finale!

(applausi)

La Chiesa Inglese dichiarò alcuni giorni fa che le bombe non possono distinguere tra uomini donne e bambini!

(aumentano urla, fischi e grida di disgusto)

Queste voci inglesi che oggi definiscono i bombardamenti contro donne anziani e bambini un metodo cristiano per distruggere il popolo tedesco presto sarà zona aperta ospitale per la nostra risposta a questi crimini!

«Lo scrosciante applauso della folla oceanica esprime l'ammirazione e la solidarietà verso il comportamento coraggioso dei residenti nelle zone dei raid aerei...»

Contro di noi gli inglesi stanno facendo ricorso alla guerra aerea. Noi risponderemo coi sottomarini!

«Quali cazzo di sottomarini?»

L'immane sforzo per la guerra totale non sarà offerto invano. Un giorno il Reich trionferà! I nostri nemici possono cominciare a chiedersi *come* e *quando*.

(oceaniche grida di "Bravo!")

Chi più di ogni altro spinge per l'invasione dell'Europa sono gli ebrei, perché nessuno di loro è coinvolto in prima persona. Saranno americani e inglesi a pagare il contributo di sangue anche per loro!

(frasi di giubilo e ripetuti "Bravo!" a squarciagola)

Gli ebrei sono a capo di imperi ricchissimi e sconfinati. Si sono gettati nella guerra per comandare le nazioni povere e impadronirsi del poco che posseggono. È una cospirazione mondiale criminale. Se non li sconfiggiamo, l'intera umanità onesta e laboriosa sarà distrutta, nell'interesse delle loro esistenze parassite!

(la massa esplode in uno sterminato, oceanico applauso che risorge più volte come una grande ondata e pare interminabile)

Nel quindicesimo libro dei *Protocolli dei Savi di Sion* è scritto: "Quando il re degli ebrei poserà sulla sua santa testa la corona che l'Europa gli offre, diventerà il patriarca del mondo intero". Ma come è sempre avvenuto, anche questa volta, poco prima di raggiungere la vetta, Lucifero cadrà.

(nuova interminabile tempesta di applausi e grida)

Gli ebrei si nascondono dietro Roosevelt come eminenza grigia, gli ebrei stanno alle spalle di Churchill come suggeritori. Gli ebrei agiscono all'ombra del Cremlino come veri sostenitori del bolscevismo. L'Internazionale Ebraica con la sua rete globale getta ponti tra Mosca, Londra e Washington. La guerra è nella sua natura. L'ebreo la dirige dalle tenebre e sarà l'unico a trarne beneficio.

«Silenzio» disse Höhne. «Il concetto è troppo complesso.»
E silenzio fu.
Schwarzwälder schiumava rabbia.

Opporsi è l'unico modo che l'Europa ha per continuare a vivere. Altrimenti sarà fatta a pezzi e ognuno di noi sarà facile preda dell'anarchia e del bolscevismo. La nostra personale garanzia di vittoria finale è l'amore per la vita e la forza-guida che ci viene dalla personalità del Führer.

«Temporalesche dimostrazioni di esaltante convincimento e tumultuosi applausi continuano per parecchi minuti a testimoniare la delirante ammirazione verso la santa persona del nostro Führer...»
Come sempre la folla eseguì ciò che Höhne aveva ordinato.

Ancora oggi non siamo in grado di comprendere in pieno che cosa significhi avere alla guida della nazione un uomo come hitler, che impersona la volontà di vivere e la fiducia nella vittoria di un intero popolo. Vinceremo la guerra perché egli è con noi!

«Si rinnovano forme di entusiasmo incontrollabile che autocelebra per parecchi minuti la propria selvaticità.»

E ora termino il mio discorso. Stiamo fronteggiando il più infernale complotto contro la libertà dell'uomo che la Storia ricordi. Mettete da parte la gentilezza dei vostri cuori, la pietà, la vostra naturale fiducia nel prossimo. Questa volta la Germania deve pensare unicamente a difendere la sua stessa sopravvivenza. Al termine di tutto c'è la vittoria che ci aspetta. Il nemico non ci crede. Noi glielo proveremo!

Il ministro ha concluso. Esplode un uragano di applausi, interminabile e assordante come previsto e predisposto. Una parte della folla comincia a saltare, un'altra scandisce slogan, un'altra ancora urla «Heil hitler!» e batte all'unisono le mani.

Höhne e Schwarzwälder si trovarono fianco a fianco mentre precedevano il ministro nel retropalco.

«L'uomo in sé è indipendente e sicuro, la massa è plasmabile come un agnellino: la spingi ad applaudire o a sparare con la stessa facilità. La tecnica della propaganda insegna che chi possiede le informazioni possiede la folla. La folla è in grado di assorbire solo verità semplici, il popolo deve essere messo al corrente un passo per volta e non bisogna mai dirgli tutto. Assistere quotidianamente alla dimostrazione pratica di questi principi è un insulto per l'intelligenza.»

«Continua pure, Höhne. Ho già chiesto udienza privata al ministro per riferirgli i tuoi deliri. Chiederò che non ti accada niente di irreparabile. Sarai radiato e sbattuto in un campo di lavoro e spero che finirai presto in una fossa comune.»

«Sei un perfetto camerata, Schwarzwälder.»

«Grazie» sorrise incerto. «Non mi aspettavo tanta cavalleria.»

«Voglio essere gentile. Non infierisco su chi sta per morire.»

Schwarzwälder restò perplesso e stava per reagire ma arrivò Goebbels e scattò sull'attenti.

«La nostra gente ha molta dignità» disse il ministro al suo attendente entrando in camerino a struccarsi.

88.

Attraversavo la lobby dell'Împăratul Romanilor diretto all'ufficio del proprietario che mi aveva tolto di prigione, dalla cella schifosa, da quella situazione di incomprensibile cazzo.

Aveva garantito per me, il conte Höhne. Estremamente gentile da parte sua.

Giunto nel mezzo della lobby ebbi un attimo di esitazione. Dopotutto non c'era nessuna fretta, forse era meglio ringraziarlo domani.

E sarebbe stato meglio perché, impalato com'ero nel mezzo della hall vasta e scoperta, venni assalito da Nyby.

«Buongiorno» dissi.

«Alla faccia della mezz'ora... È tre giorni che la aspetto!»

«Non ha saputo cosa mi è successo?»

Raccontai velocemente tralasciando i dettagli perché lo vedevo attanagliato da un disinteresse totale.

«E ora dove vai?»

Mi dava del *tu*.

«A ringraziare il conte.»

«Ah, certo, è grazie a lui se ora sei libero.»

«Diciamo *arresti domiciliari*. Dalla mia stanza posso chiamare solo quest'albergo: più che un telefono, è un citofono col prefisso. Posso leggere solo «Il Giornale d'Italia», unico quotidiano al mondo che esce una volta la settimana, fatto coi ritagli dei giornali italiani della settimana prima. È tanto inutile da non essere nemmeno proibito. Il mio agente è in vacanza in un'esclusiva Spa austriaca e il suo ufficio è chiuso per un mese e mezzo.»

Aspettavo una parola, un piccolo cenno di solidarietà, ma nulla arrivò. Mi avviai e lui s'avvio con me.

«Vengo anch'io.»
«La ringrazio ma non è il caso.»
«Non conosci il conte.»
«Nemmeno lui conosce me, ma mi ha aiutato senza che glielo chiedessi. Ringraziarlo mi pare il minimo.»
«Non lo conosci. Può essere pericoloso.»
«Ci vediamo al chiosco.»
Mi avviai ma mi bloccò per un braccio.
«Stai attento, è pazzo» sussurrò, lo sgomento negli occhi.
«Stai scherzando.»
Scosse la testa come lugubre conferma.
«Temo che non è ancora pronto.»
«Io?»
Non capivo più a chi si riferiva.
«No...»
«Lui?»
«No, è che... non so se...» era imbarazzato. «Hai proprio desiderio di andare lì dentro?»

Sembrava lui il pazzo, perciò passai al *tu*.
«Il mio desiderio è tornare a casa. Puoi farmi tornare?» Abbassò gli occhi. «Allora vado a ringraziarlo.»

Mi lasciò via libera ma dopo un istante mi afferrò di nuovo il braccio.

«Spero di non dovere mai dirti il resto.»
«A me pare che mi hai detto già troppo.»
Mi allontanai sbuffando. Stavolta non mi fermò.
«Stai *molto* attento» disse.
Annuii.
«A cosa deve il suo potere Höhne? Mistero. Io stesso che potrei scrivere la sua biografia non saprei rispondere. Ha in pugno la polizia del posto e ogni altra cosa che è del posto.»

Ero ormai davanti alla porta dell'ufficio.

«Adesso, se permetti, dovrei entrare.»

«Eppure hai visto anche tu com'è stato maleducato con il pullman di cinesi!»

«No.»

«Non l'hai visto?»

«No.»

«È stato maleducatissimo.»

«Non l'ho visto. Non c'ero.»

«Lo hai mai visto fare i conti alla cassa?»

«Cosa posso aver visto se sono praticamente arrivato adesso!»

«Non gli importa niente degli incassi. L'albergo non dipende dai turisti e neanche dall'entrata in Europa. I soldi arrivano da chissà dove.»

«Quanti anni ha, ottanta?»

«Ti interessa?»

«Volevo solo cambiare argomento.»

«Di piú.»

Mi fissò in silenzio. Sapeva di avermi incuriosito.

«Ottantacinque» dissi.

«No.»

«Meno?»

«No.»

«Di più?!»

«Ho già parlato troppo.»

«L'unica volta che mi interessa…»

«Non mi costringa a essere maleducato.»

«Adesso torni al *lei*?»

«Le ho detto dei tesori d'arte trafugati da tutta Europa?»

«No.»

«Le ho detto che sono stati nascosti nei bunker segreti di hitler?»

«No.»

«E delle quarantamila fotografie fatte fare prima delle invasioni alle cose che non potevano rubare?»

«No.»
«Allora ho già detto troppo.»
Si avviò con passo deciso, fiero dei propri segreti.
Fatti pochi passi si voltò.
«Ti aspetto al chiosco di via Bălcescu» e se ne andò definitivamente.

In quei momenti ricordava in modo impressionante un cretino.

89.

La porta dell'ufficio si aprì da sola con uno scatto, lasciando appena uno spiraglio. Infilai la testa. Non c'era nessuno. Nonostante la penombra notai l'arredamento prezioso e curato, in puro stile Biedermeier. Anche la boiserie era realizzata ispirandosi a quei colori e quelle forme. Una grande libreria correva lungo tutte le pareti e al centro troneggiava una massiccia scrivania. Dal fondo dell'ampio locale qualcuno cantava un pezzo notissimo del *Crepuscolo degli Dèi*. Non poteva essere che il conte, anche se non conoscevo la sua voce. Aveva preferito incontrarmi nel suo ufficio privato piuttosto che in quello dove trattava gli affari perché, mi aveva fatto dire, *Chez lui sarebbe stato più comfortabile.*

Mi chiusi la porta alle spalle e quando mi voltai ero faccia a faccia con lui.

«A che devo...»

Era apparso senza un fruscio. Avvertii un piccolo bradisismo interno.

«L'ho spaventata?»

Forse non era stato solo interno, come bradisismo.

«È stato davvero gentile da parte sua sottrarmi alla prigione e a quei carcerieri da barzelletta.»

«Mio dovere.»

Teneva la schiena dritta, quasi rigida, e un aspetto marziale reso in qualche maniera più autorevole dal cranio perfettamente calvo e dagli occhi chiari e freddi. Doveva essere stato un bell'uomo, da giovane, ma ora la pelle da antica pergamena e le orbite incavate rivelavano un'età forse maggiore di quella reale. Era una spanna più alto di me, ma ugualmente mi spiava da sotto in su.

«Sono venuto per ringraziarla.»

«Non mi ringrazierà più quando mi avrà conosciuto meglio...»

Sorrise, ma non subito, per farmi capire che era una battuta. Sorrisi anch'io. L'atmosfera, il luogo, la stanchezza, invitavano a tutto fuorché allo scherzo. La bocca grande e le labbra sottili nascondevano facilmente il sorriso scuro e appena accennato.

Forse non stava scherzando.

«Ci sarebbe altra gente da ringraziare, che ha fatto più di me.»

«Sono ammirato dal suo italiano.»

«Le SS parlavano benissimo italiano. O più precisamente le *Élite-SS*. Non metterei la mano sul fuoco per le *Waffen-SS*, le *Allgemeine-SS* e le *Totenkopf-SS*.»

Raggelai. Le probabilità di una piacevole chiacchierata stavano precipitando.

«*Noi* abbiamo abbattuto la borghesia. Abbiamo operato una grande trasformazione nella società e nella politica. Noi non volevamo la guerra, sono stati i nostri nemici a tirarci dentro.»

Non ribattei nella speranza che cambiasse argomento.

«E poi non sono conte.»

«La chiamano tutti così.»

«Io preferirei *papa*, ma sembra che non sia possibile...»

Sapeva essere anche divertente. Nyby con le sue truci descrizioni mi aveva messo fuori strada.

«Mi chiamino pure come gli pare, non ho mai tenuto alle formalità. I paesani sanno trovare soprannomi molto efficaci, la loro fantasia è rozza e insaziabile. Sempre cercano materiale per le loro storie, meglio se di orrore. Morti, scheletri, maledizioni, sortilegi, impalamenti, complotti, assassini.»

«Mi sta facendo un bel quadro.»
«La gente qui va poco al cinema.»
Sorrisi. Non mi dispiaceva, la cariatide.

Senza aver mosso un passo mi trovai accanto a una poltrona del Cinquecento in marocchino sulla quale m'invitò ad accomodarmi. La spalliera era scomoda e altissima. Il conte aggirò la massiccia scrivania e si lasciò avvolgere da una grande poltrona dall'apparenza confortevole. Da lì prese a osservarmi in punta di spillo con occhietti aguzzi e indagatori.

La scarsa luce s'infilava dalle persiane socchiuse evidenziando con tocchi di controluce i dettagli dell'arredamento secondo la volontà delle tozze candele di cera d'api sapientemente disposte. La somma delle candele accese, nonostante fosse giorno pieno, era più forte della luce esterna, che restava fuori dai vetri lavorati, filtrata dai piombi delle decorazioni.

Prese da un cassetto una pipa antica in osso dal collo ricurvo, e l'accese con un lunghissimo fiammifero dalla capocchia scura.

Il rito di accensione si svolgeva nel silenzio assoluto. Le prime nuvole azzurrine levitarono impalpabili e solenni senza alcun commento.

La conversazione non ripartiva. Forse era da considerarsi conclusa. Buttai una frase per verificare.

«L'italiano non è una lingua molto diffusa.»
«È la lingua della Chiesa da duemila anni. È molto simile al latino.»
«Ha studiato latino?»
«C'ero quando l'hanno inventato.»
Sorrisi, era una buona *boutade*.
«Lo dice chi non mi ama, disturbato dal fatto che alla mia età ancora non mi decido a togliermi dai piedi. È bene sapere che cosa dicono di te i tuoi nemici, soprattutto la Chiesa.»
«È sua nemica?»
«Non pretendo tanto. Diciamo che *io* sono uno dei suoi tanti nemici. Ma non ne posso fare a meno, come un bimbo con i

giocattoli, anche se li rompe per vedere come sono fatti dentro.»

«Sono qui per un film e invece incontro un personaggio affascinante come lei. E non è piaggeria.»

«Che è *piangeria*?»

«Una sviolinata.»

«Musica?»

«È un modo di dire: significa che il complimento è sincero.»

«Non tutti i morti vengono per nuocere, allora...» disse senza sorridere.

«Già. Una cosa tremenda. Hanno arrestato l'assassino?»

«Sì, ma l'ho fatto rilasciare.»

Mi guardò minaccioso per un istante, poi rise. Uno spiffero di aria gelida è un getto di phon rispetto alla sua risata. Pareva godere nel mettermi a disagio.

«Era un mafioso russo. Decapitato per lasciare un messaggio, stile mafia italiana.»

«Secondo Nyby...»

«Ah, ah, l'agente Nyby! Dice solo castronerie.»

«... verrà archiviato come suicidio.»

«Non si capisce che razza di agente è» continuò senza ascoltare. «Sarà un... come si dice in italiano *big mouth*?»

«Chiacchierone.»

«Sì! Bello, kià... kiàkk-rr-n...»

Fissò un punto alle mie spalle e si perse. L'espressione vitrea suggeriva che si fosse staccato il cervello.

La pausa si protrasse per un tempo insostenibile nel silenzio assoluto, io seduto e lui immobile. Non sapevo cosa dire. Notai una specie di stalattite sul bordo della scrivania.

«Che strano minerale, cos'è?»

Al suono della mia voce il conte si scosse e riprese a parlare con estrema naturalezza, come niente fosse successo.

«Folgorite. Quando la sabbia viene colpita dal fulmine si cristallizza formando questa specie di carota, una radice di ginseng trasparente con macchie opache.»

Si perse nella folgorite con espressione estatica.

Non era colpa mia se cambiava umore da un momento all'altro e – si potrebbe dire – anche carattere. Prima sparava una battuta e un attimo dopo emanava buio. Era calmo, estraneo, lontano, assorto, presente, irritato, violento, furioso, controllato. Tutto e l'opposto di tutto. Poteva scatenarsi in uno qualsiasi di quegli aggettivi prima del mio respiro successivo.

Avevo tutto l'agio di guardarmi intorno. Dalla poderosa libreria coglievo a caso titoli e copertine che si interponevano tra Höhne e me: *Lucifero Disoccupato* di Wat, *Il Diavolo Innamorato* di Cazotte, *Il demone meschino* di Sologub, *I Mondi e gli Inferni* del Doni, le incisioni infernali del Gonin, i *Sabba* del Dürer, gli sguardi immondi degli uomini col corpo a guscio d'uovo di Bosch, un paralume fatto di qualcosa che poteva essere carta pressata o pelle di vitello tenera e scoloratissima.

Forse il mio cuore era fermo.
Forse il suo non si era mai mosso.

Lentamente e senza alcun motivo l'imbarazzo andava tramutandosi in paura. Che senso avevano quelle pause improvvise e – per quanto potevo saperne – definitive? Se non mi fossi impegnato a riaccendere la conversazione, sarebbe rimasto in silenzio? Data l'apparente forma fisica poteva anche essere morto. Ero tentato di voltarmi a controllare Se qualcuno gli dava indicazioni. Magari tra un istante si spalanca la porta e si precipita un medico a praticargli un'iniezione incolpandomi: "Perché non ha suonato il campanello! Non ha visto come sta?".

«Ha agito in modo del tutto disinteressato» tentai.
«È un cliente del mio albergo!»
Mi guardava pacato. Anzi, sorrise.
Mi fece precipitare la temperatura del sangue.

Il conte aprì un portasigari rettangolare in argento con decorazione geometrica sul bordo e quattro bassi piedini d'angolo. Sul coperchio era incisa l'aquila imperiale che stringe tra gli artigli una corona d'alloro che racchiude una svastica. Ai lati della svastica le iniziali maiuscole A H.

«Un Cohiba?»
«Non fumo, grazie.»
«Nemmeno io.»
Da un cassetto estrasse una pipa ritorta di fattura artigianale e l'accese. Il fornello era in osso scolpito e il piccolo coperchio ne continuava la decorazione.
«Solo i deficienti di questo verminaio poteva pensare uno come lei coinvolto nel suicidio di uno zingaro!»
«Al comando non condividono, purtroppo.»
«Al tavolo di hitler gli attori avevano sempre un posto d'onore.»
«Be', non...»
«Gente rozza, un branco di cretini. Requisito ottimo per un poliziotto ma non per i rapporti umani» sbuffò di nuovo. Ora la pipa era correttamente avviata.
«Li sopporto perché non c'è meglio. Hanno paura di me. Questa è la cosa più importante. Si raccontano cose brutte su me.»
«Non lo sapevo» mentii.
«Lei mente.»
«No» mentii ancora.
«Li lasci dire perché...»
Sospese la frase e attaccò a pipare con estrema concentrazione. Guardava lontano e poi il coperchio del fornello vicinissimo strabicando e riposizionando il pupillame in una sorta di ginnastica oculare. In altre circostanze sarebbe stato impossibile non ridere ma restai serissimo senza alcuno sforzo. Il tabacco era dolce, la nuvola azzurrina e densa. Svolazzava fantasmaticamente e si dissolveva senza fretta dando il tempo di apprezzare quella danza da naiadi leggère.
«Cose vere?» sorrisi per rendere chiaramente pleonastica la domanda.
«La paura assicura l'obbedienza» sentenziò senza rispondere.
Diede un tiro alla pipa fissandola come la vedesse per la prima volta. "Cosa sono queste incisioni sul coperchio del fornello?"

sembrava chiedersi, piuttosto accigliato. "Chiccazzo ha messo questa specie di capezzolo sulla sommità della cupolina del coperchio del mio fornello?" pareva rimuginare come il marito della strega, l'orco dei fratelli Grimm. E io ero Hänsel e Graetel.

«Il comandante è piuttosto giovane» ripresi. «Ma intelligente.»

L'orco mi osservò incredulo, poi esplose in una caotica risata senza perdere di vista le decorazioni che impreziosivano il coperchio del fornello della sua pipa. Le pupille strabuzzavano all'interno rendendo lo sguardo strabico per l'eccessiva propinquità dell'oggetto osservato. Le sopracciglia aggrottate da un bel pezzo, inspirava rumorosamente dal naso come fanno i sub ed espirava con le estremità della bocca come fanno i pesci con le branchie ma tenendo le labbra serrate come fanno tutti i deficienti che accarezzano incantati la testa della pipa non potendo accarezzare in pubblico la testa del proprio cazzo.

«*Giovane* è innegabile, ma *intelligente* è troppo! È stato in Italia qualche anno e l'unica cosa che ha imparato è la lingua. Qui chiunque parla una lingua straniera, se vuole diventare ricco. Sono barbari slavi, imparano le lingue con la stessa facilità con cui i bambini rubano e le donne battono. È il loro DNA e...»

Riprese a ridere e non poté terminare la frase.

La risata s'era trasformata in una tosse rocciosa e terminale, forte e traballante, poderosa, convinta, convincente. Ora era tosse la sua risata cavernosa, catarrosa come una predica inferocita dal pulpito di una chiesa sconsacrata. Non capivo perché mi venissero in mente tutte quelle immagini orride e iconoclaste, da dove la mia paura traesse ispirazione. Né capirò mai perché mi ostinassi a voler vincere quello scontro non ancora ingaggiato quando sarebbe stato tanto facile andarmene. Cosa mi costava ammettere la mia ininfluente inferiorità? Stavo sfidando un treno in corsa che m'illudevo di far deragliare e ciò era molto al di fuori delle mie forze e ancor più del mio interesse.

«Voglio solo andare a casa» mi sentii dire.

«Non le piace qui?»

«Molto.»

«A parte Sibiu. Tutta la Romania, intendo.»

«Ci sono posti che entrano nel cuore, le piccole chiese ortodosse sui dorsi delle montagne o in fondo a gole scurissime. E i monasteri scavati nelle rocce.»

«Rupestri.»

«Impressionanti.»

«Ha niente di meglio da pensare che alle chiese?»

«Non si può fare a meno di notarle in un posto così sperduto.»

«Sibiu non è sperduta.»

«Sì, *sperduto* non è la parola giusta...»

«C'è un aeroporto e...»

«Sì, ma la Romania sembra un'isola. Non manca niente ma dà l'impressione di essere staccata da tutto. Si parla una lingua che ricorda l'italiano ma non è italiano, i colori non sono mai netti, la gente ti fa capire che sei un estraneo e che spera solo di incontrarti di notte in un posto isolato per darti una mano di botte, i vostri migliori ingegni sono sempre scappati all'estero e ritornati mai.»

«Come l'Italia.»

«Sì, ma dopo decenni di dittatura e spazzatura è questa l'impressione che dà.»

«Come l'Italia.»

«Capisce che dopo essere stato in galera senza motivo è anche normale c...»

«Si calmi, la prego. La capisco. Io sono austriaco, dello stesso paese del Führer.»

«Be', fantastico» sibilai. Ero prigioniero di un nazista. M'inondò una nuvola azzurrina e aromatica. Sembrava quasi da donna, quel tabacco.

«Monaco» completò, lusingato.

«Monaco non è in Austria.»

«Tutti i bavaresi erano austriaci, a un certo punto. Era di moda. Specie dopo il fallito *putsch* del '22.»

«Peccato che poi abbia insistito» sputai d'istinto ma me ne pentii subito. «Mi scusi, non volevo essere scortese.»

Seguì qualche istante di imbarazzo.
«D'altra parte non si può negare che...»
Mi osservò con la pipa, dalla quale esalò un risolino sardonico e beffardo. Una seconda nuvola azzurrina mi circondò minacciando pioggia.
«Quando una persona intelligente vuole essere banale diventa *molto* banale, architetto!» Finsi di non sorprendermi che sapeva anche questo, di me. «Posso chiamarla Franz?»
«Certo, se posso non rispondere quando mi chiama Franz.»
«Così mi piace. Pungente, reattivo. Sarà un piacere chiacchierare con lei nelle calde notti estive, io e lei davanti al caminetto...»
«Il caminetto in estate?»
«E che dice di Nyby? Ha molte cose da raccontare, sa? Cose che la interesseranno.»
«M'interessa quasi tutto ciò a cui mi interesso.»
«Vede?»
«Farebbe molto piacere anche a me, conte, ma...»
«Non mi chiami conte, l'ho detto già.»
«Come preferisce che la chiami?»
«In nessuno modo. Semplicemente parli.»
Notai che quando commetteva errori di grammatica indicava che era in difficoltà.
«Mi farebbe piacere, dicevo, ma conto di partire domani.»
«Domani?» Inarcò le sopracciglia. Uno sbuffo effuse dal forno della locomotiva in folle.
«Avrei parlato molto volentieri con lei, a lungo, ma...» M'accorsi che lo stavo consolando.
«Non si preoccupi per me. Dove va di bello?»
«Torno in Ital...»
«Ma è appena arrivato!» mi troncò la nazione in bocca. «Non ha ancora visitato i posti.»
«Ho già visto abbastanza.»
«Non abbiamo solo galere in Romania.»
«A Sibiu non ho visto altro!» buttai.
Höhne non gradì la battuta o magari non l'aveva neppure sentita.

«A Sibiu poi non ce n'è nessuna» disse quasi a se stesso.
«Quella dove sono stato io cos'era, l'Hilton?» Forse non facevo male a essere brusco.
«Una piccola cella di sicurezza. Non abbiamo galera a Sibiu.»
«Sta' a guarda' er capello...»
«Che vuole, è il minimo, dopo omicidio!»
«Solo che io con l'omicidio non c'entro niente!»
«Lo so. Per questo è qui invece di là. Ma si metta nei panni del comandante di *poliţie* e nei miei panni di albergatore che aspetta produzione italiana di cinquanta persone che non arrivano. Albergo prenotato ma vuoto.»
«Vuole farla pagare a me?»
«No» sospirò distrattamente, «ma qualcosa andava pur fatto.»
La trombettiera stava tirando gli ultimi respiri. L'agonia del fornello intarsiato della pipa barocco-tirolese assorbiva, oltre alle labbra prensili, tutta la sua attenzione.
«Sì, ma mi scusi, non vorrei sembrarle poco riconoscente. Lei ha fatto molto per me e lo apprezzo davvero e cercherò di sdebitarmi anche se al momento non vedo come potrei ma...»
«Troveremo il modo, non si preoccupi» disse alla pipa col tono del medico di famiglia alle prese col raffreddore di un marmocchio. «Ora vada a prendersi un bel bagno caldo e ne riparleremo, ce n'è ancora, di tempo...»
«Ma...» barbugliai stupidamente.
S'alzò con cautela prestando molta attenzione a non scuotere la pipa per non svegliarla. «L'aspetto al mio tavolo per la cena.»
Mi alzai con lui.
«Alle nove e mezza» aggiunse. «Anzi facciamo le dieci, così a mezzanotte sentiamo suonare la mezzanotte.»
Lapalissiano ma rassicurante.
«La ringrazio.»
Inumò la pipa in un cassetto della scrivania mentre un filo di fumo azzurrino si librava ancora esilmente e m'accompagnò alla porta accennando un passo di valzer.
«Non si disturbi...» Allungai il passo per precederlo alla por-

ta ma c'era già arrivato. Impugnò la maniglia esitando qualche attimo in silenzio, poi s'affacciò a controllare l'esterno. Un Pantalone di Goldoni irascibile e circospetto. Mi scrutò attentamente per controllare se mi fossi nascosto qualche pezzo d'argenteria negli occhi.

«Le valigie le farà domani.» La sua voce si librò esilmente come poco prima il filo di fumo della pipa, azzurrino.

«Non le ho ancora disfatte.»

«Partirà senza il suo amico?»

«Chi?»

«Il passaporto: il miglior amico del turista!»

«Ah ah» risi. «Oh, che esilarante!»

«Naturalmente intendevo Nyby, ma il passaporto è molto prezioso per un romeno. Può fare la differenza tra un mese di vacanza e un anno di galera.»

L'extracomunitario ero io, in quella situazione.

Forse continuò a parlare ma avevo smesso di ascoltarlo, perso nel pesante arredamento cercavo di scovare facce di animali tra i mobili e i capitelli scolpiti con stile rude ma efficace sia a bassorilievo che a tutto tondo. Le decorazioni si rincorrevano su una trama di s quadrate e intrecciate nel motivo della svastica, nel quale ci si poteva perdere all'infinito senza mai trovare il capo.

Come all'avvicinarsi dell'uscita di un tunnel sentii la sua voce tornare da lontano. Sentii i suoi occhi su di me e gli restituii lo sguardo.

Uno sbadiglio smodato mi offrì uno squarcio panoramico delle grotte di Postumia oltre le labbra inutili. Labbra violacee (chi mai le avrà baciate, avvicinato le proprie alle sue?), repulsive come una ferita da suturare sulla bocca buia. Vidi chiaramente i denti presuntuosi perché falsi e schifosamente marroni per il tabacco masticato e incancellabile. Denti affilati come pietre, sagomati dalle infiorescenze di nitro e quarzite nei punti di contatto.

«Si può vivere senza cervelletto?»
Presi tempo. *Che cazzo di domanda è?* Finsi naturalezza.
«Certo» risposi.
«A.»
Riaccese la pipa, ormai più volte morta e riesumata. Si lisciò il mento. Tirò una boccata, guardò i passanti fuori dai vetri quasi volesse abbatterli con il fumo. Non mi guardava.

«Il cervelletto, la struttura alla base del cervello» dissi, «ha una serie di complessi circuiti neuronali che sono rimasti praticamente identici nel corso di milioni di anni di evoluzione dei vertebrati.» Per me il discorso poteva morire lì ma il suo mutismo mi spingeva a proseguire. «E… recenti studi…» "Recenti studi", ma che sto dicendo? L'argomento era già più che estinto. Höhne non parlava ma la sua presenza era invasiva e maleducata in quella attesa, quasi volgare nel suggerire pressione e disagio, «… mettono in discussione, studi… recenti…, l'idea tradizionale secondo cui il cervelletto si limiterebbe a controllare i movimenti: è infatti attivo durante una grande varietà di compiti. Il cervelletto potrebbe essere più coinvolto nel processo di coordinamento dei segnali sensoriali che delle risposte motorie.»

Tremolavo. Una sorta di asfissia procedeva perfida e lenta a irrigidirmi la nuca.

«L'ho rimosso già, il cervelletto, molti anni fa…», commentò Höhne. Ora mi guardava senza vedere me e nemmeno l'aria o un pensiero come quando si cerca una parola. Guardava il tempo, cercava indietro indietro nel tempo: un'azione, un luogo, un avvenimento. Un fatto pesante come il piombo che gli opprimeva la testa.

Il conte riprese a parlare senza preavviso, né muovere un solo muscolo facciale. Senza forse respirare.

«Dopo un periodo di recupero con difficoltà nel coordinamento, aree cerebrali diverse sono in grado di assumere le funzioni proprie del cervelletto, soprattutto nei soggetti giovani. Tuttavia chi ha subito danni cerebellari presenta spesso deficit sensoriali. Dovevamo assolutamente capire il motivo. Servivano cavie. Soltanto un anno prima avevano la libertà di espatriare ma ora non potevano più andar via. Perché verso i primi del '38 diventò indispensabile capire come funziona il cervelletto.»

Avvertii aprirsi la massiccia porta alle mie spalle. Entrò un refolo di luce e aria fresca da fine agosto del mondo di fuori – allora era vero: esisteva un mondo anche fuori di qui – e i contorni della stanza mi parvero perdere di contrasto. Ogni cosa era appiattita come lo schermo di un televisore quando si esclude il contrasto e si alza la luminosità: lo spessore si annulla, le cose e le persone da vita reale scadono a bassorilievo, poi a sbalzo, a graffito e alla fine si nebulizzano.

«Le voglio dire una cosa, della quale avremo comunque modo di parlare...» Non ci tenevo per niente. «Per i nostri ideali la mia generazione ha perso tutto: denaro, terre, case, famiglia.» Spostò lo sguardo sulla libreria. Seguii i suoi occhi. Sulla parete polverosa notai un piccolo spazio libero rettangolare delle dimensioni di un piccolo quadro, o una fotografia.

Più tardi Nyby mi avrebbe detto che in quello spazio c'era la foto della sua famiglia.

«Così alla mia tenera età continuo ancora a chiedermi perché la guerra non ha seguito il corso naturale e non è terminata con la nostra vittoria. Il mondo conquistato in pochi giorni, milioni di vite umane risparmiate, niente dittatura americana che è il vero male. Noi al confronto eravamo dei mistici, mio giovane amico. Ma anche nei progetti più grandi c'è sempre qualcuno che tradisce. Voi italiani ne sapete qualcosa. Ma non è colpa vostra, voi non siete buoni soldati.» Fece una pausa per guardarmi. «È sempre sicuro di volermi ringraziare?»

Ero a disagio, non vedevo l'ora di stendermi sul letto. M'infastidivano le accelerazioni e gli improvvisi cambi di direzione nei quali mi avvinghiava come una piovra un serpente una vedova nera, un'ameba o altre bestie schifose. Mi prendeva regolarmente in contropiede spiazzando le mie difese. Un attimo fa era a un millimetro dall'addormentarsi contemplando l'ombelico della sua pipa e ora non smetteva di parlare, improvvisamente ipercinetico. Io oscillavo di rinterzo fra noia e timore, sensazioni poco piacevoli sia in vacanza che in galera.

«Quando mi ridanno il passaporto?»

«Secondo lei?»

"Cosa ne so di come funzionano le cose in questo buco di culo del mondo?"

Si alzò per accompagnarmi alla porta.

«Caro amico, non si può mai dire come vanno le cose in queste lande ai confini del mondo.»

Sentii freddo. Aveva usato quasi le mie stesse parole.

Uscii e il conte avvicinò l'uscio dietro di me sporgendosi da uno spiraglio. Ci stava a malapena il naso.

«Ora vada a fare un bel bagno rilassante.» Le parole gli uscivano di profilo e s'infilavano nella fessura ormai sottilissima.

«Grazie, molto gentile» dissi.

«E anche una sauna. Puzza.»

90.

Via Nicolae Bălcescu è un'isola pedonale e di conseguenza strabocca di gente e chioschi. A volte questi sono il prolungamento del relativo sul marciapiedi, a volte no. A volte c'è scritto *chiosco*, a volte no. Nyby non poteva darmi un appuntamento più vago.

Andai su e giù più volte e stavo ormai per rinunciare quando lo vidi, nascosto tra un grosso frigorifero e un cespuglio di bosso. Lui però non vedeva me, tanto era concentrato sulla masticazione di un panino. Mi accomodai e finalmente mi porse uno sguardo severo.

«Allora?»

«È un tipo strano.»

Si aspettava che continuassi ma non avevo molto da dire.

«Niente altro?» incalzò senza smettere di masticare con dovizia di particolari.

«Gentile, a suo modo.»

Ebbe un moto di impazienza ma si limitò a triturare.

«Ti ha chiesto di me?»

«Dice che non ti sopporta.»

«Non è una novità.»

Riprese a masticare con impegno.

«È ancora lo stesso boccone?»

Annuì a bocca piena.

«Quando ti decidi a mandarlo giù?»

«È la masticazione secondo il metodo Horace Fletcher. Ogni boccone deve essere masticato più di dieci volte. Lo seguo da quando ero ragazzo.»

Guardai lontano verso l'ingresso del paese ma non c'era niente da guardare.

«Hai sentito del serial killer?» disse. «L'ultimo corpo, quello della donna, è stato ritrovato a mezzo metro di profondità. È stato sotterrato di fretta, forse qualcuno ha disturbato il maniaco. In realtà, come le altre volte, non si tratta di un corpo solo smembrato, ma di pezzi di corpi diversi assemblati in modo da formarne uno. La testa è staccata con precisione e violenza in un colpo solo all'altezza della terza vertebra cervicale. Ha fatto così anche per le gambe. Si tratta del solito macabro *patchwork*, come dice la CNN. I pezzi erano lasciati nudi, senza alcuna protezione. Sarebbe stato sufficiente avvolgerli in sacchi di plastica per preservarli, ma l'assassino al contrario voleva che si decompongono in fretta.»

«Perché ti affascina tanto, questo caso?»

«Mi spaventa. Nessuno è al sicuro. Mai. Siamo circondati da pazzi.»

Proprio lui parlava!

«Non ha mai usato la sega» continuò. «Sai cosa ci dice ciò?»

«Cosa ci dice?»

«Che non vuole rovinare i corpi con tagli imprecisi. Per lui è importante che i tagli sono tutti uguali per incastrarli bene.»

«Come sai questi dettagli? Non erano sui giornali o in televisione...»

«Nei tessuti cerebrali hanno trovato Succinilcolina e Midazolam. Questo è un pre-anestetico e ottiene la semi incoscienza, ma è da iniettare costantemente, un po' per volta, con calma e attenzione, altrimenti provoca infarto. La Succinilcolina paralizza tutti i muscoli. La persona non riesce neppure a respirare da sola. Bisogna usare il *pallone Ambu* per ossigenare il sangue.»

«È una roba complicata!»

«Meno di quanto sembra.»

«Ma se lo scopo è disporre della vittima come vuole, perché non fa un'anestesia totale?»

«Per evitare un'anestesia totale.»
Lapalissiano.
«Però sarebbe meglio.»
«Certo.»
«E allora perché non fa l'anestesia totale?»
«Perché poi...» Si fermò a scrutarmi, severo. «Questo dovremmo chiedere a lui.»

Restammo a guardarci negli occhi in silenzio. Sapevo cosa stava pensando. Io invece non riuscivo a pensare a niente, oltre a chiedermi come faceva a conoscere tutte quelle cose.

«A Langley ho seguito molte autopsie e studiato con anatomopatologi» disse, quasi avesse udito il mio pensiero. «So come lavorano i *profilers*. Ma come agisce questo *s.i.* per me resta...»

«Questo cosa?»
«*Supposed identity*.»
«A.»
«... resta un mistero. Fa trovare nello stesso posto vittime uccise in tempi diversi. Ci sono morti di una settimana vicino a corpi su cui si è già formata l'adipocera, e che perciò non risalgono a meno di quattro mesi prima. Riassumendo: per un certo periodo va a caccia e accumula i corpi. Poi li butta via tutti insieme senza nasconderli troppo bene. Perché? Aspetta che scade un certo tempo? Oppure deve raggiungere un certo numero di corpi? In tutti e due i casi li usa per qualcosa. Ma cosa? Non li usa come trofei perché non sono conservati con cura. E allora?»

Spostai lo sguardo alle mie spalle, verso Piaţa Mare. Stavano rifacendo la pavimentazione, ma senza dannarsi l'anima. Nessuno voleva entrare in Europa, nessuno voleva uscire a lavorare. E in quell'atmosfera di contagioso lassismo Nyby sapeva tutto sul serial killer. Era sicuro di sé tanto da sembrare annoiato. Al contrario, a me pareva del tutto inutile come uno spinterogeno al quale hanno rubato il motore. Lo trovavo confuso, approssimativo e mi offuscava con una nuvolaglia di pensieri sgradevoli e imprecisi.

«È un *psycho*» riprese.

«Cioè un maniaco?»
«Un pazzo.»
«*Psycho* significa *pazzo*?»
«Significa *maniaco*.»
«Io cos'ho detto? Maniaco.»
«No.»
«È guarito di colpo.»
«Ha mutilato i corpi con una mannaia e prima di buttarli via li ha conservati al freddo, come dimostrano le lesioni provocate sulla pelle. Chi agisce così non è un pazzo.»
«No, è una brava persona.»
«Voglio dire che è lucido.»
«Meno male, se era confuso chissà cosa combinava!»

M'ero già pentito di averlo preso in giro, ma Nyby sorrise. Per quanto bizzarro, soffocante e noioso, era dotato di forte empatia. Non avevo mai fraternizzato così in fretta e a fondo con una persona sconosciuta e più vecchia di mio padre.

«Volevo dire che è un serial killer del tipo organizzato, capisce?»
«Sì, stavo scherzando.»
«Allora è pazzo.»
«*Io* sono pazzo?»

Lo guardai come l'orario delle partenze dopo che si è perso il treno.

«Intendo il conte: dev'essere pazzo.»
«Sì ma lo hai detto a me!»
«Abbiamo deciso di darci del *tu* per chiarezza. Perciò se dico "è pazzo" è chiaro che intendo lui!»
«Sì ma guardavi me.»

Ritirai mentalmente il paragone con il Cappellaio Matto che stavo per fare perché offensivo nei confronti di quest'ultimo. Mi alzai, o meglio: scesi con cautela da una stretta botte messa in verticale. Nyby scese a sua volta. Era cadaverico.

«La prego, non se ne vada!»
«Volevo solo sgranchirmi le gambe.»
«Lei... mi aiuti! Io... non...»

Cercava parole che nella mia lingua non ci sono e nella sua non trovava.

«Allora facciamo una cosa: io aiuto te, tu aiuti me. Io voglio tornare in Italia, puoi aiutarmi? Se non puoi amici come prima, però mi lasci in pace.»

Soppesò gravemente la questione, poi rispose risoluto.

«Si può fare.»

«Mi prendi in giro?»

Stese la mano. Io ero immobile per lo stupore, ma lui afferrò la mia e con una stretta vigorosa suggellò da solo il nostro patto. Mi sfuggivano un paio di dettagli ma in compenso la visione generale era carente. Restammo in piedi mano nella mano a fissarci negli occhi come due pirla.

Sembrava un debitore venuto a restituirmi dei soldi che invece me ne chiedeva altri in prestito.

Ci inerpicammo nuovamente sulla botte, scomoda e inospitale come tutto ciò che ci circondava. Chissà perché trovavo tanto ostici quei luoghi che in altre circostanze mi avrebbero affascinato? L'anello di metallo sporgente dalla botte che mi segava le chiappe mi strappò dal mio passeggero rovello.

«Tutti conoscono la verità ma nessuno parla. Höhne è tornato dalla guerra molto cambiato.»

«In peggio o in meglio?»

«Peggio non è possibile.»

«L'importante era tornare vivi.»

«Non per lui» annuì a se stesso, pensoso. «Ha visto cose terribili. Stalingrado. Obitori pieni di cadaveri viventi. Eserciti tedeschi e russi immobili per mesi uno davanti all'altro. Ci sono stati episodi di cannibalismo. In Siberia, nei campi di concentramento, i tedeschi che si erano arresi vendevano tra loro carne umana a pezzi. Il nostro mondo, le persone, la civiltà come era stata fino a quel momento non esisteva più.»

«Sì, è tremendo. La Russia, la ritirata.»

Un'onda di tristezza mi avvolse al pensiero di quell'inferno e non riuscii ad aggiungere altro, come per un attacco di alexitimia.

«Ma non è questo il motivo che lo odio. Questa è la guerra e lo capisco» riprese Nyby. «Lo giustifico. Ma non mio padre.»

«Perché tuo padre?»

«Mio padre lo ha conosciuto. È stata l'ultima persona che ha visto prima di morire.»

Il tono di Nyby era diventato intimo e mi coinvolgeva nel suo ricordo sempre più commosso.

«Lo ha ucciso lui.»

«Cioè Höhne ha ucciso tuo padre?»

Annuì.

«Ma.... c'era la guerra.»

«Non è successo in guerra. So che cos'è la guerra. Ma questo è ben altro. In tanti anni di ricerche ho raccolto prove e testimonianze schiaccianti. Non è stato facile e ho ricevuto anche minacce. Così ho raccolto ogni cosa in un memoriale sigillato e depositato presso tre notai. Camelia Ispirescu di Bucarest; studio legale Ilkley, Ross, Massee & Federico che mi rappresenta a New York; e dentro una cassetta di sicurezza in un posto che conosco solo io. Voglio dare una copia anche a te se mi vuoi aiutare.»

«Ma come...»

«La copia che sta a Bucarest la aggiorno in periodiche visite. Se mi dovesse accadere qualcosa, Ispirescu e quelli di New York aprono il documento e inviano subito una copia al colonnello Mickelberry della CIA. È *omicidio* in tempo di guerra. E come tale va trattato.»

«Ma i sospetti...»

«No sospetti: prove.»

«Ma come puoi pensare che io possa fare qualcosa?»

«Per i fatti vecchi ho tutte le prove. Ma quando una persona uccide come lui ha ucciso mio padre, non riesce più a fermarsi. A gente così una guerra non basta.»

«Cosa stai dicendo?»

Mi guardò fisso negli occhi senza la minima esitazione.

«Il serial killer è lui.»

91.

Se voleva fare colpo c'era riuscito.

Nel giro di pochi minuti, in quella che nella mia biografia sarebbe stata ricordata come *la seduta terapeutica della botte*, non solo mi aveva messo a parte di un doloroso fatto di famiglia, ma aveva anche svelato il nome segreto di un inafferrabile serial killer. E di chi si trattava? Dell'odiato albergatore che ha ucciso suo padre e che lui vorrebbe uccidere ma non avendone il coraggio accusa della qualsiasi affinché le autorità facciano il lavoro sporco per lui.

Quale sarà la prossima rivelazione: che la Merkel in realtà è una donna?

«E il fatto leggendario e risaputo che non esce mai?»
«Non è vero.»
«Che non esce dall'albergo?»
«No...»
«Allora esce!»
«No.»
«E perché allora dici che non è vero?»
«Non è vero che è una leggenda!»

Boccheggiai. Ero Alice nel Paese senza meraviglie ma avevo incontrato il Cappellaio Matto.

«Mi ha detto che non esce mai dall'albergo.»
«So tutto di lui.»

«Non è vero, perché hai già detto che non esce. Cerchiamo di fare un passo avanti...»

«Ho trovato oggetti delle vittime in albergo.»

«Ottimo. Vai alla polizia.»

«Fanno sparire le prove. Sono tutti d'accordo.»

«Un complotto» dissi scettico.

«La Teoria del Complotto è invenzione della CIA per coprire i veri complotti.»

«E la teoria *contro* la Teoria del Complotto?»

«CIA anche quella.»

«Adesso mi domando cosa c'entra la CIA.»

«Sono della CIA anch'io.»

Non riuscivo a scendere dalla giostra.

«Allora rivolgiti alla CIA!»

«Solo lei mi può aiutare.»

«Appunto. Chiedi aiuto a lei.»

«No!» reagì rabbioso. «Dico *lei*!»

Mi puntò l'indice allo sterno quasi trapassandomi per non sbagliare mira. Ruotai sulle chiappe per scendere dalla botte, spazientito, ma di nuovo l'anziano giustiziere mi trattenne per un braccio facendomi un male cane. Che cazzo di presa aveva il vegliardo?

«Chiedo scusa.»

D'istinto mi divincolai dalla stretta. Era il momento giusto per togliermi dalle palle ma me l'ero lasciato sfuggire. Non me ne sarebbe capitato un altro.

Si scusò di nuovo. Ripresi la conversazione giustamente scocciato.

«Se non la pianti di passare dal *tu* al *lei* non si capisce un tubo!»

«Che è *un tubo*?»

«Un cazzo.»

«E allora di' "cazzo", no?»

«Cosa fai, mi tiri addosso le mie frasi?»

«Continuerà a fare altre vittime!»

«È una cosa davvero orribile, ma c'è la polizia per questo...»

«Sono anni che raccolgo prove contro lui.»
«Hai detto *altre vittime*: sono più di una?»
Nyby annuì con una solennità che in altre circostanze sarebbe stata buffa.
«Ne uccide quattro, li taglia a pezzi, li mischia e fa trovare quattro corpi per volta.»
«Come in Moldavia.»
«Là detto lui a tavola, ricordi? Moldavia è territori di caccia preferiti.»
«Si riferiva alla selvaggina.»
«Höhne è un assassino. È un maniaco che va fermato. Uccide dopo una tortura che trascina per anni senza finirlo, come...»

La monotonia soporifera riduceva la sua voce a un bisbiglio indistinto che lentamente diventò confuso e svanì. La noiosità di Nyby aggravata dalla masticazione secondo il metodo Fletcher, lo sguardo fisso, il caldo umido che saliva dall'asfalto, il brusio della gente che deambulava molle, le infradito di plastica apparentemente senza meta, tutto formava un semolino di rumori e assenza e io mi distrassi.

Ho la testa leggera, le orecchie ovattate, un ammasso di sonno arretrato qui al bar dello Zeppelin. Ci si muove lentamente in un limbo sospesi nell'aria, molto in alto. La Terra molto in basso è lontana e non si vede più, siamo isolati dalle nuvole. L'ambiente è esclusivo, i motori non si sentono ma sotto i nostri piedi la Storia macina il suo corso. Le eliche sono nascoste ma si sentono vibrare. È un viaggio iniziatico, di maturazione, di passaggio da uno stato a un altro nella speranza che sia migliore del primo. Qualcosa si sta sviluppando. A favore o contro lo scopriremo solo all'uscita da questo vuoto d'aria, da questa bolla di sapone.

92.

All'improvviso notai qualcuno di fianco a me, su un alto sgabello da banco. Era Enikö, nuda. Stranamente non ero per niente sorpreso.
«Sapevi che venivo?» chiese.
«No.»
«Eppure non sembri sorpreso.»
«Infatti, e questo mi sorprende.»
«Non ti eccita che sono nuda?»
«Questo posto è strano, sai?» dissi. «▓▓▓▓▓▓▓▓▓▓▓▓▓▓▓▓▓▓▓▓▓▓▓▓▓▓▓▓.» Le presi una mano, lei la ritrasse. «C'è una tensione, qui intorno, una specie di impazienza, una irritazione cattiva. Si vede nella gente e anche nei muri.»
«Sarai un po' stanco. Approfitta che fai niente e riposa un po' mentre io sono qui che lavoro da mattina a sera. Quando torni vedrai tutto più bello...»
«~~Dammi un bacio.~~ Vuoi darmi un bacio? Perché non provi a darmi un bacio? Bevi qualcos'altro?»
«No, grazie.»
Affonda il coltello in un enorme cinghiale squartato e sanguinolento.
«Dolce?»
«Sì, ma sa di selvatico.»
«Intendo se vuoi il dolce.»
«Dolce sì.»

«Gelato?»

«Con fragoline di Nepi.»

«Anche qui ci sono i boschi ma le fragoline sono della strega che te le offre poi ti chiude in una gabbia. In posti così sono nate le fiabe con gli orchi e le mele avvelenate. Le storie di fate hanno radici storiche e qui si capisce il motivo. Vedo in giro un sacco di ragazze belle ma sciatte...»

«Perché me lo dici?»

Intanto Enikö è diventata la carcassa di cinghiale. Sta sullo sgabello e incredibilmente mi pare di capire che accavalla le gambe. Mastica.

«... trasandate, senza la minima eleganza... Sembra che trascinino delle ombre, non hanno una briciola di seduzione, ~~non come te~~... Bei corpi, microgonne, ma non so... Sembra che ti vogliano fare del male, c'è un non so cosa di sporco, di volgare... Il contrario di te, insomma ███████████████. Tu... ███ uni»

«Ti senti bene?»

«... tu saresti bellissima anche come cinghiale.»

Silenzio.

«Quand'è che facciamo un viaggio insieme?»

«Mai.»

«Ottimo.»

«Non è colpa mia se non facciamo viaggi insieme.»

«È colpa mia.»

«Non è colpa tua ma...»

Ritorna la Enikö normale, fortunatamente sempre nuda.

«Non pensavo che fossi così innamorata di me» dico.

«Visto?»

«Se ~~dentro quel bel corpicino~~ non sentissi niente per me non avresti problemi.»

«Abbiamo mai fatti viaggi insieme!»

«Motivo in più per cominciare.»

A questo punto mi accorgo di essere nudo anch'io.

«Devo andare.»

«Te ne sei già andata da un pezzo.»

Scende dallo sgabello. Ha un portamento regale.

«Hai un portamento regale.»

«Buona giornata.»

Ha spolpato la carcassa.

«Rimani qua.»

Sbuffa. Guarda in giro. Si bilancia sui pattini da ghiaccio.

«Resta solo per il weekend. Lunedì torni in Italia. Il volo da qui arriva a Ciampino, due passi dal palazzo del ghiaccio.»

Silenzio.

«~~Sai quante cose possiamo fare!~~ Non sei mai stata in Romania!»

Silenzio.

«Come puoi fare il campionato del mondo senza prima vedere Romania!»

Sfugge risatina.

«Dormi in camera con me.»

Mi pare di sentirla ridere ma sbaglio.

«È meglio che non ci vediamo più» dice. «Neanche per telefono.»

Arriva il gelato con le fragoline di Nepi portato da due agenti della *poliţie* di Sibiu che arrestano Enikö, la quale li segue senza una parola.

«Il cadavere lo prendo io» dice un terzo agente che mette il cinghiale su una barella e lo porta via insieme a un collega.

«Confesserò l'omicidio!» grido. «Almeno avrò una scusa per vederti!»

93.

«Dobbiamo fermarlo!» gridò Nyby all'improvviso.
«Eh?» sobbalzai.
«Mi ascolti o no?»
«Sì...»
Cercai di scuotermi ma faticavo a riemergere. Il ricordo di Enikö mi aveva risucchiato completamente. Battito cardiaco da orso bianco in letargo.
«Io prendo un bourbon» disse.
«Ma il chiosco...»
«Hai dimenticato qualcosa?»
«No... il conto. Dico, abbiamo pagato?»
«Ho fatto io.»
Non ricordavo di essermi spostato dal chiosco all'albergo.
«Cosa prendi?»
Ero ancora assente. Cercai di scuotermi.
«Una bottiglia grande di minerale. Il condizionatore secca la gola che è un piacere.»
Ero incerto sulle gambe e mi appoggiai al bancone.
«A me un bourbon» ripeté, e riprese da dove avevo smesso di ascoltare.
Non avevo perso niente. Nyby è un uomo-fisarmonica: soffia aspira, soffia aspira ma getta solo aria. Gli argomenti sono sempre gli stessi e se perdi un pezzo basta aspettare e poco dopo ritorna.

«Criminali molto più importanti come Renno, Gross e Heim dell'Aktion T4, Mengele, Nebe... se la sono cavata per tutta la tua vita! Lui non lo conosce nessuno. Era solo una rotellina dell'ingranaggio.»
Si alza, deambula roboticamente.
«Sono guidato dal sentimento.»
«L'odio.»
«È l'unico sincero.»
«Adesso sembri lui.»
«Ma è la verità. È vero e dura una vita.»
«Dura *due* vite: la tua e la sua.»
«Mi denunci?»
«No.»
«Allora mi aiuti?»
«No.»
«Almeno raccogli informazioni per me...»
«No.»
«Sai dire solo no?»
«Senti chi parla!»
Si alza nuovamente e percorre la hall andando di bolina.

«Ho già tutte le informazioni che mi servono.»
«Allora perché le chiedi a me?»
«È nato nel 1925, il venti aprile.» Attende da me una reazione che non arriva. «Non capisci?»
«Dovrei capire qualcosa?»
«Lo stesso giorno di hitler!»
«L'ho sempre detto che aprile ha un giorno di troppo... E non intendo il primo aprile.»
«Un essere spregevole. Otto Strasser dice che nessun uomo politico s'è mai dimostrato tanto cattivo e meschino come hitler, del quale nessuno ricorda un solo gesto di generosità. Non lo dico io ma Strasser, e lui lo conosceva bene.»
«Stavi dicendo di Höhne...»
«Sì. Il padre era nei Freikorps e muore nel 1921 in uno scontro di piazza con i comunisti.»

«Höhne è nato da solo?»
«Perché?»
«Suo padre è morto quattro anni prima che lui nascesse!»
«Come sarebbe?»
«Hai detto che Höhne è nato nel 1925.»
«Ho detto '25? Scusa, volevo dire '20. Anzi: '19! Suo padre morì quando lui aveva un anno. Non l'ha mai visto.»
«Magari l'ha anche visto ma a quell'età, sai com'è, si tende a dimenticare...»
Strambò scocciato in prossimità della boa e ripercorse la diagonale in senso inverso.
«Del resto non posso pretendere che ti interessi ai fatti miei che poi non sono solo fatti miei...»
«Senti, Nyby: io voglio andare a casa. Ho una vita là, sai? Persone da vedere, lavori da fare, baci da dare e da prendere... L'unica cosa positiva è che non mànno ancora sfracassato i maroni con l'Iva.»
«Cé una donna che ti aspettano?»
«No.»
Rientrò dalla divagazione.
«È cresciuto nella *Hitlerjugend*, il migliore della sua classe. Élite-SS. È stato dappertutto, uomo di fiducia per gli interrogatori più difficili. Gli ultimi giorni di guerra fanno irruzione nel suo laboratorio e lo trovano che sta torturando, incurante degli Alleati e dell'inutilità dell'interrogatorio. Sta per uccidere la vittima.»
«Prove. È la trentesima volta che te lo dico. Qualsiasi cosa fai, fai male. Anche se non la fai.»
«E allora?»
«Qualunque cosa decidi di fare, non farla.»
«E allora che faccio?»
Lo osservai con l'attenzione e la delicatezza che si riserva a un piccolo insetto che viene a posarsi sulla mano. Ha più anni di mio padre e chiede consiglio a me! Mio padre non mi ha mai chiesto consigli su argomenti che travalicassero l'alternativa fra bresaola o prosciutto per cena. Mai chiesto se era meglio l'auto-

strada o la via panoramica: diceva destra o sinistra poco prima del bivio, più spesso dopo, ma consigli mai. Gli uomini di quegli anni non hanno dimestichezza con le richieste di aiuto. Soprattutto perché mai ammettono di averne bisogno, men che meno con persone più giovani di loro. I giovani restano giovani per tutta la vita e bisogna proteggerli.

«La gerarchia è un valore assoluto» predicava, quasi mi avesse letto nel pensiero. «I nuovi arrivati restano matricole per tutta la vita. La differenza di autorità non si riduce mai anche se in tempo di guerra può capitare di prendere ordini da superiori di grado ma inferiori di età. Chi ha fatto la guerra non la dimentica più, vive sempre in un contesto militare. Quanti hanno trascorso la propria gioventù portando a spasso divise di panno pesante di foggia e colore diverso secondo il fronte dove li spedivano?»

Cos'avrebbe fatto una volta conclusa quella missione che dava significato alla sua esistenza ormai prossima al bilancio finale? Si era innamorato della sua vendetta con la passione riservata al gioco o all'amore. Ci conoscevamo appena ma mi aveva già raccontato tutta la sua vita e oltre. Nulla di ciò che diceva sarebbe passato alla storia e dopo il terzo Martini neppure alla geografia (Martini e gin li aveva comprati al supermercato e li teneva nel frigo della camera, altrimenti vuoto). Parlava a raffica e mi pareva di sentire i denti battere come tasti premuti da una dattilografa. Le labbra non stavano ferme un istante ma faticavano a star dietro alle parole. A volte davano l'impressione di essere fuori sincrono, come scosse da una febbre malarica.

Era esperto d'arte, psichiatra e consulente dell'NSA, parlava della guerra poi si distraeva e ricominciava da capo come un juke-box umano. Nel frattempo la mia mente andava da tutt'altra parte a sgranchirsi le sinapsi.

«... in pensione!» lo sentii dire a un certo punto.

Mi fissò con gli occhi sgranati. Non avevo la più vaga idea di dove fosse andato a parare. Mi faceva rivivere gli istanti orribili di quando a scuola ci si distraeva durante le interrogazioni, con il rischio di venirne risucchiati alla minima disattenzione.

«Però i riservisti sono sempre in servizio» riprese, fortunatamente. «Glielo dico perché un gingillo come quello che stavo usando in camera sua con lenti di nove pollici non è cosa di tutti i giorni... e non stavo spiando una donna, *thaz sure*!»

Continuava a farmi l'occhiolino ma non capivo cosa voleva farmi capire. Forse esistono circostanze più imbarazzanti che farsi trovare nella camera di un altro a spiare le donne col telescopio.

«Lo spionaggio è tornare bambini» intervenni sperando di risparmiarmi un altro giro sulla giostra. «È guardare dal buco della serratura. È sexy. La molla vera, quella che spinge a diventare una spia, è vedere le donne nude.»

Il ripetitivo ospite si lasciò andare a una risata fragorosa.

«Dove va a trovarle queste idee...»

«Teoria riduzionista. Spesso la verità è più vicina e più bassa di quanto sembra.»

«E chi ha inventato questa teoria?»

«Io. Esempio: tu sei una spia e sai certe cose segrete. Tutti fanno domande ma tu non puoi rispondere e meno rispondi più sei importante. Solo tu sai dove sono le donne nude, capisci?»

«Voi italiani... che ci vedrete mai nel sesso?»

«La donna nuda è una categoria dello spirito e dei sogni. E la spia ne conosce una che è numerosa, è tutte le donne del mondo, la donna dei sogni. Quella donna lì è sempre nuda. È nata nuda. Quello è il vero potere: sapere dov'è la donna nuda.»

«Ho smesso di seguirti.»

«Devo fare retromarcia?»

In Transilvania la sera fa fresco già in agosto, ma Höhne ama tanto aprire il tetto del salone. La gente di qui ci sarà anche abituata ma lui rischia di perdere i turisti, la cui età media si avvicina a quella dell'albergo.

«Uno di questi giorni vorrei andare al castello di Dracula a Bran.»

«Non è il castello di Dracula.»

«Lo so, ma è dove Murnau girò il primo *Nosferatu* della storia.»

«Si trova fra le catene montuose dei Buceri e della Piatra Craiului. Tra il XV e il XVI secolo fu città di frontiera fra Transilvania e Walacchia.»

«Regioni affascinanti, nomi spaventosi.»

«Trova?»

«Dovrei fare due ore di macchina con un cadavere sopra la testa, esattamente sopra al bar in linea retta, al primo piano.» Mi vennero i brividi, al pensiero. Non c'era nessun italiano per parlarne, gli altri sarebbero arrivati il giorno dopo. «Ma se manca Tremamondo non si gira. Aspettano tutti le sue mosse. Se non arriva lui non arriva nessuno. Tremamondo è incapace di tutto.»

«Sono qui per un affare d'arte» rivelò Nyby con gravità. «Höhne è un ladro internazionale già dai tempi della guerra. Ma questo è meglio non dirlo a voce alta. Ma... mi ascolta?»

«Sì, perché?»

«Pensava ad altro.»

«C'è un cadavere che m'insegue.»

«Eh?»

«L'omicidio.»

«È un suicidio.»

«S'è staccato la testa da solo!»

«È sempre suicidio, se non si trova il colpevole.»

«E si trova?»

«Come fa a trovare il colpevole se è un suicidio?»

Non è colpa sua: sono scemo io a fargli le domande.

Mi lasciai andare sui cuscini dell'enorme divano in marocchino. Nonostante le molle diseguali era di una comodità anestetica.

«Molto stanco?»

«Per niente.»

«La sua faccia risponde per lei. È la prima volta?»

«Che sono stanco?»

«Che scopre a un omicidio.»
«Sì.»
«Per un agente non esiste la prima volta, eppure è sempre la prima volta. Non ti abitui mai.»
«Quindi si figuri me! E ho visto solo un piede...»
«Cerco i capolavori trafugati da hitler in tempo di guerra. Sono stato in Italia e ora qui.»
«Ammiro la sua abilità nel cambiare argomento» dissi davvero stupito.
«Mandò i migliori fotografi in tutta Europa per fotografare tutto ciò che non poteva rubare. Ci sarà una grande mostra a Berlino. Sibiu è un posto bellissimo. È una fortuna capitarci!»
«Lo dica a quello del piano di sopra.»
«Superuomini biondi che governano il mondo. Occultismo. Magia. Spedizioni segrete in Tibet. Contatti con gli extraterrestri... E non parlo degli egiziani o dell'*Iliade*: parlo di qui e di pochi anni fa. E succederà ancora, questione di tempo. Fossero stati grandi uomini e grandi errori a distruggere la Germania, ma in questo modo... Questa è la triste, banale realtà. Triste. Banale. Triste. Triste. Triste. Triste. Triste.»

Si era commosso.

«È ammirevole che senta tanto quel dramma lei che non è nemmeno tedesco.»
«Le spiace se cambiamo discorso?»
«Ne sarei entusiasta.»

Da sotto la cenere di quell'espressione afflitta baluginò un riflesso cattivo. Durò meno di un istante e rientrò immediatamente ma mi lasciò senza fiato. Quella persona così mite aveva mandato uno schizzo di sangue, uno scarto appena percettibile ma di una violenza insostenibile, e ora si prodigava per asciugare la macchia. Ma quello sguardo non l'avrei più dimenticato.

«E sa lei perché hitler l'hanno seguito tutti?» riprese con lo stesso tono.
«...»
«Perché era il diavolo.»
«Il Male Assoluto?»

«Nonò: il diavolo in persona. Lo so perché mio padre l'ha incontrato.»

«Ma per piacere!» esplosi, ma me ne pentii subito.

«Voglio giustizia!»

«Allora sparagli.»

«Noi abbiamo delle regole.»

«Allora strozzalo!»

«Smettila.»

«Non avete licenza di uccidere?»

«Non mi va di scherzare.»

«E chi scherza?»

«Devo agire nell'ambito del diritto.»

«Dimettiti e strozzalo.»

«Un agente non si può dimettere. Non ne esce mai.»

«A un certo punto andrai in pensione, no?»

«No.»

«Vi credevo un po' più sciolti.»

Accusò il colpo e si mise a rimuginare in silenzio.

«Mi devi aiutare» sbottò. «Sei l'unico che può farlo!»

«Perché sei così tragico? Ci conosciamo da mezz'ora, come puoi dire che sono l'unico!»

Non si mosse. Forse i miei argomenti l'avevano colpito.

No.

«Tutto il mondo deve sapere» ripartì. «Ho le prove.»

«Di cosa?»

«Che ha ucciso.»

«L'hai già detto, che è lui il serial killer.»

«No, sto parlando di mio padre.»

Dalle giostre eravamo passati alle montagne russe. Chiusi gli occhi un istante e presi un profondo respiro. Cercavo di mantenere la calma in modo un po' plateale.

«Adesso spiegami cosa c'entra tuo padre.»

«È stato una delle sue vittime.»

Mi sorprendeva sempre. Era una cosa tremenda, non sapevo cosa dire.

«Scusa. Mi dispiace molto.»

Socchiuse gli occhi.
«Per incastrarlo mi manca solo un piccolissimo dettaglio.»
«Sono sempre i dettagli quelli che fregano.»
«Nell'antica Grecia ai ragazzi insegnavano ventisei modi diversi per uccidere con le sole mani.»
«Devono avere imparato bene: sono morti tutti!»
«A noi ne insegnano molti più di ventisei.»
«Allora ammazzalo a mano, in silenzio. Poi chiudi la porta e te ne vai. Fai atterrare un elicottero sul tetto e prenoti un posto anche per me. E tornarono tutti a casa felici e contenti.»
«È passato dai nazisti a Ceauşescu, va regolarmente in Sudamerica e Stati Uniti.»
«Lavora anche lui per la CIA?»
«Quando serve, i Servizi non guardano in faccia a nessuno. Era nel Project X per addestrare i soldati alla controguerriglia in Vietnam. Insegnava le tecniche degli interrogatori coercitivi: qualunque mezzo pur di fare crollare il soggetto. Era specialista a manipolare l'ambiente per mettere a disagio, perdere la cognizione del tempo e dello spazio e togliere la sensitività.»
«Ne sai parecchio.»
«Ha lavorato anche per la SOA.»
«?»
«La School of the Americas, non conosci? È una famosa scuola di combattimento e tecniche di repressione, spionaggio militare e interrogatori con torture. Dal 2000 il Pentagono insabbia tutto.»
«Roba recente.»
«Hanno cambiato nome per mischiare le carte. Ora la SOA si chiama WHINSEC.»
«Sembra un tipo di vino.»
«È l'acrostico di Western Hemisphere Institute for Security Cooperation, ma è uguale a prima. È anche consulente della CACI e della Titan, che forniscono personale per gli interrogatori di terroristi.»
«Con una specializzazione in mano fai quello che vuoi!»
Non apprezzò. Tentai di essere serio.

«È diventato un intoccabile.»
«Questo è il vero problema. Però ora uccide fuori dalle strutture ufficiali e per questo è punibile. Tortura per lavoro e squarta quattro persone alla volta per divertimento!»
«Alla sua età. Chissà da giovane!»
«Non ce la fai a essere serio cinque minuti di fila?»
«Hai ragione, ma ti assicuro che mi sforzo.»
«E non lascia mai l'albergo.»
«Non esce mai?»
«Prima no, però.»
Tossicchiò, si guardò intorno. Annaspava.
«Cosài detto?»
«Che prima usciva.»
«Quando?»
«Tanto.»
«Mesi, giorni, anni?»
«Anni.»
«Quanti?»
«Tanti.»
«Nyby, porco cane, di' qualcosa di preciso!»
Titubava.
«È tanto, ma prima parecchio.»
«Perché ogni tanto parli turco?»
«Voglio dire che è tanto che non esce ma prima usciva tanto!»
«Ci voleva tanto?»
Il casino della sua grammatica rifletteva quello interno, assai più grave. Arrivare alla fine di una frase era come scavalcare un muro di cinta facendo leva su un budino.
Ma non era lui quello sbagliato: ero io.
Pretendevo che tutti parlassero italiano. E lo parlavano! Però tutti male. Che pacchia essere americani... Tutto il mondo si sbatte per parlare la tua lingua e dovunque vai se non ti capiscono è colpa loro. Era così nell'Impero Romano: tutto il mondo parlava latino. Nel melodramma era così, una volta. Che piacere guardare dall'alto in basso un famoso tenore che non ha pronunciato perfettamente le parole *Ho io grazie grandi appo te?*

Anzi, maravigliose! (Dante Alighieri, *Inferno*, canto XVIII: Taida la puttana)

«Prego?»
«Dimmi.»
«Non... non ho capito la domanda.»
«Non ho fatto nessuna domanda.»
«A.»
«Però davvero: parli benissimo eppure a volte sembri un cavernicolo. Perché?»
«Be', non è mia lingua!»
«Cilecchi quando ti emozioni, quando sei nervoso? Ho notato che anche il conte fa lo stesso. Parla come un professore, poi all'improvviso tira giù di quelle cagate!»
«Non saprei...»
«Non ti sei offeso, spero...»
«No, no, figurati!» Era imbarazzato come un bambino. «Ma come ha fatto a uscirti di prigione? E farti stare in suo albergo?»
«Prego?»
«Nessun altro lo poteva far.»
Apprezzai oltremodo il verbo tronco. Conferiva un che di poetico alla conversazione. Ero interessato all'argomento quanto un pesce alla Formula Uno.
«Cosa?»
«Altrimenti non sarebbe qui, ora.»
«E dove sarebbe?»
«Chi?»
«Lui!»
«No: io dicevo lei» chiarisce, indicandomi.
«Ricominciamo con la storia del *tu* e del *lei*?»
«Ok.»
«Cosa c'entra Höhne col fatto che io sono qui?»
«Ti ha fatta uscire lui.»
«Cosa c'entra, fa l'albergatore!»
«Lui qui comanda tutto! Unòra che lo dico. È pieno di soldi e può fare quello che vuole!»

«Allora perché non si gode la vita invece di stare chiuso qui dentro?»

«Tienilo amico, lui. Personaggio strano... Può fare anche male a te.»

«Io non gli ho fatto niente.»

«Lui non serve motivo.»

«Ma cazzo, Nyby, parli come un eschimese!»

«Lui *deve* odiare. Se non c'è motivo, odia di più.»

Quella frase mi gelò. Era semplice, diretta, ignorante.

Lo osservai con puntiglio. L'occhio era intelligente e nascosto. Pungente, solo in apparenza rassegnato. E vitalissimo. Avevo rinunciato a capirlo ma certo non era uno sprovveduto.

Allora il cretino ero io? Forse gli servivo per giustificare i buchi di una situazione dall'apparenza buffa ma che cominciava a puzzare di zolfo.

Facciamoci caso: ero l'ago della bilancia tra due alienati e li avevo incontrati tutti e due lì. Höhne ci abitava, d'accordo: ma è singolare che un ricco imprenditore dorma nello stesso ufficio dove lavora. Nyby invece forse era solo uno di quegli zii bizzarri che ogni tanto si allontanano da casa e poi li cercano in tv.

Da Langley a Sibiu, di albergo in albergo, ce ne deve aver messo di tempo...

«Non ha mai smesso di torturare» attaccò di nuovo. «È un'attività specializzata e molto richiesta. Sai quante torture avvengono ogni giorno nel mondo? Imparerai presto che tipo di uomo è. Come si fa a fare carriera in quel campo? Per andare avanti devi avere qualcosa in più, come in ogni altra professione. Sapere fin dove spingerti e quando mollare senza dimenticare che devi ottenere informazioni altrimenti impossibili. La vita del torturatore dipende dalle opportunità: una volta ottenute le informazioni magari lo uccidono. Lo uccidono per nascondere le informazioni, per non lasciare indizi sugli operatori, per non far conoscere le loro tecniche. E se non lo ammazzano può essere perché lui è ancora utile: in questo caso si possono avviare trattative per fare da infiltrato, beninteso nel caso in cui si è in grado di controllarne l'operato a ogni passo. La guerra legalizza qualsiasi mezzo illecito. Le Conferenze di Pace vengono rispettate solo in tempo di pace, quando tutte le conferenze si riempiono la bocca di retorica e chiudono gli occhi sulle guerre che vengono *dimenticate* perché nessuno ha interesse a ricordarle. In molti casi gli è tornato utile: Ceaușescu, Codreanu, Antonescu, Pol Pot. Le cose da scoprire sono tante come quelle da nascondere. Uno come lui può diventare prezioso e ricco. Poi c'è sempre il colpo di Stato. Ceaușescu viene deposto, processato e ucciso nel giro di mezz'ora. I suoi crimini sono di dominio pubblico. A parte il fatto che forse le persone uccise in diretta tv non erano i coniugi Ceaușescu. Ci sono i sosia, i fotomontaggi eccetera e comunque dopo tre giorni non gli interessa niente a nessuno. L'uomo di facciata non c'è più ma il suo entourage può ritirarsi con tutti i privilegi o riciclarsi nella politica.»

«Da nessuna parte risulta che il conte abbia mai svolto una qualsiasi professione. Come lo spieghi?»
«Non me lo spiego e non ho nessuna intenzione di spiegarmelo.»
«Non c'è traccia di titoli di studio, nemmeno tra i documenti delle SS. Non paga bollette, non ha conti correnti. Non esiste documento ove appaia la sua firma. Possiede tanti immobili ma l'Împăratul Romanilor non risulta intestato a lui, nonostante la sua storia sia documentata dal 1555.»
«Cazzo.»
«Anche se non lascia l'albergo da dieci anni che pena dovrebbe scontare per quello che ha fatto prima?»
«Immagino che il manicomio criminale non ti basti.»
Fece una risatina isterica.
«Lo trascino davanti alla Corte Suprema.»
Lo ascoltavo solo per educazione, come probabilmente facevano tutti.
«Hai le prove?» innescai.
Ogni volta lui s'infuriava, si alzava di scatto sbuffando come

un treno e se ne andava (se era già in piedi se ne andava e basta). Dopo un po' tornava, più calmo; scuoteva la testa, diceva che non poteva biasimarmi se non credevo a una storia così allucinante, scuoteva la testa di nuovo ed era pronto a ricominciare da capo. Dovevo assolutamente dirgli qualcosa altrimenti non me lo toglievo più dai piedi. Volevo andare in camera e addormentarmi nella vasca lasciando che a svegliarmi fosse l'acqua fredda o le dita bollite o la guardia medica.

«È – STATO – LUI» compitò con la convinzione tipica dei pazzi.
«Va bene.»
«È pazzesco» disse con aria sofferente. «Semplicemente pazzesco.»
«...»
«Lo dici solo per farmi smettere, anche tu come gli altri.»
«...»
«Ti credevo una persona intelligente.»
«Ciò mi solleva da molte responsabilità, credo.»
Emise un profondo respiro di solitudine e disagio. Annuì tristemente più volte.
«Vuoi capirlo che io tecnicamente sarei in galera?» ripresi.
«Ma non senti quello che dicono tutti?»
«Quando parlano non capisco e mi auguro di non stare qui abbastanza a lungo da capirli.»
Spostò lo sguardo su un punto il più possibile lontano da me e seguitò a parlare da lì.
«Non credi a quello che ti dico.»
«No.»
«Ci hai pensato bene?»
«No.»
Si fermò, sorpreso.
«Pensaci meglio, allora. Hai capito che è un criminale o no?»
«No.»
«No?»
«No.»
«Non lo credi colpevole?»
«No.»

Pausa.
«Con tutte le prove che ti ho dato!?»
«No.»
«No?»
«No.»
Altra pausa.
«No?»
«No.»
«No?»
«...»
«No?»
Io scossi la testa. Lui annuiva, sprofondando nelle sabbie mobili dell'abbandono. Inspirò profondamente e si riprese. Mi fissò con intenzione.
«No?»
Tossii.
«Ah no?» riassunse.
Per la precisione erano molti *no?* più un *Ah no?* Non aveva molte frecce al suo arco e doveva riciclare le stesse.
«Due coincidenze non fanno una prova» banalizzai.
«Tre sì.»
«Nemmeno tre.»
«Questo è da vedere.»
«Cioè?»
«Tre sì!»
«Questo è da vedere.»
«Tre coincidenze fanno una prova, lo dice il proverbio.»
«Forse negli Stati Uniti. Ma qui non siamo a casa tua.»
«E nemmeno a casa tua.»
«Perciò tantomeno!»
«Che vuol dire?»
«Che legge e processi ce li dobbiamo scordare.»
Per un attimo ci guardammo negli occhi pensando "Già, perché a casa nostra invece..." e con altrettanta sincronia lasciammo cadere l'argomento.
«Era sempre nei luoghi dove sono avvenute le mattanze.»

«Ti piace quella parola, vedo...»
«Mattanza» ripeté ascoltandone il suono.
«Sono solo sospetti.»
«Voglio assicurarlo alla giustizia con un capo d'imputazione qualsiasi. *Evasione fiscale*, magari, c'è solo l'imbarazzo della scelta. La vicenda di mio padre l'aggiungerò come accusa successiva perché è troppo lontana nel tempo per partire da lì. Un'accusa vale l'altra.»
«Non potrai mai dimostrare niente.»
«È lui che se ne vanta!»
«In privato.»
«Ho registrato i suoi discorsi.»
«Dire si può qualunque cosa. Dimostrarlo è un altro paio di maniche.»
«Che sono *maniche*?»
«Insomma: servono le prove!»
«Ho un cassetto con anni di registrazioni: nomi, date, luoghi!»
«Butta via tutto...»
«Prego?»
«... ma tieni il cassetto.»
Senza darsi per inteso prese fiato e sollevò le dighe. Il discorso riprese la corsa verso valle come un fiume in piena.
«Nyby, sei di una noia mortale. Perché non pensi a te stesso come un'arma letale? Con un paio di aneddoti puoi uccidere Höhne senza lasciare tracce.»

94.

Vado in bagno con la Bibbia. Faccio lo shampoo alla vasca e quando mi pare degna di ospitare il mio augusto corpo la riempio diligentemente celebrando un buon matrimonio fra acqua e bagnoschiuma, che si erano appena conosciuti. Devo usare i prodotti dell'albergo – puàh! – essendo scomparsa la mia dotazione personale: balsamo, profumo, dopobarba, un pezzetto d'ambra che mi porto dal Marocco che ad annusarla mi ricorda il deserto, sali da bagno per contrabbassisti...

Inutile dirlo al direttore perché li ha presi lui o chi per lui. Ha un certo fascino avere contatti personali con una polizia ottusa oscuramente asservita a un potere smascherato. È apprezzabile che l'agente con cui hai a che fare dimostri chiaramente il proprio disprezzo per il cittadino e quanto sia ansioso di menare il manganello senza doversi appellare alla retorica del *servizio pubblico*. Ciò è molto educativo, soprattutto per il bravo straniero in visita.

Il livello dell'acqua sale indolente, la schiuma mi fa le fusa come un gattino. Mi immergo. Leggermente inebetito mi godo il relax della magia acquatica celebrata con attenzione ipnotica. Con gesti esperti dispongo la Bibbia in modo da evitare il contatto con l'acqua. La apro sul Commentario alla grande tribolazione di cui parla Giovanni nell'Apocalisse, 7,14 e mi chiedo: "È poi tanto diversa da quella in *Matteo* 24,21 o *Isaia* 28,22?". La prova grande e terribile che attende il mondo intero è pur la stessa.

Chi accoglie in sé la Parola e le resta fedele fino alla venuta del Signore sarà accolto presso di Lui prima ancora di quel giorno per il quale si preparano cose tremende per tutti i viventi.

Mi piace leggere la Bibbia e spero un giorno di fare amicizia con l'autore. Spesso mi attardo sul Cantico dei Cantici ma più spesso ancora mi ritrovo rapito dall'Apocalisse. Come un film già visto la apro senza un particolare motivo e me la giro in lungo e in largo per l'ennesima volta, specie se trovo un commento nuovo.

Nella Scrittura si descrivono terribili prove per tutta la terra abitata. Ci sono un sacco di passi forti nell'Apocalisse – per esempio il 3,10 è tremendo, e anche nei profeti dell'Antico Testamento, tipo *Isaia* 28,22 – ma è l'intero corpus di visioni e previsioni ad affascinare potentemente. Non saziano mai la curiosità ma anzi la provocano senza sosta con descrizioni minuziose e precise che però quanto più sono dettagliate tanto più risultano incomprensibili.

Smetto di leggere e ripasso a mente il programma di quel giorno di festa che verrà, tante volte annunciato ma fino a oggi invano. Tutto avverrà all'improvviso e nessuno avrà modo di saperlo in anticipo – a meno che sia già avvenuto all'improvviso e nessuno abbia avuto modo di saperlo in anticipo...

Un bel (?) giorno infatti, senza alcuna dichiarazione ufficiale da parte degli addetti-stampa, il Signore apparirà da sopra le nuvole. Sorpresa garantita tranne per tutti quelli che attendevano la Sua venuta e che da tempo giravano con lo zaino affardellato. Costoro si distingueranno a occhio perché saranno fermi in mezzo alla strada a guardare il cielo incuranti del clacson di quelli dietro finché, come una nebbia ch'agl'irti colli piovigginando sale, verranno rapiti in cielo in barba alle tariffe più scontate della Ryanair (*AirTessalonicesi* 4,17). Coloro i quali credono nel Signore e nel Suo prossimo ritorno realizzeranno la beatitudine sperata e incrementata senza posa (*Romani* 15,13). Tutti coloro morti nel frattempo causa la lunga attesa risusciteranno, quelli ancora vivi – gli ultimi arrivati – subiranno trasformazioni, vedranno resi pubblici il loro codice fiscale e la combinazione della cassaforte e tutti insieme s'involeranno lasciando la terra a Ligresti, Cabassi, Caltagirone, Berlusconi e altri speculatori per raggiungere il Signore senza scali intermedi (voli charter *Corinzi-Air* 15,51-54).

Questo ricorda molto la scena finale di *Miracolo a Milano*.

Ed ecco che il mondo, finalmente privato delle preghiere dei fedeli, potrà fare ciò che vuole, scegliere i genitori che preferisce, riconoscere le coppie di fatto e il divorzio tra fratelli. La maggior parte prenderà la residenza nel Paese dei Balocchi, le Ferrari verranno acquisite per diritto di nascita e ci sarà la Champions League tutte le sere. Abolita la prenotazione obbligatoria, sarà impossibile trovare un pizzaiolo e nessuno più vorrà fare l'extracomunitario. Verrà tirata una riga estetica all'altezza di Naomi Campbell e George Clooney e chi si troverà al di sotto sarà spedito su Marte. Sarà vietato accoppiarsi con scopo riproduttivo. Obbligatoria la masturbazione di gruppo fino ai quindici anni. Sul mondo così fatto presto dominerà la cattiveria e la poca voglia di lavorare fino allora in qualche modo nascosta nel cuore dell'uomo e nelle borsette delle donne.

Allora sì che quanti non hanno approfittato delle indulgenze e delle offerte speciali nei secoli precedenti saranno messi davvero male! (ih, ih, ih!)

Partenza la mattina presto, colazione al sacco e zaino in spalla. Dopo una marcia a tappe forzate che dura anni e anni finalmente a notte fonda si arriva alla meta designata e cioè il punto dal quale si era partiti. Allora verrà dato il via a due distinte tribolazioni, la prima delle quali divisa in due tempi con un intervallo per la distribuzione di bibite e gelati (solo per l'Italia però, perché all'estero l'intervallo non lo fanno più neanche al cinema).

La prima tribolazione colpirà le nazioni che avevano aderito al Patto di Varsavia (*Apocalisse* 3,10 e 7,14).

La seconda colpirà le nazioni che *non* avevano aderito al Patto di Varsavia.

La durata di questa prima, duplice tribolazione non è precisata ma pare che rivaleggerà con la variante di valico sull'autostrada A1.

La seconda tribolazione avrà inizio quando l'Anticristo vincerà di nuovo le elezioni. Allora esso colpirà in particolare il popolo ebreo, che era il nemico sia delle nazioni che avevano aderito al Patto di Varsavia sia di quelle che *non* avevano aderito al Patto di Varsavia (*Geremia* 16,17-19; 30,7; *Apocalisse* 12,15-17). Questi dettagli sul popolo perseguitato si sono ripetuti con tale regolarità nel corso dei secoli da non costituire più indicazione pratica.

Ci sarà chi crederà di poter trarre un sospiro di sollievo (non capisco in base a quale ragionamento) ma sarà amaramente deluso perché Satana, espatriato dai luoghi celesti, prenderà in mano le redini della Terra a partire dalle Isole Cayman.

Per bontà di Dio le cose terribili si succederanno con una rapidità miracolosa: il campionato di calcio verrà interrotto; le Olimpiadi si terranno una volta al mese; ci saranno esami di maturità una volta alla settimana e un referendum al giorno; verranno abolite le tasse perché annullati gli stipendi e la poligamia diventerà obbligatoria ma solo tra omosessuali. Però come già detto i tempi verranno ridotti drasticamente grazie all'eliminazione delle pause-pranzo finché, al culmine di questi avvenimenti turbinosi, apparirà personalmente il Figlio dell'uomo in tutta la sua Gloria con i suoi Angeli.

Questo effimero regno di Satana, per indulgenza divina verso gli eletti (*Daniele* 12; *Apocalisse* 11,2-3; 12,6-14; Matteo quando tratta degli ebrei nel cap. 12), farà registrare un risultato cronometrico di tutto rispetto: soli 1260 giorni, cioè circa tre anni e mezzo tutto compreso.

A questo punto avrà inizio il Giudizio delle Nazioni che assediano Gerusalemme e il popolo ebraico verrà liberato (*Zaccaria* 14). Le nazioni dovranno comparire davanti al Signore per essere giudicate secondo il modo in cui avranno ricevuto i Suoi messaggeri durante questo periodo di sofferenza (*Matteo* 25,31-46).

L'Anticristo sarà distrutto una volta per tutte con il semplice "soffio della sua bocca" (*Isaia* 11,4; 2 *Tessalonicesi* 2,8) e grande sarà lo smacco per i fabbricanti di dentifricio.

Da qui in poi partirà il regno millenario di Cristo.

Anche hitler diceva che il Terzo Reich sarebbe durato mille anni.

Chiudo il Commentario come ultima azione conscia e rimbocco l'acqua calda come una coperta.

Il bagnoschiuma fa schiuma alta una spanna ma con odore di Ph acido.

Il profumo penetrante sommato al calore da sauna nel quale è avvolto l'ambiente è soporifero e opprime. Non potevo chiedere di meglio. Il cervello manda pressanti messaggi di sonno e io non ho nulla da obiettare. Penso alle cose da controllare quando ci si obnubila: finestra aperta, porta chiusa a chiave, tv su Eurosport con replica del mondiale di pattinaggio artistico di figura con commento in romeno.

Vedo Scarlett Johansson che lascia cadere mollemente l'accappatoio dalle spalle e s'infila nella vasca accanto a me. Ma non si accorge di me.

95.

«Spiegami perché, oh gagliarda testa di cazzo, credi di dover essere sempre perdonato per tutte le miriadi di stronzate che fai?» salmodiavo nel telefono. «Tutti gli altri pagano, a te invece deve sempre andare di lusso. Hai un contratto in esclusiva con il Perdono Universale? No, te lo dico perché se non ti dai una calmata questo è l'ultimo film che fai, *nànu*. Sei mica un ente benefico. Beneficiato sì, lo sappiamo tutti, e anche fin troppo. Ma questa volta hai tracimato e hai rotto il cazzo. E quando il cazzo si rompe non c'è più niente da fare. Non si aggiusta più. È per questo che si chiama *cazzo*. Sono prigioniero in un Paese extraeuropeo con accusa di omicidio. Succedono delle cose che non ci capisco niente. Forse è uno scherzo fra vecchi decrepiti che si divertono alle mie spalle per farsi un po' di compagnia. Da noi ci si diverte prendendo una bella badante giovane dicendo che è per lo zio anziano, qui si divertono così. Fino a settembre possono anche continuare a divertirsi ma poi ho un film – di quelli che si girano davvero, non so se hai presente... – e qualcuno verrà a prendermi. Allora salterà fuori un casino che metà basta e sarete sputtanati su tutti i giornali tu, la produzione, gli organizzatori. Camilla e suo padre saranno moooolto felici... Tu non vuoi – o forse non puoi – capire, perché la cosa non riguarda te quindi è fuori dalla giurisdizione dei tuoi pensieri, ma io sono sotto le sgrinfie di un ispettore o capitano o commissario o quel cazzo che è, non si capisce un cazzo qui... Potrebbe anche essere un bidello che dirige la polizia locale. Ha lavorato per anni a Brescia come manovale, roba da pazzi, e mi usa come passatempo personale e procacciatore di autografi di me stesso perché qui guardano tutti la tv italiana e sperano un giorno di andarci a lavorare e mi chiedono se conosco Costanzo. Sono incarcerato in un albergo costruito nel 1555 e da allora mai più lavato, con un personale che al confronto la famiglia Addams è un istituto di bellezza. Sono controllato da un mastino napoletano che vive di sigarette sovvenzionato da me. Non mi deve perdere di vista un momento ma ha preso la residenza su una poltrona della lobby e non si muove di lì perché appena metto il naso fuori dall'albergo sa che tutto il paese lavora per i servizi segreti di Ceauşescu, mai abbastanza rimpianto. Dicono che non è morto e lo aspettano da un momento all'altro. Tutti, non solo il popolo: avvocati medici professori. Non c'è nessuno che vuole entrare in Europa. Dicono: se l'Europa ha accettato l'Italia è meglio restarne fuori. Ecco dove vivo, da solo, mentre tutti voi siete in giro per il mondo a fare i cazzi vostri. Tra l'altro sai che Dracula viveva qui? Pronto... Pronto!»

«Cazzo gridi?»

«Sì, aveva vari castelli, tipo quello di Bran dove Murnau ha girato il primo film su Dracula. L'ha dovuto intitolare *Nosferatu* perché gli eredi Stoker non gli davano i diritti, ma non era il suo vero castello. Ne aveva parecchi, era tutto suo qui, però preferiva stare altrove, a Braşov, Bistriţa ma soprattutto Sibiu, che amava in modo particolare e appena possibile si rifugiava qui e in effetti vi ha trascorso gran parte del suo tempo. Me ne ero accorto, sai? C'è un'atmosfera strana, come dire... mette i brividi. Senti sempre una presenza dietro la schiena: occhi, muri, case che ti guardano...»

«...»

«Davvero.»

«...»

«Se vieni te ne accorgi anche tu. È nell'aria. I lucernari sui tetti non sono come tutti gli altri, rettangolari o a forma di finestra. Sono occhi. Grandi occhi inseriti nei tetti delle case che dominano dall'alto e ti fissano dovunque vai. In qualunque posizione non puoi sfuggirgli. Sono fatti così per tenere lontani gli spiriti cattivi, dicono. Ma gli spiriti maligni stanno proprio dentro quegli occhi lì, sempre, sicuro...»

«Ma ti rendi conto di quello che cazzo dici?»

«Ti dico la realtà. Cioè: qui sono più concrete le voci, i sogni. Qui se chiedi cosa c'è da vedere ti dicono: il *cimitero allegro*! Da settimane mi sembra di vivere dentro il sogno di un altro. Solo che questo *altro* ha fatto indigestione. Sto facendo il possibile per non ridurmi a dire *vivo in un incubo* ma non so come dirlo diversamente. E quando mi sveglio ti faccio un culo così!»

«Sei fantastico...»

«E poi torno a casa a quest'ora di notte e mi tocca sorbire il pianto greco di un mio amico che gira ancora a piede libero nonostante abbia mollato due film e mandato a spasso due troupe per andare dietro a un paio di gambe che t'ho presentato io, una ragazza fantastica che starà cercando di convincerti a tornare a lavorare e lasciarla in pace...»

«Figurati.»

«Vi hanno sentito tutti in albergo!»

«Dove?»

«Dappertutto.»

«Ci hai seguito?»

Mi accorsi che stavo facendo una scenata di gelosia.

«Ma se le vostre urla si sentivano a distanza di chilometri! All'aeroporto hanno allertato la protezione anti-terrorismo...»

Gelosia naturalmente per Purissima.

«La gente non si fanno mai i cazzi loro.»

«Per strada, in albergo, sul set, in ascensore, in macchina, durante le riprese, ai giornalieri... sempre a urlare! E vi sentivano anche tutti quelli che non ve lo dicono. Senti Ed, Purissima è un dono di pace al genere umano fatto da una qualche divinità che voleva farsi perdonare dopo avere inventato la placca dentale. Perché non ti limiti a godertela e basta? Normale, tranquillo, eh? Pensa a quei poveretti che non hanno niente da...! Pronto... Pronto!»

Aveva appeso, il deficiente. Da quanto tempo stavo parlando da solo? Non s'era limitato ad allontanare la cornetta per far riposare le orecchie: s'era proprio dato.

96.

La testa di Tremamondo era fuori posto come il parquet della stanza, invisibile ma scricchiolante e scheggiato, coperto da una moquette ministeriale verde-spento che evidenziava buchi e avvallamenti sospetti.

Guardarsi attorno equivaleva a prendersi a schiaffi all'interno degli occhi.

L'albergo, l'arredamento, la gente... Tutto era fuori posto ma non tanto da provocare una reazione immediata. Forse era questo il segreto. Lo scarto era minimo, un ininfluente ma percettibile smottamento logico, un microscopico sisma che faceva perdere l'equilibrio col tempo.

Tutto era in qualche modo studiato perché le irritazioni si sommassero fino a esplodere in una ribellione quando ormai era troppo tardi.

Quando tutto è fuori posto spesso l'unico fuori posto sei tu. (Io, nel mio caso.)

Guardai il ricevitore come un vecchio compagno d'orecchi, poi considerai l'insieme dell'apparecchio. Era una famiglia per bene, il telefono della mia stanza, compreso il filo e la spina a tre. Modello ministeriale. In qualunque modo lo disponessi occupava per intero il comodino che non c'entrava niente col letto e l'abat-jour era troppo ingombrante per stare diritto.

Avevamo un apparecchio così a casa nostra quand'ero piccolo. Si usavano appesi alla parete e rigorosamente neri. Per molto tempo mi era rimasto inaccessibile anche saltando. Poi cominciai ad arrivarci salendo su una sedia e saltando da lì. Percentuale di successi: uno su quattro. Negli altri casi, a caso: cadevo a mani vuote (due) o atterravo sul pavimento col ricevitore in mano ma poi non arrivavo a fare il numero.

Questo dell'albergo era bianco. Anche in Italia per un certo periodo sono stati di moda i telefoni bianchi. Saranno mica gli stessi telefoni riciclati in massa alla Romania come adesso con i programmi televisivi...

Chissà se c'è qualche nesso fra telefoni bianchi e periodi neri?

97.

Scesi e scivolai su un paio di sardine abbandonate sul marciapiedi. In questo caso qui la gente è più civile, da noi abbandonano i cani.

Mi inoltrai in un paio di stradine a caso e mi trovai in una serie di cortili quadrati. Tra i portoni e i garage si aprivano ingressi a volte e archi da cui partivano scale povere e maltenute. S'inerpicavano ripide avendo come protezione ringhiere sottili e cigolanti e raggiungevano ballatoi dall'apparenza instabile. Controllavano dall'alto i cortili interni che si susseguivano in numero di quattro. I bambini giocavano contendendo l'erba incolta a rottami assortiti e rugginosi, antichi motorini senza sella né targa. Minuscole botteghe di un solo locale si aprivano senza alcuna pretesa di vendere qualcosa. La maggioranza possedeva la sola porta d'ingresso, le meglio messe potevano contare su un'angusta finestrella lasciata aperta per esporre la merce sul davanzale. Molti erano garage adattati. Era raro che ci fosse qualche addetto all'interno – probabilmente c'era di meglio da fare.

È in un cortile simile a questo che mi apparve un garage riadattato a farmacia, dall'interno del quale un nano di Biancaneve con camice bianco e stetoscopio (Dotto?) mi fissava spudoratamente e serissimo. Era Ugor nel suo bazar omoeopatico.

Continuò a fissarmi finché decisi di entrare. Il suo viso si aprì in un sorriso buono che me lo fece diventare simpatico all'istante.

Aveva l'espressione contenta e soddisfatta di sé. Forse pensava di avermi attratto nel suo negozio con la forza dello sguardo. Non affrontai l'argomento.

La bottega era nascosta, buia, malsana e introvabile per chi già non la conoscesse ma era sempre piena, soprattutto di turisti, che compravano tutto perché un chilo di pappa reale costa meno di un caffè.

Ma l'articolo più richiesto in assoluto era il Gerovital, universalmente conosciuto negli anni Sessanta.

Se ne parlava scambiando occhiatine maliziose. Il nome Gerovital e della dottoressa Aslan, sua creatrice romena, in breve tempo acquisirono fama mondiale perché quel farmaco ringiovaniva le cellule fermando l'invecchiamento. In Italia era introvabile. Alla frontiera con la Svizzera si formavano colonne di auto ufficialmente per cioccolata e benzina ma che in realtà il pieno lo facevano in farmacia.

Il passaggio tra famoso, carissimo e introvabile avvenne in un attimo. Quello dopo era già proibito ovunque perché cancerogeno – molto più prosaicamente perché la fontana dell'eterna giovinezza non poteva essere a disposizione di tutti. Le cellule meritevoli di ringiovanimento dovevano appartenere a pochi selezionatissimi gruppi. Il prodotto che allungava la vita, ironia della sorte, era morto appena nato.

Passata la moda delle barzellette e delle allusioni maliziose a rinnovati vigori sessuali non se ne parlò più. Il Gerovital scomparve in una congiura del silenzio rinnovando il mito della Romania Terra di Maghi e Alchimisti.

«Nel giro di pochi giorni non si trovava più nemmeno alla borsa nera, dove aveva raggiunto quotazioni impressionanti» raccontava Ugor. «Il Gerovital che ha fatto rinascere politici, papi e generali.»

Ceaușescu *dixit*. La marca esiste ancora ma produce solo cosmetici. I migliori del mondo.

«Qua costa tutto niente!» diceva qualche incauta cliente e il minuscolo Ugor di maiuscola furbizia si precipitava alla cassa dove, senza smettere di parlare con tutti in cinque lingue col medesimo accento romeno, aggiornava la lista dei prezzi.

«Non vivrai in eterno ma quei pochi anni sono senza cellulite!» disse una signora a forma di palla a un gruppo di amiche così entusiaste della buona cucina da farla sembrare inappetente.

Era bella, felice e molto divertente.

Uscii dall'antro di Ugor l'alchimista con un sorriso a piè pari.

98.

Il sorriso però fu di breve durata perché uscendo dall'androne dell'alchimista incontrai Nyby.
«Oh cazzo, stavo così bene...»
«Il conte ha ripreso a invitarmi a cena.»
«Hai fatto testamento?»
«La cosa non mi piace.»
«Perché chiami il conte "la cosa"?»
«Sì, scherza...» grugnì. «Ero così felice di non doverci andare più... E poi non sono io che gli interesso, ma te.»
«Io? L'ufficio mi è bastato. Quell'uomo è un tarlo nel culo! Non ce la faccio più. D'ora in poi accetto inviti solo se alla fine posso strangolarlo.»
«È sgradevole.»
«A effetto ritardato, come una loffia.»
«Comunque ha invitato anche te.»
«Non posso, non ho ancora fatto testamento.»

Ci tuffammo in discorsi labirintici come le viuzze che circondano Piața Aurarilor. Spazi angusti, selciati stretti, muri claustrofobici e inquietanti ma suggestivi come i sobborghi di Londra di fine Ottocento, con Jack lo Squartatore in libertà. Gli androni scuri e nascosti delle case più povere, le finestre piccole e antiche, i materiali di un'altra epoca.
«Io sento le case» dissi senza alcuna ragione.

«Prego?»

Aveva tutto il diritto di essere sorpreso.

«Mi prenderai in giro ma... sì, in particolari circostanze percepisco il Male imprigionato negli edifici. Le case sono scatoloni con la faccia di persona. Uomo o donna, mamma o papà.»

«È per questo che sei diventato architetto?»

«Chi lo sa» sorrisi. «Non intendo palazzi o castelli cadenti o cose dell'orrore che spaventerebbero chiunque: dico case normalissime, anche moderne. Non sono i muri ma qualcosa che gli si è attaccato addosso.»

«È una zona buia.»

«?»

«La magia bianca non può penetrarvi. Prendi una cartina geografica e prova a farci ruotare sopra il pendolo o a metterci sopra le mani: sentirai che c'è una specie di scudo, una protezione.»

Il discorso gli aveva preso la mano. Lo guardai per capire quando cominciare a ridere ma lui continuò serissimo.

«Qui il Male può agire in pace perché è protetto.»

«Una specie di Montecarlo dei cattivi...» scherzai.

Non potevo evitare la battuta: mi sarei stato infedele.

Nyby sorrise per cortesia ma non parve apprezzare.

«Scusa, spero non ti sia offeso.»

«No, che dici...»

Mi sentivo in colpa, ero stato io ad attaccare il discorso. Ma non potevo immaginare di dare il via alla fiumana di un negromante. In ogni caso lui aveva ascoltato i miei vaneggiamenti e a me non restava che sopportare i suoi.

«Il nostro amico conte...»

«Parla per te...»

«... è stato torturatore per hitler fin da giovane» cominciò. «Ancora oggi nel suo ufficio c'è sempre musica di Wagner. Un sopravvissuto nazista del terzo millennio. Era nell'Élite-SS ma è stato anche al fronte per fare esperienza. È stato in Russia. Nessuno ha mai taciuto, con lui. Dopo la guerra scompare e torna con Ceauşescu. Il numero uno dei torturatori per Ceauşescu, il più zelante. Si fa anche vedere in pubblico, nelle occasioni ufficiali, il tutto nell'impunità più schifosa.»

Si fermò, impressionato dalle sue stesse parole.

«Ma dovevi svegliarti proprio adesso, dopo cinquant'anni?» sbottai.

Avevo esaurito la penitenza. Nyby a volte riusciva a irritare con la semplice esistenza. In fondo io ero lì per un film, non per la radiocronaca di una vendetta.

«Non esiste perdono per queste cose.»

«Sì, ma potevi svegliarti l'anno scorso o due mesi fa quando io non c'ero!»

«Pensa quante cose brutte ha fatto, quanto male...»

«Non c'è nessuno che lo riconosce?»

Mi mordo le labbra: ho abboccato.

«Non è una vergogna? Belle donne, orge, ville, viaggi, riconoscimenti... Poi però un giorno la merda finisce nel ventilatore.»

«È un modo di dire americano?»

«Colpo di Stato. Lo Steaua Bucarest è in Spagna per la finale di Coppa dei Campioni e i calciatori non pensano alla partita ma a chiedere tutti asilo politico. Tornano a casa solo un paio di magazzinieri. La rivoluzione ammazza tutti ma di Höhne non si sa niente. È scomparso.»

«Questione di sesto senso.»

«Lui dice quest'albergo è di famiglia ma in realtà l'aveva comprato per conto di Ceauşescu e l'ha tenuto lui.»

«La buona uscita.»

«E un'altra cosa...»

«Non dirmela.»

«È incredibile.»

«Se vuoi non ci credo.»

«Höhne non è ariano puro.»

«Come hitler.»

«Sì.»

«E cià una palla sola anche lui?»

99.

La cameriera m'accompagnò alla suite dell'omicidio. Le spiegai a gesti che non avevo alcuna intenzione di dormire nello stesso posto dove il cliente che mi aveva preceduto non s'era più svegliato.

«È la migliore dell'albergo, signore» disse lei vanificando il mio numero di mimo.

«La migliore per morire. Ne preferirei una meno bella per viverci.»

«Noi solo queste due suite.»

«Non avete suite senza cadaveri?»

«Questa è migliore.»

Non mi capiva o non voleva capirmi o quella suite non le faceva lo stesso effetto che a me.

Scrollai la testa. Questo lo capì. Mi indicò la suite adiacente.

«Molto gentile ma è comunicante...»

«Bella uguale!» insisteva.

«Non mi piace questa zona. Preferisco un altro piano.»

«No.»

«Allora mi dia un altro albergo.»

«Ma... no posibile. Io...» si difendeva.

«Scherzo. Va bene questo albergo però ultimo piano.»

«Ma... ultimo piano è...»

«È cosa?»

Non sapeva come dirlo e io non volevo sentirmelo dire. Le presi delicatamente un braccio. Tremava.

«Su, stia tranquilla. Andiamo all'ultimo piano, il terzo.»
«Il terzo non è ultimo piano…»
«Da fuori se ne vedono solo tre. Ce n'è un altro?»
«Sì» sussurrò. «Quarto, ultimo!»
«Ottimo!» dissi sollevato. «Due piani di intercapedine tra il mio e questo mi fanno sentire già meglio. Mi accompagna?»
La ragazza però non si muoveva. Era immobile con gli occhi spalancati, allarmatissima. Non si sarebbe fatta problemi a dormire nella stanza di un morto ma tremava alla sola idea di salire al quarto piano.
«Cosa c'è lassù da aver così paura, la sala delle torture?»
Abbassò gli occhi e mormorò una lunga frase indistinta e monotona che poteva essere una preghiera.
Qualunque cosa fosse la lasciai terminare senza smettere di osservarla. Il viso era un ovale perfetto, i lineamenti delicati, il corpo s'indovinava ben fatto anche se celato dal largo grembiule, la vita molto sottile.
Restava a testa bassa e si dondolava piano, giocando nervosamente col mazzo dei passe-partout.
Sapevo bene che c'era una convenzione con l'Împăratul Romanilor, come a Budapest per l'hotel Liszt e a Bucarest per il Symplex.
Dei tre alberghi l'Împăratul era di gran lunga il migliore, uno dei pochi in Romania citati dalla guida Michelin (che però non tiene conto delle le statistiche sulla mortalità).
La ragazza non si muoveva.
Il momento di stallo rischiava di ridurre la durata del bagno caldo nel quale non vedevo l'ora di obnubilarmi, perciò dopo qualche istante mi permisi di sollevarle il mento con la punta delle dita. Fissava il pavimento. Forse la intimidivo ma in qualche modo il contatto garbato le infondeva anche sicurezza e finalmente si decise ad alzare la testa. Ebbi un sussulto. I suoi occhi, già chiari, parevano sbiancati con la candeggina. Erano sempre belli ma lo sguardo senza espressione, come posseduto dall'inverno.
«Quarto piano? È sicuro?»

«Se non c'è il quinto...»

«No, quinto no!» si ritrasse. Più che una negazione suonava come un esorcismo.

«Comunque il quarto è l'ultimo, no?»

Annuì.

«Beato l'ultimo visto che non voglio essere il primo.»

«Prego?»

«Appunto: andiamo.»

Finalmente si mosse. Raggiunto l'ascensore spinse le due ante e si affrettò all'interno. Le chiusi la porta alle spalle.

«Preferisco le scale, voglio vedere questi ritratti alle pareti.»

«Ascensore...» supplicò la ragazza che non vedevo, rannicchiata com'era nel trabiccolo.

I quadri mi parevano fuori posto. Anche schiacciando le spalle al muro opposto erano troppo vicini per poterli mettere a fuoco.

«Ascensore!» ripeté in un tono che non ammetteva repliche.

L'improvvisa autorità era chiaramente paura e non era mia intenzione metterla in imbarazzo.

Lei – non conoscevo ancora il suo nome... «Come ti chiami?» chiesi, ma non rispose – schiacciò il pulsante del terzo. Il segnale luminoso cominciò a salire senza entusiasmo. Volevo chiederle dei quadri ma in quel momento notai che i pulsanti erano cinque.

«Il quarto piano non è l'ultimo!» esclamai. Non rispose. «Andiamo al quinto!»

«No per clienti, cinque.»

Strano, ma nei momenti di tensione dimenticavano tutti l'italiano.

«Perché, cosa c'è?»

«Stanze.»

«E non sono per i clienti le stanze?»

«Privata.»

Nei momenti di tensione dimenticavano anche come si dicono le bugie.

«Se ci sono stanze prendo una di quelle lì!»

«No prego no prego...»

Piangeva apertamente. Come avevo fatto a spaventarla in quel modo?

«T'ho spaventata? Perché hai paura?»

«Io no paura» mentì con gli occhi umidi.

Era più pallida di poco prima nel corridoio. Sembrava sul punto di svenire in quell'ascensore ridottissimo. La targhetta diceva "4 persone" ma già noi due – una e mezza, diciamo – stavamo stretti.

«Va bene il quarto, nessun problema...»

L'ascensore si fermò davanti a noi. Lei si asciugò furtivamente gli occhi. Solo in quel momento notai quanto era bella. La tensione l'aveva trasformata, o la percezione della sua paura mi aveva avvicinato a lei tanto da scoprirne una delicatezza raffinata e personale.

Mi attardai a entrare. Avrei preferito salire a piedi guardando gli orridi ritratti di cui ridondavano le corte pareti e controllando un paio di misure. L'ascensore era troppo angusto per lo spazio di cui poteva disporre.

«Come mai è così stretto?»

La ragazza non poteva capire o forse non voleva. Comunque non capì.

«Dico: l'a-scen-sore è trop-po...» anchilosavo per farmi capire, «... stretto!»

«Non... Stretto che?»

«Stretto!» Rinforzai il concetto ripetendo il gesto. Credo che in tutte le gestualità del mondo mimando con le mani uno spazio stretto si esprima l'idea di qualcosa di stretto.

«Pìcolo!»

«Sì, sì...» concessi. «Nel senso di stretto, per... Qui invece tanto spazio, vede? Graaaande posto, laaargo, no?» Di solito parlo così con Rabelais, il mio cane.

«Sì, sì!» annuì con forza, inopinatamente entusiasta.

«E allora, come mai?»

Restò immobile ruotando gli occhi, pensosa. Forse la risposta stava arrivando, ero davvero curioso.

«Boh!» disse.
Che risposta è "boh!"? Ma d'altra parte cosa me ne fregava a me? Mi sentii profondamente, comprovatamente stupido come quasi mai in passato a questi livelli. C'erano mille e mille spiegazioni a quel fatto ma se anche ce ne fosse stata una sola a lei non passava nemmeno per l'anticamera del cervello di venirne a conoscenza.
«Ah, così tu dici "boh"? Mica male per una che non parla italiano!»

L'incontro con il conte m'aveva gettato addosso una cappa di ombra e polvere e il malumore faceva da mantello soporifero. L'incontro con la ragazza mi stava riconciliando col mondo.
«Grazie» disse con un inchino dall'interno dell'ascensore.
Non ricordavo d'aver detto o fatto niente che meritasse un ringraziamento. Ma forse intendeva dire "buonasera".
«Grazie a lei ma preferisco fare le scale.»
«Grazie!»
Annuiva e sorrideva tenendo aperte le ante insidiose con un braccio e un piede. Faceva anche abbastanza fatica. Forse grazie non voleva dire buonasera ma proprio grazie. Cioè preferiva evitare quelle scale sgradevoli odoranti di salnitro e umidità dove la luce a contatore, già flebile di suo, ti avrebbe lasciato al buio a metà strada. Come di frequente in questi casi lo scemo ero io.
«Non le va di salire a piedi?»
Volevo fare le scale per dare un'occhiata ai quadri, le cui dimensioni m'inquietavano. Mi sballava vedere quelle cornici opprimenti e profonde di legno pesante – probabilmente pino – sulle quali non era stata fatta economia di vernice nera lucida, probabilmente marca Ebano. Da noi non si usa più da quando le scarpe, invece di curarle o farle risuolare, le ricompriamo nuove appena si sporcano.
«Sì, voglio vedere quei...»
«Meglio di no» s'irrigidì. «Meglio ascensore.»
«Paura di scale?»
«Paura di ascensore?»

Aveva dei bei riflessi, e anche il sorriso non era da meno.

«No, no... certo» m'affrettai entrando nella cabina come un sol uomo.

«Ascensore più veloce che...» con l'indice e il pollice mimò l'atto di camminare. Sorrideva. Non era male essere costretti così vicini in un armadio sospeso a un filo con uno due tre piani di vuoto sotto di noi.

«Eh, voi uomini! Ne sapete una più del diavolo...» dissi con aria da monello.

«Ma io donna!» rise, stando allo scherzo.

Perlomeno i concetti basilari del vivere comune le erano chiari.

«Lo so. Me ne sono accorto...» suggerii con retrogusto malandrino. Rise senza stupirsi. Avevo colto nel segno.

La precedetti dandole parzialmente le spalle per premere il pulsante del quarto piano. La numerazione in effetti arrivava fino a cinque. Istintivamente le scoccai un'occhiata che risultò molto più dura di quanto volessi.

«Come si chiama, signorina?» cercai di stemperare.

Silenzio.

«Ariana» rispose. Aveva vinto la timidezza o la soggezione pur di non sentirmi pensare.

«Lei balla?»

«Come?»

Il salto logico era piuttosto ardito.

«Io?» sorrise sorpresa.

«Sì.»

«Sì.»

«Sì?»

«Faccio gare.»

«Una ballerina!»

«Tutti balla in Romania.»

«Anche il conte?»

Scoppiò a ridere sorprendendo perfino se stessa, tanto che sputacchiò anche un po'. Cercava di coprirsi la bocca con le mani ma non riusciva a controllarsi.

«Non lo so...» patchworkò tra i singulti. Aveva denti bianchissimi.
«Ha denti bianchissimi.»
«Non credo che...» L'eruzione stava esaurendo la spinta.
«Mi creda! E glielo ripeto: ha dei magnifici...»
«No, voglio dire che...» ultimo scoppiettio di risate, «non credo conte balla!»
«Nemmeno io. Troppo grasso.»
«Come grasso?» esclamò divertita.
«Allora troppo magro. Comunque non ha il fisico giusto per ballare. Ci vuole un fisico di un certo tipo per ballare, come il mio! O anche meglio del mio. Anzi, meglio se è meglio. Si balla meglio.»

Ariana rideva e il riso la indeboliva e scoordinava tanto da non riuscire ad aprire le ante dell'ascensore. Lo feci io per lei sporgendomi in avanti. Fu in quel momento che dal corridoio provenne un forte rumore metallico, un gessetto sulla lavagna che mi accapponò la schiena fino all'attaccatura dei capelli. Molto sgradevole.

Sbarcai nel corridoio del terzo piano continuando lo scherzo. «Lei balla senz'altro meglio!» dissi infatti, ma la vidi sbiancata in volto come sotto candeggina senza ammorbidente. Si riprese d'improvviso appoggiandosi alla parete in legno grezzo della vetusta apparecchiatura liberty. Qualunque fosse la ditta doveva trattarsi del primo esemplare prodotto. L'abitacolo traballò sensibilmente. La vibrazione venne trasmessa alle corde e si precipitò in basso fino alla base di cemento nel seminterrato e in alto fino all'aggancio di sicurezza a un'insospettabile velocità, molto superiore a quella che l'ascensore avrebbe mai raggiunto neppure con una bomba sotto il culo. L'urto non sembrava tremendo ma produsse una reazione immediata, una cannonata che ci raggiunse dal basso completamente inattesa e sballottò di nuovo la cabina. Dall'esterno il rumore era raddoppiato dal rimbombo delle scale e lo sgomento della ragazza risultava ancor più evidente.

«Non parlare del conte, è uomo pericoloso...» disse sottovoce. Era terrorizzata.

«Quel simpatico vecchietto? Non ci credo.»
«Attenzione. Io so.»
«Cosa sai?»
Ero curioso. Sapevo che non avrebbe aggiunto una parola ma non potevo fare a meno di insistere. Non rideva più pensando al conte che balla. Chiuse con cura le ante dell'ascensore, e scomparve lentamente verso il basso con la sua astronave.
Non avrebbe avuto un'espressione più sconsolata scendendo verso l'inferno.

Ho elaborato una mia spiegazione, assai poco rassicurante: i muri delle scale sono imbottiti di cadaveri. Ecco perché è stato fatto un ascensore così piccolo. Sembra assurdo però nessuno mi lascia salire a piedi, nemmeno la ragazza, tanto carina e gentile. La mettono alle calcagna dei clienti per incanalarli nell'ascensore.
Ci sono altre spiegazioni?
Forse è *lei* ad avere paura. Soffre di claustrofobia (no: usa l'ascensore).
Ha paura del buio (no: la zona è illuminata).
È paralizzata da questi vecchi interruttori a tempo che godono a lasciare la gente al buio a metà fra un piano e l'altro (no: c'è tempo in abbondanza per salire tranquillamente).
Non vogliono far vedere i lavori sulle scale? Stanno seppellendo l'ultimo pullman di anziani giapponesi? Li spediscono da Tokio fin qui a tale scopo (bella organizzazione!)?
C'è ancora di mezzo la polizia?
Sono state bloccate le scale per isolare il piano dell'omicidio – perché di omicidio si tratta visto che sono stato io?
La ragazza teme che in quella spirale nera e misteriosa le metta le mani addosso?
Teme di mettermele addosso lei?

«Ariana» rispose.
«Tedesca?»
«No, romeno!»

A volte faccio battute così sottili che bisogna pensare di profilo.

«Bel nome.»

«Grazie.» Aveva delle bellissime gambe.

«Lei balla.»

«Come fa a saperlo?»

«Non lo sapevo ma ho indovinato e adesso lo so. Prima non lo potevo sapere, ora non posso ignorarlo. Ho rischiato e ci ho azzeccato. Un vero uomo deve saper rischiare. Alle donne piacciono molto i veri uomini e per distinguerli dagli altri stanno molto attente per vedere se rischiano perché se rischiano allora c'è la certezza che sono veri uomini, come me.»

Sorrise perplessa. Aveva denti bianchissimi.

«E che tipo di balli balla?»

«Faccio gare.»

«Sì ma che genere, *standard*?»

«Sì» rise.

«E che ballo preferisce?»

«Già ho detto, latini-americani.»

«Capito, ma dico: nel dettaglio? Rumba, samba, tango, cha-cha...»

«Mia specialità rumba.»

«Ciavrèi scommesso.»

«Perché?»

«Le ragazze più sono belle più gli piace la rumba. A te piace tanto?»

«Tantissimo.»

«Ciavrèi scommesso.»

«Perché?»

«Perché più le ragazze sono belle più gli piace la rumba.» Con le ragazze *repetita iuvant*. E se *persistentia gratissima*, allora *iteratio imponenda Est* (europeo). Ma questo non glielo dissi.

«Tutti i giorni c'è balli in televisione, visto mai? Campionati russo, ma pure romeno, Ungheria. Ieri i Mondiali Blackpool... In Romania tutti facciamo ballo.»

«E pattinaggio sul ghiaccio?»
«No.»

L'ascensore arrivò al piano. Ci aveva impiegato tanto che me n'ero completamente dimenticato. Ariana aprì ed entrò tenendo cortesemente aperte le ante per me.
«E come lei ha conosciuto lei?»
«Come io ho conosciuto me stesso?»
Rise arrossendo.
«Scusa mi. Non parlo bene...»
«Scherzi? Mi piacerebbe saper cucinare come tu parli italiano!»
«Lei cucina bene?»
«Ovviamente no.»
«E ballo?»
«Ho fatto un programma in televisione.»
«*Ballando con le Stelle!*» s'illuminò. «Abbiamo visto *tutti* quel programa! Avete vinto.»
«No, cioè... sì ma poi hanno contato un po' male i voti. Càpita ogni tanto.»
«Avete imparato da noi!»
L'ascensore era arrivato. Era partito tanto tempo prima che me n'ero completamente dimenticato. Ariana aprì e uscì tenendo cortesemente aperte le ante per me.
«Lei imparato bene.»
Aveva occhi chiari bellissimi. Mi porse le chiavi. Erano due: una piccolissima per il frigobar (vuoto). Non le presi. Alzai invece il braccio sinistro prendendole la mano e la feci ruotare portandola di schiena contro di me nella posizione di partenza della rumba. Guardò la mia mano poi mi fissò, stupita. Sorrise. Con un breve colpo secco slegò il sovragrembiule di pizzo e lo fece volare sul tavolino a otto zampe incastrato alla parete, e senza staccare gli occhi dai miei adagio la mano sulla mia e cominciò a ondeggiare i fianchi. Si muoveva sinuosa come volesse far scivolare a terra i vestiti sfruttando l'attrazione gravitazionale. La legai a me nell'abbraccio di danza. Lasciai scorrere le dita

sulle sue braccia fino ai fianchi. Rallentai poi ripresi e continuai fino a metà coscia, piano, senza fretta né imposizione e senza trovare ostacoli, con l'autorità e la fiducia concessa a chi deve condurre il ballo. Mossi i fianchi nella cucaracha e mi allontanai leggermente per invitarla a me con l'allusivo movimento delle dita. Si avvicinò a occhi socchiusi. Ballava molto meglio di me, più leggera, docile. Assecondava i miei movimenti prima ancora che li pensassi.

Ballammo senza musica nel corridoio. Una rumba dolce e profondissima. Sotto le dita sentivo un corpo atletico e proporzionato tendere il grembiule di servizio nei punti giusti e lasciarlo ondeggiare all'altezza della vita sottile. Era leggerissima e la sollevavo senza sforzo facendola ruotare lentamente, molto lentamente attorno a me mentre arcuava la schiena sul mio ginocchio.

Le labbra stavano per toccarsi. Non che la posizione mi dispiacesse ma mi ritrassi tenendola sospesa sul braccio destro. La osservavo mentre si affidava a me. L'intesa era totale, per merito esclusivamente suo. C'è chi nel ballo si libera del tutto e in quel rituale di corteggiamento raggiunge l'armonia necessaria per ritrovare se stesso. Lei doveva essere così. Quando ballava era serena, sorrideva. Ballare bene le piaceva e sorrideva perché era abbracciata a un uomo che non conosceva, come non avrebbe potuto fare fuori da quel posto. Non era a me che si abbandonava ma alla fantasia, la sua mente aveva preso la residenza in qualche Paese lontano dal quale sarebbe rientrata appena finita la musica.

Poco importa se nel corridoio l'unica musica era quella delle nostre suole.

Mi abbassai e le cinsi la vita. La sollevai. Lei inarcò la schiena, adesso la mia bocca era all'altezza del suo stomaco. Indovinai l'ombelico. Il grembiule era leggero e il tessuto rivelava la pelle scura nello spazio aperto fra i bottoni. Il grembiule leggero si tendeva assecondando i passi e un bottone in particolare implorava di essere liberato.

«Qualunque sensazione.»

La voce improvvisa mi bloccò.

«Hai sentito?»

Ariana rumbava trascendente. Assecondava i movimenti in trance.

«C'è stata una voce.»

Non mi sentiva. Il corridoio era assente. Nella penombra, in silenzio, complice.

Tornai a lei. Liberai il bottone con i denti e sulla punta della lingua sentii il sapore salato della sua pelle calda di danza. La sentii percorsa da un brivido. Il movimento ritmato e seducente fece il resto. Il bottone di finta madreperla finì a terra, silenziosamente archiviato dalla moquette.

Vidi il ventre piatto e teso dall'ombelico all'elastico di pizzo dagli orli bianchissimi decorati al centro con un piccolo nodo a farfalla. Sbloccai il bottone dall'asola più bassa: il grembiule s'aprì e prese a volare come tendaggi leggeri delle finestre di un castello che dà sul mare o da una casa in calce bianca in caduta libera sul mare Egeo, blu come gli occhi di qualcuno dove era stato bello nuotare.

Quando l'afferrai alla vita nel giro successivo il grembiule era legato ad Ariana solo con l'ultimo bottone rimasto, all'altezza del seno, casualmente spezzato a metà. Sono sempre i più deboli gli ultimi a gettare la spugna. Mezzo bottone sopra s'apriva il colletto bianco e decorato. Il seno era piccolo e sodo come da regolamento.

La nostra era una rumba lenta, una rumba da camera. Pensare che all'inizio era l'unico ballo che mi faceva schifo.

Ora le stavo alle spalle e le cingevo il seno con un braccio, senza toccarla. Le labbra sfioravano il collo. Me lo offriva da baciare. Era una posizione della rumba, sublimazione dell'atto sessuale, metafora dell'amore. Non avrei mai potuto baciarla semplicemente, perché stavamo ballando da soli senza musica nel buio totale di un corridoio lunghissimo del piano più alto di un remoto albergo in una zona buia della Walacchia-Transilvania.

Il mio corpo era in sintonia con il suo. Dovevo sentire anche il suo desiderio e lo avvertii distintamente quando facendo la *mantilla* con la testa Ariana mi offrì uno sguardo vivo ma lontano anni-luce dal luogo dove eravamo. Il ballo divenne corteggiamento, com'è poi per natura. Si balla per rappresentare il proprio corpo e proporre all'altro di acquistarlo come una merce: in questo corpo e dietro di esso ci sono io, ci sei tu con i tuoi sorrisi, ma è ora che tu lo gridi come due animali che si annusano, e nel calore che sale al confine tra la tua e la mia pelle sconosciute fino a poco fa devi avvertire chiaramente che il mio sudore appena accennato ti piace, e dalle impalpabili immagini del tuo corpo sul mio hai trovato come ho già fatto io ogni cosa come volevi che fosse. A questo punto sì, so che al prossimo giro sarai tu di spalle a me nel passo che nel cha-cha si chiama New York e poi ti farò ruotare molto lentamente guardandoti inarcare la schiena attorno alla mia gamba piegata, arretrando per darti più spazio, e il tuo braccio non potrà evitare di sfiorarmi il bacino all'attaccatura interna della coscia trovando un ostacolo che prima non c'era ma sul quale non indugerai come invece farò io liberando il bottone della tua divisa da cameriera-ballerina leggera e ventosa che a quel punto si apre e mi taglia il fiato con l'intimo bianchissimo e delicato, raffinatissima fattura italiana – certamente un regalo ma di chi? Quei trini e merletti su una seta così vale più di mezzo anno di pulizie all'Împăratul – per il momento un regalo per me e i miei occhi, e il costume da Corallina diventa un mantello impalpabile che si regge alle tue spalle finché la prossima cucaracha lo manderà al tappeto senza toccarlo. Il tappeto rosso scuro per il buio e lo strato secolari di passi mai puliti.

Ariana pare estranea a tutto, ciò che sta accadendo a me non potrebbe essere più lontano, come su un'altra galassia. Ruota su se stessa languida, la ballerina, assorbita nel proprio gioco in una specie di allucinazione dervisca scatenata dai movimenti liberatori di quel ballo inatteso e imprevedibile per momento luogo e occasione, con un cliente mai visto e un po' capriccioso, che prima la provoca a sfidare quelle scale spaventose poi le fa balenare un mondo di star seminude nei baccanali sardanapaleschi di una tv da Mille e una Notte vicina ma inarrivabile. "Forse, se sarò molto gentile con questo cliente" sta pensando, "mi porterà con lui e come in questo ballo mi guiderà in quel mondo di soldi ed eleganza con musiche magiche e luci abbaglianti." Mima una carezza sul mio viso con le due mani unite come per aiutare un fiore a sbocciare. Fa parte del ballo questo passo ma siamo noi due a non ballare più. Seguiamo la musica di un'altra canzone. Il ritmo è rimasto lo stesso, inesistente, e siamo noi due a dettarlo, lei ondeggiando, io seguendo le sue spalle con la punta delle dita e contornando le braccia poi i fianchi e la parte esterna delle gambe fino alle caviglie. È compreso nel ballo dare suggerimenti, una carezza fintata, una promessa che sta a lei farmi mantenere. L'ambiguità del ballo è bella, è questa, è fatale. Ti permette di andare oltre, e di parecchio, rispetto a quanto potresti fare per strada, in discoteca o in un malizioso separé, senza però mai negarti il margine di dubbio chi ti permette di ritirarti in buon ordine se il suggerimento non viene accettato.

> Son mosse controllate
> Non è che le ho inventate
> Non ci sto provando
> Né ti sto palpando
> Gentilmente t'invitai
> Ma se or più non ci stai
> Non mi rechi alcuna offesa
> Allento un po' la presa
> Non è roba di sesso
> È un silenzioso compromesso
> Un elegante contrabbando
> Che si può far solo ballando

È all'altezza della mia cintura. Mi scorre lungo le gambe con le mani che al punto d'incontro delle cosce si congiungono con le labbra come per isolare una zona degna di particolare attenzione che nel giro precedente aveva individuato involontariamente al tatto. Stavolta però il contatto non può fingersi casuale: le mani, appaiate a conchiglia con i pollici che premono l'uno sull'altro e fanno leva da sotto sulla base del cavallo per meglio raccogliere l'oggetto della sua curiosità, hanno solo deciso senza pensare di concludere nel modo migliore quella rumba, con un passo particolare mai fatto in pubblico. Le dita si muovono a memoria, la carezza sapiente e profonda stacca per lei ciò che le interessa immobilizzandomi le gambe come volevo io. Non sto più ballando, non mi ha mai interessato quanto lasciar fare ad Ariana che sapeva bene come chiudere l'esibizione e ormai non si sarebbe fermata neppure a chiederlo. È stato il movimento fin qui a chiederlo, il messaggio delle gambe e dei piedi a conquistare terreno che non è stato negato. Ora non è più tempo di domande. Sta ad Ariana decidere, concedere, lasciare, prendere, fermare, impedire, gentilmente negare. Non l'ha fatto quando poteva e ora non può farlo più. Vuole così e basta, senza neppure decidere. È in lei una frenesia lenta che mi dà importanza, ammette di non essere più lì né in se stessa e si concede come una vittima. Ho vinto io. Ora fa ciò che non le ho chiesto e si prende ciò che le piace senza doverlo chiedere, non mi ha fermato quando poteva e ora è costretta al piacere che mi dà. È questa la sua forza, che da vittima è diventata padrona e fa ciò che deve fare e decide tutto lei come sempre la femmina in cose d'amore, noi più che insistere non possiamo fare... Mi libera dei jeans, ma solo dei bottoni di metallo, uno per volta, nella zona è in corso una perturbazione, sta tracimando qualcosa di solido, un fenomeno di bradisismo come a Pozzuoli. È tutto l'insieme che sale con solenne lentezza, come un ciccione che si alza da una sedia e chiama a raccolta il proprio corpo vasto quasi sparso in modo che a una gamba faccia seguito l'altra, a una chiappa la seconda e poi tutto il culo a sorreggere il grande tronco con leva sui braccioni... o una Panoramica di Spagna che lievita, o la schiuma del latte che bolle sul gas. Insomma trattasi d'un'intera zona, la cui vastità dipende dai casi, che s'alza di comune accordo e in questo caso dando piacere a chi ha la crescita e a chi la provoca. Sarebbe più pratico e comodo slacciare la cinta e lasciar cadere i calzoni ma queste cose più ostacoli incontrano e più ti piacciono.

Apre la confezione-regalo allargando la cerniera aperta con le mani per aiutare il cannolo a uscire dal forno senza scoppiare. Ne sente l'odore, il calore appoggiando appena le labbra, lo accarezza con la guancia sinistra assaggiando il contorno in punta di lingua, lo accarezza con l'altra guancia assaggiando il contorno in punta di lingua, descrivendo un immaginario confine, espatriando brevemente sulla parte più alta della mia coscia sinistra, costeggiando le forme, scendendo e risalendo sulla destra del mio inguine grato. M'afferra le chiappe e m'accorgo delle unghie forti e infilzanti che non avevo notato. Mi danno piacere, s'insinuano nella trama spessa dei jeans ma mi sorprende, piacevolmente, la potenza e la lama che dimostrano. Mi impone dolcemente una duplice carezza di possesso e d'invito. Mi strizza marchiandomi per sé come se qualcun'altra potesse accampare diritti sul mio culo e nello stesso momento mi guida come un bimbo all'asilo per farmi tornare alla movenza di rumba a cui avevo abdicato in favore di una seminfermità che mi pareva più adatta al momento storico. Era molto eccitante. Ariana mi fa ondeggiare il bacino con epicentro-chiappe cullandomi come un cucciolo. Mi dirige verso la sua bocca premendo con le unghie per non farmi deragliare. Annoda le sue gambe a me, inginocchiata, io in piedi. I capelli belli e lunghi mi nascondono il suo viso. Un serpente umido veloce ma caldissimo e tremante e disorientato percorre il mio inguine come a segnarne il possesso e poi mi rapisce. Tutto me stesso è rappresentato in quel momento da un muscolo involontario, un corpo cavernoso che diventa un enclave, rapito come sono nella sua testa ove si apre una grotta calda e umida percorsa da folletti che non mi danno scampo e mi circondano da ogni dove provocando quella parte che è una delle più sensibili al mondo e nel buio può trovare noiosa solitudine o estrema delizia. Be', le sue mani sul mio retro m'impongono di tenere il ritmo di rumba e con le unghie mi spingono in avanti sempre più avanti costringendomi a un piacere caldo invischiante e vigoroso, lei comincia a mordermi le cosce, il tessuto cede alle unghie che entrano nella carne e mi perforano fino all'osso, il dolore s'accosta al piacere, lo avvicina lo raggiunge lo supera me lo fa dimenticare, tento di spostare la testa dal mio bacino ma sembra che sia sempre stata lì, è incollata come un pezzo unico un'escrescenza dei fianchi un'appendice capellosa del mio scroto, non riesco a staccarla, mi entra dalle chiappe con le unghie in lega leggera ricurve e affilate, dal davanti schiacciando il viso con forza e poi tutta la testa, dalle gambe alle quali era annodata e ora radiata come un'edera che cresce me la sento dentro di me, Ariana mi propina un piacere inaudito mentre mi infila degli aghi nel cuore partendo dall'interno.

«Oh, *te iubesc*...» sussurra.

Non avrei mai congetturato di trovare un tale mix di goduria sofferenza e paura in un corridoio d'albergo in Romania.

100.

Solo nel buio assoluto, senza peso né corpo in uno spazio che sa di cielo vecchio, percorro le pareti con le dita. Non so dire dove mi trovo e come ci sono arrivato. Mi muovo con estrema cautela ma ugualmente sbatto contro una parete di legno, che al tatto si rivela un massiccio portone. A tastoni trovo il catenaccio in ferro e lo faccio scorrere. Spingo con estrema cautela ma scivolo su una lastra di ghiaccio e mi scompare la terra da sotto i piedi. Preso dal panico mi sbatto come un animale braccato. D'istinto mi aggrappo alla sbarra e sono nel vuoto. Pendolo con le gambe che non mi obbediscono e scalciano indipendenti dalla mia volontà. Avverto formarsi un crampo all'altezza dei fianchi. Il sangue s'è precipitato nei piedi e i sensi mi abbandonano. Il ferro al quale mi sono afferrato è freddissimo, la sbarra congelata, le mani non mi reggono più. Precipito a valanga nel mio letto.

Come sono finito nell'armadio della mia stanza? La mia stanza non ce l'ha, l'armadio!

Accendo il grosso abat-jour del piccolo comodino e cerco di orientarmi. Mi gira la testa e ci mancherebbe che non fosse così, la fronte è in ebollizione e a ogni piccola mossa corrisponde una fitta lacerante. Un sapore acre nel fondo della gola mi provoca un conato a vuoto e l'attaccatura della lingua è assalita da un trabocco di acido. Porto una mano alla gola ma in quel momento si presenta un problema più urgente.

Il mio letto è inondato di sangue.
Che altro, ancora? Qualsiasi cosa, pur di arrivare in fondo a questo tunnel psichedelico.

101.

Un secolo dopo ho assunto forma ovoidale, rannicchiato nelle lenzuola e avvolto nei miei gas.

Non sto scomodo, a parte un forte indolenzimento all'inguine, quantunque non rammenti di aver preso un colpo.

La testa ora è un'anguria aperta a metà, spaccata ma fresca.

Un osso affilato mi trapana nel punto in cui il braccio destro s'inserisce nella spalla.

Il bicipite a lungo pasteggiato da una zanzara fa più schifo che dolore.

Ci metto un po' a svegliarmi. A dire il vero l'ho già fatto più volte ma senza aprire gli occhi. Non mi va di vedere niente, preferisco quella specie di anestesia. Tasto il muro con le mani e i piedi alle due estremità – il letto ha le stesse dimensioni della stanza – e scopro di essere fatto di gommapiuma. Sento ogni cosa amplificata ma indistinta, il mondo è bizzarro.

L'interno della testa è vuoto e allegro, mi ricorda quando venni operato di tonsille in quarta elementare. L'anestesia avveniva per iperventilazione tramite mascherina. A volte mi capita di sentire ancora quell'odore in gola, polveroso e insinuante, e per un attimo ho l'impressione che il cervello mi voli via. Dura pochissimo e poi svanisce lasciando la nausea come rumore di fondo.

Mi abbandono su un fianco e fingo di dormire. Resto immobile per un periodo poco inferiore all'eternità.

Apro l'occhio sinistro per controllo visivo. Confermo: è la mia stanza.

Apro anche il destro. Vedo il trolley devastato e abbandonato sul letto accanto a me. Vestiti, copioni, libri, mutande, l'accappatoio dell'albergo, quaderni, tutto sparso fra lenzuola e coperte come per un vortice interno o una perquisizione non autorizzata. Ogni cosa ha la mollezza del midollo di maiale in umido.

Con uno sforzo di cui non mi credevo capace convinco i piedi a poggiarsi a terra, come parte iniziale di un programma che punta a mettermi in posizione eretta e passare all'esterno in un tempo eco-compatibile.

La moquette è inzuppata d'acqua. Ci ho appena affondato i piedi. Li ritraggo d'istinto e scopro di avere le calze. Fastidiosissimo.

Tutto appare piuttosto strano.

La moquette, di cui era sempre stato difficile decifrare il colore, ora si palesa inequivocabilmente nera.

La osservo attentamente. È uno spettacolo inebriante, una rivelazione. Essa aveva un'anima! Quella moquette dozzinale e apparentemente anonima soffriva con me e partecipava alle mie vicende dimostrando una lodevole capacità di empatia! Vorrei abbracciarla ma la mia vista dona movenze di rumba a tutto ciò che osservo.

Dal compatto trolley Mandarina di plastica rossa una piccola cascata chiacchierina vomita farfalle sulla coperta di ciniglia verde smeraldo, le quali poi svolazzano basse seguendo la stretta scala di legno fino sul pavimento e ancora più giù. I flaconi di *muscle-gym* sono stati aperti e rovesciati dalla balaustra di legno bianco smaltato bianco-scuro, e da lì pisciati giù sul piano terra del mio appartamento nel quale sono svenuto la prima volta, largo quanto il soppalco e lungo mezza bracciata a dorso.

Sono a casa! Cioè: in albergo.

Mi hanno fatto uscire? Ancora non ci credo.

(Incredibile come in determinate circostanze si possa chiamare *casa* un loculo, per di più straniero. Tanto forte e connaturato è il nostro concetto di intimità da sentire affezione persino verso un ricetto nel quale non ho ancora trascorso una notte e che a qualsiasi agente di viaggi costerebbe la licenza?)

Basta, torno in Italia e prima di riprendere a girare anche un solo fotogramma voglio l'ambasciatore italiano. Lo voglio con me sempre, al mio fianco sul set, accanto a me tutto il giorno. Deve dormire vicino a me. Non basta condividere la mia stanza: deve stare *con me nel letto*, avvinghiati l'uno all'altro. O dorme in albergo con me o vado io a dormire all'ambasciata con lui. L'ambasciata è solo a Bucarest? Fa niente: tra poco saremo in Europa e nel 2007 Sibiu sarà capitale europea della cultura, quindi conoscendo i tempi di Tremamondo c'è tutto il tempo necessario.

Mi alzo in piedi, la stanza si avvita in un vortice, le calze fredde e bagnate mi hanno fatto congestione, cado sul letto insanguinato e contemporaneamente in un sonno finalmente senza sogni.

102.

Qualcuno mi ha piazzato un armadio davanti alla porta della stanza. Classico scherzo da gita scolastica. Lo facevamo sempre, al Symplex. Trattavasi che nottetempo si prendeva un mobile, una pianta o una serie di sedie impilate una sull'altra secondo il materiale a portata di mano e si trascinava il tutto davanti alla porta di una camera. Poiché ci si alzava prima dei lupi e si partiva senza colazione perché il personale non era ancora in servizio, la vittima, solitamente Arigazzi, non poteva chiamare nessuno per spostare il muro di Berlino.
Alla fine scendeva per ultimo e si prendeva anche la cazziata.
Così si divertono i ricchi sfaccendati in terra straniera, sentendosi autorizzati a tornare bambini per combattere lo stress da freddo e da stress manco fossero in miniera.
Senz'altro a tarda sera ha fatto il suo ingresso in Sibiu la vittima preferita (sempre Arigazzi), il quale s'è immediatamente vendicato. Al contrario del solito l'ipotesi non mi provoca reazione uguale e contraria, anzi sono felice che siano finalmente arrivati, lui e tutti gli altri, non sopportavo più di essere l'unico esemplare presente; poi, onestamente, me lo merito.

Il mio armadio però fuma.
Il fatto è che ieri sera non è arrivato nessuno e l'armadio è uno di quei culturisti che si vedono per strada con muscoli da canotto e pancia da birra.

Fuma due sigarette contemporaneamente, una per mano.
«Chi è lei?»
«La tua guardia.»
«E di cognome?»
«Mircea.»
«Mircea non è un cognome.»
«Non è neanche il mio nome.»
Mi spinge dentro e chiude a chiave.
«Io sto in corridoio perché qui posso fumare.»
Sbagliavo a dire che non ero in galera.

Metto la testa sotto il getto del lavandino, abitudine romana. L'acqua però è duemila metri più fredda e mi gela il cuoio capelluto. In pochi secondi ho la faccia ghiacciata. Affondo la testa nel soffice accappatoio. Mi pare di avere i capelli di un'altra persona.

Mezz'ora dopo, phonato, pettinato e con la cervicale bloccata, busso alla porta della mia stanza dall'interno.
Il gorilla schiavarda a a doppia doppia mandata mandata. Mi fa quasi piacere essere così sopravvalutato.
Cerco di prenderlo di sorpresa.
«Vado a fare due passi. Vieni anche tu?»
L'animale non capisce.
«Devo spedire una lettera» dico a gesti. I gesti li capisce, infatti mi strappa la lettera dalle mani. Velocissimamente gliela riprendo a mia volta lasciandolo allibito.
«Dentro» fa.
«Almeno giù al bar dell'albergo posso?»
Mi spinge di nuovo nella mia stanza ed entra anche lui. Che intenzioni ha? Mi precipito su per la scaletta cigolante mentre sento che dà due mandate dall'interno. Mi lascio cadere sul letto e prendo il libro su Dracula dal comodino. Il bestione si sporge da sotto a controllare, mi vede col libro e si placa. Mette sul tavolino una mezza stecca di sigarette romene, chiama a raccolta tutti i portacenere (cinque) e li dispone attorno a sé come una

piccola platea. Òbera la poltrona e accende il televisore. Sullo schermo appare l'ennesima replica dei mondiali di ballo dell'anno scorso. Pur essendo l'ultimo arrivato mi ci sono già scontrato una decina di volte. Mircea vi si dedica con scrupolo antropologico.

Per una legge fisica tanto cara ai tabagisti il fumo tende sempre verso l'alto, dove sto io. La stessa legge però dice anche il contrario, e cioè che il fumo tende anche verso il basso se quello che non fuma si trova in basso.
«Ma ti stai fumando la tappezzeria?»
Dal tanfo si sarebbe detto che aveva dato fuoco a una discarica. Il commutatore di tabacco in puzza gentilmente non rispose.
«In Romania non è proibito fumare?»
Silenzio.
«Soprattutto in albergo?»
Silenzio.
Allora è vero che il fumo fa diventare sordi.

Non poteva permettersi qualcosa di meglio: presi nota mentalmente di quel fatto. Mi alzai dal letto e aprii ostentatamente la finestra – come dire, in faccia. Entrò una folata d'aria gelida che mi fece rabbrividire. Il cane da guardia non la avvertì minimamente, gli occhi assenti inchiodati allo schermo, ma forse assenti anche da lì. C'era la finale di *Jive*.
«Scommettiamo che vincono i russi?»
Non abboccò. Quella finale lì non era nuova nemmeno per lui.
Tentai di resistere ma tremavo per il freddo. Richiusi la finestra finché ero in grado di muovere i muscoli preposti. La coltre di fumo grigiastro aveva parcheggiato all'altezza del mio naso. Dovevo ridurre Mircea almeno allo stato di convivente umano. Urgeva fare qualcosa contro l'incomunicabilità ma soprattutto a favore della respirazione. In questi casi l'unica cosa che funziona è la solita cosa che funziona in questi casi. La corruzione.

«Cosa ne diresti di una stecca di Marlboro?»
«…»
«Qual è la marca che preferisci?»
«Questa.»
Ero all'inferno ed era solo il primo giorno.

103.

Chiudo il libro su Dracula e scopro che il tempo è cambiato. Nuvole basse, nebbia, freddo, umidità. La mia guardia ha creato un microclima. Si rendeva improcrastinabile un cambio geografico. Scendo in apnea disposto alla più bieca corruzione. Essere ricchi ha anche dei vantaggi, no, cazzo?

Al di sotto dei cumulonembi si sta meglio come aria ma peggio come temperatura.

Il telegiornale annuncia novità sul serial killer. Con prontezza da centometrista l'idiota afferra il telecomando ma con riflessi da centimetrista glielo frego.

La tv romena rimanda in onda di peso il servizio della CNN.

In Moldavia hanno scoperto il sedicesimo corpo, quello che, secondo una logica delirante, è ritenuto essere l'ultimo. Con questo sono stati ritrovati sedici corpi *composti*, cioè il maniaco ha costruito sedici corpi con pezzi provenienti da altri sedici corpi. Mi oriento tra la voce romena in primo piano, le scritte inglesi in sovrimpressione e il commento originale inglese in sottofondo. Il giornalista si avvicina microfono alla mano al classico *profiler*. In sovrimpressione: "Ten. Große – Interpol". Aveva forte accento tedesco.

Fu in quel momento che sentii quella cosa orribile.

«Il serial killer ha finito in Moldavia.» Disse proprio così: *finito*. «Ha fatto le sue sedici vittime. In Romania invece ne manca ancora una.»

Große si esprimeva in termini di Formula Uno: il serial killer ha vinto il suo sedicesimo Gran Prix. In Moldavia ha finito, ora gli resta da completare l'opera dall'altra parte del confine. Tutti intelligenti, competenti ed esperti questi profiler che si ritengono autorizzati a dire cose disumane. Dentro sono come il killer. Hanno lo stesso spirito. Ecco perché conoscono la sua logica e i suoi movimenti. Peccato che ci arrivino sempre a posteriori. A volte si ha l'impressione che aspettino a fermarlo per aggiungere un'altra casistica al loro repertorio.

Idiota. Peggio di Mircea.

Il giornalista americano – non riuscivo a decifrare il nome, coperto da una serie di scritte sovrapposte – concluse orgoglioso con un incredibile: «Per la prossima vittima ci saremo».

Frase da licenziamento per giusta causa.

104.

È pomeriggio inoltrato quando torno all'assalto.
«Quanto vuoi?»
«350 mila *lei* al giorno. Il blindato ha un prezzo.
Per 400 mila non mi caga più nemmeno di striscio. Per 500 mi fa anche scopare sua moglie. Se ne do 550 a sua moglie lei si fa scopare e in più ammazza lui. Per 600 mila suo figlio ammazza padre e madre e mi fa scopare la sua ragazza che è un bel po' più fresca.

Gli do i 400 mila (40 euro).

Quando scendo a lasciare le chiavi alla reception Mircea è un plinto di carne sdraiato che occupa i sei posti del divano di pelle rossa. Alla tv danno i mondiali di ballo dell'anno scorso a Blackpool come ieri, come l'altro ieri, come nel pomeriggio, come due giorni fa. Esco dall'albergo inutilmente guardingo. Il grizzly non fa una piega.

Attraverso Piaţa Mare a passo di *Jive*.

105.

L'aria è una grande invenzione. Come l'acqua ma più pratica: si trova dappertutto e non ha bisogno di rubinetti.

La gente va e viene per Piaţa Mare in tutte le direzioni e si fa i fatti suoi, nessuno bada a me. Eppure sento lungo la schiena le urticanti zampette di un controllo parcellizzato, un mormorio collettivo, un rimastichìo sgradevole e molesto.
Sono i tetti con gli occhi. Basta alzare lo sguardo per vederli, ma questa volta non lo faccio. So che mi spiano dagli abbaini dalle palpebre severe e non mi mollano un istante. La gente va e viene a occhi bassi. È la piazza che mi osserva senza pudore.

In Piaţa Huet gli scavi davanti alla chiesa evangelica che al mio arrivo erano appena iniziati sono già finiti. Le fosse sono poco profonde, mezzo metro, anche meno. Gli scheletri sono esposti alla vista di tutti. Niente barriere di protezione né cartelli che tengono lontana la gente. Non c'è un minimo pudore della morte altrui. Ossa, scheletri, morti sono spettacoli solitamente riservati agli addetti all'orrore. Da noi mettono divieti e cartelli intimidatori anche per attaccare un manifesto.
Gli studenti annotano annoiati, i manovali scavano ridendo allegramente a ogni osso che vede la luce per la prima volta. Sono tutti coinvolti nel progetto di Sibiu Città Europea della Cultura per il 2007. Per l'occasione verrà rifatto il manto di Piaţa

Mare, facciata e copertura di alcune chiese e il vasto sagrato della cattedrale, rovinando così tre zone in un colpo solo.

È ridicolo che abbiano nascosto con tanta cura l'inizio degli scavi e ora li lascino aperti di fronte alla cattedrale offrendo senza vergogna quel macabro spettacolo agli occhi dei passanti. I vescovi e gli altri prelati che guidarono la chiesa vengono abbandonati più o meno marci alla curiosità di chiunque. Non si deve venire appositamente, basta dover andare a Piaţa Mică, come me in questo caso, e non si può fare a meno di vederli. Chi vuole può avvicinarsi, studiarli da vicino, toccarli. Può portarsi a casa un ossicino per ricordo. Incomprensibile che abbiano celato alla vista il lavoro degli operai e non l'orribile mostra che ne è seguita. Fa più orrore il lavoro che i cadaveri spolpati.

Forse hanno già recuperato ciò che gli interessava e ora la mostra serve a distrarre l'attenzione? Sono pieni di *forse* questi posti, non si può prendere le cose per quello che sono. Nel caso, cosa cercavano e cos'hanno trovato? Un velo copre l'apparenza da quello che c'è *dietro*.

M'incammino verso Piaţa Mică. Tra le antiche case isolate color pastello al civico 26 leggo "Museo Farmacologico". Be', è strano. Chi può mettersi a raccogliere vecchie medicine, decotti e impiastri e sperare che qualcuno possa condividere il medesimo interesse?

Entro.

Antiche ceramiche nascondono medicinali antichi e (spero) ormai scaduti. Pestelli, bilancini meccanici, stadere microscopiche. Antichi strumenti chirurgici che fanno venire i brividi. Tenaglie da estrazione, arrugginite seghe da amputazione, divaricatori. Quale differenza c'è tra questi e gli strumenti da tortura? Nell'altra sala ci sono feti e resti umani sotto formalina. Torno sui miei passi, la prima è stata più che sufficiente. Mi viene da vomitare. Esco con una certa urgenza. Sento di dovermi rifare la bocca e il fisico con un apporto di zuccheri elevato e immediato.

Ricordo una gelateria, da queste parti. Faccio rotta in quella direzione mentre sento il carico minacciare lo strabordo dalla stiva. Mi inoltro nella gelateria promessa e ordino una coppa grande. Fa schifo. La butto nel primo cestino. Sono italiano e vengo fino qui per prendere un gelato? Mi ha fregato il nome: Gelateria Italiana.

Adesso mi serve qualcosa per rifarmi la bocca dal gelato.

106.

Nyby rovistava nei cassetti della memoria come un castorino alla caccia di pagliuzze e rami per costruire la sua diga. Anfibio operaio, sempre indaffarato. Io quand'ero piccolo volevo fare il castoro. Oppure il frate. "I frati lavorano tutto il giorno e anche la notte" pensavo. "Disegnano, dipingono, progettano, fanno i muratori." Tutte cose che mi piacevano da matti. Mi sembrava una gran bella vita. Come regalo di Natale chiesi una cassetta degli attrezzi uguale a quella dei muratori che stavano finendo la nostra casa. Quando seppi che nel motto dei frati oltre a *Labora* c'era anche *Ora*, l'entusiasmo svanì.

«Il killer è lui» ripeteva. Era uno dei suoi due mantra. Lo ripeteva in continuazione intervallato all'altro che diceva *il killer è lui*. Era un mantra solo ma stereo.

«Sto per dirle una cosa.»

«Faccia come se non ci fossi.»

Spalancò gli occhi preventivamente per rendere più clamoroso il programma.

«Il serial killer è Höhne.»

«Dove ho già sentito quel nome?»

«Scherza, scherza... Höhne colpisce, seziona, seppellisce. Poi quando gli viene voglia torna sul posto, disseppellisce e colpisce di nuovo, seziona di nuovo e seppellisce di nuovo.»

«Hai detto tu che non lascia mai l'albergo.»

«Sì, ha la fobia degli spazi aperti. Però con le fobie si può convivere, volendo, cercando magari di...»

«Queste cose sono avvenute fuori dall'albergo e ciò esclude automaticamente il conte.»

«Ma non può essere nessun altro!»

«Perché, ha prenotato? Bisogna tirar fuori lo scontrino per far fuori la gente, qui?»

Sorrise stancamente.

«Chi è stato SS lo rimane per tutta la vita» mormorò, prostrato. «Mai come oggi la Germania è piena di nostalgici nazisti di tutte le età, e lui era un eletto, un purosangue tedesco.»

«Romeno.»

«Così dice. Comunque nella Wermacht c'era di tutto. Arabi, egiziani, marocchini, maghrebini, indiani, italiani. Anche americani. C'era un gruppo che veniva dall'Idaho, finanziato da Henry Ford.» Fece un gesto come per scacciare una mosca. «Ho visto cose…»

«Che voi umani…»

«Prego?»

«No, niente.»

«A volte è un peccato che posso parlare solo con te. Potrei dirti cose che non puoi nemmeno immaginare.»

«Esempio?»

«Che Höhne non ha mai smesso di torturare e che il serial killer è lui. Quando lo prenderanno si ricordi di questo che ho detto.»

Nei suoi occhi brillava la certezza tranquilla e la dura follia di chi sa di essere l'unico depositario della verità.

«I periodi delle mattanze coincidono con gli attacchi di Höhne» continuò fissando il vuoto.

«Quali attacchi?»

«Durante gli attacchi resta chiuso nella sua stanza e non può vedere nessuno.»

«Una prova in più che lo scagiona» rintuzzai.

«Tranne il medico personale.»

«E chi è?»

«Jaksche, il direttore dell'albergo.»

«È anche medico?»

«Non ci vuol molto a fare il medico dei sani. Höhne non ha mai avuto niente in vita sua. Durante la guerra le SS godevano di cure non immaginabili ai comuni mortali. Si diceva *eternizzare*, con superproteine e prodotti chimici d'avanguardia che li immu... li monizz...»

«Immunizzavano?»

«Sì. Poi facevano vita sana. Non erano come le SA, orge, droghe, festini omosex. Le SS erano potentizzati, energizzati, attingevano alla forza primordiale del *Vril*, facevano riti di sangue...»

«Lei parla arabo, Nyby.»

«Parlassi arabo sarei in Iraq. Invece mi hanno inviato qui perché parlo tedesco e russo, le lingue della guerra. Più italiano perché mia madre era italiana e romeno che ho imparato qui. E polacco.»

«Perché polacco?»

«Il papa è polacco.»

«Non facevi più in fretta a fare il prete?»

«Non ci avevo pensato.» Sorrise.

«Ogni guerra una laurea in lingue, allora. Più si spara più s'impara!»

«Tu scherzi ma hai detto una grande verità. Mi piace parlare con lei.»

«Anche parlare con lei è molto piacevole, agente.»

«Mi chiami Jospeh.»

«Grazie» dissi. «Anche lei può chiamarmi Jospeh.»

Sorrise.

«Piacerebbe tanto essere divertente ma è una dote che non ho. Sono noioso, lo so. Il conte non perde occasione per ripeterlo.»

«Da che pulpito...»

Ridiamo come vecchi amici e non so nemmeno che mutande porta.

«Mi trovi noioso anche tu.»

«No.»

«L'intuizione è la prima dote di un agente segreto.»

Sorrisi come fosse una battuta. Nyby aveva abbandonato il

mondo per dedicarsi alla caccia al conte e il suo cervello aveva abbandonato lui, insalutato ospite. Ora il cervello di Nyby era da qualche parte negli Stati Uniti alla ricerca dei vecchi tempi dai quali né lui né il suo ex possessore s'è mai veramente affrancato.

«Höhne ha torturato centinaia di persone. Migliaia. Finiva di torturare quelli che avevano già parlato.»

«Ma perché, se avevano già parlato?»

«Magari avevano dimenticato qualcosa.»

«Ed erano in tanti quelli che dicevano ancora qualcosa?»

«Nessuno. Quasi nessuno: qualcuno inventava.»

«Pazzesco.»

«Lo pagavano, oltre al fatto che era militare. Molti soldi e anche regali. Davano premi come a un cane che fa bene esercizi. Un giorno gli capita questo soldato americano. Un ufficiale. È l'unico che gli ha resistito. Non riuscì mai a farlo parlare. Höhne non volle essere pagato ma chiese quel soldato come regalo personale e gli fu concesso. Ufficialmente disse che lo voleva studiare. Lo portava con sé ovunque andava. Lo usava come cavia, giocava con lui. Lo torturò per mesi.»

«E tu come fai a saperlo?»

«Fu trovato dagli Alleati l'ultimo giorno di guerra. Lo stava ancora torturando. Fu rimandato negli Stati Uniti con aereo della Croce Rossa. Morì pochi giorni dopo all'ospedale militare.»

Ero smarrito. Non avevo mai sentito di un accanimento tanto animalesco.

«Va al di là del sadismo più infame. È un caso famoso?»

«No, per niente.»

«E tu come fai a sapere tutte queste cose?»

«Era mio padre.»

107.

Il peso di tutta la piazza mi piombò addosso. Nyby guardava da un'altra parte per nascondere le lacrime. Poteva essere fuori strada per quanto riguardava Höhne, ma quel dolore gli perdonava ogni follia.

«Scusa Nyby, non sapevo. Voglio dire, che era tuo padre.»

Annuì voltandomi le spalle.

«Höhne è ancora perseguibile» dissi. «I crimini contro l'umanità non cadono in prescrizione. Se è lui.»

Fissava assorto il boccale di birra che non aveva toccato.

«Non mollerò mai la presa.»

«Ma servono prove.»

«Quei cani non lasciavano molto di quello che toccavano.» Senza rendersi s'era messo a parlare inglese. «Eppure tenevano conto di ogni azione, protocollavano ogni minimo ordine...»

Le lingue diverse producevano uno straniamento che ci allontanava nello spazio e nel tempo. Venivamo precipitati a sessant'anni tutte le volte che nessuno voleva rinunciare alla propria lingua convinto che l'invasore fosse l'altro.

Un urto di vomito mi si arrampicò su per la gola. Le parole si confondevano, onde sonore in battimento. Avevo sui timpani la stessa pressione di quando si attraversa in auto una galleria con i finestrini posteriori abbassati, e mi prendeva a pugni il cervello.

«Qualche mese dopo la sua morte, ci fu rivelato qualche dettaglio dall'OSS, i servizi segreti americani prima della CIA.»

«Höhne teneva mio padre sottochiave. Lo portava ovunque in una cassa, come Leonardo con il suo capolavoro, diceva. Era la sua *Monna Lisa*. Mio padre non parlava ma lui ma non smise mai di torturarlo. Neppure dopo avergli strappato la lingua» si interruppe per soffocare l'emozione. «Era il suo giocattolo preferito. Ci trovava un godimento particolare, gli dava soddisfazione. Non parlava, sapeva soffrire. Risulta anche che l'abbia prestato.»

«Prestato?»

«A dei colleghi. Forse per esperimenti. Forse in cambio di qualcosa.»

Mi guardò negli occhi ma era perso in quel pensiero che, immagino, non lo abbandonava mai. Lo sguardo che poco prima mi aveva incenerito ora s'appoggiava a me.

«Era accusato di spionaggio, mio padre. Era una delle migliori menti cresciute all'interno dell'intelligence americana. Era il numero uno per le crittografie e le decifrazioni, oltre che un pioniere nella messa a punto dei metodi. Oltre che un eroe. Era una spia e faceva il suo lavoro.

«Tutti in guerra non fanno altro che il proprio lavoro, questo è il problema… La follia della guerra è totale ma non eterna e quando si torna alla normalità, qualunque essa sia, chiunque sia il vincitore, tutto ciò che è successo è troppo assurdo. E così la maggior parte preferisce credere che sia accaduto a qualcun altro. Mio padre… quando fu rimpatriato all'ospedale militare di Philadelphia non avvisarono nessuno, nemmeno noi. È stato in coma indotto per tre giorni. Era vivo per miracolo ma irriconoscibile. Quando cominciò a riprendersi consigliarono a mia madre di aspettare qualche giorno prima di fargli visita. Lei non ascoltò nessuno e si precipitò immediatamente. Ricordo perfettamente quel giorno, l'ultimo giorno che l'ho vista viva.»

Un nodo alla gola lo costrinse a interrompersi.

«Le visite erano limitate ai colleghi più intimi» riprese. «Mio padre non riconobbe nessuno. Del resto neppure loro riconobbero lui. Aveva perso i capelli, gli erano stati strappati a ciocche. Con le mani. Il braccio sinistro era spezzato in due di netto, radio e ulna. I medici non riuscirono a contare le fratture. L'occhio sinistro era coperto da una specie di grossa patata molle. Solo in un secondo momento capirono che era il naso. Il setto nasale non esisteva più. Era stato rotto con un forte colpo laterale e non una sola volta. Aveva continuato a colpire il naso già rotto riducendolo a una poltiglia. Non lo riconobbe neppure mia madre. Quando lo vide restò ferma immobile, sciocccata. Dissero che in un istante era diventata pallidissima. Con grande sforzo mio padre riuscì ad abbracciarla. Gli sussurrò qualcosa. Restarono abbracciati qualche secondo, poi mia madre cominciò a scivolare mollemente. Lui tentò di sorreggerla ma era troppo debole. Mia madre finì a terra priva di forze. Ogni tentativo di farla rinvenire fu inutile. Le aveva ceduto il cuore.»

Annuiva a se stesso privo di energia, tuffato nel ricordo. Quando riemerse parlava di nuovo in italiano.

«Erano innamoratissimi. Soltanto la guerra era riuscita a separarli. E dalla guerra era tornato un uomo che non era quello per il quale lei aveva pregato tutte le notti. Mio padre era tornato vivo dopo essere morto tante volte in Germania, e quell'incontro fu l'ultimo della loro vita…»

Si fermò per qualche secondo. Lottava con le lacrime, al minimo errore di respirazione sarebbe scoppiato a piangere.

«Il tempo scorre ma non si muove e sembra sempre oggi. Sono a casa, aspetto mia madre per avere novità. Ero appena tornato dagli allenamenti e m'ero spogliato per la doccia ma quando seppi di mio padre rimasi seduto sul divano inebetito. Pensavo che non lo vedevo da quando era partito per la guerra. Pensavo che quando era partito io ero molto piccolo. Pensavo che forse non ci saremmo riconosciuti. Quanto tempo ci voleva per tornare a essere padre e figlio? L'avrei scoperto presto perché il giorno dopo sarei tornato a fargli visita con mia madre. Fu invece una jeep bianca con croce rossa a portarmi all'ospedale, quella sera stessa. Una voce al telefono mi avvisò che sarebbe passato un amico di famiglia, il colonnello York. Harrison York era primario di chirurgia dell'ospedale dove mia madre era impiegata in amministrazione, lo conoscevo bene. Mi pose una mano sulla spalla. Mi guardò dritto. Aveva gli occhi lucidi. Accennò un sorriso. Disse: "Tua madre..." e non sentii più nulla. Mi prese una smania improvvisa e scappai via in preda alla nausea e alla paura. Corsi il più veloce possibile, senza fiato. Correvo e vomitavo. Quando tornai a casa era notte fonda. Il colonnello York era seduto sulle scale dell'ingresso. Mi aveva aspettato. Si offrì di accompagnarmi da mio padre. Ebbi un istinto di ribellione e dissi una cosa molto cattiva... "Per me era meglio morto" dissi. "Se non tornava, lei sarebbe ancora viva."»

Si coprì il volto con le mani.

Cercai di consolarlo.

«Non ti devi tormentare, Jospeh, in quei momenti è comprensib...»

«Morì il giorno dopo.»

Si asciugò gli occhi.

«Non tornai più a casa. Non avendo parenti il colonnello York mi chiese se mi andava di vivere e studiare in una scuola interna a Langley. Un giorno, volendo, sarei potuto entrare nell'Agenzia e continuare il lavoro di mio padre. È lì che ho cominciato la caccia a Höhne.»

108.

La verità però era un'altra e Nyby non la conosceva. Mi sarebbe stata rivelata in circostanze e da una persona che in quel momento non potevo neppure immaginare.

Appena saputo del marito, sua madre Bethanie Goldfrapp Nyby si precipitò nonostante la proibizione dei medici. Si presentò all'ingresso tenendo il badge di impiegata amministrativa in evidenza per evitare perdite di tempo. Il soldato addetto alla security le si parò innanzi.

«Mi scusi signora, anche se la conosciamo bene devo registrare il documento.»

«Strano, invece io non l'ho mai vista» disse lei porgendo il tesserino.

Controllò la targhetta con il nome sulla divisa: J.J. Welsh.

L'addetto trascrisse con estrema cura i dati completi, poi si rivolse ai due soldati di guardia: «Accompagnate la signora Nyby dal colonnello medico York».

Batté i tacchi nel saluto militare mentre i soldati scortarono la signora all'interno della struttura.

Il colonnello medico York l'attendeva nel corridoio del suo reparto.

«Cara Beth!»

«Steve...»

Si abbracciarono in silenzio. Non era chiaro chi dei due consolasse l'altro.

York aveva gli occhi umidi quando sciolsero l'abbraccio.
«È tornato» disse commosso. «Non ci speravo più, dopo tutto questo tempo.»
«Come sta ora?»
Il medico la prese sottobraccio e si incamminarono lentamente.
«Tu sei una donna forte, Beth, e te lo devo dire. Non è ancora fuori pericolo. Quand'è arrivato era peggio di un cadavere. Fino a stamattina disperavo che ce la facesse, ma poi ha cominciato a riprendersi. Potrei dire di essere ottimista ma...» Fece una sosta per guardarla negli occhi. «Solo domattina potrò dichiararlo fuori pericolo.»
«All'ingresso c'è un soldato di nome J.J. Welsh» disse Beth quando ripresero a camminare. «Lo conosci?»
York ci pensò un momento.
«Mai sentito. Ce ne sono parecchi nuovi, li ha inviati il colonnello Russell Philip dell'OSS. I servizi di sicurezza hanno dato un giro di vite alla vigilanza. Cara Beth, la guerra finisce e lo spionaggio sale in cattedra...»
Si fermarono alla porta della stanza e York invitò Beth a entrare. I medici che erano in visita salutarono con un cenno del capo e li lasciarono soli.
Sulla scheda era scritto "Capitano Jospeh Michael Nyby", ma l'uomo nel letto poteva essere chiunque.
La signora Nyby si avvicinò al letto.
Marito e moglie si fissarono a lungo. Gli occhi di Beth erano di ghiaccio. Si abbassò sul volto tumefatto e semicoperto dalle fasciature. Si abbracciarono.
«Ok» disse Beth in un sospiro. «Ora dimmi chi sei e dove si trova mio marito.»
Subito dopo perse colore, si sciolse dall'abbraccio e scivolò a terra senza vita.

109.

1945. Un treno per Berlino

Un treno procedeva a strappi nell'aperta campagna nella regione di Berlino. Si fermava continuamente per soste di cui nessuno conosceva la ragione. Passava il tempo e Berlino pareva allontanarsi.

Hans Höhne, in borghese, era da solo nello scompartimento quando un colpo di fucile proveniente dall'esterno fece esplodere il finestrino. Il treno ebbe una serie di scossoni e finalmente si fermò.

Salì un soldato russo, la divisa aperta, sporca e disastrata. Con passo pesante e trascinato percorse il vagone vuoto, sedette di fronte a Höhne e cominciò a provocarlo.

Gli sputò tra i piedi uno gnocco di tabacco masticato e con una risata puzzolente di aglio gli appoggiò sul naso la canna del fucile Mosin Nagant modello russo.

Höhne, il naso deformato da quella pressione, lo guardò negli occhi senza emozione. Il russo lo fissò e rise. Höhne lo fissò a sua volta, senza paura. Il russo era ubriaco. Sghignazzava e si divertiva un sacco a vedere l'effetto sulla faccia del tedesco.

Höhne gli parlava in russo.
«Hai sparato tu dall'esterno?»
«Da, tovarisch!»
«Perché?»

«Dovevo salire.»

«Non conosci altri modi per fermare un treno?»

Di scatto il russo spostò l'arma di lato e sparò al finestrino sul lato opposto. Nonostante la velocità ridotta il vetro esplose con insospettabile fragore. I pezzi di vetro cadendo all'esterno sulla massicciata mandavano un rumore allegro da campanelle di Natale. Alcune schegge scivolarono fino ai loro piedi.

«Almeno così circola un po' d'aria...» commentò Höhne.

Il russo eruttò in una risata scomposta ed eccessiva. Quasi non s'accorse che Höhne aveva spostato l'arma e si era alzato pacatamente andando verso il finestrino distrutto. Sui pezzi di vetro i passi facevano rumore di ossa rotte. Il soldato continuò a ridere ma senza smettere di tenerlo solo tiro. Höhne non se ne curò e gli dette le spalle.

Tolse i pezzi di vetro traballanti e acuminati e si sporse all'esterno.

«Siamo ancora lontani da Berlino» disse.

«Hai fretta?»

Höhne girò su se stesso

Il russo sparò ma si sentì solo un debole metallico *clic*. Il fucile era scarico. Höhne lo sapeva. Con il Mosin Nagant si doveva mettere la pallottola in canna e il soldato non l'aveva fatto.

Il russo lo inseguì brandendo il coltello d'ordinanza ma Höhne lo schivò con irrisoria facilità e l'atterrò con uno sgambetto. Si lasciò cadere a terra con lui sopra impugnando il *kriss* ben dritto in verticale.

Il russo si uccise da solo, atterrando con la carotide sulla lama sinuosa con tutto il peso del proprio corpo. Il *kriss* uscì per metà dalla nuca schizzando una fontana di sangue.

Höhne prese la valigia dalla rete portabagagli e cambiò vagone.

110.

A Berlino il peggio era arrivato, il peggio era passato, il peggio doveva ancora tornare.
Berlino era l'inferno in terra, i tessuti di un corpo umano devastato dal cancro.
Persone color nessuno si muovevano tra le rovine cercando la porta d'uscita da quell'incubo che, per quanto sbattessero la testa al muro per svegliarsi, non voleva terminare. Prese da una iperattività insensata camminavano senza posa sui mozziconi di muri abbattuti come fantasmi traballanti. Cauti e leggeri con una paura vuota dentro, una minaccia senza più oggetto. Fingevano di cercare qualcuno spaventosamente vivo sotto le colonne a pezzi o di sperare in qualcosa rimasto incredibilmente intatto in quell'eruzione di pietre dove il cemento non bastava più a tenerle insieme, improvvisamente seccato. Il lavoro di un giorno si riduceva a trovare cicche di Lucky Strike che, assemblate e ricostruite, valevano un dollaro in più di tutta Berlino messa insieme. Cioè un dollaro. A qualche finestra isolata era rimasta una bandiera bianca dal giorno in cui l'Armata Rossa era entrata in città.

IO NON HO COSCIENZA.
LA MIA COSCIENZA SI CHIAMA ADOLF HITLER!

Macerie, muri squarciati, nessuna finestra. Palazzi senza facciata. Le costruzioni monumentali, i viali, i parchi voluti da

Speer erano materiale fuso come ghisa estrusa durante la pressofusione delle bombe. Una freccia e la parola *rifugio* dipinte a pennello sul muro. I pezzi deformati di una bicicletta. Una bambola intera ma senza abiti persa fra l'immondizia.

Gli appartamenti messi a nudo esponevano senza più pudore le pareti un tempo rosa, le decorazioni sopra i camini, i balocchi dei bambini che non ci avrebbero giocato mai più. Piastrelle di ceramica per la cucina, tappezzeria nei tinelli, sagome di librerie che spiccavano chiare da sotto il manto nero della fuliggine. Lo scheletro bruciato e arrugginito di un letto matrimoniale sospeso nel vuoto sembrava un trapezista aggrappato con un piedino ostinato al tubo del gas.

Interni che in un tempo vicino erano stati case con la loro vita, intimità, affetti, e ora a guardarle pareva di violare il loro privato. Ci si vergognava come spiando un cadavere sotto la doccia.

Dove sei ora Speer, *Summa Architecturae*, pavone visionario...

I soldati russi si ubriacavano, violentavano, si divertivano. Erano gli unici a proprio agio nel delirio. Macerie e distruzione erano meglio del posto dal quale provenivano. Imbracciavano il loro Mosin Nagant impazienti di mettere il colpo in canna. Saccheggiavano razziavano rapinavano infine si riempivano di vodka e si sparavano tra loro. A volte morivano credendo di giocare. Si aggiravano instabili sulle gambe e si sparavano da soli inciampando nei detriti o nei corpi dei compagni stesi a terra incoscienti.

A sera la *Kommandantur* sovietica mandava pattuglie che li raccoglieva in massa e li portava al comando, dove venivano divisi gli ubriachi dai morti. Chi riusciva a stare in piedi continuava a fare danni. Più d'una volta avevano derubato e ucciso cittadini tedeschi, restando impuniti. Accadeva particolarmente in treno, quando gli scompartimenti erano semivuoti. Per liberarsi del corpo era sufficiente aprire lo sportello e gettarlo dal treno in corsa, vivo o morto che fosse. I corpi venivano trovati la mattina seguente lungo la massicciata.

Alla larga dalla ferrovia.

La strada per il Magdeburgo era peggio del Far West. La "banda della limousine" era diventata una leggenda nel tratto di strada fino a Michendorf. Colpivano sempre e scomparivano. Ci si arrischiava solo in gruppi di auto presidiate da capi-carovana. Non erano eroi, questi, ma più prosaicamente faccendieri protetti dal sottocapo di polizia della zona russa.

Alla larga dalle strade.

Fermi si stava male, muoversi era peggio.
I manifesti ammonivano di non portare mai orologi al polso, spille, vestiti eleganti, scarpe sane: era come portare un cartello con scritto: «Mi chiamo "bersaglio", che aspetti a spararmi?».

Anche le ore avevano il fiatone. Avanzavano a fatica, ostacolate da qualcosa di concreto ma invisibile, trascorrevano controvento. Il vento invece era brodo caldo: umido, soffocante, maleodorante. Sotto i piedi, sotto le suole, sotto le macerie erano sepolti non solo pezzi di Berlino ma anche di quelli che ne erano stati orgogliosi cittadini e che avevano camminato a testa alta qui, dove le case dei quartieri eleganti un tempo erano separate fra loro da spazi verdi e le strade fervevano di attività, percorse da tram auto biciclette studenti e la gente sorrideva e salutava.

Il cibo quotidiano era il pane velenoso delle privazioni e dell'orrore. La sostanza letale minava la mente prima ancora del corpo e in molti casi era la follia che mieteva vittime. Già ai primi timidi tentativi di riorganizzazione e pulizia tra i detriti erano apparsi cadaveri come vecchi relitti di un naufragio in terreno aperto: suicidi, neonati abbandonati, uomini e donne deformati dal tempo, dai ratti e dai cani randagi affioravano tra le rovine. A volte ai ritrovamenti si accompagnavano il pianto e la disperazione dei parenti, ma sempre immancabilmente si rinnovava il panico di non riconoscersi più come esseri umani. "È uno di noi che ha fatto questo" si pensava abbassando gli occhi. Nessuno dava voce alle paure e subito una cortina di silenzio e omertà veniva stesa su questi e altri fatti incresciosi che la banalità raccoglie sotto un'espressione famosa e idiota: *che ci vuoi fare, è la guerra*. È il mantra che da sempre garantisce indulgenza plenaria a chi lo dice e a chi l'ascolta.

III.

Mentre la gente si alzava presto e faceva la fila per ritirare le razioni di viveri delle carte annonarie, nell'estrema periferia venivano fatte scoperte troppo raccapriccianti per passare alla Storia. Pezzi di corpi mutilati erano stati seppelliti in un'area poco estesa non lontano da una stazione secondaria della ferrovia. Impossibile risalire all'identità dei poveri disgraziati. Pareva che i cadaveri fossero stati messi insieme alla rinfusa. Non si poteva abbinare braccia a gambe o a teste segate e riassemblate alla rinfusa. Niente apparteneva a qualcuno, a parte le teste. Le quali però avevano occhi e bocca cucite con la stessa corda rozza e spessa. Troppo orrore per indagare più di un giorno o due.

Ricostruzione era l'unica azione perseguibile.

Vivere si doveva, e si viveva. La tragedia non migliora ma diventa abitudine. Si assisteva quotidianamente a scene strazianti anche nelle strade del centro.

Un cavallo da tiro era crollato a terra per strada, morto, e in un attimo s'era formato un capannello di persone. Lo volevano macellare lì sul marciapiedi, ancora con il carretto attaccato. Il proprietario cercava di fermarli. Fu accerchiato e colpito finché non crollò a terra sanguinante. Piangeva e cercava di accarezzare il suo animale. Il gruppaccio, incattivito, s'era spezzato in piccole tribù: temendo di restare a mani vuote si univano in due, tre persone che irrazionalmente volevano strappare pezzi di cavallo con le mani. Ormai non più umani s'accanivano sulle zampe anteriori, altri si gettavano sulla testa con occhi da folli, urlando come diavoli. Due bambini si erano attaccati alla coda, non si sarebbe saputo dire se per gioco o per disperazione.

Le rare strade larghe erano forse ancor meno sicure, e vuote e senza protezione come deserti pubblici. Bastava un tram isolato, un camion con un carico di detriti ed era già traffico.
I rari passanti andavano di fretta, impauriti.
Le vie si riconoscevano dai detriti. Risalire da quelli alle facciate delle case era come cercare una persona scomparsa dall'ombra lasciata sulle pareti.

Per le vacanze estive avevano aperto la Stadtbad, la piscina pubblica del quartiere di Schöneberg, una zona tranquilla che la devastazione aveva per miracolo quasi risparmiato.

Alcune scale erano rimaste prodigiosamente in piedi. Fra i gradini bianchi gli spazi neri facevano pensare ai denti imprecisi di un monello. Pericolose voragini nei muri e marciapiedi erano protette da catinelle di legno traballanti e inadeguate.
L'energia elettrica non era per tutti e comunque razionata. L'amperaggio era basso e i blackout frequenti. Al minimo abuso fioccavano le multe, però se avevi due pezzi di carbone potevi corrompere l'esattore.

In mezzo al marasma in autunno riaprirono i cinematografi. Si vedevano pellicole che il nazismo aveva censurato. Gli *Amis* avevano rimesso in piedi i teatri. Lo Schlosstheater presentava una commedia: *Hokuspokus*.

I russi occupavano gli appartamenti scacciando chi ci abitava. Intere famiglie erano costrette a vivere una accanto all'altra nelle *Trümmerwohnung*, rifugi di latta e legno ricavati tra pezzi di muro ancora non crollati. La *Kommandantur* sovietica doveva provvedere all'assegnazione degli alloggi ma non si dannava per questo.

Molti bambini randagi erano stati sistemati negli *Jugendhort* ricavati in vecchi campi di concentramento secondari. I posti erano tristi ma puliti.

Donne anziane rasavano furtive i muri malmessi per nascondere il loro tesoro di pomodori, rape e cetrioli trovati in un giro di ricerca. *Hamsterfahrt* la chiamavano a Berlino.

Ovunque avevano appeso cartelloni che raccomandavano di far bollire l'acqua prima di berla. Unica alternativa erano le pompe pubbliche, riconoscibili dalla fila interminabile di persone con contenitori inadeguati.

I mercati neri erano le tesorerie della fame. A volte si trovava il burro a quattrocento marchi il chilo. La pensione d'anzianità era di 74 marchi al mese, quando la pagavano. Con le sigarette che le donne rastrellavano nei locali dove andavano gli americani si poteva far su 20 marchi: un paio di chili di patate.

Gli ex militari stavano nascosti in casa di parenti, amanti, amici o compiacenti prezzolati. Se li trovavano in giro rischiavano di finire in un campo di concentramento. Secondo le disposizioni era sufficiente farsi registrare negli uffici di polizia, veniva annunciato in continuazione da radio e giornali, ma ai commissariati non si presentava quasi nessuno. Era preferibile rinunciare alla tessera annonaria piuttosto che dichiarare di avere combattuto nella Wermacht fino all'arrivo degli Alleati alla porta di casa.

I pericoli maggiori erano rappresentati dalle vittime del nazismo e dagli ex camerati: le prime cercavano vendetta, i secondi diventavano spie degli americani per evitare le condanne.

Un folto gruppo di persone era in attesa alla fermata del tram con i pochi vagoni stipatissimi. Gente accalcata in piedi, accucciata sul pavimento, i ragazzi sui gradini con le gambe penzoloni pronti a saltare se arrivava il controllore.

Ex militari messi al *servizio del lavoro*: sgombero macerie, lavoro obbligatorio.

Il commissariato alloggi assegnava famiglie di sfollati ad altre che disponevano di case spaziose, rendendole affollate al limite della sopravvivenza.

Soldati alleati si facevano fotografare sullo sfondo del bunker di hitler e accanto al luogo dove erano stati bruciati il suo corpo e quello di Eva Braun.

UN POPOLO
UN REICH
UN FÜHRER

La Cancelleria era in pezzi. Il lunghissimo corridoio del colonnato con i pavimenti decorati di buche sembrava un tunnel in costruzione. All'interno si facevano affari vendendo cimeli nazisti agli americani. Pezzi di arredamento, suppellettili, dischi con i discorsi del Führer: duecento marchi.

Nelle famiglie povere tutti facevano il bagno nella stessa vasca di alluminio o addirittura di latta e quando toccava al terzo l'acqua era talmente sporca che invece di lavarsi ci si sporcava di più.

Gli ospedali erano superaffollati ma se chi riusciva a entrare era praticamente salvo perché lì si mangiava. Minestra, un pezzo di carne con contorno di verdura fresca e anche mezzo bicchiere di latte. E la sera una scodella di brodo caldo. Negli obitori gli abusi erano tanti che avevano dovuto mettere una scorta ai cadaveri.

Alcuni sfidavano la polizia e andavano in gruppo a derubare i treni che trasportavano patate.

Un camion passava a raccogliere i morti. Il carro aperto sui lati aveva tre file con sei bare su ogni fiancata più altre sul tetto, una quarantina in tutto. I parenti seguivano a piedi mischiati in un solo gruppo.

Höhne completava con la fantasia i contorni mancanti degli edifici e liberava dalle macerie le aree un tempo spaziose. Ma ce ne voleva troppa di fantasia, e per il momento l'unica cosa che contava era restare vivi in un mondo dove tutto era diverso.

I morti lasciati per strada venivano spogliati da gente disperata in cerca di maglie e calze di lana.

Non c'era più forza per recitare il pudore, anche un briciolo di umanità costava troppo nella civile Berlino. Tutto era cambiato.

Soltanto il cielo era rimasto uguale, il cielo di Berlino bianco e lontano.

112.

Höhne camminava tra le macerie con il cuore pesante. Pensò che hitler odiava Berlino perché gli aveva resistito fino all'ultimo come la Prussia. Dopo la conquista della Francia nel '40 la voleva ricostruire completamente e chiamarla "Ghermania".

Attraversava una strada del quartiere Tempelhof quando una spolverata di detriti prese a muoversi scoprendo la sagoma di un tombino che si sollevò. Ne emerse la manica di un derelitto, un lacero cappotto, poi una testa impolverata e infine un derelitto intero. Dava la schiena al colonnello Höhne e quando ruotò su se stesso si trovò un paio di stivali lucidi e neri all'altezza dei denti. Sollevò lentamente gli occhi basedoviani, liquidi e ipertrofici, scorrendo per intero la figura di Höhne che lo sovrastava.

«*Nap*» disse Höhne senza sorpresa. «*Ach da bist du ja!*»
«Chi sei?»
«*Wie geht's?*»

La testa con pochissimi capelli ridotti a un cespuglio dietro le orecchie contrastava con il viso da bambino grasso non cresciuto, la pelle estremamente pallida quasi cianotica di un essere disossato e squamoso. Incredibile che una larva di quel tipo fosse stato parte del controspionaggio qualche secolo prima e triste constatare i danni delle raccomandazioni che fin dall'inizio avevano funestato il Reich. Incredibile e triste. Sputò la Papyrossi sovietica che stava fumando.

«Come mi hai chiamato?» disse il verme.
«Non imparerai dunque mai a camminare eretto?»
«Chi sei?»
«Strisci sempre come un verme, vedo.»
«Colonnello Höhne!»
«Non è il caso di fare nomi. So perfettamente chi sono.»
«Ha paura?» insinuò Nap. «Stia tranquillo, non ci può sentire nessuno.»
«I muri hanno orecchie, specie in tua presenza.»
«Sono tutti crollati!»
«I traditori sono più resistenti.»

Ruotò lo sguardo a controllare le strade, lentamente, senza perdere la percezione di Nap. Poi tornò a fissarlo severo. «La divisa?»

«Nemmeno lei la indossa.»
«Bruciarla è da vigliacchi.»
«Io non l'ho bruciata!»
«Sì, perché sei un vigliacco.»
«E ora che intende fare, torturarmi?» provocò Nap. Non immaginava la bomba che aveva innescato.

«La tortura presuppone la presenza di un essere umano. In questo caso non corri alcun rischio.»

«Peccato che sia tutto finito, colonnello...» sibilò velenoso Nap sputando a terra. «Così giovane era già arrivato tanto in alto!»

«Abbiamo smesso di essere giovani quando ci siamo arruolati. In pochi anni abbiamo vissuto tante vite, tranne le nostre.»

IO APPARTENGO AL FÜHRER!

Höhne restò qualche istante pensieroso. Nap giocò la carta della compassione.

«Nemmeno le nostre donne ci vogliono» gemette. «Piuttosto si fanno violentare dai russi.»

Al colonnello Höhne Nap appariva per quello che era, un miserabile travestito da vittima che viveva nascosto pregando che il suo alibi non si sciogliesse come fango sotto l'acquazzone. Senz'altro aveva bruciato la divisa – gettarla via era più pericoloso e poteva non bastare – decorazioni stellette croci di ferro sepolte in una buca al centro di un cortile coperto di macerie col pericolo di un crollo che seppellisse anche lui, unico atto di coraggio compiuto in tutta la guerra.

«Ci hanno portato via tutto: le case dalle bombe, il denaro dall'inflazione, i figli da hitler. Siamo stati deboli. Sapevamo tutti come sarebbe andata a finire ma non abbiamo fatto niente. E oggi paghiamo il conto. Le nostre donne non ci vogliono più.»

«Già detto.»

«Di giorno si nascondono per i russi» continuò viscido Nap, «la sera vanno nei locali frequentati da americani e francesi, come il Piccadilly, si vendono per un pacchetto di sigarette.»

«È tutto vero, ma fa schifo che sia tu a cantare il pianto funebre. Tu che hai contribuito al disastro vendendo segreti militari e la sconfitta finale per pararti il culo e spedire i soldi in Svizzera.»

Nap commiserava la propria sorte, infuriato con se stesso e terrorizzato da Höhne. Si malediceva per aver scelto quel giorno per bruciare quella schifosa divisa e subito dopo finire dritto in bocca a Höhne.

"Idiota! Cretino!" si insultava. "Merda in scatola!"

Il cuore gli spaccava il petto. Quel tamburo stonato percuoteva le costole con tale violenza da far tremare i bottoni della giacca.

«La mia casa non c'è più» piagnucolava. «Sto da mio zio... Forse lo conosce... Conosceva. Era addetto al Reichstag. Come me. Lui non c'è. Abito lì finché torna. Tutti i giorni prego per lui. È stato tradito... Qualcuno ha fatto il suo nome.»

«Tu.»

«Io? No! Perché dice così!»

«Fu lui a trovarti un posto nel Reichstag.»

«S-sì... Era fratello di mio padre Andreas. Forse lo ricorda.»

Höhne lo fissava con crescente fastidio. "Che ha da continuare a fissarmi, che vuole da me questo assassino?" pensava

Nap. "Ha capito qualcosa, capisce sempre tutto, ha sempre capito tutto. Proprio lui dovevo trovare sulla mia strada!"
«Dove abiti?»
«Che gliene frega dove abito?» scattò Nap, velenoso. «Vuole forse venire a casa mia? Dormire con me? Facciamo una di quelle belle orge di una volta in promiscuità con gerarchi e allievi SS...»
«Dove.»
«In un quartiere piuttosto... lontano da qui.»
«Niente è vicino, niente è lontano» disse Höhne guardandosi di nuovo a destra, poi a sinistra, attentamente.
«Solo macerie ci hanno lasciato... Ma non vede? Dove sono finite le strade? Settantamila tonnellate dell'esplosivo più potente tutto sulla nostra bella città. Potevano distruggere tutto il mondo con tanto roba così. Che vuole da me? *Dove sto, che faccio...* Si cammina. Non c'è altro da fare. Si cammina tutto il giorno...»

"Ha capito tutto" continuava a pensare Nap. "E ora vuole la metà. Non sa dove l'ho nascosto ma se mi prende vivo mi farà sputare anche l'anima finché glielo dico e mi ruberà ogni cosa. E così avrò fatto tutto per niente..."

«Tu almeno hai una casa, Nap.»

"Questa voce l'avevo dimenticata, credevo che non esistesse più. La guerra l'aveva portata via. Invece è tutto come prima! Ma io non gli dico niente. Gli sparo subito, appena gira gli occhi. La pistola è nascosta sotto il tombino. Ho fatto bene a seminarle in giro per ogni evenienza. Una pallottola in gola e la sua bella voce se la può ficcare su per il culo. Basta che si giri un attimo. Non gli devo permettere di toccarmi. Se mi tocca sono finito. Se si avvicina sono finito. Se non si avvicina ma comincia a parlare con la sua famosa cantilena, sono finito..."

«Sono tempi duri, che posso fare?» disse mentre impugnava la pistola con la massima cautela.

Höhne si guardò la punta degli stivali senza staccare gli occhi dal traditore dell'SSU.

"Guarda a terra ma guarda anche me. Com'è possibile?"

«Esci da quel tombino, topo di fogna» ordinò Höhne. «Molto lentamente.»

"È uno stregone, un mago che tutti disprezzavano e temevano più di ogni altro. Torturatore-capo: bel mestiere. Chi non l'avrebbe fatto fuori volentieri? Perché non l'ho ucciso quando ne ho avuta l'occasione? Ma quando mai ho avuto l'occasione, e anche se l'ho avuta non lo facevo nemmeno se lui era nudo e io in un carro armato..."

«Ti serve qualcosa?»

"Fai il gentile, ora? Sarò vigliacco ma non scemo. Mi stai sottovalutando, Höhne... Meglio così. Continua a prendermi per scemo, così quando meno te l'aspetti ti sparo in quella bella testa pettinata. Se me la cavo questa volta giuro che faccio dei salami con le tue trippe, sì, salami... Se me la cavo ti mangio, porco... Giuro che lo faccio. Metà ti mangio e metà ti vendo!"

«Serve tutto quando non c'è niente, colonnello... La casa è in piedi e potrebbe anche non piovere dentro se avessi della latta o cartongesso e gli attrezzi adatti ma... Ci sono tante cose che dovrei fare ma bisogna esserci portati...»

"È più giovane di me, pare un ragazzo, non posso avere paura di uno così, ma d'altra parte che ci posso fare, non sono mai stato un eroe, è un po' tardi cominciare ora..."

«Per voi è facile. Voi siete un eroe.»

«La nazione che perde non ha eroi.»

«E voi l'avete fatto il vostro dovere. Potete essere fiero.»

«Ciò che si fa per dovere non può essere un vanto» rispose Höhne per niente blandito.

"Chi taceva con lui non parlava più con nessuno" pensò Nap mentre toglieva la sicura.

GIOVENTÙ, SERVITE IL FÜHRER

Non esistono due torturatori uguali. C'è chi non concede l'ultimo desiderio, altri che amano dare illusioni, alcuni promettono e mantengono, altri offrono la sigaretta dopo il primo schiaffo. Molti sanno già che fine farà l'interrogato ancora prima di cominciare, molti decidono sul momento. Nessuno di questi è il peggiore. Il vero male sono i signori eleganti e rispettati che li mandano.

Non esistono due prigionieri uguali. C'è chi parla subito, altri che resistono fino all'ultimo, altri ancora che svengono, altri parlano e se la cavano, altri si uccidono per la vergogna di non essere morti. Molti contrattano, molti portano i loro segreti nella tomba. Nessuno di questi è da condannare. Il vero colpevole è la guerra che ricorda all'uomo di essere un animale.

Forse il torturatore Höhne poteva raggiungere le sue vittime e continuare a tormentarle anche nell'aldilà. Dicevano che convincesse a tradire con gentilezza estrema, quasi dimessa. Lo chiedeva con una voce pacata che paralizzava la volontà. Guardava negli occhi e la gente confessava. I pochi sopravvissuti non ricordavano niente. Molti sapevano di aver tradito solo quando venivano rilasciati e impazzivano per la disperazione o si uccidevano.

Pochi uscivano dal suo fetido stanzino sulle proprie gambe, tranne quelli che avevano ceduto subito. Höhne li riconsegnava agli addetti alla prigione dopo averli schiaffeggiati con il guanto nero delle SS e degradati con uno sputo in faccia, trattamento riservato ai traditori.

Ancora giovane, Höhne era già una leggenda. Era infallibile, ma si diceva che anche lui contasse un fallimento.

CHI SERVE HITLER SERVE LA GERMANIA
CHI SERVE LA GERMANIA SERVE DIO

E ora Nap si imbatte in cotanto cazzo di colonnello, l'essere più pericoloso che potesse incontrare e che sapeva tutto di lui.

Non poteva concludere l'incontro senza averlo ucciso. Per nulla al mondo avrebbe voltato le spalle a Höhne vivo. Usava il proprio aspetto apparentemente inerme, da femminuccia lacrimosa, come un'arma. Basava il suo attacco sulla convinzione che l'avversario non fosse preparato a un suo attacco così improvviso e vile.

Da parte sua Höhne aveva dovuto sopprimere più volte l'istinto di tirarlo fuori da lì, farlo voltare e piazzargli una pallottola nella schiena come si fa con i disertori.

"Quanta gente ha venduto" pensava, "per essere ancora vivo in mezzo a questo disastro e quanti amici venderà ancora, divorato dalla paura di finire sotto processo a Norimberga?"

Nap gli faceva schifo ma voleva scoprire il motivo per cui il naufragio gli aveva portato quel relitto inutile, che a tutta prima sembrava un contenitore di vuoto, una bottiglia senza messaggio.

«Mia moglie da quando sono tornato le faccio schifo.»

«Non mi sorprende che ti sia sposato. Hai sempre avuto bisogno di qualcuno da sfruttare.»

«Vuole che dormiamo in letti separati. Si alza prima di me la mattina per evitare che magari la bacio. Mi scusi se mi sfogo con lei ma è l'unica persona che si ricordava di me, che mi conosceva da prima della guerra. Eravamo i padroni del mondo, ricorda colonnello?»

«Lo saremo ancora.»

«Voglio solo buttarmi tutto questo alle spalle e scappare.»

«In Svizzera?»

Nap lo fissò con occhi furbi.

«Banche sicure.»

Höhne lo fissò. Un giovane non dovrebbe avere un sguardo così freddo e inespressivo.

«Nap.»

«Sì?» disse implorante il tenente. Cominciò a tremare restituendo lo stesso sguardo con le orbite vuote di quei tanti che aveva messo al muro, già pronto a vendersi qualunque l'ufficiale superiore Höhne stesse per dire.

«Quanto hai messo via?»

«Perché?»

L'ufficiale superiore Höhne non rispose. Osservava il bianco dei suoi occhi diventare lucido e arrossarsi. Era divertente. Avvertì un piacevole piccolo urto provenire dall'inguine. Nap non aveva più saliva in bocca.

«Un milione circa.» Una lacrima gli rigò la guancia con una

linea curva che ne seguiva il contorno e finiva in bocca tuffandosi all'estremità del labbro, che tentava di sorridere insicuro.

«Pochi.»

«In franchi.»

«Pochi per il tuo grado» procedeva Höhne, chirurgico.

«Due, in realtà...»

«Quando eri nell'ufficio di Gehlen sfoggiavi gli orologi presi ai prigionieri.»

«Solo se erano belli!» disse Nap come ovvia giustificazione.

«Il portasigarette, la collana, gli occhiali con la montatura in oro... Non perdevi occasione per rubare qualunque cosa.»

«D'accordo.» La faccia si deformò in uno scroto sgonfio. «Ne ho portati di là tre. Sì, tre.»

Singhiozzava.

«Strano. Poco fa mi era sembrato avessi detto *uno*.»

«Sì, avevo detto uno, ma stavolta è la verità.»

«Da uno a tre è tanto: è il triplo. Ma il triplo di uno o il triplo di tre?»

«No, di tre no!»

«Sei stato tu a triplicare da uno a tre.»

Nap cominciò a piangere. Vedeva il nero del disastro che si presentava per avvolgerlo.

«E perché no?» incalzava Höhne. «Eravamo i padroni del mondo, l'hai detto tu. Era tuo dovere rubare le ricchezze delle nazioni conquistate. È così che fanno i padroni.»

«È meno di nove, *molto* meno...»

«Ma forse tu intendevi in senso filosofico: padroni con la missione di elevare il mondo al livello della razza suprema. Non ti sapevo un idealista.»

«La prego...»

Copiose lacrime miste a moccio gli devastavano il viso ancora roseo e imberbe come ai tempi della *hitlerjugend*, quando non reggeva il ritmo massacrante delle marce e gli altri della squadra lo chiamavano "indolente femminuccia ebrea".

«Tuo zio era un maresciallo da 10. Così noi ufficiali valutavamo i burocrati del Reich.»

«Da dieci?» ripeté Nap rinfrancato dal giudizio lusinghiero nei confronti dello zio.

«Dieci milioni di marchi rubati.» Nap impallidì. «La valutazione era basata su quanto avrebbero sottratto alle casse del Reich. Tu potevi essere un burocrate da uno, ma come suo nipote salivi a tre e conoscendoti come essere immondo e senza morale l'equa valutazione sarebbe stata cinque.»

«Mi arrendo. Ne ho trasferiti cinque. Questa volta ho detto la verità.»

«Quindi cinque più dieci di tuo zio che hai denunciato agli americani fanno quindici.»

Nap capì di essere morto. S'aprì come una diga.

«Venti» esalò.

«Quando avete cominciato?»

«Nel '38.»

«Giusto, meglio non perdere tempo. E il maresciallo?»

Nap ringalluzzì. Dopotutto aveva l'alibi degli ordini superiori. Neppure lui era stato altro che un esecutore e ciò era sufficiente ad assicurare l'impunità in quel periodo di caccia al nazista.

«Era lui a organizzare. Anche la banca è la stessa.»

La voce non tremava più. Höhne avvertì chiaramente il salto di tono. L'orecchio di un torturatore è allenato a cogliere sfumature inavvertibili ad altri ma estremamente importanti. Non disse nulla. Aspettava il resto.

«Però non mi sono tirato indietro, il mio dovere l'ho fatto…» si difese Nap. «Ho lavorato nei Servizi Segreti con Gehlen!»

«Sempre?»

«Che intende dire?»

«Prima o dopo il tradimento?»

Nap apriva e chiudeva la bocca come un pesce.

«Ma… ma… come fate a sapere?»

«Guardati intorno, merda. Saremmo conciati così se i capi del nostro spionaggio non fossero passati dall'altra parte?»

«Vuole il nome della banca?» s'affrettò Nap in un estremo tentativo. «La Federal Bank di Berna!»

«Come avete potuto?» sibilò Höhne.
Nap non riusciva a disancorare gli occhi da quelli dell'ufficiale, alla cui specie un tempo apparteneva. Passò all'attacco e - al *tu*.
«Aiutami ad attraversare il confine e ti do la metà di mio zio.»
La mano sudata era pronta sul calcio della Luger. Un pezzo del suo passato che non aveva mai usato ma che non aveva buttato a fiume.
«Le nostre generazioni migliori morivano e voi mettevate i soldi da parte» continuava Höhne.
Nap, nullità dal viso paffuto, contava i secondi che mancavano al suo pasto.
«In quel momento stavamo vincendo. Nel '39 avevamo il mondo in pugno! Perché rubare quando tutto è già tuo?»
«Per pararsi il culo in caso di sconfitta.»
Höhne fu sorpreso da tanta insolente vigliaccheria.

I muri erano inclinati sotto il loro stesso peso, non avrebbero lasciato trapelare una sola parola, uno soltanto dei loro gesti. Due roditori sopravvissuti alla grande disinfestazione mondiale.

Nap estrasse la pistola con rapidità insospettabile ma prima che sparasse la sua faccia era già aperta. Una lama sinuosa l'aveva squarciata e s'era incastrata nell'orbita destra tagliando l'occhio in due metà. La sua espressione ancora tradiva (il suo verbo preferito) la soddisfazione maligna per il colpo che stava per esplodere mentre viceversa la punta di un *kriss* malese rideva da dietro l'orecchio.
Il sangue schizzava in alto e in basso colava denso e copioso mentre la punta affilata del pugnale balenava di rosso.
Höhne era pancia a terra, la pistola in pugno nel caso il kriss non fosse stato mortale.
Si alzò. Batté le mani sugli abiti per togliere almeno un po' di terra e polvere. Si guardò intorno: l'incrocio, le quattro strade, deserto secco, poche persone sullo sfondo. Nessuno faceva più caso a crolli ed esplosioni se non per allontanarsi al più presto.

Era più interessante un cavallo da tiro che stramazza al suolo con tutto il carro. Le persone correvano a vedere se c'era qualcosa da rubare.

Nap era scivolato nella fogna, sua residenza naturale.

Con estrema cautela Höhne si avvicinò al tombino puntando l'arma con due mani. Il corpo di Nap giaceva sul fondo a testa in giù nel liquame. Il manico del *kriss* spuntava dalla fronte come un ciuffo ribelle.

Si soffre per un cane che soffre, ma nessuno avrebbe provato dolore per un cane come Nap.

113.

Höhne si calò nel condotto, caricò il corpo sulle spalle e si avviò su uno degli stretti camminamenti lungo la fognatura.
Mezz'ora più tardi emerse in un quartiere periferico. Spinse il cadavere sul selciato sconnesso come un sacco di cemento. Poi uscì a sua volta, riportò nella sua sede il pesante tombino e con Nap sulle spalle si diresse verso un caseggiato diroccato.

Sale le scale. Sono ridotte a uno scheletro di legno e s'avvitano come una spina dorsale disselciata da una granata e disegnano una larga spirale. Procede con molta cautela perché a volte manca un gradino.
Finalmente giunge al quinto piano, l'ultimo. Invece del lucernario a chiudere il lungo cilindro delle scale, il cielo aperto.
Apre una piccola porta concava che riprende la curvatura del muro, dipinta a tempera con la stessa tonalità grigio-topo. Usa una vecchia chiave arrugginita. Prima di entrare sente un rumore al piano terreno. Appoggia il corpo a terra e s'affaccia dall'alto delle scale. È un topolino che ha trovato qualcosa. Nessuno potrebbe avvicinarsi a quel nascondiglio senza essere notato. Riprende in spalla il corpo. Una volta all'interno assicura la porta con un lucchetto.
Il locale è un immenso sottotetto largo una decina di metri e che si estende per una trentina. Una tenda costituita da varie coperture militari impermeabili e mimetiche rabberciate

con pezzi di uniformi delle Waffen-ss nasconde la parete di fondo. Gli ampi squarci fra le tegole s'aprono come stampe antiche sul cielo azzurro e assente. Nonostante ampi ammassi di travi tegole mattoni crollati, calcinacci vecchi armadi smembrati e bruciacchiati quintali di carta sparsa o raccolta in faldoni, reti nere e arrugginite e materassi squarciati, lo spazio è così abbondante da poterci camminare liberamente. Molti avevano trovato rifugio lì, ma ora quel posto era esclusivo dominio del colonnello Höhne.

S'inoltra nel sottotetto, raggiunge la tenda. Slaccia tre nodi, il terzo dei quali al livello del pavimento di legno cigolante, e per fare questo deve accovacciarsi ma senza togliersi il peso di Nap dalle spalle. Pare non avvertirlo. Ha fatto i cinque cerchi di scale senza avere il fiato appesantito. Apre il tendaggio quel tanto che basta per poter passare, come fa un inserviente che deve oltrepassare il sipario in modo da non togliere la sorpresa della scena già allestita sul palcoscenico.

A prima vista il tendaggio inganna. Non segna la fine del locale bensì lo divide in due. Nella parte interna c'è la macelleria.

Höhne deposita il corpo sul tavolo da falegname, si lava le mani in un bacile d'acqua piovana, infila un paio di guanti medici e s'infila una maschera antigas.

Poi, scrupolosamente, comincia a segare la gamba sinistra di Nap dove il femore s'inserisce nel bacino.

Con un braccio tiene l'arto, che scatta per mera stimolazione neurale, e con l'altro spinge la sega da ferro. Preme in spinta aiutandosi con il proprio peso e rilassa in recupero, imponendo così un ritmo asimmetrico alla lama sporca e arrugginita che trancia la carne.

Steso il corpo sul tavolo da dissezione si appresta a mutilare senza alcuna preparazione. Non usa laccio per impedire il getto di sangue. Lo sega vestito, senza fretta. Si lascia investire dai fiotti di sangue caldo. Stacca le braccia dal corpo, le gambe all'inserzione del femore nel bacino, la testa dal tronco.

Inclina il rozzo tavolo chirurgico e fa defluire il sangue in damigiane da vino.

Suddivide i pezzi di Nap in quattro sacchi di juta con vistose macchie di sangue vecchio. I sacchi sono colmi di altri corpi già sezionati. Si formano vistose macchie di sangue fresco. Non sono molto estese perché il drenaggio è stato accurato.

Il volto di Höhne non tradisce turbamento.

114.

Il 18 marzo 1945 Hans Höhne era all'esterno della birreria Augustiner all'unico tavolino dove s'attardava uno spicchio di sole. Confortato da un generoso boccale leggeva il «Das Reich». In prima pagina campeggiava un articolo di Ulrich Arntz dal titolo *Berlin, ein Riesenigel*. Leggeva con gusto, senza fretta, trattenendo sbotti di risa a ogni frase, a ogni singola riga.

La guerra è arrivata alle porte di Berlino. Si trova oggi a due ore esatte di macchina dall'Alexanderplatz verso la linea del fronte. Sulla città coi suoi milioni di abitanti s'allunga l'ombra del fronte entro il raggio d'azione dell'Est. È la retroguardia del nostro fronte. Era in prima linea nella guerra aerea e ora si trova al fronte anche nella guerra di terra. Passato il primo momento di paura la città ha reagito in modo disciplinato, senza cedere ai nervi né al panico. È stata temprata dalle fucine dei bombardamenti che hanno insegnato ad adattarsi al momento e alle necessità con rapide iniziative e ciò ha permesso di sopportare i danneggiamenti della guerra. E non a parole ma pale alla mano nella terra di Mark Brandenburg, ergendo un muro difensivo di barricate, barriere e trincee.

L'articolo proseguiva in una pagina interna.
«Berlino è un istrice!» esclamò Höhne quando l'ebbe individuata e si rituffò nella lettura.

Qualunque attacco su Berlino non troverà un'area da accerchiare tranquillamente bensì un enorme porcospino con gli aculei puntati in ogni direzione. La rete delle misure difensive dall'hinterland verso i confini della città viene continuamente rinforzato. Le colonne armate verranno indirizzate in luoghi dove verranno assalite e distrutte da singoli e gruppi anti-carro organizzati in commandos. La rete dei trasporti pubblici permetterà il rapido spostamento delle nostre forze e appena il nemico abbandonerà i confini esterni della città con i suoi spazi aperti e resterà imbottigliato negli scontri strada-per-strada e casa-per-casa, le sue armate saranno disintegrate. Chi si difende qui avrà tutti i vantaggi che derivano dal fatto di trovarsi sul proprio terreno mentre il nemico si perde nel labirinto di un mare di costruzioni sconosciute. Tutti questi fattori mettono chi si difende sullo stesso piano del nemico, annullando la sua superiorità di uomini e mezzi. Le forze difensive saranno prese dalle truppe in Berlino, dai riservisti delle grandi Volkssturm e dalla riduzione del fronte.

L'enorme numero di posizioni dentro Berlino viene aumentato giornalmente dai suoi cittadini in accordo col vecchio assioma militare: "Meglio sudare che sanguinare". Dietro le barricate Berlino è una scuola militare. I suoi cittadini imparano a usare il Panzerfaust e il mitra. Berlino e i suoi cittadini sono come una grande armata accampata che affronta il nemico a viso aperto. La difesa di Berlino incide profondamente nella vita quotidiana, che però rimane essenzialmente uguale. Dalle rovine delle case polverizzate dai bombardamenti a tappeto i berlinesi ricavano il materiale per costruire le barricate. La miglior difesa contro gli attacchi in forze consiste nel mantenere il pieno controllo dei propri nervi e non muoversi. Ci sono tutte le ragioni per credere che la dedizione del fronte terrà la "battaglia di Berlino" al di fuori delle sue mura. Ma nel caso la lotta coinvolga anche la città verrà combattuta allo strenuo fino all'ultimo uomo, l'ultima pallottola, l'ultimo assalto alla baionetta come i suoi generali hanno ordinato. Questo sarà lo spirito della nostra difesa che sarà opposta con fanatismo e creatività con qualsiasi modalità di lotta sulla terra, al di sopra della terra e al di sotto della terra.

115.

Capitolo da saltare

Il vetusto pianoforte Bösendorfer era solenne e sapiente, odoroso di tarli, denti ingialliti, placca e gengive da curare. Impossibile non metterci le mani. ci suonavo il ragtime. L'inadeguatezza del suono impreziosiva i pezzi con un sapore antico e sinistro.
Non c'era niente per accordarlo. M'ingegnai con attrezzi approssimativi facendo attenzione a non far saltare le corde o spanare le chiavi. Ci passavo un sacco di tempo sotto lo sguardo insostenibile di Mircea, figlio dodicenne della massaggiatrice. I suoi occhi erano quasi bianchi e stava lì a mettermi a disagio con apatia. «Fissare è da maleducati» gli dicevo, ma lui continuava a fissarmi come un criceto. Era in collegamento telepatico con una base orbitante aliena. Riferiva minuto per minuto come avvitare delle corde in una scatola di legno per ricavarne dei suoni ovvero dei rumori secondo abilità. Diversamente da ogni altro bambino, non aveva mai messo un dito sulla tastiera. Di solito l'insieme ordinato di tasti esercita un fascino irresistibile.
Anche sua madre aveva quel tipo alienato di occhi. La famiglia proveniva da una zona a nord di Vienna, nei pressi di Braunau, Gmund, Zwettl, Krems. Erano gli stessi luoghi originari di hitler, che il Führer decise di distruggere per non lasciare tracce di sé e della sua provenienza. Creò un buco nero nella carta geo-

grafica trasformandola in zona di addestramento per l'esercito. Contro ogni opposizione distrusse case, strade, campi. Deportò gli abitanti, quasi tutti contadini. Ancora oggi non ci abita nessuno, è un deserto, l'esplosione di una forza negativa.

«hitler era figlio di un *Rothschild*» aveva detto Höhne. «Sua nonna lavorava al castello, e si sa come vanno le cose tra i nobili e le donne del popolo che lavorano per loro. Le considerano come giovenche.»

«Sono leggende» avevo ribattuto.

«Quando hitler divenne Führer, il barone di Rotschild fu l'unico nobile a venire espropriato. Conoscendolo, per me è sufficiente.»

Sono zone di veggenti e paranormali. Auguravo al piccolo Mircea che il suo destino seguisse una strada positiva. Gli occhi però non sarebbero cambiati. Così gli regalai un paio di occhiali da sole che gli piacevano moltissimo e non se li toglieva più nemmeno di sera. Ogni tanto lo si sentiva sbattere contro i mobili scuri, ma era poca cosa. La sua curiosità era infinita ma il tempo della madre fortunatamente no, e ogni giorno dopo al massimo mezz'ora me lo toglieva dai piedi.

116.

Il conte pontificava come sempre dal capo della tavola.
«Quanto ai miei crimini, sappiamo tutti benissimo, e soprattutto lo sai lei, Nyby, che altri ne hanno commessi di peggiori. Non dimentichi, e lo dica si suoi amici ebrei, che fu il Reich a generare Israele. Voi ebrei siete riusciti a ottenere la vostra schifosa terra promessa grazie ai nostri morti! Voi!»
Il conte Höhne si lasciò cadere all'indietro sulla poltrona, fisicamente provato ma con la furia ancora accesa negli occhi straordinariamente vivi.
Ero appena arrivato e già mi ero fatto incastrare in quella cena funerea da due ottuagenari iperattivi che stavano per arrivare alle mani. Non mi aspettavo una cerimonia formale di benvenuto ma neppure quella situazione tanto imbarazzante. Cercai di pensare ad altro.

Il tetto trasparente dell'albergo era aperto e il cielo notturno non era mai stato luminoso come quella sera. *I Nibelunghi* di Wagner in sottofondo era l'unica nota stonata.
La sala coniugava il rosso-cardinale al nero. Tendaggi rossi e neri o blu-notte alternavano bordi e mantovane in oro, rosso o arancio carico. Una tavola rotonda reale senza tovaglia era preparata per tre. Il ripiano in marmo nero opaco era decorato con svastiche. Solenni sedie in seta nera come i vasti tovaglioli. Mi stupì il vasellame nero con bordi a filo d'oro, elegan-

tissimo anche se un po' asburgico, ma restai senza fiato quando sollevai una forchetta: pesava un quintale. Le stoviglie erano d'oro massiccio. Vino rosso in decanter di cristallo; bianco e moscato a temperatura in appositi contenitori. Un massiccio Bösendorfer su un rialzo lungo la parete più larga.

Il personale aveva ceffi da galera (o da security: i ruoli sono interscambiabili). Le giacche degli uomini avevano rigonfiamenti da revolver. I rigonfiamenti delle ragazze erano due ma non portavano armi a parte loro stesse.

Le pareti sono tappezzate di quadri dello stesso genere di quelli dei corridoi e delle scale. Antenati un tanto al chilo, costa più la cornice che la crosta di pittura a olio, indecifrabile grazie all'abbondante spalmata di cera d'api sulla tela perché così è più elegante. Dimenticabilissimi ritratti e personaggi alle pareti del corridoio in costante penombra e sulle scale. Forse qui è indice di eleganza avere le cornici dello stesso legno del tavolo, però il risultato è piuttosto opprimente.

Nella galleria degli antenati due quadri attraggono la mia attenzione: Miguel Serrano e Rudolph Steiner, fondatore dell'antroposofia. Serrano è un mistico esoterista che definì hitler *avatar*, il nuovo messia. Non credo che appartengano alla linea di sangue del conte Höhne, ma non solleciterò chiarimenti.

Il conte dava le spalle alla parete più piccola. Un passo dietro a lui, in piedi, stava un uomo della stessa età, capelli bianchi derivanti da un biondo di gioventù, alto e impenetrabile.

«Benno Jaksche» mi sussurra Nyby alla mia destra, nervoso e a disagio. «È il maggiordomo-sciamano che ti dicevo.»

«Non presentarmelo.»

«Segue il conte in tutto il mondo come il massaggiatore di Himmler.»

«Non le ho ancora chiesto com'è stato il soggiorno nelle nostre prigioni» esordì Höhne.

«Mettiamola così: se volete entrare in Europa vi servono almeno tre stelle in più sulla guida Michelin.»

Sorrise solo Nyby.

«Una prigione accogliente non fa ottenere informazioni da un detenuto» sentenziò il conte. «L'interrogatorio per essere efficace deve avere un criterio, ma non tutti i criteri sono efficaci. Dipende dal soggetto.»

«Dal complemento oggetto no?» celiai.

Nessuno raccolse. Nyby non stava neppure ascoltando. Si preparava una serata fantastica.

«Prima di tutto la privazione di sonno» continuò il conte, disinteressato al mio disinteresse. «Dopo quaranta ore crolla chiunque.»

«Anche se è innocente?» chiese Nyby.

«Se è innocente urla lamentandosi per l'ingiustizia e le sue versioni hanno ogni volta qualche dettaglio differente: chi mente invece ripete sempre la stessa versione imparata a memoria.» Nyby stava obiettando ma il conte non gli concesse spazio.

«Meglio far sedere la persona interrogata su sedia rivestita in pelle. Quando verrà riportato in cella è cosa ottima conservare la sedia sotto vuoto, un vaso in vetro con coperchio gommato per esempio. Serve per fare sentire l'odore ai cani in caso di ricerca.»

Guardavo in alto, oltre il soffitto aperto.

«Spettacolare» dissi, e non per cortesia.

«Prego?»

«Il cielo nero. Fantastico.»

Il conte si abbassò ad alzare lo sguardo.

«Non c'era, prima. Sa?» disse con orgoglio.

«Intendevo il cielo» precisai.

Sorrise.

«Un cielo così nero lo trova solo qui.»

«Non è nero: è profondo!»

«Qui il cielo è nero pure di giorno. Di bello abbiamo il vino: il vino moldavo.»

Il direttore versò.

«Non solo questo. Ho visto posti bellissimi.»

«Sì, ma fanno paura. Lei non ha avuto paura?»

«Per niente» mentii.

«Nemmeno in Moldavia?»

La domanda mi stupì. Cosa voleva dirmi, che sapeva del mio viaggio, del furto del cellulare, della mia fuga? Che ero controllato dal mio arrivo?

«Mai stato» mentii di nuovo. Mi rifiutavo di celebrarlo come certamente si attendeva.

«Il suo amico regista mi aveva chiesto un luogo da visitare per lei.»

«Sì, ma poi non ci sono andato.»

«E che ha fatto in quei giorni?»

"Ma cosa t'interessa?" Mi irritai.

«Niente. Sono rimasto a Roma.»

«Questioni di donne?»

Adesso esagerava.

«Queste zone invece sono belle. Non so come si possa dire il contrario.»

«La paura è antica quanto l'uomo, caro amico! È l'istinto più forte e più selvaggio, molto più dell'intelligenza e della cultura. La paura è legata all'autoconservazione e la sua forma più connaturata all'uomo è la paura della morte. L'uomo vive per sconfiggere le proprie paure e l'unico modo per farlo è morire. Il ricordo di una gioia si può dimenticare ma una paura vera ci segue per tutta la vita. La paura è una compagna di viaggio, la conosciamo ma non ci faremo mai l'abitudine. Nella notte dei tempi eravamo terrorizzati dalle manifestazioni della Natura perché non sapevamo che cos'erano. È così anche oggi. Ci terrorizza ciò che non conosciamo. Le faccio un esempio. Non muova la testa.»

Si alzò e si posizionò dietro di me.

«È sufficiente stare alle sue spalle. Non mi vede, non sa chi sono. Comincia a porsi domande.»

Il rumore di un motorino elettrico.

«Cosa sto facendo? Che intenzioni ho?»

«Eh, sì» dissi. «È piuttosto inquietante.»

«Ammettiamo che nemmeno volendo possa vedere ciò che

sta succedendo. Ammettiamo che sia legato. Il collo è bloccato. Che è questo motorino? Il trapano di un dentista? Che farò? È l'attesa che distrugge. Se per esempio...»

Accennai a voltarmi ma il conte mi precedette, irritato.

«Non si giri!» disse in tono imperioso, tanto da farmi sobbalzare. Poi aggiunse, molto più calmo: «È solo una dimostrazione, ma se si muove non funziona».

Si fece più vicino e insieme a lui si avvicinò il fastidioso ronzio.

«Affonderò questa punta nelle sue gengive, sta pensando? Troppo banale. E inoltre mi vedrebbe in faccia. Io non amo apparire. Allora, che posso fare a lei senza essere visto? Potrei trapanarle un timpano! Molto più doloroso delle gengive.»

Il rumore del motorino si spostava da un lato all'altro della testa, quasi a toccare le orecchie.

«Questa è una punta sottile, non potrebbe montare la panna ma è l'ideale se si vuole perforare una pupilla e procedere fino alla parete di fondo dell'orbita senza strappare il bulbo...»

Il conte ricomparve di fronte a me sogghignando. In mano reggeva un rasoio a batterie. Ecco la fonte di quel rumore terrorizzante. Aveva ragione come sempre, quel tipo di *sempre* che avveniva troppo spesso per i miei gusti.

«Piaciuto l'esperimento?»

«Sì, ma non dalla parte della cavia» scherzai. Per un attimo avevo avuto davvero paura.

«Mi scusi se l'ho spaventata, non era mia intenzione.»

Spense il rasoio e tornò a capotavola.

«No, assolutamente» mentii, in linea con la bella serata di bugie.

«Volevo solo dimostrarle che è l'attesa ad aumentare la pena» spiegò. «Una mente razionale non si sarebbe data pena mentre una persona con problemi cardiaci poteva restarci secco. Per uccidere non si deve per forza creare un pericolo: basta suggerirne uno che non esiste. È irrazionale, indegno, animalesco. Perfetto per un essere umano. La paura è importante: può salvare la vita in presenza di un pericolo ma può anche uccidere in sua assenza.»

Intervenne Nyby a cambiare argomento.

«I vini e lo champagne Cricova cominciano a essere apprezzati anche all'estero.»

«Sì» abboccò il conte. «Il vino bianco frizzante è ancora famoso come Soviet Champagne. Il sauvignon bianco e secco, il *muscadet* e il *muscat* dolce sono ottimi. Conosce il *kodrinskoie*? È un vivace rosso con uve cabernet sauvignon esclusivo di qui: consistenza ricca e vellutata con retrogusto di ribes nero e ciliegia. Li fanno vicino Chişinău. Chilometri di cantine che scendono fino a cento metri di profondità. Sono famose perché nel '66 ci ha passato una settimana Yuri Gagarin – dopo essere stato in orbita a rilassarsi – a bere e naturalmente belle donne. *Il divertimento è donna.*»

Lo diceva Stalin.

Bella frase.

«La sento permeato di cultura bolscevica.»

«Ama il nemico se vuoi eliminarlo.»

«Stalin?»

«hitler.»

«Non erano poi così distanti.»

«A tutti e due piaceva uccidere. In tempo di guerra è meno bello perché ha uno scopo. È come scopare solo per fare figli. Molto meglio in tempo di pace. C'è il gusto della caccia, adrenalina pura.»

Fu solo per educazione che non risposi.

Höhne prese a segmentare un salmone con attenzione degna di un'autopsia.

«L'ho fatto fare io il tetto telecomandato, sa?» annunciò.

«Pensavo fosse barocco come tutto il resto» sarcasticai.

Nyby inarcò un sopracciglio con gesto da cicisbeo. Non pareva poi tanto ostile al vecchio, il leccaculo americano. Il conte mi rivolse uno sguardo vacuo, poi tornò al salmone che, diversamente dal barcarolo, non andava più controcorrente.

«Lei non ha idea di che cosa significhi passare tra due ali di folla osannante stando alle spalle del Führer sulla sua stessa auto!»

Avesse scoreggiato mi avrebbe sorpreso meno.

"… E poi la sera cenavo con un amico di hitler." Se lo dicevo al mio ritorno in Italia non mi credeva nessuno. Meglio non dirlo.

«Proprio così!» confermò rizzandosi in piedi. «Un'emozione che non potrò mai dimenticare! Vedere *lui* di spalle salutare col braccio teso, così!» Controllò la postura e la corresse: «Anzi, un po' più così…».

Piegò l'avambraccio sul bicipite e il polso all'indietro in un gesto che, tolto dal contesto nazi, era platealmente gay.

Höhne sedette e sorprese alle spalle il povero salmone con un'espressione nostalgica negli occhi. Annuiva ai concetti esternati accarezzando la testa nuda e tonda.

Lanciai un'occhiata a Nyby con un movimento a pendolo tipo frisbee.

Nyby inarcò il sopracciglio con un gesto non più da cicisbeo.

Mi alzai lentamente.

«Nessun Paese civile accetterebbe questi discor…»

Nyby mi artigliò l'incavo del ginocchio e ricaddi sulla sedia. Era decisamente spaventato, ma che cazzo di forza!

Höhne finse indifferenza.

«Benno» chiamò.

Jaksche inclinò leggermente la testa verso di lui dando il via a una confabulazione incomprensibile e maleducata.

Finalmente Jaksche riprese la posizione e lanciò uno sguardo al Maître.

Il Maître lanciò uno sguardo al caposala.

Il caposala guardò il capocameriere.

Il capocameriere guardò la cameriera.

La cameriera guardò Ariana.

Ariana si avvicinò con il vassoio e cominciò a servire.

«Cinque passaggi per un piatto» dissi. «Non è a conduzione familiare, questo posto!»

Höhne sorrise con la bocca piena.

«Ah, la guerra!» ripartì il conte dall'altra parte della barricata. «Questa grande tragedia voluta *non da noi* nel secolo scorso, questo disastro che ha invaso l'Occidente e lo ha strozzato, spezzato il collo, eccetera eccetera…»

In preda a ira fredda e retroattiva mimò l'atto di strozzare l'Europa e spezzarle l'osso del collo, riuscendo simbolicamente là dove i suoi connazionali avevano fallito sessant'anni prima.

«A Stalingrado la VI Armata era un obitorio viaggiante pieno di cadaveri viventi» disse fissando un punto lontano. «Tedeschi e russi si bloccavano a vicenda in un mondo congelato. Ci furono episodi di cannibalismo. In Siberia i prigionieri tedeschi vendevano tra loro carne umana a pezzi. La civiltà come era stata intesa fino a quel momento era scomparsa.»

Ruotò leggermente la testa e prese a fissare me. Non tradiva alcuna emozione. Recitava un testo ormai inciso nella memoria inconscia, nel suo cervello corticale da vecchio segaossi che l'esito della guerra aveva privato di lavoro ed eccellenza.

Parve calmarsi. In realtà la luce nei suoi occhi non era mutata per freddezza né per assenza e quindi sarebbe potuta essere un'impressione, non fosse stato per la pacatezza dei gesti.

«Metà Europa era provvisoriamente perduta» riprese. «L'altra metà da quarant'anni non sapeva dove stava andando. Ma hitler voleva solo liberare il suo Paese dalla minaccia sovietica e poi ritirarsi dieci anni a scrivere opere di filosofia.»

«Ci ha guadagnato solo la filosofia» dissi.

Mi guardò senza ridere.

«Anche Gandhi era con noi.»

«Marylin Monroe no?»

"Gli ebrei devono offrirsi al coltello dei nazisti e gettarsi in mare dalle scogliere per aiutare la loro opera…" Sono parole di Gandhi.

«Sarà stato un sosia.»

"Aiutate herr hitler e il signor Mussolini a prendere i Paesi che chiamano roba loro…" riferito agli ebrei.

«Sì, grazie l'avevo immaginato.»

«Voleva che gli ebrei si eliminavano da soli. È inutile fermare il progresso. Romantico ma inutile.»

Ricordai la vasta libreria nel suo ufficio. Dentro quei volumi si può trovare tutto e il suo contrario.

"Togli due righe dal testo e fai dire a chiunque qualsiasi cosa."

«Gandhi ha studiato a Londra e s'è laureato in legge. Sapeva bene ciò che faceva. Alla fine gli inglesi hanno ceduto. Perché non ha usato la stessa tattica contro di noi?»

«Funziona sono con gli esseri umani.»

Ingoiò ma non mollò l'osso.

«Ernst Shäffer, per esempio. Era un giovane etologo appassionato di flora alpina. Ho alcune sue foto in ufficio, forse le ha viste...»

«Ho visto il film...»

Volevo offenderlo ma procedeva come un *panzer*.

«Quella spedizione ci fece conoscere la pratica magica, la pratica religiosa della tradizione tibetana e della tradizione *boehn*.»

Lo lasciavo parlare sperando che gli andasse di traverso qualche lisca di pesce ma dovevo apparirgli palesemente disinteressato perché si bloccò.

«Tutte storie per lei, vero? Non per Codreanu qui, Ise in Slovacchia, Kiesling in Norvegia. Mosley in Inghilterra... Lei pagherà il suo atteggiamento, caro amico...»

Fui molto sorpreso dalla sua reazione minacciosa. Forse avevo esagerato. Una voce dentro di me disse: "Ecco, ci siamo".

L'aria si fece subito fredda. Il mio respiro diventò un'impalpabile statuetta da presepio barocco e volteggiò per un attimo senza peso davanti ai miei occhi. Avvertii con estremo realismo una sensazione di inizio, il dischiudersi di una serie di eventi che avrebbero innescato un effetto-domino impossibile da disattivare.

«I miei genitori erano innamoratissimi. Soltanto la guerra è riuscita a separarli» dissi.

Non c'entrava un tubo ma ebbe l'effetto di allentare la tensione.

«Chiedo scusa, non volevo essere offensivo» precisai.

«Non c'è problema. Però, mi permetta... Lei è troppo prevenuto nei nostri confronti.»

«Mi spiace averle dato questa impressione.»

«L'eugenetica non l'abbiamo inventata noi. Malthus, economista e politico, era inglese. Nel 1796 pubblicò un saggio dal titolo *An essay on the principle of population as it affects the future improvement of society*. Sosteneva che la guerra era una salvaguardia contro la sovrappopolazione. Darwin era inglese.»

«Il più frainteso tra i...»

«Era inglese. Come suo cugino Galton, inventore del termine eugenetica. Proponeva di mettere i poveri in speciali riserve per evitare che si riproducessero. Era francese l'autore del *Saggio sull'ineguaglianza delle razze umane*, che parla di una razza superiore ariana dai capelli chiari decaduta per colpa delle razze inferiori. Nel 1899 Houston Chamberlain diceva che la razza germanica è la più pura e condanna ebrei e negri come degenerati. Non parlare di razza con me, *pimpf*, non ti conviene!»

«Ne faccio volentieri a meno...»

«E invece le fa bene sapere un po' di cose per non profferire castronerie. La prima cattedra di eugenetica fu all'University College di Londra nel 1904 e nel 1907 fu fondato il laboratorio Galton per l'Eugenetica Nazionale. Gli Stati Uniti sono stati i primi a fondere razza e politica. Nel 1910 mettono gli esseri inferiori in speciali colonie e li fanno sterilizzare.»

Comincio a capire perché mi hanno concesso i domiciliari: un giorno all'Împăratul vale sei mesi di galera.

Si presenta lo chef che assaggia il piatto di fronte a Höhne.

«Questo l'ho imparato da Ceauşescu» disse rivolto a me. «Lui l'ha cucinato, è giusto che sia il primo ad assaggiarlo... Cominciamo con questa che è una specialità tradizionale moldava, terra che amo e frequento molto. Uno dei miei territori di caccia preferiti. Si chiama zuppa *sarbushka*» spiegò Höhne. «Molto gustosa. Si fa con siero di latte, burro, farina di mais e poi carote, cipolle, patate eccetera. In quelle ciotole di ceramica c'è il prezzemolo tritato. Lo metta sopra. Lo mangiavamo nella piazza del paese in attesa che la gente si decidesse a fare i nomi dei partigiani nascosti. Non mangiavano da parecchi giorni. L'odorino prelibato doveva farli crollare o morire di fame. E così era. Più o meno eroi morirono tutti: denunciati e delatori bruciati sulla stessa brace su cui erano stati cotti i nostri cibi buonissimi.»

Non ero a dieta e non tradivo nessuno mangiando ma mi era passato ugualmente l'appetito.

«Che fa, non mangia?» pungolò. «È per la storia che ho raccontato? Lei è sensibile troppo, amico mio. Se fa così devo smettere di parlare e piace parlare. Quando parlo, parlo di guerra perché la mia vita è stata lì. Se lei non vuole che io parlo di guerra io non parlo. Ma non è educazione.»

«Nonò, la prego» mi affrettai a riparare. «Mi interessa molto. È che… m'ha preso un po' alla sprovvista.»

Non avevo nessuna intenzione di tornare nella mia "cella".

«Le persone sensibili è una cosa molto bella ma anche ha dei lati negativi. Per esempio è influenzabile. Subisce l'ipnosi.»

Il conte aveva deciso di farmi andare di traverso il poco che sarei riuscito a mangiare.

«Per capire se una persona può essere ipnotizzata basta poco. Per esempio osservare la calligrafia. Pochi segni, anche una sola lettera o un piccolo disegno.»

Mi porse foglio e penna.

«Lasciamo perdere.»

Si ritrasse lento e viscido, un serpente che rimanda il morso.

«Ha paura?»

«Non amo queste cose. Gli esperimenti scientifici vanno fatti in modo scientifico.»

«Me ne infischio come di una pillacchera. La grafologia e le altre cose è scienza e…»

«Sì, li ho già sentiti questi discorsi.»

«Un segno di buona predisposizione è il tipo di scrittura che pende verso il basso» continuò imperterrito. «Significa debolezza, disposizione a subire pressioni esterne, molto utile per l'imposizione di trance. Ma non è il suo caso. Altro è poca pressione su foglio, che mostra timore e poca forza, ma non è il suo caso. Anche il margine a destra che aumenta scendendo verso il fondo della pagina indica grande influenzabilità. Poi tanto altro… Lettera "t" con taglio incurvato significa *volontà* di sottomissione, *piacere* di essere comandato. E non è il suo caso. Invece la scrittura contorta indica fantasia e facilità di astrazione, quindi abitudine ad automatismi mentali e capacità di coinvolgimento. Queste persone partecipano con passione e trasporto alle esperienze e si lasciano coinvolgere senza subire dissociazioni mentali.» Fece una pausa significativa. «*Questo* è suo caso.»

«In un modo o nell'altro alla fine tira dentro tutti.»
«Sa che dice Chertok?»
«No, e sono certo che non mi interessa.»
«Sa chi è Chertok?»
«No.»
«Come fa a dire che non le interessa se non lo conosce.»
«Se mi interessava lo conoscevo.»
«Dice...»
«Non m'interessa.»
«"Non si può fare teoria di ipnosi perché l'ipnosi stessa varia da individuo a individuo." L'unica affermazione certa è che è uno stato di coscienza *indotto artificialmente*. E si può ingannare con molta facilità. Si può credere di essere sotto ipnosi ma non è vero; si può fingere di essere ipnotizzato per non avere responsabilità; si può fare cose brutte convinti di essere sotto ipnosi e invece non è vero e quella persona ha agito di propria iniziativa.»

«Quello che si dice una scienza esatta, insomma.»
«I sacerdoti egizi conoscevano ipnosi già tremila anni prima di Cristo. Faceva cadere in trance facendo fissare oggetti luccicanti fino quando si ipnotizzava.»

«Chi, il sacerdote?»
«No» continuava pazientemente, «quello da ipnotizzare.»
Mi vergognavo un po' a prenderlo in giro così approfittando del fatto che parlava una lingua non sua, però lasciarmi irretire sarebbe stato peggio.

«Esistono molti metodi per ottenere la trance, ma da sola non basta» salmodiava nonostante mostrassi totale disinteresse. «Invece con l'ipnosi il soggetto rimane a disposizione di chi lo manovra. È una pratica molto diffusa soprattutto nei salotti, dove abbondano i ciarlatani e da sempre è di moda il mistero per svagare annoiate signore benestanti.»

«Pensavo che il mercato fosse in crisi da quando ci sono più ciarlatani che signore benestanti.»

«Al contrario. Infatti è tecnica di facile apprendimento.»

«Allora perché non ipnotizzano il cassiere di una banca e si fanno portare fuori un paio di milioni?»

«Ah, è successo... e succede ancora. Le banche non hanno interesse a far sapere la notizia e poi non se ne accorgono quasi mai. Conosce Paracelso?»

«Quello dell'*homunculus*? L'ha poi brevettato?»

Niente. Nemmeno un terremoto l'avrebbe distratto.

«Per Paracelso è la forza di volontà che sottomette lo spirito di un'altra persona. Mesmer teorizzò il magnetismo animale, un fluido che lega gli individui ai corpi celesti. Se questo fluido non è omogeneo il nostro corpo viene colpito dalle malattie. Persone e animali possiedono energia magnetica. Ebbe allievi del calibro di Puységur, Lafontaine, Durand, Janet. Conosce Janet?»

«No e neanche gli altri.»

«S'intende di ipnosi?»

«No.»

«Le interessa?»

«No.»

Si allontanò dalla mia ignoranza con uno sdegnoso passo laterale.

«La scienza ufficiale francese non accettò mai il magnetismo animale, invece da noi ebbe successo.»

«Qui in Romania?»

«Germania» precisò seccamente. «... È molto semplice: qualsiasi comunicazione efficace è ipnosi. Gli studiosi *seri* dicono che non è scientifico e parlano con disprezzo di mesmerismo, fachirismo, ipnosi e lo rifiutano perché i fenomeni inspiegabili non interessano: a me invece interessano solo i risultati che funzionano. In mia ipnosi posso farle vedere o sentire qualunque sensazione...»

Si cambiava pietanza, si cambiava argomento.

«Questo è snack moldavo. Formaggio grattugiato, formaggio da spalmare, cipolla, olive, sale, pepe nero macinato… poi che c'è? E finocchio tritato e prezzemolo. E naturalmente aglio: qui c'è dappertutto, sa, tradizione è tradizione!» Rise.

«È stato molto gentile, conte, a invitarmi a questa bellissima cena» blandii. «Fino a ieri mi chiedevo il perché delle strane conoscenze che facevo ma adesso ho capito: dovevo incontrare lei, che come secondo scopo nella vita ha quello di farmi ingrassare!»

Ridevano anche gli altri due oltre a me che ridevo per far capire che avevo fatto una battuta da ridere.

«Nessun incontro avviene per caso.»

Höhne stava per tuffarsi in un'altra tirata paragnostica.

«Ma il signor Nyby qui, non parla mai?» dissi guardando il conte.

«Il signor Nyby è un cretino.»

Fu lì che per la prima volta sentii i muri stringersi.

Nyby non reagì. Non mangiava. Non parlava. Pareva concentrato su un oggetto lontano come cercasse di fare zapping da lì col televisore della sua stanza.

La voce sgradevole di Höhne gracchiò.

«Non stavo ascoltando, mi scusi. Può ripetere?»

«Non ho detto niente» quasi mi giustificai.

Mi guardò intensamente negli occhi. Compresi che studiava la mia reazione a ciò che stava per dire e con un sorriso tagliente disse: «Lei sa che sono un SS vero?». La mia reazione era stata di suo gradimento. «Lo sono stato durante la guerra, naturalmente, ma chi è stato SS lo è per tutta la vita.»

«Come la CIA» buttai senza pensare.

«In apparenza tutto ci ha dato torto. Ma il saggio non si ferma all'apparenza, solo gli stolti lo fanno.»

«Forse non tutto ma la Storia sì.»

Non riuscivo ad accettare supinamente come Nyby, andasse come andasse. Al massimo tornavo dentro, ma sarei stato comunque fuori da lì.

«Si prendevano i voti come in chiesa. Non eravamo semplici soldati ma monaci guerrieri.»

«Peccato: le cose semplici sono sempre le migliori.»

Ghignò. Si divertiva, nonostante tutto. Facevo bene a non essere materasso, gli piaceva il contraddittorio – ovviamente entro i limiti.

«Il giorno dell'iniziazione culminava con una *grande soirée*. Tight obbligatorio» riprese. «Ogni nuovo fratello passava il controllo frenologico con il plastometro che misurava il cranio per verificare i canoni eugenetici della pura razza ariana.»

«Anche per la testa è tutta una questione di misure...»

Questa non gli piacque. Tossii. Nyby metteva a fuoco un punto lontano fissando un punto vicino. Ce l'eravamo giocato, come complice era irrecuperabile.

«I novizi venivano fatti aspettare in una apposita sala mentre nella Sala della Loggia il Maestro si accomodava sullo scranno con il baldacchino. Lo proteggevano simbolicamente due cavalieri in tunica bianca. Indossavano un elmo con le corna.» Restò un attimo a pensare ai bei tempi, o forse non ricordava più come procedeva la solfa. «Davanti a lui il tesoriere e il segretario. L'araldo si sistemava al centro. Nella parte opposta stava il Bardo, in quella zona che chiamavamo "Bosco del Graal". Di fronte a lui c'era il Maestro di cerimonie con un abito blu. Con i fratelli seduti a corona, accompagnati da un armonium e un pianoforte, il piccolo coro di "elfi della foresta" intonava il *Tannhäuser* di Wagner. A candele accese i fratelli si facevano il segno della svastica levogira e il Maestro faceva lo stesso. A questo punto entravano i novizi, bendati. Il Maestro illustrava la visione del mondo ario-germanica secondo il credo dell'Ordine e veniva solennemente accesa la "sacra fiamma del bosco". Allora il Maestro alzava la lancia di Wotan e i due cavalieri in tunica bianca aggiungevano le loro spade incrociate. Seguivano alcune chiamate e risposte col sottofondo del *Lohengrin*. Poi finalmente i novizi giuravano fedeltà.»

«Molto bello. Anche noi da ragazzi facevamo una cosa simile quando giocavamo al principe Valiant» commentai. «Però arrivati in seconda media abbiamo smesso.»

Ci fu un lungo intervallo di silenzio opprimente.
Dovevo imparare a essere meno aggressivo.
Nyby mi fece cenno di abbassare il tiro. Era il primo segno di vita da parecchio. Sembrava appena tornato fra noi senza essersi mai mosso.
Stavo mangiando nel piatto di uno che aveva liquidato milioni di vite umane come avrebbe scacciato una mosca che s'aggira fastidiosa sulla sua Sachertorte.
Volevo andarmene sbattendo la porta.
Volevo saltargli addosso e stringere il suo collo secco e rugoso come lo strozzo di un lavandino.
Volevo…
«La Germanenorden Walvater, la Thule Gesellschaft, la Lega della Scuola Tedesca, la Rivista dei Pangermanisti, Hammerbund. Erano società segrete che volevano un mondo migliore.»
«Migliore per chi? Chiedete cosa ne pensavano quelli che erano antipatici alle società segrete» replicai. «Quei santi uomini, discendenti dai Crociati Guerrieri del Graal, adoravano versare il sangue. Ma solo degli altri.»
«Anche il cristianesimo è basato sul rito del sangue.»
Aveva disteso le spalle pergamenate sullo schienale per gustare lo spettacolo. Mi mirava, mi teneva sotto tiro. Forse aveva un cannoncino nascosto nel poggiapiedi della scrivania e se gli girava mi sparava una palla di ferro nella pancia.
Ci mancò un pelo che mi abbassassi a controllare.

«Che cos'è più appagante e lussuoso che vizi estremi in situazioni estreme? Fare sesso con due gemelle bionde di quindici anni in letto circolare con materasso ad acqua sulla terrazza del palazzo di Ceauşescu durante un'esecuzione capitale multipla. O una splendida batteria di impalati che fa da sfondo a un cenone a base di selvaggina.»
«Vlad Țepeș.»
«Peccato, non si può più. Alla luce del sole, intendo…» Sorrise alla propria battuta, che seguì nel pensiero scuotendo la testa.

«Dice?»

«Lei è entrato nella mia vita dalla porta della curiosità, girevole come l'ingresso di questo albergo. La differenza è che la curiosità fa entrare ma può non far uscire più. Ancora un po' di mousse di fragole?»

«No, grazie.» Non avrei più mangiato niente di rosso per il resto della mia vita, per il poco che valesse in quel momento.

«Sorbetto?»

«Lei non ha l'immagine classica del boia.»

«Non sono mai stato un boia.»

«Cosa faceva, allora?»

«Tortura.»

«Lei non ha niente del torturatore.»

«Come fa a dirlo, quanti ha conosciuti lei?» Notai ancora una volta che la sua grammatica sclerava quand'era in difficoltà. «Come può farsi immagine di cosa che ha mai visto?»

«Ciò che non si conosce si immagina!» La mia voce risuonò amplificata dal salone vuoto. Abbassai il tono. «Sto parlando di immagini e impressioni.»

Höhne distolse lo sguardo, annoiato. Finché era lui a dirigere la conversazione poteva saltare a capocchia da un argomento all'altro sfoggiando il suo sguardo tra il fesso e l'invasato, giocondo nell'ascoltare il suono della propria voce. Ma se veniva interrotto si perdeva e non faceva niente per nasconderlo. Gli occhi e la lingua perdevano la delirante scioltezza sull'onda della quale scioriava racconti che nessuno voleva ascoltare sulla vita sua e dei suoi amici criminali del Terzo Reich. I gesti perdevano sicurezza e diventava timoroso. A quel punto, per evitare il terreno innaturale del normale scambio di idee, si riavvolgeva come un insetto stercorario fino al punto di partenza.

«E come se lo immagina allora un torturatore?»

«Non so qual è la faccia standard del torturatore né mi interessa saperlo.»

«E come se lo immagina allora un torturatore?» chiese ancora, senza cambiare espressione.

Ammetto di aver avuto paura. La stessa domanda ripetuta a

breve distanza di tempo, gli stessi occhi allucinati, il medesimo tono di voce mi ghiacciò la schiena.

«Se devo per forza dargli un volto» titubai, «mi figuro un tipo rozzo.»

«*Rozo...*» ripeté Höhne a fil di labbra, con sussiego. Piantava argomenti metodicamente, come paletti, uno alla volta per potermi chiudere dentro. «Cioè lei intende una persona incapace di esprimersi.»

«Be'...»

«Un minorato, insomma» disse guardandomi da sotto in su, la fronte corrugata. Non era un bel vedere.

«No» attenuai. «Intendo un individuo che evita in ogni modo di guardare dentro se stesso per paura di affrontarsi. Che cancella i tempi morti con un'attività frenetica, un'iperoccupazione costante che lo porti lontano da se stesso.»

«... unì per opaz che?»

«Ma soprattutto una persona che preferisce non ricordare, per la medesima ragione.»

Cercai di valutare l'effetto delle mie affermazioni.

«... *unì* che?»

Era rimasto a quella parola. Non coglieva il senso generale dei discorsi, si distraeva con estrema facilità. Ne approfittai per cambiare argomento.

«Invece lei possiede una memoria prodigiosa» lusingai.

«Davvero?»

«Ricorda perfettamente fatti lontani nel tempo e nello spazio. Si direbbe che non ha dimenticato nulla di quanto avvenuto nel corso della sua esistenza.»

«E come li vede lei i torturatori?»

La stessa domanda in successione mi tolse il respiro.

Per la prima volta mi resi conto di essere in trappola.

117.

«Intendo dire che il torturatore di solito lo si vede muscoloso. Lineamenti grossolani, pelle spessa e bitorzoluta, fronte bassa, sopracciglia unite, pori dilatati... Come nei film.»

Cercavo di nascondere il disagio. Höhne inspirava a froge tese come un cinghiale. E forse era proprio un cinghiale che distrugge e uccide non per necessità ma più spesso per il puro gusto di farlo. Ecco perché non basta ucciderli: bisogna distruggerli e lasciare le carcasse sanguinanti come quelle in Moldavia, per spaventare il resto della mandria. Tenerli lontano parlando il medesimo linguaggio.

«E poi?» insisté.

«Uno che inspira a froge tese come un cinghiale» dissi con voce ferma senza staccare gli occhi dai suoi.

«E poi?»

«Insomma un cretino: aveva ragione lei.»

«Ah» sorrise. «Lo vede così?»

«Certo non può essere un premio Nobel! Dita grosse e poco agili, mani ingombranti, più spesse che grandi, occhi bovini quasi che anche i lineamenti tentassero di definirsi poco per rivelare il meno possibile di quello che c'è all'interno...»

Presi fiato mentre il conte volgeva gli occhi verso l'alto senza sollevare le sopracciglia, a destra e a sinistra, a intervalli regolari. Un radioamatore che cerca di captare un'instabile frequenza nell'etere.

«L'esatto opposto di lei» dissi. Non lo pensavo, volevo soltanto che smettesse la ginnastica oculare. Temevo che mi zompasse addosso grufolando su una grossa ghianda.

Le sopracciglia abbassate e folte, stupidamente nere a contrasto con i capelli lunghi e bianchi e la scarsa barba accrescevano l'effetto bestiale della sua espressione. Poteva essere definito clinicamente un imbecille.

«E anzi sa una cosa?» riprovai per scuoterlo da quella specie di trance.

«...»

«Lei non può essere un torturatore.»

Provò a ridere ma era imbronciato e gli riuscì male.

«Scherza.»

«Assolutamente.»

Rise, sollevato, e riprese la rinfrancante espressione assente, senza alcuna profondità. Era una figurina per bambini da ritagliare e incollare sull'album.

«Risposta sbagliata. Non ho mai smesso di torturare: lei con le mie cene e questo salmone con la mia forchetta!»

«Non sarà una cosa lunga in ogni caso» sminuzzai.

«Abbiamo tutto il tempo che voglio.»

Abbassando la testa traguardai il vassoio ovale d'argento sul quale il sontuoso salmone al vapore era stato infantilmente cincischiato. La polpa esterna era stata sparsa sulla tovaglia in modo da ottenere nel mezzo, perfettamente centrata e priva di lische, una rosa svastica di pesce.

118.

"Mai più un'altra cena come questa" ripetevo tra me. "Basta, basta. Mai più."
Ero rientrato da poco, dopo aver fatto due passi per scaricare la tensione accumulata a tavola. Camminavo lentamente lungo il corridoio schiacciato da un peso insostenibile: me stesso.
Infilai la chiave nella porta della mia stanza quando una sagoma scura mi apparve in fondo al corridoio. Ritagliata in una lama di luce trascinava i piedi sorreggendosi al muro e avanzava nella mia direzione. Stavo per restarci secco quando riconobbi Nyby.
«Caro amico...» alitò.
«Sei conciato anche tu come il conte?»
«Sono a pezzi.»
«Torna a casa, tu che puoi. Cosa fai in giro come un fantasma a spaventare la gente?»
Tentò di sorridere.
«Ti ho spaventato, mi spiace. La verità è che mi sono perso.»
Mi fece pena. La sua stanza era al piano superiore, non ci sarebbe mai arrivato da solo. Lo feci sedere sulla *dormeuse* tra le due porte. Un tempo era *capitonné*, ma i bottoni ormai erano quasi tutti saltati e sulla pelle scrostata resistevano i segni chiari delle pieghe come frustate.
Nyby appariva molto provato, durava fatica a mantenere la posizione eretta. Non mi avesse incontrato probabilmente sa-

rebbe svenuto. In quello stato di semi-trance disse una cosa che non avrei più dimenticato.

«Morto chiama morto.»

«Cosa...»

«Morirà qualcun altro.»

La mia spina dorsale diventò una sbarra di ferro infilata nella neve.

«Chiamo un dottore.»

«È così che succede!» si agitò.

«Adesso càlmati.»

«Morirà qualcuno» ripeté, quasi impercettibile.

«Va bene, stai già meglio. Alzati che ti porto da te.»

Lo afferrai sotto le spalle e lo sollevai di peso. Non era robusto ma alto.

«Sembri magro ma pesi un casino!»

«Chi ha scoperto il corpo?»

«Io.»

«Chi ha scoperto il corpo conosce quello che muore.»

«E chi può essere?»

«Di solito è il più debole.»

«Come personalità?»

«O di salute.»

«E chi può essere?»

«C'è una cappa nera su tutta la regione. Succedono molte cose strane. Ha visto i tetti con gli occhi?»

Lasciò andare la testa all'indietro, la nuca appoggiata al muro. Riprese fiato. Raddrizzò la schiena.

«Andiamo a bere qualcosa.»

«Sei pazzo?»

«Sto molto meglio.»

In effetti aveva ripreso colore.

«Ma sono le tre di notte!» opposi.

«Qui qualcosa di aperto si trova sempre.»

«Sì, i tombini.»

Era la prima volta che riuscivo a rifiutare un invito. Avrei dovuto fare lo stesso con un sacco di cose più importanti, a partire dal film. Girai la chiave nella serratura. Nyby si rimise in posizione eretta. Ci stringemmo la mano.

«Però c'è una cosa che devi assolutamente fare. E non dire di no.»

«Cosa mi spara fuori, adesso?»

«Vai a dare un'occhiata all'ufficio di Höhne.»

«Cosa? Vai tu.»

Cercai di liberarmi dalla stretta ma non mollò.

«Ci sono già andato tante volta. Devi c...»

«E non ti ha mai beccato?»

«Per dormire prende il Nitol. L'ho portato io dagli States: non lo svegli neanche con le bombe. Devi c...»

«Trovato qualcosa?»

«Tante cose che sapevo già e qualche cosa nuova. Ma a me non credi. Devi c...»

«Ma io ti credo!»

«Coi tuoi occhi credi di più. Lascia cassetti e scrivania aperti, si sente molto sicuro. Devi c...»

«È una st...»

«Vai stanotte.»

«E le chiavi?»

Cercai nuovamente di liberarmi ma fu inutile, voleva terminare la conversazione tenendomi la mano.

«Le ha Prumboiu.»

«Quello della reception?»

«Le tiene nella giacca. Se lo inviti fuori a cena...»

«Io Prumboiu?»

«Lui chiama un paio di amiche e si ubriaca. Hai tutto il tempo che vuoi. L'ho fregato tante volte!»

«Invitalo tu, che sai come si fa!»

«Non posso più: ormai sospetta.»

«Ma non lo conosco nemmeno...»

Finalmente mi liberò dalla stretta.

«Devi entrare in quell'ufficio» mi anticipò. «Capirai chi è.»

119.

Avevo sonno in corridoio. L'incontro con Nyby aveva completato l'opera di demolizione e mi aveva definitivamente raso al suolo.
Terminai il libro su Vlad III Dracula senza mutare opinione ma non sentivo avvicinarsi il profumo massaggiante del sonno. Scesi sul ponte della nave, spalancai i boccaporti e m'affacciai a babordo. Mi baciò un vento freddo. Ricambiai. Mi abbracciò. Lo lasciai fare. Ci stavo bene.
«Anche tu solo?»
Non rispose, ma capii che avevo colpito nel segno e se ne andò, a sciogliere le trecce a qualche albero, a cigolare persiane alle finestre cieche, a rabbrividire chi a quell'ora gira alla ricerca di niente come me su quel davanzale dove sporgevo solo con la testa, come in quella situazione dalla quale mi liberavo col pensiero ma restavo invischiato con tutto il resto.

Penso alla sera prima di partire per il film, quando avevo telefonato a Enikö.
«Ti va di uscire?»
«Dopo cinque minuti cominci fare domande.»
«No...»
«Non ridiamo più come prima. Io passato più bel tempo di vita mia con te. Io non voglio di più, ma tu vuoi di più, vuoi che stiamo insieme come fidanzati.»

«No, beviamo un tè al bar del Louvre o andiamo al cinema.»
«Non mi piace andare al cinema. Non capisco.»
«Ci sono i sottotitoli in inglese.»
«No.»
«Ti assicuro che ci sono!»
«Perché non capisci?»
«Capisco. Vorresti che fossi un sottotitolo anch'io. Presente, ma senza voce.»
«Mi piace tanto tanto stare fuori con te ma ora è a te che non basta.»
M'è venuto qualcosa in gola che mi addolora deglutire.

È finita. Non è mai cominciata. Poco per volta la vedrò sempre di meno, poi non la vedrò più e infine non la vedrò *mai* più.
«Sogno spesso neve, tanta neve, e un cane che mi viene incontro. C'è sempre un cane.»
«Che credi che vuole dire?»
«Se capissi i sogni forse capiresti anche te.»
Pausa. Speravo che dicesse qualcosa, e forse lei sperava che io facessi lo stesso.
«Enikö...»
«Sì?»
«Tu credi che sono reale, che esisto? Sei sicura che esisto?»
«Sarebbe un peccato se non esisti.»

Il quadretto svanisce.
Sorrido. Risalgo in tolda. Mi butto sul letto. Spengo la luce e piango come un bambino.
Ho una memoria tremenda per le cose che mi fanno male.

120.

La mattina dopo uscii dall'Împăratul in piena claustrofobia, ma Nyby mi intercettò nella hall e mi trascinò con lui al bar.
«Devo dirti una cosa molto importante riguardo ai quadri rubati.»
«Se è davvero importante...»
«... *molto* importante!»
«Allora possiamo aspettare anche dopo.»

Come dal nulla in quel momento apparve Höhne, rendendo inutile ogni tentativo di fuga.
«Come mai qui al buio? Fuori c'è bella giornata.»
«Si sta tranquilli» disse Nyby. «Nessuno ci disturba...»
«... e noi non disturbiamo nessuno!»
Höhne si sorprese piacevolmente.
«Avete una bella intesa, devo ammettere! Di che parlavate così segreto, signori?»
«Fisica» risponde Nyby, servile.
«Al bar?»
«Fisica dei fluidi» dissi io, accennando alla bottiglia di bourbon.
«Dal momento che ha uno astronomo a disposizione fa bene approfittarne...» disse Höhne.
«Che fosse architetto lo sapevo» dissi. «Esperto d'arte, psichiatra, agente segreto... ma astronomo, no!»

Nyby era più imbarazzato di quanto il fiammeggiare delle guance riuscisse a esprimere.

«Il nostro amico è troppo modesto» insisté Höhne. «Non le ha detto neppure che è docente a Princeton?»

«Davvero?» diedi corda.

«Chi credeva che è?»

«Dovrò riprendere a dargli del *lei*!»

Höhne rise. Se per vostra fortuna non avete mai visto ridere una mummia non chiedetemi di descriverla.

«Ora anche fisico?»

«Ingegnere» si schermì Nyby.

«Navi?»

«Spazio.»

«Mi spieghi i buchi neri. Che significa *oggetto completamente collassato*?»

«Certo, certo...» disse Nyby, ma non proseguì.

Con la massima naturalezza Höhne pose sul bancone una siringa e si praticò un'iniezione di insulina. Noi ci guardammo perplessi.

«Qui si sta tranquilli» disse Höhne. «Nessuno mi disturba... e io non disturbo nessuno!»

Cercai di ostentare indifferenza con movimenti imbarazzati e maldestri.

Terminata l'operazione, Höhne s'increspò in un sorriso soddisfatto e si rivolse a me.

«Conosce i Carpazi, *caro amico*?»

«L'altro versante. Bel nome *Carpazi*, vero?»

«Bello, *Carpazi*» approvò Nyby.

«Ricorda Capezio, le scarpette delle ballerine. Poetico» dissi.

Höhne ringhiò sommessamente.

«Conosci Carpazi, poi mi sai dire.»

«Nyby intende come nome» mediai.

Nyby, offeso, mi lanciò un'occhiata di fuoco. Era completamente succube del conte.

«Nn nèhnve ro» articolò.

La lingua non lo capiva più. Aveva perso il controllo del sistema nervoso centrale. Fra poco sarebbe stato un *oggetto completamente collassato* nel buco nero di quel posto.

«Mai visto uno della CIA che non regge l'alcol.»

Nyby ruttò, quasi a confermare.

«Però non ha mai perso una puntata di *Star Trek*» dissi per riempire il silenzio emanato da un rebus umano, e un rebus umano ubriaco.

Höhne mi guardava ma non ascoltava, concentratissimo nei suoi pensieri. Il sorriso aveva smesso di incrispargli le rughe. Ragionava su di me, almanaccava sospetti. Avevo assistito all'omicidio? Avevo un complice? Era solo una coincidenza quel fatto tanto grave in coincidenza del mio arrivo?

Percepivo pensieri oscuri turbinargli in testa, indaffarati come piccoli marziani.

Ostentava nei miei confronti una disponibilità ingiustificata anche nei confronti di ospiti di maggiore riguardo. A nessuno interessa sollevare polveroni quando ci sono di mezzo soldi e reputazione. Da anni gli investitori stranieri portano qui i loro soldi, fra due anni entreranno in Europa. La gente dello spettacolo è sempre sotto i riflettori: un brutale omicidio durante le riprese di questo film porterebbe una pessima pubblicità per tutto il Paese, che sta facendo il possibile per cancellare la fama di vampiri torture rapimenti dittatori… Ora poi che s'è aggiunto un serial killer! La Romania può anche andare in malora ma l'Împăratul Romanilor non deve essere sputtanato.

A questo pensava Höhne ispirandosi alla mia faccia.

Lo capivo. Stava facendo fin troppo per me, uno sconosciuto, un pazzo, forse un grande attore ma pazzo omosessuale cocainomane erotomane sadico perverso che gode a frustare donne e uomini o a strangolarli portandoli fino al limite del soffocamento e poi lasciarli respirare ma quella volta avevo oltrepassato il limite… Chi può dirlo? Se in Italia c'è gente che guarda i reality in attesa che due sconosciuti scopino in diretta significa che sono capaci di tutto.

Soprattutto questi qua, gli attori, i registi, i produttori che fanno soldi facili con prodotti che fanno schifo e più fanno schifo più fanno soldi facili.

Sentivo il lavorio rugginoso del cervello di Höhne anchilosato e aristocratico, mai stato elastico, abituato a comandare e a incutere paura a chi stava sotto di lui. L'Împăratul Romanilor era lì dal 1555 senza mai cambiare proprietà. A chi sarebbe andato dopo di lui? A nessuno: forse Höhne, grazie alle leggendarie scoperte tedesche durante la guerra, era eterno (dichiarazioni ufficiali dei personaggi del Reich tra i più alti in grado, il Führer riceveva i segreti di una conoscenza superiore direttamente dagli alieni in ripetuti incontri con UFO).

C'era stato un ingranarsi di coincidenze, un agglutinarsi di inciampi. Un buco nero aveva attratto un gruppo di *stelle nere* e me le aveva sputate addosso. Un appuntamento fra persone che non si conoscono e che non si dovevano incontrare.

La porta era stata lasciata aperta dalle ragazze che erano scappate in preda al terrore. Un minuto al massimo per scendere un piano urlando e risalire lo stesso piano aggrappate alle spalle dei poliziotti che le accompagnavano. In mezzo a quel minuto arrivo io, perfettamente sagomato per incastrarmi come l'ultimo pezzo di un puzzle. Non poteva accadere tutto al quarto o quinto piano? Prima di tutto sarei stato a posto perché stavo al primo, ma anche ammesso che mi fossi trovato anch'io lì le donne avrebbero impiegato molto di più a scendere, molto di più a risalire. Io scoprivo lo spettacolo e schizzavo a chiudermi a chiave nella mia stanza.

La polizia insisteva nel sostenere l'ipotesi della fuga. Trovava sospetto uno straniero che scopre il cadavere di uno sconosciuto in una camera che non è la sua e non si precipita a chiamare la polizia. Non sanno che un italiano non ama trattenersi nei pressi del cadavere di una persona uccisa – a meno che non l'abbia ucciso lui, nel qual caso scompare ancora prima.

Ma questi qui sono gente che se s'incazzano sono cazzi. Per loro incolparmi è più ragionevole e più comodo che credermi.

Accadono cose inverosimili. Come può un albergatore aver lavorato con hitler? Peggio: come può uno che ha lavorato con hitler essere diventato albergatore? *Reștoraze in 1555* in caratteri gotici ricordava *Gott Mit Uns*, la scritta murale più famosa del mondo.

Mi sentivo più in galera di prima. Avevo visto qualcosa che non dovevo vedere? Era una messa in scena? Per il piacere di chi? Un parco-giochi per vecchi nazisti? Dovevano per forza incastrare qualcuno?
Non riuscivo a scartare nessuna ipotesi.
Ripiegai in un angolino del cervello tutti quei pensieri e recitai un sorriso.
Höhne si era addormentato con il mento appoggiato su una mano sostenuta dal braccio appoggiato sul gomito sostenuto dal ripiano sostenuto dalla scrivania appoggiata sul pavimento a sua volta sostenuto dalle cantine e dalle fondamenta dell'Împăratul Romanilor e così via fino al centro della Terra. Tutto cospirava a mantenere inalterato l'equilibrio del proprietario dell'albergo con il resto del mondo.
Però nessuno era riuscito a controbattere alle mie ragioni.
«... ma tutto questo resterà forse per sempre molto al di là dei nostri mezzi. La maggior parte della Galassia non la visiteremo mai e il resto probabilmente lo vedremo soltanto nelle cartoline scattate dai telescopi.»
Uscii facendo attenzione a non fare rumore, che comunque sarebbe stato coperto dal russare deciso del mio imperituro ospite.

121.

Non è mia abitudine invitare uomini a cena ma non c'era altro modo per avere informazioni sui due vecchi balordi. Perciò invitai a cena Mircea il mastino e Corneliu Prumboiu della reception. Il loro italiano era meno fluente di come l'ho trascritto ma c'è un limite a tutto.

«Höhne non è cattivo, è bizzarro. Lunatico» rivela Prumboiu. «A volte è molto tranquillo, a volte anche troppo per settimane. Parla poco, è sempre formale. A volte fa addirittura fatica a parlare romeno, biascica, si trova meglio con i turisti inglesi. Poi di colpo riceve una telefonata dagli Stati Uniti o il Sudamerica e diventa intrattabile. Energico. Cattivo.»

Poco dopo al gruppo si aggiungono quattro ragazze del posto.

«Le hai chiamate tu?» chiedo a Prumboiu.

«Sì.»

«Le ho chiamate io!» protesta Mircea con la lingua già piuttosto impastata.

«Sì, è stato lui» sorride la più tettona giocando equivocamente con le labbra attorno a una salsiccia.

«Però l'idea è stata mia» chiarisce Prumboiu.

«No» s'incazza Mircea, «le ho chiamate io!»

Evito di approfondire. Le ragazze potevano tranquillamente essere dei travestiti brutti.

«Bei tipi... Sono di qui?» chiedo a Prumboiu.
«No.»
«Vengono da Bucarest?»
«No.»
«Ukraina?»
«No.»
«Da dove vengono, allora?»
«Altra parte della strada.»

Riderei ma mi trattengo. Non era una battuta. Prumboiu non perde occasione per confermare i sospetti sulla sua idiozia. Avrebbe dato la stessa risposta anche sobrio. La prima cosa divertente che sento da quando sono qui è una frase seria.

I miei ospiti procedevano fieramente verso una solenne sbornia. Prumboiu si tolse la giacca e la gettò sul lungo divano di velluto rosso che costeggiava la parete di intonaco bianco dell'ingresso. Da una tasca interna faceva capolino il mazzo di chiavi.

Rinunciai a malincuore alla piacevole conversazione e mi concentrai sulla giacca.

Mi alzai annunciando che andavo in bagno ma la cosa non sconvolse nessuno.

Presi le chiavi dalla tasca e lasciai il locale.

Mircea era beatamente brillo e non cadeva dalla sedia solo perché lo sorreggevano le due tettone, che lo accarezzavano una per lato. Tutto il resto l'avrebbero fatto con comodo, più tardi, a casa o sulla strada di casa.

122.

Nottetempo mi introduco nell'ufficio di Höhne e mi aggiro con estrema cautela. La pila con cui faccio luce, regolata al minimo, è come se non ci fosse. La temperatura è calda a causa dei tripli vetri chiusi, come le doppie tende e le persiane, ed è soffocante per mancanza di umidificatore.

Per prima cosa vado a controllare la porta sul fondo che separa la camera da letto. È chiusa con la chiave nella serratura. Un sottile russare da vecchio mi tranquillizza. Posso quindi accendere la luce, mi aiuterà a fare più in fretta. Ma più in fretta *cosa* e *perché*? Non so nemmeno cosa sto cercando.

La prima cosa che noto è l'edizione completa del «Münchener Post», quotidiano antihitleriano e antinazista che hitler chiamò "La cucina dei veleni", prima di fare uccidere il fondatore e dare fuoco alla sede. I fogli ingialliti sono perfettamente impacchettati, quasi stirati.

Il calendario a muro è del 2005 ma sono evidenziate le festività religiose del nazismo, del Terzo Reich e della *Hitlerjugend*. Ne ricordo alcune:

Il 30 gennaio, giorno in cui il Führer ascese al potere nell'*anno sacro di Nostro Signore, il 1933*.

Il 20 aprile, compleanno di hitler. In questo giorno la *Gioventù Hitleriana* viene confermata nella fede.

Il 9 novembre, il *Venerdì Santo del Partito*: Giorno Testimone di Sangue del Movimento nazionalsocialista.

Sulla parete di fronte i diplomi delle tre *Ordensburgen*, le superbe Rocche Cavalleresche, con i relativi corsi.

Primo Anno - Rocca Cavalleresca di Vogelsgang sulla Eifel
Corsi di Filosofia Razziale dell'Ordine Nuovo

Secondo Anno - Rocca Cavalleresca di Crössinsee in Pomerania
Formazione del Carattere

Terzo Anno - Rocca Cavalleresca di Sonthofen nell'Allgaü
Amministrazione, Scienza Militare e Diplomazia

Su una mensola trovo un opuscolo folle: *Cimiteri Nordici Adatti alla Procreazione*. Leggo più volte il titolo per convincermi che è vero. L'autore è Heinrich Himmler. Sosteneva che i bambini concepiti nei cimiteri nordici ereditano lo spirito degli eroi sepolti in quei luoghi. In questo libretto presenta una lista dei cimiteri migliori e decanta l'utilità di accoppiarsi in quelli che egli stesso ritiene preziosi per il rilassamento e la meditazione. Lo ripongo chiedendomi come sia possibile che qualcuno abbia potuto pubblicarlo.

C'è una serie affascinante di libri antichi enormi, alcuni in-folio. Ne sfoglio uno controllando la porta. Il frontespizio è poco leggibile per la vetustà della stampa e la carta porosa.

Historia
Della
Transilvania
Raccolta
Dal cavalier Ciro Spontoni
E registrata dal cavalier Ferdinando Damira
All illvstriss.^{mo} e rever. ^{mo}
Prencipe
Monsig. Paris conte di Lodrone
Areciuescouo di Farsburg, Prencipe del

Sacro Romano Impirio, Legito na
to della santa Sede Apostolica, etc.

Sullo stesso scaffale un reparto sui metodi di interrogatorio della CIA. Tortura, lavaggio del cervello, condizionamenti... Ottimo per conciliare il sonno. In uno dei volumi c'è un sottile bloc-notes. Sulla prima pagina è scritto con inchiostro rosso sottolineato: "FS". Leggo.

Soggetto: artista.
Tipo: 4, antropocentrico. Teme la solitudine. Ama essere al centro dell'attenzione. Deve sempre avere qualcuno intorno a sé.
Procedimento: cella d'isolamento per dieci mesi senza fornire spiegazioni. Nessun contatto neppure con i secondini. Interrogatori senza maltrattamenti: una volta liberato ne scriverebbe e renderebbe pubblico il fatto.

Höhne prende appunti su di me.

A Synthesis of the Russian Textbook on Psychopolitics by Kenneth Goff.
A Synthesis of the Russian Textbook on Psychopolitics by Lavrenti Beria.
A Synthesis of the Russian Textbook on Psychopolitics by colonel Gordon "Jack" Mohr.
A Synthesis of the Russian Textbook on Psychopolitics by L. Ron Hubbard con una nota editoriale di Charles Stickley.

Ma quanta gente ha scritto lo stesso libro?
Cito da uno del 1955.

«... siamo in grado di eseguire un lavaggio del cervello provocando una amnesia totale in venti secondi laddove i russi impiegano tre anni per ottenere al massimo una inaffidabile obbedienza.»

Ohibò.

Scopro altri libri di Kenneth Goff.
This is My Story: Confessions of Stalin's Agent, del 1948.
The Red Betrayal of Youth, dello stesso anno.
Strange Fire, del 1954.
Mi pare di poter arguire che il conte sia un fan di Goff. Sfoglio l'introduzione, nella quale l'autore afferma di essere stato ipnotizzato per anni allo scopo di servire il comunismo finché s'è liberato ed è potuto diventare finalmente nazista e razzista come gli veniva spontaneo.
E poi c'è gente che non legge la fantascienza perché dice che è poco credibile!

Sono cose terribili ma non riesco a prenderle sul serio. L'intera situazione, del resto, è irrazionale. Mi trovo nello studio privato di un conte nazista pazzo e presunto assassino, in piena notte e senza alcun invito. Mi ha tolto di prigione, dove ero rinchiuso senza motivo, e ora se mi scopre può farmici tornare, stavolta con tutte le ragioni.
Il fatto di trovarmi qui mi stupisce non poco, e maggiormente mi spaventa il fatto di non essere per nulla preoccupato.
Continuo a frugare e in un cassetto trovo i documenti personali di Hans Höhne come Élite-SS. Il primo pensiero è che li abbia lasciati a portata di mano apposta per me.
Un manifesto abbinato al numero 37 del *Wochenspruch der* NSDAP dell'8-14 Settembre 1940 a cura dell'Ufficio Propaganda del Partito Nazista. Su un fondo anticato un'elaborata scritta in gotico nero e rosso reca una frase di Clausewitz:

«Il tempo è vostro. Ciò che ne fate dipende da voi».

Una serie di dischi con tutti i discorsi di hitler. Traduzione inglese su libretto interno.

«Quando nel '19 finì la guerra io e milioni di giovani eravamo non colpevoli. Non colpevoli del suo scatenamento. Non colpevoli per come era stata condotta, non colpevoli per la scelta politica fatta alla fine della guerra. Ero un soldato come altri 8-10 milioni di soldati... Il numero dei disoccupati continua a crescere. Uno, due, tre milioni... quattro milioni, cinque milioni, sei milioni, sette milioni... Oggi i disoccupati sono 8 milioni! Per quanto ancora?»

Una copia dei *Protocolli dei Savi Anziani di Sion* fregata al British Museum: lo incastra il timbro di entrata del 10 agosto 1906, repertorio n. 3926 d 17.

I misteri dei saggi di Sion (Die Geheimnisse der Weisen von Zion) di Gottfried zur Beek, Auf Vorposten, Charlottenburg 1919.

Molti libri di magia in varie lingue tra cui uno in italiano:

LA VERA CLAVICOLA
DEL
RE SALOMONE
TESORO DELLE SCIENZE OCCULTE
CON MOLTI ALTRI SEGRETI
E PRINCIPALMENTE
LA CABALA DELLA FARFALLA VERDE
Tradotte dalla lingua Straniera alla lingua Italiana da Bestetti
✳✳✳
Milano
A spese dell'editore
1868

Nella mia prima visita, quella ufficiale, avevo già notato la marea di fotografie incorniciate sulla parete di fondo, ma ora posso vederle da vicino.

Una è la foto di gruppo di una quinta elementare. Sulle prime penso sia quella di Höhne e cerco di riconoscerlo, ma fra tutti i bambini ce n'è uno che attira l'attenzione. È serissimo e con uno sguardo buio da adulto cattivo che mette decisamente a disagio. L'espressione è raggelante.

Era la V elementare di Adolf hitler.

123.

La giornata era bella in modo smargiasso. Non ce la meritavamo.

Dal chiosco vedevo alberi enormi con foglie grandi il doppio di una mano, gente che giocava sulle scacchiere stampate sui tavoli in cemento del parco, ragazze che passeggiavano in gruppo ridendo, il forzuto ciccione, un vecchio che faceva la spesa in un cestino dei rifiuti.

Ordinai la terza birra, ottima, fresca, alla spina. Nyby la sua non l'aveva nemmeno sfiorata. Stava fisso in ammirazione del boccale, la testa fra le mani in modo da sparare all'aria i pochi capelli radi che teneva lunghissimi, per una discutibile forma di compensazione. La birra mimava soddisfazione come i miraggi del deserto ma lui utilizzava la superficie trasparente del boccale come specchietto per le allodole dei suoi pensieri. Allodole tristi, dalla memoria lunga.

In compenso esternamente era elegantissimo, in abito di lino di taglio italiano su misura.

«Jospeh, siamo tre a uno» ennesimamente lo spinsi. «Se non finisci la birra mi fai sentire un cinghiale! Non bevi, non verbalizzi da quando t'ho trascinato fuori!»

Avvicinò il boccale, svogliatamente.

«Com'è possibile che non hai trovato niente!»

«Avevo appena cominciato a spulciare e a un certo punto sento un *tac* metallico e si socchiude la porta in fondo di una spanna, scricchiolando.»

«È la stanza dove dorme.»
«Non lo so.»
«Lo so io.»
«Non m'interessa.»
«Ma stava dormendo!»
«E dovevo star lì a frugare con lui di là? Mi s'è ghiacciato il sangue. Ho spento la luce e sono schizzato via.»
«Che pericolo c'era? Dormiva!»
«Comunque là non ci torno!»
Osservò di nuovo la birra. Sembrava cercasse di stabilire un contatto personale con lei.
Era evidentemente deluso.
«Sei deluso?»
«Evidentemente.»
Fissava la schiuma.
«Cosa dovevo scoprire, poi? Se ha segreti non li lascia certo in bella vista!»
Emise un grugnito.
«Ho preso appunti su alcuni libri sul lavaggio del cervello. Vuoi sentire o li butto via?»
Alzò le mani in segno di resa.
«Le chiavi?»
«Le ho rimesse nella giacca di Prumboiu. Ronfava pacifico sul divano della lobby, quello grande.»
«*Romnf...?*»
«Sì, russava. Ciucco tradito.»
«*Choock...?*»
«Vabbe', lasciamo perdere.»
Estrassi il foglietto: le annotazioni a matita erano sbavate come se una donna col mascara ci avesse pianto dentro.
«Ci sono quattro libri sui manuali russi di psicopolitica con lo stesso titolo ma di quattro autori diversi.»
«Sì, li conosco. L'originale però è un altro ancora, di Paul Feldkeller, un filosofo tedesco morto nel '72. Tanti si sono tuffati per prendersi il merito e farsi pubblicità.»
«E li conosci?»

«Tutti personaggi strani del periodo della Guerra Fredda... meglio lasciar perdere.»

«Dimmi di questo Beria, mi pare di averlo già sentito.»

«Era russo, uno importante. Dice che su ordine di Stalin riducevano le loro vittime a uno stato di prostrazione con le droghe e il dolore fisico e poi tramite ipnosi gli impiantavano nel cervello la dottrina comunista. Si chiama PDH, "pain-drug hypnosis".»

«Fandonie.»

«L'ipnosi può spingere una persona a fare cose che vanno contro la sua volontà, la sua morale o il suo interesse, per esempio suicidarsi o ammazzare? È un grosso interrogativo.»

«Non mi pare. La risposta è no.»

«I russi sostengono che non è possibile. Gli americani dicono che i russi dicono così per tenere tranquilla la popolazione.»

«Hanno torto tutti e due.»

«Oppure nessuno dei due. È vero per l'ipnosi ma non se usi elettroshock, droghe o punizioni corporali.»

Si bloccò come da repertorio con la variante di uno sguardo basso a fissare il ripiano della botte-tavolino.

«Con mio padre deve aver usato tutte queste cose insieme.»

All'improvviso si precipitò sulla birra e la tranguigiò d'un fiato.

«Cos'è, il metodo Horace Fletcher per bere la birra?»

Chiuse gli occhi con forza, si concentrò un istante e fece un rutto spaventoso.

I passanti nel raggio di cento metri si scossero per reazione istintiva.

Quando riprese parlava con una voce che proveniva dalle pieghe più profonde del lino del suo abito italiano.

«Alla fine della guerra una squadriglia dell'OSS fece irruzione in una prigione che stava un piano sotto al sotterraneo più basso. Era scavata nell'argilla, più giù non si poteva andare. Il pavimento trasudava, gocce dal soffitto e dalle pareti. Vermi, scarafaggi, animaletti bianchi schifosi cadevano sulla testa. Ragni. Umidità entra nelle ossa. La squadriglia trova due uomini: uno legato a una sedia, l'altro in piedi. Tutti e due grondavano sangue. Si distinguevano solo perché uno aveva i pantaloni della divisa SS e gli stivali neri duri. Il torturatore alzò le braccia per sparare ma tre raffiche prolungate di mitraglietta lo segano a metà. A metà» ripeté, annuendo a se stesso. «Non credevano i loro occhi che restava in piedi a urlare come un maiale, sai quando squartano i maiali? Ecco. Poi la metà di sopra si sposta ed è caduta sul pavimento ed è lì che si sono accorti di averlo tagliato in due. Dopo un po' cadono anche le gambe. Il più giovane della squadra sviene.»

«Fra un po' svengo anch'io.»

«Non è il caso, è passato tanto tempo. La pattuglia erano in cinque. Il comandante ha vomitato. Non gli è mai capitato dalla prima volta che era uscito in missione venti anni prima. Me l'ha detto lui. Tre settimane mio padre è stato tra vita e morte, poi ha aperto gli occhi. L'hanno salvato per miracolo. Se entravano un secondo dopo era troppo tardi.»

Portò il boccale alle labbra per non farmi vedere che piangeva.

Io ascoltavo. Nient'altro di decente potevo fare. Non c'era neanche un cinema.

«Mio padre non aveva più la faccia. Se non era per il nome scritto al bordo del letto nessuno dei suoi compagni lo riconoscevano. Tolsero le bende e sotto c'era crosta. La faccia era sotto la crosta.» Ruttò silenziosamente. «Chiamavano dalla Germania, parlavano con mia madre e la preparavano psicologicamente. "È vivo" dicevano. "Appena in grado di volare glielo portiamo."» Ruttò normale. «Torna negli States con l'aereo militare. L'ospedale era vicino casa. Mia madre ci andò subito anche se l'avevano sconsigliata. Domani mattina vado all'Ambasciata a Bucarest. Mi accompagni?»

«Sì.»

Fece un rutto fortissimo.

124.

Sto a letto con le gambe in verticale sulla parete del letto e mi viene da ridere pensando a questo profugo romeno che negli Stati Uniti è riuscito a farsi conferire una cattedra universitaria su Dracula. Il libro, quello che sto leggendo da giorni, è pubblicato appunto da quella università. L'ho acquistato perché speravo mi dicesse la verità storica del personaggio al di là della leggenda, ma ormai devo ammettere che è una cagata pazzesca. È più attendibile il dépliant dell'aeroporto. Però è bella l'idea di un romeno che frega gli americani.

Bussano. Aprono. Il plurale è riferito a Nyby che lancia la voce dalla stiva a me che sono sulla tolda.
«Sono a cena dal conte.»
«Devo allertare la protezione civile?»
«Vuole che vieni anche tu.»
«Digli che mi sono suicidato, così magari si eccita.»
«Passo a prenderti alle dieci.»
«Non se ne parla nemmeno!»

Qualche minuto prima delle dieci una cameriera mi indicò la porta del salone. Io non capivo. Cioè, capivo che indicava la porta (non ci voleva molto) ma non capivo perché dovessi cenare con il conte senza alcun preavviso. Mi ripromisi che tutte le sere successive sarei uscito.

Me ne stavo lì immobile senza dare seguito al gesto discreto ma deciso della cameriera quando mi accorsi che era Ariana. Non l'avevo riconosciuta. A dire il vero, fino a quel momento non l'avevo nemmeno guardata in faccia. Indicò più nel dettaglio la maniglia d'avorio. Mi rivolsi a lei come a una cara amica.

«Cheppàlle 'sto cadavere viaggiante, eh, Ariana?»

Le presi una mano. Zero reazioni. Era inchiodata al pavimento. Cercai di scuoterla.

«Ballare è stato bello, no?»

Era catatonica, robotica, la riproduzione di se stessa in scultura lignea. Bella e policroma, ma lignea – con un che di *maligneo*. Mi scappava da ridere. Mi succede sempre così quando sono nervoso ecc...

«Ariana, di' qualcosa. Sei arrabbiata con me?» cercai di pensare ad altro che non fosse me stesso. «Stai bene? Andiamo via.»

In quel momento la porta venne aperta dall'interno e mi apparve il salone con i camerieri e la tavola imbandita. S'erano stufati di aspettarmi. Si affacciò Jaksche invitandomi a entrare. Mi aspettava una cena interminabile. Mi voltai verso Ariana ma non c'era più. Era stata immobile solo con me.

Alle dieci in punto ci accomodammo alla tavola rotonda.

125.

«Dove vengono bruciati i libri, alla fine anche gli uomini saranno bruciati» declamai. «Non sono io che lo dico ma Heine.»
«Hanno trasformato un falò in una tragedia» rispose Höhne l'ineffabile. «Un gruppo di studenti universitari voleva festeggiare Adolf hitler che aveva appena avuto incarico di formare il nuovo governo. Era il 1932, quindi molto prima di quanto piacerebbe a lei. Molto peggio hanno fatto gli Alleati. Lo capisce anche lei, se si informa.»
«Grazie per la fiducia.»
«Il bando di Goebbels conteneva i libri già proibiti dalla buoncostume durante Weimar. Voi dite 12.000...»
«No, io non dico niente!»
«... ma durante tutto il Reich non furono neanche 5.000. Contando i libri pornografici e osceni. Molto peggio quello fatto dai vincitori dopo la guerra. Ma è normale che nessuno ne parla: loro sono i Buoni.»
«Ma...»
«Ah, no? Alla fine della guerra gli Alleati mettono al bando 35.000 libri. Sapeva questo? Più tutti i libri di scuola tra il 1933 e il 1945. Sapeva questo? Noi i libri sequestrati li archiviamo, gli Alleati li hanno eliminati da scuole, "biblioteche pubbliche" e case editrici. La più grande distruzione di libri della Storia l'avete fatta voi!»

Non replicai: per quanto ne sapevo poteva aver inventato tutto.

«Nella zona di occupazione sovietica un sindaco sequestrò anche i libri privati e fece arrestare la padrona di casa per un libro di novelle di August Friedrich Velmede. Sa chi era questo sindaco? Il famoso scrittore Hans Fallada, che aveva sempre scritto libri graditi al nazismo ma che fu il primo a cambiare bandiera appena l'Armata Rossa aveva occupato la sua città. Poi gli hanno dato anche il Nobel.»

«Gli artisti è sempre meglio non conoscerli di persona.»

«Distrutto anche le opere di Federico il Grande e di Ulrich von Hutten, scrittore del Cinquecento. Vuole ridere?»

«Su un altro argomento, magari...»

«Edgar J. Jung era uno scrittore antinazista. Fu ucciso nel 1934 ma i suoi libri rimasero al bando.»

«Be'...» cercai di tagliar corto ma taglio più corto lui.

«Semplici poeti popolari come Heinrich Lersch e Artur Maraun, che erano già proibiti dai nazisti, rimasero proibiti anche dopo. Come è possibile? Chissà! Distrutto anche il *Calendario del Contadino Tedesco*; la *Storia della Corporazione degli Idraulici a Königsberg*; il *Manuale del Tennis* di Ina Seidel; tutte le opere di Walther von der Vogelweide, poeta medievale pericolosissimo; il *Manuale per le Siepi Divisorie* pubblicato dall'Associazione del Reich per la Protezione degli Uccelli, che tra l'altro esiste ancora; non risparmiarono neppure un libro di istruzioni su *Come Costruire un Igloo*.»

«Non sempre scegliamo bene i nostri capi.»

Mi guardava come un pupazzo di neve che non si scioglie.

«Forse era meglio che sceglie un altro argomento, caro amico.»

Non sopportavo più quel *caro amico*.

«C'è qualcosa in comune fra popolo tedesco e il mostro. La colpa del mostro è la Natura che l'ha fatto così; per il tedesco è il *Führerprinzip*. Ci viene insegnato da bambini. I bambini sono mostri perfetti: non conoscono ancora i sentimenti, possono uccidere. Non hanno ancora la concezione del tempo: se una cosa gli dà fastidio la buttano via credendo di ritrovarla il giorno dopo. I pazzi pure. Bambini, folli, mostri sono portatori di crudeltà serena. Gli ariani non hanno inventato niente. Il primo segno di una società civile sono le armi. Tutti vogliono primeggiare. *Deutschland über Alles*. Conosce lei un inno nazionale che dice: "Noi siamo i numeri due?".»

«Dovrebbe andare al telegiornale» dissi così per dire.

Non stava ascoltando. Nyby neppure. Non ascoltavano mai.

«Ma che importanza ha? Tutti dobbiamo morire...» disse Nyby, che s'incantò a guardare il vuoto.

«Noi avevamo degli ideali» disse Höhne sprezzante.

«Non eravate i soli» replicai.

Si ostinavano a non ascoltare. Erano due cellule fotoelettriche fuori asse. Erano due stazioni radio ma ambedue riceventi. Nessuno comunicava niente a quel tavolo. In quell'albergo. In quel posto.

"Conto fino a dieci" mi dissi, "poi mi alzo e me ne vado."

Arrivai a sette e mi sentii addosso lo sguardo dell'assistente o maggiordomo Jaksche o quello che cazzo era. Lui sì che comunicava. Mi fissò e scosse la testa.

Andarsene, neanche a parlarne.

126.

Nyby s'era trasformato in un Buster Keaton che non faceva ridere, una statua dell'Isola di Pasqua con le scarpe.

«Nella vita le persone davvero importanti sono due, sono tre... e quando te ne accorgi non ci sono più» disse. «Le persone possono morire, non morire...»

Minchia che allegria! Ho visto funerali più allegri di quella cena.

«La gente sono cose» continuò Nyby, apparentemente cosciente. «Sono mattoni per costruire i castelli dei potenti. Alla gente non viene mai detta la verità, la gente viene usata. Deve morire e basta. Se si comincia a capire qualcosa è un guaio. Le gente è la pistola in pugno ai politici. La gente siamo noi. E noi non sappiamo un cazzo.»

«Nyby mi stupefai!» esclamai sorpreso. «Mi piace molto quello che hai detto. Profondo e coerente. Sei sicuro di sentirti bene?»

Abbozzò un sorriso spento.

«L'eredità biologica non resiste a qualche annetto di propaganda scolastica» s'inserì Höhne. «Comprendere che la razza non esiste nel Paese che la razza l'ha inventata vi assicuro che è piuttosto sconvolgente. Esiste solo l'uomo e l'istinto di sopravvivenza, con piccolissime variazioni dovute a latitudine e clima. L'uomo caccia, pesca e combatte prima di tutto per sé. Tutti contro tutti come nella giungla. *L'altro* viene dopo e dopo ancora la tribù.»

«Questa è filosofia da bar. Senza offesa per i bar.»
Continuò come non avessi parlato.
«In natura vince il più forte. Il capo assoluto dev'essere il più forte, non il migliore.»
«Cosa ne dici, Nyby?» tentai, ma inutilmente. Questo non si ferma, quello non si muove.
«Vincere ogni ostacolo morale e di educazione, rimpiazzare una morale immutata da secoli è impresa titanica, sortilegio da maghi. Il nazismo ha liberato l'individuo dalla morale creando un mostro che non fa differenza tra bene e male. Per la maggioranza ha funzionato. Non per me.»
Procedeva senza incertezza come certe soubrette-bambine della tv.
«Quando studieranno le nostre opere cominceranno a farsi domande. "Erano fanatici tanto da morire per loro idee. Che volevano ottenere?" Resteranno affascinati dall'ideologia che avevano creduto follia e qualcuno ci verrà a cercare.»
«Ma se non ci siete più chi risponderà al citofono?»
Volevo irritarlo per farlo reagire, così sarei stato libero dai vincoli della buona educazione... ma non c'era niente da fare. Era malleabile come granito dei Vosgi.
«Essere sadico è la certezza che nessun sacrificio vale il proprio piacere.»
«Come ha cominciato?» chiese Nyby dando insperati segni di vita.
«Sono stato *Pimpf*, poi nella *Jungvolk* e quindi nella *Gioventù Hitleriana*. Ho fatto tutta la trafila e ci credevamo tutti allo stesso modo. Ci aveva stregato il nazismo magico. Allora non potevamo capire. Correvamo in miliardi alle adunate, dopo marce di giorni.»
«Cambiare argomento no, eh?» sbadigliai offensivamente.
«hitler...»
«Seguiva le sette segrete, credeva agli oroscopi, vedeva gli UFO...» disse Nyby. «Gli dovevano fare l'eutanasia, come da regolamento.»

Höhne accusò il colpo. La reattività dell'americano mi stupiva. La discussione si faceva interessante.

«Lei sta deridendo le scelte di una nazione.»

«L'argomento in questione tocca molto da vicino anche me. Sono ebreo, come lei sa. Ho un carico molto più grosso io di parenti e amici scomparsi che lei di illusioni perdute.»

«Noi obbedivamo al *Führerprinzip*.»

«Avete sbagliato Führer e frainteso il *prinzip*» affondai.

Una nuvola nera si posò sugli occhi di Höhne. I lineamenti divennero di pietra.

«Le spiacerebbe cambiare discorso?» grugnì.

«Finalmente.»

Si tratteneva a stento.

«Sono stati scritti milioni di libri su...»

«Oltretutto lei non è nemmeno tedesco!» disse Nyby.

Scorretto e impietoso, ma efficace.

· 127 ·

Ho bilanciato acutamente il getto del rubinetto al pertugio accanto al birillo in modo che, grazie all'equilibrio fra entrata e uscita, il livello d'acqua nella vasca resti invariato. Così resto immerso a lungo, mollemente disteso, finché le unghie si fanno bluastre e la pelle bollita per pescaggio prolungato. Mi sveglia una cosa che non c'è: l'acqua. È sparita perché il tappo non chiude bene e di conseguenza lo zampone di maiale, malamente coperto dai residui di schiuma non ancora evaporata, ha la pelle d'oca. Non ho il colorito dello zampone artigianale, piuttosto del tipo precotto che se ne vedono ancora in autogrill.

Avvolto in due accappatoi dell'albergo mi deformo al tavolino da scacchi e apro il quadernone degli appunti a una pagina a caso. Sono impegnato a decifrare una scrittura incomprensibile, la mia, quando un fruscio mi distrae. Basta il minimo rumore per distrarmi, ma non è indispensabile. In assenza di disturbo mi distraggo da solo. Un foglio s'infila sotto la porta della stanza come la lingua lunga di un serpente, bianca. Non è un'impresa – nella fessura passerebbe comodamente un piatto di tonnarelli cacio e pepe – ma purtroppo distinguo il mittente: Tremamondo. Un lungo fax dei suoi. Non è mai un foglio normale, piuttosto la pellicola di un film che si dipana dal proiettore, una smodata lasagna che esce dalla rotativa di una macchina per la pasta, un rotolo di carta igienica sfuggita al controllo del conducente. Anche questo fax, come sempre, è interminabile. Si aggomitola avvolge sbroglia svolge districa distende spiega distende dirime snoda risolve si accatasta da sotto la porta a riempire l'angusto ingresso dalla moquette lercia e poi su, lungo le pareti come un'edera fino al soffitto insultato dalle crepe e avanza verso di me.

Afferro l'inizio della sbalorditiva tagliatella più per difesa che per sete di conoscenza. Già l'intestazione non promette niente di buono: "Da leggere e rispondere subito". È un plico ponderoso. La storia della sua vita sarebbe meno della metà. Cosa avrà da dirmi di tanto urgente? Probabilmente niente. Ci sono molti modi per esprimere il vuoto: a Tremamondo non basta l'intera ricarica del toner di un albergo.

Mi lascio scivolare. È tanto bello non pensare a niente. *All by Myself* è il secondo movimento *adagio sostenuto* del Concerto per pianoforte no. 2 di Rachmaninov. È tanto bello lasciarsi scivolare nella vasca.

Davvero molto bello.

Zzzzzzzzz zzz zzzzzzzz zzzz...

128.

Sto soffocando ma non mi preoccupo. Niente mi preoccupa sul serio, ultimamente. Forse è la schiuma. Sputo un brontolio di bolle. Mi accroccolo sotto il pelo dell'acqua e guardo in su. È come guardare da dentro una bottiglia. Vedo la parete di maioliche alla mia destra, a sinistra – sfocati – specchio lampadina accappatoi e più in alto il soffitto lontano sformato da una prospettiva innaturale. Il sapone non mi brucia gli occhi perciò resto così, anzi, li chiudo; non c'è nessun eroismo a sfidare l'acqua, se non brucia.

Sarà che sono stufo, sarà che per quanto mi sbatta mi ritrovo sempre a respirare quest'aria densa e vischiosa come un semolino, ma alla fine tutto ciò mi ha scatenato una specie di calma piatta, come il mare dopo un uragano, o forse prima, e in ultima analisi vedo ogni cosa con distacco, dall'esterno, ataratico. Lo comprendo. E un po' m'annoia: preferirei aver voglia di reagire scatenando qualcosa di clamoroso, ma è pur vero che senza fare un cazzo ne ho combinati mica pochi, di casini. Apro la porta dell'armadio. Non ho il tempo di pensare a una risposta perché ciò che vedo mi paralizza. Ordinatamente sistemati nel guardaroba c'è un gruppo di cadaveri con la divisa da SS. Sono rigidi e freddissimi, appesi come abiti abitati. Urlo? Spingo con le spalle e mi precipito all'esterno dell'armadio – come sarò riuscito a tornarci, questa volta? – nel buio compatto come un ematoma.

Una secchiata d'acqua gelida mi sveglia con l'effetto di una cannonata. Sento il cuore raggiungermi da lontano. Corre nel buio recuperando progressivamente il ritmo.

Dov'è il fax? C'era poi davvero un fax di Tremamondo?

Dalla quantità d'acqua sparsa sul pavimento del bagno capisco che non è stata sufficiente una cannonata per farmi aprire gli occhi. Chiunque sia stato, il lanciatore d'acqua se n'è andato solo dopo essersi assicurato che fossi uscito dal torpore, salvandomi la vita.

Perché, mi chiedo? Non mi stupisce che qualcuno mi abbia salvato, ma che qualcun altro abbia avuto intenzione di uccidermi.

Avrei dovuto indagare, scoprire qualcosa, azzardare risposte, ma la calma non abbandonava il fondo del mio cuore travagliato, quella bella calma che è la virtù dei forti ma che mi faceva sentire tanto debole e imbellamente suino.

Chi, dove, come, quando, cazzo, perché: i sei comandamenti del bravo investigatore.

129.

Il telefono squillò maleducato.
«Dormivi?»
«...»
«T'ho svegliato?»
«Secondo te?»
«Che ore sono?»
«A me lo chiedi?»
«Da te sono... le 4.»
«Hai rischiato di svegliarmi, ma visto che sei tu torno a dormire.»
«È importante.»
«...»
«È *molto* importante!»
«Per forza.»
«Sono a Roma.»
«A casa? Salutami Camilla.»
«Sto all'Hilton. M'ha sbattuto fuori.»
«Era ora.»
«Era ora un cazzo.»
«Sarebbe strano il contrario.»
«Comunque sono a Roma. È già qualcosa.»
«Non è a me che devi dirlo.»
«Ti prego non cominciare, non dire niente.»
«Se m'hai chiamato per un monologo dimmelo.»

«Sì, mi faccio schifo. Ma tu non puoi capire.»
«Non ci provo nemmeno.»
«Ora però me devi di' una cosa. Però devi rispondere sinceramente.»
«Cosa.»
«Purissima. Te la sei fatta?»
«Se mi sono fatto...»
«Sì. Te la sei fatta?»
«Sempre.»
«Non fare lo scemo.»
«Ci sei già tu per questo.»
«Allora?»
«Cazzo, Ed, non puoi essere geloso di tutto quello che si muove!»
«Ma tu ti muovi molto!»
Sorrisi.
«Allora?»
«Allora cosa?»
«Te la sei fatta?»
«...»
«Be'?»
«...»
«E rispondi, vaffanculo!»
«Piantala di fare il deficiente e dimmi qualcosa del film, piuttosto.»
«Te la sei fatta?»
«Ti senti un privilegiato, eh?»
«Nessuno si vanta di avere la tessera del tram.»
«Che vuoi dire?»
«Esistono club più esclusivi...»
«Non parlare per enigmi!»
«Ehi, regista! Non capisci più le battute?»
«Quando c'è di mezzo una donna non si ride più.»
«Dipende dalla donna. E anche da chi ride.»
«Te la sei fatta?»
«...»

«Te la sei fatta?»
«Ciao, appendo.»
«Aspetta!» s'affrettò.
Un respiro pesante, affannoso, due colpi di tosse a vuoto. Finalmente riemerse dall'etere.
«Il film è finito.»
«Eh? Cosa vuoi dire?»
«Non giro più.»
«Sospeso?»
«Chiuso.»
«…»
«Per quanto mi riguarda ho chiuso.»
«…»
«'N ciài niènte da di'?»
«E stavolta che scusa hai.»
«Non ci sto con la testa.»
«È già il secondo…»
«Che fai, tieni il conto?»
«È il secondo di fila che molli.»
«Lo finirà qualcun altro.»
«Dovevamo venire in Romania a girare, ti ricordi? Invece non abbiamo fatto niente. Non dovevo presentarti Purissima.»
«La conoscevo già.»
«A Roma era un film, una bella storia, riunioni di sceneggiatura. In Francia è stato un bel periodo. Pioggia freddo neve, rifugi caldi. Ti ricordi l'Izoard? La strada era chiusa, eravamo fuori stagione ma siamo passati lo stesso. A un certo punto ci siamo trovati sopra le nuvole. C'era una nebbiolina fredda, sembrava vento scolpito. C'erano le aquile. Abbiamo lavorato bene. Scene belle, drammatiche, senza quasi colore… Ti sei portato via un sacco di bel materiale. Poi c'è stato il party del Sistina.»
«Lascia stare Purissima.»
«Togli il cervello dal cazzo, se li hai ancora, sia l'uno che l'altro! Fagli prendere aria, portali in giro, fagli vedere un po' di mondo. C'è un sacco di gente che non sa cosa fare perché ti sei inchiavardato dentro. Finisci il film e poi decidi cosa fare. Ca-

milla non è scema, suo padre meno ancora. Stai buttando via tutto.»

Pazzesco: io che faccio la predica a lui! Mi stavo sulle palle per quello che stavo dicendo.

«Hai fatto sparire la sceneggiatura, senza il minimo rispetto per chi ci ha lavorato, e non è mai arrivata quella nuova. Non so più cosa fa il mio personaggio, perché lo fa, dove vuole arrivare ammesso che ci arrivi, a che ora mi passano a prendere domani mattina... Non è possibile! Cosa siamo venuti a fare in questo posto sperduto? Non lo sai neanche tu.»

«Hai ragione.»

«Questa è una storia da niente, cerca di capirlo. Cosa ne sai tu di che cos'è una storia vera? Tu non mai amato nessuno, nemmeno Camilla. Bella donna, bellissssimo papà... Hai mai rinunciato a qualcosa per lei, nel *suo* esclusivo interesse? Camilla sì. Ha mandato giù parecchio. È una donna fantastica. Poteva sposare chiunque perché non aveva bisogno di sposare nessuno. La carriera l'ha fatta suo padre per te. Eppure Camilla s'è laureata, non s'è mai buttata via in amorazzi, e sì che di gente bella e ricca nà conosciuta più di te, ma *tanta*. Quando ti sarà passata riempirai di regali moglie e figli, e più regali fai meno ti ricorderai di Purissima, e alla fine non saprai nemmeno come si chiamava. Storielle da liceo. Tu la maturità l'hai superata, ma non l'hai mai raggiunta.»

Nell'apparecchio c'era solo un filo di respiro.

«Ma forse è una cosa seria e vuoi andare dal papà di Camilla a dirgli "Le riporto la mano di sua figlia". Questa è un'altra storia.»

«Uhéi, Salvi» aveva detto Pietra a Budapest, «io non l'ho mai visto così. S'è fatto tutte le più belle fighe del mondo, deve andare a rovinarsi la vita per una come quella lì? Gran gnocca d'accordo ma io, personalmente... Cento volte meglio Camilla! Cazzo, sono passati i tempi di quando si scopava di tutto, dài... Ancora n'artro po' e suo suocero interviene de persona e allora sì che so' ccàzzi! Senza li sordi der vecchio vojo proprio vedé 'sto pezzo di pirla 'ndo cazzo va...»

Il frullato milanese-romanesco era il suo marchio di fabbrica, insieme alla pancia ad anguria.

«Se caghi quer cocomero diventi 'n' figurino!» dicevano sul set.

Tremamondo non parlava più. Il telefono muto distillava il suo imbarazzo.

«Forse hai lavorato troppo ma ne valeva la pena, hai tirato fuori una sceneggiatura di ferro e adesso sei un po' esaurito. Vai a Lipari, ripòsati. Nuoti, prendi il sole e non pensi a niente. Porco cane Ed, sembro mia mamma! Cazzo, sei riuscito a convincere il padre di Camilla che nell'ultimo film gli hai fatto gettare il sangue e adesso lo finisci del tutto? Che vuoi fargli venire un infarto s'è capito, ma fammi capire: segui un piano preciso o decidi giorno per giorno?»

Silenzio.

«Poi torni con le idee chiare e Purissima non scappa mica! Ti stai comportando come un deficiente, prima o poi te lo dirà anche lei...»

«Me l'ha già detto. Ma se lavoro ora faccio solo casini. Finiscilo tu.»

«Sei diventato scemo?»

«Sai tutto, che problema c'è.»

«Io non so un cazzo e non faccio un cazzo.»

«Non posso affidarlo ad Antonio!»

«Lo devi finire tu, altro che *affidarlo*... Non è mica una bicicletta.»

«Solo tu lo puoi fare.»

«Ce n'è mille altri meglio di me, ma non serve nessuno.»

«Salvami.»

«Ci sono già cascato nel 2000 con Calenda a Trieste. "Aiuto, aiuto!" Poi, passata la crisi, si rimangia tutte le promesse...»

«Sarete pagati fino all'ultimo centesimo.»

«Ma cosa c'entra...»

«L'unica cosa che conta sono i soldi per voi, no?»

«Sei così stronzo anche con lei?»

«È arrivata. Ciao.»
«Edo!»
«Devo andare...»
«Un attimo! La cosa più importante: fammi andare via da qui!»
«Prendi un aereo, ti rimborso.»
«Mi hanno preso il passaporto. Sono accusato di omicidio, non ci crederai ma mi hanno messo in galera, sono ai domiciliari in albergo, il proprietario è pazzo...»
Aveva già appeso.

Vibra di nuovo il cellulare. Mi ci aggrappo come a un salvagente.
«Lo sapevo! Non potevi abbandonarmi qui. Un amico capisce subito quando si è nei casini...»
«Voglio che parli seriamente.»
«Certo, certo.»
«Però devi essere sincero.»
«Ti assicuro che ti dico la verità!»
«Purissima te la sei fatta?»

130.

Alle sei di mattina Nyby e io siamo sulla Mercedes del conte, direzione Bucarest.
«Non credevo che Höhne mi lasciasse venire.»
«Perché?»
«Potrei fuggire.»
«Mi sottovaluti» sorrise.
«Mi sento un pacco. Stanotte uno voleva affidarmi un film e adesso il conte mi ha affidato a te...»
«No, è di te che si fida. Sa che non lo tradisci.»
«In fondo, con me è gentile.»
«Perciò, ti dicevo.»
«Anche con te. Ti ha dato la sua macchina! Non fosse per le menate sul nazismo...»
«Potrei scappare in qualche modo, forse, ma...»
«Non s'aspetterà che ti neutralizzi?»
Sorrise ancora e cambiò finalmente la marcia. Guidava malissimo.
«Quando sei stanco ti posso dare il cambio» proposi.
«Guidare mi rilassa. Non mi stanco mai.»
"Io sì, invece, a starti di fianco."
«Comunque ti vedo tranquillo, mi pare, hai accettato la situazione. Si tratta ormai di pochi giorni.»
«Più che altro mi sento totalmente estraneo a me stesso. Non posso andarmene senza di me: non sarei io. Mi sento... ho

sempre voglia di dormire. È tutto così sereno quando si dorme.»

«Anche quando si muore.»

Toccai oggetti di ferro personali.

«È un augurio?»

«È lui, ti ha messo qualcosa nel piatto.»

«Tu sogni senza bisogno di dormire.»

«Tu non vuoi credermi.»

«Perché dovrebbe farlo, e in che modo?»

«Ci sono mille modi.»

«Dimmene uno.»

«Potreb…»

«Lasciamo perdere.»

Seguì un attimo di silenzio, anche perché prese larga una curva e la fece tutta a sinistra.

«E se veniva qualcuno?»

«Per fortuna non c'era nessuno.»

Lo guardai ma non si voltò, così gli fissai l'orecchio per un po'.

«Ma sei sempre così sicuro?»

«Ti do questa impressione?»

«Sì.»

«E perché?»

«Perché sai sempre tutto. Sai che di là non viene nessuno, sai come incastrare un vecchio nazista, sai che io non posso tradire il conte, sai che lui invece mi vuole uccidere…»

«Non è che io so: è che tu non mi ascolti! Niente credi di tutto quello che io dico che riguarda te, come puoi credere a cose che dico che riguardano me? E se non ci credi tu perché ci deve credere altri! Lui sa che è tutto vero, ma sa bene che nessuno mi crede se lo dico in giro. E ha ragione! Infatti non ci credi nemmeno tu che mi conosci bene…»

«D'accordo, ti credo» lo interruppi. Mi faceva venire il mal di testa quando cominciava a sclerare con la grammatica.

«Davvero mi credi?»

«Almeno provo. Se hai torto va bene. Se non hai torto non può farmi che bene.»

Sorrise.
«Però mi fai un favore?»
«Che?»
«Fa' il possibile per avere torto.»
Sembrava sollevato. Affrontò la nuova curva senza abbandonare il lato destro. Solo che strinse un po' troppo e per un pelo non travolse un vecchio che si buttò oltre il paracarro con l'agilità di una mucca. Non ricomparve nello specchietto fino al termine del rettilineo successivo.
«Mio padre cominciò a lavorare come infiltrato nel 1938. La copertura era che era insegnante di tedesco alla scuola americana di Berlino, zona Ovest, al 18 di Platanen Allee. Era una missione molto pericolosa ma solo lui poteva tentare. Stava a Berlino da tre anni.»
«E tu sei nato per posta?»
«Tornava a casa una volta all'anno, per Natale. Non ho ricordi di lui... però mi scriveva tante lettere. Raccontava delle scuole tedesche e diceva che ero fortunato a essere americano. Scrisse che un certo dottor Aamodt, svedese, aveva inventato una macchina per allargare le spalle dei purosangue ariani gracili. Veniva assicurata intorno alla vita del bambino e con una serie di snodi a pantografo bloccava le spalle all'inserzione delle scapole e della clavicola abbinando una trazione costante e rotatoria. I modelli erano tre, legno, acciaio e misti. Aamodt mise a punto anche un'apparecchiatura per allungare i bambini mediante sospensione verticale. Le cinghie erano cuoio e le parti mobili acciaio. Quattro sedute al giorno normali e quattro a testa in giù. La terapia di Aamodt venne salutata con grande entusiasmo e il dottore divenne famosissimo ma quando la notizia arrivò ai vertici del Reich hitler lo liquidò senza appello. "Non esistono ariani gracili! Se esistono non sono ariani e se insistono a esistere vengono eliminati da piccoli!" Aamodt scomparve...»
«Sai proprio tutto su quel periodo, la Germania e Höhne...»

In realtà non lo ascoltavo. Ero saltato sui sedili posteriori, dove Enikö stava sfogliando una rivista.

«Questo posto è strano» mi disse sottovoce. «C'è del maligno, del cattivo. Una tensione che si vede nella gente e nei muri...»

«Li vedi anche tu?»

«Sei un po' stanco...»

Mi accarezzò una guancia.

«Li hai mai visti gli occhi nei tetti?»

«Quando è stata l'ultima volta che siamo andati a cena insieme?»

«Quella era l'ultima volta.»

Silenzio.

«Davvero vuoi che non ci vediamo più? Nemmeno per telefono?»

Scosse la testa guardando fuori.

«Confesserò l'omicidio, almeno avrò una scusa per non vederti.»

«Ma che fai, dormi?» gridò Nyby, scuotendomi.

Mi ero appisolato che era un piacere e ne approfittai per svegliarmi di cattivo umore.

«Non dormivo.»

«Stava russando.»

«Troppo scomodo per dormire.»

«Non ha fatto altro da quando siamo partiti.»

«Da quanto tempo siamo partiti?»

«Otto minuti. Quasi nove.»

Sbadigliai. In realtà volevo ruttare ma avrei preferito dargli un pugno.

«Lei è un poderoso tritacazzi, signor Nyby.»

«Che significa *poderoso*?»

«Aveva ragione Höhne.»

«Perché, che dice di me il conte?»

«Cosa c'entra il conte!»

«E *tritacazzi*?»

Ci interruppe la radio.

Erano state rinvenute altre quattro vittime del serial killer. Altri quattro corpi sezionati e ricomposti secondo il diabolico rituale.

Per la prima volta il ritrovamento non era avvenuto in Moldavia ma a Bucarest, durante i lavori di demolizione di un fabbricato industriale.

«Si sta avvicinando» commentò Nyby. «I prossimi corpi saranno più vicini a Sibiu.»

131.

Eravamo al centro della città, uno dei tanti. Bucarest è una donna nel fango che non si vuole alzare per non doversi lavare un'altra volta.

Scendiamo a mangiare qualcosa.

Sulla prima pagina di un quotidiano campeggia una foto a colori.
«Il corpo della bambina torturata e uccisa» traduce Nyby. «Elemento comune ai precedenti.»
«Suicidio anche questo?»
«Ormai è ricercato anche in Romania.»
«L'inviato della CNN non torna più a casa.»
«Comunque è un serial killer.»
«Pensavo un boy scout.»
«Inoltre pare che non sia stata violentata.»
«Ma va'? Allora dobbiamo festeggiare!»
«Ti rifugi nel cinismo, ti capisco. È la prima reazione.»
«Macché cinismo! Mi dici "Pare che non sia stata violentata" come fosse una festa. Allora festeggiamo, no? Invitiamo i genitori, gli amici, i parenti» Nyby abbozzava. «Non è stata violentata, sapete? Invitiamo anche il maniaco, poverino, in fondo è un brav'uomo misterioso, poteva anche farle del male... Sai di chi è la colpa? Dei genitori. Troppo permissivi! La mandi in gi-

ro da sola in pieno pomeriggio nelle vie del centro e questo è il minimo che può capitarle. È tutta colpa delle donne che ci provocano. Forse non lo sai ma, anche quando sono vestite, sotto sono nude!»

Nyby non abbozzava più. Forse avevo esagerato.

Ci fu un momento di silenzio poi sbottammo nello stesso istante.

«Scusa, io...»

«Senti, non...»

Sorridemmo. La tensione se n'era andata.

«Non è un bel momento per nessuno dei due.»

«Dove ti lascio?» mi fa.

«Al viale che porta al palazzo di Ceauşescu.»

«Vuoi vedere il mostro di cemento?»

Troppa gente, troppi semafori, troppe poche macchine che rispettano l'una e gli altri.

«Magia dappertutto» disse.

«Dove?»

«Qui. Moldavia ancora di più. È il Paese delle streghe.»

«Ci ho perso il telefonino.»

«Visto?»

«A parte tutti i numeri che c'avevo dentro era nuovo, era pieno di foto che avevo fatto per il libro...»

«Non è stato casuale.»

«Li perdo continuamente anche in Italia.»

«Non è stato un caso. *I mean*: dovevi perderlo lì e lì l'hai perso.»

«Niente di soprannaturale, l'ho dimenticato da qualche parte e chi l'ha trovato se l'è tenuto.»

«Niente avviene per caso da queste parti.»

«Nessuno ruba più telefonini, oggi.»

«Hanno un piano per ogni cosa.»

«Chi?»

Tolse gli occhi dalla strada e li appoggiò su di me, quasi con malinconia.

«Lo useranno contro di te.»
«Perché vuoi spaventarmi?»
Distolse lo sguardo.
«Sei uno scienziato, come fai a credere a queste cose?» domandai.
«Credo a tutto ciò che non riesco a capire.»
«Sei molto religioso.»
«Solo razionale.»
«Con uno spirito religioso.»
«Possiamo cambiare discorso, prego?»
Lo osservavo ma vedevo solo un orecchio, un occhio e la parte destra del naso. Era di profilo, il resto della faccia mi era negato. Non era un lato destro molto interessante e ne avrei fatto volentieri a meno. A quell'ora dovevo essere su un bel set a fare un bel film e invece mi trovavo con un agente americano a Bucarest dopo averci trascorso l'ultimo mese di riprese…
«*I'm sorry*» m'aveva interrotto anche i pensieri. «Scusa, non volevo essere maleducato.»
«Sono ancora i nazisti, che combattiamo.»
«Ma non avete già vinto?»
«È quello che vogliono farci credere.»
«E i furti d'arte?»
«Non mi interessa niente i quadri.»
«Però a Berlino ci sei stato!»
«Il mio contatto mi ha dato la documentazione e tutto il resto.»
«Cosa sei qui a fare allora?»
«Non ti voglio coinvolgere.»
«Mi hai già coinvolto.»
«Devo farti scendere qui.»

Mi lasciò piuttosto lontano perché c'erano dei lavori ma non mi dispiaceva camminare un po'.
Palazzi di dodici piani in cemento grigio con le cicatrici tenuti insieme dalle finestre a nastro adesivo sui viali larghi e polverosi.

Girano quasi solo Dacia, costruite qui su licenza francese. Sono uguali alla vecchia Renault 9, che in Europa risulta estinta da trent'anni.

Un camion si muove lentissimo, con grande fatica. È un Roman Diesel, un camion fatto qui. Sembra un carro di Viareggio ma l'unica cosa di cartone è il motore.

Le strade sono larghe ma il traffico è sottodimensionato e idiota. La patente è gratis per gli aspiranti suicidi. Numeri da luna-park anche in parcheggio.

Si rispettano solo i semafori che non funzionano. Le strade sono la versione locale della roulette russa: puoi anche uscirne vivo ma prima di sera la macchina ha preso la piorrea.

La norma è girare senza paraurti, sostituito da sbarre di ghisa, pezzi di falciaerbe o sagomati per tranciare.

Rischia la vita chi va forte e anche chi va adagio, ma soprattutto chi va a piedi. I semafori sono utili come le luci in discoteca. Da come li rispettano si direbbero tutti daltonici. Ciò spiegherebbe i colori allucinanti di case, auto, abiti, insegne, banconote. Il giallo è acido, il verde elettrico, il blu è sempre sporco e ondeggia fra nero e marrone, l'azzurro è un verde-con-ernia pennellato su un grigio non ancora asciutto. Solo il rosso è sempre sangue – e anche in questo caso, non freschissimo.

Bucarest è una sottomarca del purgatorio.

Riconobbi la zona dove ero stato a cena con Purissima.

«Quando ho finito ti porto a mangiare nel posto più bello di Bucarest» disse Nyby.

«Non esiste il posto più bello di Bucarest» risposi.

132.

Primaria Sector 5, lungo il Bd Unirii. Camminavo da un'ora in quel cataplasma di città piatta e gibbosa come una focaccia da Marino's. Finalmente raggiunsi l'ex palazzo di Ceauşescu, ora sede del Parlamento. Era un riassunto delle allegorie del potere più ovvie e retrive in uno stile fascista di serie B. Una dittatura sfrenata ma accidiosa, incapace di creare una mistica per riempire il vuoto dietro le facciate e disinteressata a farlo. Il potere s'impone con le armi e si perpetua con l'architettura: le scalinate che portano ai tribunali, la giustizia che scende dall'alto, i soffitti inarrivabili con gli affreschi che costringono il collo all'insù per mettere a disagio mentre celebriamo umilmente la grandezza di chi ci domina, la sua casa meravigliosa, il gazebo coi magnifici pavoni acquistati con la tassa sul pane.

Superate le fontane mi ero inoltrato nel viale alberato per un po' d'ombra, quando mi si avvicina una ragazza molto carina, sì e no sedici anni. In un inglese stentato mi dice che si chiama Martina e mi chiede se sono solo. Apre un album ad anelli di quelli che si usano a scuola. È pieno di foto di lei nuda, in pose provocanti: alla sbarra in posa da ballerina di lap-dance, incatenata a un letto con manette luccicanti, versione sadomaso con body in lattice nero aderentissimo e molto sgambato, con due o più uomini in orge sfrenate e gruppi lesbo. In tutte le foto guarda dritta nell'obiettivo con un sorriso divertito come a una festa di compleanno. Mi offre la sua compagnia per due milioni e mezzo di Lei, cioè cento dollari. Avrei potuto farle tutto quello che mi girava per la testa fino alla mattina dopo alle sette, perché alle otto doveva essere a scuola.

«Quanti anni hai?»

«Quelli che vuoi.»

Grande risposta a piccola domanda.

«Quattordici fra due mesi» disse, ma si abbassava l'età perché, mi confidò poi, gli uomini si eccitavano di più se diceva così. Aveva capito che non sarei diventato suo cliente ma sembrava determinata a non mollare il colpo, almeno finché non fosse arrivato qualcun altro. Aveva visto bene perché le avrei poi dato cento dollari per rispondere a qualche domanda.

«E un cappuccino e un croissant» aggiunse.

I cento dollari non sono più i cento dollari di una volta.

Bar. Tavolini all'aperto per controllare la strada. Birra per me e per lei quello che aveva proposto. Aveva fame davvero. Ordinai il bis.

Le chiesi da quanto tempo faceva quel lavoro. Niente parlare, solo godere, fa lei. Gliene diedi altri cento e la invitai a cena, promettendo che dopo avremmo scopato. Non mi credeva e non mi accettava. Ne faceva un punto d'onore, non le piaceva di guadagnare gratis, si sentiva puttana e lei non era puttana. Al Mamma Mia mi disse che faceva quel lavoro perché le piaceva più che fare la commessa. La faceva essere indipendente. Le sue coetanee la annoiavano. Erano tutte stupide. Così invece conosceva molte persone ricche, anche per bene, soprattutto stranieri, e imparava le lingue perché aveva molto orecchio e sapeva un sacco di canzoni italiane, vuoi che te ne canti una? Suonava il pianoforte. I suoi progetti erano molto semplici: andare in Italia e diventare una diva della tv. Dopo un po' che parlavamo si aprì completamente. Era sveglia, e non solo nel sesso. Era molto intelligente e curiosa, con un senso dell'umorismo tutto suo estremamente efficace: rivoltava tutte le mie frasi gentili dimostrando continuamente che ero pazzo a pensarla in quel modo. Lei non valeva niente, diceva (come Enikö), era sempre stata la più brutta della classe, aveva le gambe troppo secche e il nasone, non era intelligente e non le piaceva studiare, solo leggere e portare soldi a casa: sua madre glieli metteva da parte e glieli avrebbe ridati quando fosse partita per l'Italia. Ci sarebbe andata in aereo, non a piedi, e non con le linee aeree rumene ma in *business class* con l'Alitalia. Io ero pazzo a trovare tutti quei pregi in lei, lei valeva niente, meno di niente. Sua madre era una specie di sorella colonnello, aveva solo tredici anni più di lei e faceva la prostituta in casa. Martina aveva cominciato da piccola a essere tirata dentro in giochetti erotici e non aveva più smesso. Lì, almeno, col tempo s'era accorta di piacere a tutti. Suo padre non lavorava più. Era stato primo violino nell'orchestra privata del dittatore Ceauşescu e le raccontava sempre delle feste che facevano a palazzo e che un giorno ci avrebbe portato anche lei. Fin quando lui lavorava là ci portava spesso anche la moglie, che prendeva parte alle orge che seguivano se la serata era stata scaldata nel modo giusto e lui provava piacere nel suonare mentre la moglie succhiava e prendeva cazzi a destra e a sinistra. In quel caso le mance fioccavano che era un piacere. Gli davano un sacco di soldi, rotoli di banconote che gli mettevano in mano per come aveva diretto l'orchestra da camera (da letto, verrebbe da aggiungere) ma soprattutto per comprarne il silenzio. Quando era salito al potere Ceauşescu aveva preso come residenza personale la Casa del Popolo, l'aveva fatta ampliare secondo un progetto che l'avrebbe resa il palazzo più grande del mondo, secondo solo al Pentagono. "Ma lì sono uffici e ci abita solo il custode, che non è certo il proprietario" diceva il sadico e maniaco capo supremo della nazione. La costruzione ha una cubatura enorme, quindici piani, a contare le finestre sono nove ma quasi tutte di due piani, per quasi un chilometro di larghezza. Questa massa di cemento si sviluppava in maniera speculare sotto terra, dove erano ubicati i quartieri segreti e il bunker anti-atomico con appartamenti per tutta la corte e con una riserva d'acqua viveri e medicinali sufficienti per dieci anni. Quando l'opera fu completata Ceauşescu fece uccidere gli architetti e tutti coloro i quali erano a conoscenza dei segreti nascosti in quei cunicoli.

Il silenzio è sempre stata una cosa molto importante, in Romania e Moldavia.

In questo modo, fra laute mance e lauto stipendio, il padre di Martina s'era messo da parte una piccola fortuna e alla caduta del regime aveva preferito non farsi vedere troppo in giro. Non era uscito di casa per cinque anni. Viveva di rendita e faceva fruttare il capitale prestando soldi a strozzo, e se qualcuno non pagava raddoppiava la cifra e mandava, riscuoterla una ex guardia del corpo del dittatore, ora riciclata nei servizi segreti, a cui dava una fetta pari al dieci per cento.

Questa città avrebbe bisogno della mano di una donna.

133.

Ne avevo anche abbastanza di quella bruttezza in offerta speciale ma Nyby non chiamava e il cellulare che mi aveva lasciato cominciava a scarseggiare di batteria. Stavo pensando cosa fare quando finalmente sentii la musichetta. Lo anticipai con una frase gentile.

«Finalmente, vecchio porcello, non venirmi a dire che hai lavorato fino adesso, eh?»

Non era lui ma una donna che parlava in romeno. Capii zero. Risposi in inglese. Capì zero lei: 1 a 1. Provai in francese ma non capì: 2 a 1 per me. Lei in russo e io muto: 2 a 2.

Andammo al riposo in pareggio.

Nel secondo tempo lei riprese col romeno e questa volta capii due parole che ebbero effetto paralizzante: *Nyby, ospedale*.

In quel momento il cellulare dette un fischio e si spense. Batteria esaurita.

Cercai una cabina, estrapolai il bigliettino dell'Împăratul e chiesi di Höhne. Dopo un'attesa che succhiò la mia intera riserva di monete, si presentò all'apparecchio.

«Nyby è all'ospedale» dissi in un fiato. «È andato a fare una commissione, avevamo appuntamento mezz'ora fa ma mi hanno chiamato dall'ospedale.»

«Quale.»

«Non lo so.»

«Ce n'è più di uno, a Bucarest.»

«Chiamo da una cabina» aggiunsi, come fosse la prova dell'emergenza.

Mi sorprese il distacco col quale aveva appreso la notizia. Seguì un lungo silenzio.

«Höhne!» chiamai più volte. «Conte Höhne!»

Aveva appeso. Riprovai ma dava sempre occupato.

Ero tanto felice di averlo rintracciato ma in quel momento capii che era stato un errore.

Fermai un taxi cercando di esprimere i concetti di *ospedale* e *ambasciata americana*. L'autista si rivelò un tipo sveglio e mezz'ora dopo ero con Nyby. Stava steso sul letto, vestito. Non sembrava grave.

«Sto sempre bene quando smetto di stare male» sentenziò.

«Lapalissiano ma non banale. Spesso dopo una crisi si prova una sensazione quasi di piacere. Cos'è stato?»

«Un malore.»

"Questo invece è banale", non dissi per non infierire.

«Non è una nuovità.»

«Ti è già capitato?»

Annuì gravemente, abbassando gli occhi sul pavimento.

«Di cosa si tratta?»

Si concentrò sul linoleum, imbarazzato.

«Scusa, non intendevo essere invadente.»

«No...» continuò senza alzare lo sguardo. «Sento una pugnalata nella testa e non ricordo dove mi trovo. Poi mi sento vuoto e quando riapro gli occhi sono steso per terra circondato di gente.»

«Quando è stata l'ultima volta?»

C'erano molte macchie interessanti, comprendevo il suo coinvolgimento nel linoleum. Lasciò scorrere minuti e macchie prima di rispondere.

«A Berlino.»

«Eri là per i quadri?»

Annuì.

«Quindi l'anno scorso.»
«E sei mesi prima a Praga.»
«Quindi non è la prima volta. Poi?»
«Poi basta.»
«Per quanto tempo?» Non rispose. Lo incalzai. «Quando t'è successo ancora dopo quella volta a Praga?»
«Sei mesi.»
«Un periodo piuttosto lungo...»
«Non è vero: m'è successo ancora un mese dopo, a Berlino.»
«Ma hai appena d...»
«E da quella volta mi viene una volta alla settimana.»
«Cosa fai, dici le bugie?»
«Ma mai così forte. Pensavo che stava passando.» Mi prese una mano. «Ho paura.»
«Non è infilando la testa sotto la sabbia che risolvi.»
«Non per me, ho paura di non fare in tempo a finire la missione.»
«...»
«Non è possibile che mi succede questo proprio ora!»
Si coprì il viso con le mani. Stava per mettersi a piangere. Mi faceva troppa impressione, un pezzo di marcantonio così, magro e anziano ma sempre marcantonio. Dovevo evitarlo.
«Non fare il tragico, adesso. La missione può aspettare.»
«E se invece...»
«Per piacere! Non fare il bambino, sei sotto controllo, adesso. E forse è meglio che torni a New York. Al Mount Sinai sono specializzati. Così non hai più scuse per non invitarmi a casa tua. Dove abiti, in un bel posto? Centrale? Si vede Central Park? No? Fa niente, affitti un appartamento al centro e mi ospiti lì. Farò finta di non sapere che non è casa tua per non umiliarti...»
Finalmente sorrise.
«Se dovesse succedere, mi aiuti?»
«Che cosa, dovrebbe succedere?»
«Qualsiasi cosa.»
«Tipo?»
Esitò. Sapeva che lo stavo rimproverando.

«Che divento cieco.»

«Sordo no? Non t'importa niente di non sentire più la mia calda voce? A te basta non vedermi e sei felice, eh?»

«Speriamo che non capiti.» Sorrise ancora. «Per il tuo bene, dico.»

«Pensa al *tuo* di bene – anzi, a quello di tutt'e due – e tornatene a casa. Non hai più l'età per giocare alla spia.»

Gli porsi un bicchier d'acqua che rifiutò. Lo bevvi io.

«A Berlino c'era questo dottor Grabsch» disse, «primario oculista. Faceva giri di parole in un inglese da tedesco. Mi diceva nel modo più delicato le cose che sapevo già. Cercava di consolarmi.»

Imitò la voce di Grabsch: «Il quadro medico generale consiglia una certa cautela nella prognosi di espansione di scotoma, ma ciò non significa necessariamente un esito negativo».

«Ipotesi peggiore?»

«Perché la peggiore? Ci sono vie di mezzo...»

«Mi dica gli estremi.»

«La vista non si perde. È il cervello che non riceve più stimoli.»

«Consolante.»

«Sì, perché si stanno facendo grandi progressi in direzione neurologica. La funzione è già stato possibile ripristinare o sostituire con protesi elettroniche installate, telecamere con microchip...»

«Vuole farmi diventare una telecamera?»

«Sarà tutto realtà molto prima di quanto immagini. E comunque forse non è così grave...»

«Forse» ripeté Nyby guardandomi. «Per consolare la gente bisogna saper mentire e i tedeschi non sanno mentire. A meno che gli venga ordinato...»

Era il mio turno, ora, di sorridere.

«Ho sempre avuto il terrore di perdere la vista» continuò. «Da ragazzo ci pensavo spesso. Era la cosa più brutta che mi poteva succedere.»

«Qui cosa hanno detto?»

«Ho sempre pensato che la vista è come la vita: finché si è vivi si è vivi, ed è meglio essere vivi che morti. Puoi morire dentro per un dolore, una malattia... ma si è pur sempre vivi. Meglio vedere che non vedere, non importa se la vita è brutta. Nello stesso modo si vede anche senza vista. Si vede la musica, le persone, le parole, le bugie. O si ama anche senza una persona da amare. Perché amiamo noi stessi. Ed è sempre noi stessi la cosa che più ci interessa di vedere.»

Qualcuno bussò delicatamente alla porta. Nyby non rispose. Toccò a me pronunciare il fatidico «Avanti!». Fece il suo ingresso un'infermiera che avrebbe potuto atterrarci tutti e due con un solo manrovescio.

«Non dormo qui, vado via» disse Nyby in italiano vedendola avvicinarsi al letto.

«Lei dorme dove vuole» rispose il donnone depositandolo con nonchalance su una sedia a rotelle. «Io deve fare letto e faccio letto, con lei o senza lei!»

134.

Aspettavo Nyby che era sceso a firmare la liberatoria per lasciare l'ospedale, quando un medico si affacciò alla porta della stanza.

«Cercavo...»

«È in ufficio» dissi in inglese.

Mi porse la mano.

«Sono il dottor Enciu, primario di oftalmologia. Può stare tranquillo, è in buone mani. Vi conoscete da molto?»

«No, da una settimana più o meno ma direi che è stata... molto intensa. Sto anch'io a Sibiu, all'Împăratul Romanilor. Siamo entrambi "ospiti" del conte.»

«Bene, ora devo proprio andare.»

«Dovrebbe essere qui tra poco.»

«Ero passato solo per un saluto. E già che va all'albergo raccomandi al personale di prendersi cura di Hans. Deve evitare gli eccessi. Ama le emozioni forti ma non è più un ragazzino. Approfitta della sua fibra robusta, ma se non sta attento...» Si fermò sull'uscio. «Lo aspetto per la solita visita tra un mese. Gli dica che se non viene salirò io a Sibiu!»

135.

Un viaggio in Transilvania di sera con un pilota che può restare cieco da un momento all'altro non è il massimo del rilassamento.

«Guido io, sarai stanco.»
«Per niente!»
«Non fare complimenti. È sera. La vista...»
Nyby mi scoccò un'occhiata micidiale.
«Vedo fin troppo bene quello che ho davanti agli occhi!»
«Vabbe' però vai adagio, almeno.»
«Non avevo nessuna intenzione di passare la notte qui» disse. «Se resto cieco non voglio che l'ultima cosa che vedo è un ospedale!»
«Vuoi che ci fermiamo a dormire e ripartiamo domani con la luce?»
«Mi sento benissimo e non voglio farmi trovare di notte in un'auto non mia con un ricercato al volante!»
Il rientro a Sibiu si presentava dialettico.

Come nel viaggio di andata Nyby raccontava cose tremende di suo padre, di Höhne ufficiale SS, dei soprusi e delle violenze di cui erano stati capaci i militari e i responsabili del Reich. Agli argomenti che sciorinava, via via più verosimili e credibili, ora si aggiungevano questi drammatici disturbi alla vista, ma la mia empatia non andava al di là di una tiepida comprensione. Sarà stato per la sua aria cospiratoria del tutto fuori luogo, l'eccitazione infantile nell'addentrarsi in segreti sepolti nel tempo, le mezze verità che cambiavano versione a ogni mancato riscontro, ma non mi sentivo coinvolto nella sua missione. Anzi, tendevo sempre più al menefreghismo totale, cosa che non mi è solita. Tale incapacità di indignazione e di empatia mi sorprendeva. Dentro di me si era disteso un velo fra sensibilità e reazioni che rendeva impermeabili le une alle altre e inibiva ogni scintilla di passione. Più Nyby mi rivelava dettagli rivoltanti più una gomma a forma di abulia me li cancellava dalla memoria.

La macchina tossicchia. Nyby scende. Apre il cofano. Controlla il motore. Si stende sotto il fondo.
«*Shit*!» impreca.
«Cosa c'è?»
«Shit!»
Silenzio.
Armeggia, tocca, sposta, spinge, impreca.
Si sfila fuori e s'inginocchia sullo sterrato che costeggia l'asfalto. Da lì controlla il bordo della carrozzeria seguendolo con la punta delle dita.
«Allora!»
Mi fa cenno di aspettare e s'accuccia a controllare nuovamente il fondo. È serissimo, quasi non respira.
«Vuoi una mano?»
«Shht!»
Smette di ravanare sul fondale e si fionda al posto di guida a faccia in su sotto il volante.
«Eccolo!» annuncia soddisfatto riprendendo una posizione più umana. Tra pollice e indice tiene un sassolino che scruta attentamente.
«Cos'è?»
«Una cimice...»
«Eh?!»
«... che non funziona.»
«Ma... chi l'ha messa quella cosa?»

Silenzio.

«Non dici niente?»

«Nella CIA ci si fa l'abitudine.»

«Ma uno della CIA di solito se ne accorge.»

Mi lancia un'occhiata nella quale mi pare di scorgere un lampo d'odio, ma senz'altro esagero.

Tira un pugno sul volante.

«Sì. Mi dovevo accorgere.»

«Vabbe', dài... Fa niente.»

Prende l'oggettino fra due dita e lo esamina, pensieroso. Dico «Scherzavo» ma non mi sente.

«Modello vecchio, naturalmente.» Me lo passa. «Da queste parti la tecnologia è un optional.»

Sembra un giocattolo. Mi sono sempre immaginato una cosa microscopica ma aggressiva, tipo un virus elettronico a tre dimensioni. Invece è un cosino innocente, quasi ingenuo.

«Mai visto una cimice prima?»

«Non credevo esistessero nella vita reale. C'è pericolo?»

«Che vuoi che può fare.»

«Scoppia?»

Ride. Riprende l'oggetto e comincia a lavorarci con estrema abilità senza perdere l'espressione divertita. Due secondi e mi mostra un filo praticamente invisibile.

«È solo dissaldato...»

«Cosa fai, l'aggiusti?»

«... da quest'altro.»

Mi sento invisibile. Mi sento da nessuna parte e con tutto me stesso sotto i piedi. È fastidioso. Non mi ero nemmeno accorto che i fili erano due.

«Chi l'ha messo voleva farcelo trovare.»

«Sì, dite sempre così, voi uomini!» Mi guarda e sorride.

«Noi uomini?»

«Nei film. Voi americani dite sempre frasi come queste. Sapevo che lui sapeva che io sapevo, allora ho fatto finta di non sapere e ho ottenuto il mio scopo. Ora sono morto... però lo so!»

La cosa lo diverte.

«Ah, diciamo così?»
Fa un ghigno che vuole essere simpatico ma risulta un gessetto rotto sulla lavagna.
«E che altro diciamo?»
«Non dici mai "Yeah".»
«Eh?»
«Ci ho fatto caso. Gli americani lo dicono sempre.»
«Non sempre, solo nei film.»
«Neanche una volta da quando ti conosco.»
Interrompe ciò che sta facendo e mi fissa. Non ride più. Mi accovaccio accanto a lui.
«Chi sei davvero, Nyby?»
Evita il mio sguardo e riprende a lavorare.
«Chi sei?»
«Smettila.»
«Mi aspettavo "Shut up"!»
«Che vai dicendo?»
«Cos'è che mi nascondi?»

Finalmente alzò gli occhi su di me. Era tranquillo. Autocontrollo degno di un militare. O era davvero un agente o non aveva niente da nascondere. Nel secondo caso non poteva essere un agente. Per quale motivo me l'avrebbe lasciato credere? O forse ancora, terza ipotesi, poteva dire qualcosa ma non mi voleva allarmare. Tre ipotesi per un uomo solo di notte con una macchina in panne: troppe per non essere nervoso.

«Cimice rotta. No collegamento-radio» annunciò, accademico. Indicò il cielo. «No antenne.»
«Perché parli come Toro Seduto?»
Sorrise e di nuovo posò gli occhi su di me, tranquillissimo. Quasi sedato.
«Auto-detect corder» annunciò.
Io, contrariamente a Nyby, non ero tranquillo. Il movimento fra due corpi è sempre relativo. Noi siamo in movimento costante. Il nostro rapporto, oltre a non essere misurabile con certezza, era soggetto a mutare di qualità. Nyby poteva non es-

sere più mio amico e io non avevo gli strumenti per determinarlo.

Lui, contrariamente a me, giocava in casa. Aveva ogni cosa sotto controllo: dove eravamo, chi aveva messo la cimice e perché.

Venni percorso da un brivido. Nyby lo notò.

«Tutto ok?»

«Sta cominciando a piovere.»

«Ora metto cimice dove era prima e andiamo a fare due pazzi.»

«Passi.»

«Due passi.»

«Ma va bene anche *due pazzi*...»

Nyby armeggiò a tastoni sotto il cruscotto. Fissava un punto nello spazio per concentrarsi sull'operazione. Quel punto nello spazio ero io.

«Chi messo cimice... bisogna che non sa che è rotto.»

Intriga ancora un po' ed è fatta.

«Ora bèla birra ristorante italiano non ce la toglie nessuno!»

«C'è qualche posto buono qua vicino?»

«LaMama.»

«Pazzesco. È due ore che giriamo attorno *ai miei posti* e non me ne sono accorto!»

«Che vuoi dire?»

«Stavamo all'albergo Symplex qui vicino durante il film. Sembra un'eternità. Al LaMama ci sarò venuto un milione di volte.»

Lasciammo la Mercedes di traverso sul marciapiedi. Tanto, i vigili lo sanno che è di Höhne... La pioggia fredda non aiutava gli affari e sotto gli ombrelloni c'eravamo solo noi. Giusto il tempo di dire due battute poi retromasch verso l'Împăratul Romanilor. L'atmosfera rilassata collassò all'improvviso quando io buttai lì una frase.

«Se Höhne non avesse applicato la cimice per sentire cosa dicevamo non mi avresti mai detto queste cose che non dovevo sapere...»

Si bloccò guardandomi come un fantasma.

«Cosa c'è, non ti senti bene?»

Lo scossi per le spalle.

«Mi vedi?» agitavo le braccia davanti ai suoi occhi. «Nyby guardami. Guardami!»

Mi guardò come dopo un'autorete nella finale di Coppa dei Campioni.

«Amico mio...»

«Cosa c'è?»

«Sono un cretino.»

Trafficò ancora sotto il volante per qualche minuto, poi si rimise in piedi spolverandosi sommariamente.

«Mi devi promettere una cosa.»

«Senti, ragazzo...»

«Grazie. È da quando ero ragazzo che nessuno mi chiamava più *ragazzo*.»

Non rispose né prese tempo, impermeabile a ciò che dicevo. Parlò con inconsueta serietà.

«Io non so chi sei tu, tu non sai chi sono io. Giusto?»

«So che sei un agente della CIA in pensione...» canzonai.

«Io invece di te non so niente» mi interruppe. «Da dove vieni, chi lavoro fai.»

«Non hai cercato su Internet qualche portale di cinema? Hai controllato su IMDB?»

Smorzò il tono.

«Forse che hai messo tu la cimice ma non saprei dire per quale motivo.»

Attendeva una conferma o così almeno mi parve. Non potevo esserne certo perché ultimamente tutto mi appariva sbilanciato e fuori norma, in particolare quel giorno, quel posto e quella persona, ma nel dubbio imitai il suo gesto in attesa che riprendesse a parlare.

«Perché vuoi che ti prometto qualcosa, che non hai mai creduto a niente di tutto quello che ti avevo raccontato?»

O il paese è immaginario o qualcuno s'è fregato la grammatica!

Comunque il fatto che dubitasse di me in qualche modo mi tranquillizzava.

«Qualunque cosa pensi di me, io penso peggio su di te da quando ti ho scoperto a spiare nella mia stanza.»

Annuì. Anche lui pareva sollevato.

«Siamo due che non si conoscono.»

«Non ci fidiamo l'uno dell'altro. Questo vuol dire che siamo a posto.»

Restò pensieroso per un attimo annuendo più volte, poi si risolse.

«Possiamo ripartire» disse, e si avviò alla guida.

«Un momento» lo bloccai. Nyby emerse dal finestrino. «Devi promettermi che parliamo per tutto il viaggio.»

«Di cosa?»

«Qualsiasi cosa, basta che non stai zitto come all'andata perché io non ci resisto altre quattro ore in silenzio. Ho paura.»

«Di che?»

«Paura e basta. Questa parola da voi non esiste nel vostro vocabolario ma da noi è ancora in uso e io sono molto sensibile. Più avanti mi iscriverò a un corso CIA per corrispondenza e diventerò insensibile come te ma per il momento ho ancora bisogno di scambio verbale se mi capita di stare con una persona per quattro ore in un metro quadrato di lamiera.»

Nyby rise di gusto. Per un attimo sembrò un essere umano regolamentare.

«Ok. Senza dire niente importante però, perché Höhne ci ascoltano.»

Portò l'indice alle labbra e, abbassandosi sotto il cruscotto, azionò la cimice. Si udì il *clic* di un interruttore metallico.

Ci avviammo in direzione aeroporto sull'autostrada (che qui significa *strada statale*). L'atmosfera era rilassata e il viaggio si presentava più distensivo del previsto. Ben presto superammo l'hotel Symplex lasciandolo sulla destra con il *branco* a fargli compagnia.

«Ecco il nostro albergo!» dissi indicandolo a Nyby.

«A-ha! Bello.»
Nonostante il periodaccio con casini inseguimenti incazzature licenziamenti scenate, rivedere all'improvviso quei posti mi provocò un'ondata di nostalgia.
«Com'ero giovane!» sorrisi.
Anche Nyby sorrise.

Fu in quel momento che mi apparve. All'improvviso, netta, limpida in tutta la sua lampante ovvietà, trionfante come una formula magica, vidi l'insegna gialla del Symplex. Con una mano coprii la parte inferiore della scritta confrontandola con l'immagine che avevo inchiodata nella memoria: la scritta che vedevo dalla crepa nel muro della prigione era l'insegna dell'hotel Symplex! Non ero stato rinchiuso a Sibiu ma a Bucarest!

«Francesco...» disse Nyby. «Francesco, sveglia!»
Sbattei più volte le palpebre e a fatica aprii gli occhi. Eravamo all'Împăratul Romanilor. Avevo dormito per tutto il viaggio.

136.

«Sai cos'ho fatto ieri?»
Tremamondo è l'unico che al telefono comincia a parlare prima che l'altro risponda.
«Ero sotto la doccia.»
«Appena svegliato?»
«Appena rientrato da Bucarest.»
«Vedo che ti diverti, nell'attesa!»
«Volevi dirmi qualcosa?»
«Se te lo dico non ci credi.»
«Cosa.»
«Quello che ho fatto ieri! Non ci puoi credere.»
«Prova. Io intanto mi asciugo le parti molli.»
«Prenoto un tavolo d'angolo per noi due, al Bolognese in piazza del Popolo, per le nove di sera. Arrivo puntualissimo, anzi anche un po' in anticipo per evitare rischi… e poi mi nascondo. Lei arriva con un'ora di ritardo.»
«E allora?»
«È normale?»
«Lei sì, tu molto meno.»
«Sono rimasto tutta la sera a spiarla da un altro tavolo sistemato strategicamente.»
«Fantastico.»
«Volevo vedere la faccia sua quando capiva che me n'ero andato.»

«Molto romantico.»
«Tutta la sera, sono rimasto lì.»
«Bel deficiente.»
«Se ti dico che...»
«Ci vuole uno scemo per stare tutta la sera con un altro scemo.»
«Parli di Purissima con troppa confidenza, per i miei gusti.»
«Piantala, gabinetto. Sei rimasto ingufato a spiare invece di goderti la serata con lei. Se lo dico in giro ci fai proprio la figura del deficiente...»
«Non mi piace che parli di Purissima con troppa confidenza.»
Stava andando in fissa?
«Stai andando in fissa?»
«Non chiamare così Purissima davanti a me.»
Era andato in fissa.
«Se vuoi quando la nomino mi faccio il segno della croce.»
«Non pigliare per il culo un uomo che soffre.»
«Ti prego...»
«Non credi che soffro?»
«Non credo che sei un uomo.»
«Mai ho amato un'altra come lei.»
«...»
«Con lei ogni cosa è come nuova.»
«...»
«La amo. Ci sto bene, che ti devo dire?»
«...»
«Vuoi sapere che facciamo tutto il giorno?»
«No.»
«Ci svegliamo quando capita, perché non si sa mai quando si va a dormire e poi non è che dormiamo perché a dire la verità...»

Appoggio il ricevitore sul letto ma lui non se ne accorge e continua a parlare. Sento da lontano il ronzio della sua voce come una zanzara o l'industriosa ape che gira attorno allo stesso argomento come intorno a un fiore senza annoiarsi mai. Tremamondo è capace di continuare così per ore. Più che parlare *si ascolta* parlare. Un tempo si lasciava lunghi messaggi nella segreteria telefonica, poi quando rincasava accendeva l'apparecchio, si stendeva sul letto e s'addormentava al suono della propria voce.

A quei tempi però i suoi soggetti erano interessanti e sentirlo raccontare era vero un piacere. Si discuteva solo di lavoro, dei progetti che portavamo avanti insieme. Le donne erano arrivate col successo ma non gli avevano preso mai più di una sera o due. Le cambiava come le scarpe da ginnastica e ne parlava come dei trofei. Era impietoso quando parlava delle sue donne e forse ora pagava una specie di contrappasso per quel comportamento irritante.

Tremamondo lo si perdonava perché era un genio e spruzzava simpatia, ma ormai ero rimasto solo io a sostenerlo. «È un periodo di follia» dicevo a chi ne parlava male, «sta battendo i quarti ma si sa: solo i ronzini non si ribellano mai – i cavalli di razza li devi lasciare correre, ogni tanto.»

La sua presenza, la fisicità, la voglia di fare casino erano ridotte a un filo di voce nasale che vibrava nella cornetta. Bevvi un succo di frutta da una bottiglia di plastica da cinque litri (c'erano solo quelli al supermercato), rinfrescai la faccia in bagno, lavai i denti e quando tornai a sdraiarmi sul letto la sua voce ancora salmodiava dal ricevitore sul cuscino.

Mi sdraiai sul letto avvicinando la testa per ascoltare e poco dopo non lo sentivo più.

La voce di Tremamondo ormai faceva solo addormentare.

137.

Quella sera l'avvocato Ieromonah Iustin Radu e sua moglie Alina offrivano un ricevimento nella casa di famiglia a Sibiu. Nyby era loro intimo e aveva insistito perché l'accompagnassi. Secondo lui avevo bisogno di distrarmi, secondo me volevo solo andare a dormire dopo la giornata agitata.
Entrammo insieme. Mi presentò a un sacco di persone eleganti, poi si isolò con un tipo sconosciuto e non lo vidi più.
Casa Radu era in muratura, tagliata in verticale come una fetta di torta alta tre piani più quattro di tetto. Era posta al centro esatto dell'anfiteatro di case antiche che delimitano Plaça Mare, segno di grande prestigio. Aveva un'eleganza medievale, certo un po' rozza ma sana e piena di fascino. A occhio risaliva al Seicento. La medesima decorazione ripetuta sempre uguale su legno poco pregiato. Rozzo ma affascinante in ogni caso. Dimensioni da presepio ortodosso decoratissimo ma soltanto all'interno. Esternamente gli edifici sembravano scatole da scarpe, cubi o parallelepipedi messi per il lungo. Seicento sì, però romeno. Le finestre strette e piccole si affacciavano solo sulla piazza. Le pareti erano calde, il colore rosa antico come solo a Roma, ma in tempera: se per sbaglio ti strofinavi portavi a casa il campioncino di colore. I mobili erano tutti rigorosamente d'epoca, anche il frigorifero. Armadi cucina guardaroba libreria in ciliegio e altro legno morbido erano riccamente decorati in rosso carminio, ocra e blu di Prussia su base verde salvia. I disegni erano volu-

tamente rozzi ma di irrinunciabile eleganza, come eseguiti da un cólto artigiano con la mano sinistra nel raffinato gioco che può stimolare solo chi ha raggiunto tale maestria da non ricavar ormai più diletto nel proprio lavoro se non dagli impedimenti che a tale scopo si autoimpone.

Faceva gli onori di casa Mihaela, una splendida mora con lunghi capelli di seta e grandi occhi scurissimi. Alta e con un notevole paio di gambe, era la figlia migliore dell'avvocato (le altre due sembravano uomini senza baffi). La conversazione era molto piacevole. Avevo azzeccato un paio di battute e ormai era pronta a ridere appena affrontavo un argomento. Si intrattenne con me abbastanza a lungo da ingelosire un paio di ragazzi, probabilmente campioni di lotta libera che non mi perdevano di vista in attesa che suonasse il gong.

Mihaela parlava francese – i ragazzi evidentemente no. La sua pronuncia era perfetta mentre io scivolavo volentieri nel dialetto milanese. Ha ventiquattro anni e fa il tirocinio post-laurea nello studio di famiglia, fra i più importanti di Bucarest e – va da sé – di tutta la Romania. Non ha un buon rapporto con il padre ma condivide molte delle sue idee, per esempio che il dopo Ceauşescu era molto peggio del prima. Per i Radu era facile parlare così perché sotto la dittatura notabili e amministratori di giustizia godevano di una posizione privilegiata, ma con la caduta di Ceauşescu avevano condiviso la sorte dell'intero Paese perdendo le poche cose buone che c'erano e vedendo peggiorare quelle cattive che non erano mai scomparse.

«Complimenti per Sibiu» dissi, certo di farle piacere. «È stata designata Città Europea della Cultura per il 2007.»

«Tenetevi la vostra Europa!» reagì seccata. «Non la vuole nessuno. Hanno fatto tutto i politici!»

Mi voltò le spalle e scomparve. Non potevo dire di non averla colpita.

Rimasi come un cretino ma credo che nessuno avesse notato la differenza. Non che fossi per così dire *il fulcro della serata*, ma non ho mai amato essere preso a schiaffi in pubblico.

Mi sentivo del tutto fuori luogo. Mihaela aveva creduto che

la prendessi in giro. Mi ripromisi di scusarmi alla prima occasione e nel frattempo avrei cercato di sapere qualcosa di più su Höhne oltre le urla di Nyby o i cinguettii dei compaesani.

Ho sentito tante cose su Höhne e cioè che:
a) ha trascorso il periodo oscuro nel caveau di una banca a Zurigo
b) ha trascorso il periodo oscuro in Argentina
c) ha trascorso il periodo oscuro in Patagonia a Colonia Dignidad, una comunità di nazisti ove si tramava per costituire il Quarto Reich
d) ha trascorso il periodo oscuro praticando la sua attività agli ordini di Pol-Pot
e) ha trascorso il periodo oscuro e basta
f) il vero Hans Höhne è morto e questo qui non è lui
g) è espatriato negli Stati Uniti e ora è uno dei capi di Scientology
h) si è fatto prete di clausura
i) si è unito agli Hare Krishna.

Pochi sapevano tutto, tutti sapevano qualcosa, nessuno sapeva niente.

«Avvocato, poco fa parlando con Mihaela credo di aver detto qualcosa che, senza volerlo, l'ha offesa. Perciò vorrei che...»
«Ah, sì?» sbottò allegramente Radu. «Finalmente ha trovato qualcuno che non è disposto a darle sempre ragione, signor... ?» Non mi diede il tempo di rispondere perché mi riconobbe. «Ma lei è il misterioso ospite di Silvester! Ah, ah, ah!»
«Chi?»
«Non le ha detto il suo nome? Il vecchio fa ancora il misterioso!»
Si guardò intorno a raccogliere il consenso che i presenti concedevano servili con sorrisi e cenni del capo.
«Intende il conte proprietario dell'Împăratul Romanilor?»
«*Conte* e *proprietario dell'albergo*?» chiese platealmente. «Ah ah! Il titolo più corretto sarebbe NN!»

Tutti risero di gusto. Per la prima volta mi sentii dalla parte del conte.

«Già» chiarì l'avvocato Radu. «Nessuno ha mai conosciuto i suoi genitori... nemmeno lui!»

Il prevedibile scoppio di risa generale celebrò la battuta, verosimilmente un classico dell'avvocato, che si allontanò. La piccola corte lo seguì punzecchiandolo perché si prodigasse in altre facezie.

Mi era stato offerto uno squarcio. L'uomo che mi dominava, a cui dovevo la libertà e che mi ospitava, altri non era che un megalomane, un poveraccio... Non ci credevo ma mi faceva bene pensarlo.

A causa del pavimento troppo incerato persi l'equilibrio e mi appoggiai allo spazioso bracciolo di una vetusta poltrona nera. Fu in quel momento che colsi un brano di conversazione in italiano.

«... e così quelli che Ceauşescu chiamava *i cretini che rovinano il Paese* hanno vinto, ma la gente è rimasta quella di prima.»

Chi parlava era un uomo un po' avanti con gli anni, distinto. Indossava un fresco di lino grigio chiaro, camicia bianca con colletto largo aperto senza cravatta, un cappello di paglia e scarpe grigie bicolori. L'aspetto mi pareva familiare ma per qualche motivo che non riuscivo a focalizzare mi metteva a disagio. Ostentava un bastone col manico d'osso allungato scolpito a testa di levriero sul quale teneva le mani sovrapposte a una certa distanza dal corpo, con le braccia tese.

Non si era diretto a me ma ugualmente mi avvicinai.

«Quasi se ne vergognano» continuò guardando altrove. «Sono tutti contro l'entrata in Europa, ha sentito anche lei, vero?»

Fu quando portò alle labbra la coppa di champagne che lo riconobbi. Gli mancava il pollice della mano sinistra e reggeva il gambo del bicchiere tra il medio da una parte e anulare e indice appaiati dall'altra. Sentii lumache scivolare fredde sulla mia faccia.

Era l'uomo che mi aveva parlato del serial killer nel tetro bar in Moldavia.

Mi fissava con ostentata sensualità.

«Ci conosciamo?»

L'antico gentiluomo si alzò con imprevista scioltezza.

«Il serial killer» disse senza esitazioni. «Ricorda?»

«Forse è il caso di presentarci.»

«Hertzel, molto piacere. Si accomodi. I giovani non hanno identità» continuò senza pause. «Gli eroi sono morti per questo schifo. Non ne valeva la pena.»

«È venuto qui con Höhne?»

«No, il conte non esce mai!»

«Ah.»

«Non lo sapeva?»

«Sì, l'ho sentito dire...»

Mi lasciai avvolgere dalla comoda poltrona antica e un po' sfondata.

«Anche lei avvocato come Radu?»

«Per carità, non mi confonda con gli avvocati... e soprattutto con quell'idiota presuntuoso!» Non potei fare a meno di sorridere. «Insegno archeologia all'università.»

«Complimenti.»

«Grazie. C'è di peggio per sopravvivere.»

«E parla anche un ottimo italiano.»

«Ora dice troppo, ho un accento tedesco che mi dà molto fastidio. Studiato in Italia, ai miei tempi. Cinque anni. Firenze, che città! Boboli, Ponte Vecchio, piazza Signoria, piazzale Michelangelo, Fortezza da Basso, le Cascine... L'arte si può studiarla solo lì.»

«Ha citato luoghi che offrono forme di arte piuttosto discutibile...»

Restò sorpreso ma piacevolmente, direi.

«Conosce Firenze?»

Annuii.

«Allora sa a che mi riferisco.»

«Sì, e non condivido.»
«Allora condanna!»
«Non mi permetto di condannare me stesso, si figuri se condanno gli altri!»
Accolse il non-giudizio con un delicato cenno del capo e si alzò diretto al buffet.
Lo seguivo come un discepolo o un cagnolino. Fendeva la calca con estrema naturalezza a dispetto della legge sull'impenetrabilità dei corpi, senza evitare né urtare nessuno. Io non possedevo la sua grazia e quando con difficoltà giunsi al buffet il professore stava già seduto in un angolo tranquillo accanto al camino e parlava con un giovane atletico ed elegante.
La conversazione con lui era terminata.

In una rientranza della libreria la moglie dell'avvocato lo rimproverava sottovoce, quasi timorosa.
Non si erano accorti di me. La signora Alina parlava in francese per non farsi capire da quelli del posto e senza saperlo mi favoriva.
«Non dovevi prenderlo in giro così!» diceva.
«Ma no...»
«Hai bevuto come sempre.»
«È solo un vecchio scherzo!»
«Verrà senz'altro a saperlo...»
Era chiaramente impaurita. In quel momento l'avvocato mi notò e cambiò tono.
«Caro amico!» mi indicò alzando la voce. «Propongo un brindisi per il nostro gradito ospite!»
Batté con forza il bicchiere contro il mio. Gli invitati lo imitarono e in un attimo diventai la persona più ammirata della festa.
«Per quanto riguarda mia figlia la prego di scusarla» mi sussurrò. «Mihaela crede di essere la ragazza più bella e intelligente di tutta la Romania... E purtroppo è vero! Se continua così non la sposerà nessuno!»
S'allontanò seguito da un codazzo di ospiti e in un attimo tor-

nai la persona più ignorata della festa. Riconobbi Mircea, il capo della polizia. Mi fece un cenno d'intesa e si precipitò a baciare la mano di Radu.

Rintracciai l'avvocato e con tutto il garbo possibile lo lavorai ai fianchi finché lasciò cadere qua e là qualche mezza frase, vecchi sospetti.

Höhne era stato un SS e aveva svolto funzioni di torturatore per Ceauşescu fino a diventare intimo della tormentata famiglia del dittatore. Frequentava regolarmente il Palazzo del Terrore ed ebbe una *liaison* con una nobildonna dell'entourage, che pare gli abbia dato un figlio. Dopo il colpo di Stato scomparve come tanti ministri e alti papaveri dell'esercito. Riapparve a Sibiu con una piccola corte e si stabilì all'Împăratul Romanilor fregiandosi del titolo di conte. Da allora nessuno l'ha più visto uscire dall'albergo. Gode di indiscussa autorità in Walacchia e Transilvania. Per gli imprenditori stranieri l'albergo è un passaggio obbligato per impiantare attività in questa zona.

Se ne deduceva che Höhne era tutt'altro che pazzo ma questo mi tranquillizzava quanto un pic-nic sui binari dell'Eurostar.

Stavo per fargli vuotare il sacco fino al midollo ma incappai in una gaffe impossibile da prevedere.

«Lupu è vostro parente?» avevo chiesto, certo di fargli piacere.

«Chi?» ribatté seccamente.

«Radu Lupu, il grande pianista suo connazionale.»

Mi fulminò con un'occhiata. Mi sentivo freddo e caldo nello stesso momento, trasparente e opaco come un blocco di folgorite delle mie dimensioni.

«Non si permetta mai più!» replicò offeso, e non lo vidi più.

Era una battuta, un *calembour* sul fatto che Radu può essere nome e cognome. Che motivo c'era di offendersi tanto?

Famiglia imprevedibile e permalosa. O forse soltanto sordastri.

Bisogno di dolce. Su un bel tavolo fratino ce n'era una varietà imbarazzante.

In quel momento Mihaela mi sfiorò con un vassoio di *papanaj* fatti in casa. Colsi l'occasione al volo (e anche un *papanaj*).
«Scusa, forse mi sono spiegato male, prima. Hai ragione tu. Nessun Paese sano di mente entrerebbe in una Comunità della quale fa parte anche l'Italia.»
«Eh, sì...» sospirò nostalgica. «Era meglio quando c'era lui!»
«Lui?»
«Ceauşescu.»
Intinse un dito nell'abbondante farcitura di panna del *papanaj* e lo leccò con scrupolo animalistico.
«Com'è?»
«Com'era, vuoi dire. Non c'è più.»
«Mi riferivo al dolce.»
«Niente disoccupazione, niente delinquenza e la sera si andava in giro tranquilli.»
«E i treni arrivavano in orario...»
«Sì.»
«Dicevano così anche durante il fascismo.»
Mi guardò acuminata e cattiva. Forse valutava se era il caso di sputarmi addosso.
«Parli di che non sai che parli!» sibilò e scomparve come suo padre.
Mi vendicai decimando la Sacher e rendendo irriconoscibile la torta di pere.

Come apprezzavo i capricci di Johneskus! Quel decoratore così evoluto rispetto alla media dei colleghi rinunciò al vantaggio della propria eccellenza pur di ottenere equilibrio e simmetria. La sua opera diceva chiaramente: "Puoi tarpare finché vuoi la mia libertà ma pur se umiliato e privato degli attrezzi di lavoro io riesco a produrre arte, tu invece solo violenza". Grande. Mi sarebbe piaciuto che fosse lì per fargli i complimenti...
Una trave massiccia sosteneva il soffitto basso dall'ingresso alla porta stretta dell'angusta sala da pranzo, anch'essa dipinta con motivi araldici e campestri ("voi siete nobili sulle nostre spalle villane") rozzamente ricercati nell'accostamento di forme

e colori. Sapevano di erborista, farmacia, di alchimista. Johannes Johneskus aveva la vista lunga. Aveva decorato la casa di un signorotto e secoli dopo ancora si faceva beffe di lui.

Dissi che dovevo rientrare. Mihaela ci rimase male e mentre mi accompagnava alla porta cercò di trattenermi. Io osservavo per l'ultima volta colori e disegni di pampini e putti fra stemmi e armature.

«Ci vediamo presto?»

«Non credo.»

Non sarei più tornato nell'antica residenza estiva dei Radu, Mihaela se la godano i ciclisti quando si decidono ad arrivare. La casa che Johneskus aveva sbeffeggiato dopo quattrocento anni era ancora allo stesso posto e i suoi proprietari oggi dettano legge come allora. Oltre che violentarla nelle aule dei tribunali. Non potevo restare un minuto in più: Johneskus si sarebbe sentito tradito.

138.

Era stata una giornata intensa, cominciata la sera prima a cena. Poco sonno e poi via di corsa. Quasi un *giro della morte*: non ventiquattro ore di fila ma quarantotto con tre ore di sonno in mezzo.

Piața Huet e Piața Mare sono collegate tramite un cunicolo con arco a tutto tondo e male illuminato, semibuio anche in pieno giorno. La mattina è caratteristico ma a quest'ora fa venire la pelle d'oca.

Procedo da Piața Huet in leggerissima salita. Il budello è una linea spezzata, dritto fino a metà, quando subisce una piega sulla destra. Non è molto accentuata ma fa sì che fino a quel punto non puoi sapere se viene qualcuno dalla parte opposta.

È proprio questo che avvenne. Verso metà percorso, nel punto in cui tornare indietro in termini di tempo equivale a proseguire, sentii camminare. Era una ragazza sola. Ma non ha paura? Potrei essere chiunque e avere cattive intenzioni. La gente di qui ha un controllo di nervi superiore al mio. Cercai di assumere un atteggiamento normale e camminare rilassato. Ma qual è l'atteggiamento normale? Riuscii a non fare niente di ciò che faccio di solito (di solito non faccio niente di particolare) col risultato di risultare sospetto. Quando ci trovammo faccia a faccia mi appiattii con le spalle contro il muro e per evitare qualsiasi equivoco dissi: «Buonasera!».

La voce mi uscì insolitamente baritonale, direi da basso lirico. Ne restai esterrefatto. La ragazza invece non restò, e appena m'ebbe superato piantò una fuga da centometrista.

Il cancello che circonda il giardino della chiesa evangelica è chiuso. Questa è la sola precauzione a tutela degli scavi lasciati allegramente scoperti. Qualche osso lucido riflette luci di passaggio e fa pensare a una segnalazione militare o a un naufrago in mezzo al mare. Le inferriate del cancello sono robuste ma distanti fra loro, alte e solenni. Hanno forma di lance verde scuro con sommità a punta di freccia dorata e lucidissima (probabilmente è questa la luce riflessa dagli scheletri più disponibili). Sbarre orizzontali, gradini, decorazioni, serti di fiori in ferro battuto: ci sono più appigli in questa recinzione che in una scuola di roccia. È un invito a scavalcare. Chissà quanta gente ci va, anche solo come prova di coraggio.

Non li ho visti questa volta gli scheletri porosi e spolpati, ma rivedo davanti agli occhi nitidissimo lo spettacolo della volta precedente.

Accelero verso la gelateria dove non ho più messo piede.

Una buca attorno all'angolo di strada. All'interno c'è uno che scava, sprofondato fin oltre la testa. Sul bordo una dozzina di teschi impilati.

Un pescatore indipendente di teschi.

«È autorizzato a scavare qui?» chiedo.

"Cazzo me ne frega" penso immediatamente. "Non sono nemmeno di Sibiu."

«Cazzo te ne frega?» mi fa. «Non sei nemmeno di Sibiu!»

Ovvio. Mi stupisce solo che conosca lo slang.

«Cazzo te ne fai dei teschi?»

«Il brodo. Brodo di morto.»

Non chiedo se è vero, avvezzo ormai a vedere avverarsi, tra le varie ipotesi, sempre quelle peggiori.

«E basta?»

«Mi piaci ossi di morte. Li tengo. O vende. Vende tanti.»

"Fuori dalle volgarità non sei certo un letterato." Sogghignai per sentirmi superiore.

«E cerchi solo teschi?»
«No.»
«Cos'altro cerchi?»
«Il tesoro dello Scammell» risponde con un sorriso idiota.

Non vi capiterà, ma farsi prendere in giro da un cercatore di scheletri è una cosa umiliante. Specie se non si conosce lo slang romeno.

M'avviai svogliatamente verso la prigione dorata ripensando al mio ritorno da quella vera. M'aveva scortato direttamente la polizia, mi dissero, ma non ricordavo assolutamente un cazzo. La scena mi era stata raccontata più volte dettagliatamente ma forse ero stato drogato. È difficile dimenticare tutte quelle cose. Fattiva collaborazione, sincrona o diacrona ma sempre fra corpo e cervello, che spesso ultimamente mi inviava sospetti misti a sprazzi di memoria insufficienti per capirci qualcosa. Intuivo il disagio che stava all'origine di quei dubbi ma stentavo a comprendere il comportamento della strana gente nella quale continuavo a imbattermi dal mio arrivo. "Questa sì è paranoia" mi rimproveravo, "non gli occhi nei tetti..."

Difficile arrampicarsi sui vetri quando si è soli. Anche un pericolo inventato può fare compagnia. Il resto della troupe non dà segni di vita. Nessuno è arrivato, Tremamondo è fuori di testa, non si sa dove sia e i topi ballano. Per di più sono scattate le ferie, e la produzione, che certo sa della mia situazione, romanamente se ne frega.

139.

Nyby era seduto davanti al portone dell'albergo. Perché sempre sulla mia strada? Lo oltrepassai senza salutarlo.
«Where do you think you're going?»
«Torno in galera. Sto meglio là.»
Si alza con rumore di ingranaggi e in tre passi mi raggiunge.
«Calmati, è solo un vecchio scemo.» Mi teneva per il gomito. L'aria era fredda. Le cose fredde danno impressione di pulito e questo mi consolò. Tornò a sedersi. Sedetti accanto a lui. Urgeva che mi abituassi a convivere con la repulsione e l'odore di muffa dell'ufficio di Höhne e i suoi discorsi catarrosi che mi asportavano fette di cervello come si sbuccia una mela.
«Mi sta crollando tutto addosso.»
Avevo un film, una storia con una ragazza, un romanzo da finire, un pacco di progetti e invece sono qui, fuori da un albergo di notte da solo – se non si conta un vegliardo monomaniaco che parla da solo e, peggio ancora, *ascolta* da solo. Sta minuti interi con l'orecchio teso nel nulla e lo sguardo fisso su un punto lontano e ascolta, ascolta... non si sa cosa.
Sono in panne. Mare piatto. Non c'è burrasca ma sto implodendo. Il ponte della nave scricchiola. Tenetevi stretti.
«Nemmeno io riesco a dormire» rispose Nyby.
Qualunque discorso, qualunque situazione, era lui il centro del mondo.

Sono un rabdomante da pubblico: ancora prima di parlare so come reagirà. Una sensibilità sottile, esasperata in anni di confronti serali con le belve scatenate della prima fila e gli avvoltoi del fondo sala che sibilano commenti corrosivi con la protezione del buio.

Cominciai all'età di cinque anni, quando avevo una famiglia sulle spalle: mamma papà e fratello maggiore. Chi avrebbe tenuto in piedi la baracca se non io? Chi ha impedito che si sfasciasse tutto? Chi ha fatto sì che, contrariamente a tutti i nostri sogni e alla bellissima reggia nella quale ci s'era presentato il mondo, riuscissimo a salvare le nostre divinità, che quotidianamente minacciavano di andarsene una da una parte e l'altro dall'altra? Chi altri aveva rintuzzato metodicamente ogni aggressione verbale riducendo con impercettibili alterazioni i messaggi che dovevo recapitare da una stanza all'altra in modo da ridurre quella distanza carica di minacce lentissimamente, misura per misura, e con la sottile arte della diplomazia ispirata dal terrore di non riuscire nell'impresa di mandarli a dormire insieme tutte le sere, o quasi?

E non andare via e non tornare più.

Tutte senza eccezione, invece, erano state le sere in cui restavo nascosto appallottolato in cima alla scala che portava alla camera da letto dove mio fratello dormiva in un mondo di campionati di calcio e coppe dei campioni. Lì dove gli scalini di pietra s'infilavano nel soffitto e faceva caldo anche in inverno e c'era odore di polvere e si vedeva tutta la cucina dall'alto, era il mio posto d'osservazione per evitare che qualcuno se ne andasse come promesso e ogni tanto se sentivo alzare la voce o sbattere la porta m'inventavo una scusa per scendere e distogliere da me l'attenzione.

Mi s'è venuta a formare così una sindrome di cui soffro e godo al contempo, il cui nome scientifico è «essere capaci di prevedere reazioni umane impercettibili dai più» – fatta eccezione forse per qualche rappresentante di commercio che sa quando infilare la scarpa in mezzo alla porta e tutto il resto fra le gambe del possibile acquirente – e, in particolari circostanze, percepire il Male imprigionato negli edifici. Come da piccolo riconoscevo le case dal loro odore (ogni casa ha un odore personale e inconfondibile) anche a occhi chiusi, anche se quattro famiglie stavano sullo stesso pianerottolo, anche se ero sul portone e non avevo ancora iniziato a salire le scale, anche per telefono. La cosa divertente è che avevo preso colpi in più occasioni e sempre sul naso, il quale, oltre a deformarsi alla faccia della legge sull'impenetrabilità dei corpi, aveva perso sensibilità e non mi faceva percepire altri odori all'infuori di quelli che annunciavano circostanze spiacevoli o che, parallelamente, potevano evitarmi un dolore.

Mi trovavo alla parte opposta del mondo e del cuore.
«Scriverò un libro per bambini» proclamai senza motivo e a voce troppo alta. Nyby, che non aveva seguito il tortuoso ragionamento che aveva provocato quella dichiarazione, inciampò rischiando di finire lungo disteso.
Un po' d'aria frizzante, finalmente, quasi fredda come questa di Sibiu in pieno luglio, frizzante come i nostri paesi di montagna ma senza la loro modesta allegria. Opprimente era la parola che più ricorreva nei miei pensieri, per quel poco che ero libero di pensare. Ottuso, mi sentivo. Come quando si scende troppo rapidamente su una strada di montagna o in aereo quando atterra. Le orecchie si tappano e il mondo s'allontana in una nebbia discreta ma impenetrabile che svolge il ruolo di separatore, è presente e concreta, è un'immagine creata dal cervello per spiegarsi quella sordità imprevista e inconsueta.

Et simili modo avviene con i sentimenti. Fra noi e la persona che perdiamo si forma un ammortizzatore idraulico di terza generazione, una specie di cuscinetto d'aria, una nebbiolina fatta non di umidità ma di lontananza compressa, che lentamente diventa impenetrabile molto prima di essere visibile. Tutto al mondo si può comprimere, tranne l'acqua. Esiste l'aria compressa, ma l'acqua compressa no. Non si adegua, non accetta, all'acqua non serve rompere perché sa aggirare e lavora con pazienza; sembra docile ma non lo è, se non le concedi strada la prende con la forza senza necessariamente far rumore. Aria e acqua; ambedue indispensabili ma quanto diverse le intenzioni che le muovono. Sono gli opposti. Yin e Yang. Bianco e nero. La gioia unisce, il dolore separa. Può essere vero anche il contrario ma cammino da solo e sto parlando per me. Non sono sempre d'accordo con quello che penso ma questa sera non me ne preoccupo. Penso come con il corpo si fa ginnastica, più che altro per tenere occupata la testa che solitamente si crede superiore e se la lasci andare fa solo danni. La testa è pericolosa ma il cervello ha il suo perché. Il cervello è una gran cosa. Se non avessimo il cervello ci vorrebbe chi lo inventasse per noi.

Ci voleva l'aria di Sibiu per schiarire le idee, o anche soltanto per respirare un po' d'aria fresca. C'è un'antica battuta surreale che per me è molto bella ma che la maggior parte di quasi tutti trova idiota e cioè: *L'aria è fresca perché è stata fuori tutta la notte.*

Bella, vero? Benvenuti nella parte opposta della maggioranza.

Qui invece l'agosto è diverso. Il costume tradizionale del posto sembra essere la minigonna con camminata da montanaro. Le ragazze ridono sguaiatamente per farsi notare. L'uomo è solo un portafoglio con le gambe, con la porta d'accesso nella zona pelvica assiduamente frequentata. O viceversa il cazzo è la maniglia per aprire la porta dei soldi – e la impugnano spesso. Il loro modello di abbigliamento sono le vallette dei nostri quiz televisivi e mi lascia perplesso provare una quasi repulsione nei confronti di ragazze vestite con tanta parsimonia.

Sull'altro lato della strada sopraggiungono due ragazze che ridono forte e si rivolgono a me già da lontano in una mostarda di lingue che, diversamente dalle istruzioni degli apparecchi elettronici, comprende anche l'italiano. Giunte a pochi passi attraversano la strada e mi si avvicinano ridendo. Una delle due è mancante di un dente proprio sul davanti. S'accostano lanciando occhiate con intenzioni manifeste e mi appoggiano una mano sul pacco, piuttosto rudemente. Mi sovviene la pubblicità d'un olio d'oliva ove una mano spreme alcune olive facendone colare un filo di liquido verde extravergine (no comment). Le ringrazio ma le saluto dichiarandomi omosessuale. Probabilmente mi credono perché non insistono e se ne vanno.

Sottovento, per fortuna.

In qualche punto non identificabile del passato ci dev'essere stato uno scarto sui binari che mi ha incanalato su una direzione parallela. Ma quando è avvenuto questo scarto? Dov'è che tutto ha cominciato a incasinarsi? In quale momento il nastro di Moebius ha cominciato a intorcinarsi? Cosa ci faccio da solo in quest'albergo in Transilvania a mettere i piedi dove li ha messi Dracula? Chi s'è rubato il film lasciando questo casino come resto?

Parigi in questa stagione dev'essere bellissima.

«Ci sono luoghi dove il male abita» disse Nyby. «Altri nei quali si nasconde.»

140.

Se quando dormo squilla il telefono, nove su dieci è Tremamondo. Perché lottare contro la statistica?
«Devi farmi un favore.»
Infatti era lui.
«Se succede qualcosa devo dire che eri con me a Sibiu a scrivere.»
«Come fai a sapere che ti volevo chiedere questo?»
«Come facevo a non saperlo, piuttosto…»

141.

Ormai il sonno se n'era andato, allora decisi di scrivere una lettera a Enikö. La lettera non è un'e-mail o una telefonata ma un oggetto, la carta è un bel materiale: che la tocchi, la legga, se la rigiri tra le mani, veda la scrittura a mano, la forza con cui è stata scritta, la profondità dei solchi, come sono piccole le "o", quanto sono tirate via le "m", com'è scritto bene il suo nome. Lettere vere ormai non ne scrive piú nessuno. Nemmeno io.

Ciao Enikö. Prima di leggere questa lettera promettimi di non buttarla via. Se proprio non puoi fare a meno di buttarla via, fallo pure ma poi vai a riprenderla e la rileggi. Se dopo averla letta decidi di ributtarla nella spazzatura hai tutte le ragioni per farlo.

La piegai e la infilai in una busta con l'indirizzo. Ero stato fin troppo esauriente.

142.

Facevo colazione nell'apposito salone. Era di turno Ariana. Le feci un cenno.
«Ordini qualcosa, altrimenti devo andare.»
Mi porge il menu. Do una scorsa veloce al grande foglio di carta ruvida e pesante.
«Prendo tutto tranne pane e coperto.»
Squittì un sorriso.
«Come va, tutto bene? È dalla cena che non ti vedo.»
«Lei è gentile, simpatico. Vada via.»
«Prego?»
Come si è stupidi quando qualcuno dà consigli disinteressati. Si dovrebbe ascoltare e fare come dicono.
«Ho paura.»
«Paura per me?»
«Sì.»
Che cazzo sorridi, stupido vanesio lusingato dalla gentilezza di questa ragazza che ti vuole solo salvare il culo? Sali su un taxi e scappa, no?
«E anche per me.»
Jaksche si affacciò dall'ingresso della cucina e Ariana passò a un altro tavolo.

Nyby mi cercò al telefono della reception dell'Împăratul Romanilor.

«Sta lavorando in questo momento, si sente dalla mia camera.»
«Perché non mi hai chiamato in camera?»
«Ho chiamato ma non c'eri.»
«E come facevi a sapere che ero qui sotto?»
«Ho provato ed è andata bene. Ma perché tutte queste domande?»
«Hai ragione, scusa... M'hai attaccato la tua malattia!»
«Nelle cantine ha fatto un laboratorio e continua a torturare.»
«Perché dovrebbe farlo?»
«È un vizio, un rito.»
«Non è ora che vada in pensione? Ha paura di fare una vita normale?»
«Tu scherzi, ma senza volere hai azacc... hai acc... come si dice?»
«Sì, sì.»
«È questa la sua vita.»
«E dov'è che tortura, esattamente?»
«...»
«Jospeh!»
«Well?»
«T'ho chiesto dov'...»
«Non so se faccio bene io a dirlo. È pericoloso se sai troppe cose... Tu fai ancora tempo di ritirarti.»

Ho avuto ormai svariate conferme che da queste parti quando la grammatica traballa è brutto segno.

«Ritirarmi da cosa se non ho cominciato niente?»
«Già che parli con me è una colpa.»
«Non sopravvalutarti.»
«L'albergo è una prigione segreta della CIA.»
«A» reagii al minimo dell'entusiasmo. «Questo significa che anche Höhne è della CIA.»
«No.»
«Bene, allora escludi anche me, già che ci sei.»
«No, ti prego, non appendere!»

Restai neutro come un portacenere mentre delirava.

«Ho detto che ce n'è dappertutto, specie nell'Est. Questa non la conosco. Dico che so dove stanno. Ce n'è una anche a Bucarest.»

«In aperta campagna?»

«Al centro! Vicino a un casino.»

«Un bordello?»

«No... dove giocano soldi.»

«Un casinó!»

«Sì.»

«Alla luce del sole?!»

«E qui dentro, allora? Quando mai hai visto sole! Nessuno sa niente di nessuno. Amnesty parla solo quando gli danno il permesso. Dobbiamo cercare dappertutto.»

«Ma se dici che hai già controllato ogni buco!»

«Dobbiamo riprovare ancora.»

«Sono un sospetto assassino e vuoi che faccia la spia per uno della CIA che va contro la CIA. Ti senti bene?»

«Lo sai benissimo che non sei stato tu.»

Esplosi in una risata contenibile.

«Ah!»

«Vieni qui.»

«Sono appena sceso, scendi tu.»

«Non sono in camera.»

«E dove sei?»

«Ai Grandi Magazzini Alopecia.»

"Bene, restaci."

Appesi.

I Grandi Magazzini non si chiamano Alopecia. Gli ho dato io quel nome per l'effetto a chiazze che danno. La merce è sparsa su quattro piani ma non è sufficiente per riempire neppure il pianterreno.

Uscii diretto nella direzione opposta. Chissà se all'esterno era rimasta un po' d'aria?

Sì, aria ce n'era, contrariamente ai soldi, che avevo lasciato negli altri pantaloni.

Attraversai in senso opposto la reception e nello stesso istante squillò il telefono. Il receptionist mi guardò. A gesti chiesi di dire che non c'ero. L'ottuso capì la mimica ma il socialismo reale ebbe la meglio. Non era programmato per inventare e mi passò la chiamata.

«A Sibiu lo dicono tutti che sei innocente» vaneggiava surriscaldandomi un orecchio.

«A Sibiu non sanno nemmeno se esisto.»

«Sei mai stato derubato? Questo dimostra che sei protetto dal conte. E non occorre altro.»

Osservai la cornetta nera. Quell'attrezzo, che mi era tanto familiare anche in quelle lande dove nessun oggetto familiare sembra più tale, emanava l'autentica voce di un maniaco compulsivo in trasferta. Fino a quel momento l'avevo trovato simpatico ma ora scattò una reazione – forse autodifesa – che mi lampeggiò in tutta la sua pericolosità.

Non solo in me ma anche nell'apparecchio era scattato qualcosa: un rumore di ingranaggio metallico, un *tic* da meccanismo, il *tac* tipico di un relè. Il telefono era sotto controllo. Non poteva essere che Höhne. Nyby lo sapeva senz'altro.

Mi sentii invaso.

Inesorabilmente finii con l'andare all'Alopecia.

«Stanotte vado al cimitero allegro.»

«Dove???»

«Al cimitero allegro.»

Non sapevo se ridere o se piangere. Nel dubbio, piansi.

«Mi devi aiutare a passare il muro.»

«Perché hai detto *allegro*?»

«Si chiama così: Cimitrul Vesel. Entri triste e quando esci ridi. Ci sono statue dei morti con scritte barzellette sulla loro vita. Quello di Ion Patras è diventato famoso, così hanno deciso di farne uno anche qui.»

La mia opinione su Nyby mutava continuamente, del resto non avevo un'opinione precisa su niente, da quelle parti, neppure su me stesso.

Cominciavo ad avere paura. Mister Jospeh Zacharias Nyby era partito per la tangente. Voleva scavalcare il muro del cimitero di notte come il Tibiletti per la prova di coraggio.

Il Tibiletti me lo propose, una volta. Accettai perché erano testimoni gli altri dell'oratorio e tirarsi indietro era un'onta indelebile. Una volta dentro però il Tibiletti alza la sfida: "Ce l'hai il coraggio di entrare in chiesa dalla finestrina della sacrestia?". Allora ingoio la paura folle che striscia su per la schiena e mi arrampico con lui che fa scaletta e poi tiro su lui. Ma quando siamo all'interno della chiesa e finalmente gli posso dire: "Visto? Ce l'ho fatta!" il Tibiletti va alla cassetta delle elemosine e comincia a scassinarla.

Nyby mi ricordava quel tipo di inganno. Vado per un motivo e poi scopro di essere stato manipolato.

Nyby ha molte cose in comune con lui, per esempio la bizzarria. La residenza no, perché Nyby viaggia continuamente dietro i suoi complotti mentre il Tibiletti è fermo da anni a San Vittore per furto. Di lui non ho notizie fresche (e non le cerco), di Nyby ne ho fin troppe (e non le cerco).

Nyby vuole giustizia per suo padre, frequentato più in fotografia che di persona. Foto in bianco e grigio o seppia invase da croci, guerra, croci di guerra, croci di cimiteri, croci su nomi di militari, croci per indicare *Questa è la mia pattuglia*, croci per segnare un bersaglio sulla mappa, croci per dire *incrocio*, croci per dire *pari*, croci per dire *x*, croci per dire *per*, croci per dire *fine*, croci per dire *croci*.

Tutto questo ha minato Nyby a metà strada fra il cervello e il cuore. Poi un giorno qualcosa ha fatto partire la miccia. L'esplosione è stata lenta, discreta, inesorabile. Inavvertibile se non da lui ma internamente devastante. Esplosione metodica, erosiva, senza detonatore. Adesso Nyby è fuori come un balcone, un balcone ormai diroccato.

La situazione aveva tutte le caratteristiche del dormiveglia, quando si capisce che è tutto falso ma si procede ugualmente, affascinati dalla dolce pigrizia che impedisce di sciogliere l'ovatta che ci separa dalla realtà.

«Perché non ci andiamo tranquillamente di giorno, al cimitero?»

«Ci stanno lavorando, te lò detto, hanno appena cominciato a farlo.»

«Non ho mai conosciuto un cimitero da giovane!»

«La piccola chiesa invece è antica.»

«E se salti male dal muro e ti fratturi una zampa?»

«Il cimitero non ha muro.»

«Ma... come? Se la meni che ti devo aiut...»

«C'è terrapieno. Alto un metro e mezzo. Poi di là è tutto prato.»

«Non ce la farai. Scivoli. Cadi di testa e muori. Ti vedono. Ti arrestano per ubriachezza. Ti viene un infarto. L'osteoporosi. Ti azzanna un cane randagio. Ti ammazzano i padroni del cane. Ti arrestano per vagabondaggio. Ti accusano di presente indicativo in zona di trapassato remoto. Höhne non ti lascerà più entrare in albergo o peggio non ti lascerà più uscire. A proposito, come mai non ti ha fatto ancora arrestare? Ci hai mai pensato? Possibile che non ti riconosca? Dici sempre che sei il ritratto di tuo padre...»

Trascorsero alcuni secondi. Non ho la pretesa di dire che furono eterni: al contrario sostengo prove alla mano che furono e restano tra i momenti più noiosi e insulsi della mia vita. Aspettavo una risposta di cui non m'importava niente a una domanda che non ricordavo più.

Infatti cambiai discorso.

«Il conte mi ha invitato a visitare le *stanze particolari* dell'albergo.»

Sobbalzò. A saperlo glielo dicevo prima.

«Non andare. Assolutamente.»

«Perché?»

«Perché ogni volta che ti do un consiglio chiedi sempre *perché*?»

«Perché dài consigli strani...»

«Non andare se non ti accompagno io.»

«Sbrigati a farti invitare, allora.»

«Non preoccuparti.»

«Come non mi devo preoccupare? Sei tu che mi metti paura!»

«Ci sarò anch'io.»

«I locali interni sono le sue parti intime: è come andare a spasso nelle sue mutande! È l'ultima cosa che farei nella mia vita!»

«È proprio quello che vuole lui.»

«Cosa vuoi dire?»

«Alora taspetto mezanotte a cattedrale evangelica.»

«Porta casini quando dimentichi l'italiano.»

«Me se io dico benìsimo!»

Avrebbe portato casini.

143.

Me l'aspettavo più pauroso, il cimitero a mezzanotte. Le tombe erano poche e sparse, lontane dal vialetto che stavamo percorrendo. Un nuovo camposanto in costruzione: non ne capivo il motivo.

«Il cimitero grande è completo?»
«No.»
«C'è ancora posto?»
«Sì.»
«È scomodo?»
«No.»
«Allora perché hanno costruito questo?»
«Quello nuovo è troppo moderno.»
«Perché, ce n'è un terzo?»
«Sì.»
«Perciò chi non gli piace quello moderno li porta qui.»
«No.»
«E dove li portano?»
«Quello grande.»
«Perché non qui?»
«È troppo antico.»

Per il resto del percorso l'unico rumore fu il tramestìo dei piedi sulla ghiaia. Mi sarebbe piaciuto scambiare due parole perché il posto non era il massimo della vita, ma la logica bizantina di Nyby mi consigliò di tacere.

Ci fermammo di fronte alla chiesetta nel più completo silenzio. Il vecchio e pesante cancello liberty era arrugginito e tenuto da un lucchetto lasciato aperto.
«Gli hai detto tu che arrivavamo?» chiesi.
«Silenzio!»

Scendemmo silenziosi nella cripta. Sulle prime mi apparve come una secolare raccolta di buio. Ve n'erano di ogni tipo: antico, profondo, fitto di ombre, di sospetto, di occultamento, polveroso, per mancanza di luce, di porte chiuse, di finestre, di prigione, di tortura, per ignoranza, per segreti, per verità celate, di superstizione, voluto, inevitabile. Mi sarei addormentato volentieri in un buio simile, dava l'idea di perdonare ogni cosa.
Quando Nyby girò l'interruttore della luce stavo per dire *peccato!*, ma invece ne valeva la pena.

La cripta era quadrata e interamente affrescata con una moltitudine di figure di piccole dimensioni e colori vivaci. Il pavimento in terra battuta e il soffitto a volta come le cantine. Era divisa in due ambienti da un muro portante sostenuto da due colonne gemelle rozze e massicce che formavano tre archi di forma araba. Sul fondo un'apertura stretta e lunga oltre la quale c'era solo buio.
Volevo avvicinarmi e guardare le figure affrescate ma le ginocchia non mi obbedivano. Ci misi qualche secondo prima di riuscire a dominare l'istinto di sopravvivenza. Ero spinto più alla fuga che all'ammirazione.
«Impressionante!» dissi a Nyby. «Di che epoca è? Cos'è la figura nera?»
«Lascia stare!» tagliò.
Sulla destra di quella animata congerie campeggiava un rivoltante pipistrello con lunghe ali nere. Il corpo dell'animale era un dettagliato scheletro umano bianco messo in evidenza dal nero delle ali. Lo scheletro non aveva braccia ma dai fianchi si dipartivano lunghe ossa snodate e robuste che formavano la struttura portante delle ali. L'insieme era agghiacciante. La testa un

teschio anch'esso umano con grandi orbite vuote, e l'effetto minaccioso era aumentato da un ghigno diabolico che evidenziava una fila di denti acuminati come spade. Da quelle lame spiccavano i canini paurosamente sguainati.

La parte alta del mosaico era danneggiata e si vedevano solo poche figure indistinte. La più nitida era uno scheletro simile al precedente ma senza ali, con le lunghe ossa delle braccia protese a ghermire una vergine, probabilmente una figura religiosa. La bocca era aperta in un famelico assalto. Vaghi brandelli di carne davano il sembiante di una risata ma l'espressione delle ossa frontali – sarebbe improprio dire *degli occhi* – era di malvagità totale, acuita da due corna che sagomavano la calotta ossea.

Sulla sinistra, in posizione diametralmente opposta, era ritratta una figura santa. Su un fondo chiaro color avorio, in origine forse bianco, stava seduta avvolta in un candido saio e reggeva una croce di San Patrizio.

Fondo chiaro e fondo scuro. Le due facce opposte e inconciliabili della fede e del peccato, dell'amore e della morte.

«Venga qui!»

«Dove andiamo?»

Attraversammo la cripta.

«Vede quell'entrata in fondo alla sala?»

«È la prima cosa che ho visto. È una porta?»

«Più o meno.»

«Ecco: queste sono le classiche risposte da non dare!»

«Che ho detto?»

«Siamo in una cripta in una chiesetta antica in un cimitero. Ogni risposta deve essere chiara!»

«È una porta stretta.»

Intanto eravamo arrivati alla porta.

«Ecco: questo invece è fin troppo chiaro. Vedo benissimo che è stretta!»

«Nell'esoterismo la porta stretta non significa solo una porta più stretta delle altre. È il simbolo di un passaggio difficile, un ostacolo da superare per raggiungere la realizzazione.»

La porta non cedeva.
«Lascia perdere. Si vede che ha altro da fare...»
«Oltre questa porta c'è la sua salvezza!»
«Avrà altro da fare anche la mia salvezza. Andiamo via.»
Prese un piccolo abbrivio e si abbatté di spalla sul legno.
«Chi dei due ha scricchiolato?»
«Su, mi dia una mano!»
Controvoglia lo aiutai con una spallata e controvoglia la porta cedette. Lo strepito fu acuto come il pianto di un bambino e proseguì ripetendosi in un'eco che si prolungò oltre ogni logica, sempre più cupo. Al di là e al di qua della porta il rimbombo fuggiva lungo la cripta alle nostre spalle e poi su per le scale e in avanti perdendosi nelle profondità di un corridoio nero che si poteva soltanto immaginare.
«Ecco qua!» annunciò Nyby trionfante.
Dal fondo di quel nero si affacciò un vento gelido che lentamente prendeva consistenza.
«Da dove viene questa aria?»
«Da là in fondo.»
Gli lanciai la solita occhiata che si usa con i bambini di ottant'anni che dicono delle stronzate.
«Se è chiuso, com'è possibile che fa corrente?»
«La parte vicina all'Împăratul Romanilor è larga, poi vicino alla cripta si restringe.»
«Cioè questo è un corridoio e sai dove porta la porta là?»
«No, non m'interessa e non darmi del *tu*.»
«All'Împăratul Romanilor.»
«A» dissi, e girai sui tacchi. «Conosco la strada, grazie.»
Mi allontanai.
«Il tesoro dello Scammell è in fondo al corridoio!»
«Ci vediamo a farmi una birra!» lanciai sottovoce.
Avevo già un piede sulla scala di pietra quando venni investito da un rimbombo identico allo strepito di poco prima. Sembrava che qualcuno facesse andare un disco al contrario. Mi fermai.
«Ti interessa il tesoro, eh?» chiese Nyby, infilato a metà nella porta.

«No. È che...»

«Neanche a me. Ma devi conoscere questo corridoio perché in caso di emergenza è sola via di uscita dall'albergo.»

«Me lo spieghi dopo, adesso vieni qui a prendermi. Ho le gambe terrorizzate.»

144.

Apro gli occhi all'improvviso nel buio e mi sento sbandare. Non è infrequente che mi svegli e non ricordi dove mi trovo – lo so, questo non depone a mio favore ma non è sgradevole stare sparso fra le lenzuola al buio cercando di capire in quale letto sono e di quale città. Confesso che in qualche occasione mi sono anche chiesto chi fossi io, ma non vorrei divagare troppo. Pensai in rapida successione a Roma Milano Parigi Bucarest Budapest Luino... Sibiu.

Accendo l'abat-jour e ne ho la conferma. Il bello del gioco infatti è indovinare senza guardare, altrimenti sarebbe troppo facile.

Non sto viaggiando molto, mi confido. Sono in Romania da quasi due mesi oramai. Come faccio a non sapere in che letto dormo?

Avevo pensato addirittura a New York, dove non ho mai dormito. A Senigallia, dove andavo al mare da piccolo, la stanza dell'hotel Bagni che guardava sulla spiaggia. Era uno stanzone altissimo tutto colorato di bianco e con le persiane azzurre, anni Cinquanta.

Lasciai andare la testa sul cuscino e chiusi gli occhi.

«Che ore sono lì?» gracchiò il telefonino. L'avevo regolato su *altoparlante* e *risposta automatica*. «Sveglia! Che stai a fa'?!»

«Pronto!»

«Sono Ed.»
«T'ho svegliato.»
«No. Parla pure, io continuo a dormire.»
«Che ore sono lì?»
«Perché» sbadigliai, «dove sei?»
«Alle Maldive.»
Scattai a sedere sul letto.
«Sei sveglio?»
«Adesso sì. E cosa ci fai lì?»
«Vacanza, con Purissima.»
«Cazzo, Ed, ma… cosa…»
«Stupito? Anch'io.»
«Ma come faccio a dire che sei con me se stai dall'altra parte del mondo!»
«È stata una decisione improvvisa.»
«E quando pensi di tornare?»
«Ma se sono appena arrivato! Piuttosto ascolta. No, cosa fai… no, Purissima!»
Seguì un istante di silenzio e il rumore del cellulare che cadeva. Poi più nulla.

Lo richiamai parecchie volte ma non rispose più.

145.

Il giorno dopo stavo uscendo dal retro per non farmi vedere da Höhne, il quale naturalmente mi beccò al volo invitandomi nel suo ufficio.
«Con Nyby come va?»
«Ha parecchi difetti» dico. «Le qualità per fortuna non le conosco.»
«Io purtroppo sì.»
«Diffonde una noia mortale. Si è già dimostrata fatale per microrganismi e piccoli animali.»
Non mi ascolta.
«Il diavolo esiste» dice infatti aprendo la porta dell'ufficio.
Cosa c'entra con Nyby?
«L'ha detto anche il Papa» dissi.
«Avrebbe fatto meglio a tacere.»
Avrei fatto meglio a tacere anch'io.

Si parla della coda e spunta il diavolo.

«Ah, i pantaloncini famosi!»
«Prego?»
«La mia generazione ha avuto un'infanzia bellissima. Nessun ragazzo si è mai sentito importante come noi in quel periodo. Ci si ritrovava tutti insieme e si cantava. Impossibile non partecipare ai cori, alle marce, ai raduni. Nessuno restava a ca-

sa, nemmeno con la polmonite. Era più di una vacanza, era un sogno.»

«E i pantaloncini?»

«La *Bund Deutscher Mädel*, Lega delle Ragazze Tedesche! Avevano i pantaloncini più corti di quanto avremmo mai sperato. E poi, cosa incredibile, erano tutte bellissime! Ma lavoravano duro come i maschi e imparavano più velocemente, non avendo pratica di quei giochi con fucile e bersagli. Avevano movenze tanto graziose! Se mettevano il broncio di fronte alle difficoltà diventavano ancora più carine. Neppure la più anonima delle ragazze tedesche passava inosservata in quella fresca e stuzzicante tenuta sportiva. Semplicemente fantastiche. Quelli in alto pensavano a noi e ci sapevano fare. Camicetta di cotone a coste con il distintivo HJ cucito sul petto e quei calzoncini tenuti da un elastico sottile. Di notte sognavamo che durante un esercizio particolarmente impegnativo l'elastico si spezzava e... Una bella cosa da pensare prima di prender sonno! "Quando arriverà il momento assecondate il vostro istinto!" insegnavano gli istruttori alle ragazze. "Non lasciatevi affascinare da un bel cervello in un corpo gracile: il Führer ama i corpi statuari. Vostro figlio in guerra o nei campi di grano avrà bisogno di braccia e gambe robuste. Al piombo nemico si dovrà rispondere a tono, non con belle frasi o citazioni in latino..." Avevamo cambiato le parole del canto natalizio.»

Con mio grande imbarazzo intonò *Stille Nacht* come se io non fossi lì – e avrei davvero preferito non esserci.

«Notte silenziosa! Notte sacra!
Tutto è calmo. Tutto è gloria.
Oggi è il Führer che veglia su noi
E dischiude la gloria del Reich.
Chiamaci per la battaglia,
Pronti noi obbediremo!»

Restò un attimo a sognare.

«Avevamo cambiato la loro sigla BDM in *Bubi Drück Mich*»

continuò sognante, «cioè "Stringimi, Bel Ragazzo". Oppure *Bederfartikel Deutscher Männer*, "Articolo di Prima Necessità per Maschi Tedeschi".»

«Un grande momento per la poesia tedesca!» commentai.

«Moltissime donne inconsolabili raggiungevano in pellegrinaggio il Reichstag da ogni parte della Germania. La signora Unity Midford venne dall'Inghilterra con il miraggio di incontrare il Führer e riuscì a conoscere il Mito intimamente. Quando capì che qualunque tipo di intercorso sessuale era del tutto impraticabile, si tolse la vita.»

«E tutto con il solo biglietto di andata!» dissi. «Pragmatismo britannico!»

«Ha mai fatto uso di droghe?»

«Cosa c'entra col biglietto? Ha pensato a *Ticket to Ride*?»

«Ha mai fatto us...»

«No.»

«Un giorno gli farò assaggiare le mie. Roba buona sa?»

«Ha l'orto?»

«La confeziono io personalmente. Li chiamano stupefacenti ma in fondo sono semplicemente narcotici e cioè il mestiere mio: sono diventato anestesista durante la guerra. La regola è che a ogni anestesia corrisponde una rianimazione.»

Temevo di scoppiare a ridergli in faccia.

«Il corpo reagisce alle sostanze come alle idee. Alcune esaltano, altre deprimono. Stare là a cantare tutti insieme *Gioventù Hitleriana* ci dava lo stesso effetto di una droga eccitante, ci sentivamo senza peso, lontani da casa, liberi. Adrenalina pura. Non ne potevamo più fare a meno.»

Lo spaventapasseri roteava gli occhi spiritati per chiedere consiglio ai suoi fantasmi. Un automa antico, un reperto archeologico, la risposta ariana al Golem di Praga.

Aprì un cassetto della massiccia scrivania e si accinse a preparare la solita iniezione di insulina.

La siringa però era diversa, come anche il colore del liquido all'interno. Il vecchio padre-padrone dello storico albergo e della cittadina che gli era cresciuta intorno si prendeva cura di sé come di un estraneo malato da accudire con la delicatezza che si usa con i bimbi. Un braccio vuotava la siringa a insaputa dell'altro, dottore e paziente di se stesso. Con pochi gesti magistrali s'era applicato il laccio emostatico, aveva cercato la vena, provato e infilato la siringa monouso senza smettere di parlare né di guardarmi negli occhi per gustare la reazione alla sua stoica abilità.

Terminò l'iniezione lentamente, con la cautela di un alchimista che travasa una sostanza rarissima e devastante. Più che una cura era un rito compiuto col massimo rispetto.

Appena la siringa ebbe liberato l'ultima stilla di colore verde fluorescente, cambiò tono.

«Lei ha paura?»

«Me lo consiglia?»

«Non si risponde a una domanda con un'altra domanda.»

«Dipende dalla risposta.»

«Lei non risponde alla mia, io non rispondo alla sua.»

«Per me va bene. Andiamo a dormire e speriamo che domani mi vengano a prendere. Ho un sacco di cose da fare. Ma appena pagata l'Iva torno a farle visita. Come ospite volontario apprezzerò molto di più ogni cosa!»

Mi alzai.

«Stia comodo» ghignò.

Veloce di testa e paziente. E coriaceo. Un rospo dentro la corazza di un'aragosta. Godeva a mettere a disagio. Continuava a giocare a gatto e topo anche se non ne avevo voglia. Sarei stato volentieri ovunque ma non lì, a giocare a qualsiasi gioco ma non quello e non con lui.

Perché tutto s'era fermato? Perché non arrivavano novità? Perché Tremamondo non chiamava più? La produzione avrebbe dovuto far...

«Allora: ha paura?» mi risvegliò bruscamente.

«In generale o nel dettaglio?»

«Sì.»

«Cioè la seconda?»
«Sì.»
«Per esempio?»
«È lei che deve dire. Io faccio le domande. Poi se vuole cambiamo i ruoli.»
«No grazie. È come dallo psicanalista con la differenza che lei parla.»
«Divertente.» Sorrise.
«È la noia, più che altro» parlavo in fretta per finire prima. «Odio essere costretto in un posto senza poter fare niente.»
«Non sta bene con se stesso, Francesco?»
«Non mi chiami Francesco.»
«È il suo nome.»
«Non vorrei affezionarmi troppo.»
«Non sta bene con se stesso?»
«Meglio stare sul generico.»
«Sta bene o no?»
Volevo farlo innervosire ma ricavavo la stessa soddisfazione che a prendere a schiaffi una piscina.
«Sì ma di solito lavoro, scrivo, leggo, guardo un film, bacio qualcosa che si muove e non mi trovo prigioniero all'estero.»
«Faccio possibile per fare sentire lei bene in mia casa ma lei no aprezza...»
«È più simpatico quando fa *erori*, lo sa?»
Mi fissò con intenzione. Ricambiai.
Nel silenzio che si era creato lasciò cadere la siringa nel contenitore per farmaci usati e ripose il laccio emostatico. Fece scorrere un altro cassetto della scrivania e portò alla luce una bottiglia di Caol Ila, che depose cerimoniosamente sul ripiano. Mi osservava come la prima persona che si incontra sbarcando da una nave dopo un'assenza prolungata.
Forse il liquido verde non gli faceva poi così bene.
Versò pensosamente il whisky nei due massicci bicchieri di cristallo larghi e bassi in attesa sul vassoio d'argento. Il tutto nel silenzio più assoluto, dopo avere interrotto una frase che non aveva completato.

Solo dopo aver apprezzato l'aroma di legna e muschio e inghiottito quel nettare torbato il conte riemerse dalle sue nebbie personali e fu di nuovo presente a se stesso. Stavolta c'era mancato poco che non tornasse.

«Diceva?»

«Dicevo... Lei ha anima, sente più di quanto lascia credere. È un piacere parlare con lei.» Sorrise.

«Anche per me» mentii.

«Inatteso, mi creda. Non che la sottovalutassi... Il fatto è che oggi non si parla più come una volta. Lei per via della sua età non può sapere come si parlava una volta e come ci si mentiva, una volta.»

«Cambia il modo di comunicare, cambia anche il modo di mentirsi.»

«Ecco, ora recupera le distanze con una doccia fredda di cinismo. La capisco ma non serve, le assicuro. Non si deve vergognare di mettere a nudo la sua anima. Ho visto un pezzettino solo, un'occhiatina di sfuggita. *Aujourd'hui ça n'est pas trop commune, hein?* Certo non posso dire altrettanto di Nyby.» Con gesto plateale ne scacciò l'immagine. «Bah! C'è chi nasce vittima e chi carnefice. Gli ignoranti temono più facilmente questi ultimi.»

«E li biasima?»

«Mi spaventano, le vittime. Preferisco i colpevoli che accettano responsabilità. Lavarsi le mani come Pilato, voltare la faccia dall'altra parte come i politici... L'innocenza è sempre negativa. Se non altro perché la sua esistenza fa scattare la colpevolezza di qualcun altro. E mai, badi, mai senza un concorso di colpa. La vittima è parte del carnefice. L'innocente e il colpevole sono complici, colpevoli in proporzione alla loro natura. Certo. È il male che determina il bene: l'assenza o la presenza del male.»

«Lei è davvero profondo, conte.»

«No» mi gelò, «sono semplicemente malvagio.»

146.

«Non aspettiamo Nyby?»
«Perché?» chiese Jaksche.
Era la prima volta che sentivo la sua voce. Fino a quel momento aveva sempre sussurrato in un orecchio al conte.
«Diceva che sarebbe venuto anche lui.»
«Dove?»
Era la seconda volta che sentivo la sua voce. Fino a quel momento aveva sempre sussurrato in un orecchio al conte.
«A fare la visita guidata!»
«No.»
«Come mai? Dov'è?»
Jaksche non aggiunse altro fino all'arrivo di Höhne. Fu un quarto d'ora di silenzio e di malevola tensione attutita solo dal pensiero di qualcosa di orribile che si stava preparando.
«Tutto a posto?» chiese il conte.
L'assistente si limitò ad annuire gravemente.

Uscimmo insieme dall'ufficio. Il conte mi fece accomodare nell'ascensore ed entrò chiudendo le ante. Jaksche si avviò per le scale.
«Saliamo o scendiamo?» chiesi con infantile innocenza.
«Benno ama fare le scale. Lo tiene in forma.»
La sua capacità di non rispondere era magistrale.

Premette il tasto corrispondente al quinto piano. Il trabiccolo si avviò barcollando.

«In tre si sta scomodi.»

«C'è scritto *capienza quattro persone*» faccio notare con un sorriso.

«In Romania sono tutti magri.»

«Perché non ha fatto le scale un po' più larghe?»

«*Erano* più larghe, ma poi abbiamo imbottito i muri di cadaveri...»

Boccheggiai, disorientato. Allora era vero! Eppure... No, è un'assurdità! Ha senz'altro saputo dei miei sospetti. Lo sconcerto, che si stava trasformando in angoscia, si affievolì. Era molto scocciante venire colti con la maldicenza in bocca in casa di chi generosamente mi ospitava. Chi poteva avergli riferito? Nyby, forse Ariana... Due sospetti non fanno una certezza ma scocciano nello stesso modo. Sperai che il fatto venisse dimenticato al più presto e comunque venisse valutato per quello che era.

Jaksche ci aveva preceduti al quinto piano. Una bella impresa, alla sua età, e senza il minimo affanno.

«Complimenti, meglio di un giovanotto!» dissi.

«I giovani di oggi non fanno più le scale...» sentenziò Höhne.

Jaksche non batté ciglio e si inoltrò nel salone delle nostre cene. Il tetto di vetro era aperto nonostante la temperatura fosse piuttosto diminuita. Tre, quattro foglie amaranto giacevano sui tappeti che rivestivano il pavimento. Senza rallentare Jaksche azionò il *walkie* e ordinò a qualcuno del personale di salire a riordinare e chiudere il tetto.

Attraversammo il salone per tutta la larghezza fino alla parete opposta. Durante il tragitto sentii quasi nostalgia per le due cene consumate tra quegli arredi soffocanti. Quelli che avevo giudicato momenti oppressivi erano quasi festosi a confronto di come stava evolvendo la situazione.

Jaksche raggiunse uno dei finestroni di almeno tre metri e mezzo e spostò il pesante tendaggio rosso e blu-notte scoprendo una tenda alla veneziana crèmisi con bordi in oro, rosso e arancio carico. Oltre questa, nascosto da una quinta di velluto nero, c'era un pannello finemente istoriato delle dimensioni di una porta. Con la punta delle dita Jaksche diede un colpo secco in quattro distinti punti del pannello, che si aprì facendo perno su un lato.

«Ma... c'è un muro!» esclamai. Non mi faccio mai i fatti miei.

Era stato messo a nudo un muro in cemento armato col suo tipico odore che mi piace tanto. C'era anche un sentore di umidità e tracce di trasudamento appena visibili.

Fu Höhne questa volta a muoversi. Raggiunse l'altra finestra e infilò una mano nel tendaggio. Si guardarono e a un cenno d'intesa fecero scattare qualcosa in perfetto sincronismo. Contemporaneamente e in modo del tutto inatteso il massiccio muro di cemento armato scivolò sulla sinistra rivelando una specie di sgabuzzino, un loculo piuttosto angusto illuminato e rivestito in acciaio. In realtà era stato il pannello a scorrere nella direzione opposta ma l'effetto ottico avrebbe ingannato chiunque.

Entrai su invito del conte, che mi seguì. Da ultimo prese posto Jaksche. Senza ulteriori comandi né pressioni su tasti o altro il pannello si richiuse e lo sgabuzzino si mosse verso il basso a velocità inattesa.

«È un ascensore!» esclamai.

«Molto perspicace...» sbeffeggiò inverosimilmente Jaksche.

Lo guardai sorpreso. O meglio: guardai le sue spalle perché non s'era mosso da quando era entrato nella capsula.

«Lei o non parla o prende in giro. Ha solo queste due alternative?»

Non rispose, come non fossi lì o non ci fosse lui.

Non c'era protezione e il muro portante in cemento armato scorreva pericolosamente davanti a noi. Avrei potuto dargli una spinta e si sarebbe fracassato qualcosa di importante fra naso collo e testa, e anche gambe. E braccia, se avesse tentato istintivamente di proteggersi. Non vedevo strumenti o leve per fermare la corsa in caso di incidente. Stavo contando i piani basandomi su una parvenza di luce al loro passaggio, quando vidi sul cemento una strisciata di sangue subito affiancata da un'altra e un'altra e un'altra e un'altra, a destra, sulla sinistra ma per di più in mezzo, in vari spessori di rosso, diversi anche per consistenza e data.

«Altri hanno avuto la mia stessa intuizione.»

Le macchie si allargavano di passo che il loculo scendeva, il che poteva solo indicare che le persone venivano tenute schiacciate sul cemento contro la loro volontà. Era come spremere la faccia di una persona sull'asfalto da un'auto in corsa.

Al pensiero ebbi un brivido e un urto di vomito, miei premurosi compagni di viaggio. Facilmente feci confusione, perché contai nove piani.

Il cemento lasciò il posto a un rettangolo di oscurità delle stesse dimensioni. Venni investito da un fiato freddo e un tanfo di umidità, terra fradicia, stagnante.

«Siamo ancora in Romania?» celiai.

«Sotterranei dell'Împăratul Romanilor» si degnò Jaksche uscendo e scomparendo nel buio.

«Lo so» risposi annoiato. «Molto sotto, a quanto pare.»

«Abbastanza» ammise il conte, che non s'era mosso.

Al *tak* di un interruttore l'ambiente si illuminò. Si fa per dire, poiché la luce poco chiara proveniva da una sola lampadina asfittica troppo lontana e appesa troppo in alto, al culmine di una volta scavata nella terra argillosa e morbida. Si avviarono, li seguii.

«Le opere d'arte non si rovinano con questa umidità?»

«Non sono all'umido» disse Jaksche. Evidentemente avevano deciso di rispondere a turno.

Ci avviammo lentamente.

147.

«Tutto ciò che vedrà lo devo a un rabbino.»
«Davvero?»
«Vuole sapere come andò?»
«Con piacere.»
«Mi trovavo alla stazione di Linz, dove arrivavano i treni dai vari manicomi della Germania carichi di pazienti per il castello di Hartheim. M'imbatto nel gruppo guidato da questo rabbino per caso, io non seguivo le deportazioni. Lui era a capo di una comunità.
"Salvate la mia gente" implora.
"Salvare gli ebrei? Siete un po' troppi."
"No, mi basta che salviate questa gente che è con me."
"E agli altri non ci pensa?"
Mi guardava fisso negli occhi senza paura.
"Noi abbiamo incontrato lei, gli altri non sono stati altrettanto fortunati. Le offro la mia vita. È tutto ciò che ho. E prima di uccidermi avrà tutto il tempo di torturarmi. Le prometto che non griderò. Oppure griderò fortissimo, come preferisce."
Doveva aver sentito parlare di me. Aveva fegato abbastanza per un battaglione, quell'ometto!
"Facciamo in questo modo" dissi. "Vedi quella corriera Mercedes grigia? Faceva servizio sulla linea Linz-Passau. È stata sequestrata e ora fa servizio per l'Aktion T4. Porta i malati di mente al castello dove saranno eliminati nelle docce a gas con lo Zyk-

lon B. Prendila." Mi guardava stordito. "Su quel patibolo viaggiante non vi fermano di certo. Per di più hanno pitturato i finestrini con la vernice blu perché lo spettacolo all'interno è troppo impressionante. L'autista, Franz Hödl, la lascia aperta per la disinfezione e per i controlli. La chiave è nel quadro."

Il rabbino si precipitò a stipare la sua gente nell'autobus. Pochi minuti dopo già ronzava il motore quando tornò da me.

"La ringrazio di avere accettato il mio sacrificio."

"Credi che loro farebbero altrettanto per te?"

"Loro non sono il mio rabbino: io lo sono per loro."

"Te la regalo, la santità alla quale tieni tanto. Non so che farmene della tua vita. Non cerco soldi, donne, oro. Sto giocando. Ebrei maghrebini italiani russi francesi zingari africani arabi eschimesi… Potete morire, vivere, soffrire, ridere: non mi fa la minima differenza. C'è chi dà gli ordini e chi li esegue. Io sono sopra gli uni e gli altri. Prima però dimmi una cosa: perché non siete andati via quando ve ne avevamo dato la possibilità? Non capisco."

Mi guardò, gli occhi scuri, la pelle grinzosa, i capelli bianchi radi sulla fronte e lunghi sulla nuca. Aveva senz'altro molte risposte ma cambiò discorso.

"Se sarete tanto fortunati da uscire vivi da questo delirio morirete poi in qualche posto ancora più lontano da casa vostra. Non ci trovo una differenza apprezzabile" lo incalzai.

Non staccavamo gli occhi l'uno dall'altro. Due cani che si osservano dopo una lotta.

"Un SS salva la vita alla mia gente" disse. "Non ci crederà nessuno. Lei parlava di santità, poco fa. Se c'è un santo tra noi oggi non sono certo io. Un santo che veste da demonio, un santo nero. Un'azione così grande è privilegio di un grande cuore. Eppure sento che lei, dentro, è maledetto."

"Gliel'ho detto: è un gioco."

"Non è umano gioire nello stesso modo a salvare una vita o a distruggerla." Mi consegnò la mappa. "È un luogo che nessuno avrebbe mai scoperto. Vi abbiamo nascosto tutto l'oro donato alla sinagoga nel corso di generazioni, prima di essere deportati. È un tesoro immenso ma non servirà a renderla felice. Mi addolora non poter fare di più perché, vede, lei oggi salva tutti noi senza chiedere nulla ma non c'è nulla che la possa salvare. Pregherò per lei finché avrò vita."

148.

«E... è stato difficile recuperare il tesoro?»
«Un gioco da ragazzi» disse Jaksche.

Un profondo silenzio ci pedinò per parecchi passi.
La lampadina triste era alle nostre spalle ormai, e a ogni metro le ombre si allungavano a dismisura.
«C'è un'altra lampadina, più avanti?»
«No» rispose Höhne.
La luce scura della lampadina aveva terminato il suo raggio d'azione e da qualche metro ormai eravamo immersi nella totale oscurità. Perché non portano una torcia elettrica quando fanno queste scampagnate?
La coppia di zombie procedeva sicura, io seguivo il pesante gargarismo dei loro passi. Affondavo nel paltame con tutta la suola, gocciolava in testa e le pareti erano bagnate. L'umidità era diventata solida.
In quel momento andai a sbattere contro il conte. Sul momento però non avrei saputo dire chi dei due fosse: avevano la medesima corporatura.
Uno scatto mi fece sussultare. Alla mia sinistra l'oscurità venne ferita da una lama di luce verticale, fortissima. Dapprima fu solo un filo, poi lentamente si distese fino a mostrare le forme precise di una porta grande e dagli spigoli nettissimi. Jaksche ne completò l'apertura. Le mura di quell'improvviso ipogeo erano rozze e imponenti come il castello di Braşov.

Höhne fece strada e mi trovai in un caveau delle dimensioni di un cinema d'essai. Sotto una parata di lenzuola si indovinavano forme rettangolari.

«Questo è il mio, diciamo, tesoro. Una parte, intendo.»

Con un largo gesto presentò la marea bianca come fossimo nel Sancta Sanctorum della Federal Reserve.

«Impressionante. Che cos'è, lino?»

Una smorfia soddisfatta si intagliò sulle sue labbra.

«Non solo...» rispose, e con effetto calcolato sollevò uno, due, tre, quattro teli in rapida successione scoprendo due bauli e una larga scaffalatura. Li aprì e ciò che vidi mi tolse il respiro. Quanto più mi ero assuefatto all'ostentazione volgare e pacchiana tanto più quello spettacolo mi stordiva.

Erano stracolmi di gioielli, manufatti raffinatissimi, candelabri, *menorah* d'oro a sette braccia, orologi da polso e poderosi cipolloni da taschino, portasigarette, stoviglie, posate. Una catasta di lingotti come mattoni pareva una seconda parete d'oro a protezione di quella in acciaio. Collane di perle a più giri, collane di diamanti, bracciali, diademi, solitari, orecchini e collari in coppia, gemelli, ordinati sui ripiani ma sovrapposti a causa della quantità. Una congerie di fedi nuziali in oro, platino e con brillanti, piccole cornici istoriate, cammei, portaprofumo di Fabergé, le sue preziose uova in varie grandezze. E ancora anelli magnificamente tempestati di rubini zaffiri opali, monete d'oro e d'argento di ogni epoca, pietre non incastonate.

«È... incredibile!» dissi stupidamente. «È... incredibile!» ripetei stupidamente.

Höhne prese una piccola teca. All'interno un anello in oro era guarnito da rubini che sorreggevano un abbagliante smeraldo delle dimensioni di una noce. L'anello infilato in un pollice tranciato da una mano. Una destra.

«Aveva mai visto un anello così attaccato al proprietario?»

Avrei vomitato se non l'avessi già fatto troppo spesso.

Il conte aprì la teca, prese il dito e me lo mostrò da vicino. Il pollice era perfettamente imbalsamato, l'unghia pulita e ben tagliata, la pelle quasi morbida. Giaceva su una benda intrisa di sangue rappreso come su un lettino di bambola.

«Glielo farei provare, ma come vede... è occupato.»

«Non sembra neanche vero» dissi banalmente.

«Lo chieda al donatore, che non può contare fino a dieci sulle dita senza togliersi le scarpe...»

La prima volta che il conte azzecca due battute avviene davanti a una parte di uomo morta.

Tolse gli altri teli e rimasi abbagliato.

149.

«Nel 1941 mi trovavo nei sotterranei della Kantonal Bank di Zurigo con il famoso Doktor Lohse. A lei questo nome non dirà niente ma a quei tempi era il capo delle più segrete operazioni dell'ERR, corpo specializzato in razzie di capolavori nell'Europa conquistata. Dovevamo trasferire una serie di capolavori da un furgone blindato a una cassetta di sicurezza delle dimensioni di un monolocale. E quando dico capolavori intendo *L'astronomo* di Vermeer, *La dama con l'ermellino* di Leonardo, *L'Adorazione dell'agnello* di Van Eyck, *Le Nozze di Cana* del Veronese, il *Giovane con medaglia* di Botticelli... e i più li dimentico. "Il Führer è la nostra guida militare e ideologica" diceva Lohse, "ma artisticamente non capisce niente. Per lui esiste solo l'arte classica." Così staccammo dal gruppo quella che il Reich definiva *Entartete Kunst*, arte degenerata, e ci dividemmo i Picasso, Van Gogh, Braque, Utrillo, Duchamp, Corot, Pissarro, Kokoschka, Kandinskij, Munch... Chagall. Pezzi di paradiso per un valore inestimabile. Non ha idea di quanti di questi sarebbero andati direttamente al macero... Sono quelli che sta guardando. In parte.»

«Cosa... posso dire.»

«Non servono.»

«Ma sono accatastati...»

«Non posso esporli tutti ma sono al sicuro. Temperatura, umidità e aerazione sono regolate elettronicamente. C'è giusto lo spazio per vederne bene uno per volta. Prendo questo...»

scelse il terzo di una pila appoggiata in verticale, «... che è? Picasso, *Arlecchino Triste*, periodo blu. E lo appoggio qui sopra gli altri... e me lo godo!»

Impareggiabile. Mi avvicino molto più che in un museo e vedo la pennellata, la stesura del colore, il segno di carboncino sottostante, le correzioni.
Ero intimorito.
«Oppure questo...» prese un Utrillo e lo sovrappose.
«*Periferia di Parigi*. Guardi che tenerezza, che animo puro... La strada povera ma animata fra le case popolari, i piccoli uomini indaffarati. Questa periferia è lui, la sua infanzia, la sua ingenuità che...»
Si interruppe. Mi voltai verso di lui e... stava piangendo! Gli s'era bloccata la voce per la commozione. Non potevo credere ai miei occhi.
«Quel Tintoretto! L'ho visto al museo di Amsterdam» articolai a fatica.
«Non l'originale» sorrise Höhne.
«Ma l'arte classica era riservata ai numeri uno del Reich.»
«Non andrà mica a dirglielo, spero.»
Lo guardai a bocca aperta. Sapevo di essere ridicolo, ma annegavo con gli occhi.
«Ma qualcuno saprà...»
«Tutti. E ora anche lei.»
Ero su un ottovolante e non riuscivo a non guardare in basso. Probabilmente sbiancai in volto. Immagino la mia espressione ebete quando con innocenza obiettai: «Questa non è roba sua».
«Eh sì, invece, eh sì!» ghignò malizioso e soddisfatto come se l'avessi sorpreso a letto con la badante.
«È tardi» intervenne Jaksche. Mi invitò a uscire e si mise alle mie spalle.

150.

Percorremmo il tragitto a ritroso verso il montacarichi.
«Siamo grandi ammiratori dell'arte classica» disse. «Però sono quasi impossibili da trattare e da tenere in casa. Rubare opere d'arte ai ladri di opere d'arte è quasi come *fare* un'opera d'arte!» sogghignò. «Lohse raccoglieva quadri per i Grandi Capi e faceva la cresta sulla merce. Ne erano al corrente pochissime persone, la cui fedeltà era ricompensata dalla riconoscenza dei Capi e da cospicui versamenti in denaro. Il silenzio è d'oro anche in tedesco! Hugo van der Goes, El Greco, David, Boldini, Tiziano, un Correggio... I simbolisti: Khnopff, Füssli.»
Perché si apriva così con me? Probabilmente non aveva detto tante cose in tutta la sua vita e adesso viceversa parlava come fossimo vecchie conoscenze. Quell'infimo sotterraneo melmoso era il confessionale dell'albergo. Ciò che veniva detto, visto e fatto usciva da lì. Oppure non usciva uno dei presenti...

«Da quando in qua mi dai del voi?» reagisco fingendomi offeso. «E poi io non sono un uomo.»
Lo sguardo di Enikö stende una pennellata verde-interrogativo che mi trancia il pomo d'Adamo. Si aspetta che risponda al volo come al solito, la sorpresa è già evidente.
«Cioè?»
È scocciata per aver dovuto ripetere una cosa tanto ovvia, come uno scolaro costretto a rifare un compito già fatto.

«Cosa, cioè?» cerco di spostare lo sguardo dai due girasoli di Van Gogh.

«Che vuoi dire che non sei un uomo!»

«Chi l'ha detto?»

«Umpf... Tu, ora.»

«Ah, sì! Cioè... sono un fascio di nervi tenuti insieme da una giusta quantità di pelle. Per il resto non esisto, agisco d'istinto non penso perché non ho la testa faccio le cose come mi vengono se mi trovo di fronte a un problema lo affronto senza pensare non studio una tattica, se sono in un casino mi accorgo che penso a una canzone. E se invece non faccio così e mi impegno a pensarci davvero combino solo casini. Non scelgo mai amici o gente da frequentare. Non so come dire... sono una radio con una sola frequenza per sé ma che ha anche tutte le altre per capire come pensano tutti gli altri. Fin da quando mi ricordo, fino dalla scuola, dall'asilo addirittura, vedevo due e capivo che si sarebbero scontrati e allora riferivo la cosa in modo che potessero mettersi d'accordo. Forse perché in quel periodo i miei litigavano spesso.»

«Non capisco tutto ma credo che capìto abbastanza.»

Sorride.

Sorrido di rimessa.

«Dipendo molto dall'ambiente, fuori non si vede ma dentro sì. Sono un camaleonte interno.»

«Cambi dipende da chi ti sta davanti?»

«No: mi adatto ma solo per far sentire bene la persona che ho davanti.»

La testa, completamente altrove, pensa a me che sono lì con lei a *L'Hyppopotame*, vicino all'Opera. Lei grande ascoltatrice, io di religione divagatore. Molto praticante.

«Quaoar è il decimo pianeta del sistema solare, ipotizzato da anni ma scoperto concretamente solo nel 2002. Si suppone costituito di ghiaccio e roccia come la maggior parte degli oggetti nella Cintura di Kuiper. È un ghiaccio fatto principalmente di acqua, metano, metanolo, diossido di carbonio e monossido di carbonio. Non è il massimo per andarci a fare un picnic ma... scusa, ti sto annoiando!»

«No, anzi!»
«Mi sembrava che ti annoiavo.»
«Pensavo quanto tempo non sentivo cose interessanti.»
«Avevi uno sguardo che non…»
«?»
«C'era dentro una luce bellissima.»
«Non cambiare discorso» dice seria.
«Tu non te ne accorgi, è normale, ma io faccio fatica a guardarti e parlare nello stesso tempo, sei una cosa incredibile e posso dirlo con la massima obiettività perché di donne me ne intendo, ne ho fatte impazzire centinaia di cui almeno la metà ancora ricoverate…»
«Morte nessuna?»
«L'altra metà.»
Le sfugge un sorriso.
«Comunque davvero… sai cosa c'era in quello sguardo?» Taccio un attimo per osservarla. «Non so se faccio bene a dirlo. È una cosa un po' forte ma se non parlo adesso potrei farlo in un momento sbagliato. Questa è filosofia da ristorante e di solito fa un sacco di danni.»
«Allora?»
Sgrana gli occhi impaziente.
«C'erano delle persone, delle cose. C'era il tuo mondo e c'ero io. C'eri tu che guardavi in giro e ti chiedevi cosa devi fare, con i pattini in mano. Hai paura delle decisioni che stai prendendo. Paura di sbagliare.»
«Hai visto tutte queste cose in uno sguardo?»
«Sì.»
«Davvero?»
Sorride e abbassa gli occhi.
«Ti posso dire anche cosa hai deciso.»
«No!» mi ferma le labbra con un dito ma di scatto lo ritira, stupita dal proprio gesto.
Vorrei che non lo togliesse più.

In quel momento non lo potevo sapere ma non saremmo mai stati più vicini di così.

151.

In studio su Raiuno.
«Rabelaisiano torrentizio barocco rozzo bacarozzo bizantino raffinatissimo» avevo risposto.
«Ma... come si scrive un libro?» aveva chiesto.
«Si scrive come si fa l'amore. Tu lo sai bene, un latin lover come te...»
Il pubblico ride e applaude. Le provocazioni al conduttore sono a colpo sicuro.
«Mannòòò, cheddìci...» si schernisce. «Siamo in fascia protetta!»
«Non si sfugge a ciò che si è. Tu sei bello, io no. A me mi tirano le pietre!»
«Ma anche ai belli tirano le pietre...»
«Vedi che lo sai di essere bello? Ma si vede che a te non ti prendono. A me mi beccano sempre qui sul naso...»
La gente ride trascinando la risata precedente. L'ilarità è panspermatica. L'effetto è cumulativo e segue la curva termica del geyser o del cilindro (inteso come motore): compressione scoppio e scarico. La battuta dev'essere capita, sennò non si ride. Oppure sì, ma solo per l'effetto slavina.
Il bello sta nel fermarsi nel breve lasso di tempo che intercorre dopo lo scoppio e prima dello scarico.
Cito spesso il mio naso – a vederlo si capisce subito il perché. Esso si presta a una grande varietà di esempi. Non l'ho mai vi-

sto in versione originale, è cambiato varie volte da quando mi conosco. Questo che ho dovrebbe essere il quarto. E senza mai ricorrere al chirurgo estetico. Una specie di record – non omologabile però, m'hanno detto.

Cucuzza riprende facendosi largo fra gli ultimi sprazzi di risata.

«Ma non hai risposto alla domanda: in che modo ama Francesco Salvi?»

«Rabelaisiano torrentizio barocco rozzo bacarozzo bizantino raffinatissimo...» Bella ma troppo sottile, non si conclude con una battuta sottile un programma del pomeriggio. La risata teneva ma volevo chiudere in bellezza prima della fase-scarico. Per fortuna mi precede la De Denaro. La battuta è più efficace se imprevista e improvvisata.

«Come si è quando si fa l'amore?»

«Be', le possibilità combinatorie sono tantissime, ognuno deve farlo a modo suo con chi vuole e anche con chi non vuole, anzi... Il massimo è che ognuno deve farlo a modo mio. Io sono per l'amore libero. Cioè io posso amare chi voglio ma tutti sono obbligati ad amare me.»

«Ma in pratica quando ami come sei?»

«Un po' più pettinato.»

Il conduttore ride. Applausi totali. Ovazioni, urla. Mi tengo compressione e scoppio ed esco lasciando a lui lo scarico. È il suo mestiere.

152.

«Che fine ha fatto Edoardo?»
«Chi parla?»
«Camilla.»
L'avevo riconosciuta ma cercavo di prendere tempo.
«Ciao bellissima, come stai? I bambini?»
«Scusa, non t'ho nemmeno salutato.»
«C'è questa storia incredibile...»
«Sì, ho saputo.»
«Te l'ha detto Ed?»
«No, Pietra. Sei preoccupato, c'è pericolo?»
«No, no... grazie, sta' tranquilla. Che tempo fa a Parigi?»
«Hai sentito Ed per caso?»
«No. Siete a Parigi?»
«Come *non l'hai sentito*, da quando?»
«Cioè... qui per me è un po' difficile, sai... a volte non mi lasciano neanche telefonare, dipende da come gli gira. Mi controllano anche se chiamo da una cabina da fuori. Avevo preso la tessera ma...»
«Dov'è?»
«Hai provato a Cinecittà?» Sbuffa. Ritento: «E Lipari?».
«Lipari.»
«Non l'ho visto bene ultimamente.»
«Io non l'ho visto del tutto.»
«È stressato per il film.»

«Edo si stressa per tutto.»
«Aveva bisogno di stare da solo per scrivere.»
«Quando gli chiedo io di andare a Lipari non ci vuole venire perché dice che Lipari lo stressa.»
«Calcola però che è un bel po' che non lo vedo. Dall'interruzione.»
«Non t'ha nemmeno chiamato con tutto quello che t'è successo?»
«Ha preso un avvocato di qua.»
«L'ha deciso Ed?»
«No, Pietra. Cosa non farebbe per risparmiare.»
«Edo t'ha lasciato lì nei casini?»
«Be' ma non è un problema...»
«Il problema è lui. Sta andando fuori di testa. Lipari, allora?»
«Starà scrivendo.»
«Con chi è lì?»
«Dove?»
«A Lipari.»
«Chi?»
«Sono sicura che non è solo.»
«Io non sono nemmeno sicuro che sia a Lipari.»
«È con Purissima.»
«Chi è?»
«È il periodo di Purissima.»
«Cosa dici?»
«Chiunque sia cosa vuoi che duri?»
«Sai una cosa?»
«Cosa.»
«Io posso fare Giulietta Masina o la moglie di Mastroianni: è lui che non è Fellini né Mastroianni.»
«Ha problemi col film.»
«Anche con quello di prima ha avuto problemi e hai visto come se li è fatti passare.»
«Sì ma...»
«Mio padre ha finito la pazienza. Per lui stravedeva ma adesso gli è passata la poesia come a me.»

«Vedrai che adesso risolve tutto.»
«Se abbandona in un Paese straniero un amico come te credo che non ci sia più niente da fare. Adesso vado, devo portare al cinema i ragazzi.»
«Ciao, non preoccuparti che si sistemerà tutto. Metterà a posto il film vecchio e verrà bene anche questo.»
«Sì ma è il resto che...»
«Ed è Ed. Il resto non conta.»
«Ciao Francesco, auguri. E grazie.»
«Divertiti e salutami le due bestie!»

Detesto mentire a una donna, soprattutto se non è la mia.

153.

Höhne pontificava nel suo ufficio.

«Caro amico, niente è morto a Norimberga. Abbiamo dovuto mettere qualcosa in vetrina, è chiaro...»

Fece una pausa. Potevo vedere gli avvenimenti scorrere davanti ai suoi occhi nonostante fossero ormai nascosti in un luogo molto lontano nella memoria o nello spazio.

«I militari, i comandanti dei campi, gli esecutori, diciamo (ma nemmeno tanti), li abbiamo dovuti mollare. La manovalanza, ecco. I piazzisti. Ma tutto quello che stava dietro, la mente, l'idea... nulla è stato distrutto. Le dirò di più...» A me era già più che sufficiente quello. «I Grandi Americani gridarono che avrebbero de-nazificato togliendo i colpevoli e l'ideologia ma non sono stati capaci nemmeno di identificare gli artefici che avevano sotto gli occhi. Quei criminali tanto dangerosi non riuscirono nemmeno a trovarli: il che è strano perché non s'erano neppure nascosti...»

Continuava a pontificare, entusiasta. Io avevo altro per la testa. Meglio, avevo *due* teste per la testa: la mia e quella di Enikö che si materializzava a sorpresa. Sentivo il suono della sua voce ma non capivo le parole. Pressato da queste cause esterne il mio cervello aveva subito una mutazione endogenetica ed era diventato un biscotto bicolore: di qua dolce, di là salato.

Il conte procedeva incurante nel suo amarcord di coautore del disastro al quale era scampato. Non soddisfatto di essere in vita voleva condividerne le parti più fetide con chi gli capitava a tiro. In quel caso io e Nyby.

«Tutta la struttura è intatta. La teoria razziale è quantomai viva. I suoi sostenitori e divulgatori vivono tranquilli e soprattutto, sono piacevole di dirlo, sono vecchissimi e stanno benissimo. Molti ancora insegnano. Se la sono cavata anche manovali specializzati: Priebke, Kappler, Beger… ma questi che dico ora contano molto di più.» Si mise comodo. «Il discorso che faccio ora è piuttosto lungo ma definitivo.»

«Non credo di essere molto interessato…»

«Dopo Norimberga è stato tutto una farsa. I vostri nuovi Alleati volevano le nostre armi e nient'altro. Nessuno voleva davvero bruciare le radici del Male – e il Male infatti sta tornando.»

«A volte ci si innamora di ciò che si odia.»

«Scherzando lei dice la verità.»

Erano le stesse parole di Nyby?

«Non sono mai serio come quando scherzo.»

«Vogliamo parlare di Kiss?»

«L'heavy-metal a quest'ora?»

«*Edmund* Kiss…» precisò.

«Starei qui ad ascoltarla per il resto della notte, caro conte» dissi alzandomi con decisione, «ma…»

«Mi sta prendendo in giro?»

«Non se ne accorgerebbe.»

«Dice?»

«Ma non lo farei mai» dissi, prendendolo in giro.

«Come è possibile essere metà arabo e contemporaneamente ariano puro? È incredibile che non vi siete accorto della follia di tutto il sistema!»

Höhne scattò in piedi.

«Nyby, rientri in sé! Immediatamente!»

Nyby si sgonfiò come un palloncino. Una fiera da paese: il

mago Salamini risveglia il malcapitato spettatore che l'aveva sfidato. E l'unico spettatore ero io.
Fu Höhne il primo a parlare.

«Gli Ufo li ha inventati hitler. I dischi volanti sono firmati *Von Braun e Associati*. La Terra ha una finestra di quattro settimane per poter fare viaggi interplanetari. Indossate i panni di salvatori del mondo ma siete la sua rovina. Da quindici anni fate disastri in Medio Oriente fra Afghanistan Uzbekistan Iran Iraq... Non volete la pace e non lasciate in pace nessuno!»

Nyby mi lanciò uno sguardo d'intesa. Il vecchio era partito.

«Vi trincerate dietro un Olocausto che ha inventato la vostra stampa ebraica che domina il mondo, voi compresi!»

Non avevo mai sentito una persona fare dal vivo affermazioni così vigliacche e deliranti. Lo stomaco mi si rivoltava ma le parole uscirono con una calma inattesa.

«Lei è pazzo o malato. Non la sto insultando, questi sono auguri. Spero che abbia una scusa, una specie di malaria che le fa dire queste bestialità.»

Mi alzai e andai verso l'uscita.

«Si ricordi che lei è qui grazie a me! Torni qui o la faccio tornare in galera!»

Me ne andai sbattendo la porta. Dall'interno giungevano i suoi ululati smorzati dalle mura massicce.

«Mi ha sentito? Torni subito indietro!»

Nella hall gli ululati erano affievoliti come i postumi di un mal di pancia. Prumboiu, l'addetto alla reception che non dorme mai, stava aggiornando il registro ma alzò la testa nel momento esatto in cui gli davo le spalle uscendo dall'albergo. Lo vedevo riflesso nella porta a vetri. Mi fissava. Mi voltai fissandolo a mia volta. Sostenne lo sguardo senza il minimo imbarazzo. Restai a guardarlo. Volevo vedere se abbassava gli occhi ma non mollava la presa. La sua espressione impenetrabile e ottusa comunicava solo cieca obbedienza all'uomo che avevo appena insultato.

Mi sentivo maleducato a fissarlo in quel modo ma lui sosteneva lo sguardo con faccia da antrace. Fino a prova contraria ero un cliente pagante e per nessuna ragione un dipendente dell'albergo avrebbe dovuto comportarsi in quel modo, neppure se avesse voluto mandarmi un avviso, esprimermi solidarietà o disprezzo, farmi capire che aveva sentito tutto e che avevo commesso un errore a mettermi contro il vecchio.

Quello non era un essere umano e non guardava un altro essere umano. Era un cane addestrato che prendeva le misure della preda.

Ogni Impero ha un obitorio nell'armadio.

154.

Sono prigioniero all'aperto. Posso girare per Sibiu in lungo e in largo a qualsiasi ora perché qualsiasi ora sia c'è chi mi controlla.

Del film non è più venuto nessuno. Magari pensano che, non vedendo nessuno, sia andato a godermi una vacanza in Transilvania. Io stesso avevo detto più volte che volevo andare a Bran. Tutto coincideva. Gli incastri erano a posto. E se per caso qualcuno sapeva non s'è fatto vivo, bello tranquillo a casa sua.

Forse tutto questo era riservato a Tremamondo e io ho preso il suo posto per caso.

Credo alle coincidenze ma non sono praticante. Mi danno una sensazione di disagio, come qualcosa che sta molto vicino a me ma non riesco ad afferrare.

Cercare un nome nella memoria è come cercare una persona in un bosco, dice Wittgenstein. Sarei mai uscito da quel bosco insieme al *me stesso* che vi era entrato?

«... e politicamente da che parte sta, il nostro amico attore?» ironizzò Höhne.

«L'universo si arricchisce ogni giorno di una nuova dimensione e noi sempre qui a scegliere fra bianco e nero!»

«Bisogna per forza stare da una parte» incoraggiò il conte. «A chi importa dove sta la ragione? Importa solo capire dove si guadagna di più.»

«È banale e anche un po' triste.»

«È la cosa meno faticosa. Perché affaticarsi a capire chi fra voi due ha ragione?»

«Noi due chi?» chiesi.

Non m'ero accorto che c'era anche Nyby.

«Gli americani» rispose Höhne. «Sono loro, il male.»

«Anche voi» replicai.

«Non più.»

«Tutto va a cicli.»

«Non facciamo gli stessi errori due volte.»

«Ce n'è sempre di nuovi da inventare...»

«Si sbaglia. Non abbiamo più niente.»

«Il male viene meglio da ricchi.»

«Certo che se non fate il film per voi è un bel casino...» s'inserì Nyby, fuori luogo come sempre. Gli riusciva così bene fare il finto tonto che a volte ingannava anche se stesso.

I suoni mi giungevano ovattati e le persone senza spessore come le figurine di un album.

Indefinibile Nyby! Entrava e usciva dalle storie con la stessa agilità con la quale annodava e slegava magicamente il suo *cat's cradle*.

Non capivo. Percepivo segnali ma non scattava la molla che me li faceva tradurre in qualcosa di concreto. Come a scuola con le poesie da imparare a memoria. All'inizio mi sembrava impossibile ricordare una per una quelle parole distillate con tanta cura con le rime le assonanze e i ritmi che si rincorrevano da una strofa all'altra e mi sentivo un naufrago che per non affondare si aggrappa ai tronchi galleggianti di una barca che non c'è più. Ho avvertito quella sensazione in tanti di quei pomeriggi trascorsi nella mia camera a sentire il tempo scorrere indifferente sulle braccia, indolente, fatalista, onnisciente, disincantato come un alcolizzato al primo bicchiere quando ancora non è ubriaco ma già si immagina rincasare piegato in due e vomitare un'altra volta sulle scale. Non sarà questo *galopin* a fargli cambiare il giro alla serata e neppure il prossimo e nemmeno i successivi ma ci sarà un momento esatto quando, portando alle labbra l'ennesimo bicchierino, penserà "è questa la pietra che cede, lo scalino mancante che mi manderà rotolando fino in fondo alle scale".

Poi sentivo uno scatto e ogni cosa andava magicamente a posto. Quell'architettura di parole si stampava chiara nella mia mente, ogni passaggio diventava naturale e non l'avrei più dimenticata. A quel punto stentavo a credere che in un momento di crisi avevo pensato di fingere una febbre per non andare a scuola e invece adesso non vedevo l'ora di essere là pronto ad arrampicarmi su quella cordata di parole fino al paradiso. Partivo dalla vetta della torre antica, passero solitario, alla campagna cantando *vai finché non muore il giorno ed erra l'armonia per questa valle*. Avrei potuto recitarla d'infilata ancora stanotte, qui, perso nella Transilvania tra un pazzo e un criminale senza sapere chi sia l'uno e chi l'altro.

Ecco, in mezzo a quella confusione di ruoli e personaggi speravo tanto di avvertire lo scatto che mi avrebbe illuminato. Sentivo vicino lo scollinamento, con le nubi che si diradano e aprono sotto i piedi una vallata verde e serena con tutte le sue belle casette al loro posto, ma non ci arrivavo mai. L'avevo già provata quell'angoscia e mi domandavo "Adesso come faccio?". Come nella parabola zen dell'uomo appeso a un ramo sporgente da un dirupo con una tigre sopra e una tigre sotto ma senza la piantina di fragole.

«Non mi pare messo bene, caro amico» salmodiò Höhne con la voce nasale e melodiosa di Demis Roussos negli Aphrodite's Child che ricorda caftani ortodossi, cuoi, sandali, piedi, cera d'api e miele, icone cristiano-ortodosse.

155.

Tremamondo era sgozzato dal dolore. Piangeva da far paura. Me lo vedevo davanti come un quadro di Goya, una maschera di cuoio rinsecchito bagnata dal proprio sudore e dalle lacrime che non riusciva a frenare. Era lontano nel luogo e nel tempo ma lo vedevo benissimo in carne e paura nel telefono della mia stanza.

Non l'avrei mai più sentito fuori di sé come quella sera. Potrei ancora oggi toccare la sua faccia strafottente, l'ammiccare appena accennato e la perenne aria da presa in giro, il sorriso aperto, gli occhi chiari che gli avresti affidato i tuoi risparmi sapendo che li avrebbe spesi tutti. I lineamenti delicati da bambino bello delle scuole medie, la vita che si portava dietro, la vita che lo amava e che lui amava buttar via ogni giorno. Un ologramma, era. Vicino e fastidioso perché impalpabile ma concreto fino a farti dubitare dei tuoi sensi. Mandava in *loop* il cervello il suo continuo farsi vedere e nascondersi, volerlo aiutare e non poterlo raggiungere.

Lui che aveva messo in scena sempre e soltanto se stesso era sgomento per il dolore di un'altra persona. Era rimasto così poco di lui, abituato a stroncare sul nascere ogni ipotesi di sofferenza per non doverla affrontare.

Stava per pagare il suo debito in lacrime tutto in una volta.

Telefonava da una clinica svizzera dove era stato ricoverato per una cura rigenerante d'avanguardia. Quegli stessi padiglioni erano diventati famosi ospitando persone illustri come Hermann Göring, Pio XII, Gianni Agnelli, Soraya eccetera. Ma erano soprattutto gli eccetera come Tremamondo dotati di minore notorietà ma sufficiente dignità finanziaria a mantenere solide le basi di quelle cattedrali della sanità mentale universale.

Anche sua madre era stata, anni prima, a farsi rimboccare il cervello in collane di sotterranei più costosi delle perle. Anche nel suo caso si trattava di un trauma emozionale ma non ne era più uscita cosciente.

Tremamondo si trascinò a lungo nel suo sfogo altalenante, deformato dalla lentezza della lingua bombardata dai sedativi. Una lenta parabola verso l'incoscienza, un distacco dal mondo a dosi microscopiche calcolate, da esperti dispensatori di oblio. Il senso si impastava alle parole sconnesse fino a perdersi in un minestrone con la pasta a forma di letterine che un tempo davano per cena e i bambini facevano a gara a chi mangiava la parola più lunga (non valevoli sigle e targhe automobilistiche straniere). Era un brodo sonoro di lamenti rovesciati uno sull'altro come un coro di ubriachi, un disperato accumulo di accuse incomprensibili e sonnolente.

Purissima ovvero *la bella figa di passaggio* – come disse una sera Tremamondo – era morta. Un tuffo sbagliato l'avrebbe trattenuta per sempre alle Maldive.

Come cento altre volte si era tuffata di spalle dal pontile di legno che circondava il villaggio sospeso sull'acqua sfiorando con la testa una formazione di scogli troppo verticali per essere pericolosi. Stavolta però non li aveva evitati alla maniera dei pescatori che sgusciano sicuri tra conchiglie spezzate e rocce affilate come lame sommerse.

Mille altre volte aveva fatto quel salto, ma le mille altre volte non avevano previsto quest'ultimo tuffo. Sarebbe stato meglio sbagliare anche un solo salto, farsi un po' male ma poco, quel tanto che basta per intaccare appena la sicurezza eccessiva.

Sul legno del mancorrente e del bordo del pontile ogni tuffatore incide le tacche personali a indicare la perfetta posizione di ogni singolo dito del piede. Ciascuno utilizza il proprio sistema di segni colori e linguaggi. Porta sfortuna usare quelli di un altro.

Purissima non credeva alle superstizioni e utilizzava le tacche del rosso più vivo. Erano di Mughi ma parevano fatte su misura per lei. S'era tuffata un milione di volte da quel punto. Credo che le avesse scelte perché le piaceva il colore più che per utilità. Era atletica e sguizzante, a lei non gliene fregava niente dei segni, si correggeva in volo. Un colpo di reni ed entrava in acqua come un delfino senza uno spruzzo di troppo. Era nata per nuotare, fare tuffi, stare in acqua tutto il giorno. Bisognava tirarla fuori a forza per andare a cena.

«S'è buttata di spalle» barbugliava mischiando fatti e pensieri. «Ha sbattuto la nuca sul pontile. Ha continuato il volo e ha urtato con la fronte il primo scoglio, quello a pelo sull'acqua, e poi è andata giù verso gli scogli più profondi e nascosti senza cambiare traiettoria perché a quel punto aveva già perso i sensi. Le ossa della testa si sono aperte di netto per i sassi messi di taglio e la faccia sé incastrata in quella tagliola di pietra bloccando il collo che aveva fatto da leva spezzando le vertebre. Che cosa sarebbe rimasto di lei se fosse rimasta viva? Ma a quel punto era già morta. Era immobile sul fondale. La vedevo limpidissima. Potevo toccarla senza muovermi dal ponte. I capelli lunghi e biondi erano rosso vivo come le tacche sul legno. Il sangue usciva dalle spalle a fiotti e veniva su. È incredibile con che forza pompava fuori dal corpo a intervalli regolari. Dal naso dalla testa, il sangue sembrava sputato dal basso verso la superficie dell'acqua dove si apriva in morbidi fiori rossi, larghe rose e anemoni che sbocciavano e si schiudevano per ammirare la bellezza di Purissima che aveva scelto il mare come tomba. Aveva detto: "Quando muoio voglio essere sepolta nell'acqua, vicino a questi scogli". Io avevo dovuto dirle di sì altrimenti non la smetteva di piantare il muso come i bambini. Capisci che voglio dire? Quando fanno i... capricci. Devo tornare là per controllare che abbiano fatto come voleva lei.»

Queste furono le parole di Tremamondo. I pesci esotici dai mille colori schizzati lontano con velocità innaturale al momento del tuffo erano tornati ad annoiarsi, le cernie per prime, si dice siano le meno timorose del contatto con l'essere umano. Purissima aveva il top bianco che indossava al party quando si erano conosciuti, e un tanga giallo-limone. A contatto con l'acqua il tessuto diventava trasparente e lei era sempre più attraente e maliziosamente deliziosa.

«Perché indossava lo stesso top? Era il suo modo per dirmi addio? S'è tuffata male apposta?»

«No, cosa dici!»

«Dico che i turisti e i responsabili del villaggio credevano che fossi impazzito. Parlavo con te, ricordi? L'altro giorno... Ma da te era sera, lascio cadere il telefono e mi butto in acqua per soccorrerla, rischiando di finire contro gli stessi scogli. Un macello, lì sotto c'era un macello, era tutto rosso. Con un'operazione che non finiva mai ho disincagliato il corpo di Purissima e l'ho portata in superficie. La sostenevo fuori dall'acqua mulinando le gambe con la forza della disperazione, urlando che stava bene, che era solo svenuta. Subito dopo di me si sono tuffati tutti i pescatori presenti, anche Mughi il suo compagno di tuffi, e l'hanno caricata tutti insieme su un catamarano che ha subito raggiunto la spiaggia vicina. Io non so più niente perché dopo sono svenuto. Mànno detto che stavo andando a fondo lentamente ma uno dei presenti mà afferrato per i capelli. Mi sono ripreso dopo mezz'ora. Vomitavo sangue e acqua insanguinata e perdevo sangue dal naso. Non so come ho potuto fare tutte quelle cose da solo: stare sott'acqua per un tempo lunghissimo, liberare Purissima, reggerla fuori dall'acqua scalciando come un giocatore di pallanuoto, urlare come un ossesso e dare ordini a destra e a sinistra.»

Era la folle tensione di quel momento da incubo a sorreggerlo. Me lo vedevo emergere con lei in braccio, due mostri marini scolpiti nel sangue. Getti rosso-scuri con la pressione di un idrante lo investivano dal collo e dalla testa della ragazza. Alla giugulare recisa di netto si aggiungeva lo squarcio in fronte e quello sulla nuca. Una ragnatela di capillari facevano da contorno.

«E Purissima non c'è più. Non c'è più» prese a ripetere con voce chioccia.

Una voce asettica interruppe il flusso monocorde che s'era legato ormai ai miei pensieri e mi riportò alla realtà con uno schiaffo inatteso. In un inglese con forte accento elvetico informava che non avrei più dovuto parlare col mio amico, si sarebbero fatti sentire loro.
«Quando?»
«Thank you.»
Era tutto.

Purissima aveva rifiutato decine di commedie-soft e sexy-horror e ora invece il peggiore dei film splatter di serie B la vedeva protagonista.

Era bella per la propria vita, Purissima, non per recitarne una.

156.

La mattina seguente trovo una lettera infilata sotto la porta della mia camera.

«Mio buon amico Frank. Voglio che tu sappia un paio di cose finché sono in grado di tenere la penna in mano. Scrivo in inglese per non fare errori.
Mio padre fu tradito da una soffiata. Le soffiate vengono sempre dagli amici. Restò prigioniero per sette anni. Per sette anni fu seviziato dal suo torturatore, che aveva ottenuto mio padre come regalo per i servigi resi ai superiori del Reich! Aveva sfogato su di lui la propria anormalità annotando in un diario il procedere della sua devastazione travestita da esperimento scientifico. Ufficialmente il torturatore fu ucciso dagli alleati russi ma io ho le prove definitive che non è vero. È stato messo in salvo e il suo nome cancellato, l'identità derubricata e protetta da sottoboschi politici e Servizi deviati. Ho trovato il boia ma temo che sia troppo tardi per me. Sta ora ai miei avvocati procedere secondo le mie indicazioni.
Il boia ha usato mio padre come una bambola di carne per i suoi giochi. Da allora egli ha continuato a uccidere e non si fermerà fino alla morte.»

157.

«Voi non dovevate essere qui, caro amico, né come attore né come spettatore» disse Höhne a inizio cena. I suoi mielosi *caro amico* erano peggio di un ceffone. «Nel mio disegno lei non era previsto. L'epoca dei buoni sentimenti è finita. Colpa di nessuno ma è così.»

Il tetto trasparente in vetro e ferro dell'albergo era aperto e il cielo notturno non era mai stato luminoso come quella sera. Nel salone dell'Împăratul Romanilor una tavola rotonda reale era stata imbandita solo per noi. Il ripiano in marmo nero opaco esibiva abbondanti intarsi con variazioni su tema di svastiche di ogni forma e colore. Le sedie imponenti erano imbottite in seta e così pure i tovaglioli particolarmente ampi. Il nero del vasellame esaltava il contrasto con i bordi a filo d'oro, un simbolo runico diverso per ogni impugnatura era impresso sulle posate in oro massiccio.
«Farò la stessa fine di Nyby?»
«Perché?»
«Non crederà che mi sia bevuto la sua partenza!»
«Non esiste due fine uguale, caro amico.»
Il vino rosso, di ottima annata, era già scaraffato in decanter di cristallo; il bianco e il moscato in appositi contenitori che li mantenevano alle temperature desiderate. Le pareti della sala erano rosso-cardinale e nere con i tendaggi a contrasto o blu-

notte che alternavano bordi e mantovane in oro, rosso o arancio carico. Un vetusto pianoforte Bösendorfer gran coda pesantemente adornato dominava l'intero ambiente da un rialzo lungo la parete più larga.

«Rappresenta il destino» disse Höhne. «Lui suona e tutti noi balliamo.»

L'impatto era soffocante ma decisamente fascinoso.

L'aria era piuttosto fresca per un agosto inoltrato. La notte di San Lorenzo era già alle spalle ma lenti sciami di stelle alteravano l'arredamento in una scenografia teatrale con tagli di luce su mensole e spigoli dei buffet già pronti per la prima colazione dei clienti.

Io pensavo a un modo per uscire di lì.

Ci sono mondi in cui la gravità funziona al contrario, dove se hai un buco nel calzino è sufficiente rivoltare il calzino perché il buco scompaia. Per quanto aliene possano sembrare queste dimensioni, con il tempo ci si adatta a tutto. In quell'albergo, in quella città, in quei posti c'è una specie di vortice che fa andare le cose diversamente dal resto del mondo. Qui però adattarsi è impossibile.

«Come lei saprà, le cose le quali pensiamo, facciamo e anche come siamo fatti, dipendono da come eravamo da bambini.»

Annuii.

«Lei com'era da bambino?»

«Se ci penso mi vedo più maturo di adesso.»

«Che delizia» disse il conte.

«Ci sono bambini raffinati e complessi ma che non hanno corazza esterna per difendersi. Un'auto da corsa in coda fonde la testata. Le utilitarie invece tirano il fiato.»

Mi fissava beato, la forchetta a mezz'aria brandiva un pezzo di salmone al vapore. Senza attendere indicazioni il Maître versò del Tocai.

«Hanno lo *Zeitgeist*» continuai, «il senso del tempo. Percepiscono in pieno l'ambiente in cui vivono, ciò che sta per accadere. Ma soprattutto avvertono la presenza del Male. L'hanno incontrato di persona e ora lo sentono anche attraverso i muri. Sentono prima degli altri le nuvole minacciose, la cui forma cambia secondo i capricci del vento. A volte mandano segnali come i topi, ma nessuno li ascolta. Ma questo è un altro discorso.»

Forse non avevo lo sguardo del topo ma di certo Höhne aveva quello del gatto.

Sento ancora quegli occhi frugarmi dentro la testa. Ci sono momenti in cui ho l'impressione di non essermi mai mosso da quell'albergo con la sua sacca biliosa di cantine, doppi muri, intercapedini di veleno, adrenalina e paura.

Non parlo volentieri di quel posto e delle cose accadute in quel periodo – ancora non ne sono venuto fuori del tutto. Non sopporterei lo sguardo indagatore di chi mette in dubbio la verità a favore della trovata a effetto.

Le immagini improvvise, i lampi di memoria abbagliano come un flash che ci congela in un gesto, ma quel vecchio maligno e il suo sguardo non li dimentico più. Aveva tessuto la sua tela come un giocatore di poker e incideva sulla mia pelle complimenti non richiesti e apparentemente gratis.

«Cioè possono prevedere il futuro?» chiese il conte.

«No. Solo il dolore.»

158.

«Nyby è partito» disse Höhne al cambio del vino.
«Quando?»
«Richiamato dalla CIA.»
Chiedo *quando* e mi risponde *perché*.
«Ah.»
«Già.»
Mi osservava in silenzio con un bel paio di occhi da matto. Giocava ai soldatini. Stavolta non andava a casaccio sparando sentenze estemporanee che poi si ingegnava a sostenere. Aveva un piano.
Non c'è niente di più pericoloso di un matto con un piano.
Piegò la testa di lato inarcando le sopracciglia. È l'espressione interrogativa delle galline, resa famosa da Cary Grant.
«Perché ha raccontato questa balla?»
«Era qui per spiare me, lo sapeva?»
«No.»
«Lo sapeva.»
«Non lo sapevo.»
«Sì, lo sapeva.»
«No, non lo sapevo.»
«Sì.»
«No.»
«Sì.»
«No.»

«Sì.»
Lo guardai scocciato.
«No.»
Prese la rincorsa.
«Lo sapeva.»
Cedetti.
«E va bene, lo sapevo. Ma diceva un sacco di cose: che era fisico atomico, architetto, medico, agente CIA, ricercatore di opere d'arte rubate...»
«E lei?»
«Io?»
«Sì.»
«Io cosa?»
«Gli ha creduto?»
«All'inizio sì. Di solito credo a quello che mi dice la gente, soprattutto se non c'è motivo per mentire. Poi no. Adesso non lo so.»
«Non lo sa?»
«E non m'interessa nemmeno.»
«Davvero non vuole sapere chi è Nyby?»
«La cosa la sorprende?»
«Direi di sì.»
«Questo invece sorprende me.»
«Non capisco la sua sorpresa.»
«Non capiamo uno la sorpresa dell'altro.»
«Ecco perché parliamo volentieri.»
«Voglio solo andare a casa. Mi faccia andare a casa.»
«Come posso?»
«Come mi fatto stare qui mi mandi a casa.»
«Chi le ha detto che sono stato io?»
«Tutti.»
«Chi?»
«Nyby.»
«Nyby non è tutti.»
«Anche il capitano.»
«Quale capitano?» mi interruppe. Lo guardai come se mi stesse facendo perdere il treno.

«Cârâc?» chiese.
Annuii.
«Cârâc è diventato capitano!»
Si esibì in una risata convulsa riprendendola più volte quando stava esaurendosi. Lo guardai come se mi avesse fatto perdere anche il treno dopo.
«Mi è sfuggito qualcosa di eclatante?»
«Qualche giorno fa *intelligente* e ora addirittura *capitano*!»
Ri-rise.
«Mi sembrano più importanti altre cose!» dissi.
«Per esempio?»
«Tremamondo, il regista, è stato ricoverato in clinica.»
«Che ha?»
«Esaurimento.»
«Mi spiace. Fanno la cura del sonno?»
«Gli hanno dato il propanolo.»
«Propanolo, sì. Amnesia selettiva. Lo usavano negli Istituti Göring per i pazienti psichicamente disturbati. Fa dimenticare solo i ricordi brutti, quelli che creano tensione. L'ho utilizzato anch'io. Quali sono i ricordi che vorrebbe dimenticare?»
Per un attimo pensai a Enikö ma non volevo separarmi da quel piacevole dolore.
«Nessuno.»
«Neppure il tempo passato qui?»
Mi percorse un brivido. Mi accorsi di essere a Sibiu da un'eternità.
«Mi faccia andare a casa.»
«Davvero?»
«Sì.»
«Veramente vuole andare a casa?»
«Diavolo d'un uomo, non le si può nascondere nulla!»
Non sorrise, voleva continuare a giocare. Mi soppesò come un cesto di verdura. Cinque secondi, il tempo medio di una casalinga al mercato, dopodiché la decisione è presa.
«Questa volta Nyby stava per uccidermi.»
«La CIA non scherza, l'ha detto lei.»

Ero io stavolta a sorridere.

«Ho detto che conosco l'organigramma della CIA, non che Nyby ne fa parte. Se così fosse mi avrebbe già consegnato alle autorità: sono una persona anziana e ho diritto a rispetto. No, è che...»

S'inceppò.

«Sì?»

«Voleva che gli raccontassi la morte di suo padre per la milionesima volta. Non sarei sopravvissuto.» Esemplificò l'effetto-Nyby con una smorfia. «Era ansioso, ottuso, ripetitivo e noioso. Macché CIA ... si faceva fregare come un bambino! Ai tempi dell'OSS, cinquant'anni fa, erano meno sofisticati ma più svegli. Non gli lava neanche le calzette a suo padre!»

Rise, forse al pensiero di Nyby che lavava le calzette al padre.

«Però...»

«Non si sa neanche se è *davvero* figlio del capitano Nyby» mi interruppe infastidito. «Gli ha mai chiesto i documenti? Ha mai confrontato le due facce? Se mi trova una somiglianza le regalo l'albergo.»

«E allora l'ha ucciso.»

«Non uccido per così poco.»

«Per meno sì, invece» provocai.

Mi guardò con intenzione.

«Uccidere in tempo di pace bisogna avere tempo. Si può fare con calma. Deve essere *molto* rilassante.»

«Non è una grande impresa in casa sua, armato, contro un uomo disperato per conoscere la verità sul proprio padre...»

Alzò l'indice allo stesso modo di un maestro elementare.

«Errore. Era *lui* quello armato, non io. Io odio le armi. Ne ho viste abbastanza per tutta la mia vita. Ne ho sempre fatto uso *extrema cum ratione*.»

«E come l'ha ucciso?»

«Non l'ho ucciso.»

La faccia era una camicia spiegazzata in una valigia in partenza. Uno straccio logoro immerso nel veleno.

«L'ho fatto a pezzi.»

«Con cosa?»
«Con il Calvados.»
«Ah, ah!»
«Abbiamo brindato.»
«Buona battuta per una commedia dell'orrore. Peccato che non ci sia il teatro. E nemmeno il pubblico.»
«Ne è sicuro?» chiese sicuro.
Mi guardai intorno e fu come alleggerirmi di un peso. Certo... come avevo potuto non pensarci prima?
«Mi ha ripreso fino dal primo giorno» dissi, e non servivano conferme. «È facile mettere microcamere dappertutto: si trovano a due soldi, ormai. E di notte il suo assistente fa il montaggio.»
«Benno Jaksche?»
Strano il modo in cui il sorriso, che dovrebbe distinguere l'uomo dalle altre creature, lo rendeva simile a un animale astuto e senza coraggio. Un avvoltoio, predatore di nemici già morti.
«Beveva solo Wild Turkey. Gli americani sono così prevedibili...»
Respirò profondamente e s'accinse a spiegare, ma i suoi occhi sussurravano che avrei pagato cara ogni parola.
«Al momento di versare il suo whisky cambiò bicchiere. Il veleno non stava nel liquore ma nel bicchiere rimasto sul tavolino. Cianuro, veleno inodoro e, se spalmato, invisibile. Poteva pure non ingerire, basta il contatto con labbra.»
«Però è saltato il piano e ha dovuto improvvisare. Ma i tedeschi non sono fatti per improvvisare.»
Emise un grugnito, ma piccolo. Mi aspettavo di più.
«Non volevo che morisse...»
«Gli dà il cianuro e non vuole che muoia?!»
«Non *subito*. Non è *divertente*» evidenziò sadicamente le parole in corsivo. «Gli ho dato veleno concentrazione non letale. Misi dalla sua parte il bicchiere col cianuro ma lui ha scelto l'altro. La gente vede troppi film di spionaggi!»
«Allora ha capito in tempo!»

Mi guardava senza rispondere.

«Perciò non è morto» dissi ancora.

Si beava della mia sorpresa, contento.

C'era un trucco ma non lo capivo. Al garrulo sorriso opponevo la mia faccia annoiata dalla sua voglia di giocare.

«Allora?» pungolò.

Il mio disorientamento lo rendeva felice come un putto.

«Abbiamo stabilito che Nyby non ha bevuto dal bicchiere che volevo io» riprese. «Quindi...»

«Non mi piacciono i quiz.»

«Un piccolo sforzo!»

Avevo un'ipotesi improponibile e non volevo dargli soddisfazione, nemmeno a posteriori.

«Tempo fa era più divertente, signor Salvi.»

«Lei non lo è mai stato.»

«La sua idea non funziona e non mi vuole dare soddisfazione.»

«Nemmeno a posteriori!»

Se stava leggendo il mio pensiero come un giornale cercavo almeno di non fargli avere l'ultima edizione.

Si soffermò a guardarmi negli occhi concentratissimo, ma mi limitai a pensare che si era soffermato a guardarmi negli occhi concentratissimo.

Finalmente allentò il contatto visivo.

«Glielo dico lo stesso» concesse. «I bicchieri erano tutti e due avvelenati.»

«Impossibile» mi sfuggì.

«Interessante, vero?» disse con aria di superiorità. «Nel corso degli anni mi sono mitridatizzato.»

«L'unica persona nella Storia che si è mitridatizzato è Mitridate in persona.»

Mi guardò come fossi trasparente.

«Sto decidendo se privarmi per sempre della sua insulsa conversazione.»

«Ha lasciato da parte ogni cortesia verso gli ospiti, vedo.»

L'unica via di salvezza era interessarlo ad altro, qualunque cosa stesse pensando.

«Restai catatonico per qualche minuto, come riempito internamente da una colata di gesso» proseguì svogliatamente.
Come me adesso, verificai.
«È una sensazione davvero sgradevole» continuò. «Si prova freddo dentro e caldo fuori. Ci sono abituato dai tempi della scuola. Fu lì che cominciai a ingoiare dosi di veleno.»
«Sempre meglio della mensa.»
«L'istruttore faceva la dose. Ogni giorno aumentava. Ma nessuno era obbligati.»
Avvertii una fitta allo stomaco.
«Morti?»
«Qualcuno.»
«Proteste?»
«Difficile quando uno è morti...»
«Quanti eravate?»
«Poco. No facile. Ci vuole coraggio. Poi il corso durava lungo. Anni.»

Forse in leggero ritardo sulla tabella aveva cominciato a parlare a scatti, dimenticando la grammatica. La dislessia è un disturbo psicologico, ha a che fare con percezione e apprendimento e si manifesta da bambini. Non si prende da grandi come l'influenza e non è a strappi come nel caso del conte. All'inizio sospettavo che fosse finta e l'avevo anche sottolineato, ma quella sera capii: lui non fingeva, ma non si trattava nemmeno di dislessia.

«Gli ebrei hanno sofferto molto.»
«Sarebbero morti comunque» allargò le braccia. «Selezione naturale.»
Mi strofinò addosso un paio d'occhi stanchi, impreziositi da una ragnatela di venuzze rosse. Erano freddi e troppo piccoli per le orbite che li ospitavano, le tempie incavate verso l'interno. Le labbra formavano un taglio secco e orizzontale, gli angoli della bocca curvati in basso da una perenne espressione di disgusto per tutte le vite che s'era lasciato alle spalle. Compresa la sua.

Ebbi un attacco di risa.
«Ride?»
«È una reazione nervosa.»
«Non mi sembra che c'è niente di ridere.»
Quel *di* al posto del *da* aggiunse ilarità irresistibile al già incontenibile urto di risa.
«Proprio questi momenti sono i più difficili da controllare. I funerali, per esempio.»
«Trova che siano divertenti?» si stupì.
«No, certo, ma è appunto la proibizione assoluta che...» Non so come riuscii a domarmi. «A lei non è mai successo?»
«Non sono mai andato a un funerale.»
«Non è mai mancato nessuno che conosceva?»
«*Tutti* quelli che conoscevo sono morti.»
«Serata allegra...»
«Molti sono morti *dopo* che li ho conosciuti.»
«I due avvenimenti sono collegati, immagino.»
«Lei è sempre spiritoso. Ma non oggi è.»
«Anche in presenza di veleno la sua grammatica vacilla.»
«Ho dato a Nyby la stessa concentrazione che ha bevuto lei...»

In un istante diventai un blocco di ghiaccio. La sua vendetta. La covava dall'inizio della conversazione. Sentivo gli occhi raschiare contro le palpebre chiuse come un topo su una saracinesca arrugginita. Mi sentii perso al largo di un oceano in cui nessuno mi avrebbe potuto sentire, ma di nuovo l'inedita calma di quei giorni prese il sopravvento imponendomi un autocontrollo che non conoscevo. Ero dentro quel casino, dentro di me c'era quel liquido schifoso, fuori di me non c'era niente che mi potesse aiutare. Era una misera consolazione ma ebbe il potere di calmarmi.

C'era qualcosa di irreale nel fatto che fossi a quella tavola con quella persona che diceva cose di quel tipo. Solo quell'atarassia inspiegabile ma benedetta che era stata instillata dentro di me mi permetteva di vedere le cose come riguardassero un'altra persona. Una cena da ospedale psichiatrico che casualmente aveva luogo in un lussuoso albergo montano.

«Molti sono stati uccisi da altri» ricominciò.
«Si può mica fare tutto da soli.»
Mi guardò un po' meno interessato.
«Non fu piacevole ma mi ripresi abbastanza subito. Il mio amico no.»
«Begli amici aveva il suo amico.»
Roteò gli occhi cercando le parole, poi si espresse con decisione.
«Aveva l'odio negli occhi e il marmo nelle vene.»
«Lei ascolta troppo Wagner.»
«Duellanti prostrati e distratti, incapaci di muovere un dito ma con la perfetta padronanza dei sensi fino al crollo finale. Rantolava, bava alla bocca, verdaccia. E anch'io. Facevamo abbastanza schifo, immagino. Poi mi ero ripreso completamente. È successa la stessa cosa ora con Nyby: era vivo ma come pietra. Un blocco di vita bloccata in un blocco di cemento. Una statua, brutta. Come va? Fa malissimo a muoversi, vero *caro amico*?»
In realtà stavo benissimo. Avevo completamente dimenticato l'avvelenamento.
«Non sento alcun dolore.»
«Che sapore ha la paura? Mi dica.»
«Mentuccia.»
«Mi fa pena.»
«Anche lei non scherza.»
Sobbalzò. Esistono torturatori impressionabili?
«Chi è lei?» sibilò.
Si stava avvicinando troppo.
«Curvo così sembra ancora più vecchio. Quanti cazzo di anni ha?» Non ripetei le scuse.
«Che dire...»
Sgrammaticava di nuovo.
«La sua età.»

«Voglio dire perché chiede.»

«Dev'essere vecchissimo. È sicuro di essere ancora vivo? Chi l'avvisa se muore? Chiccazzo si prende la briga di sapere se uno come lei è vivo o morto?»

«Why?»

«In inglese, adesso!»

Si stava accartocciando. Doveva aver sbagliato pusher.

«Negli anni Trenta, non ricordo di preciso quando, il nonno di Bush decorò hitler come uomo dell'anno.»

«Ha qualche notizia più fresca?»

«Lo sapeva?»

«No, ma adesso mi sento meglio.»

«La Storia è uno spasso, vero?»

Vidi chiaramente una lacrima farsi strada a fatica negli occhi venosi. Mi si gelò il cuore. All'improvviso il conte aveva un'espressione di terribile scoramento. Sembrava aggrapparsi a me disperatamente.

D'istinto lo scossi.

«Cosa c'è, cosa vuole dirmi!»

Con un cambio repentino tornò a essere il vecchio con gli occhietti arrossati e cattivi da rettile, di nuovo lucido e con un sorrisino sarcastico. Personalità multipla, schizofrenia? Con quante persone avevo a che fare?

Gli sputai negli occhi ma scoprii di avere le mascelle serrate. Lo sputo mi restò gran parte in bocca e il resto mi colò giù per il mento. Il miserevole tentativo fu un segnale per Höhne.

Nel giro di pochi secondi mi si erano bloccate anche le labbra, tirate violentemente indietro e di lato con elastici di cacciù, immagino. L'aria sui denti asciugava le gengive senza protezione, che presto si seccarono formando le prime piaghe.

Il pazzo si accomodò accanto a me. Per un istante avevo visto nei suoi occhi un'altra persona, il prigioniero di una folle paura che chiedeva aiuto. Era stata solo un'apparizione ma mi aveva sconvolto. Ora appariva estremamente sereno e cominciò a parlare.

«Per farla stare tranquillo, le racconterò una storia. Titolo: *La Verità sul Padre di Nyby e il suo Torturatore.* Capitolo primo. E unico. Il giorno in cui Nyby senior fu liberato si trovava in compagnia del suo torturatore preferito, Hans Höhne detto *il Conte*, in un laboratorio sotterraneo a un livello più basso di certi sotterranei in un certo edificio di Berlino. Ciò avveniva esattamente sessanta anni fa.»

159.

Berlino 1945. Sotterranei umidi e freddi come da regolamento. Hans Höhne sta facendo il suo lavoro.
Il suo lavoro è torturare.
Torturare a volte uccide.
Ma uccidere non sempre coincide con la morte.

"La bottega", come la chiamava, era il suo regno e la sua alcova, la stazione da dove partiva il treno per le vette del piacere.

Il prigioniero era giunto agli ultimi spiccioli di vita. Il tempo scarseggiava ma il torturatore si vantava di non aver mai lasciato un lavoro a metà. Mancavano solo due cose per incidere la parola fine sulla pelle dell'uomo affidato alle sue cure: il filmato e il colpo di grazia. Da giorni ormai per la vittima niente faceva più differenza. L'ufficiale americano era ubriaco di droghe, imbottito come un piumino d'oca con cocktail di narcotici più efficaci del moderno Pentothal e meno rintracciabili. Anche in questo i nazisti erano anni luce più avanti dei loro nemici. Il torturatore conosceva ritrovati migliori ma il suo beverone personale era più divertente. Aveva ottenuto le informazioni richieste dal Comando ma non era tenuto a restituire il corpo del soldato, poteva farne ciò che gradiva.

Quel soldato era la ricompensa per un compito ben eseguito. L'avrebbe tenuto con sé per giocarci. Gli era stato chiesto che cosa desiderasse come premio per quel lavoro e lui aveva risposto. Se l'era meritato impegnandosi nella sua opera con astuzia e freddezza, terrorizzando o confortando secondo il momento, annullando la percezione della realtà, infliggendo dolore e sofferenza alla sua vittima senza mai attraversare la sottilissima linea oltre la quale le minacce perdono effetto e il dolore consistenza.

Oltre quel limite invisibile la coscienza stacca un *ticket to ride* per un viaggio dal quale non farà più ritorno. Eh no, ci vuole calma. Controllare l'orgasmo, sospendere la goduria, dilazionare il piacere e tutte le altre cose che ha appartengono al retrogusto individuale e specifico di ogni grande torturatore.

E ora aveva un giocattolo nuovo in carne e ossa che poteva addormentare e risvegliare a piacimento, liberare o uccidere nei modi che riteneva più opportuni.

Sarebbe limitativo però pensare che Höhne facesse qualcosa per il semplice piacere personale.

Höhne era il più grande. Non era un primato di cui vantarsi se non in circoli molto ristretti, ma a lui non importava. Quella superiorità gli era riconosciuta dai diretti superiori, i diretti inferiori, le vittime sbucciate lentamente i cui resti affidava agli spazzini.

La Patria si serve anche facendo la guardia al tronco di un uomo del quale è stato gettato tutto il resto.

Anche con l'ufficiale americano aveva fatto un lavoro di alto livello. Era giunto a sbrecciare l'ultimo strato di materia cerebrale oltre la quale sarebbe rimasta solo vita vegetativa. Quanto di rami e foglie, quanto di tronco e di radici si può affettare prima di non poter più chiamare albero ciò che hai fra le mani? Fino a quale limite si possono asportare strati di cervello prima che la vita su cui stai operando non possa più essere definita tale? Il dottor Josef sarebbe stato entusiasta di conoscere i dettagli.

Aveva fatto bene i compiti. Tutta la sua vita era stata indirizzata da lui e da altri a questo unico scopo: fare bene i compiti. Davanti a qualunque tribunale umano o sovrumano le sue azioni sarebbero state giudicate e allora sarebbe stata scartata ogni

altra considerazione per approdare all'unico vero quesito cui siamo chiamati a rispondere: hai fatto bene i compiti?
In tutta coscienza Höhne avrebbe potuto rispondere sì.

Ci sono uomini che guidano i passi dell'umanità verso condizioni materiali e spirituali migliori per tutti. Ce ne sono altri che devono sottomettersi ai primi per portare a compimento i loro sublimi disegni. Soltanto il secondo fra questi due gruppi è davvero indispensabile perché da esso nasceranno i Capi, ma dalla stirpe dei Capi non verrà mai un esecutore.
Höhne aveva messo a fuoco l'obiettivo della cinepresa su quel poco di riconoscibile che restava del capitano Nyby. Era la ripresa ravvicinata del momento supremo, come da richiesta dei livelli superiori. Amavano vedere e rivedere il momento esatto in cui la vita se ne andava, l'istante preciso in cui l'anima abbandonava il corpo di un uomo.

Avrebbero studiato la pellicola per migliorare la tecnica esecranda della tortura. Il sapere è un'arma. Non tra le più letali, perché per ogni vittima richiede un soldato speciale che a sua volta richiede costoso addestramento e costante dedizione. Però la differenza fra sapere o non sapere può significare vittoria o disfatta dell'intero conflitto mondiale. Questa è la responsabilità affidata alle sensibili e delicate mani del torturatore. Non si tratta del lurido macellaio rozzo come nessuno può essere. A parte qualche giudice di tribunale.

Fu in quel momento che il meccanismo s'inceppò. L'orrore idilliaco deragliò e fu abortito. E in quel preciso istante i fili del Tempo si intrecciarono in una catena che nessuno avrebbe mai più districato.

Ciò che era sempre accaduto, quella volta non avvenne. La routine era rotta. Quei deficienti di guardia erano stati sorpresi dalle truppe russe oppure già da tempo erano scappati, bastardi vigliacchi, lasciandolo nelle mani degli sciacalli bolscevichi.

I russi da tempo erano padroni della città. I Grandi Capi si erano già suicidati nel bunker con hitler, Goebbels e la moglie si fecero sparare da un attendente dopo che lei aveva avvelenato i sei figli. I pazienti costruttori di quel disastro, che avevano convinto l'intera Germania a seguirli nel baratro, con grande coraggio avevano sempre rifiutato la resa, ma nel momento supremo erano scomparsi evitando di sottoporsi al giudizio dello stesso mondo che per un attimo avevano avuto in mano.

Nel cubicolo sotterraneo colpi impressionanti per violenza e precisione s'abbattevano sulla porta blindata del laboratorio di Hans. "Se sono arrivati fino qui" pensò, "è tutto finito".

"Abbiamo combattuto per anni un giorno dopo l'altro, trascinati da un pensiero solo, grande come il nostro intero popolo. Senza un solo briciolo di egoismo, senza mai pensare a noi stessi o alle nostre case. Com'è possibile che ci abbiano sconfitto!"

In un secondo tutta la vita passò in rassegna se stessa, proiettata sul muro sozzo tappezzato di attrezzi e sull'oscena apparecchiatura da lui messa a punto. Rapidamente e con pochi gesti sicuri Höhne aprì lo chassis ronzante della Paillard 16 millimetri. La pellicola ancora non sviluppata si accasciò sul pavimento lercio e si cancellò all'istante a contatto con la luce. La documentazione più importante era già stata spedita in Sudamerica, dove sarebbe servita ad altri per proseguire la lotta e la ricerca.

L'Élite-SS Hans Höhne si guardò attorno, reattivo ma non concitato, lucido, razionale. Il cervello elaborava i dati a velocità adrenalinica. Non pensava a se stesso, la propria vita era immolata ai suoi ideali come la vita che stava abbandonando il corpo 5346 appartenuto a Jospeh Michael Nyby era stata immolata agli Stati Uniti d'America. Höhne aveva una sorta di tortuoso legame verso quell'ufficiale che aveva rivelato ciò che sapeva solo dopo essere stato ridotto all'incoscienza, privato di ogni controllo sul proprio cervello oltre che di occhi orecchi naso braccia gambe intestino in una progressione diabolica che non aveva concesso al corpo la grazia di morire.

I russi stavano abbattendo la porta rinforzata con il legno robusto proveniente dalle segrete dei castelli locali. A quel punto la morte sarebbe stata letale per lui più che per l'americano.

I pazienti affidati alle sue cure parlano sempre perché il torturatore usa un metodo psicanalitico, un approccio quasi magico per entrare in contatto con la parte più intima e segreta della vittima. La percentuale di successo con i prigionieri è del 95%. Parlano e poi li uccide. L'OSS che ha fra le mani è un osso duro, fa parte del 5%, non parlerà. Quell'uomo è il padre di Nyby e non sa neppure di essere ancora vivo. I russi sono alla porta, stanno facendo saltare l'ultimo catenaccio. Il torturatore slega il capitano Nyby, che non si regge in piedi. Lo fa adagiare a terra con le spalle su una parete lorda di sangue. La camicia è unta e strappata, il sudore la appiccica alla pelle. Pare si attacchi al muro come un adesivo. Lo fissa negli occhi. L'OSS è una larva, non oppone resistenza, sono i lacci che gli mantengono il busto eretto.

Solleva il *kriss*. Lancia uno sguardo infuocato al portellone che sta per cedere.

Lo scempio che si presentò allo sfondamento della porta corazzata costrinse anche i più animaleschi e incivili soldati ceceni a dare di stomaco.

Due corpi coperti di sangue e orrendamente segnati da profondi tagli e ferite si strappavano la vita di dosso come cani. Quello in piedi, alto e con poca carne appesa all'ossatura possente, brandiva un *kriss* arabo e colpiva con estrema crudeltà e precisione il soldato legato alla sedia di tortura. Questi era seminudo, rosse di sangue anche le mutande militari, e i moncherini che gli erano rimasti al posto delle braccia tentavano ridicolmente di fermare il coltello ricurvo che continuava a colpire. Ogni colpo apriva uno squarcio profondo e faceva scaturire schizzi di sangue dal petto, i bicipiti, le spalle, le cosce, il collo pericolosamente vicino alla giugulare.

I due zombie si accartocciarono cadendo uno sull'altro, avvinghiati in un abbraccio che impediva di distinguere chi colpiva e chi si difendeva. Ciò che restava di quei corpi senza più forze si rotolava sul fondo, intingendo le ferite nei liquami del pavimento di terra battuta. Due dèmoni rossi neri marrone scuro. Spiccavano bianchissimi gli occhi e i denti che, in condizioni normali, non sarebbero apparsi così chiari.

I russi erano inebetiti dalla brutalità e per un momento interminabile si videro prepotentemente soffocata ogni reazione.

Era una lotta zombie-contro-zombie: non si capiva se la vittoria fosse uccidere l'altro o essere il primo a morire.

160.

«Sessanta anni fa» continuò il conte, «il gruppo Bolero e il gruppo di Baun vennero fusi in un'unica organizzazione capeggiata da Gehlen. Conosce?»

Non conoscevo.

«Lo scopo era di condurre l'operazione Rusty sotto la supervisione alleata del colonnello Russell Philip, del tenente colonnello John Deane e del capitano Eric Waldman. L'organizzazione di Baun passava le informazioni al gruppo di Gehlen, che procedeva all'analisi. Nell'ottobre 1946 la rete poteva contare su seicento agenti nella zona sovietica in Germania, in Austria, in Polonia e in altri paesi per riallacciare i contatti dell'FHO con gli anticomunisti emigrati in Germania e con i membri dell'armata di Vlasov. Conosce?»

Non conoscevo.

«Il generale sovietico tradì e combatté con un'armata di russi anti-comunisti a fianco dei nazisti, anche in territorio italiano. Una crescita tanto veloce pagava però i suoi rovesci. Gli agenti venivano reclutati in base a selezioni non sempre accurate e spesso solo perché anti-comunisti. Molti si presentavano perché pagavano bene ed erano riforniti di sigarette, sapone, caffè, zucchero, benzina e altra merce preziosa. Questo spiega l'immediata adesione dello schifoso Nap che sfruttava la propria posizione al mercato nero, come molti altri, del resto. L'incapace Nap venne arrestato ai primi controlli. Come ex ufficiale nazista. Rischiava la deportazione. Per salvarsi rivelò tutto ciò che sapeva, sputtanando l'intera l'organizzazione. Da schifoso doppiogiochista qual era, aveva tradito due volte. Nap, il pessimo Nap. Era Nap il vero nemico del capitano Nyby, uomo che ho sempre considerato degno della più totale ammirazione.»

«Tratta sempre così le persone che ammira?»

«Lei non ha mai creduto a Nyby e ora crede a ogni cosa che dico io.»

«A Nyby voglio bene ma...»

«*Voleva* bene.»

Quella precisazione inutile era un giro di vite che avrei evitato volentieri.

«... ma sono tenuto a credere a tutto quello che dice.»

«... *va*.»

«Cosa?»

«Diceva, non dice.»

«Non è divertente insistere su un gioco che non è divertente già la prima volta.»

«In fondo Nyby diceva tante cose ma sempre su un solo argomento: me.»

«E aveva ragione su qualcosa?»

«Certo.»

«Per esempio?»

«L'ufficiale delle ss Hans Höhne.»

Tacque.

«Sì?» sollecitai.

«Non è morto.»

Sorrisi (ma cosa avevo da sorridere?).

«Devo convocare una conferenza stampa?»

«La ragione per cui non è morto forse è più interessante.»

«Spari» lo sfidai, strafottente. «Sono pronto a tutto.»

«Il capitano Nyby sono io.»

Ero pronto a tutto ma non a quello.

161.

Fu una mitragliata sui denti. Accusai il colpo e credo di non essere riuscito a controllare l'abbassamento della mandibola.

«Da qualche mese ormai avevo messo i miei stivali e pantaloni addosso al capitano Nyby. Non c'era un ufficiale che non prevedeva la disfatta. Dopo aver sfondato la porta del mio laboratorio i russi ci avevano confusi uno per l'altro, come previsto. Dopo le prime cure fui inviato nell'ospedale militare negli Stati Uniti. Quando la moglie di Nyby mi vide la prima volta avevo il volto bendato e il resto del corpo coperto da medicazioni, e comunque ero sotto le lenzuola. Nonostante questo, capì immediatamente che non ero suo marito ma non disse niente. Sapeva che lui agiva sotto copertura e quando ci lasciarono soli si avvicinò per farmi una domanda. Forse pensava a un possibile scambio di prigionieri.»

Fece una pausa.

«Fu durante quell'abbraccio che la uccisi. Le impedii di staccarsi da me e bloccai il suo battito cardiaco. Un sistema sicuro, non lascia tracce, la morte è molto simile all'infarto. Peccato. Donna coraggiosa. E molto bella.»

L'efferatezza di quei fatti mi ipnotizzava. Ero indignato e spaventato. Avrei voluto dire qualcosa ma non ero in grado di controbattere niente di razionale. Riuscivo soltanto a respirare.

«Mi affidano a una infermiera giovane e carina. Sally. Quando mi dicono di Beth e di mio figlio recito il dolore inconsolabile. Le false lacrime vengono spontanee, in certi frangenti. Giorno dopo giorno Sally mi è molto vicina, so che posso fidarmi. Decido di rischiare. Le passo un messaggio in codice per Gehlen, capo dello spionaggio tedesco ora passato agli americani. Gehlen viene in ospedale e mi propone di lavorare per lui. Accetto e concordiamo un piano per farmi uscire il giorno successivo. Qualche giorno dopo avviene l'imprevedibile: mentre dormo viene a farmi visita il figlio di Nyby, che scappa sconvolto. È Sally che mi informa. Le dico di cercarlo e di convincerlo a tornare. Non è difficile intuire che Nyby jr le dirà tutto. Il giorno dopo sorprendo Sally mentre telefona all'archivio dell'ospedale chiedendo dettagli sulla cartella medica del capitano Nyby. A queste cose non possono rispondere per telefono ma in un'ora le mandano una copia. Un'ora è il tempo che ho per salvarmi la vita. Invito Sally sulla veranda, noi due soli. È nervosa. Abbozzo. Le dico che mi piace, ed era la verità. Ci scambiamo un bacio.

"Non dirò niente a nessuno" promette.
"So che potrei fidarmi ma…"
"Sarò tua complice."
"Non è possibile, Sally."
"Ti amo e non so neppure il tuo nome."
"Ti amo anch'io" le dissi. È una cosa che non ho mai detto a nessuno, ma già le stringevo il collo come avevo fatto con la moglie di Nyby.

Rientro nella stanza. Sono già pronti i due infermieri inviati da Gehlen con la cartella medica, dichiarano la mia morte e mi portano via per un'immediata autopsia.

Sally a tarda notte viene trovata morta per crisi cardiaca. È la seconda persona sana vittima di infarto, e anche in ospedale sanno fare due più due. Ma Gehlen riesce a coprire ogni cosa.

Il giorno dopo Nyby viene seppellito nel cimitero degli eroi con cerimonia privata.

Collega, compagno di giochi, nemico, vittima... ormai non ha importanza, ovunque tu stia andando. Finalmente puoi riposare, capitano Nyby. Il tuo corpo non è qui ma che importanza ha? Qui c'è il tuo spirito e il tuo vero nome. Sei morto da eroe salutato con tutti gli onori, come ti avevo promesso.»

Nel ricordo si porta la mano al cuore.

«I vari generali e colleghi di Nyby fanno un breve discorso. Da lontano vedo un ragazzo che cerca di non farsi notare. È il ritratto del capitano Nyby. Ha gli occhi lucidi e trattiene a stento le lacrime. È suo figlio. Lo guardo e penso: "Grazie a tuo padre ho conosciuto Sally e per colpa tua l'ho dovuta uccidere. Sei invitato fin d'ora a casa mia. Non ti sarà difficile trovarmi".»

162.

La percezione del tempo fu la prima a saltare. Era trascorso un giorno? Tre? Un mese, un'ora, il tempo non s'era mai mosso? Non avrei saputo dire.
Poi cominciai a non distinguere il caldo, il freddo, la fame. Provavo dolore alla semplice presenza di Höhne pure se non mi faceva niente, e quando mi attaccava a qualche scarica elettrica o mi iniettava qualcosa non sentivo niente, e comunque spesso le mie reazioni erano molto ritardate.
Diventò molto faticoso elaborare una strategia e tenere l'atteggiamento corrispondente.
Pensare richiedeva una capacità di concentrazione sempre maggiore. Mi costava fatica fisica mettere insieme dapprima pensieri compiuti poi semplici concetti. Infine si verificò un calo inarrestabile e mi vidi sfuggire il controllo della lingua. Dimenticavo pezzi di frasi, non trovavo più i verbi, le parole. Non sentivo il suono del mio pensiero nella testa. Alla fine, che mi sforzassi oppure no, riuscivo a connettere solo il vuoto. Sapevo dove mi trovavo ma non capivo se la persona che stava legata a quella sedia ero io.

Höhne poteva essere stato via un anno o non essersi mai mosso. Non avrei saputo dirlo.
Semplicemente ero di marmo, immobile come una statua, insensibile a tutto tranne agli spilli che mi rimbalzavano frenetici

nelle gambe con una scossa elettrica a ogni tensione del corpo. Non avevo più vene ma elastici che scattavano pugnalandomi la spina dorsale fino alla nuca dove mi pareva di avere della brace sotto i capelli. Se è già difficile restare perfettamente immobili in condizioni normali, con la paura diventa impossibile. La disidratazione mi faceva addormentare, la sete mi svegliava di soprassalto. Respiravo a fatica a causa delle crepe che sentivo sulla lingua, che s'era gonfiata e mi costringeva a tenere la bocca socchiusa.

«Non dirmi che ti sei addormentato...»

Non glielo dissi. Forse non si era mai mosso da lì. Più probabile che fossi stato io ad andarmene.

Mi porse un catino di rame pieno di bozzi, tondo e unto come l'elmo di don Chisciotte, colmo d'acqua tiepida. Galleggiavano dei capelli.

«È... acqua?»

«No.» M'irrigidii. Staccai le labbra dal bordo quanto me lo concedeva l'istinto di bere. «Distinguo solo dei capelli ma le assicuro che non sono miei.»

Accostò la ciotola alle mie labbra, spalancai la bocca e ne bevvi il più possibile con gli occhi sbarrati per l'ingordigia e la fretta temendo fosse uno scherzo, ma non lo era. Mi parve di vedere con la coda dell'occhio uno scarafaggio agitare per un attimo le zampette nere. Pensai a Gregor Samsa, a Kafka, ma era già tutto svanito mentre ingurgitavo gotti quasi affogandomi.

«Ah, che invenzione l'acqua!» disse con soddisfazione, quasi fosse lui l'assetato. «Non importa da dove viene, chi ci si sia lavato le mani. Non c'è niente di meglio dell'acqua per uno che ha davvero sete...»

Feci un poderoso rutto e sparai un proiettile dalla bocca spalancata. Lo scarafaggio colpì con violenza il muro e rimbalzò sul liscio ripiano del tavolaccio metallico per finire la sua corsa sul pavimento.

«Cazzo» commentai. Innegabilmente una bella performance.

Höhne mi guardò con tenerezza. Controllò la ciotola vuota. «Te ne sei rovesciata addosso più di metà. Ne vuoi ancora?»

Lo fissai. Aveva lo sguardo da buono. Incredulo, annuii. Forse era rientrato in sé. O meglio ancora, forse ne era uscito.

Höhne prese il catino vuoto, me lo accostò alla bocca delicatamente fingendo di controllare la mescita dell'acqua senza rovesciarla.

Vi appoggiai le labbra e finsi di berne il più possibile.

Nemmeno questo era uno scherzo, ma avrei preferito che lo fosse.

Mi sfidava con le regole del suo pazzesco rituale, dalle quali non poteva derogare. Compresi che non l'avrei mai smosso dagli obiettivi che si era prefissato ma non riuscivo a dare un altro indirizzo ai miei pensieri. Da un pezzo non capivo ciò che dicevo né ero in grado di programmare gli argomenti ai quali avrei fatto ricorso da lì a un secondo. Non stavo più utilizzando il cervello: pensavo con i muscoli, con le ossa, con quella parte della corteccia cerebrale che utilizzavano i nostri antenati quando si confrontavano con gli animali e a fatica si distinguevano da loro. Dopo milioni di anni l'animale è ancora dentro di noi, a chi più a chi meno.

Era saltata ogni forma di logica. Replicavo come un muro che rimanda una pallina di gomma, seguendo un rapporto di forze, un ritmo, la musica, non le parole. Stimolo-reazione, domanda-risposta. Due più due? Tre, se può servire ad allungare il gioco.

«Non ha niente da dirmi?»

«Non vedo l'ora.»

«Non parla più dell'Iran?»

«Cosa vuole sapere?»

«Che si dice?»

«Niente.»

«?»

«Nessuno parla perché la polizia segreta è dappertutto.»

«Conosce la politica maghrebina durante il Terzo Reich? Se un'auto investe una donna il danno è la metà di quello per un uomo.»

Questa osservazione lo colpì.

«È una follia. La donna è importante almeno quanto l'uomo. Chi popola il nostro Reich? Mio zio?» Devo ammettere che a volte era divertente. «Chi l'ha detto?»

«Shirin Ebadi, Premio Nobel per la pace 2003.»

«Bella frase.»

«È un Premio Nobel...»

Non so come, ma capii di averlo còlto in contropiede. Durante uno scambio lui s'era scoperto e quello spazio minimo era stato sufficiente per un affondo nella sua guardia. L'ironia e le continue battute lo avevano spiazzato cogliendo nel segno. Il sadismo è un gioco liberatorio per chi lo comanda e nel caso di Höhne la routine s'era inceppata. Le regole del piacere non gli permettevano di procedere come al solito. Finché avessi retto il colpo non si sarebbe potuto concedere di liberarsi di me.

Mi sentivo scomparso, volatilizzato. Ero sparso in tre persone che lavoravano distanti tra loro a un progetto comune: salvare la pelle alla quarta che le comprendeva.

Il nastro adesivo da pacchi era stretto con maestria fino a impedirmi quasi di respirare, senza però soffocarmi. Riuscivo a malapena a pensare, legato nudo a una sedia tanto arrugginita che non ci avrei appoggiato i piedi per allacciarmi le scarpe da calcio. Potevo muovere solo la testa e vedevo il mio corpo legato a salsiccia che tracimava un sudore sporco e denso dalle poche porzioni di pelle rimaste scoperte. Ero l'omino Michelin dopo un'indigestione di lubrificante per motori. Strano, perché erano tre giorni che non mangiavo e mi sentivo svenire.

163.

«Al giorno d'oggi lo chiamano lavaggio del cervello, ma... per me resta una forma di igiene mentale» concluse Höhne senza scomporsi. «Un'opera meritoria e costosa offerta a esseri alienati e asociali che non erano neppure in grado di apprezzarla. Nessun altro Stato ha fatto la stessa cosa per i suoi cittadini.»

«Ah, neanch'io.»

«Ad alcuni lo facevano perché se lo meritavano, ad altri perché ne avevano bisogno.»

«Strana distinzione di merito.»

«Lei finge di non capire.»

«Qual è la differenza fra necessità o premio?»

«Io le sto facendo un favore. Queste cose...» Si fermò ad ascoltare un rumore che io non percepivo. Corrugò la fronte, socchiuse gli occhi per concentrarsi e le rughe sulle tempie erano trincee in miniatura. Rimase immobile per qualche secondo poi di scatto riprese a parlare. «... e lei farebbe bene nel suo diretto interesse, molto bene, ad ascoltarmi con attenzione; i tempi sono ormai maturi per...»

Lasciò la frase incompiuta e con gli occhi indicò la porta dell'ufficio.

Il suo silenzio non ammetteva repliche, come del resto era stato per l'intera durata della frammentaria esposizione. Ero indeciso su cosa fare e cercavo di prendere tempo. Mi indicò nuovamente l'uscita, spazientito.

«Il tempo a sua disposizione è terminato» disse.
Un minuto prima non avrei chiesto di meglio, ma l'improvviso cambio di Höhne mi convinse a restare.
Scelte sbagliate ne ho fatte tante che ormai non le conto più.

Dal momento che non obbedivo agli ordini il conte si accomodò sulla poltrona e riprese.
«Il lavaggio del cervello come si fa oggi è un bastardo. La nostra tecnica univa violenza e manipolazione psicologica. Noi seguivamo la scienza perseguendo il bene di tutti. L'Istituto Psichiatrico Göring forniva le basi accademiche alle nostre pratiche. Per manipolare i prigionieri occidentali viziati dalle comodità è sufficiente il controllo delle evacuazioni. Abbiamo eliminato il secchio usato nelle celle russe ma non in quelle cinesi dove la gente è più povera. Vorrei dire... davvero povera. Nelle prigioni cinesi è consentito andare di corpo solo una o due volte al giorno, appena dopo la colazione. Un guardiano controlla il prigioniero perché la latrina è aperta. Ha due minuti di tempo ma la fretta e la vergogna di essere osservato specie per le donne è un ostacolo insuperabile. Trascorsi i due minuti vengono riportati in cella con la forza.

«È il rito che detta i tempi, il meccanismo. Il *willkommen* – cioè l'iniziazione – il protocollo di accettazione, i test di obbedienza, la promiscuità. Celle multiple fin dall'inizio: otto in una cella che ne tiene la metà. C'è una panca per dormire ma tutti preferiscono dormire per terra e alla fine il pavimento è un tappeto di corpi. Contatto fisico forzato e continuo. Qualsiasi cosa diventa meglio che stare lì, capisce? Molti cedono e si arruolano e alla fine la pensano come i carcerieri e diventano i migliori a convincere gli altri. Tuttavia...»
Si bloccò per l'ennesima volta, concentratissimo. Scosse la testa come per scacciare un pensiero sgradevole e insistente. Intuivo ci fosse qualcosa che non dovevo sapere e che un minimo di prudenza mi suggeriva di non chiedere.
Non saprei dire che senso avesse la prudenza nel contesto di quel delirio. Anch'io avvertivo un disagio di cui avrei voluto

comprendere il motivo, ma lui era mosso da una voglia di esibizione troppo a lungo repressa e io dalla necessità di sapere.

Sono sempre stato curioso, ma prima di allora lo ero molto di più.

Tentennava avvitandosi progressivamente all'interno del proprio rovello. Ancora pochi secondi e l'avrei perso. Ruppi gli indugi e lo spronai.
«Tuttavia?»
Fu come svegliare un sonnambulo sul tetto. Si riprese, dominò a stento uno scatto e riprese a parlare. Volevo che parlasse per poterlo insultare e istupidirlo con il suo stesso fanatismo.
«Tuttavia questo tipo di lavaggio del cervello non ha effetti definitivi» riprese Höhne.

"Eccoti preso all'amo" pensai. Sapevo che non avrebbe resistito – per lui era un dolore non reclamizzare le proprie qualità. Avrebbe parlato anche senza la mia pressione e avrebbe seguitato fino a esaurirsi e restare senza peso, un sacco di castagne appoggiato al caminetto ma senza più castagne dentro.
«Deve sapere che io, anche per ascendenze familiari, ho sempre posseduto forti capacità percettive dell'animo umano. Derivo questo pregio da mia madre. In più mi è stata insegnata l'arte di uccidere le persone senza farle smettere di vivere. Parlano, respirano, camminano ma il loro cervello non gli appartiene più, è comandato da lontano. Il vero controllo sulla mente altrui si esercita al meglio attraverso la religione. Alcuni preferiscono dire *anima*. Non tutti, però. Intendo quelli con il carattere forte del paganesimo e non certo quelli deboli e umanistici del buddismo o del cristianesimo. Il nazismo era una religione, il Führer la divinità. Non c'è ideali senza fanatismo.»
Era così serio e convinto che veniva da ridere, ma mi ero già pentito di aver scoperchiato quel vaso di Pandora.
«Il totalitarismo è la morte dell'individuo» proseguì, «ma il mondo borghese è la morte dell'individuo e anche della massa.

Il fanatismo è la base di ogni rivoluzione. Obbedienza cieca, personalità azzerata, pensiero dipendente, annullamento di sé nel collettivo. Unicità negata: il singolo è ferro, la massa argilla.»

Fece una pausa per raccogliere le idee. Cercava altre parole, voleva fare un discorso efficace, forse proselitismo.

«Un esempio chiaro anche per lei. Ricorda Patricia Hearst? La super-ricca ereditiera abbraccia la causa dei terroristi suoi carcerieri. Ne parlò tutto il mondo non solo per i soldi, ma perché l'impero del padre era costruito sull'informazione, vanto dell'America e dell'Occidente. Hearst padre decideva che cosa doveva pensare il mondo e i terroristi decidevano che cosa doveva pensare Hearst figlia. Bel colpo, non è vero? Non è vero che fu un bel colpo? Pubblicità gratis sulle prime pagine dei giornali. Condizionare l'opinione pubblica è una tecnica, annullare una personalità è un'opera d'arte. Ha più sentito parlare della ragazza dopo di allora? O di padre Hearst?»

«Detto così sembra un frate.»

«Be'...» m'interruppe belante, una capretta che sente l'odore della brace che l'arrostirà. «Deve saper usare la violenza per provocare un entusiasmo interiore, come in un'esortazione religiosa. Si usa l'imposizione: "Devi diventare come noi!". Le minacce: "Se non diventi come noi ti uccidiamo!". La paura: "Non ti uccidiamo ma ti faremo cose che sarai tu a implorare la morte!". La convinzione: "Sei una persona buona e puoi cambiare: solo con la nostra dottrina ce la puoi fare". Con la promessa suprema: «Se fai come noi guadagnerai il Paradiso» eccetera. Capisce?»

Mi rintoccava la testa con lo sguardo per sentire se risuonavo a vuoto.

«Lei m'ha preso per un deficiente.»

«Non si vanti da solo. Avrò tempo per dimostrarglielo...»

«Credono tutti che lo *hsi-nao* è stato inventato dai cinesi.»

«Invece no?»

«No.»

«È interessante?»

«Sì.»

«E cos'è?»

«Letteralmente significa *riorganizzare il cervello*. Seguivano lo *szu hsiang kai-tsao*, letteralmente *Riforma del pensiero per giungere all'indottrinamento*. Obbligavano i dissidenti a confessare i propri crimini e a tenere un diario aggiornato con delazioni sui compagni. Umiliavano per abbassare l'autostima. Controllavano le informazioni e le usavano per creare un clima di sospetto, così le tecniche di annullamento avevano più presa. Non c'è magia nel lavaggio del cervello, solo tecnica. Chiunque può imparare. Le interessa?»

«No.»

«Ne convertì più Chang Kai-shek con questi sistemi che tutti i missionari cristiani presenti in Asia...» Rise alla propria battuta non irresistibile e perciò irresistibile per lui. «I comunisti cinesi... Quel poco che non sapevo l'ho imparato da loro. C'è da ridere, vero?»

Rise in aggiunta alla battuta precedente. Rideva a singhiozzi, come una persona normale quando piange.

«Ero giovane, ma è da giovani che bisogna allenare il cervello. Svilupparlo come i muscoli di un atleta. La gente non immagina ciò che si può ottenere solo con la mente. Ci si può fare un fisico da culturista senza andare un solo giorno in palestra.» Si avvicinò per confidarmi un segreto. «Si può uccidere una persona solo parlando. Questo non lo insegnano nelle scuole normali ed è giusto: non tutte le cose sono per tutti.»

Si lasciò andare all'indietro stirando la schiena sulla spalliera della poltrona.

«Prendo una persona qualsiasi. Lei. Me.»

«Ha detto *qualsiasi*...» dissi con un sarcasmo che non raccolse.

«La prendo e le faccio dire tutto ciò che voglio, la faccio diventare *chi* voglio. Un istante, un fiato e subito dopo non c'è più tempo...»

Ma cosa sta dicendo?

Si blocca, lo sguardo perso nel vuoto. È in trance. Forse ha portato il gioco troppo in là. A interromperlo di nuovo c'è il rischio che s'incazzi davvero ma devo comunque uscire da questo ufficio. Sto per dire qualcosa ma lui mi precede.

«Stanno arrivando, non c'è tempo!» si ferma per un attimo, poi solleva lentamente parole che pesano come il piombo. «Tu sei me... Sembra una formula magica ma non è magia, la devi preparare e ci vuole molto tempo» continuò con fatica, quasi salmodiando. «Io sono Hans e tu diventi Hans. Tu ti chiami Hans e tu diventi me. La mia vita è la tua vita, ciò che ho fatto io hai fatto tu, ciò che ho pensato io hai pensato tu, ciò che sono stato io sei stato tu... così io sono diventato lui, e sono quello che lui vuole.»

Si trattiene nella posa che ha assunto e mi guarda sorpreso e spaventato. Ma è solo espressione. Sta recitando la parte della vittima stupefatta dopo lo scambio di personalità. Peccato, poteva diventare un grande attore, avesse frequentato altre scuole...

Dopo poco Höhne torna sulla terra, planando lieve.

«Nessuno è immune, sa?»

Lo show è terminato. Non vi sono richieste di bis.

«Ero molto giovane» conclude.

164.

Nel sogno c'era un lago, piccolo e fermo. Höhne su una barca. Rema. Io seguo a nuoto. Alla fine mi colpisce sulla testa con il remo e io vado giù. Sentii una voce che pontificava. La seguii: veniva da dietro una porta. La aprii e mi trovai nell'aula magna del Politecnico di Milano. Era il docente di Scienza delle Costruzioni 2. Era alla lavagna davanti a una serie di formule, equazioni vettoriali e diagrammi di forze.

«In diversi momenti storici» diceva, «il Cristianesimo delle origini, la Riforma, l'Illuminismo provarono a distruggere la religiosità pagana tedesca ma senza riuscirci davvero in profondità. Nel fondo della psiche germanica quelle divinità non sono mai veramente scomparse. Gli interventi esterni hanno modificato la visione pagana senza eliminarne il bisogno psichico, la cui soddisfazione fu solo rimandata. Nel momento storico adatto la pressione emotiva sarebbe esplosa in tutta la sua violenza. Il nazismo fu questa occasione e usò hitler come detonatore.»

Al posto degli studenti c'è una popolazione ferma. Casette tutte uguali che si inerpicano su sponde ripide. Sembrano i bacilli del water prima che arrivi Mastro Lindo, ma meno allegri. Tutti seduti sulla soglia delle loro case. Quello con la canna da pesca non ha la lenza. Da fuori qualcuno che non vedo parla in tedesco. Non conosco il tedesco ma capisco benissimo.

«Il quartier generale è un gruppo di baracche Quonset su un pendio brullo.»

Arriva un gruppo chiassoso di turisti: è la troupe del film al completo. C'è dentro anche Tremamondo che fa il cicerone. Indica un manifesto di Enikö che pattina.

«Il pesce Loffiform Angler: la femmina è circa cinquanta volte più grande del maschio.»

Tutti applaudono piangendo.

«Ma che lingua parla?» mi lamento. «Capisco un cazzo!» Invece ho capito tutto.

Improvvisamente mi trovo in mezzo al gruppo che sta cominciando a correre sempre più velocemente dietro al cicerone che continua ad accelerare. Tremamondo mi dà un consiglio sottovoce: «Quando viaggi indietro nel tempo sul tuo binario temporale, stuzzichi tutto il tuo karma passato. Perciò non viaggiare mai in linea retta. Sarebbe suicida».

Li perdo perché vanno troppo di corsa. Mi fermo senza fiato mentre intorno a me tutti gli altri ballano. Io ansimo: non ce la faccio più a stargli dietro.

Mi passano di fianco tre Nyby uguali. Discutono tra loro, li saluto ma non si accorgono di me.

«Quando cammina lascia nell'aria una scia di bassa pressione.»

«Paga abbastanza e i tuoi documenti saranno veri.»

«*Oxadilene*, un vasodilatatore classificato nel quadro "A" e rilasciato solo su prescrizione medica.»

165.

Aveva disinventato la mia mente. Vedevo solo la parete di fondo, che un tempo era stata bianca, sopra vi erano ordinati gli attrezzi. Tra gli altri riconobbi la mia dotazione personale: balsamo, profumo, dopobarba, il pezzetto d'ambra che mi portavo dal Marocco.

Ogni cosa era annegata in un mare di luce fredda che illuminava a giorno in modo impietoso. Gettava un bianco fortissimo e piatto che toglieva dettagli alle cose annullando profondità e consistenza. I colori uscivano indeboliti da quel bagno di luce e finivano appiattiti come su un foglio da disegno. Tutto era un fumetto piatto, a due dimensioni. Il forte contrasto sommato alla luminosità fuori scala traduceva ogni cosa in un bianco-su-bianco senza sfumature come nelle immagini timbrate con spray e mascherina sui muri della metropolitana, ma con un colore solo. Uno schermo delirante, clinico, folle, ad abolire vista e speranze.

Se mi libero da questa sedia in ferro potrò finalmente vedere cosa c'è alle mie spalle. Ma credo che a quel punto non m'interesserà un granché. Se aveva ragione Nyby sarò nell'antro del serial killer targato CNN e troverò resti umani incompatibili fra loro. Arti, dita, occhi, orecchi, parti staccate dal tutto, l'agghiacciante bottino di un rigattiere pazzo, un corpo a pezzi in una scatola di latta del Meccano.

Non avrei creduto a nessuna descrizione se non fossi stato anch'io parte del panorama.

L'orrore innescato da quell'abiezione era al di fuori di qualsiasi umanità. L'unico linguaggio adeguato a spiegare sarebbe quello della deforestazione o dello smaltimento rifiuti.

Era inconcepibile, non vero, non pensabile. Non progettabile. Non eseguibile, grottesco, teatrale.

Le guerre vivono orrori perpetrati da invisibili boia. Questo era solo uno di loro, fetido, meschino, maligno, diabolicamente amorale, egotista, psicotico, perdutamente brutale. Il raziocinio del male gli aveva manipolato la mente con opera metodica e silenziosa. Una rabbia terribile e nascosta era esplosa, deflagrata al rallentatore, pensata, goduta un micropasso dopo l'altro avverandosi in quel momento alle mie spalle. Io stesso ero il muro che mi impediva di vedere, ma ero anche il suo pubblico in quella cazzo di officina per corpi.

Vedevo ossa umane e quattro scarpe, diverse tra loro: non due paia ma quattro disordinate e singole. Ne vedevo una nera lucida da donna con tacco alto e punta allungata, una Nike da jogging rossa con cuscinetto d'aria, uno scarpone da lavoro Dr Martens con regolare protezione antinfortunistica in ferro, un mocassino in camoscio con fiocco in cuoio più scuro.

Cosa si poteva dedurre? Rifiutavo i miei occhi. Non erano immagini accettabili e facevano prevedere orrore. Cercavo terribilmente di non guardare ma i muscoli degli occhi erano anestetizzati. Cercavo di non capire ciò che vedevo ma il terrore acuiva i sensi. Non sentivo più le palpebre, artificialmente spalancate al limite. Pensavo che me le avesse asportate e niente mi suggeriva che non l'avesse fatto.

Vomitavo immagini. Non era possibile digerirle nel magazzino della memoria. La mia bocca si apriva senza volontà, per compressione dello stomaco. Con la vista era la stessa cosa: il momento schifoso è sempre quello che precede, non l'atto in sé. "La parte più sensibile che è nascosta dentro di noi di fronte a spettacoli fisicamente inaccettabili si ribella e tenta di uscire: quando questa parte esce si sviene" scrive il Bellanti, psicopatico sensibile mio amico. A volte gli è sufficiente ascoltare un racconto per svenire. Il corpo rifiuta ciò che vede senza avvisare il cervello per risparmiargli una ferita. Persino un odore potrebbe mandare KO una persona e, attenzione, tutto questo rimane nella memoria ed è sufficiente ri-sentirlo a distanza di tempo per subire gli stessi effetti.

Nella mia posizione ero una telecamera scollegata da alcun sistema di registrazione. L'apparato visivo captava ma non riuscivo a darmi l'ordine di decifrare le immagini. In altro luogo e momento avrei riavvolto il nastro, forse, e avrei rivisto quelle cose facendo ipotesi diagnosi conclusioni, ma non lì. Non allora. La mia presenza era fortissimamente assente.

I miei pensieri vagavano in lombardo, mi attaccavo alle vocali aperte con la nostalgia dei bambini appena tornati dal mare. In quegli accenti sbagliati avvertivo in maniera urticante la pulizia del mondo di fuori a contrasto col macello che mi aveva risucchiato.

Capelli di teste di corpi diversi tessuti insieme, tessuti umani scottati sulla griglia di un barbecue, tessuti di abiti ammiccanti a un corpo sezionato. Una lunga treccia a varie sfumature di colore formata dai capelli di quattro teste lasciate attaccate e appese con un gancio a un tubo d'acciaio steso in orizzontale da una parete sul lato corto del locale. Un guardaroba di teste a grappoli di quattro.

Perché mi ero voltato a guardare quando avevo avuto l'occasione di farlo, prima di essere bloccato? Perché non mi ero limitato a immaginare? Al cospetto di cose abnormi, troppo dolorose, fuori dall'umano, non si riesce a non guardare di nuovo. Credere non basta a nessuno.

"Fuggirò a occhi chiusi" mi ripetevo, "dalla porta di metallo alle mie spalle." Sentivo entrare e uscire Höhne anche se in modo vago, perché quasi mai ero in me all'inizio o alla fine delle operazioni.

"Rimango seduto per riprendere energie", ma questi sono propositi buoni solo nell'astratto.

"Mi sdraio sulla striscia di gres", che è l'unica zona pulita come in ogni officina per macinini macilenti con un meccanico macellaio maciullante gruppi di vetture massacrate ma compatibili, devastate salvando le parti interessanti per il Gran Mescolatore di corpi-oggetto, il mastro Rigattiere & Ricuperatore Sfasciascheletri che prova a combinare i pezzi buoni per ricavare da tre ferrivecchi scassati un solo esemplare dello stesso genere ma intero. Poco importa se non funziona: non è semovente ma privo di vita.

Ma perché analizzare, comprendere, creare un database? Per prevedere, per evitare? Ogni cosa è imprevedibile e tutto inevitabile. Catalogare, nominare, determinare nel suo moto ogni corpo celeste sarebbe il medesimo infinito ma inutile impegno. Tante le galassie, altrettante le follie umane con la propria orbita, con gli stessi effetti che si rinnovano senza mai ripetersi, inafferrabili nell'immensa fiera dell'orrore quotidiano.

Un uomo come tanti, interrogato per routine sull'omicidio di una bambina, confessa di averne uccise ventiquattro. Nessuno gliel'aveva chiesto, non era nemmeno sospettato. Non vedeva l'ora di rivelarlo ai giornali. Non credeva nelle capacità degli investigatori e temeva che qualcun altro si prendesse i suoi meriti. Non intendeva stabilire alcun record, voleva semplicemente che tutti sapessero quante ne aveva fatte fuori e come. Aveva lasciato indizi di ogni tipo ma la polizia non era risalita a lui.

"Appena libero mi darò a una fuga disperata, a piedi o a nuoto secondo come mi avrà trattato." L'occasione potrebbe non presentarsi più. La cosa estenuante è che niente avviene come nei film. Non conosco precedenti affidabili. L'immaginario scivola nella banalità del tizio o più tizi che arrivano all'ultimo momento, secondo le disponibilità della produzione.

Nel mondo reale non avviene in questo modo. Può anche capitare, ma non è mai così. È totalmente peggio. Soprattutto quando convinci te stesso senza necessità di controprova che *non sei in un film*. Non c'era bisogno di convincersi o di averne le prove: *si sa* di non essere in un film, nessuno crede mai di essere in un film – forse perché raramente ci troviamo in situazioni tali da desiderarlo. È da deficienti pensare con i criteri dei film ma forse è proprio la scemenza a salvare quelli che riescono a venirne fuori.

166.

Mi dava le spalle, piegato sopra un tavolo da cucina che era stato attrezzato per eseguire dissezioni di corpi umani. Tenaglie mediche, pinze da estrazione, seghe dal filo sottilissimo o enorme per amputazione, attrezzi costrittori e divaricatori. Quasi i medesimi attrezzi visti al museo della farmacia: un modo strano di prendersi cura della persona...

«Non si faccia idee sbagliate. Non difetto certo dei mezzi sufficienti per equipaggiamento chirurgico all'avanguardia, ma è molto più interessante operare nelle stesse condizioni in cui ero costretto quando avevo solo capelli neri in testa.»

Parlava da solo mentre trafficava, rilassato e divertito. Un ferroviere che per hobby si dedica al bricolage.

«Io parlo sempre molto» diceva. «Quando c'è gente, meno. Mi piace parlare da solo perché so che avrò risposte intelligenti. Il mio interlocutore non mi ha mai deluso. Non mi ha mai lasciato insoddisfatto. Ho una quantità di cose da dire. Opinioni da discutere. Ricordi. Sentenze da emettere. Condanne da eseguire. Sono cose che penso io e capirà che mi infastidirebbe la presenza di un estraneo. Io narcisista? Sì. Devo essere proprio narcisista. Sì. Anche.»

Era lucido, freddo e con un risvolto comico, immancabile corredo di pazzi e bambini.

Cominciavo a prefigurarmi uno scenario di questo tipo: chiedo pietà e Höhne mi ammazza. Meglio: comincia ad ammazzarmi. Inizia il lungo e complesso rituale che si dipana sempre identico fino alla mia morte.

Per uno come lui la fine è solo l'inizio e ogni cosa è rovesciata, nel gioco ma soprattutto nel piacere che procede sempre dal dolore altrui.

Era cresciuto distorto e corroborato da forze autorevoli che gli avevano inculcato pochi ma terribili concetti in maniera indelebile, scultorea. Una sola formula per evitare di confondersi, una sola strada senza alcun bivio per evitare la distrazione della scelta.

Durante tutto quel tempo aveva parlato a mezza voce, ragionando tra sé, ma istantaneamente cambiò tono e gridò: «La Tortura è un biglietto per due! Salite sul treno, signori, e fate il primo passo!».

La voce nasale si ripercuoteva a battimenti come altoparlanti di una stazione.

167.

In un momento di lucidità ricordai una conversazione con Höhne. O forse la sognai, alla faccia della lucidità.

«Per capire se un individuo può essere ipnotizzato» diceva, «basta un'occhiata alla sua scrittura. Bastano pochi segni, anche una sola lettera o un piccolo disegno. Lei per esempio...»

«Lasciamo perdere.»

«Avrei potuto procurarmi suoi campioni di scrittura in mille modi senza destare alcun sospetto.»

Sorrise maliziosamente e mi porse una penna stilografica d'oro con inserti in bachelite verde-scuro.

«Di che ha paura?»

«Una Pelikan di guerra. Bellissima» dissi, e gliela restituii.

«Conosce Chertok?»

«Dovrei?»

«Gliene ho parlato a proposito dell'ipnosi.»

«Allora l'ho dimenticato.»

Uccidere può non bastare.

168.

Höhne non era libero di eliminarmi finché non chiedevo pietà, questa era la regola delirante. Aveva accennato lui stesso a qualcosa del genere nel corso dei nostri incontri e questo rientrava nel quadro di una personalità delirante come la sua.
Non avrei mai ceduto perché sarebbe stata la fine. La mia unica forza era la disperazione. Höhne teorizzava la forza sovrumana dell'odio, ma anche la disperazione non scherzava.
Il ragionamento faceva acqua da tutte le parti e se non avesse retto sarei crollato anch'io.

Come facevo, in quelle condizioni, a pensare in termini di teoria e ragione? Non ero mai stato un tipo logico neppure nel mondo normale! Quando non resta che la disperazione qualunque cosa diventa normale e persino il fatto di essere disperato diventa bello perché è l'unica prova che sei ancora vivo.

A suo modo Höhne continuava a combattere aspettando il ritorno dei suoi capi o la nascita del nuovo Reich. Era solo un ragazzo quando era stato ingoiato dalla metodica follia uncinata e in qualche antro oscuro dentro quella carcassa antica e accartocciata come le Cadillac a Cuba c'era ancora lo stesso ragazzo confuso a cui avevano inoculato la mistica della distruzione.
Gli avevano consegnato le tenaglie da tortura come le chiavi del Paradiso e ogni confessione strappata era un elogio. La stra-

da del male era tanto piacevole da camuffarsi nel suo cuore come una collana di fioretti e buone azioni. Il mondo era vecchio ma hitler e lui e tutti gli altri erano il nuovo che avanza, erano una legione contro il resto del mondo. A Höhne la vita non interessava. Portava avanti la sua guerra da un avamposto o in retroguardia isolato in un paesino di montagna. Gestiva un albergo tenebroso e fatiscente invece di godersi la vita in qualche paradiso terrestre come i suoi capi. Continuava nel lavoro per il quale era stato programmato. Il Novecento è la caricatura dell'uomo e il ritratto a olio del Male.

Sono felice di non essermi trovato al suo posto, nato e chiuso dentro la bottiglia di un genio malefico, "quindi per favore Höhne lasciami andare e continua il tuo gioco da solo". Non riesco a pensare a quanti ci sono passati prima di me, l'egoismo prende il posto della compassione, per quanto possa sentire compassione per loro io ora sto cercando di evitare che sia arrivato il mio, di momento... Poi, forse, dopo, se tutto quest'orrore avrà una fine, se ci sarà una luce, un buco del culo che mi scoreggerà fuori, parlerò a tutti di questa cosa impossibile, di un pazzo come ce ne sono tanti al mondo – ma sotto questo ci sono capitato io perciò è il peggiore. Ne parlerò in modo che lo fermino e che nessuno debba provare mai quello che è capitato a me. Ce ne sono altri negli States? Ci sono altri Chikatilo in Russia, ministri in Belgio o educatori di orfanotrofi in Portogallo? Quello che ci tocca di persona è sempre peggio di ciò che può capitare agli altri. Farò la mia parte ma intanto mi devo concentrare su dove mi trovo, intuire cosa farà, cosa pensa questo mostro, e scappare alla prima occasione per la via di fuga che porta al cimitero. La via di Nyby, e io che non volevo ascoltarlo!

("Ecco" mi dicevo, "finalmente ci siamo." Lo pensavo quasi con sollievo, come quando si slitta con la macchina sul ghiaccio e si vede arrivare addosso la roccia dall'altra parte della strada e i riflessi accelerano in modo innaturale per l'adrenalina che ti mette in movimento il cervello, solitamente così sottoutilizzato, e quella frazione di secondo dura un'eternità e pensi un'infinità di cose, che se tornerai a casa a raccontare quell'avventura potrai dire che in un attimo tutta la vita t'è passata davanti agli occhi, altrimenti peccato!, andrai a frangerti contro quella roccia che non arriva mai e hai tutto il tempo per pensare a una tale quantità di cose che alla fine cominci anche ad annoiarti e quando arriverà il momento dell'impatto – se mai arriverà – ti sentirai quasi sollevato.)

Poi d'un tratto tutto mi fu chiaro: stanno tornando.

L'orco dei fratelli Grimm è il mio compagno di stanza.

169.

Devo restare sveglio e uscire da questo incubo a colori e in 3D, devo portare le mie amate chiappe all'aperto. Soprattutto non devo addormentarmi quando c'è lui. Dovrei cercare di dormire mentre è via ma non ho ancora capito il suo ritmo: s'allontana di giorno e viene qui di notte o viceversa? O fa a turno? Quale delle due assenze dà meno nell'occhio?

Impossibile chiudere un occhio solo senza crollare.

Impossibile sentire quando si avvicina, mi accorgo di lui quando è già qui da un pezzo.

Impossibile capire quando io stesso sono sveglio.

Forse l'unico modo di capire è non pensare. Lasciare libera la parte corticale del cervello, la più antica, la meno evoluta, l'amigdala che ha salvato tanti nostri antenati chiusi in una grotta a tu per tu con un predatore schifoso come questo. Ma meno intelligente.

Lo provoco.

«Perché non è in Sudamerica a fare il nababbo come gli alti gerarchi del Reich?»

Sorride come si riapre una cicatrice.

«Le piace davvero tanto stare qui in questa topaia mentre gli altri sono in giro a divertirsi in qualche bordello di Rio con donne bellissime o ragazzi, a scelta loro e a spese sue?»

Non aggiungo altro, rischio di giustificarlo nella sua azione. Le mie provocazioni lo incitano e forse lo eccitano.

Non sapevo cosa trafficava alle mie spalle in quell'elegante pustola di locale nel buco del culo di un ratto di fogna. Ma qualunque accrocchio stesse apprestando, per un istante si fermò.

«Colonia Dignidad...» grugnì.

170.

Non dormo ma non apro gli occhi. Cerco disperatamente di pensare, ma il cervello è un'arma che mi sta abbandonando. Gira in circolo attorno a cose e concetti senza riuscire ad afferrarli.

«Mi dedico molto a lei, vede? Sono certo che apprezza. Le faccio cose che non crederà nessuno. Che bello: abbiamo un segreto che ci lega...»

Quando finalmente apro gli occhi vengo abbagliato da una luce fortissima e fredda. Istintivamente giro la testa a sinistra ma la forza dello scatto mi colpisce in senso contrario, bloccandomi. È come sbattere con lo zigomo contro un muro. Sento un crampo sul lato destro del collo, uno schiaffo del tendine. Non posso muovere la testa. Evidentemente sono legato con qualcosa che non concede il minimo gioco. Non è ferro o altro metallo ma qualcosa che riproduce il mio stesso calore e mi fa sudare dove fa contatto con la pelle. Cuoio, dev'essere, plastica PVC o PET, o gomma dura (invece è pelle umana conciata).

Strizzo gli occhi, sbatto le palpebre, ma non serve. C'è un tir parcheggiato a una spanna da me e mi hanno incollato a un faro con abbaglianti e antinebbia accesi. Dove mi trovo, chi sono e perché non m'interessa minimamente, vorrei solo riuscire a staccare il contatto con i miei occhi che ruotano all'indietro per sfuggire a quella luce. Non riesco a capire come possano avermi spremuto una dozzina di limoni in ogni occhio ma è esattamente così che mi sento. I muscoli degli occhi mi si strappano dalla rètina – non so se ci siano dei muscoli attaccati alla rètina ma in questo momento non ho dubbi che sia così.

Finalmente il tir si sposta e subisco l'effetto opposto, dalla luce al buio. Credo che la cecità possa essere sia chiara che scura: troppa luce o troppo buio non vedi niente.

Ho fitte lancinanti alle pupille, poi lentamente mi abituo e comincio a distinguere qualcosa.

È la faccia di Höhne a una spanna dal mio naso. Mi scruta l'iride con una lampadina legata attorno alla testa da una cinghia bianca. Dovrebbe essere un attrezzo da dentista ma sembra piuttosto un minatore.

«Ha le corde vocali affaticate, lo sa, caro amico?»

Lo insulto ma la mia bocca è artificialmente spalancata in modo innaturale, forzata fino a far scricchiolare le giunture, bloccata in quella posizione da una serie di ponticelli rigidi in ferro inseriti tra le arcate dentarie. Con repulsione ne avverto la presenza ingombrante e offensiva, il filo acuminato di metallo schiacciato fra mandibola e mascella a volte scatta di qualche millimetro sugli scalini e sulle irregolarità dei denti. Li sento con la lingua, i ponti di ferro che costringono in quella postura l'arcata della bocca come durante i primi scavi per una galleria. Il sapore del ferro, la lingua su un cancello, l'avevo assaggiato tante volte da piccolo per scommessa con gli amici ma soprattutto quando ero stato operato in quarta elementare. Adenoidi, niente di sufficientemente importante da giustificare un'anestesia totale e neppure locale. Usavano la mascherina, per quelle cose lì. Ti intontivano la sera precedente...

Roteo gli occhi ma i muscoli del collo rivelano la mia intenzione quasi involontaria di muovere la testa. I miei movimenti gli rendono disagevole continuare e s'arrende senza spazientirsi. Evidentemente aveva già visto o fatto ciò che gl'interessava.

Si toglie il cerchietto da minatore e lo appoggia stancamente su una cassettiera da ospedale di smalto bianca, scrostata, montata su rotelle, e con un calcio la spedisce lontano. Un'azione consueta, vista la precisione del gesto e la posizione raggiunta dalla cassettiera, esattamente in mezzo fra una vetrina a scaffali con forbici e bisturi da chirurgo e una serie di armadietti di metallo grigio. Quattro, avrei forse detto, per quel poco che vedevo dalla mia posizione, potendo muovere solo gli occhi.

Si sfila i guanti di lattice, aziona con un piede il coperchio di un contenitore cilindrico e li getta dentro. Questo avviene all'estrema periferia del mio campo visuale sinistro ma, ironia, riesco a vedere disegnata all'interno del coperchio il simbolo della Croce Rossa.

Dandomi le spalle si porta all'estrema destra della mia orbita. Intravedo o intuisco un lavandino bianco di ceramica, sproporzionato non solo rispetto alla sua figura ma all'intero locale – per quanto ne potessi indovinare le dimensioni. Non era una vasca perché troppo sollevata da terra e perché la parte che sporgeva verso di me era costituita da un ripiano leggermente inclinato che sarebbe ingiustificato in una vasca o in un grosso lavatoio ma tipico di un lavandino da cucina. Il lavello doveva essere grande ed estremamente capace poiché il tratto orizzontale del rubinetto a S, pur essendo collocato mezzo metro abbondante all'interno, più di tre piastrelle quadrate e a sbalzo, era telescopico e a più sezioni. L'estensione era zero ma raggiungeva ugualmente i bordi del lavandino. Evidentemente poteva essere allungato fino a raggiungere l'estremità destra del lavello, che non riuscivo nemmeno a intravedere. Ce n'è di simili dai veterinari, ne avevo già visti: ci stendono i cani sotto anestesia per lavarli o chissà che altro prima di riconsegnarli ai loro padroni.

Quello però sarebbe stato grande anche per un San Bernardo.

171.

Mi costringo a pensare ad altro. Il rinoceronte bianco depone cento chili di cacca al giorno. Lo squalo teme l'alborella.

Quanti erano i giocattoli di mago Zurlì?
Quattro.

I nomi.
Giancarlo Cobelli, Giuseppe Soleri, Gianni Magni e Mario Castelnuovo.

Chi era il pagliaccio Scaramacai?
Una delle sorelle Nava.

Quale?
Pinuccia, mi pare.

Controlleremo. Qual è l'unica serie tv per ragazzi che non è mai stata replicata?
Jim della Jungla.

Con?
Johnny Weissmuller.

Chi è Tanio Boccia?

L'Ed Wood italiano.

Lavorò mai con Fellini?
Sì.

In quale film?
Luci del Varietà.

Chi era regista oltre a Fellini?
Alberto Lattuada.

172.

«Il terrore è strumentale. Terapeutico, direi.»

Höhne si pasceva del proprio trionfo di fronte al suo pubblico, cioè io, al quale si concedeva da rockstar.

Osservava i miei occhi per cogliere ogni minimo cenno che confermasse le sue intuizioni.

«Entrare in un cimitero di notte dovrebbe dare un senso di sicurezza: non esiste luogo più tranquillo! Però tra i ragazzi è una prova di coraggio, ha letto Tom Sawyer? E comunque nessun adulto ci va a cuor leggero. Strano, vero? Perché è dei vivi che si deve aver paura... Nello stesso modo la tortura terrorizza per il dolore che promette, lo sapeva? È più efficace l'attesa del dolore che il dolore stesso. Il nostro corpo ha un limite nella sopportazione, poi stacca i contatti e... Zack!, sveniamo. Tutto finito. L'interrogante non c'è più niente che può fare. Non dovrebbe essere così. Non dovrebbe mai arrivare a questo punto, non le pare chiaro?»

Non rispondevo. Tenevo gli occhi chiusi per ostentare indifferenza e disprezzo. Volevo fargli capire che non volevo stare al suo gioco. Avrei sofferto e pianto quando era il momento, non un secondo prima. Mi costringevo a non immaginare niente, a non andare avanti con il programma. Un passo per volta e vediamo cosa succede, non è possibile che succeda ciò che vuole farmi credere che succeda. Mi forzavo a non prefigurarmi nessun panorama. Mi barricavo dietro le serrande dei miei occhi chiusi.

La luce mi colpì senza preavviso. Il neon era abbagliante e bianchissimo, spettrale, ospedaliero. Appiattiva ogni rilievo e toglieva spessore all'ambiente, agli oggetti, a lui stesso. Era una figurina a due dimensioni ritagliata lungo la linea tratteggiata, una beffarda bambola automatica a forma di scienziato pazzo, con il suo costumino da infilargli e poi incollare. Barbie e il suo torturatore personale set completo (più *kit omaggio per trasfusione d'urgenza con vera Hi-draulik pump & Circumstances*® per via parentelare).

Il collo totalmente bloccato mi tratteneva la testa in posizione eretta, il mento appena sollevato. Non che fossi legato da ganasce o cinghie, ma lo stesso non mi era possibile spostarlo nel più impercettibile dei modi in alcuna direzione. Non avvertivo contatto con strutture metalliche o altro impedimento, nulla mi ostacolava dall'esterno, eppure ero assolutamente immobilizzato. Una sensazione allucinante. L'ss aveva messo fuori uso i tendini del collo? (Ma li avrei sentiti scorrere all'interno...) Verosimilmente aveva praticato un'anestesia locale che mi impediva di avvertire le pressioni esterne esercitate da qualunque oggetto avesse scelto per imbrigliare i miei movimenti. Per quanto guardassi verso il basso non riuscivo a vedere oltre i miei zigomi, perciò sul collo o sulla mandibola poteva esserci applicato qualunque macchinario. Mi aveva deprivato di ogni sensibilità in quella parte del corpo. O forse in tutto il corpo! Infatti non sentivo nemmeno gambe e culo. Ma forse erano poco sensibili perché ero seduto lì da troppo tempo. Già: da quanto tempo stavo in quella posizione? Oppure il pazzo sarebbe potuto intervenire su un nervo o sulle terminazioni nervose in modo che l'impulso inviato dal cervello non giungesse a destinazione. In questo caso la menomazione sarebbe stata momentanea o definitiva? Così anche se me la fossi cavata sarei rimasto con la testa penzoloni per tutta la vita!

Ha ragione lui, l'ha detto poco fa: non devo pensare. Qualunque cosa possa immaginare è più terrorizzante della realtà.

Se penso anticipo il terrore e faccio il suo gioco. Ma se è così perché me l'ha detto? È stata una mossa contro se stesso. Forse non dovrei seguire il suo consiglio, ma mi pare un ragionamento logico. Forse non vuole farmi soffrire troppo. O forse vuole che soffra più a lungo...

Mi aggancia le palpebre con quattro pinzette per le ciglia di metallo lucido (due per occhio). Prende qualcosa che pare una spugna – lo deduco dall'odore – e me lo appoggia sulla testa (credo). Probabilmente è da quella struttura o dalla spugna che a intervalli regolari scendono gocce di collirio per evitare che si secchino i globi oculari. Perché queste premure se vuole farmi fuori? E se viceversa non volesse uccidermi? O farlo tra qualche anno? C'è differenza tra morire e non morire ma sopravvivere a pezzi?

Non devo pensare.

Ho gli occhi innaturalmente spalancati e nel mio campo visivo ci sono lui e la parete bianca di fronte a me. vuole tutta l'attenzione per sé. Magra consolazione. Istrione da strapazzo, vecchio rincoglionito.

«Vede?» disse rispettando il copione. «Ora le dico che se non mi dà quella certa informazione che è in suo possesso le amputerò la gamba destra da metà tibia in giù. Brutta idea, vero? Brutta brutta. "Perché non dal ginocchio in giù?" si chiederà. "Per tenermi qualcosa per dopo" risponderei, "bambino goloso..."»

Rise. Mostrava i denti gialli sottili. Erano paletti malamente infilzati nel terreno, quei denti lunghi e affilati in gengive che si ritiravano da lui come ogni altra sembianza umana, spaventapasseri che era.

Non muovevo più gli occhi. Era l'effetto delle gocce di (credo) collirio nelle quali era stato aggiunto (forse) un principio inibitorio. Se avevo davvero ragione, allora l'effetto di quella sostanza era equamente distribuito sui muscoli e i loro antagonisti per fare in modo che le pupille si posizionassero esattamente al centro e rivolte in alto abbastanza da fissare la linea dove il soffitto bianco incontrava la parete bianca. E lui, che incombeva dall'alto. Lui in piedi e io seduto. In questo modo non potevo evitare di guardarlo, fissarlo negli occhi. Höhne era diventato il mio panorama, la cornice e il contenuto del mio campo visivo.

«Lei lo sa?»

Avrei dovuto rispondere "So che cosa?", ma non l'avrei fatto neppure se fossi stato in grado.

«No, vero?» si rispose. Giocava da solo. Io ero il soldatino da salvare o far diventare eroe. «Le ho amputato una gamba e lei non ha sentito il minimo dolore. Non lo sentirà neppure quando le permetterò di lasciare questa scomoda sedia. Non desidero che soffra perché è già abbastanza doloroso portarsi fino alla morte questa pesante menomazione. Infatti, come dicevo, la sua gamba destra ora è, o meglio...» Si avvicinò tanto che vidi i suoi due occhi riuniti in uno solo. «... *per sempre* sarà più corta di trentasei centimetri.» Sghignazzò. I denti gialli puzzavano di fogna. Ritornò a distanza canonica dai miei occhi. «Crede che sarà ancora interessato al ballo, in queste condizioni?»

Era entusiasta delle proprie domande, estremamente compiaciuto e fiero di sé.

Fossi riuscito ad articolare qualche parola gli avrei detto di essere molto deluso. Da una persona per bene come lui mi sarei aspettato un comportamento affatto diverso e qualitativamente superiore.

Mi rendo conto che se il torturatore non avesse disatteso le mie aspettative ormai non sarei più vivo (per quanto andarmene un pezzo per volta non sia comunque un'opzione esaltante), però se un esibizionista come lui avesse saputo della mia delusione, lo avrebbe senz'altro preso come un fallimento: per questa ragione mi sarebbe piaciuto poterglielo dire.

«Nota qualche differenza? Mi spiego: reagirebbe diversamente a questa grave menomazione se la sottoponessi all'induzione di un dolore non devastante ma continuo? In pratica: crede che sarebbe più disposto a collaborare se minacciassi di mutilarla senza dolore immediato né futuro oppure se la sottoponessi alla devitalizzazione di un molare senza anestesia?» Ruotò su se stesso velocissimo. Il movimento improvviso e imprevedibile provocò una reazione istintiva tale che mossi a strappo una palpebra e si staccò il gancetto. Höhne riprese la posizione precedente ruotando di nuovo su se stesso in senso opposto, mi trovò con la palpebra destra abbassata, ma non fece una piega. Impugnava sondino, specchietto ricurvo, trapano antico arrugginito con punta a elica rozza e sbeccata. Sorrideva, occhi sbarrati e pupille dilatate. «Non si lasci fuorviare dall'attrezzatura. Un bravo dentista non dipende solo dalla tecnologia. Come facevano una volta i dentisti, altrimenti? Crede che non esistevano bravi dentisti, una volta?»

Cominciò a frugarmi in bocca. Questo lo sentii distintamente. Aveva ragione lui: non aveva ancora fatto niente e già saltavo sulla sedia come se mi avesse scalpellato una gengiva. Autosuggestione. Io non avevo aperto la bocca né lui me l'aveva chiesto. Ovviamente era già aperta. Non ricordavo di averlo fatto. Avevo la bocca aperta dall'inizio della chiacchierata e non me n'ero accorto. Non l'avevo neppure immaginato. Non faceva niente e sentivo un dolore fortissimo.

«Vediamo un po'… Lei ha molti ponti? Mhmm… no. Ha sempre avuto cura dei suoi denti: bravo! Mai una devitalizzazione, una cura canalare. Potremmo cominciare insieme, che ne dice?» ridacchiò.

Vedevo ombre, tranci di movimento. Teneva le mani basse per non farmi capire con cosa armeggiasse.

Avvicinò il trapano lercio alla mia bocca ma non avvertivo dolore.

"Anestesia e mutilato per la vita o nessuna ferita permanente ma dolore inumano? Il dolore dei denti, che senza opportuna anestesia è improvviso e incontrollabile con vari immaginabili svenimenti e risvegli e di nuovo perdita di sensi e risvegli causati dal dolore insopportabile che prima ti stende e poi ti rialza – senza calcolare che lo squilibrato avrebbe potuto iniettare nel mio sangue qualche maledetta sostanza delle sue per impedirmi di svenire – oppure un d...»

Ma non devo pensare, devo forzarmi a non pensare. Ciò che succede, è; ciò che mi aspetto, non è mai esistito.

«Dica un po', allora: niente dolore e niente più gamba oppure un dolore inumano che però quando avrò terminato non sentirà più? Ma *quando* avrò terminato? Quando mi avrà detto ciò che mi serve. Nel primo caso avrà vinto lei ma io mi sarò divertito moltissimo: le sarò comunque grato. Nel secondo caso ci sarà meno da divertirsi ma le assicuro che parlerà. Tanto vale parlare, non le pare? Le conviene parlare subito e tornare a casa sano, presto e tutto intero. Creda a me...» Ridacchiava, pregustando la battuta che aveva in mente. «Creda a me, resterà a bocca aperta.»

Mi osservava da vicino con espressione assorta per sincerarsi di qualcosa come si guarda una mosca nella minestra prima di fare la scenata al cameriere.

«Oppure, in alternativa, potrei devitalizzarle un dente con anestesia e tagliarle una gamba senza che lei se ne accorga.» Aspirava a denti stretti con le mascelle serrate assaporando quel piacere acutissimo. «Magari le piace. La paura nasconde sempre un desiderio, sa?» aspirò ancora, «Sì, sì... così!»

Rideva da solo. Si prendeva gioco di se stesso e di me agendo come fosse pazzo, ma in realtà lo era molto più di quanto potesse fingere. Imitava il Nosferatu di Murnau mentre si sorregge all'inferriata di una finestra, ma quella farsa non cancellava la verità del male che aveva già compiuto – e non mi riferisco al mio caso. Per dare verità al suo film Murnau scelse come protagonista Max Schreck, che si diceva fosse un vero vampiro. Ecco perché fu perfetto nel ruolo. Gente così non potrà mai fingersi peggiore di come è.

«No, non mi prendo gioco di lei» dice in tono improvvisamente pacato. «Può credere a un bluff fino a quando proverà ad alzarsi da solo. Nessuna alterazione respiratoria, niente appesantimento del ritmo cardiaco se non quello attribuibile alla paura e alla tensione. Per annullare la sensazione del dolore si deve applicare il trattamento antalgico *prima* del suo esordio. La tecnologia medica ha fatto passi da gigante. "La magia è tecnologia non condivisa" diceva un famoso occultista. La mia dotazione è all'avanguardia. O meglio, lo era all'inizio degli anni Novanta. Comunque per me più che sufficiente anche oggi. Non faccio mica chirurgia interna! Ecco: laringoscopia con lama curva di Macintosh n°3.» Mostra un apparecchio che riesco a vedere solo in minima parte. «Nebulizzazione di 2 mg^{-1} di lidocaina al 4% (cannula LTA mg^{-1}). Alcune cose le ho fatte realizzare su mia indicazione, vede?» Mostra qualcos'altro fingendo di non accorgersi che dalla mia posizione non vedo un cazzo. «Questi sono tubi tracheali realizzati con elastomeri in PVC monouso *disposable* o in gomma rosa, lattice e gomma al silicone per uso ripetuto. Roba personalizzata, potrei dire. La prossima volta ci faccio incidere le mie iniziali» dice con serietà. «Con questa tecnologia posso fare tutto da solo. È raro che ricorra all'aiuto di una persona, ma nel caso c'è. È di sopra. È disponibile pure senza preavviso.»

Uscì completamente dal mio campo visivo. Non indovinavo neppure un gomito o un lembo del camice.
"Cosa sta combinando, adesso?" pensavo. "Chi è l'aiutante facoltativo? Forse fa parte del personale di servizio. Ariana? No. Corneliu Prumboiu, lo scemo della reception? Troppo scemo. Il direttore-maggiordomo-factotum? Potrebbe essere! Coso, come si chiama…"
«Le applico un catetere extradurale attraverso il quale somministro oppiacei a basse dosi per evitare effetti collaterali. L'oppiaceo passa attraverso la dura madre, si diffonde nel liquor raggiungendo i proprietari ricettivi nel corno dorsale. Io prediligo l'impiego della buprenorfina, dopo una premedicazione con atropina solfato 0,01 mg^{-1} e deidrobenzoperidolo 2,5 mg, procedo alla cateterizzazione extradurale livello L3-L4 con un kit standard: ago di Tuohy V-8 G, catetere radiopaco, filtro millipore.

Dopodiché: anestesia generale bilanciata. Induzione con tiopentale sodico, succinilcolina, IOT, ventilazione artificiale controllata in IPPV con circuito semichiuso bifasico.»

"Jaksche!" ricordai all'improvviso. "Benno Jaksche! È senz'altro lui l'aiutante."

«Il perdurare dell'effetto glielo garantisco con protossido di azoto, ossigeno gassoso, enflurano, fentanile in piccole dosi, bromuro di pancurionio. Sono perfettamente attrezzato per fare tutto ciò che le dico e anche altre cose che non le dico.» Rise. «Le assicuro un dolce risveglio con una miscela decurarizzante (prostigmina e atropina).»

Preparò una siringa davanti ai miei occhi e me la fece vedere bene.

"Jaksche con la sua aria impenetrabile da cane intelligente e fedele. È il suo cane lupo belga, come quello che aveva hitler – perché quello di hitler era belga, no?"

Premette lo stantuffo generando un piccolo spruzzo di liquido.

«È buprenorfina. Agisce come la morfina ma con meno effetti collaterali e in particolare non provoca prurito, sudorazione, nausea né vomito. Non causa reazioni di tipo immunitario, intolleranze, stipsi, alterazione dei dati ematochimici e biournorali. Notevole, vero? La buprenorfina ha tempi di efficacia ben *quattro volte* inferiori a quelli della morfina. Impressionante!»

Impressionante dovrei dirlo io.

«Quattro volte, capisce?» <u>sottolineò</u> estasiato.

Mi tolse le pinzette dalle palpebre, che si afflosciarono sfinite, desensibilizzate dalla continua trazione. Fu Höhne a chiudermi delicatamente gli occhi come si fa con i morti (lo pensai e fui percorso da un brivido). Forse ero morto? Un fastidioso pizzicore alle ciglia mi invitava a credere di no. Per una reazione involontaria i globi oculari ruotarono all'indietro e fu come essere colpito da una manciata di sabbia. Mi ritrovai in un buio perfettamente rosso nel quale si agitavano ectoplasmi. Fantasmatiche figure liquide e verdi. Una linea verticale. Un'altra orizzontale la tagliò nel mezzo formando una croce. Dal braccio sinistro si allungò un tratto verticale fino a raggiungere in altezza la prima. La croce s'era trasformata nel numero 4.

Venni gradatamente pervaso da un senso di spossatezza. Era la morfina o qualche altra cosa che finiva in *-ina*, come la chiamava lui. Mi sarei ritrovato davvero con un quarto di zampa in meno? Non avvertivo tensione né paura, come se la situazione riguardasse qualcun altro. Ero sereno più di sempre. Sereno in modo preoccupante.

Si fermò a metà del corridoio, all'altezza di un'antenata ritratta con dovizia di collane e gioielli e un'acconciatura improbabile, con l'evidente scopo di convincere l'osservatore che non si trattava di un uomo. Conoscevo bene quel quadro come anche quelli più bizzarri.

Inclinò la carrozzina all'indietro e fece mezzo giro sulle ruote posteriori. Rividi il corridoio appena percorso e le tracce delle ruote sul tappeto esausto. Dovevano essere ruote piccole e di gomma piena. Un rumore legnoso di sfregamento seguì una serie di piccoli scatti metallici. Qualcosa girò come una trottola o una roulette. I due rumori si alternarono per qualche secondo. Scatti metallici e roulette che gira, scatti metallici e roulette. L'intero ambiente ruotò intorno a me di 180 gradi. Il pannello con il quadro della vecchia era stato staccato e appoggiato sul muro opposto, scoprendo una porta in acciaio profonda come quella del caveau di una banca. Venni spinto all'interno ma... la stanza era vuota! Completamente rivestita in acciaio satinato, poteva essere lo showroom di Jean Paul Gaultier. Nonostante l'odore di cera d'api e d'incenso, alle pareti spiccava una tecnologia discreta e non invadente: monitor, quadranti, misuratori di pressione e di umidità, oscillometri.

«Ed ecco a voi...» disse Höhne alle mie spalle, in stile annunciatore del Madison Square Garden.

La camera blindata ruotò in senso antiorario (cioè la carrozzina ruotò in senso orario, cioè io) e vidi un trono.

Non potevo non credere ai miei occhi perché erano l'unica cosa che funzionava, ma sul trono c'era una mummia.

Mi accarezzò la testa. Appoggiò le mani sulle mie spalle e con le labbra incollate a un orecchio sussurrò.
«Le presento Nyby.»

173.

Aveva dato voce allo stesso grido muto che risuonò unicamente al mio interno. Non volevo guardare ma le mie azioni erano state immobilizzate da lui e non potevo staccare il cervello dagli occhi.

Come aveva potuto in pochi giorni ridurre così un essere umano, l'unica persona buona in quel mondo di pazzi?

«Come sono riuscito a ridurlo in questo modo tanto in fretta?» disse con le mie stesse parole. Fino a poco tempo prima sarei rimasto impressionato.

«È una bella mummia, vero? È invecchiato, è antico. Nota la pelle sottile? Ma non è merito mio, no... solo merito del tempo. Il fatto è che quest'uomo non è il Nyby che conosce lei ma quello del '38. Suo padre.»

Questa volta rimasi calamitato. Anche se avessi potuto chiudere gli occhi o schivare con la testa non avrei smesso di guardare. Ero incredulo, terrorizzato, senza respiro, atterrito, sbigottito. Urlai un interminabile "Nooooooo!" che non uscì dalla mia gola. Mi sbattevo e mi sbracciavo, mi dilaniavo con tutte le mie forze, ma restavo immobile come una scultura chimica.

Il padre di Nyby era stato orrendamente torturato e sgozzato. Il mio amico aveva ragione su tutta la linea. Mi sentivo in colpa per non avergli creduto. In realtà gli credevo fino a un certo punto, oltre non potevo andare, anche perché non potevo fare nulla per aiutarlo. Mi pare di avergli detto cose ragionevoli –

"vai dalle autorità" – ma entrambi sapevamo che non avrebbe concluso niente. Nonostante questo non gli avrebbe mai fatto del male, il suo alto senso morale glielo impediva. Höhne si era difeso inutilmente.

Non sono un parente né un amico di famiglia ma sarò l'unico a vedere il cadavere suo e di suo padre.

«Come vede» riprese, «il corpo è intatto. Cioè intendo completo. Le quattro parti nelle quali l'ho diviso secondo gli antichi riti di sangue – conosce le *Pasque di Sangue*? Un giorno gliene parlerò. Le quattro parti, dicevo, sono sue. Appartengono al suo corpo. Squartato in quattro – ripetizione inutile perché "squartato" significa già "tagliato in quattro parti" – è stato poi ricomposto.»

Fece una pausa, avvicinandomi all'orribile scheletro con la pelle. Una pelle scura e bruciacchiata, martoriata, più volte tagliata e rimarginata, infine ricucita addosso lasciando in evidenza i segni di frustate, ulcerazioni da contatto elettrico, marchiature di svastica a fuoco. Gli occhi erano stati tagliati in varie fette e poi ricomposti. Le due cornee sezionate al centro in orizzontale, pupilla compresa. Non riuscivo a immaginare come potesse averlo fatto senza ucciderlo. Pregai mentalmente che fosse successo dopo che era morto, anche se le speranze in questo senso... Le cuciture di orecchie, naso, dita e altre parti secondarie del corpo erano state evidenziate in arancio fluorescente, come nel disegno dei tagli di manzo illustrati nelle vetrine dei macellai.

«Vede il segno della mitragliata?» disse indicando una fascia nera come una cintura appena sopra il bacino. «Ha idea di quanti proiettili devono essere sparati per segare così un corpo umano? E con quanta rapidità? E poi i macellai saremmo noi!»

Non pensavo, eppure ero lì. Avevo anche gli occhi aperti, ma non vedevo più.

Mi girò via da quello scempio. Il caveau ruotò nel senso opposto e mi ritrovai nel corridoio, spinto nella direzione dalla quale eravamo arrivati.

«Apprezzato l'incenso e le candele d'api?» Naturalmente sapeva che non potevo rispondere. «Era doveroso per un soldato come lui. Un eroe. Peccato che era dalla parte sbagliata. Ma a posizioni invertite avrei fatto lo stesso.»

Idiota. Perché non provi?

All'altro capo del corridoio l'ascensore era aperto. Jaksche teneva aperte le antine.

«Sì, il capitano Nyby è stato ricomposto. È l'unico integro nel Walhalla. Non si stupisca, presto le sarà tutto chiaro.»

Quando fummo nell'ascensore Jaksche chiuse le porticine e si avviò per le scale. Vidi la mano di Höhne schiacciare un tasto. Non distinsi quale. Il trabiccolo salì di un piano.

174.

Un suono sordo e gracchiante mi scaturì direttamente dallo stomaco insieme a ciò che stavo buttando fuori, deformato dalla bocca fuori sede. Il sapore schifoso che mi graffiava il fondo della gola mi costringeva a tossire, mentre il rigurgito di vomito e di rabbia mi impediva di parlare. Stavo per soffocare. Mi forzai a tenere le labbra chiuse cercando di prendere fiato dal naso. Höhne rimbalzava gli occhi fra me e la sua creazione.

Aveva infierito su di lui ancora vivo fino a esaurire la propria rabbia e l'odio verso se stesso solo dopo averlo finito? E questo aveva una qualche importanza? O era solo un dettaglio? Quando il dolore supera una certa soglia non lo si avverte più. In una situazione disperata la mente abbandona il corpo prima che il corpo faccia lo stesso con lei e si concentra sulla ricerca di una via d'uscita con tanta più forza quanto meno sembra possibile trovarne una. Saltano le sinapsi. Quando in *Zanna Bianca* di Jack London il ghiottone, una specie di piccolo orso, cade nella tagliola del bracconiere, non esita a mozzare coi denti la zampa imprigionata pur di salvarsi la vita. Com'è possibile giungere a tanta selvaggia determinazione? Come può la sola forza di volontà procedere nonostante il dolore? Perché l'unica cosa che conta più di ogni altra è la vita. Essa è più di una zampa, di un occhio, dei denti, è più della somma di tutti i suoi componenti. La vita è al di sopra di tutto, più in là di noi stessi.

Soltanto l'uomo, fra tutti gli animali, teme la morte in misura tale da distruggere la propria esistenza invece di limitarsi a viverla. L'elefante malato sente la morte avvicinarsi e le va incontro per fare più in fretta e non pesare sul resto del branco. Si allontana dai suoi simili e si lascia andare. Difende con ogni risorsa la propria esistenza e lotta fino all'ultimo istante, ma quando sente giungere il momento lascia che la vita continui nei figli che ha partorito, nella propria specie, e si mette da parte. Passa il testimone, il branco sta sopra la vita del singolo.

Anche i cani si comportano allo stesso modo. Quando sono malati o stanno per morire si allontanano in un gesto estremo di tale dignità che solo pochi esseri umani dimostrano di possedere. L'animale sa di essere una parte del cammino di tutta la propria specie, in viaggio anche grazie a lui verso una meta che sarà privilegio di qualcun altro raggiungere – se poi sarà davvero un privilegio, se questa meta c'è e dove si trova nessuno lo può dire.

L'uomo è l'unico animale a godere della disperazione del libero arbitrio e del privilegio di un cervello che non sa rispondere alle domande che lui stesso si pone.

L'uomo sa di esistere, è questa la jattura. Conosce unicamente la sensazione di essere e ignora cosa vuol dire non esistere, non avere un esterno nel quale specchiarsi e presentarsi a se stesso. Non sa che vuol dire non essere – o non lo ricorda.

Siamo sempre tanto fieri di ordinare il mondo secondo la nostra struttura mentale, illudendoci di capire e controllare. Non accettiamo di aprire gli occhi su questo puntino sospeso in un'enormità apparentemente vuota e non vogliamo andarcene senza lasciare una testimonianza del nostro passaggio. *Io sono stato qui*, scriviamo su tutte le pietre e i monumenti antichi che troviamo. E sentiamo la voce alle nostre spalle che dice: e chi se ne frega?

Ecco ciò che sto pensando mentre dovrei fare tutt'altro. Reagire. Cogliere al volo quest'opportunità insperata né procurata di sorprendere il macellaio che, attaccato all'amo della propria tortura, non trova il guizzante salmone o il luccio predatore ma un vecchio scarpone appesantito dall'acqua imbarcata. Non ne traggo vantaggio perché sono catatonico all'ennesima potenza.

175.

Si lavò le mani con un pezzo di sapone di Marsiglia.
«Durante la guerra dovevo usare segatura e candeggina» disse dandomi le spalle. «La disinfezione ha la massima importanza. Si fiderebbe di una sala operatoria con le cimici? E di un'auto con le cimici? Pensi che a me è capitato con la mia Mercedes! Quando andaste a Bucarest applicai una cimice sotto il cruscotto per ascoltare la vostra conversazione. Sono tante ore di viaggio, sa? Si tende a confessare molte cose. Ed ecco che la cimice che ho messo era rotta. Sul momento mi arrabbiai molto, ma che sorpresa quando al vostro ritorno la trovai aggiustata! Questo mi fa capire la strategia di Nyby.»
Il blocco di sapone era bianco come una scheggia di manganese, aveva un'apparenza metallica e non faceva schiuma. Il pazzo ripeté l'operazione più volte con pignoleria. Risaliva lungo i polsi e l'avambraccio fino ai gomiti, scrupolosamente, poi ripeteva il percorso al contrario, senza fretta.
Più che pulirsi le braccia pareva consolarle.
Azionò il miscelatore dell'acqua e selezionò un getto molto forte. Gli schizzi gli colpivano il camice e bagnavano anche il pavimento ai suoi piedi. Non riuscivo a vederlo ma sentivo le gocce cadere sul cemento pesanti e massicce, lo strofinare dei suoi piedi pesanti infilati negli scarponi antinfortunistici con punta rinforzata in ferro, lo sforzo che faceva nel ruotare e spostare il grosso straccio, il tappeto, il sacco o il cazzo che era e che stava lavando.

«Ha idea di chi sia?» chiese, sempre di spalle.

Non risposi. Lentamente si girò verso di me, appoggiandosi al bordo del lavandino. Mi guardava come un professore interroga l'allievo. Aveva voglia di giocare. Voleva che rispondessi sicuro: lei è il signor Höhne proprietario di quest'albergo... ma avevo la mascella bloccata e comunque non avrei risposto.

Afferrò un mazzuolo da picconatore a manico lungo, del tipo che si usa per rimuovere le rotaie dei treni dalle traversine di legno, e si avvicinò fissandomi con occhi persi e velati, senza espressione. Si fermò a un passo da me, sollevò la pesante mazza aiutandosi con una spalla, le fece compiere mezzo giro sopra la testa, prese velocità e la scaricò con violenza, ma giunto a una spanna dal mio braccio destro – i muscoli si ritrassero fino a farmi male, le ossa scricchiolarono – la parabola si abbassò decisamente, e con un rumore assordante tre o quattro colpi violenti vennero assestati alla base di ogni gamba dello scranno. I colpi erano portati con un'energia insospettabile in un uomo che faticava a tenere la pipa in mano parlando dei vecchi tempi davanti al camino. A ogni colpo sobbalzavo finché dopo un breve intervallo, con il rumore acuto della mazza lasciata cadere a terra, venni sganciato con decisione da qualcosa che bloccava la mia sedia e scivolai lungo un piano inclinato. Vedevo altre cose ora, ma solo ciò che rientrava nel campo visivo davanti a me. Höhne aveva liberato lo scranno dalle ganasce o qualsiasi cosa lo fissasse al plinto di cemento, e mi spingeva verso il grande lavandino.

Non volevo vedere cosa contenesse e distolsi lo sguardo.

«Le ho chiesto un parere, non mi vuole aiutare? Fino a oggi è sempre stato così prodigo di pareri! Me bastava un accenno e lei sputa sentenze su tutti argomenti...» Il suo italiano s'era sgrammaticato e l'accento tedesco era divenuto molto forte.

Continuava a spostarmi lentamente verso il lavandino. Grazie alle rotelle di gomma – per nulla rumorose – lo scranno procedeva senza fatica. Mi trovavo più in alto del bordo e fra poco non sarei riuscito a non vedere.

Qualcosa sporgeva su una massa informe e indefinita. Mi costringevo a pensare che si trattasse di un mucchio di coperte o qualcos'altro messo lì a tingere o a lavare. Cercai di chiudere gli occhi ma con terrore mi accorsi di non poter fare a meno di guardare in quel pozzo mostruoso. Non si trattava di coperte né di tappeti o lenzuola lasciate a mollo.

Era un piede.

Mi trascinò con la sedia a rotelle di gomma attraverso l'albergo chiuso. Fuori nevicava.

«È stato suo padre a mandarlo da me, voleva vendicarsi. *È una maledizione...* Sono state le sue ultime parole. Mai ascoltare le ultime parole di una persona che stai uccidendo: ti possono perseguitare tutta la vita. Quelle sono state le ultime cose che ha detto e il figlio puntualmente è arrivato, ma io lo sapevo. E lo aspettavo. Solo, però. Non avevo calcolato che mi capitasse fra i piedi anche lei. L'ho riconosciuto subito, la prima volta che l'ho visto in mezzo a un gruppo di turisti della domenica. Era l'unico con una faccia da venerdì santo... Un uomo inutile, velleitario. Chi sperava di ingannare con la storia dell'intenditore d'arte? Un cretino, piccola marea di pus nato fuori tempo e fuori posto. Non avrebbe distinto Tiziano dall'imbianchino di Rastenburg che aveva tinteggiato la *Tana del Lupo! Arte...*» Sputò in terra. «In bocca a lui questa parola diventava una bestemmia. Idiota. Voleva solo uccidermi. L'ho sopportato finché non ho avuto la certezza che lei non fosse suo figlio.»

«Io suo figlio?»

«Senza offesa. Ma aveva una sua logica, non le pare? Organizzare qualcosa del genere mi sembrava troppo al di sopra delle sue possibilità, ma non volevo correre rischi.» Mi girava attorno come un falco, descrivendo cerchi concentrici ogni volta più stretti, sempre di più, ogni giro era più vicina la sua faccia stravolta.

«Non l'avrebbe mai uccisa» dissi. «Credeva nella legge. Voleva trascinarla davanti a una Corte e che le venisse fatto un regolare...»

«Voleva che mi uccidesse un altro al posto suo per non perdersi lo spettacolo né la verginità! La giustizia è la scusa inventata dalla democrazia per ammazzare senza avere incubi! Come puoi sopravvivere se non hai il coraggio di uccidere? È la legge del più forte...»

Uscì dal mio ristretto campo visivo. Lo sentii spostare qualcosa di pesante alle mie spalle, forse un'antica madia in legno massiccio come ce n'erano parecchie nell'albergo – facevano tanto "vecchia Transilvania". Poi il trascinare stridulo e pesante di un oggetto metallico. Una scatola, pensai. Lo scricchiolio del coperchio, che ruggine e ammaccature rendevano simile al latrato di una cane al quale veniva aperta a forza la bocca. Höhne trascinò i passi e si lasciò cadere sulle mie spalle piegandomi in avanti contro le corde che mi legavano, il suo fiato sulla nuca. Mi passò la lingua calda e schifosa sul collo, lentamente. Una viscida serpe che mi scivolava addosso. Istintivamente mi ritrassi e la torsione mi acceccò con un lampo che mi percorse il corpo come una scarica elettrica. Avevo l'impressione di indossare una corona fatta di lamette da barba messe di taglio tutt'intorno alla testa in modo che al minimo movimento mi penetrassero nelle tempie, ma mi sbagliavo. Erano frammenti di uno specchio, lo specchio antico che Höhne teneva nello studio e che mentre ero privo di sensi aveva rotto in mille pezzi, nei quali godeva a vedere la propria immagine riflessa e moltiplicata. Sulle pareti luride e ricoperte di un immondo strato di grasso si rincorrevano fino ai lati estremi della stanza originando angoli astratti e luci come di un infelice Luna Park, parodia di una giostra, caleidoscopio morboso e stonato.

Appoggiato sulle mie spalle premeva con tutto il peso del corpo. Lentamente allungò le braccia strusciando fra le orecchie e lo zigomo, costringendomi a una postura corrispondente a un mezzo "sì", come se annuissi abbassando una sola volta la testa. Bloccandomi in quella specie di presa mi mostrò una foto color seppia che un tempo doveva essere un bel bianco e nero. La nitidezza era quella delle Hasselblad d'anteguerra a soffietto, in pelle. Le sue braccia corte mi tenevano la foto troppo vicino agli occhi perché potessi metterla a fuoco. Höhne lo capì e la spinse in avanti, ma senza staccarsi da me e perciò non variando la distanza della foto dal mio naso.

«Ora aspetto che arrivi lui, così il cerchio sarà chiuso…» disse con un rantolo di piacere.

Non riuscivo a distinguere il soggetto della foto – forse un uomo – e la pressione di Höhne sui polmoni mi impediva di respirare causandomi un crampo fra le costole.

«Non vedo bene, è troppo vicino» protestai. «Mi sta soffocando.»

Höhne si sollevò bruscamente e in un istante fu di fronte a me. Ero in iperventilazione e la stanza girava. La nausea mi provocò un urto di vomito. Una sostanza acre e molto densa mi risalì fino alla gola. Bruciava.

Höhne teneva la foto a mezzo metro da me, furioso. Ritraeva un Nyby molto più giovane in un prato accanto a uno steccato bianco. Stava abbracciato a un ragazzo che sovrastava di trenta centimetri buoni.

«È il Nyby che conosce lei» disse Höhne, «figlio del capitano. Qui ha dodici anni. Ero certo che un giorno sarebbe arrivato, magari con lo zaino color mimetico tra un gruppo di turisti obesi in calzoncini e scarpe da tennis. Allora lo avrei invitato in ufficio per dargli il benvenuto e gli avrei parlato un po', come con lei, poi…»

«Come ha fatto?»

«È sicuro di volerlo sapere?»

176.

«Lei non mi crederà ma i primi a fare lavaggi del cervello di massa sono stati i cristiani evangelici revivalisti nell'America nel Settecento. Il predicatore Jonathan Edwards scoprì casualmente tecniche che raffinò e utilizzò nella crociata religiosa in Massachusetts. Non molto più tardi Charles Finney ottenne strepitose conversioni di massa a New York. Pionieri. Il primo scienziato a trattare la materia fu Pavlov e Lenin utilizzò i suoi studi per diffondere il comunismo.»

Mi guardava come un giocattolo nuovo.

«Ci sono molti sistemi, almeno quanti colori sulla tavolozza di un pittore. Mai fermarsi al primo che si trova! Si lavora sulle emozioni fino a ottenere livelli abnormi di collera, angoscia, eccitabilità, tensione nervosa. Lo scopo è aumentare la suggestionabilità. Le funzioni del cervello vengono alterate con digiuni, difficoltà fisiche, modificando la respirazione. Si rivelano segreti terrificanti a pazienti impreparati. Forti variazioni di luce, effetti sonori, odori, sostanze psicotrope. Ma non vorrei annoiarla, abbiamo tante cose ancora da fare... Comunque ci tengo a dirle che io non sono cattivo, nel senso comune del termine. Ne converrebbe anche lei se pensasse ai complessi di colpa ingenerati negli individui, come il peccato originale che ognuno si trova appena nato. Pensi alla Sindrome di Stoccolma, per la quale la vittima subisce il carnefice tanto da esserne attratto sessualmente. Con me questo non le capiterà, glielo posso assicurare...»

Rideva beato della cagata appena detta.

La sola ribellione concessa era non rispondere. In certi momenti si impara ad accontentarsi di quello che si ha.
«Sa chi era mio compagno di corso?»
Non trovai niente di meglio che mostrargli la lingua. All'asilo funzionava, ma lì non fu di grande efficacia. Una scossa elettrica mi percorse la spina dorsale dall'attaccatura dei capelli all'osso sacro. Una cosa fulminea. Dolorosa ma soprattutto convincente. Le gambe si sollevarono da sole e cominciarono una danza da tarantolato senza volontà né sforzo da parte mia. Non avevo controllo sul mio corpo e non avvertivo nessun dolore a parte un calore crescente che si andava diffondendo nella schiena e che era quasi piacevole come un massaggio. Ma la cosa che mi impressionò e al momento mi provocò un'ondata di terrore incontrollabile fu il notare che Höhne non s'era mosso di un millimetro dalla sua posizione. Non aveva neppure cambiato postura. Continuava a fissarmi con le orbite vuote – forse era il suo modo di concentrarsi – e abbracciava con un solo sguardo l'intero complesso della mia faccia. Spulciava ogni anfratto per controllare eventuali mutazioni sulla facciata barocca del mio viso, e non parlava.

Il calore nelle spalle era aumentato progressivamente ed era divenuto insopportabile. Adesso provavo dolore. Piuttosto forte. Mi stavo gonfiando come un canotto, gli occhi spingevano per uscire e mi stava crescendo una enorme pancia 180° più in là della collocazione regolamentare. Mi venne rovesciata addosso una pentola d'acqua bollente e urlai.

Höhne si scosse dalla trance. «Ah, sì, mi scusi» disse, e il dolore passò, il bruciore svanì.

«Da quando ha cominciato a scottare a quando ha cacciato l'urlo sono passati quarantacinque centesimi di secondo.»

Mi vergognavo di avergli dato soddisfazione per così poco, ma era stato un latrato perché non vedevo nessuna via di fuga. La paura e lo spavento per essere imprigionato in un corpo in fiamme, aggiunto al fatto di non poter controllare nulla di ciò che accadeva, mi avevano gettato nella disperazione e avevo assurdamente cercato di darmi alla fuga buttando fuori tutto il mio interno e tutto me stesso passando dalla bocca. La gola mi bruciava per la forza con la quale avevo spinto un invisibile e pesantissimo cancello di ferro massiccio contro le corde vocali schiacciandole contro il soffitto del palato.

«Caro amico, il dolore, o la sua percezione, è diviso in tre parti: l'attesa, il presente, il ricordo. Passato, presente e futuro. Sentiamo il dolore prima di averlo provato basandoci su esperienze precedenti. Lo soffriamo mentre ci viene inferto. Lo prolunghiamo ripensandoci subito dopo. È una lotta che si può vincere o almeno pareggiare. Nei servizi segreti insegnano una tecnica apposita, strano che Nyby jr non la conoscesse. Il problema è che quando serve ti accorgi che avresti dovuto impararla meglio e molto tempo prima.»

Cosa poteva farmi il nazista paranoico? Tutto.

Cosa poteva combinare col mio corpo senza neppure muovere un muscolo, quando Höhne aveva approntato tutto il macchinario che gli occorreva per realizzare questi trucchi da caravanserraglio? Quanto tempo si può impiegare per legare una persona, com'ero stato legato io, in modo da non concedermi il purché minimo movimento? Avvertivo che la sedia o poltrona da barbiere sulla quale stavo inchiodato mi aderiva alla perfezione così come la struttura che mi reggeva il collo.

Questa e ogni altra componente di quella vergine di Norimberga a semicupio erano state adattate con estrema precisione alle misure del mio corpo. Quella sedia poteva ospitare solo me! Ogni misurazione e adattamento era il calco del mio corpo. Notai allora che le scanalature e gli attacchi per ganci sui braccioli incontravano pignolescamente i miei polsi le caviglie le ginocchia e qualunque altro snodo presente nel corpo umano, e potevano essere così precisi solo se la vittima fossi stata io. Ha preso o fatto prendere le mie misure mentre dormivo ed ero sotto l'effetto di sostanze. Sotto anestesia sono stato misurato e trasportato qui per le prove come da una sarta scrupolosa. Quanti viaggi sono stati necessari fra entrare in camera mia, portarmi qui e riportarmi indietro? E senza farsi notare da nessuno. Nessuno chi? I clienti erano pochi e dopo qualche giorno sono partiti.

«Meglio, ora?» chiese, sempre scrutando da vicino con la lente la mia facciata barocca.

Aveva ragione, lo sbarellato: pur volendolo sfuggire con tutta la mia volontà, continuavo a rivivere il dolore nella mia testa. In quel momento non m'importava altro. Tutta la mia coscienza e la mia voglia di avere una coscienza erano condizionati alla necessità di non provare più quel dolore tremendo, che la mia schiena non scoppiasse come aveva minacciato di fare pochi secondi prima. Fu una riconoscenza impaurita e vigliacca che mi spinse a rispondere. Dissi una specie di preghiera o di frase magica per non farlo tornare più, dissi:

«Grazie».

Era una formula alchemica, un anatema per chiudere il discorso, una resa. Non volevo litigare, non era stata mia intenzione scatenare una rivalità e men che meno una guerra fra noi, io ero di passaggio e Höhne un uomo anziano, malandato nonostante avesse palesato insospettabili riserve di energia, al quale non avevo mai voluto mancare di rispetto. Non m'interessava né divertiva una sfida tanto impari a favore dell'uno o dell'altro, che si tratti di esperienza di vita nel primo caso o di concezioni umanitarie nel secondo. Il mio grazie significava "ho capito e apprezzato, ora vogliamo tornare ognuno nei propri appartamenti?". Ma Höhne lo prese in un altro modo – o perlomeno credo che sia andata così, dato che, mollando la faccia e sparandomi gli occhi negli occhi, rispose:

«Credo che non siamo ancora arrivati ai ringraziamenti...»

Si fermò davanti a me, i nasi quasi si toccavano. Assumeva spesso questo atteggiamento. Appoggiava le mani sulle ginocchia piegate e avvicinava il suo naso a un centimetro dal mio. Da quella posizione, che mi faceva sentire un vetrino coperto da una coltivazione di batteri, mi dominava con agio godendosi la mia faccia come una gita. Mi osservava con calma domenicale, pennellava sguardi con gli occhi chiarissimi e freddi da husky selvatico che svetta dall'alto di un paesaggio, ma con la scrupolosa perizia di un esperto che soppesa il proprio giudizio su una moneta antica o sul dettaglio di un quadro. Non capisco come potesse mettermi a fuoco da un punto d'osservazione tanto ravvicinato. Io non ci riuscivo, vedevo solo una macchia azzurro chiaro per niente rassicurante e del tutto imprevedibile, ma forse era solo un fatto di abitudine, di motivazioni, e più prosaicamente – ma forse più vicino al vero – di diottrie. Puro meccanismo visivo. Io non esistevo. La muffa esaminata da Fleming non poteva sentirsi meno impersonale di me in quel momento.

«Anche se ogni tanto la lasciavo andare» riprese, «non ho mai perso il controllo. C'erano occhi e orecchie che lavoravano per me. Spiare una persona, vedere cosa fa, studiare gli atteggiamenti e le reazioni e imparare a riprodurli erano esperimenti di routine. È facile giungere a un tale grado di conoscenza e immedesimazione da poter prevedere ogni reazione dell'individuo controllato. L'ho messa al corrente di molte cose. Nyby lavorava davvero per la CIA... il che la dice lunga sulla sua decadenza. È il *politically correct* che ha rovinato l'America. Si preoccupano troppo dell'immagine per far credere di essere buoni invece sono loro la vera piaga, il crogiolo peggiore del mondo. hitler aveva ragione.»

«Io non sono americano.»

«Nyby lo è. E pure ebreo. È il male del mondo elevato al quadrato. Gli mancava solo di essere negro!»

«Sì, ma io non s...»

«Non m'interrompa!» si precipitò quasi sputandomi in faccia. «Non tollero essere interrotto! Si interrompa il suo culo, lei non deve interrompere me!» Era isterico, la vena del collo tesa come la gomena di una nave, un materassino da mare sul punto di esplodere. «Nessuno le ha dato permesso di parlare! Da ore non fa che ripetere nome e numero di matricola e adesso le è venuta voglia di parlare!»

«È lei che parla mentre io sto interrompendo» lo derisi.

Mi tirò un ceffone di straordinaria violenza. Stentavo a credere che uno schiaffo potesse provocare un tale dolore. Lentamente il dolore si affievolì ma il fischio nell'orecchio aumentava facendo risuonare la testa come una campana. Ogni poro della pelle era percorso da scariche elettriche e una diffusa eccitazione nervosa provocava tremolio ai muscoli facciali. La faccia è delicata, cazzo di un cretino!

«Ho due notizie per lei: una bella e una brutta» disse scattando sull'attenti. «Quale vuole per prima, capitano Nyby? Mi sente? Da quale dei due orecchi non sente più? Uno solo dovrebbe bastarle... Ha voluto lei che glielo strappassi, io mi accontentavo di un nome ma per lei non era uno scambio equo. Allora che mi dice? Niente? La notizia bella è che fra poco ha finito di soffrire e quella brutta è che sono arrivati gli Aaaaaamericani!!! Po po pooo pooo pooo ppòòò...»

Prese a cantare sciaguratamente l'inno americano. Marciava e sbraitava come un coscritto la sera prima della naja e in breve raggiunse il massimo dell'acuto. La voce si sgranava, arrochita nella caricatura di un folle ubriaco incazzato e senza più voce dopo una notte sudata per bettole a cantare canzonacce. Ma era una misera caricatura, perché sapeva benissimo ciò che stava facendo, era una recita aggressiva calcolata a mio esclusivo beneficio, per impressionarmi e limare le mie difese come si fa con l'osso per controllare la stagionatura del prosciutto.

Incombeva alle mie spalle. Continuava impettito a fare il passo dell'oca come un bambino col tamburo di latta e il volto acuminato. Poteva gettarsi su di me in qualsiasi momento con un'ascia da taglialegna, una sega elettrica, un martello, con una siringa di mezzo metro, un enorme machete amazzonico oppure poteva inocularmi un invisibile batterio di antrace. Con un dosatore per sciroppo da tosse poteva fami cadere sulla testa o nelle orecchie acido solforico centellinato goccia a goccia o rovesciarmene addosso un catino da cinque litri...

Non saprei dire quale fantasia macabra sia più sviluppata, se quella del carnefice o quella della vittima nell'attesa spasmodica e impotente del proprio incenerimento.

Qualunque fine faccia, la vittima pensa sempre qualcosa di peggio.

Il portatore sano di batteri ariani malati batteva i tacchi sul pavimento della cantina, terminando puntualmente contro la parete dalla quale veniva respinto e contro la quale dopo mezzo passo ritornava a sbattere come un robot giocattolo con il telecomando inceppato. Era impressionante anche senza vederlo ma sapevo che quello spettacolo era tutto tranne che isterico o folle. Ogni gesto, ogni singola azione era lucidissima nella sua mente ed eseguita per il completo smantellamento del mio equilibrio mentale.

«Sono arrivati gli Aaaaaamericaaaaani a salvarlaaaa!!! Pensi: un intero manipolo solo per LEI! Per lei!, capisce capitano Nyby? *Solo per lei*! Dev'esserne orgoglioso, vero? Non lo è, forse, orgoglioso, di tanta pena che si danno i suoi capi per recuperarla?»

Nella paranoia era tornato indietro di sessant'anni e parlava col padre di Nyby. Riviveva il giorno in cui il commando dell'OSS aveva salvato la vita a... Nyby senior! Quel giorno Hans Höhne era stato ucciso dagli Alleati, come poteva trovarsi qui?

Sentivo le sue mani sulle spalle e sul collo l'alito marcio per le stesse pastiglie eccitanti e gli intrugli narcolettici dati a me ma con dosi e finalità ovviamente diversi.

Realizzai di non avere sensibilità lungo la schiena. Nelle tante occasioni in cui s'era avvicinato poteva avermi fatto qualsiasi cosa. Non riuscivo a non pensare. Mi aveva sodomizzato. Mi aveva infilzato degli spilloni nella pelle o rigirato una pinza su per il culo godendo della mia totale mancanza di sensibilità. L'assenza di dolore fisico che avevo apprezzato come una benedizione era dunque una beffa ai miei danni... Forse mi aveva tagliato – mi assalì il consueto conato di vomito – poteva avermi mutilato. Come potevo sapere che non si era tenuto un pezzo del mio corpo? L'avevo visto fare all'assassino della donna in Moldavia. Aveva tagliato per sé una mano o un braccio... o tutt'e due. Le teneva in ufficio, in cassaforte, in camera sua...

Con la testa e il collo saldamente immobilizzati non avevo modo di vedere al di fuori del campo visivo limitato dal ruotare dei miei occhi . Quello che potevo osservare era una porzione minima dello spazio sconosciuto e buio a cui voltavo la schiena.

Provavo la sensazione imbecille di essere circondato da un uomo solo.

Non riuscivo a respirare e quando vi riuscivo con grande sforzo subivo profonde pugnalate che mi lasciavano stordito e incapace di qualsiasi movimento. Mi aveva tagliato i polmoni? Il pensiero mi paralizzò. Mi forzai a pensare ad altro. Ultimamente ero stato bombardato con dosi massicce di droghe (o forse aveva cominciato molto tempo prima per un lento e progressivo avvelenamento?) e comunque non potevo farci niente: era ormai lui a controllare e manipolare le mie percezioni, provocandomi dolore o sollievo a suo piacimento.

Mi leccò lascivamente un orecchio giocando con la lingua, poi lentissimamente e con un filo di voce, «Peccato, s'è fatto tardi» disse. Mi diede un lungo bacio su una guancia bagnandomi schifosamente. «Questo è il segreto...»

Si ritirò senza che fossi riuscito a vedere la sua ombra né una minima parte del suo corpo. Era sempre rimasto abbassato sfuggendo con facilità alla portata limitata del mio campo visivo.

All'improvviso mi comparve davanti e potei assistere a una elaborata metamorfosi. Cominciò a roteare su se stesso e a prendere velocità come un derviscio. Emetteva un lamento costante passando dal tono basso all'acuto e diventò un'altra persona.

Da ore ormai il mio cervello aveva rinunciato a pensare e registrava ogni cosa come un portatile low-fi.

Poi all'improvviso, così come aveva cominciato, Höhne smise di girare su se stesso ma senza riuscire a fermarsi. Perse l'equilibrio e sbandò andando a sbattere contro un armadietto di ferro che non avevo notato. Finì col culo per terra ma la sua mente continuava a girare. Sbatteva le braccia contro il metallo con un rumore ritmico che andò rallentando fino a fermarsi. A quel punto si alzò e prese a camminare intorno a me scompostamente, impegnandosi in un discorso in tedesco deformato e urlato.

(tentò di alzarsi ma ricadde)
(riuscì a raggiungere una posizione semieretta appoggiandosi al tavolo *da lavoro*)
(riuscì a stare ritto senza bisogno di appoggio)
(tentò di camminare traballando paurosamente)
(tentò il saluto nazista che gli fu fatale: alzò una gamba per battere i tacchi ma l'altra scivolò rigida all'indietro e finì a sbattere tremendamente la testa sul pavimento; uno scricchiolio di ossa; giacque immobile in quella posizione; dalla nuca usciva un rivolo di sangue)

"Non morire!" pensai al massimo volume possibile. "Se muori non mi trova più nessuno!"
Costretto a tifare per il mio assassino, che situazione d…

Il conte si rialzò, un rozzo automa alimentato a odio. In equilibrio precario e incespicando a ogni passo si diresse alle mie spalle urlando come Goebbels dal palco di un'adunata.
«Forse la stampa ebrea a Londra e Washington vede la guerra in modo diverso da come la vedono i tedeschi!» Riconobbi il discorso di Goebbels di cui aveva il disco in ufficio. «Forse perché non hanno mai sofferto in prima persona. Non v'è dubbio… che l'atteggiamento del nazionalsocialismo… non è cambiato. Noi tedeschi… stiamo… compiendo…»
Il ritmo declamatorio era rallentato. Lo sentivo barcollare e stantuffare come un mantice. Forse si stava medicando la ferita.
«… compiendo il nostro… dovere… combattendo e lavorando con dedizione mai vista e ponendo sin d'ora le basi certe della nostra vittoria. Non ci sarà regalata. Possiamo solo meritarla con il grande sacrificio nazionale di noi tutti senza eccezioni!»

Ci fu un attimo di silenzio poi si presentò a mezzo metro da me rivolgendosi in inglese con forte accento romeno. Una candida benda gli circondava la testa all'altezza della fronte. Mi guardava con odio.

«Questo è il segreto: è finita! Ormai anche se si fosse deciso a dirmi ciò che volevo sentire, il tempo è scaduto! Le ho strappato le unghie delle mani e non ha parlato. Non vedrà più da quest'occhio, lo sa, vero? Il buco è meno grave, può sempre farsi crescere i capelli ma il Borsalino le starà sempre storto. Lei però non è un tipo vanitoso, capitano Nyby. A lei interessa solo *der Judenland...*»

Sbattei gli occhi e con fatica mossi il cuoio capelluto per sentire la presenza delle orecchie. Sembrava che ci fosse tutto, non ero io il viso insanguinato che contemplava da vicino, sorridendo con un sorriso impasticcato. Non ero io l'opera d'arte della quale delirava, ma il padre di Nyby.

Prese a girarmi intorno. Biascicava in modo impressionante in un inglese irriconoscibile ed estremamente rozzo. Le parole uscivano con difficoltà dalle mascelle serrate, l'accento alternava il tedesco al romeno. Sembrava regredito, non più padrone della lingua. I lineamenti, al contrario, s'erano rilassati, una luce mai vista gli accendeva lo sguardo rendendolo più acuto e penetrante. Era più energico e si divertiva. Era ringiovanito. Nel fisico curvo e rallentato si poteva indovinare il vigore e la tracotanza di un tempo.

Il tempo era un assordante autotreno in retromarcia e Höhne il solo passeggero. Mi cingeva d'assedio come un'isola serrandomi in cerchi sempre più stretti. Parlava con tono autorevole in un coacervo di lingue, tedesco inglese francese croato russo romeno persino latino e greco, delle quali forse solo il romeno era corretto. Parlava parlava parlava e non staccava gli occhi dai miei con espressione di volta in volta beffarda e minacciosa, provocatoria e innocente, comprensiva e rassicurante, senza mai alzare la voce.

Mi trovavo di fronte un esperto domatore di uomini che aveva perfezionato la sua oratoria al punto di darmi l'illusione che tenesse alla mia vita e mi pregasse di salvarmi per amor suo dandogli l'informazione che voleva.

Io naturalmente non avevo la minima idea su niente che avrei potuto dire.

L'assoluta padronanza dei gesti lenti e il tono sempre controllato della voce sortivano maggior effetto di qualsiasi urlo. *Io sono a casa mia e non ho fretta*, mi comunicava. *Aspetto finché i tuoi occhi imploreranno pietà: a quel punto o parli o ti uccido.*

Ero legato e parevano possenti gomene di un veliero quelle che mi stringevano gambe, braccia, mani e qualcosa di metallico e freddo, che non riuscivo a immaginare, mi bloccava torso, collo e vita. I polpacci erano spinti contro il ferro della sedia e non potevo ruotare la testa. Il pazzo poteva farla finita quando voleva e forse proprio in quell'istante stava alla mie spalle preparandosi a farlo.

Ma forse il vero pazzo sono io. L'eliminatore mi sta eliminando ma io come vittima non faccio una piega. Dev'essere una situazione inedita nella sua carriera di torturatore. Non può accettare il mio comportamento senza allarmarsi, è più logico intuire una strategia. Interpreta come coraggio ciò che in realtà è solo incapacità di reazione. Che tra l'altro dipende da lui e dalle schifezze che m'ha propinato.

È incredulo e reagisce urlando. Urla per non sentire la mia voce, con la differenza che io non ho aperto bocca, ma il mio silenzio è la risposta peggiore, quella che non aveva calcolato. Urla per riempire il vuoto tra progetto e realtà. Urla anche per conto mio.

Nei suoi occhi vedevo chiaramente il terrore e mi avrebbe ucciso pur di farselo passare. Stava esercitando su se stesso il terrore che infliggeva alle sue vittime. Lo sapeva incutere agli altri ma non aveva gli anticorpi per tollerarlo su di sé.

Non voleva togliermi la vita ma vedere dipinto sulla mia faccia il dolore che mi dava. Voleva portarmi alla follia attraverso la tortura e il primo passo per riuscirci era togliermi il controllo, ma stavolta inaspettatamente non ci riusciva.

«Non parli più, eh?»

Mi osservava con estrema concentrazione, lui scienziato io topo di laboratorio. Mi entrava negli occhi per capire dov'ero andato a finire, in quale piega del mio inverno mi ero nascosto. Capiva che quello che vedeva non ero io, e questo lo eccitava perché gli rafforzava lo sdoppiamento folle grazie al quale mi aveva trasformato nel padre di Nyby, che nel '38 era più giovane di me adesso pur essendo il padre di Nyby che a sua volta poteva essere mio padre.

Si stava perdendo nel suo personale gioco di specchi.

Mi si era avvicinato scrutandomi come i tanti abbaini controllano la città dall'alto dei tetti cattivi e minacciano i loro segreti spiando quelli altrui.

Si sporgeva da un sottotetto angusto fino ad appoggiarsi naso a naso su di me. Io vedevo un occhio solo nato dalla somma dei due, tanto vicini da impedirmi di focalizzare.

«Ehi, c'è qualcuno?» chiamava amplificando con le mani. «Ti sei nascosto in soffitta, vero, *caro amico*?»

Silenzio. Non era tattica, ma semplice distrazione: la testa scollata dal corpo e il cervello dalla testa. Ciò che immaginavo diventava concreto, al contrario di ciò che vedevo, che diventava immaginario. L'attenzione si scollava continuamente dalla mia volontà.

Ora basta, sono stanco di aspettare. Mi addormentai.

«E poi Nyby, diciamo la verità, era così noioso...»
Accende la pipa e tira qualche boccata di fumo chiaro.
«Vuole un consiglio, caro amico?»
(Sempre 'sto cazzo di *caro amico*...)
«Non sia mai noioso. Glielo dice una persona tollerante. Niente è più mortale della noia.» Controllò la miscela di tabacco dolciastro e mi guardò da sotto in su. «Niente, nemmeno la morte.»

Vidi confusamente che mi iniettava qualcosa in un braccio.

«C37. Derivato farmaceutico di stupefacenti. Stimola i tessuti corticali e favorisce il ritorno della memoria.»

Aprì una scatola di bachelite, materiale che oggi non si usa più. Doveva avere la stessa età di quel rifugio. Materiale di guerra. Il liquido era contenuto in flaconcini di vetro scuro chiusi da tappi in alluminio rosso.
«Resisterà molto più di quanto immagini, vedrà!» Agitò vigorosamente il flaconcino. «Questa è forza sovrumana concentrata. Amfetamine di guerra. Proibite nel 1945. Alza incredibilmente la soglia di sopportazione del dolore e donano le forze di un superuomo. Si sentirà invincibile.»
«Mi sento già invincibile, cretino.»
Incredibilmente avevo parlato.
«Infatti gliene ho già date in altre occasioni.»
«Mi ha sentito!»
«Certo, gliel'ho detto.»
«La prenderanno e di lei non rimarranno neanche le iniziali.»
«Se il mondo che volevamo costruire è ancora alla nostra portata, che ci importa della giustizia o delle indagini della polizia? Siamo noi la giustizia. Siamo noi la polizia.»

Non so dire quanto tempo siamo rimasti in quel colon di sotterraneo. Dico *siamo* perché era una vita a due, sempre insieme, come amanti o indefessi collaboratori. Giorni, forse mesi.
Passavo dal sonno alla veglia e confondevo i due stati di coscienza, incapace di formarmi un chiaro ordine cronologico. Ricordo come recenti cose avvenute molto prima, e viceversa. Neppure l'abbigliamento del vecchio nazista mi aiutava, perché era vestito sempre nella stessa maniera. Senz'altro possedeva una serie di abiti identici, come Eric Satie che vestiva costantemente di nero, e non li distinguevo perché scelti appositamente per non darmi riferimenti.

«La tecnologia al servizio dell'uomo e del progresso! Il polonio 210 viene venduto su Internet a chiunque possegga una carta di credito, con prezzo scontato e consegna a domicilio. Per ottenere questa levigatezza di pelle ho iniettato a Nyby la resina espandente più potente al mondo, anche questa ordinata via Internet. È reclamizzata anche da una radio italiana.»

Non si può giudicare un uomo con metro umano in circostanze non umane.

177.

Fuggii con la mente il più lontano possibile. Era l'una di notte ed ero con Enikö nel bar in via del Tritone. Lei aveva ordinato un'insalata ma non aveva ancora toccato il piatto.
«Se non usi la bocca per mangiare ti bacio» minacciai.
Rise.
«Ti faccio una domanda personale.»
«Quanto personale?»
«Hai deciso di tornare da sola?»
«Ho già detto che non parliamo di queste cose.»
«Poi non te lo chiedo più ~~finché non ti metti con me~~.»
«Dici sempre che non chiedi più e poi chiedi sempre!»
«Visto che non mangi, posso mangiarti io?»
Sorrise e affondò *la fourchette dans la salade*.
«~~Perché non vuoi ammettere che impazzisci per me?~~» non dissi. «Parliamo di una cosa nuova» dissi.
«Sì. Comincio io: che è che hai più paura?»
«Di cosa ho paura?»
Annuì.
«Di niente.»
«Mai avuto paura?»
«No.»
«Nemmeno da piccolo?»
«Una volta, ero in seconda media...»
«Quanti anni avevi?»

«Ventuno.»

Scoppiò a ridere come si stappa uno champagne.

«Dài, seriamente...»

«Seriamente. Ero bravissimo. Un vero fuoriclasse. Infatti seguivo le lezioni da fuori della finestra. Si stava benissimo, soprattutto d'estate. E d'inverno la polmonite mi dava la scusa per saltare le interrogazioni. Alle medie ero superiore alla media, alle superiori ero inferiore alle elementari. Avevo un QI incredibile. Sai che con il QI di 145 sei considerato un genio? Io però non mi sono mai considerato un genio. Infatti avevo molto meno di 145.»

«Quanto avevi?» rideva ancora.

«Niente.»

«Come *niente*?»

«La macchina non si muoveva.»

«Che machina?»

«Quella con la lancetta per misurare l'intelligenza. Una volta sola s'è mossa e se n'è andata a casa.»

Un tozzo di pane le andò di traverso.

«Cianotica sei irresistibile» incoraggiai. «E sempre con un bel sorriso!»

Rideva, respirava a fatica e cercava di farmi tacere. Per un attimo pensai di ucciderla così. Poi l'occasione passò – *io la lasciai passare*. Non sono protagonista fino a tal punto: ci avrebbe pensato il tempo a farla fuori, come tutti gli altri.

Una botta sulla schiena e si riprese.

«Volevi farmi fuori, eh?» disse schiarendosi la voce.

«Morire ridendo sarebbe stato molto cordiale da parte tua.»

Attesi che si fosse ripresa completamente – non dico *ricomposta* perché scomposta non è stata mai.

«Vieni a casa mia o preferisci andare in coma da qualche altra parte?»

«Parliamo di cosa seria» disse appena la respirazione ritornò normale.

«Un po' di cultura. Chi è la persona col più alto QI della Storia?»

«?»

«Tutti.»

«Cioè?»

«Se tiriamo una riga all'altezza del mio QI, tutti.»

«Ora devi dire!» mi afferrò la carotide e finse di strozzarmi.

«Goëthe» dissi. Lasciò la presa, soddisfatta. «E il cervello più grosso?»

Enikö si scoccia come solo una grande ballerina saprebbe scocciarsi.

«Un russo» rivelai. «E non è Shevchenko.»

«Shevchenko ukraino.»

«Turgenev. Aveva un cervello enorme. Ecco perché andava in giro senza cappello.»

«Fai altre domande!»

«Allora, vediamo un po'… Chi ha il QI più alto?»

«Me l'hai appena detto!»

«Della Storia. E della geografia?»

Sorrise, fregata dal giochetto.

«Io. Ce l'ho dappertutto il mio QI: sul naso, nelle orecchie, ce l'ho qui, là, a casa mia, a casa tua. Cosa dici, a casa mia o a casa tua? Sennò possiamo andare in albergo…»

Faticò a riprendere il controllo dei muscoli facciali. Eppure era un'atleta.

«Tu non hai paura di niente.»

«Io? Ho paura che non la smetterai mai con 'sta menata dell'amicizia. ~~Ho paura che non staremo mai insieme~~ No.»

«La mia paura più grossa è prima di morire accorgermi che ho sbagliato tutto nella vita.»

«Te ti ammiro. Hai una personalità decisa, dai poca confidenza, non fai niente se non sei convinta, sei una grande lavoratrice, sei bellissima…»

«Checcéntra questo?»

«Non è mica facile trovare una grande lavoratrice bellissima!»

«Tutte mie amiche sono così.»

«Grandi lavoratrici.»

«Bellissime!»

«Dimmene una!» la provoco.

«Veronica» e protende il mento in segno di sfida.

«Veronica?»

«Che? Vuoi dire che non è bella?»

«Ah… allora ammetti di essere bella!»

«Umpf!»

È cascata nella trappola e ha un gesto di stizza che fa troppo ridere, una specie di "uffa" infantile in ungherese. Ma è tutt'altro che una bambina, è uno schiacciasassi, un caterpillar da cava di granito che tiene i lavori più duri ai ritmi più pesanti – senza contare che "caterpillar" significa "millepiedi" e quindi mille gambe. Ma mille gambe così sono difficili da trovare.

Abbassa gli occhi sul piatto e cincischia con l'insalata di pollo, la testa chissà dove.

«Non ce la faccio più.»

«Mi faccio fare un pacchetto per il cane. Ai tuoi ritmi ti dura fino a Natale…»

Sorride triste. Se le chiedo ancora qualcosa arriva il lacrimone. Se non le chiedo niente gliene vengono due. Nel dubbio chiedo il conto.

Più tardi apro la portiera e lei si accomoda di lato con compostezza da abito da sera nonostante i jeans. Non sembra ma ci vogliono buoni addominali.

«È questa precarietà, questa perdita di orizzonte. La gente lo sente… Tutto può accadere ovunque e in qualsiasi momento.»

«Sì. Conosco bene questa cosa. Sono nata in una città segreta.»

«Città segreta! Bello… Mi ricorda *Il Signore degli Anelli*.»

«Mio padre ingegnere. Stavamo in zona di pericolo radioattivo.»

«E poi dicono che la radioattività fa male! Se vengono tutte come te devono venderla in tabaccheria…»

Ride ancora. Rido anch'io, basta poco. Una bella serata. Forse la più bella trascorsa insieme.

178.

«Che cazzo fai!» sbraitò Höhne.

Ero riuscito a sputargli in faccia e capivo di averlo centrato in pieno. Da un pezzo non pensavo a niente ed era diventato estremamente importante ricordare quanti gol aveva fatto Del Piero in carriera pur non essendo una prima punta, se aveva raggiunto i duecento o non ancora. Höhne indossava il solito gilè di mostri. La classica decorazione indiana, con la *yoni* tantrica simbolo femminile di fertilità, danzava ai suoi movimenti trasformandosi in fumetti manga, Pokemon, Tartarughe Ninja, che mi fissavano minacciosi. Tutto quel trasformarsi magari era anche bello, ma nulla poteva essere davvero bello in quella situazione. Zero risvolti positivi, nessuna *Baby Aerodinamica Kolor Caramella* di Tom Wolfe, nessun fiore psichedelico, niente Timothy Leary e nemmeno i Canned Heat con *Goin' up the Country* – o i Mamas&Papas di *California Dreaming* – né tantomeno il *sitar* di Ravi Shankar coi Beatles di *Sgt. Peppers* in *Within You Without You*.

Non era un bel sogno. Non era un sogno. E non era neanche bello.

Il gilè di mostri si agitava molle, tracimava come un proteo fangoso, assumeva forme rivoltanti solo quando lo guardavo, stimolato a mostrare il peggio di sé e vanitoso per lo schifo che provocava.

Una psichedelia indotta allargava l'area della mia coscienza come predicava Ginsberg e mi regalava il biglietto per viaggiare nelle remote pieghe di me stesso, senza inibizioni da volontà addormentata. Mi sentivo tuffare nel mio interno e andare giù, sempre più giù, fino a toccare il fondo e poi ancora più in basso, per scoprire che nei miei più intimi meandri in quel momento c'era lei: Enikö.

Lei che non mi voleva, d'accordo, ma che rappresentava un legame con il mondo reale sufficiente a farmi capire la differenza tra interno ed esterno, tra me e non-me, tra buono e cattivo. Sapere che lei era lì da qualche parte – anche se invisibile – a farmi capire che c'era una via di uscita, mi dava la forza di non disperare mentre continuava la caduta libera in quel pozzo dalle pareti viscide e acquistavo velocità nel classico volo senza appigli del peggior incubo, circondato da vortici di nausea e facce ributtanti.

Poi atterravo bruscamente su un fondo di sabbie mobili calde e vischiose come la febbre di quando si sta male e si salta la scuola. Ricordai che avevo gli orecchioni e mi avevano legato attorno alla testa un cataplasma di etiolo come a quello con il mal di denti nella pubblicità del dottor Kneipp, ed era una puzza stomachevole simile all'odore del fegato che dovevano insistere per farmelo mangiare, ma è l'unica cosa che mi ha sempre fatto schifo – per il resto mangio tutto, tranne quello che non mangio più perché ne ho mangiato troppo. Esattamente come adesso avevo un'indigestione di pensieri nella testa e avrei voluto infilarmi due dita nel cervello per vomitare perché avevo la pancia negli occhi e gli occhi nei piedi, ed ero un insetto molle in un letto molle in una casa molle con una luce molle, e stavo affogando in qualcosa che non è sabbia ma semolino mobile, troppo leggero per far presa e stare a galla e troppo pesante per nuotare, e che mi si attacca addosso perché è calcestruzzo e se non esco subito si secca e ci resto dentro, incastonato come la farfalla nel cubo di plastica trasparente che avevano regalato tanti anni fa a mio padre come fermacarte e lui se n'era subito disfatto regalandolo a me, e mi toglieva il fiato pensare a quella farfalla chiusa dentro lì e mi metteva la claustrofobia, infatti dopo pochi giorni l'avevo spaccato tirandolo contro un muro ma non si rompeva perché non era di vetro e quando finalmente celavévo fatta era tutta secca e con briciole di plastica trasparente attaccate perché l'avevano incollata e potevo solo sperare che non l'avessero fatto quando era ancora viva, e mi aveva dato la stessa delusione quando dopo un'insopportabile attesa era uscito il numero 500 di «Topolino» e siccome era una data speciale avevano fatto una confezione speciale con un regalo speciale: una farfalla vera! Dopo il primo istante di meraviglia perché era bellissima mi aveva messo addosso una gran tristezza – ma che razza di regalo era? – e adesso mi ritornava in mente quel regalo, così bello per un bambino di seconda o terza elementare, ma morto, e tutti questi pensieri mi frullavano in testa e anche la testa mi girava, perché tutto io, al completo, ruotavo intorno a me stesso mentre mi sbattevo nella palude di *Psycho* – quello con Anthony Perkins – e mi ritrovavo tra i caimani, onnipresenti nei telefilm americani in bianco e nero, dove c'è sempre un tizio che vive da solo – e non si sa perché – nel mezzo di una palude su una casa di legno tenuta su da quattro pali malfermi fatti apposta per cadere da un momento all'altro. Nella mia palude c'era un caimano che girava sornione sapendo che prima o poi qualche scemo ci sarebbe caduto dentro o ce lo avrebbe buttato il padrone di casa per far sparire le tracce. In certi casi, però, il caimano non era collaborativo e sputava fuori gli scarponi o gli stivali di gomma e così lo sceriffo capiva tutto ma veniva ucciso anche lui, ma quello dopo di lui si salvava per un pelo, faceva arrestare l'assassino e si sposava la ragazza. Avrei tanto voluto smettere di pensare ma Höhne doveva avermi fatto il pieno perché quel carburante non si esauriva mai e non riuscivo a svegliarmi (se era un sogno) o addormentarmi (se ero sveglio) e andavo sempre più giù, ma proprio sul fondo c'era appunto Enikö, che teneva fra le braccia un vassoio di *marshmallows* di colori acrilici troppo forti, e bastava la sua presenza per trasformare l'incubo in un gelato alla fragola rosa e piacevole e poi popcorn caramellati, come sempre quando vado al cinema in una multisala ben attrezzata e so già che ne mangerò troppi e troppo in fretta e dopo avrò quella nausea... Già la sentivo salire dallo stomaco ma faceva niente perché altrimenti non sarebbe stato cinema, e perché ero lieto di vomitare se accanto a me c'era Enikö che mi guardava...

Finalmente feci un profondo respiro e tutto fu buio.

Lei disse qualcosa che non capii, ma per non far capire che non avevo capito risposi: «No».

179.

Dentro un enorme baule sagomato in cuoio a forma di corriera Setra anni Cinquanta volavamo nel Magical Mystery Tour verso un pianeta avvistato da tempo, appena usciti da una nube di uno spento colore rosso sabbia. Tutto era stato così monotono e incolore, sprofondato in quell'aria pesante che non respiravamo ma che da giorni vedevamo dai finestrini, tanto che ormai ci dava soffocamento visivo e la convinzione che quella polvere ci aveva intasato i polmoni. Alcuni erano andati in bagno per vomitare, ma a parte i rumori sgradevoli nessuno era riuscito a liberarsi – perlomeno non di quella sabbia inesistente. C'era puzza ma non si sentiva con il naso e non faceva schifo: sapevamo che c'era ma qualche impianto di condizionamento ce ne risparmiava il fastidio.

Si volava, certo, e in profondità extracosmiche, ma stavamo in una corrierona metallizzata, muso dritto e verticale, radiatore a nido d'ape quadrato con gli angoli smussati – il marchio della Casa – e la coda molto lunga e aerodinamica con il vero radiatore d'aria, perché il motore era dietro e sopra c'era il portabagagli a scivolo scorrevole su un binario piegato in due. Le forme aerodinamiche degli anni Cinquanta rispecchiavano il modo in cui il mondo s'immaginava il futuro: veloce, tempestivo, dove tutto doveva essere presente, immediato, curvo e sinuoso – anche le radio e gli apparecchi tv, fatti per stare fermi.

Dall'alto il pianetino appariva come una palla azzurra in contrasto con l'atmosfera che lo circondava, marrone come quella che ci aveva accompagnato fino ad allora. Una volta atterrati ci accorgemmo che era tutto marrone, tranne il cielo che era azzurro.

Territorio montuoso. Sapevamo di dover stare lì per poco tempo ma quasi tutti litigavano ugualmente. Sdraiata sulla scogliera, una bellezza creola da togliere il fiato, sui venticinque anni, coperta solo da un velo blu scuro che la lasciava seminuda. Circondata dalle tre figlie, bellissime e sui diciassette anni, mi invitava con gesti sensuali. Mi tuffai in quel groviglio di braccia e pelli calde e ambrate. Le movenze erano lente ed eccitanti ma sentivo che nascondevano un pericolo, come un cesto di serpenti che s'aggrovigliano, ti ipnotizzano, ti invitano ma sono pronti a scattare e a rivoltartisi contro. Mi toccavano da tutte le parti ed era molto piacevole. Anch'io le accarezzavo, le baciavo, facevo scorrere la lingua all'interno della coscia di una poi di un'altra, nell'abbraccio sembravano moltiplicarsi e io mi chiedevo quanti anni potessero avere le figlie; forse meno di quanto avevo creduto, ma del resto sapevo che lì a dodici anni erano già donne e spesso mamme e a venti cominciavano a invecchiare – tutto era accelerato in un mondo in rovina. Mi baciavano e strofinavano il loro corpo profumato e guizzante, mi controllavano le rotondità privilegiando il sedere ma soprattutto ogni tipo di rigonfiamento inguinale, che trovavano entusiasmante come un regalo di compleanno. Se erano prostitute amavano il loro lavoro in modo encomiabile. Le professioniste fingono sempre, ma in quella situazione niente pareva normale ed erano più eccitate di me, mi si avvinghiavano temendo che me ne andassi prima di aver goduto in pieno, madre e figlie, irresistibili ora con gli occhi chiusi e i corpi percorsi da scosse che non intendevano controllare.

A questo punto mi alzo di scatto per non contrarre una malattia e sono sul terrazzo del bar, le guardo: mi cercano e mi invitano agitando le braccia, ancora più seducenti, se possibile. Faccio fatica a non tornare fra le loro braccia, ma appena guardo all'interno del locale mi dimentico di loro.

Il bar è scavato nella pietra a metà di un'altura modesta. Una piccola sporgenza naturale di roccia fa da terrazza. Una fragile ringhiera protegge da un salto di sette-ottocento metri che in un altro contesto sarebbe paralizzante, ma qui il pericolo e l'ostilità s'avvertono con incredibile concretezza, tutto sembra ovvio. Non ho bisogno di sporgermi per vedere le quattro donne stese al sole che s'accarezzano congratulandosi col proprio corpo, lascive ma, cazzo, bellissime e attraenti come un maleficio, come un'indigestione di ostriche.

C'è molta gente, tutti dei nostri – il posto prima del nostro arrivo doveva essere deserto, il che spiega la fame di sesso o di soldi delle bellissime creole. Come in ogni banale gita il popolo del pullman s'accalca al bancone del bar per i caffè e i regolamentari spuntini. Il locale è enorme e quasi senza mobili. Non ci sono tavolini né sedie. Solo un frigo per i gelati che nessuno caga. Nell'angolo alla mia destra due sconosciuti: quindi qualcuno esiste in questo posto, abbandonato come una miniera scaduta o un'oasi esaurita nel "deserto nero", come chiamano in Marocco quello di pietra per distinguerlo dal Sahara. Si picchiano con una furia inumana, estraggono scimitarre estremamente incurvate sulla punta e *kriss* indiani. Si avvinghiano come le donne che si annodavano a me poco fa, ma con intenzioni di morte. Alcuni stanno a guardare. Riconosco gente che stava sulla corriera: addentano panini verde muffa approvando con cenni del capo i colpi più meritevoli.

Cerco i bagni ma non ne esistono. Abbondano invece uomini e donne che pisciano in vecchie cabine del telefono con la doppia anta che non si riesce a chiudere da dentro e ad aprire da fuori. Soltanto una delle cabine presenta un residuo di quelle ante. Al suo interno c'è un tizio che caga col cappello in testa.

Raggiungo il limite di un muro distante una decina di metri e mi trovo in una grotta. Mi inoltro sbottonandomi i pantaloni e mi appoggio a un macigno che però scopro essere cavo, anzi vuoto come una parete divisoria. Il muro di roccia che sta di fronte è invitante. Non so perché ma credo che salendovi sarò più comodo per fare la pipì. Mi arrampico, l'ascesa è davvero facile e in un attimo mi trovo molto in alto. Metto una mano in un incavo ma è una grotta da dove salta fuori uno stronzo vivo, lungo un metro e di dieci centimetri di spessore, che tenta di mordermi. Mi ritraggo di scatto, schifato, appoggiandomi alla roccia con le spalle. Si muove sinuoso come un serpente di merda. È spaventato. Ha tentato di mordermi, ma solo per difesa. Ha più paura di me, accartocciandosi si nasconde in un buco e da lì mi osserva. Non vedo occhi ma è quasi implorante. Supero quel punto e continuo a salire – a tornare verso lo stronzo non ci penso nemmeno – ma forse vado su troppo e sbuco all'aperto. Mi trovo sulla sommità di una delle tante collinette di questo minerale fatto di massi gibbosi, mani deformate friabili e scure come torrone morbido al cioccolato. L'impressione è di aver attraversato un buco del culo, ma in senso mistico: non sono sporco, non puzzo. Mi sento quasi liberato.

Torno sulla terrazza del bar. La massa si dirige lentamente alla corriera. Di fronte a me un'abbagliante macchina americana degli anni Cinquanta. Ha lo stemma della Chevrolet ma è una Oldsmobile Super 88 del '57 rossa fiammante. Formidabile. Una scultura in movimento dotata di forza ed eleganza. La vedo ruotare su se stessa, sospesa nell'aria, lucidissima, splendida, risplendente, i fari accesi. È un vuoto spazio-temporale di quell'epoca ed è assolutamente normale in questo coacervo del cosmo, in questo buco nero che tutto risucchia senza stabilire gerarchie; questo rigattiere cosmico; questo mercatino rionale di pezzi di cosmo usati e gettati via; questo rifiutàme di cose concrete e impalpabili, oggetti e spazi, gangli di tempo e puré dimensionali.

A poca distanza dalla Super 88 modello full optional (gomme con doppia striscia bianca, ruote a raggi, pinne cromate, doppi pneumatici di scorta chiusi in due contenitori cromati montati a vista dietro il baule sul predellino apposito allungato), un manovale in tuta arancio fluorescente ripassa di blu le linee del parcheggio. L'asfalto è blu scuro e la differenza è minima, le strisce nuove si vedono peggio delle vecchie.

Enikö mi guarda, severa. Dice qualcosa ma non la sento. Si

avvicina e mi prende per mano. Sento le sue labbra sulle mie. Sono tonde, sode e sanno di fragola e amarena. Mi sembra di sognare. Ho Enikö fra le braccia. Mi bacia senza trasporto continuando a parlare. Io continuo a non sentirla. La gente dalla corriera grida che aspettano solo me, se non vado subito mi piantano lì. Il vecchio pullman Setra ha già il motore acceso. Stringo Enikö, lei fa lo stesso. Lentamente sento le spalle, il seno, le gambe. È la prima volta, ma è già come stessi ricordando tutto ciò che ancora deve accadere. Ci lasciamo cadere a terra.

Indossa il solito paio di jeans strappati e aderentissimi sul corpo atletico e nervoso. Continua a parlare e la voce non tradisce la minima emozione, eppure la sento calda fra le braccia, l'ovale perfetto del viso liscio, la pelle scura, gli occhi blu illuminati dall'interno. Gli scogli diventano un letto, la corriera una nave, poi il letto una spiaggia. Enikö è in bikini e mi accarezza il pacco con una mano, lo soppesa come un pescivendolo con un pagello prima di incartarlo, poi ferma la mano come avesse trovato quello che cercava, se ne congratula, approfondisce la carezza stringendolo e modellandolo come creta o pasta fatta in casa finché non s'irrigidisce e comincia a premere contro la cintura. Io sono ancora alle labbra, incredulo di poterla baciare, sento che sto per venire e non faccio niente per trattenermi. Con lei, così, su quella spiaggia verrò trenta, cinquanta volte, finché lei vorrà, e quando mi avrà chiesto di smettere io comincerò in quel momento. Mi hai fatto aspettare troppo, Enikö, e adesso ti prendi tutto quello che non hai voluto da me fino a oggi. Forse l'hai fatto apposta, adesso vuoi davvero che mi fermi ma è troppo bello, troppo duro, troppo delicato per dire no, anche se mi chiedi di fermarmi so che non lo vuoi e anche se lo vuoi non mi fermo, mi eccito ancora di più perché questi pensieri mi attraversano la testa in questo preciso momento.

Enikö mi slaccia la cintura, ha dei problemi con la fibbia di metallo ma non la aiuto. Con le difficoltà aumenta anche la sua eccitazione. Io sono ancora sulle sue labbra, abiterei lì. Lei trema. Gli occhi sono increduli, lontani, sognanti, con il lampo di malizia del ladro che ha fra le mani un gioiello secondo per bellezza solo al rischio di essere scoperta, ed è un godere che sa di azzardo, di pericolo grosso, sta facendo qualcosa che aveva giurato non avrebbe fatto mai e ci si è tuffata con tutto il corpo, che la ringrazia inviandole brividi da ogni nervo della periferia al cervello, al cuore, alla lingua che cerca impazzita la mia e scatta e si ferma appiattendosi per servire se stessa a vassoio, sul quale io posso far riposare la mia, assetata di quell'umido rosa tra i denti bianchissimi.

Enikö ha aperto la cintura, i bottoni di metallo sono un gioco, ci si infila e lo schiaccia con la mano aperta perché nessuno lo tocchi oltre a lei. Trema, sconvolta da brividi che mi comunica, ritmici; è un violoncello che indugia con forza sulle corde basse. Stacca le labbra dalle mie, resiste alla mia resistenza e scende baciandomi tutto il corpo da sopra la camicia fino alla cinta ai bottoni di metallo alla punta del cazzo, la stringe con due mani, apre la piccola bocca al centro della cappella e ci infila la punta della lingua. A ogni singola azione la sento irrigidirsi e rimbalzare a corpo unito, è un insieme di muscoli senza guinzaglio che non riesce a dominare. Intinge di nuovo la punta della lingua nel morbido foro scuro, che s'apre e chiude chiedendo di non smettere, e lei non smette, intinge la punta della lingua come una penna in un calamaio e la riporta di nuovo in bocca per sentirne il sapore, poi ancora intinge la punta della lingua e la porta alla bocca per sentirne il sapore e poi ancora intinge la punta della lingua e la porta in bocca per sentirne il sapore e poi ancora intinge la punta della lingua e la porta in bocca per sentirne il sapore e poi ancora intinge la punta della lingua e la porta in bocca per sentirne il sapore e poi ancora intinge la punta della lingua e la porta in bocca per sentirne il sapore e poi ancora intinge la punta della lingua e la porta in bocca per sentirne il sapore… Poi si pulisce le labbra col dorso della mano e poi lo lecca, guardandomi e senza smettere di parlare, sempre con la stessa voce distaccata in acido contrasto con il calore del corpo, della pelle, degli occhi, con la paura e il piacere di ciò che sta facendo e che non dovrebbe fare e perciò tutto è ancora più bello ed esaltante, finché un filo della sua voce, velata dall'oscenità piacevolissima e così sexy perché insicura e timorosa di concedersi troppo, e con un blu mai visto negli occhi socchiusi dal piacere, mi propone una cosa che va molto a di là di ciò che mi dice perché infatti dice: «Vieni, vieni adesso».

All'improvviso penso che non mi piace quello che stiamo facendo.

Mi distacco a forza e raggiungo il vecchio Setra.

Le piaceva, era completamente mia, presa più di me da quel gioco, e stava forse tradendo qualcuno, ma non riusciva a smettere, non voleva fermarsi, del tutto sottomessa al proprio e al mio piacere. Indovinava i miei desideri e precedeva le mie richieste in un sincronismo che mi strozzava il cuore e ritmicamente lo rilasciava, gettando raffiche di delirio infiammabile sul fuoco che già mi aveva carbonizzato, e non capivo più se io ero rimasto io o ero diventato lei o il mio desiderio fatto cazzo. Fu in quel momento che vidi. Vidi me stesso ed Enikö, la spiaggia di pietra levigata da un mare che non vedevo, la corriera traballante, la gente che m'aspettava incazzata. Vidi che Enikö era la mia schiava e che quel pianeta era roba mia, casa mia, e lì comandavo io. Era la mia volontà a dettare giochi e movenze, era stata la mia volontà a cancellare quell'espressione severa che adesso ricordavo di aver già visto nell'albergo di Parigi, quando le telefonai e all'improvviso le proposi di raggiungermi in camera e passare la notte con me. Enikö non sarebbe dovuta essere lì, non era neppure sulla corriera: stava solo eseguendo i miei ordini come una serie di obbligatori a un campionato di pattinaggio. Quella avvinghiata al bacino era una Enikö plagiata, senza la personalità che conosco bene e che mi piace ancor più del suo corpo.

Camminavo con difficoltà. Non volevo averla in quel modo.

A pochi passi dal Setra dovetti fermarmi, mi era impossibile camminare perché l'erezione era evidente e paradossale e non volevo farmi vedere.

L'ingrossamento aveva seguito un corso diametralmente opposto a quello preso dai miei pensieri. Mentre avvertivo da lontano un dolore forte ma dolcissimo, grattavo il fondo di un barattolo di miele semivuoto con le gengive e i denti, tentavo di estrarre i cristalli zuccherini quasi impossibili da raggiungere, e più mi ferivo la bocca e più goloso e attraente diventava quel nettare granuloso. La sensazione più forte era il dolore da frattura all'inguine, come se mi stesse esplodendo il cazzo. Non respiravo per evitarlo, mi voltai a guardare Enikö che a sua volta mi guardava, sdraiata su un telo da mare sulla spiaggia con un bikini rosa, il pezzo sopra solo appoggiato sul seno per non lasciare segni. Abbassò gli occhiali da sole quel poco che bastava per lanciarmi il colore dei suoi occhi e un sorriso e io esplosi. In quel preciso istante aprii gli occhi e mi svegliai in un bagno di sangue.

180.

Può farmi ciò che vuole. Può uccidermi e dire che non mi vedeva da giorni, che probabilmente ero scappato dall'albergo e tornato in Italia, magari suggerendo che ero davvero colpevole dell'omicidio di cui mi accusavano, oppure che mi ero perso durante una gita – questi sono posti infidi, i boschi un ginepraio, perdersi è un attimo... È molto facile da queste parti far credere qualunque cosa, soprattutto se si ha l'accortezza di far cambiare di mano qualche banconota. È difficile immaginare una cosa qualsiasi, quando è possibile immaginare qualunque altra cosa. Qualsiasi ragazza testimonierebbe di essere stata assalita da me un mese, due settimane fa o fra tre giorni, in chiesa, all'aperto, alla toilette di un ristorante, nottetempo o in pieno sole. Questo è il paese del tutto e del contrario di tutto – cioè niente: è il paese del nulla.

«Perché non mi uccide?»
«La tortura è un romanzo. Se lo sai leggere ti racconta tutto. È un viaggio da fare in due.»
«E questa messinscena?»
«Tutti hanno bisogno di un pubblico.»

Mi spinse lungo il corridoio. Il silenzio era assoluto. Nei portabandiera i vessilli erano stati sostituiti da lunghe torce medievali. Mandavano un'alta fiamma rosso cangiante e puzza di legno bruciato e cherosene. Lungo le pareti e sul soffitto disegnavano strette e compatte tracce nere, come quelle che avevo visto cancellare agli operai la prima volta che ero entrato in quel corridoio.

«Lo conosce?» chiese da dietro le spalle.

Sopra spaziose lenzuola completamente rosse di sangue c'era, orrendamente devastato, il cadavere di Hans Höhne!

Non potevo credere. Osservavo a occhi spalancati e non potevo credere. Il conte! Non era lui a uccidere. Allora chi mi stava spingendo su quella sedia? La voce era quella del conte ma non poteva essere lui perché era davanti a me...

Le lenzuola – candide, prima della mattanza, come si intuiva dalle pieghe e dai punti non sporcati dagli schizzi – presentavano larghe macchie più scure e in una zona il sangue rappreso era tanto denso da formare una crosta nera e ributtante che incollava i cuscini del morto alle sue spalle. Dal buco dove c'era il collo spuntavano brandelli di ossa, verniciate dal percorso del sangue ormai secco. Era troppo brutto, non sembrava vero. Ma la realtà è sempre troppo incoerente e schifosa per essere falsa.

Ho visto degli effetti migliori al cinema, ma erano solo trucchi. In un film non sarebbe stato credibile: il finto gocciolamento del sangue aveva lasciato disegni disomogenei da dilettante, le pareti erano inondate da secchiate di sangue lanciate da un assistente inesperto, l'aggancio della scapola allo sterno era fratturato e la trachea asportata a strappo. Nessuna morte poteva essere così da mattanza: quello era un uomo e nessuna anatomia può deformarsi così.

Mi ribellai, cercai di gridare, di non guardare, di chiudere gli occhi, ma quando vidi staccata dal corpo la spina dorsale – dal collo fino alle le ultime vertebre – il mio interno si rivoltò come un guanto. Scoppiai fuori di me attraverso la bocca, in un getto violento come un idrante da strada, e inondai tutto davanti a me per un paio di metri, finendo per bagnarmi le gambe con il mio stesso schifo acido e bollente.

Per quanto tempo persi i sensi?

Fu un nuovo urto di vomito a risvegliarmi, ma non avevo quasi più niente da tirar fuori.

Ciò che vidi quando riuscii a riaprire gli occhi mi fece smettere di respirare. Nyby accarezzava la testa di Höhne appoggiata sull'abat-jour e osservava l'effetto della scena su di me. Sorrideva appagato. La testa del conte aveva la bocca aperta in modo innaturale, le guance gonfiate dai testicoli e dal pene che pendeva in fuori. La composizione era tenuta insieme con una cordicella rudimentale fatta di capelli attorcigliati e appiccicati con cera, colla e sperma, che s'indovinava in grande quantità a causa dell'odore che ammorbava l'aria.

Meccanicamente gli occhi andarono all'altezza del pube, dove prima non avevo notato la cavità profonda e nera lasciata dall'asportazione – l'avevo creduto un berretto, un paio di guanti, un cappello, un cuscino nero. Qualunque cosa mi aveva fatto credere il cervello pur di non farmi realizzare immediatamente la realtà di una tale follia.

Era quello il punto in cui il sangue era più scuro e in maggiore quantità. Le lenzuola così intrise avevano acquisito una consistenza da carta pesta, volgarmente colorata con un rosso troppo denso anche per un mascherone da carnevale.

Ero senza fiato da parecchi secondi quando compresi che quelle che mi erano sembrate uova chiare nel fango scuro erano gli intestini. Sentii la schiena inarcarsi e mimando l'opposto di un orgasmo vomitai inconsapevolmente con il rumore grottesco di due palloni di gomma sfregati l'uno contro l'altro. Sentii che non avevo più ossigeno nella testa. Boccheggiai accorgendomi di annegare nel mio stesso vomito, ma non c'era più aria per me, era finita.

Ogni cosa intorno a me perse profondità, i contrasti s'attenuarono. Tutto era diventato grigio, nero lo sarebbe stato tra poco. Roteai gli occhi e scossi la testa. Ero un indemoniato nell'impossibile e claustrofobico tentativo di uscire da se stesso come da un film, un effetto di luce, una dissolvenza prima dei titoli di coda.

L'ultima cosa che vidi furono i piedi. Erano piedi di donna con due vezzosi anelli d'argento al secondo e terzo dito. Li avevo già visti quegli anelli, parecchi giorni prima. Quelle gambe erano di Ariana.

181.

Avevo superato ogni soglia di dolore immaginabile. Urlai e piansi di rabbia, impotenza, paura, ribellione, incredulità, urlai per l'impossibilità di spezzare l'incubo. Mi soffocavo, impazzivo per ricacciare quei mostri nel loro mondo, ovunque si nascondessero di solito. Cercai di non essere lì, di non vedere, di staccare gli occhi dal cervello, di rimuovere il contatto con quella realtà che non poteva esistere. Gridai oltre il frastuono assordante di ossa rotte e di rocce che crollavano a valanga dentro e intorno a me e il rumore di una smodata macchina tritacarne che tirava fuori la mia lingua e la masticava, la tranciava e sputava fuori creature, dèmoni terrificanti e insanguinati che si mangiavano tra loro... Poi arrivò un silenzio bianco. Come uscendo in discesa da un autosilo nel quale fosse scoppiata un'autocisterna mi sentii in pace, lontano da ogni cosa, finalmente assente.

«Allora, l'ha riconosciuto?» ghignò una voce di carbone. E mi riportò alla realtà.
«È un grosso errore dirmi queste cose. Racconterò tutto.»
«Lei? E chi la conosce? Chi l'ha mai vista in giro, qui? È stato visto solo da Radu, alla festa, in compagnia di Nyby. Chi assomiglia di più agli antenati nei ritratti, lui o io? C'è forse tra loro qualche biondo con gli occhi azzurri? Sono tutti mori come me, che ho avuto un padre arabo. Nyby è biondo, i tedeschi sono biondi e tu ci sei cascato. Nyby mi stava dietro. Non mollava. Allora l'ho

assoggettato come suo padre, ma non valeva neanche la metà di suo padre. Venni qui cinque anni fa. Nyby mi precedette di una settimana, accompagnato e controllato da Benno Jaksche. È il mio alibi: "Höhne non esce mai dall'albergo".»

«Hertzel conosce lei e me!»

«Hertzel tiene molto al suo secondo e unico pollice.»

Ecco perché quella sera, a casa Radu, Hertzel s'era dileguato così all'improvviso!

«Chiamerò io stesso la polizia e quando arriverà certamente non vorrà farsi trovare qui, unico vivo in mezzo ai cadaveri. Scappare dalla porta principale equivale a consegnarsi tra le loro braccia. Lei spiegherà, ma chi è disposto a crederle? Lei è sospettabile, hanno già sospettato di lei, lei è già stato accusato, è già stato in prigione. Io le ho mostrato l'unica via di fuga e le conviene fare come ho detto. Doloroso, vero, dovere a me la sua salvezza? Lei non ha mai voluto credere a ciò che dicevo, né come Nyby né come Höhne, eppure non le ho mai detto una bugia. Ci pensi, e faccia come le dico. Si accorgerà che è tutto vero anche questa volta.»

«Lei scompare e tutto è finito. In albergo non è mai stato registrato.»

Aveva ragione lui. Semplicemente e completamente ragione.

«Ma perché tutta questa messinscena?»

«Non certo per lei.»

«Non ci crederà ma mi fa piacere.»

«Perché non dovrei crederle? Non sono come lei, io alle persone credo. Non ho niente da temere. Sono gli altri che devono avere paura di mentire a me.»

«Per chi l'ha fatto, allora?»

«Per Nyby e per me. Lui sentiva la mancanza di suo padre, e anch'io. Subito dopo la guerra l'ho trovato in una fossa comune dove era sepolto al mio posto. Un eroe americano in mezzo ai criminali nazisti.»

Si allontanò di qualche passo e si appoggiò a una parete con gesto teatrale.

«E poi per avere un pubblico. Nyby voleva vedere, voleva sapere e io con molto piacere l'ho portato qua, sulla stessa sedia dove ora sta lei. Ne valeva la pena. Doppio spettacolo: padre mummia e figlio svenuto.»

Fece una risata fessa.

«Ho odiato suo padre. E suo padre odiava me. Quando si odia è più di un matrimonio. Nel matrimonio si giura di amarsi per tutta la vita, ma l'odio è più forte. Dura due vite: la mia e la sua.»

Ero nello stesso punto dal quale Nyby aveva scoperto il cadavere mummificato di suo padre. Höhne l'aveva tenuto pulito e conservato per tutti quegli anni. Un monumento in carne e ossa all'odio assoluto.

Sono sempre stato disturbato dalla mania necrofila del manichino, del pupazzo. Gli spaventapasseri terrorizzano anche me, non solo i corvi. Imitare la vita usando lo stesso materiale – abiti, occhi e denti finti, capelli come per le bambole – mi trasmette un gusto necrofilo, una partecipazione malsana e passiva alla vita.

Il capitano Nyby poteva essere scambiato per un pupazzo, un mostro di cartapesta da fiera di paese come in quella cittadina moldava. La finta bambina senza mani era impressa nei miei occhi. La mummia dell'agente segreto sarebbe stata un effetto speciale per il cinema, realizzata in cotica di maiale lessata e poi fatta seccare. Invece era il corpo morto, mummificato e sieroso, butterato, nauseabondo, stomachevole che stavo guardando in quel momento. Una statua del capitano Nyby fatta *con* il capitano Nyby.

Il fetore ammorbante che Höhne respirava senza disgusto era il corollario della sua manualità.

«Nyby mi seguiva come un cane bastonato» continuò il conte. «"Lei voleva sapere, signor Nyby?" gli dissi. "Allora guardi!"»

«La curiosità è una brutta bestia. Soprattutto per chi è curioso.»

Non gli davo l'attenzione che riteneva doverosa e questo come al solito lo feriva. Era una cattiveria, da parte mia, non riconoscergli un merito conquistato sul campo. Era l'unico punto debole che riuscivo a intravedere in quella muraglia cinese e perlomeno poteva rappresentare un escamotage per guadagnare tempo. Si conteneva a fatica, come il diavolo delle leggende popolari quando non riesce a convincere della propria identità lo sprovveduto prete di campagna.

Appena fosse stato appagato non si sarebbe più curato che io continuassi a respirare.

182.

Erano parole volgari e prepotenti, quelle che Höhne cantava sull'aria di *O Tannennbaum* con la grazia di una ninna nanna, mentre sceglieva dalla sua collezione l'attrezzo più adatto da sfoggiare.

«Che cosa ha usato per tagliare le palle a Nyby? Era già morto? Ha atteso l'infarto o ha dovuto farlo fuori?»

Ero finalmente lucido, disperato e senza via d'uscita, ma nemmeno adesso riuscivo a preoccuparmi.

«Se le prometto di non dirlo a nessuno, mi dice una cosa?»

«Dipende da cosa vuole sapere.»

«Cosa m'ha dato?»

Manovrava attrezzi metallici alle mie spalle.

«Si spieghi.»

«Ha cominciato a darmi qualcosa dal primo momento che ho messo piede qui, vero?»

«Se è sicuro perché me lo chiede?»

«Non sono mai stato troppo coraggioso.»

«Lei si sottovaluta.»

«Perché non ho paura, dice?»

«È innamorato.»

Il viso di Enikö mi balenò davanti agli occhi, limpidissimo, più che vero. Sussultai dentro le ossa, ero troppo legato per poterlo fare anche fuori. Incompetenza dell'amore: ero comunque contento di rivederla.

«Io? E di chi?»

Un ammasso carnoso e deformante mi coprì la visuale, indistinto e sfocato. Mi ci volle un attimo per riconoscere Höhne: era vicinissimo, vedevo distintamente lo sguardo acquoso, le venuzze da igienista bevitore di birra e *schnapfl*, le macchie della pelle.

«Di lei» disse. Era sempre una visione schifosa, nonostante la maschera antigas che lo rendeva quasi accettabile. La voce alterata dai filtri pareva venire da un altro corpo più distante.

Scomparve di nuovo alla vista.

«Di lei chi?» speravo non rispondesse.

«Della storia.»

La voce era tornata normale, cioè sgradevole. "Tiene la maschera solo quando sta molto vicino a me" pensai. "Vuole evitare l'aria che espiro. Sono in tal misura pieno di anestetico, analgesico, allucinogeno, tranquillante, sostanze psicotrope?"

«Lei vuole sapere come va a finire anche se non potrà dirlo a nessuno. Non può resistere. Lei è scrittore: è normale.»

«Io sono un attore.»

«Allora recita di non avere paura.»

«Questa storia non funziona.»

«A me non sembra.»

«Come posso raccontare una storia se non mi permette di distinguere la realtà d...»

«C'è una nazione intera che ha creduto a qualcosa che non esisteva e ha smesso di crederci proprio quando ha cominciato a esistere.»

«Sta diventando sentimentale?»

«Sempre, quando preparo gli attrezzi. Mi ricorda quand'ero giovane.»

Avrei dato una bella cifra per poter cancellare le ultime due domande che il pazzo si stava appuntando mentalmente nel verbale.

«Vuole che io confonda realtà e sogno, no? Perché, però?»

«Ora è lei che parla tibetano!»

«Mi legge nel pensiero? Spiegherebbe molte cose. Mi faccia capire. Un po' di rispetto per il pubblico...»

«Non sono un mago.»
«Cosa crede che sappia? Mi tortura per quale motivo?»
«Non ho ancora incominciato.»
«Non ho niente da dire. Che vuole da me?»
«Vedremo dopo che ho incominciato.»
«Non ho niente da dire» ripetei.
«Non ho mai torturato nessuno se non ha niente da dire.»
«Si diverte tantissimo, vero?»
«Sempre diverte quando fai bene il tuo lavoro.»
Prese a fischiettare come il bigliettaio di un tram, sereno come un tram senza bigliettaio, sollevato come il passeggero di un tram senza biglietto.
«Solitamente la persona che torturo mi ha già detto tutto prima che incomincio» riprese. «Altrimenti inutile incominciare. La confessione è solo una conferma.»
Riprese a fischiettare.
«E io le do soddisfazione?»
Höhne interruppe il miagolio e pensò a lungo, prima di rispondere. «Molto» disse. E riprese a fischiettare. «Visto?» Terminò il motivetto, che avevo già sentito ma non ricordavo. «Non mi serviva sapere molto...»
«Che cosa voleva sapere? Riguardo a chi?»
«Parlerò solo sotto tortura» disse e scoppiò a ridere. Prendeva toni acuti insopportabili e si sputava addosso, perdeva la bava, gli mancava il respiro. La sua voce mi irritava molto al di là della ragione, arpeggiava coi miei nervi tesi dalla parte opposta di una cassa armonica – e nessuno poteva assicurarmi che non sarei finito proprio in quel modo.
«Cosa sta facendo là dietro? Se vuole farla finita si decida e basta. Sono tranquillo. Qualunque cosa màbbia dato ha ottenuto il suo effetto. Non m'interessa più niente di niente. Anzi, magari mi fa piacere, sa?»
"Ma cosa sto dicendo?"

La luce dell'unica lampadina sfrigolò per un istante, poi con un lampo finale si spense: tutto diventò nero e io non c'ero più.

Non sentivo i piedi toccare terra o le gambe dipartirsi dal tronco, né avrei saputo dire dove finiva il collo e cominciava la testa, dov'erano i miei occhi, dov'ero io, neutrino impazzito nella volta celeste. Unica certezza era che lo spazio intorno a me era sferico e che dovunque fossi, mi trovavo esattamente al centro. Il cozzare di due corpi dei quali il maggiore stava dentro il minore mi provocava nausea. Avrei tanto voluto addormentarmi come quella settimana che rimasi a casa da scuola per gli orecchioni e nel letto immaginavo di essere in una piscina e nuotavo da un bordo all'altro finché mi lasciavo andare sudato sui cuscini enormi, la nuca mi martellava a sincrono col cuore e guardando fisso le tapparelle traforate dal sole cominciavano a muoversi e a danzare a ritmo attorno all'asse orizzontale.

«*Amerika, Amerika,*
Du Judenland, Amerika.
Du bildst dir viele Sachen ein...»

Cantava con voce acuta e infantile da invasato, retrocesso di sessant'anni.

«*...Und bist doch nur ein dickes Schwein*
Amerika, Amerika,
Du Judenland, Amerika.»

Fece un estenuante parcheggio davanti allo scaffale dei trapani, di cui riuscivo a spiare solo una minima parte. Ne scelse uno color arancio fluorescente, dall'impugnatura sproporzionata. Fece una pausa per decidere quale punta montare. La cosa era del tutto marginale ma evidentemente rivestiva una valenza rituale per il magnifico idiota, che restò assorbito dalla scelta per un tempo interminabile. Poi si voltò e si diresse verso di me con lentezza esasperante. Era in quei momenti che toccava il massimo del godimento, credo. Dopo avermi trapassato e ucciso ci sarebbe tornato col pensiero un'infinità di volte, però senza mai ritrovare del tutto quella sensazione appagante di estremo sadismo.

La punta elicoidale e robusta era troppo lunga per qualsiasi uso domestico ed era stata appuntita a mano, temperata come una matita, affilata come un rasoio. Höhne la fece ruotare alla velocità minima – una riduzione elaborata personalmente, immagino. L'uso domestico non era mai stato preso in considerazione. Quella sorta di uncino rotante, quel rasoio contorto lo sentivo già tagliare e sprofondare nella cornea devastando e squarciando, lentamente ma con forza imperterrita e non contrastabile, il mio occhio sinistro. Del tutto inconsapevolmente e in modo altrettanto irrefrenabile sorrisi. Un trapano dalla struttura così massiccia ma con una lama incredibilmente sottile mi faceva pensare a un muscoloso travestito di montagna con gli scarponi e le unghie laccate. L'immagine era troppo paradossale per non reagire in modo stupido.

Il trapano con la sua punta effeminata era tanto vicino da poter leggere la marca microscopica e in parte abrasa dalla limatura eseguire lo svolgimento del suo disegno a chiocciola, la sagomatura scavata dal dorso fino all'apice estremo della testina rotante. Poi oltrepassò il limite umano della vista e per il mio occhio sinistro divenne impossibile metterlo a fuoco.

Sentii la punta penetrare nell'occhio. Ruotava lentissima come avevo visto fare poco prima, questa volta però pasteggiando con la materia bianca e fresca. Ne fui avvisato da muscoli e tendini della tempie, della fronte, delle orecchie estese all'indietro. Mi venne da soffiarmi il naso, la testa cominciò a ruotare con rumore di corda rotta, lentamente seguendo il movimento della punta metallica, e con essa tutto il mio corpo arpionato dall'interno, una balena immobilizzata e scarnificata da un esercito di ratti smisurati.

Buio.

183.

Era visibilmente soddisfatto, gli occhi nascosti dietro due fessure. Si avvicinò protendendosi fino a sfiorarmi con la punta del naso. Gli vibravano le narici come a una scrofa. Mi annusò scrupolosamente e con evidente piacere.

«Sangue americano» disse a occhi chiusi per meglio identificare i vari strati del mio odore. Si umettava le labbra voluttuosamente. All'improvviso mi passò un metro di lingua viscida e schifosa su una guancia, poi sull'altra, poi mi prese le labbra fra i denti. Voleva mordermi, voleva staccarle? Sentivo la schiena percorsa da brividi freddi, sporchi come i suoi denti da fumatore di pipa, limati e privi di consistenza come pietra pomice tra le gengive macchiate. Non credevo si potesse provare uno schifo di quel tipo, il disgusto di stare a stretto contato con un animale privo di pelle, un serpente vestito da uomo come era Höhne in quei momenti. Mai avrei pensato di dare un nome al puro ribrezzo e guardare negli occhi la repulsione in persona.

Mi ritrassi. Höhne ghignò e senza schiodare gli occhi dai miei allungò un braccio verso sinistra e prese qualcosa con cui mi bloccò le mascelle. Era una ganascia da legno. Serrò tanto forte che la sbarra orizzontale mi tagliò la pelle. Urlai per il dolore e contemporaneamente urlò anche lui, ma molto più forte di me, come un ossesso.

«Non gridiii! La smeeetta! Non può sentirla nessunooo!» Barcollò, sbatté la testa e si tappò le orecchie. Rientrò in sé e con gli occhi sbarrati serrò ancora le ganasce. Soffocai un gemito. Höhne apprezzò abbassando il tono di voce per spiegare la sue ragioni a uno scolaro riottoso: «Le ho dato il permesso di parlare? Le ho forse posto qualche domanda? Non ha parlato quando era il momento, perché parla ora che non serve più...»

Del tutto fuori di sé gridava ordini sconnessi, un animale senza freni. Vomitava la sua cattiveria in parole dal suono spaventoso, cavandosi dall'interno la ferocia e la malvagità che lo terrorizzavano tanto da esserne schiavo.

All'improvviso, così come era cominciata, la sua furia si calmò. Davanti a me c'era il proprietario dell'Împăratul Romanilor che mi aveva accolto con formale affabilità (quando?) pochi giorni prima (quanti?). Soltanto gli occhi tradivano la sua alienazione. Erano disabitati, freddi perché slegati da cervello e cuore, vuoti a fondo cavo come quelli degli animali che diventano rossi e verdi se li fotografi con il flash.

Si fermò incantato davanti a una roncola con la lama d'acciaio sottile scintillante e affilatissima. La sollevò tenendola per il manico mentre percorreva la mezzaluna con il pollice sinistro dopo averlo inumidito con la lingua. Ne uscì un suono di gironda acuto ma vellutato. Era in estasi. Si ferì al dito ma non fermò il gesto, che ripeté più volte osservando il sangue che colorava la lama. Si bloccò e bacio il filo del rasoio insanguinato come il rossetto sulle labbra di una donna. Gocce rosse e pesanti schioccavano sul pavimento di mattoni neri di smalto.

Disegnò dei segni sulla mia faccia usando il dito che buttava sangue. Le mani agivano, i polpastrelli decoravano abilmente le guance, gli occhi vigilavano per ottenere l'effetto voluto. In quel momento Höhne era con me solo fisicamente: la sua mente viaggiava nel tempo. È paralizzante sentire a pochi centimetri dalla lingua e dalle pupille l'odore da ferramenta di una lama affilata. Tra me e me ripetevo due cose ossessive come un mantra: "Com'è possibile che sia davvero qui?" ed "Enikö".

Non avevo più detto una parola dopo la sfuriata, ma Höhne mi aprì la mandibola tanto da sentirla scricchiolare. Mi riempì la bocca con qualcosa di rotondo e freddo ("una palla da biliardo!" indovinai). Non si può resistere con una palla da biliardo infilata a forza in bocca – mi aveva scheggiato un dente in fondo e mi si era tagliata la lingua, che presto cominciò a sanguinare colando all'interno della gola. Non riuscivo a deglutire, col naso respiravo male e sarei finito soffocato prima che potesse infliggere il primo taglio o qualsiasi cosa avesse in mente di farmi.

«Enikö, cosa ci fai qui, proprio adesso che non riesco a parlare?»
«Hai visto? È successo. Quante volte te l'ò detto?»
«Scusa se mi trovi in queste condizioni.»
«Non è colpa tua.»
«Non sento più niente.»
«Devo alzare la voce?»
«Non sento più niente per te.»
«Come!?»
«È passato. Non m'importa più niente, fa' quello che vuoi. Ecco, temevo di non fare in tempo a dirtelo. Tutto quello che c'era, a lasciarlo lì, s'è seccato.»
«Ma... io... tu...»
«Non puoi lasciarmi, io...»
«Mi spiace, scaduto il tempo.»
«Come...»
«Dovevi parlare prima, adesso è inutile che parli.»

La infilai in una bottiglia, la chiusi con un tappo e la gettai nel mare.

184.

Era serafico, Höhne, quasi felice. Stava facendo il compito che gli avevano dato a scuola e gli veniva da dio. Il giorno dopo avrebbe ricevuto una nota di merito sul quaderno e forse sarebbe entrato nei lupetti di hitler con qualche mese di anticipo sul previsto e nessuno lo avrebbe più scambiato con l'Hans della fiaba per bravi *pimpfe* nazisti. Faceva sempre il suo dovere, Hans, e sapeva di farlo bene.

Non è facile ammettere che mi veniva da ridere. Naturalmente non ne avevo voglia. Non avevo voglia di niente da troppo tempo, a dirla tutta. Forse è così che ci si prepara a morire. Per anni diciamo "me ne vado, basta, la faccio finita" e quando smettono di blaterare ce ne andiamo veramente.

Mi scosse la voce di Höhne che cantava con estranea delicatezza una vecchia canzonaccia da buffoneria nazista, un centone del Pater Noster con hitler al posto del Padre Eterno, lo sguardo sognante intento a musicare e a contemplare gli strumenti da macellaio fissati sul muro in file ordinate, come gli attrezzi rurali nel locale museo di civiltà contadina. Prese un trapano Bosch da cantiere – da cantiere! pensavo non riuscisse neppure a sollevarlo... – e percorse con una mano il chiodo elicoidale, voluttuosamente. Passò a una grottesca motosega, il cui motore originale era stato sostituito con uno di cilindrata non permessa.

L'ingombrante attrezzo aveva due grossi manubri sui lati per poter essere governato, nel caso, anche da due persone, e un cinturone regolabile nero in cuoio che Höhne si passò intorno alla vita. Intendeva usarla da solo. Fra il motore e la lama rotante, che misurava ben più d'un metro, c'era una protezione di metallo e amianto.

185.

«Nella sala accanto a questa ho ricostruito il Walhalla, il Paradiso degli Eroi. Mi sono ispirato al castello mistico di Wewelsburg. Anche là, nel sotterraneo più profondo, c'era una cripta con dodici piedistalli. In ogni piedistallo un'urna. In ogni urna le ceneri di un eroe SS destinate al culto. Svolgevamo un rito secondo il quale erano scelti soldati SS a cui veniva staccata la testa.»
Un urto di vomito del tutto inconsulto s'inalberò dallo stomaco trascinando succhi gastrici e acidità, ma non andò oltre il fondo della gola, all'attaccatura della lingua.
«Le teste venivano usate come tramite per comunicare con i maestri orientali che avevano travalicato i limiti umani trasmutandosi in entità divine. Sotto questa sala nel mio castello mistico ho ricostruito lo stesso Walhalla. Vuole vederlo?»
Lottavo contro il nuovo urto che saliva dallo stomaco.
«Interpreto il suo silenzio come un *sì*.»

Udii armeggiare alle mie spalle. Ganci liberati, serrature che giravano, lucchetti che si aprivano. Mi sentii sollevare e fluttuare a destra e a sinistra come immerso in un liquido. Pareti e oggetti presero a muoversi, mi venivano incontro scansandosi gentilmente all'ultimo momento. Mi stava portando in giro sulla sedia di ferro. Erano state applicate delle ruote, devo dire, scorrevoli. Probabilmente imbottite.

Non avevo il senso del tatto e la condizione che ne derivava era di totale estraneità verso il resto del mondo. È allucinante vedere le cose che si muovono intorno senza sforzo né volontà da parte mia. Non avvertivo l'impercettibile obbedienza dei muscoli e ne sentivo la mancanza. Non è vero, come pensavo, che queste cose non si notano automatiche più ormai nel nostro quotidiano. Le notiamo, invece, ma non ci facciamo caso per troppa consuetudine, come un rumore di fondo continuo e fastidioso che da un certo punto in poi non sentiamo più perché il cervello provvede a cancellarlo.

La sordità del tatto non mi fa sentire la mia presenza, io non esisto. I pantaloni non mi stringono, non mi sento muovermi, non faccio parte dello spazio perché non io ma il mio corpo è altrove. Io sono spirito: è il corpo che appartiene alla terra e mi permette di condividere questo mondo che al *me* vero che pensa e agisce non è indispensabile. Esso non sta più in alto né più in basso: attinge a un'altra realtà, forse più bella, certo meno limitata. Non sono io a sbattere le palpebre: semplicemente vedo buio per un millesimo di secondo, come per un calo di corrente o un'interferenza. Se questo stato fisico si protraesse per un tempo abbastanza lungo credo che perderei il controllo del mio stesso corpo, disimparando a quale distanza porre un oggetto e con quanta forza.

In quella anomala condizione venivo spinto dalle spalle. La mia testa senza controllo era sbattuta in avanti e di lato mentre venivo trasportato lungo i corridoi dell'albergo. Ero l'anima di una grossa salsiccia in balìa delle forze esterne che la deformavano.

«Scendiamo alla cripta, caro amico. Lei è la sola persona che ci sia mai entrata viva.»

(E uscita?)

«Per il momento l'uscita è ancora da decidere...»

Percorsi come uno Zeppelin il secondo corridoio e vidi corrermi incontro l'ascensore e le scale, sulle quali avevo elaborato teorie terrificanti che ora apparivano più innocue di una gita scolastica. La rampa alla mia sinistra saliva illuminata con inestetiche lampadine a basso consumo dietro a opaline di inizio secolo sbeccate e polverose che ne abbassavano ulteriormente l'efficacia. Sembravano abat-jour rubate a un bordello di terz'ordine. A destra la rampa scendeva, buia e sconnessa, e dopo il terzo gradino non si poteva distinguere nulla. L'altra rampa era illuminata e portava ai locali di servizio.

Naturalmente s'inoltrò nella prima. Venivo spinto senza alcun tentativo di ammortizzare gli urti e a ogni gradino mi sentivo precipitare nel caos. Non potevo scegliere di chiudere gli occhi e benedissi l'oscurità come la panacea per quella tortura tridimensionale.

«Ecco, questa cripta è il Walhalla» disse.

Il buio era totale. Mi si erano staccati i nervi ottici. Forse a causa degli scossoni.

«È circolare, come vede. Dalla ruota solare che sta al centro si originano dodici raggi formati dalla doppia runa *Sieg*, vittoria.»

Il conte procedeva a illustrare, ma non vedevo niente.

«Dal cerchio sacro che vede al centro partono i dodici raggi che portano ai dodici sedili di pietra. Il dodici è un numero altamente simbolico, formato da quattro volte tre, e fa perno su un punto immobile situato, come lo zodiaco e il polo celeste, su un asse sud-nord. Dodici sono i sedili, dodici gli eletti, dodici gli dèi maggiori dell'Olimpo, gli apostoli di Cristo, i segni zodiacali, le tacche dell'orologio.»

Ascoltavo con l'attenzione rivolta alla mia cecità. Speravo fosse un effetto psichedelico di breve durata, ma non avevo elementi per elaborare una spiegazione. Fu terrificante fino al momento in cui una fiamma si accese nel cerchio interno del pavimento. Dapprima flebile, la luce di gas azzurrina prese forza, divenne gialla e gagliardamente rossa e luminosa.

«Qui viene accesa la fiamma sacra di Freia» annunciò.

Uno scherzo banale ma efficacissimo. Forse non era uno scherzo, forse ero stato io a ipotizzare il peggio, condizionato dalle ultime esperienze. Benedissi la luce come poco prima avevo fatto con il buio, ma solo per un istante. La fiamma sacra e coinvolgente non illuminava solo la cripta ma anche qualcosa di cui il conte non aveva parlato.

186.

Dodici persone stavano sedute in cerchio sui dodici scranni. Più precisamente, ogni corpo era presente *contemporaneamente* su tutti i dodici sedili, o meglio, ogni persona aveva *almeno una parte di sé* su ogni scranno.

«L'architettura si rifà all'arte tombale micenea» disse.

Erano dodici corpi mai esistiti, formati da altrettante persone inesistenti, ciascuno formato da pezzi di altre undici più se stesso. Insanguinati, cuciti in modo studiatamente brutale, le cavità senza occhi, alcuni denti spezzati lasciati a evidenziare la mancanza degli altri.

«Le finestre della cripta sono inclinate in modo da convogliare la luce nel cerchio centrale» proseguì.

Due corpi gocciolavano ancora dalle suture imprecise.

«Le presento gli eletti che hanno giurato fedeltà all'Ordine con voti speciali: le *Allgemeine* ss. Naturalmente continuo a reclutare e a rispettare i sacrifici a ogni solstizio, secondo il rito dell'aria soffocante. Questa è la mia Wewelsburg.»

Riuscivo a vedere, a considerare e contare al di là della più microscopica empatia umana. Vedevo da altrove, ero *bilocato*. E dovunque fosse la mia coscienza, contavo.

«Prima ho battuto ogni metro di Romania, poi ho fatto la Moldavia. Anche da noi sono lenti a trovare le cose. Ho cominciato prima qui, ora ho terminato in entrambi i Paesi. Ma la polizia, i criminologi, i *profilers*, li hanno trovati dopo. Un individuo scompare. Viene dato l'allarme, diffondono le foto segnaletiche. Nessuno ha visto niente. Ha notato che nessuno vede mai niente? Provi a rubare un motorino e sentirà le urla, la gente le corre dietro. Ma una persona... Pfùt! Non ne vale la pena. Gli investigatori investigano un paio di giorni, i giornali fanno a gara per le foto ed è già tutto finito. Se non sono i parenti che insistono, il caso è chiuso per il weekend. Il weekend è l'unica cosa sacra. Sono i corpi a saltare fuori da soli. E allora si parte da capo col terrore: chi è il serial killer? Tre giorni in tv, poi di nuovo silenzio, e così via.»

Ogni pupazzo di carne erano dodici pezzi incollati: la testa e il tronco; le braccia; le mani; le gambe tagliate in tre, femore, tibia e piede.

«Le mie vittime sono state ritrovate a partire da maggio perché si scioglie la neve. L'inverno è durato più a lungo del solito, la primavera è arrivata tardi. Non sarà un'estate calda.»

187.

Urlai di vomito e quasi mi soffocò, nonostante fosse solo aria. Non saprei dire da quanto tempo non mangiavo, se giorni oppure ore, ma ero una sacca vuota e sentivo le pareti dello stomaco attaccate alla spina dorsale. La bocca artificialmente spalancata mi rendeva difficile deglutire e a volte il respiro stesso mi andava di traverso, sentivo l'aria sbagliare strada e rischiavo l'asfissia per troppa respirazione.

L'uomo davanti a me era orrendamente mutilato. La gamba destra era stata asportata all'altezza dell'inguine, ma più che segata pareva strappata per rotazione. Lo squarcio era recente. Sotto la pelle, in quella zona del bacino sporgeva in modo del tutto incongruo un gonfiore. Era il bacino stesso, fratturato e spostato verso l'alto.

Come sempre Höhne valutava nei miei occhi l'effetto della sua opera. Realizzai che per compiere lo strappo gli aveva dovuto bloccare il corpo – "come con me" pensai: il sangue divenne ghiaccio e le vene fili di ferro – e poi, con una morsa o un altro attrezzo del genere, aveva ruotato la gamba misura per misura, fino a staccare il femore dal bacino e poi a strapparla con la sola resistenza di muscoli e tessuti.

Venni scosso da un urto più violento degli altri e ruttai aria densa con rumore da sifone, una borsa d'acqua calda che si svuota troppo in fretta.

Quel corpo non aveva le braccia, all'altra gamba mancava il

piede, il volto era senza naso e la bocca, mantenuta aperta da una fila di ponti metallici come quelli che avevo io, si era deformata su un lato per il cedimento delle ossa mandibolari. Sarei stato felice di svenire ma una scossa elettrica mi fermò il cuore, poi uno sputo bollente mi offese il cervello, il cuore esplose ed entrò in orbita. Correva fuori tempo in una folle tachicardia.

Con la coda dell'occhio notai un ago paradossalmente lungo uscirmi da un braccio. La cosa mi lasciò del tutto indifferente

Nonostante il corpo mutilato, nel locale aleggiava un profumo presumibilmente gradevole che da quel giorno avrei abbinato per sempre all'orrore e all'oscenità di quello spettacolo. Rosa Tea. Sto male solo a nominarlo.

«Allora, ha idea di chi sia?»

"Come ti rispondo, idiota? Non posso muovermi, non posso respirare, ho il vetro tritato nella gola, il…"

«Non lo conosce?» urlò.

Io lo fissavo, palpebre spalancate, urlavo con gli occhi. Gli piaceva un sacco.

«Nemmeno io» disse, divertito. «È stato un errore.»

Mi fece ruotare sulla sedia che quasi mi ribaltai.

«Non c'è niente di più eccitante che avere il controllo completo di una persona. Fargli fare ciò che vuoi, decidere di farlo morire, in quale modo vederlo morire, o lasciarlo vivere» disse giocoso.

C'erano quattro cassonetti, di cui uno vuoto. Negli altri tre c'erano corpi mischiati, di tre persone o forse più. Avrei dovuto contare braccia e gambe per saperlo. Questo davanti a me doveva essere il quarto. Il gioco era mischiare le carte, far ritrovare in quattro luoghi diversi quattro *patchwork* diversi.

Il numero 4.

«Forse non è il primo errore, ma certo l'ultimo, credo, sì. Non è una bella cosa questa. Sbagliare, intendo… ma mi devo pure difendere. Lei non sa quanta gente cerca ancora vendetta. Il perdono è cosa difficile. Si parla, si parla di *pietà cristiana*, si parla, si parla… ma perdonare è difficile. Io non ho niente da fare perdonare, sono un soldato e la guerra è finita. Se tutti i parenti di soldati morti vanno a cercare chi lo ha ucciso e lo uccide a sua volta, la guerra non è finita mai. Giusto? Il suo amico Nyby non perdonava.»

Tolse l'articolazione di un ginocchio come un granello di polvere da una giacca e la esaminò pensando a tutt'altro. Mi guardò e mi vide nuovamente per la prima volta.

«Dopo quasi settant'anni ancora vuole uccidere. *Lui* è un assassino, non io. Io ho obbedito agli ordini, non lui. La guerra è finita. Nyby doveva aspettare la prossima, dico: giusto? Ci stiamo preparando, è quasi l'ora, un poco di pazienza e i giochi ricominciano. Tutto come prima, tutto *esattamente* come prima.»

Lanciò a caso il ginocchio in uno dei cassonetti e mi sorrise.

«Bisogna vederli alla luce del sole i colori dei tessuti. Anche quelli umani.»

188.

Ancora immerso nel nero. No. L'oscurità si dirada, gli occhi si abituano al buio. Mi accorgo di riuscire a muovere le gambe. Sono indolenzite come le braccia ma non ci faccio caso. Intravedo alcuni oggetti. I documenti, il computer e il cellulare perso in Moldavia! Come? Non voglio sapere. Cammino nell'unica direzione esistente.
Il buio possiede mille forme, una goccia di sangue nero popolata di mostri vista al microscopio.
Al tuffo improvviso in quella livida oscurità prendono vita macchie e paure che subito scompaiono, rinascendo a ogni movimento degli occhi. Una moltitudine confusa di presenze striscianti mi si affolla attorno mendicando un istante della mia attenzione, come se di quella si nutrissero. Soffermando lo sguardo gli do consistenza, battendo le palpebre li cancello come figure tracciate sull'acqua densa di uno stagno.
Volteggiano fantasmi, farfalle luminose, impalpabili serpenti di luce, facce deformi generate o cancellate in smorfie raggelanti via via che il mio sguardo smaltisce in sprazzi iridescenti l'impronta luminosa del mondo esterno.
Ma appena il nero si acquieta appiattendosi in una lavagna neutra, comincio ad avvertire sul viso l'aria fresca dell'esterno. Faccio luce col cellulare. Il fascio è debole e limitato, serve più che altro a rendere cianotico il poco che vedo. Vedo la porta stretta che mi ha paralizzato le gambe pochi giorni fa (o forse un secolo) e approdo nella cripta.

Il taxi viene fermato dai vigili per far passare la polizia diretta all'Împăratul Romanilor a sirene urlanti.

Aeroporto di Sibiu: charter per Roma. Mi addormento in biglietteria e mi sveglio a Ciampino. Non voglio sapere, non voglio pensare. Voglio dimenticare come si fa a ricordare fino a quando sarò in grado di farlo senza rabbrividire.

189.

Metto sotto carica il cellulare cercando di non pensare a come può essermi tornato tra le mani. Voglio un mese di sole domeniche.

Esco dalla doccia, infilo l'accappatoio e mi sdraio sul pavimento. Mi guardo attorno con la testa appoggiata al divano. La casa è bella e pulita ma non sembra più la mia. Ci vorrà un po' per tornare in confidenza con i muri bianchi, la luce di Roma e l'estate ancora in pieno vigore.

La memoria della segreteria telefonica è saturata dai messaggi, la mia dal vuoto che uso per separarmi dal recente passato.

L'ultimo messaggio è di una settimana fa. È di Enikö, riconosco il numero recitato dalla segreteria. Lo cancello senza aprirlo.

Un momento. Non è gentile. Potrebbe avere bisogno di qualcosa. Sono stato piuttosto via, ultimamente, ricordo?

Sento il rumore del nastro che gira, il tempo è dilatato. Finalmente arriva il messaggio.

Ciao come stai? Ti ho cercato un milione di volte. Sto in tournée a Parigi un mese. Ho tanta voglia di vederti. Non so se è lo stesso per te. Se vuoi raggiungimi, mi fa molto piacere.

190.

Dal taxi prenoto il primo volo per Parigi.
«Il mondo è tornato normale!» grido.
L'autista mi guarda dallo specchietto.
«Non è che sia mai stato un granché...»
«Normale va benissimo!»

191.

Alitalia. Club Freccia Alata. Una voce alle mie spalle.
«Buongiorno!»
Mi volto distrattamente. Un signore distinto gioca al biliardo da solo. Non l'avevo nemmeno notato. Anziano ma in forma, elegante.
«Buongiorno» rispondo riportando gli occhi sul giornale.
"Spero che non mi chieda di farmi due palle con lui" penso. "E se insiste lo picchio."
«Non pensavo di rivederla così presto.»
"Lo sapevo che insisteva." Non mi volto subito. Fingo di non aver sentito. L'alibi c'è: ho le cuffie.
«Non mi dirà che mi ha seguito!»

Sono legato mani e piedi a una sedia di ferro arrugginita, inchiodata al pavimento di calcestruzzo e saldata su quattro cubi di ghisa di trenta centimetri per lato. Ogni movimento è impossibile. La testa è bloccata da una ganascia o da altro che non vedo: qualcosa che non avverto sulla pelle ma che mi permette di muovere solo gli occhi. Un polso e le caviglie ben stretti in vari giri di scotch marrone da pacchi, il braccio sinistro allungato sul ripiano del tavolo di ferro e immobilizzato per le iniezioni da cinghie di cuoio abusato e puzzolente.
«Nessuno conosce il mio DNA. Per me garantisce il personale dell'albergo. Sanno delle minacce di Nyby. All'ambasciata

non c'è mai andato. E sa perché? Perché con lei a Bucarest c'ero io, non lui. Nyby è stato cinque anni senza muoversi dall'Împăratul Romanilor, dal primo giorno in cui ci ha messo piede.»

Höhne sorrideva mentre finiva gli ultimi tiri. Io lo guardavo legato alla sedia di ferro.
Mirò la biglia d'angolo e con un colpo secco la mandò in buca di rinterzo.
Tàk!

Fece lo stesso con le altre due.
Tàk!
Tàk!

Mi guardai attorno in cerca di aiuto. C'eravamo solo noi due, nessun rumore neanche all'esterno. M'ero cacciato in quella trappola tutto da solo.
Non poteva conoscere le mie intenzioni. La decisione del viaggio era stata improvvisa... ma lui era lì.
La banalità del piano perfetto. Si snoda sotto il naso con indizi tanto evidenti da non prestarvi attenzione e ci si finisce dentro. In questo caso era il biliardo. Un biliardo in aeroporto: improponibile anche fossimo a Las Vegas. Eppure non mi aveva solleticato alcuna perplessità. Preso com'ero dai miei cazzo di pensieri non mi restava testa per altro.

Ed eccoci qua, per la prima volta faccia a faccia al di fuori del suo albergo. Ho pregato tanto di essere ovunque purché lontano: sono stato esaudito. Avrei dovuto specificare *senza di lui*.

Sapevo per esperienza che nessuno sarebbe arrivato in mio soccorso. Nelle sale vip non esistono controlli o carte da strisciare. Il vip, in quanto tale, è insospettabile.
Poteva trattarsi di una messa in scena, poteva essere un magazzino, un ripostiglio attrezzi, il retro di un bar. Conoscevo a

memoria il percorso per raggiungere questa sala ma nella caotica immensità dell'aeroporto forse mi ero distratto e ora mi trovavo in alto oppure al mezzanino. O addirittura sotto terra. Oppure non c'era alcun trucco: era davvero la sala del club. Che cosa impediva a Höhne di usare quella struttura?

Un'altra prigione. Di nuovo nella tela del ragno, ancora nelle sue mani.

«Ho preferito cambiare aria. Troppa confusione a Sibiu. La tv chiama l'Împăratul Romanilor "albergo della tortura". Quanti servizi speciali! La CNN ha mandato altre due troupe. Quanti giornali venduti! Camere prenotate fino al prossimo Natale. Meglio lasciare per un po'. I miei dipendenti rispondono alla polizia. Sanno che dire, sono pagati per questo. Il Sudamerica è sempre stato terra di rifugio per tedeschi come noi. Per un certo periodo basta ostelli transilvani, oscuri castelli medievali, cupi sotterranei. Anche se sono più romantici di un aeroporto o di una metropolitana. Il rombo assordante degli aerei che atterrano o decollano, il tappeto sonoro dispersivo e costante della marea umana in transito, la presenza militarizzata, le misure di controllo imposte dall'antiterrorismo, l'impareggiabile concentrazione di segnali radio e radar, le onde corte e medie sovraccariche di traffico, i cellulari intasati, il satellite Echelon che vigila costantemente: tutto questo ascolto copre ogni segnale, dal citofono al satellitare. Siamo isolati in un *aleph* immobile e imperscrutabile da cui si parte per trovare qualcuno e si torna dopo aver frugato ovunque, ma nel quale sarebbe impossibile intravedere la location di un qualsiasi misfatto.»

«Il suo italiano è decisamente migliorato.»
«Era già ottimo sessant'anni fa.»
In realtà volevo dire qualcosa di antipatico, ma ne era uscito un complimento.
«Un tempo non esisteva agenzia migliore della CIA come addestramento.»
Colpì con la base della stecca, larga e con l'inserto in gomma.

La boccia girò su se stessa con un effetto bizzarro e descrisse un cerchio perfetto attorno al castello. Virtuosismo.

Mossi un passo in avanti ma un cenno imperioso mi fermò.

«Non stavo scappando.»

«Lo so. Ma vorrei dirle alcune cose prima di andare, e non abbiamo molto tempo.»

Prese una sigaretta russa da una preziosa custodia in argento. Staccò il bocchino di cartone e lo piazzò nel mezzo del castello, verticalmente. Controllò che fosse saldo nella posizione.

«Dica.»

«Quando mi credeva Nyby mi dava del "tu"…»

La certezza di un'esistenza normale nel quale ero finalmente paracadutato aveva allentato la tensione fino a diventare noncuranza. Ed ecco qua di nuovo il boia, l'orco della fiabe, l'uomo nero. Gli orchi esistono: sono uomini normali e feroci, amorali, presenti solo a ciò che li interessa e li eccita, solleciti al proprio piacere, incuranti degli inferni altrui. Quelle dei Grimm non sono fiabe ma manuali di sopravvivenza.

Il risultato inopinabile eppure vivente era di fronte a me celato, dietro la doppia H incisa sul portasigarette. Hans Höhne era il manifesto del doppio. Il subdolo. Il significato in seconda, la doppia faccia dell'inganno, il vero scopo dell'arte propagandistica e retorica, il significato recondito del sorriso. Paranoide narcisista compulsivo di razza ariana, miracolo incompiuto di bioingegneria germanica con le sinapsi più rigide fra le specie evolute.

Il mostro inclinò leggermente la testa in un secondo cenno di saluto, sorridendo cordiale. Mi guardai attorno. Era tutto così evidente… la tappezzeria non recava il logo Alitalia ed era incollata malamente in più punti. Dei tre computer antiquati, due sfoggiavano orgogliosamente un foglio a quadretti con scritto "guasto" e al terzo sfarfallava il monitor.

Cercavo di aggrapparmi a qualcosa al mio esterno perché sapevo di non avere niente all'interno da poter opporre a quella bestia mascherata che nessuno poteva sospettare.

Tacevo per non concedere vantaggi o conferme ma credo che il terrore nei miei occhi fosse lampante, per maggior gloria sua.

«Ho l'occasione di rimettere a zero il punteggio e ricominciare con una nuova personalità. Lo farò?»

Riconobbi con un brivido quella frase. Era la stessa, parola per parola, che avevo detto a Mircea. Sentivo la testa allontanarsi da me per iperventilazione, un palloncino gonfiato a elio.

«C'ero anch'io al primo interrogatorio della *poliţie*. Stavo dietro la parete.» Fece un gesto teatrale per darmi il tempo di ricordare. Inutile perché ricordavo perfettamente. «Il bagno non era guasto. Era solo occupato. Da me.»

«Perché ogni tanto fingeva di incastrarsi con la grammatica?»

«Per imitare Nyby. Non volevo che avesse dubbi.»

«Quindi credevo di parlare con il conte e in realtà parlavo con lui... Non è facile, capirà, orientarsi in questo gioco di specchi.»

Sorrise compiacente.

«Lui però s'incastrava più spesso» dissi. «Ogni volta che si trovava in difficoltà.»

«Non è mai stato in difficoltà. Erano solo problemi di comunicazione. Il contatto col soggetto condizionato deve essere rinvigorito spesso.»

«Quindi lei...»

«Era programmato.»

La mia lingua era carta assorbente, le pareti della gola si serravano. Le mascelle incollate.

Fuori dalle ampie vetrate, Fiumicino mi ignorava.

Una bufera di neve che avesse trasformato la Piazza Rossa in una statua di ghiaccio non l'avrebbe raffreddata quanto ero io in quel momento.

Il panico era subentrato ai comandi del mio corpo. Le vene ridotte a fili di nylon segnavano le braccia e le mani come linee di confine su una vecchia mappa del catasto. Ero assiderato di paura. Avrei voluto essere assorbito da una cosa qualsiasi che mi portava via da lì.

Il CERN di Ginevra sta preparando un nuovo acceleratore di particelle che produce buchi neri microscopici, più piccoli di un elettrone. Sarà pronto nel 2007. Quante cose nel 2007! Peccato, averne uno lì in quel momento mi ci sarei buttato dentro al volo. Perché non ci sono mai buchi neri a portata di mano quando servono? O anche una semplice discontinuità nel tessuto spazio-temporale che mi facesse scomparire per sempre! Avrei pagato qualunque cifra pur di essere proiettato dall'altra parte di ovunque. Il vissuto m'insegnava che spesso la realtà e i miei desideri vanno in direzioni opposte.

La rincorsa, l'incubo o comunque si possa chiamare quel gioco nel quale non mi era stato chiesto di partecipare, non era ancora finito. Mi aveva rintracciato al di là di ogni ipotesi. Dipendevo ancora da lui.

«Si calmi, non ho intenzione di ricominciare» disse. «Non ora, almeno. Non lo stesso gioco. Finito bene uno, è bene cominciarne un altro.»
«Non voglio sapere niente.»
«Questo non glielo posso concedere. Lei è un grande attore, come me. Quale piacere maggiore che esibirsi di fronte a un collega? Ci siamo conosciuti per caso… ma lei sa che niente avviene per caso. Lei è un grande pubblico. È la caratteristica del vero artista. Vedere, apprezzare… imparare, forse. Lei è una vittima perfetta, la migliore che potevo sperare, e questo le ha salvato la vita. Ma ora non mi può abbandonare.»
«No, ascolti. Io…»
«Non più vittima, però. Parte già recitata. Nuovo ruolo. Ho in esame varie alternative…»
Abbassando il capo mi scoccò uno sguardo da sotto in su. Mi osservava intensamente. Dentro il cranio glabro arrancavano gli ingranaggi arrugginiti, l'affanno e il piacere nel cercare una soluzione o immaginare l'applicazione di una già pensata da tempo. Alla fine fece il suo annuncio.
«Collaboratore, forse. Che ne dice?»

Io avevo deciso in piena libertà dove andare, cosa fare, chi incontrare. Scegliere se rientrare in Italia o vedere Mosca o andare in Mongolia e vivere per un po' ai margini della Storia. Tutto da solo, credevo. Ma in quel momento realizzai di essere stato guidato da lui in ogni occasione. C'era un solo modo per liberarmi: ucciderlo. Ma avrei finito per scoprire che anche quella scelta – se mai l'avessi concretizzata – era stata diretta da lui, prevista e dettata con notevole anticipo. Lui decideva e io ero lo strumento.

«Mircea Cârâc era un informatore fidato» disse. «È così facile essere leali con chi paga. Lui, poi, costava così poco... Era una brava persona, a modo suo. Ma ultimamente era diventato troppo avido.»

Allontanò quella storia con un movimento della testa e si stese sul bordo del biliardo con tutto il corpo.

«Biglia numero 6 nella buca di sinistra» dichiarò. Assestò un colpo secco e preciso. «La 5 nella buca di destra e la 3 nella centrale.»

Obbedienti e nervose le biglie scomparivano in rapida sequenza. Anch'io mi sentivo come loro. Alla fine suggellò il tutto mandando in buca la numero 8.

«Si deve sempre finire il gioco con un acuto» commentò soddisfatto.

A quel punto tolse la gabbia che aveva lasciato sul bordo del biliardo e si diresse alla struttura portastecche in legno impellicciato con specchio, segnapunti e cassetto delle biglie. Ne scelse tre e le dispose sul tappeto verde. Si avvicinò alla rastrelliera del segnapunti. Pose la mano sui dadi numerati e si fermò. Mi lanciò un'occhiata che credevo di aver dimenticato. Riportò a zero il punteggio su ambedue i binari.

«Cambiamo specialità» disse.

In quel momento entrarono un pilota e due hostess bionde. Ridevano sguaiatamente senza curarsi di noi. La sala vip era quindi vera. La tappezzeria scollata e i computer antiquati o guasti non erano una prova a discarico, ma una conferma!

Mi distrassi solo un istante e quando mi voltai Höhne non c'era più. Il tappeto verde era deserto. Tutte le biglie erano in buca tranne quella rossa.

In un cerchio bianco si stagliava, in nero, il numero 4.

Sibiu, Roma, Mosca, 2005-2008

Finito di stampare nel mese di aprile 2009
presso il Nuovo Istituto Italiano d'Arti Grafiche – Bergamo
Printed in Italy